Ute Schmidt

AF138556

Von der Blockpartei zur Volkspartei?

Schriften des Zentralinstituts für sozialwissenschaftliche
Forschung der Freien Universität Berlin

ehemals Schriften des Instituts für politische Wissenschaft

Band 81

Ute Schmidt

Von der Blockpartei zur Volkspartei?

Die Ost-CDU im Umbruch
1989–1994

Westdeutscher Verlag

Die Deutsche Bibliothek – CIP-Einheitsaufnahme

Schmidt, Ute:
Von der Blockpartei zur Volkspartei?: die Ost-CDU im
Umbruch 1989–1994 / Ute Schmidt. – Opladen: Westdt. Verl.,
1997
   (Schriften des Zentralinstituts für Sozialwissenschaftliche Forschung
   der Freien Universität Berlin; Bd. 81)
   ISBN-13: 978-3-531-12931-0   e-ISBN-13: 978-3-322-89581-3
   DOI: 10.1007/978-3-322-89581-3

NE: Zentralinstitut für Sozialwissenschaftliche Forschung <Berlin>:
Schriften des Zentralinstituts ...

Umschlaggestaltung: Horst Dieter Bürkle, Darmstadt
Umschlagfoto: Eröffnung einer Berufsausbildungskampagne für Jugendliche in der
DDR: Bundeskanzler Helmut Kohl und Ministerpräsident Lothar de Maizîere beim
‚Bad in der Menge‘, Ullstein – ADN-Zentralbild

Gedruckt auf säurefreiem Papier

Inhalt

Einleitung

1. Fragestellungen und Forschungsinteresse

Die Block-CDU als „Wurmfortsatz der SED" war im Herbst 1989 untergegangen. Das Verschwinden dieses Organisationstypus stellte für die politische Kultur der größer gewordenen Bundesrepublik keinen Verlust dar.[1] Was aber war von der Götting-CDU übriggeblieben? Welche Traditionsreste aus der Parteigeschichte sind – wie gebrochen und widersprüchlich auch immer – in der erneuerten Ost-CDU heute noch lebendig? Ist das politische Substrat, das sich seit der Wende unter dem stählernen Gerüst der Bundes-CDU herausbildete, mit der West-CDU vergleichbar, oder gibt es so etwas wie eine subkutane Realität der Partei in Ostdeutschland? Inwiefern bildeten die in der West-CDU längst verdrängten Fixpunkte im Politikentwurf Jakob Kaisers – die gesamtdeutsche Option und der christliche Sozialismus –, die in der Frühphase der Partei eine Alternative zu Adenauers Politik der Westorientierung dargestellt hatten, ein Ideenreservoir, aus dem eine Reformelite in der Ost-CDU seit 1989 schöpfen konnte? Könnten solche Hinterlassenschaften in einer neuen politischen und gesellschaftlichen Konstellation möglicherweise auch wieder für die West-CDU relevant werden und das im bürgerlichen Pragmatismus erstarrte Denken des Machtzentrums um Helmut Kohl[2] in Bewegung bringen oder sogar unter Druck setzen? Haben solche Ideen etwa in der Dichotomie von Parteibasis und Führung in der CDU der DDR überlebt? Eine auf die innerparteilichen Auseinandersetzungen zwischen Reformern und „Altlasten" verkürzte Aufarbeitung der Parteihistorie läßt solche Widersprüche zumeist außer acht – besonders dann, wenn derartige Vorwürfe von der Sensationspresse aufgegriffen oder im tagespolitischen Schlagabtausch zwischen West-CDU und West-SPD instrumentalisiert werden.[3]

Wie hat sich der Charakter der DDR-CDU durch die Verschmelzung mit wertkonservativen Gruppierungen aus der Bürgerbewegung (Teile des „Neuen Forums", des „Demokratischen Aufbruchs", der „Gruppe der

---

1   Vgl. Suckut 1994: 121.
2   Vgl. Adam 1991.
3   So z.B. im Zusammenhang mit der „Rote-Socken"-Kampagne des Adenauer-Hauses im Wahljahr 1994, den Angriffen gegen die SPD wegen des „Magdeburger Modells" und einer Tolerierung durch die PDS und – vice versa – den pauschalen Retourkutschen Oskar Lafontaines gegen die „Blockflöten".

Zwanzig") und durch neu eingetretene Mitglieder aus dem Umfeld der Kirchen verändert? Sind dadurch relevante Demokratiepotentiale hinzugekommen, oder sind die Blockkräfte durch die Fusion mit Kräften aus dem Unterbau der „SED auf dem Lande" bzw. der „Demokratischen Bauernpartei (DBD)" letztlich wieder gestärkt worden?

Die Frage, ob und wie aus dieser Gemengelage eine politikfähige Partei entstehen würde, interessierte mich schon deshalb ganz besonders, weil ich einen solchen Mischungs- und Entmischungsprozeß von politischen Traditionen, Ressourcen, Eliten und Konfliktpotentialen bereits für die Gründungsphase der CDU in der alten Bundesrepublik untersucht habe.[4] Was dort in einer quasi archäologischen Parteienstudie freigelegt werden mußte, konnte ich hier seit 1991 in statu nascendi verfolgen. Diese Spurensicherung zum gegenwärtigen Zeitpunkt erschien mir nicht zuletzt deshalb so wichtig, weil Widersprüche und Konflikte heute noch offen zutage liegen. Wie die Erfahrung zeigt, besteht die Gefahr, daß, sobald eine parteikonforme Geschichtsschreibung historische Interpretationslinien und Sprachregelungen vorgibt, am Ende selbst die zu Zeitzeugen gewordenen Akteure Schwierigkeiten haben, sich von den geronnenen Selbstbildern freizumachen.

Zweitens beschäftigte mich die eher grundsätzliche Frage, wie in Ostdeutschland „Volksparteien" ohne den Unterbau gewachsener Interessengruppen und funktionierender Vorfeldorganisationen entstehen können. Aus parteiensoziologischer Sicht ist interessant, daß der Formierungsprozeß der Parteien (ausgenommen die PDS) in der Ex-DDR geradezu umgekehrt zur historischen Herausbildung des Parteiensystems in Deutschland verläuft – also nicht entlang struktureller, langfristig im politischen System verankerter Spannungslinien („cleavages"[5]), Interessen, Milieus, sondern von parteiorganisatorischen Zentren aus, die noch keinen adäquaten substrukturellen Unterbau haben und auf die sich die gesellschaftlichen Interessen erst hinorientieren müssen. Ob die Attraktivität der West-CDU ausreicht, um diese Interimsphase in der ostdeutschen Teilgesellschaft zu überbrücken, ist gegenwärtig noch offen.

---

4   Vgl. Schmidt 1987, 1996d.
5   Vgl. Lipset/Rokkan 1967. – Das deutsche Parteiensystem bildete sich demnach parallel zur Entstehung und Politisierung von vier großen gesellschaftlichen Konflikten (Zentrum-Peripherie; Staat-Kirche; Stadt-Land; Arbeit-Kapital) heraus. Im Zuge der schrittweisen Ausweitung des Wahlrechts konnten sozialstrukturell abgrenzbare Konfliktgegnerschaften von den politischen Parteien mobilisiert werden.

Die Formierung der CDU in Ostdeutschland wird in dieser Arbeit als ein doppelter Strukturierungsprozeß begriffen, in dem sich die Partei – sozusagen in einem Akt der „Selbstschöpfung"[6], freilich massiv unterstützt durch die Parteimaschinerie der West-CDU – etabliert. Ihre Stabilität hängt aber auch davon ab, ob es ihr gelingt, durch ihre Politik gesellschaftliche Schichtbildungs- und Strukturierungsprozesse in Gang zu setzen, in deren Verlauf sich eine sozialstrukturell verortete Stammwählerschaft und eine aktive wie belastbare Mitgliederbasis herausbilden. War die Ost-CDU als Blockpartei auf ihre Basis nicht angewiesen, so muß sie sich nun, will sie in einer neuen historischen Phase als „Volkspartei" überleben, eine eigenständige, breite Mitglieder- und Wählerbasis schaffen, Verbindungen in den vorpolitischen Raum hinein aufbauen und pflegen. Die Frage, ob dies gelingt oder ob sich in Ostdeutschland – gerade *wegen* der vergleichsweise schwach ausgeprägten Organisationsstrukturen und gewissermaßen im Vorgriff auf eine sich auch in Westdeutschland abzeichnende Entwicklung – neue Organisationsmuster und -typen („lose organisierte Rahmenpartei", „Dienstleistungspartei", „Wahlkampfpartei" oder „Fraktionspartei") herausbilden[7], ist derzeit noch offen. Gerade im Osten wird in den Führungsgruppen von CDU wie SPD nicht selten mit der „Fraktionspartei" oder dem amerikanischen Modell geliebäugelt, denn in den organisations- und finanzschwachen Verbänden sind die Mitglieder für die Parteien vielfach schlicht „zu teuer".[8] Die Politik der Parteien wird hier ohnehin von den Staatskanzleien und Regierungsapparaten gemacht. Es wäre andererseits aber auch zu fragen, ob der Verzicht auf den Resonanzboden und das Engagement einer breiten Mitgliederschaft die Mobilisierungs- und Integrationskraft der großen Parteien (nicht nur im Osten) nicht noch weiter schwächen und letztlich auch deren Glaubwürdigkeit in der Bevölkerung in Frage stellen würde.

Für die Erforschung der Strukturierung der Ost-CDU als eines kollektiven Akteurs, der die Deformationen der Blockvergangenheit abstreifen wollte, sich unter den Bedingungen des Einigungsprozesses neu orientieren und umorganisieren mußte und dabei mehr und mehr von den Vorgaben aus Bonn abhängig wurde, bietet sich mit der „Theorie der Strukturierung" von Anthony Giddens[9] ein Ansatz an, der Struktur- und Handlungstheorie

---

6　Zum Begriff vgl. Wiesenthal 1993: 96 sowie Greven 1993: 281 f.
7　Vgl. z.B. Grabow 1996: 80.
8　Vgl. z.B. Interview Schlumberger.
9　Giddens 1992.

miteinander verbindet.[10] Die Praxis von kollektiven Akteuren wird als Strukturierungsprozeß verstanden, in dem diese sich an Regeln und Ressourcenanordnungen orientieren, sie aber zugleich auch selbst hervorbringen, reproduzieren und verändern.[11]

Die wechselseitige Prägung der Strukturen durch Akteure und der Akteure durch Strukturen ist eine Annahme, die dem Untersuchungskonzept für diese Arbeit zugrunde liegt. Das Gelingen der Umstrukturierung der Blockpartei CDU in eine Volkspartei westdeutschen Zuschnitts ist – so meine These – nicht nur von äußeren Faktoren bestimmt, sondern auch von einer adäquaten internen Strukturierung. Dazu gehört auch die Wahl von Strategien, die vorhandene Potentiale ausschöpfen; denn als bloße Filiale der West-CDU hätte die CDU in Ostdeutschland keine Existenzgrundlage.

Die vorliegende Arbeit ist deshalb so angelegt, daß sie unterschiedliche Strukturierungsprozesse in der ostdeutschen CDU in und nach der Wende untersucht. Die Analyse beginnt mit der Rekonstruktion des Umbruchs auf der zentralen Entscheidungsebene des Parteivorstandes. In einem zweiten Schritt werden dann in drei Regionalstudien jeweils unterschiedliche Bedingungen, Konstellationen und Handlungsstrategien thematisiert und kontrastiert. Im Lauf der Untersuchung hat sich nämlich herausgestellt, daß die Erneuerung und Umstrukturierung der DDR-CDU nicht – wie ursprünglich geplant – durchgängig von der Parteizentrale zu steuern war. Vielmehr haben sich in den Regionen asynchrone Entwicklungen vollzogen, die auch auf die Politik der Zentrale zurückwirkten und deren Einfluß mehr und mehr zurückdrängten. In Fallstudien über die ostdeutschen CDU-Landesverbände Sachsen und Brandenburg sowie die CDU auf dem Eichsfeld (Thüringen) wird hier gezeigt, daß sich – bedingt durch spezifische regionale Vorstrukturierungen, Elitekonfigurationen und Konfliktstrukturen – in den föderativen Gliederungen durchaus unterschiedliche, eigenständige Prägungen und Parteikulturen entwickelt haben. Diese Disparitäten wurden noch dadurch gefördert, daß die Akteure auf regionaler und lokaler Ebene in der Transformationsphase über bedeutend größere Handlungsspielräume verfügten, als dies normalerweise im westdeutschen Politikalltag der Fall

---

10 Entscheidend für Giddens' Begriff der „Strukturierung" ist das Theorem der „Dualität von Struktur". Demnach sind die Strukturmomente sozialer Systeme „sowohl Medium wie Ergebnis der Praktiken, die sie rekursiv organisieren". Strukturen werden nicht einseitig mit Sach- und Systemzwängen gleichgesetzt, die Handeln und Handlungsspielräume einschränken, sondern sie ermöglichen auch Handeln und Verhalten (vgl. ebd.: 77 f.).

11 Zur Verwendung des akteurszentrierten Strukturierungskonzepts für die Analyse der „Grünen" vgl. Raschke 1993: 22 ff.

ist. Aktive Minderheiten konnten hier mit ihrer Dynamik und ihren intellektuellen Ressourcen Konfliktstrukturen und Profil der jeweiligen Organisationen prägen. Ob solche Strukturierungsvarianten ihre Prägewirkung im weiteren Verlauf der ostdeutschen Parteientwicklung behalten werden, muß sich in den kommenden Jahren allerdings erst noch erweisen. Auch wenn dies nicht der Fall sein sollte, so sind solche Ansätze für eine Parteienforschung, die sich nicht nur am Ergebnis von Machtbildungsprozessen orientiert, sondern sich auch für die Herausbildung von politischen Kräften und Kräftekonstellationen in spezifischen geschichtlich-gesellschaftlichen Situationen interessiert, von Bedeutung.[12]

Die mehrjährige Beschäftigung mit dem Forschungsthema „CDU in Ostdeutschland" ist drittens nicht zuletzt durch die schlichte Tatsache gerechtfertigt, daß die Union mit ihren für viele westliche Beobachter überraschend hohen und nach wie vor anhaltenden Wahlerfolgen in den östlichen Bundesländern eine dominante Position im Parteiensystem der Bundesrepublik einnimmt. Wider Erwarten hatte die „Allianz für Deutschland"[13] bei der Volkskammerwahl am 18. März 1990 mit über 48 Prozent der gültigen Stimmen fast die absolute Mehrheit in der Noch-DDR erringen können. Auch bei den Kommunalwahlen am 6. Mai 1990 behauptete sich die Ost-CDU – trotz erheblicher Stimmeneinbußen – mit 30,4 Prozent der Stimmen noch immer als die mit Abstand stärkste Partei in Ostdeutschland. Bei den Landtagswahlen in den fünf neuen Ländern am 14. Oktober 1990 setzte sich die Erfolgsserie der Union fort.

Allerdings zeichneten sich unterdessen regionale Differenzen ab. In Mecklenburg-Vorpommern, Sachsen-Anhalt, Thüringen und Sachsen lag die CDU deutlich vor der SPD, in Sachsen überrundete sie die SPD sogar um mehr als das Doppelte und erreichte hier, in einer ehemaligen Hochburg der Arbeiterbewegung, die absolute Mehrheit. Ein Gegentrend zeigte sich in Brandenburg, wo die CDU wesentlich schlechter abschnitt als die SPD und seitdem in die Opposition verwiesen ist. Das schwächste Ergebnis in den neuen Ländern überhaupt erzielte die CDU bei der ersten Gesamtberliner Wahl am 2. Dezember 1990 mit 25 Prozent der Stimmen in den Ost-Berliner Stimmbezirken. Trotz der Schwächen in Brandenburg und Ost-Berlin ging die Union aus der Bundestagswahl am 2. Dezember 1990 in den neuen Bundesländern als klarer Sieger hervor. Ihr Stimmener-

---

12 Vgl. Stammer/Weingart 1972: 17.
13 Unter diesem Namen traten die Ost-CDU, der Demokratische Aufbruch (DA) und die Deutsche Soziale Union (DSU) in einem Wahlbündnis gemeinsam an.

gebnis lag mit 41,8 Prozent der Stimmen nur wenig unterhalb des Gesamtergebnisses der CDU/CSU (43,8 Prozent).[14] Infolge der Ausweitung nach Ostdeutschland verfügte die CDU zum ersten Mal seit 1961 allein, d.h. ohne ihre bayerische Schwesterpartei, über mehr Bundestagsmandate als die SPD. Dies bedeutete zugleich eine Machtverschiebung innerhalb der Union zugunsten der CDU, deren Bedeutung keineswegs zu unterschätzen war. Auch die Bundestagswahl vom 16. Oktober 1994 wies die Union in Ostdeutschland als stärkste Kraft aus. Trotz massiver Ansehensverluste[15] und trotz der schweren Organisationskrise erreichte die CDU in der ostdeutschen Wählergesellschaft mit 38,5% einen Stimmenanteil, der nur knapp 4% unter dem der Union in Westdeutschland lag.[16] Die Ergebnisse der Landtagswahlen im Jahr 1994 differierten hingegen noch stärker als 1990.[17]

Nach der ersten gesamtdeutschen Bundestagswahl konnte sich zunächst der Eindruck verfestigen, die Kräfteverhältnisse der Parteien hätten sich gegenüber der Bundestagswahl 1987 nur unwesentlich verändert – sieht man einmal vom Scheitern der West-Grünen an der Fünf-Prozent-Hürde und dem Einzug der PDS mit Hilfe von Direktmandaten in den Bundestag ab.[18] Das Parteienspektrum in Ostdeutschland hatte sich nach einer kurzen Phase der Ausdifferenzierung dem westdeutschen Phänotyp im wesentlichen angeglichen.[19] Die Fusionen der politischen Pendants in Ost- und Westdeutschland – mit Ausnahme von „Bündnis 90/Die Grünen" – waren

---

14 Zu den Wahlen in den neuen Ländern vgl. Falter 1992: 163-188.

15 Vgl. die Meinungsumfragen der Jahre 1992 und 1993.

16 Vgl. KAS, 1994.

17 In Mecklenburg-Vorpommern und Thüringen mußte sich die CDU auf große Koalitionen mit der SPD einlassen; in Sachsen-Anhalt gelang es ihr mit einem nur hauchdünnen Vorsprung vor der SPD nicht mehr, eine regierungsfähige Mehrheit zu bilden. Dramatische Verluste verzeichnete die ohnehin schwache brandenburgische CDU; sie verlor fast die Hälfte der absoluten Stimmen von 1990 und lag nun – gleichauf mit der PDS – weit hinter der mit absoluter Mehrheit regierenden SPD unter Ministerpräsident Manfred Stolpe. Nur in Sachsen konnte die SPD unter Ministerpräsident Kurt H. Biedenkopf ihre absolute Mehrheit ausbauen; allerdings büßte sie aufgrund der geringen Wahlbeteiligung 235.000 Stimmen ein. (Vgl. Schmitt 1995: 273-280.)

18 Trotz des massiv gestärkten Ansehens ihrer führenden Politiker, insbesondere von Bundeskanzler Helmut Kohl, hatte die CDU keine Stimmengewinne verbuchen können; sie erlitt sogar leichte Verluste. Der SPD mit ihrem Spitzenkandidaten Oskar Lafontaine hingegen bescherte ihre halbherzige Haltung zur deutsch-deutschen Vereinigung deutliche Stimmeneinbußen, während die FDP mit einem Stimmenanteil von 11 % eines der überragenden Ergebnisse in ihrer Geschichte erzielte (vgl. KAS, 1990).

19 Vgl. Niedermayer/Stöss 1994: 11.

der staatlichen Vereinigung vorausgegangen und hatten sich ohne größere Friktionen vollzogen. Das westdeutsche Parteiensystem erschien nicht nur attraktiv, sondern auch funktionsfähig und flexibel genug, um die tiefgreifenden Unterschiede zwischen den beiden Teilgesellschaften zu überbrükken. Und doch markierte die erste gesamtdeutsche Bundestagswahl eine Zäsur für Politik und Gesellschaft; denn es war absehbar, daß die gesellschaftlichen Brüche und Interessengegensätze in voller Schärfe aufbrechen und auch die Politik der beiden großen Volksparteien in den nächsten Jahren wesentlich mitbestimmen würden.[20]

In dieser Zeit, Anfang 1991, entstand die Idee zu der vorliegenden Arbeit. Die deutsch-deutsche Vereinigung war formal abgeschlossen, der Wahlmarathon beendet. In der veröffentlichten Meinung dominierte einerseits die euphemistische Auffassung, die Probleme der Einheit seien mit der Übernahme der Rechtsordnung und des Institutionensystems der Bundesrepublik durch die Ex-DDR im wesentlichen gelöst und müßten jetzt nur noch „kleingearbeitet" werden.[21] Im linken und liberalen Spektrum herrschte hingegen eher Skepsis angesichts der „Intonation" des Vereinigungsprozesses durch das nationale Motiv: Die Ordnungsidee des postnationalstaatlichen politischen Gemeinwesens der alten Bundesrepublik, die auf einem „Verfassungspatriotismus" beruhe, werde durch einen Wirtschafts- und DM-Nationalismus überrollt.[22] Dadurch könne sie in eine von ihren Bürgern überwunden geglaubte nationalstaatliche Vergangenheit zurückgeworfen werden. Claus Offe sprach von einem „Eliten-Nationalismus", der von den politischen Führungsgruppen bemüht werde, um die Akzeptanz der deutsch-deutschen Vereinigung in der westdeutschen Bevölkerung zu erzeugen. Dieses Integrationsmittel könne aber „leicht in eine Eskalationslogik geraten und nach immer höherer Dosierung verlangen."[23] Sozialwissenschaftliche Analysen befaßten sich mit der Transformations-

---

20 Vgl. dazu Gibowski/ Kaase 1991: 3-20, hier: 20; Feist 1991: 21-32.
21 Zu den Konsequenzen dieses Institutionentransfers und der „Orientierung am Althergebrachten" für die bundesdeutsche Politik vgl. Czada 1994; s. auch Lehmbruch 1990; 1991.
22 So z.B. Jürgen Habermas: „...Im Hinblick auf die deutsch-deutsche Währungsunion könnten sich nun alle Deutschen mit der Potenz eines erweiterten Imperiums der D-Mark identifizieren. Die 'Allianz für Deutschland' scheint dies brachliegende Gefühlsgelände, wo aus der Arroganz einer wirtschaftlichen Vormachtstellung nationalistische Blüten sprießen, schon erschlossen zu haben." (Habermas 1990: 210.)
23 Offe 1990: 42.

problematik Anfang der neunziger Jahre zumeist aus systemvergleichender und makrosoziologischer Perspektive.[24]

Mich interessierte damals ein Bündel von Fragen, die unterhalb dieser Debatten angesiedelt waren. Sie bezogen sich auf die Umgruppierung und Gemengelage, das Selbstverständnis und die Wirkungsmöglichkeiten ostdeutscher Akteursgruppen in der Regierungspartei CDU. Wie definierten sie die Probleme der Transformation, wie vollzogen sich überhaupt die Prozesse der Elitenbildung, der Politikformulierung und Interessenartikulation, welches Verhältnis hatten die ostdeutschen Akteure zur West-CDU, wie grenzten sie sich gegen andere Parteien und Bewegungen ab, wie verankerten sie sich in der ostdeutschen Gesellschaft? Nur dann – so meine These –, wenn es in Ostdeutschland handlungsfähigen Akteuren gelänge, zumindest ansatzweise eine autochthone politische Substanz aus den ostdeutschen Parteigliederungen in den Fusionsprozeß einzubringen, gäbe es eine Chance für ein Zusammenwachsen der Partei, das nicht nur ihre räumliche Ausweitung, sondern vielleicht auch ihre Vitalisierung und Neuorientierung zur Folge haben könnte.

Die Entwicklungsperspektive der Parteien in der Ex-DDR läßt sich heute noch nicht eindeutig prognostizieren; allenfalls sind verschiedene Szenarien denkbar. Die Konsolidierung der PDS als einer Art „Lega Ost" und die Reaktionen der etablierten Parteien auf dieses Phänomen sind freilich Indizien dafür, daß der Transformationsprozeß der Ex-DDR nicht so reibungslos verläuft, wie es viele Beobachter Anfang der neunziger Jahre erwarteten. Noch schlägt sich die Unzufriedenheit in der ostdeutschen Bevölkerung als Protestwahlverhalten, Wahlenthaltung, Politikverdrossenheit und Rückgang des ehrenamtlichen Engagements in den Parteien nieder. Sollte es der politischen Klasse in Bonn aber nicht gelingen, die drängenden Probleme in der ostdeutschen Wirtschaft und Gesellschaft zu bewältigen, so könnten sich die derzeitigen Legitimationsdefizite vergrößern und nicht nur die Bonner Parteien, sondern das Parteiensystem und die politische Ordnung selbst erfassen. Auch unter diesem Aspekt der politischen Steuerung von Transformationsprozessen im Osten Deutschlands sind die unterschiedlichen Erklärungsmuster und Handlungsstrategien ostdeutscher Teileliten in der CDU von Interesse. Sie ergeben zudem Hinweise auf mögliche Inter-Eliten-Beziehungen, mittels derer ostdeutschen Interessen in der Bundespolitik Nachdruck verliehen werden könnte.

---

24 Vgl. z.B. Offe 1994; Plasser/Ulram 1993; Merkel 1994.

2. Quellen und Methoden

2.1. Parteiakten

Anfang 1991 – also zu Beginn dieser Forschungsarbeit – war eine Einsicht
in die Aktenbestände des Parteivorstandes der CDU in der DDR in Berlin
nicht mehr möglich. Die umfangreichen, verzeichneten und per Kartei erschlossenen Bestände dieses seit Anfang der fünfziger Jahre aufgebauten
Archivs wurden nach dem Hamburger Vereinigungsparteitag der CDU in
das Archiv für Christlich-Demokratische Politik (ACDP) nach Sankt Augustin bei Bonn überführt. Grundlage für die Zusammenführung der beiden
Archive war ein wenige Tage vor dem Hamburger Vereinigungsparteitag
zwischen dem ACDP und der Ost-CDU geschlossener Kooperationsver-
trag.[25] Eine seiner Bestimmungen legte fest, daß ein Zugriff auf die Bestände „nur noch in Übereinstimmung mit dem allein maßgeblichen Willen
der Konrad-Adenauer-Stiftung erfolgen kann".[26] Damit hatten die Vertreter der Ost-CDU die Rechte an der Überlieferung ihrer eigenen Parteigeschichte – ohne jede Gegenleistung[27] – selbst aus der Hand gegeben. Sie
hatten zudem die Benutzungsbestimmungen des ACDP – einschließlich
geltender Sperrfristen – akzeptiert.

Der im Dezember 1990 begonnene Abtransport der Archivalien wurde
dann im Zuge der „Abwicklung" der Berliner Parteizentrale bis Ende März
1991[28] beschleunigt – mit der Folge, daß das bis dahin nur übernommene

---

25 Der Vertrag wurde am 26.9.1990 von Dr. Bernhard Vogel als dem Repräsen-
    tanten der Konrad-Adenauer-Stiftung und dem stellvertretenden Parteivorsit-
    zenden der CDU der DDR, Horst Korbella, unterzeichnet.
26 ACDP VII-011, 3910.
27 Noch Mitte September 1990 hatte sich das Präsidium der DDR-CDU darauf
    festgelegt, daß im Zusammenhang mit der Zuordnung des „Polit-Fundus" der
    DDR-CDU und der DBD zum ACDP innerhalb der Konrad-Adenauer-Stif-
    tung ein „Strukturbereich im Sinne einer wissenschaftlichen Arbeitsgruppe"
    geschaffen werden sollte, der die Bestände nicht nur verwahren, sondern sie
    auch parteigeschichtlich und gegenwartsbezogen aufarbeiten sollte. Unter
    dieser Prämisse, d.h. einer beruflichen Absicherung von vier Mitarbeitern des
    Jakob-Kaiser-Hauses, hatte das Präsidium von einer kommerziellen Veräuße-
    rung des Archivguts abgesehen; es berief sich auf das Plazet des Bundeskanz-
    lers, für den „Erwägungen des sinnvollen Lenkens guter Leute eine wichtige
    Rolle gespielt" hätten (Korbella an Dr. Vogel, 15.9.1990, ACDP VII-011,
    3910). – Tatsächlich hatten sich die Mitarbeiter Gerhard Wilkening und Peter
    Schmidt sowie die beiden Archivare des CDU- bzw. DBD-Archivs auf die
    Zusage des Kanzlers verlassen. Lediglich der DBD-Archivar ist aber ins
    ACDP übergewechselt.
28 Vgl. unten Kapitel 5.2.

und gesicherte Schriftgut, aber auch die nach dem Sonderparteitag im Dezember 1989 hinzugekommenen Bestände nicht mehr ordnungsgemäß verzeichnet werden konnten.[29] Fataler wirkte sich jedoch die Beschränkung der Zugangsmöglichkeiten für die auf diese Weise ins ACDP gelangten Bestände durch die Konrad-Adenauer-Stiftung aus. Denn dadurch waren die Archivalien der Ost-CDU einer Benutzung durch parteiunabhängige Wissenschaftler zunächst bis auf weiteres entzogen. Eine Benutzungsgenehmigung wurde mir mit dem Hinweis auf die unsystematische Ablieferung der Akten, die mangelnde Klarheit über deren Inhalt und Struktur sowie aufgrund von Problemen des Datenschutzes nicht erteilt.[30] Erst mit dem – auf die Initiative von Bürgerrechtlern und Zeithistorikern hin – vom Deutschen Bundestag verabschiedeten neuen Archivgesetz, demzufolge die Parteiakten der SED in eine staatliche Stiftung unter der Obhut des Bundesarchives eingebracht werden sollten, wurden die rechtlichen Voraussetzungen für eine quellenfundierte Aufarbeitung der DDR-Geschichte geschaffen: Nicht nur die Akten der SED, sondern auch die der Blockparteien und DDR-Massenorganisationen waren nun für jedermann prinzipiell zugänglich; die Bestände der Blockparteien wurden in den jeweiligen parteinahen Stiftungen angesiedelt, ihre Benutzung aber durch das neue Archivgesetz geregelt.[31]

Wenn damit auch die Zugangsfrage gelöst war, so bildeten nun technische und organisatorische Probleme der Erschließung sowie die personellen Kapazitäten im ACDP neue Hindernisse. So waren bei meinem Aufenthalt im ACDP im Herbst 1994 die Bestände der zentralen Parteiebenen zwar weitgehend erschlossen, aber immer noch nicht vollständig einsehbar. Die von mir gesichteten und für diese Arbeit ausgewerteten Bestände dokumentieren vor allem die Wendezeit, so z.B. die Reaktionen auf den „Brief aus Weimar", in denen sich eine Politisierung der Mitgliederschaft in den Orts- und Kreisverbänden niederschlägt, sowie die Umbruchzeit auf der Führungsebene in der Parteizentrale nach dem Amtsantritt Lothar de Maizières. Sie enthalten im übrigen aufschlußreiches Material zur Parteistruktur und zu Organisationsfragen.

Die ins ACDP gelangten Aktenbestände der regionalen Parteigliederungen aus der Wendezeit waren nur vereinzelt aufgearbeitet und benutzbar. So waren Unterlagen für die für diese Arbeit ausgewählten Landesverbände bzw. Bezirke kaum verfügbar. Da die Entwicklung in den Blockpar-

---

29 Franke 1991: 726 sowie Interview Franke.
30 Lt. Schreiben v. Dr. Günter Buchstab v. 18.2.1991.
31 Vgl. Der Tagesspiegel v. 24.1.1992; FAZ v. 4.3.1991.

teien auf der regionalen und lokalen Ebene bisher kaum beleuchtet und quellenmäßig belegt worden ist, wurden die mir zugänglichen Akten des Kreisverbandes Worbis/Thüringen herangezogen[32], um einen Kontrapunkt zur Entwicklung in der Berliner Zentrale zu setzen und – vor der Folie des Status quo ante – die Dynamik des Umbruchprozesses und den Stimmungsumschwung in einer Kreispartei auf dem Eichsfeld zu dokumentieren.[33]

In den CDU-Landesgeschäftsstellen selbst fand sich kaum noch Material aus der Wende- und Vorwendezeit, da die Keller ausgeräumt und die Akten ins ACDP nach Sankt Augustin abgeliefert worden waren. Was die neuere Entwicklung anbelangt, so hatte ich zu den Parteiarchiven in Sachsen und Thüringen keinen Zugang. Die Darstellung in Kapitel 7 und 9 fußt auf anderweitig gesammeltem Material, vor allem auf der Auswertung der mündlichen Quellen. Hingegen wurde mir im Landesverband Brandenburg freundlicherweise die Benutzung der – allerdings stark gelichteten – Bestände in der Geschäftsstelle gestattet und weiteres Material zur Verfügung gestellt, das ich für Kapitel 8 verwenden konnte.

2.2. Interviews

Die vorliegende Arbeit basiert vor allem auf Daten, Informationen und Einschätzungen, die ich durch Interviews und Hintergrundgespräche mit Akteuren aller Parteiebenen in den Jahren 1991 bis 1995 gewonnen habe. Hinzu kamen kontinuierliche Recherchen zur Parteientwicklung, die Auswertung von Presseberichten, eine systematische Materialsammlung und Dokumentenanalyse sowie die teilnehmende Beobachtung der Parteitage. Die Interviews – anfangs primär als Ersatz für das fehlende Archivmaterial der Ost-CDU gedacht – erwiesen sich schon bald als Quellengruppe von besonderem Wert und als Kernstück der Materialsammlung. Mit ihrer Hilfe gelang es nicht nur, den Umbruchprozeß zu rekonstruieren und die Geschichte nachzuzeichnen. (Viele Vorgänge waren in der Hektik des Umbruchs weder dokumentiert noch archiviert worden.) Wichtiger noch als diese Spurensicherung war jedoch, daß in den Interviews die Positionen,

---

32 Die Informationsberichte an die Bezirksleitung in Erfurt und an die Parteizentrale sowie die Protokolle der Sitzungen der Kreissekretariate ermöglichen einen Einblick in das Innenleben der Block-CDU auf dem Eichsfeld im Wendejahr.

33 Vgl. Kapitel 9.3.1.

Pläne, Ziele und Strategien wie auch die Handlungsbedingungen und -restriktionen der Akteure deutlich wurden. Geschichte ist – so Giddens – nicht „unbeherrschte menschliche Praxis", vielmehr ist sie „die Zeitlichkeit menschlicher Praktiken, die die Strukturmomente formt und von ihnen geformt wird und in die unterschiedliche Formen der Macht eingeschlossen sind".[34] So dokumentieren die Interviews zumeist nicht nur Fakten, sondern vor allem Entwicklungs- und Lernschritte der Akteure, ihr Politikverständnis, ihre Reflexionen über die Durchsetzbarkeit von Optionen, über intendierte und nicht intendierte Wirkungen von Handlungen sowie strategische Neuorientierungen. Diese Qualität resultiert vor allem aus der Bereitschaft und Offenheit der meisten Interviewpartner, sich solchen Fragen auszusetzen. Sie wurde aber auch durch die intensive und zugleich offene Form der Interviews ermöglicht. Mit einigen Interviewpartnern konnte eine Serie von Interviews durchgeführt werden; in verschiedenen Parteiveranstaltungen ergab sich darüber hinaus immer wieder die Gelegenheit, erhaltene Informationen zu vertiefen. Insofern stellen die Interviews und Gespräche nicht nur Momentaufnahmen[35], Ausschnitte aus einem politischen Prozeß, dar; sie geben vielmehr Einblicke in seinen Verlauf und Wandel.

Die Auswahl der Interviewpartner konzentrierte sich anfangs auf das Personarium der Berliner Parteizentrale und die Akteure, die hier am Umbruchgeschehen in der Ost-CDU beteiligt gewesen waren.[36] Da Berlin als „Werkstatt der Einheit" galt, wurden anfangs auch mehrere Mitglieder des Berliner Abgeordnetenhauses aus Ost- und West-Berlin interviewt. Im Verlauf des Forschungsprozesses kristallisierte sich freilich schon bald die Relevanz regionaler Entwicklungen, insbesondere im Süden der Ex-DDR, für den Erneuerungsprozeß der CDU heraus. Die Interviews wurden daraufhin auf die Landesverbände Sachsen und Thüringen ausgeweitet; als

---

34 Giddens 1992: 278.
35 Dies ist der Fall bei schriftlichen Umfragen sowie Befragungen, die zu einem bestimmten Zeitpunkt durchgeführt werden (z.B: Linnemann 1994; KSPW-Projekt „Kreisparteien" 1996; Grabow 1996).
36 Die Absicht, ein möglichst breites Spektrum von Eliten der früheren Blockpartei sowie der Transformationseliten um de Maizière mit einzubeziehen, konnte leider nicht ganz realisiert werden. Die führenden Vertreter der Blockparteienelite, Gerald Götting und Wolfgang Heyl, waren nicht für ein Interview zu gewinnen. Ihre Rolle und ihr Selbstverständnis lassen sich aber durch die Auswertung von Akten aus dem Parteiarchiv der DDR-CDU sowie aus den Beständen des „Bundesbeauftragten für die Unterlagen des Staatssicherheitsdienstes der ehemaligen Deutschen Demokratischen Republik" (BStU) erschließen (vgl. unten Abschnitt 2.3).

„maximaler Kontrast"[37] kam in der nächsten Datenerhebungsrunde die brandenburgische CDU hinzu.[38] Die Auswahl der Interviewpartner orientierte sich an einer formalen Positionsanalyse und fächerte sich auf die Partei-, Fraktions- und kommunalpolitische Ebene auf. Mit einbezogen wurden aber auch Personen, deren Einfluß eher informeller Art war. Schon zu Beginn der ersten Interviewserie hatte sich nämlich herausgestellt, daß prominente Parteirepräsentanten nicht immer auch die ergiebigsten Informanten sein müssen. Persönlichkeit, Denkweise und Mentalität dieser Parteielite sind zwar von hohem Interesse; ihre Statements sind aber nicht selten auch in der Presse dokumentiert. Wichtiger für die Analyse strategischer Konzepte und Probleme der Parteiorganisation erwiesen sich die Gespräche mit Parteivertretern auf der mittleren Ebene sowie im Parteiapparat.

Gemäß einer der zentralen Forschungsfragen dieser Arbeit nach der Gemengelage und der Herausbildung einer politikfähigen Partei wurden die Interviewpartner auch nach ihrer politischen Herkunft und Sozialisation ausgewählt (Blockpartei CDU bzw. DBD; Reformlager; Neumitglied). Über Interviews und Kontakte zu einzelnen Vertretern dieser verschiedenen Gruppierungen eröffnete sich mir allmählich in einer Art Schneeballsystem der Zugang zu weiteren Personen, aber auch zu informellen Kreisen und Gruppierungen. Die Interviewpartner waren oft selbst daran interessiert, das Puzzle zu vervollständigen, und halfen mir deshalb weiter; ihnen war sozusagen Stendhals Paradox gegenwärtig, demzufolge der unmittelbar an einer Schlacht Beteiligte vom Ablauf des Geschehens selbst nur einen kleinen Ausschnitt erfaßt. Eine wichtige Voraussetzung für diese Unterstützung war, daß das Forschungsthema von fast allen angesprochenen Personen als wichtig und sinnvoll erachtet wurde. Zu dieser Akzeptanz trugen nicht zuletzt auch bisherige Vorarbeiten und Veröffentlichungen der Verfasserin bei.[39]

Sozialwissenschaftler haben es manchmal schwerer als Journalisten, mit Politikern ins Gespräch zu kommen, weil ihre Produktion längerfristig angelegt ist und keinen unmittelbaren politischen Nutzeffekt für Profilierungen im politischen Tagesgeschäft hat. Die Erfahrung zeigt überdies, daß

---

37 Vgl. Wiedemann 1991: 443.
38 Eine Ausdehnung der Untersuchung auf weitere Regionen wäre sicherlich interessant gewesen, hätte aber den Rahmen dieser Arbeit gesprengt. So wurde hier nicht Vollständigkeit angestrebt, sondern ein Kontrastverfahren angewendet.
39 Schmidt 1987, 1991, 1993, 1994.

das Mißtrauen gegenüber – eher linken – Sozialwissenschaftlern im bürgerlichen Lager stärker ausgeprägt ist als bei den Parteien der Linken. Solche politischen Aversionen haben bei dieser Untersuchung so gut wie keine Rolle gespielt, worin man einen weiteren Beleg dafür sehen kann, daß
die politischen Abgrenzungsbedürfnisse in Ostdeutschland noch nicht so
weit entwickelt sind wie in der alten Bundesrepublik.[40] Diese Offenheit
setzt freilich auf seiten der Forscher den Versuch voraus, die Befragten in
ihren jeweiligen Positionen und Bezügen zu verstehen[41] und sie nicht als
bloße Datenlieferanten anzusehen oder sogar bloßzustellen.[42]

Empirische Sozialforschung besitzt – so Giddens – notwendigerweise
immer einen kulturellen, ethnographischen bzw. „kulturanthropologi-
schen" Aspekt, insbesondere dann, wenn es sich bei dem Forschungsgegenstand um ein relativ fremdes Milieu handelt. Der Sozialforscher ist
demnach ein Kommunikator, der mit seiner soziologischen Beschreibung
Bedeutungssysteme vermitteln kann, an denen die von ihm untersuchten
Akteure ihr Verhalten ausrichten. In rein institutionellen Analysen sei
„eine erschöpfende Darstellung des Gegenstandsbereichs der Soziologie
nicht zu leisten".[43] Von der politischen Psychologie her argumentiert Helmut König in eine ähnliche Richtung. Mit Blick auf die politikwissen-
schaftliche Vereinigungsforschung kritisiert er deren Verengung auf die
institutionellen, rechtlichen, politischen und ökonomischen Aspekte, die
die subjektive Seite völlig ausblende. Davon getrennt gebe es zahlreiche
Untersuchungen über subjektive Befindlichkeiten und Mentalitätsunter-
schiede in Ost und West, die wiederum daran krankten, daß sie keine
Brücke zum gesellschaftlichen und politischen Kontext schlügen. Die
Eliminierung der Frage nach der subjektiven Seite habe aber die analyti-
sche Kapazität der Politikwissenschaft geschwächt. Das politische Handeln
von einzelnen oder Gruppen ist nach König nicht allein durch politische,
ökonomische und institutionelle Bedingungen determiniert, sondern auch
von subjektiven Einstellungen, Werthaltungen und Bewußtseinsformen
bestimmt, die über lange Zeiträume entstanden seien und sich gegen allzu

---

40 Das wird in dieser Arbeit immer wieder deutlich.
41 Mit der teilnehmenden Beobachtung ist – so Roland Girtler – auch „ein ge-
    wisses Maß an Ethik verknüpft" (Girtler 1991: 388). Dies gilt sicherlich nicht
    nur gegenüber devianten Subkulturen, sondern auch gegenüber politischen
    Eliten.
42 Politikwissenschaftler sind im allgemeinen weder klüger als die Akteure,
    noch halten sie adäquate Lösungen für deren Strukturierungsprobleme parat
    (vgl. Raschke 1993: 11 ff.).
43 Giddens 1992: 338 f.

schnelle Umpolungsversuche sperrten. Für diese politisch relevanten Handlungsdimensionen bzw. politische Mentalitäten fehlten aber der Politikwissenschaft die begrifflichen Mittel.[44]

Die vorliegende Arbeit beansprucht nun keineswegs, diese Defizite beheben zu können. Allerdings sind bei der Konzeption und Durchführung der Interviews Überlegungen, wie solche „politischen Mentalitäten" differenzierter erfaßt und unterschieden werden könnten, mit im Spiel gewesen. Sie sind auch im Teil III, Kapitel 10, in die Elitentypologie mit eingeflossen.

Methodisch orientiert sich diese Studie am Konzept einer gegenstandsbezogenen Theoriebildung, wie es Barney G. Glaser und Anselm L. Strauss entwickelt und begründet haben.[45] Bei der „grounded theory" handelt es sich um eine qualitative Forschungsstrategie, die wegen ihres induktiv-deduktiven Vorgehens für die Erforschung offener Strukturierungsprozesse m.E. besonders gut geeignet ist.[46] Glaser und Strauss wenden sich gegen eine einseitig deduktive Forschung, die vorhandene formale Theorien auf andere Gegenstandsbereiche überträgt, daraus Hypothesen ableitet und sie in empirischen Studien nur noch überprüft. Eine gute Theorie sollte vielmehr – nach Glaser und Strauss – sowohl in den Daten (also in einem Gegenstandsbereich) begründet sein als auch „dichte Beschreibungen" ermöglichen; sie sollte interpretativ bedeutsam und erklärungsrelevant sein und zudem einen Voraussagewert besitzen.[47] Verallgemeinerbarkeit wird nicht durch Stichprobenauswahl und statistische Verfahren hergestellt, sondern in einem stufenförmigen Vorgehen, in dem Datenerhebung, Hypothesen- und Theoriebildung Hand in Hand gehen.

Grundlage der Generalisierung ist die komparative Analyse, die aber immer von den einzelnen Fällen ausgeht und u.a. auch mit dem Mittel des minimalen und des maximalen Kontrastes arbeitet. Aus mehreren auf unterschiedlichen Generalisierungsebenen entstandenen Theorien kann dann eine allgemeinere Theorie entwickelt werden. Diese Vorgehensweise hat gegenüber den herkömmlichen standardisierten und auf Repräsentativität bedachten Verfahren viele Vorzüge, gerade auch dann, wenn es um die Erforschung sich verändernder sozialer Strukturen oder um ein noch weitgehend unstrukturiertes Feld geht. Denn sie ist flexibel und – im Idealfall –

---

44 König 1994.
45 Strauss 1991, vgl. auch Glaser/Strauss 1984.
46 Es liegt mir fern, in den m.E. unsinnigen Streit darüber einzutreten, ob quantitative Verfahren den qualitativen überlegen seien oder vice versa.
47 Vgl. Wiedemann 1991: 440.

auch kreativ genug, um Einsichten und Probleme, die im Forschungspro-
zeß auftauchen, miteinzubeziehen und daraus neue Fragen und Hypothesen
zu entwickeln.

Tatsächlich war die Ex-DDR in der Wendezeit für mich zu Beginn der
Untersuchung eine „terra incognita", die Gemengelage der Akteure in der
sich neuformierenden CDU, ihre Selbstdefinitionen und Mentalitäten noch
nicht durchschaubar. Die ersten Interviews hatten daher notwendigerweise
einen explorativen Charakter. Nachdem sich erste Konturen deutlicher ab-
zeichneten, habe ich versucht, die Fragen stärker zu formalisieren, um die
Vergleichsmöglichkeiten zu verbessern. Dieses Verfahren gab ich jedoch
aus inhaltlichen wie methodischen Gründen wieder auf: In dem fluiden
Veränderungsprozeß erwiesen sich selbst halbstandardisierte Interviews als
inadäquat, weil für neue Themen und die Einschätzung aktueller wie künftiger Entwicklungen nicht genügend Zeit blieb. Zudem waren nicht nur die
Erfahrungen der Akteure, sondern auch die Konstellationen und Konflikt-
potentiale in den Regionen und die daraus entstehenden Agenden häufig
nur schwer auf einen Nenner zu bringen. Auch die Interviewsituationen
waren von zahlreichen Imponderabilien beeinflußt, die die Vergleichsmöglichkeiten minderten.[48] Ich entschied mich daher dafür, in Anlehnung
an die von Fritz Schütze entwickelte Technik des autobiographisch-narra-
tiven Interviews[49] den Befragten einen Erzählstimulus vorzugeben, der aus
drei großen Fragekomplexen bestand:

---

48 Solche Imponderabilien waren z.B. Zeitpunkte, Zeitrahmen oder Orte, aber
    auch die persönliche Situation, in der sich die Akteure selbst befanden:
    Konnte der eine sein Amt eben noch behaupten, so hatte es ein anderer gera-
    de verloren.

49 Vgl. Schütze 1977, 1983: 286: „Das autobiographische narrative Interview
    erzeugt Datentexte, welche die Ereignisverstrickungen und die lebensge-
    schichtliche Erfahrungsaufschichtung des Biographieträgers so lückenlos re-
    produzieren, wie das im Rahmen sozialwissenschaftlicher Forschung über-
    haupt nur möglich ist. Nicht nur der 'äußerliche' Ereignisablauf, sondern
    auch die 'inneren Reaktionen', die Erfahrungen des Biographieträgers mit
    den Ereignissen und ihre interpretative Verarbeitung von Deutungsmustern,
    gelangen zur eingehenden Darstellung. Zudem werden durch den Raffungs-
    charakter des Erzählvorgangs die großen Zusammenhänge des Lebenslaufs
    herausgearbeitet, markiert und mit besonderen Relevanzsetzungen versehen."
    Schließlich komme – so Schütze – auch die „Erfahrung von Ereignissen und
    Entwicklungen zum Ausdruck, die dem Biographieträger selbst nicht voll
    bewußt werden, von ihm theoretisch ausgeblendet oder gar verdrängt sind
    oder doch zumindest hinter einer Schutzwand sekundärer Legitimationen
    verborgen bleiben sollen".

- dem persönlichen Erlebnis des Umbruchs im Jahr 1989 und der Frage nach den Motiven für das politische Engagement in der CDU bzw. anderen Gruppierungen;
- einer Einschätzung der Gemengelage in der Ost-CDU, der innerparteilichen Kräfteverhältnisse und Machtstrukturen sowie der Herausbildung neuer Eliten;
- dem Verhältnis von Ost- und West-CDU und den Konsequenzen der Fusion für die Gesamt-CDU.

Die Interviewpartner hatten damit einen Rahmen, der breit genug war, um ihre persönlichen Erfahrungen und Bewertungen, Interpretationen und Deutungsmuster einzubringen; die Prioritätensetzung blieb ihrem eigenen Duktus überlassen. Immanente und exmanente Nachfragen anhand einer Checkliste ergänzten das Interview, das im allgemeinen ca. ein bis zwei Stunden, nicht selten auch länger dauerte; manche Interviews erstreckten sich über mehrere Termine. Die Auswertung der zumeist auf Tonband aufgezeichneten Interviews erfolgte dann im Zusammenhang mit der Konzeption der Kapitel für die vorliegende Arbeit. Primär ging es mir darum, verschiedene Handlungskontexte, Strukturierungsversuche, individuelle und gruppenspezifische Rationalitäten herauszuarbeiten und miteinander zu konfrontieren, nicht um ein möglichst vollständiges Panorama der in der Partei vorhandenen Auffassungen.[50] Viele Informationen aus den In-

---

50 Zur Auswahl und Untersuchung verschiedener Vergleichsgruppen vgl. Glaser/Strauss 1984: 96 ff. – Der „grounded theory" geht es nicht um eine Abbildung oder Nacherzählung der Wirklichkeit etwa im Sinne einer „Geschichte von unten" bzw. eines naiven Realismus. Mithilfe dieses Verfahrens sollen Daten vielmehr in theoriebildender Absicht „gestaltet" und neu aufeinander bezogen werden; das geschieht z.B. durch das Rekonstruieren und Kontrastieren einzelner Fälle. Diese sind selbst keine amorphen Stücke der Wirklichkeit, sondern strukturierte Handlungseinheiten mit identifizierbaren Grenzen (vgl. Strauss 1991: 12). – Zur Forschungspraxis vgl. auch Crozier/Friedberg 1979: 289 ff. Die Verfasser treten ebenfalls für ein hypothetisch-induktives Vorgehen ein, „das durch die Beobachtung, den systematischen Vergleich und die Interpretation der vielfältigen, in den zu untersuchenden Handlungssystemen ablaufenden Interaktions- und Tauschprozessen seinen Forschungsgegenstand nach und nach erstellt und immer genauer erfaßt" (ebd.: 291). Aus der Masse der dem Forscher zur Verfügung stehenden Beobachtungsdaten muß er schließlich diejenigen aussondern, von denen aus er seine Überlegungen und Analysen strukturieren kann und die es ihm ermöglichen, jene zugrundeliegende Wirklichkeit zu entdecken, die ihn interessiert: die Wirklichkeit der Machtbeziehungen zwischen Akteuren und der ihre Interaktion steuernden Regeln (ebd.: 293).

terviews sind aber als Hintergrund in die Darstellung mit eingeflossen, auch wenn sie nicht im einzelnen ausgewiesen werden konnten.[51]

Insgesamt wurden 67 Intensiv-Interviews durchgeführt.[52] Zahlreiche weitere Gespräche sowie Gruppendiskussionen werden hier nicht nachgewiesen.

2.3. Anmerkungen zur Quellenbasis

Die Verwendung bzw. die Verfügbarkeit unterschiedlicher Quellengruppen und deren Kombinationsmöglichkeiten wirken sich auch auf Umfang und Charakter der Kapitel dieser Arbeit aus. So kann sich z.B. die Darstellung im ersten Teil auf eine breite Datengrundlage aus Interviews, Dokumentenanalysen, Presseberichten sowie Sekundärliteratur stützen, die durch die Auswertung der Aktenbestände im ACDP noch verdichtet wurde. Die Umbruchphase wird daher – unter dem Aspekt der Spurensicherung und mit Bezug auf bisher nur teilweise veröffentlichte Quellen – detailliert dargestellt, allerdings unter einem Vorbehalt: Bedauerlicherweise wurde mir die Einsicht in die Bestände des Bundesbeauftragen für die Unterlagen des Staatssicherheitsdienstes der ehemaligen DDR (BStU) erst nach der Fertigstellung des Manuskripts ermöglicht, obwohl ich den Antrag auf Akteneinsicht bei der Gauck-Behörde schon am 4. Oktober 1994 gestellt hatte. Um die Einflußnahme des MfS auf die Partei in der Wendezeit einschätzen zu können, wäre die Auswertung dieser Unterlagen, die bisher noch kaum für die Parteienforschung erschlossen worden sind, sehr aufschlußreich gewesen. Mangels gesicherter Quellen mußte aber die „Stasi"-Problematik in dieser Arbeit vorerst weitgehend ausgespart werden. Soweit sich unterdessen aus dem mir inzwischen zugänglichen und ausgewerteten Material relevante Fakten, Personalia, Informationen und Präzisierungen ergeben haben, habe ich sie noch in das Manuskript eingearbeitet.[53] Eine intensivere Auswertung dieser umfangreichen Bestände muß jedoch einer folgenden Publikation vorbehalten bleiben.

---

51 Informationen aus Hintergrundgesprächen mußten z.T. auch anonymisiert werden, denn die Parteienhistorie ist nicht immer ein abgeschlossenes Kapitel. Brisante Kontroversen und Konflikte reichen auch in die gegenwärtigen politischen Auseinandersetzungen hinein.
52 Ein Verzeichnis der Interviewpartner befindet sich im Anhang.
53 Vgl. die Kapitel 1, 2 und 10.

3. Zur Gliederung der Arbeit

Nach einer kurzen historischen Einführung (Kapitel 1) folgt in den Kapiteln 2 bis 4 eine detaillierte Rekonstruktion des Umbruchs in der Ost-CDU. Sie behandelt nicht nur die Entwicklung in der Parteizentrale, sondern greift auch die Diskrepanz zwischen Führung und Basis sowie Ungleichzeitigkeiten zwischen Zentrum und Peripherie auf. Der zeitliche Rahmen umfaßt die Phase des Umbruchs bis zum Hamburger Vereinigungsparteitag im Oktober 1990. Gezeigt werden die Ansatzpunkte einer Reformgruppe, die in meiner Studie als „Transformationselite" bezeichnet wird, und das Scheitern ihres Versuchs einer „Retraditionalisierung mit progressivem Vorzeichen". Kapitel 5 konzentriert sich auf die Umstrukturierung der Parteiorganisation nach der Wende, weitet den Zeitrahmen aber bis 1994 aus, um die Entwicklungstendenzen besser herausarbeiten zu können.

Ziel dieser Arbeit ist es, über eine historische Rekonstruktion des Umbaus der CDU nach der Wende hinaus, Strukturierungsprozesse und Strukturierungsvarianten sichtbar zu machen. Dies geschieht im zweiten Teil der Arbeit anhand von drei Regionalstudien (Landesverband Sachsen, Landesverband Brandenburg sowie der Eichsfeld-CDU), in denen unterschiedliche Ansätze und Handlungsstrategien herausgearbeitet werden: eine *Konfliktstrategie* (Sachsen, Kapitel 7), eine *organisationspolitische Optimierungsstrategie* (Brandenburg, Kapitel 8) und eine *Milieusicherungsstrategie* (Eichsfeld, Kapitel 9). Kapitel 6 komprimiert organisationsstrukturelle Daten, die auf Vorprägungen in den ausgewählten Regionen hinweisen und Kontinuitätslinien sichtbar machen, die den Bruch 1989/90 überdauerten.

Quer zu den anderen Kapiteln untersuche ich im Teil III (Kapitel 10) den Elitenwechsel sowie die Entstehung neuer Elitenkonfigurationen und stelle eine Elitentypologie vor. In der Zusammenfassung wird die Frage nach der Zukunft der ostdeutschen CDU als „Volkspartei" wieder aufgegriffen.

4. Zum Forschungsstand

Zur Geschichte der Ost-CDU bis zur Wende liegen unterdessen mehrere quellenmäßig fundierte Monographien und Aufsätze vor.[54] Die Entwick-

---

54 Vgl. Suckut 1986, 1990, 1994, 1995; Richter 1991[2], Franke 1990; Rißmann 1995; Richter/Rißmann 1995; Kaff 1995.

lung der Ost-CDU nach 1989 ist hingegen von der Parteienforschung bisher kaum bearbeitet worden. Zwar ist die ostdeutsche CDU in der Wahl- und Einstellungsforschung eine feste Größe. Doch sind Veröffentlichungen rar, die explizit auf die Parteientwicklung seit der Wende, zu Fragen der Programmatik, Parteiorganisation, regionalen Ausprägungen, föderalen Politikmustern, Elitenrekrutierung und Strategiebildung[55] sowie des Verhältnisses zur West-CDU Bezug nehmen. Die Ost-CDU wurde (ebenso wie DA, DSU und DBD) meist in Darstellungen mit Handbuchcharakter[56] oder im Rahmen von Analysen zur Entwicklung des Parteiensystems mitbehandelt.[57] Parteistrukturelle und organisationspolitische Fragen (Parteifusion, Finanzierung, Organisationsstruktur, Mitgliederentwicklung und -partizipation) werden zumeist im Parteienvergleich[58], z.T. auch speziell für die CDU[59] untersucht. Inzwischen sind auch detailliertere empirische Untersuchungen, die die Parteienwirklichkeit in den neuen Ländern auf regionaler und lokaler Ebene in den Blick nehmen[60], sowie Studien zum Eliten-

---

55 Die Untersuchung innerparteilicher Konfliktstrukturen, Gruppen- und Machtbildungsprozesse, Handlungsstrategien von Führungsgruppen zählt ohnehin zu den Desideraten in der Parteienforschung (vgl. dazu auch Immerfall 1992).

56 Projektgruppe Parteienforschung 1990: 3-46, 64-70; Gesamtdeutsches Institut 1990; Weilemann u.a. 1990: 15-38; Wuttke/Musiolek 1991.

57 Vgl. z.B. von Beyme 1991: 163-177; Glaeßner 1991: 113-117, 119, 123 f. Volkens/Klingemann (1992: 189-214) versuchen, mit Hilfe von Daten, die aus einer quantitativen Inhaltsanalyse von Wahlprogrammen gewonnen wurden, innerparteiliche Integrationsprobleme und Konfliktpotential in den Parteien zu messen sowie Aussagen über Veränderungen im ideologischen Spektrum des Parteiensystems der Bundesrepublik zu machen. Interessanterweise wird als Ergebnis der Positionsveränderungen von CDU und SPD eine Linksverschiebung festgestellt. Das Verfahren erfaßt allerdings nur die Aussagen von Wahlprogrammen, die in erster Linie auf die Mobilisierung von Wählern zielen, nicht aber das Zustandekommen, den politischen Kontext und die Bedeutung von Programmen für die jeweiligen Parteien selbst. Ob die ostdeutschen Parteien überhaupt über relevante Durchsetzungspotentiale in den Gesamtparteien verfügen, wäre tatsächlich erst noch zu prüfen.

58 Vgl. Linnemann 1994; Schmid 1994b. – Für die CDU konstatiert Linnemann, daß durch den einseitigen Struktur- und Erfahrungstransfer ein produktives Zusammenwachsen föderaler Parteistrukturen nicht habe stattfinden können. Er kritisiert die mangelnde Flexibilität der Parteistrukturen sowie unzureichende Partizipationsmöglichkeiten der Mitglieder und empfiehlt die Einführung plebiszitärer Elemente, Beschränkungen von Amtsdauer und Ämterhäufung sowie eine Stärkung horizontaler Gliederungen als Mittel gegen Parteienverdrossenheit und politisches Desinteresse.

59 Vgl. Schmid 1992, 1994a; Schlumberger 1994; Grabow 1996.

60 Vgl. Möller 1994; Kreikenbom/Stapelfeld 1994; KSPW-Projekt „Kreisparteien" 1996.

wechsel und zum Amts- und Parlamentsverständnis von Führungsgruppen in Ostdeutschland vorhanden.[61]

Speziell mit der Ost-CDU befassen sich vor allem parteihistorische Studien. In seiner Streitschrift über die „Blockflöten", die auf dem Höhepunkt der Auseinandersetzung zwischen „alten" und „neuen" Kräften in der Ost-CDU erschien, hielt von Ditfurth[62] dem gewendeten Personal der DDR-CDU, das nun in der vereinigten CDU erneut zu Ämtern und Mandaten gekommen war, den Spiegel seiner realsozialistischen Vergangenheit vor. Ditfurth vertritt die These, daß die Ost-CDU als eine in das Blocksystem eingebundene Partei das politische System der DDR mitgestützt habe und sich nicht nachträglich zum Hort von Widerstandskämpfern stilisieren sollte. In seinem Buch enthüllt er einerseits brisante Fakten und Personalia[63], entwertet sie jedoch andererseits z.T. durch Pauschalurteile. Neuere Arbeiten, die die Entwicklung der Ost-CDU aus parteienhistorischer Sicht und auf breiterer Quellenbasis behandeln[64], kommen bei der Beurteilung der Funktion der Blockpartei CDU und ihrer Mitgliederschaft zu differenzierteren Einschätzungen. So konstatiert Suckut, daß die Blockparteien, insbesondere CDU und LDPD, zwar staatsloyale, aber nicht durchgängig staatskonforme Organisationen gewesen seien. Sie hätten noch immer „rudimentäre Reste politischen Eigencharakters auf(gewiesen), die gerade in den Momenten des Systemwandels 1989/90 bedeutsam wurden".[65]

Die Entwicklung der Gruppierungen und Parteien auf regionaler und lokaler Ebene ist sowohl in Zeitzeugenberichten und Dokumentationen[66]

---

61 Derlien/Lock 1994; Patzelt 1993, 1994; Müller-Enbergs 1991, 1993; Scholz 1991, 1993.

62 Von Ditfurth 1991.

63 Von Ditfurth bezieht sich insbesondere auf Quellen der Ost-CDU aus den Landesarchiven der PDS in Thüringen und Sachsen sowie aus dem Zentralen Parteiarchiv der SED (ZPA) in Berlin.

64 Vgl. Anm. 54 sowie Richter 1994; Rißmann 1994; Agethen 1994, die sich vor allem auf den Quellenfundus im ACDP stützen.

65 Suckut 1994: 101. – Suckut wertete die neu erschlossenen Bestände im ehemaligen Zentralen Parteiarchiv der SED (ZPA), nunmehr: Stiftung Archiv der Parteien und Massenorganisationen im Bundesarchiv (SAPMO), sowie Materialien des früheren Staatssicherheitsdienstes der DDR (MfS), heute: BStU, aus. – Zur Rolle der Blockparteien vgl. auch: 22. Sitzung der Enquete-Kommission „Aufarbeitung von Geschichte und Folgen der SED-Diktatur in Deutschland" des Deutschen Bundestages am 11.12.1992, Bonn 1993.

66 Vgl. z.B. Adler 1990; Kromer 1990.

als auch in lokalhistorischen Studien[67] sowie bisher unveröffentlichten Abschlußarbeiten[68] aufgearbeitet worden.

Die von mir zum Thema „CDU in den neuen Bundesländern" veröffentlichten Aufsätze sind Vorarbeiten zu diesem Buch.[69] Die Transformation der Ost-CDU wird hier als ein mehrstufiger Prozeß der Elitenformation mit im Zeitverlauf variablen Elitenfigurationen und verschiedenen Handlungszentren charakterisiert. Dieser Ansatz wird in der vorliegenden Studie aufgegriffen und fortgeführt.

Mein Dank gilt all denen, die mich bei dieser Arbeit auf vielfältige Weise unterstützt haben. Besonders bin ich meinen Interviewpartnern verpflichtet, die sich oft viel Zeit für diese Gespräche nahmen und mir nicht nur ihre persönlichen Erfahrungen und Einschätzungen mitgeteilt, sondern auch wertvolles Material zur Verfügung gestellt haben. Mir gaben diese Erkundungen Einblicke in einen politischen Prozeß, die ich vom Schreibtisch aus nie gewonnen hätte. Auch bei der Arbeit in den Archiven bin ich gut beraten und unterstützt worden.

Ferner danke ich den Kolleginnen und Kollegen im Zentralinstitut für sozialwissenschaftliche Forschung der Freien Universität Berlin, mit denen sich über Jahre eine gute Zusammenarbeit ergeben hat, insbesondere Dr. Ingrid Reichart-Dreyer, deren Forschungsgebiet ebenfalls die CDU ist, aber auch den stets hilfsbereiten Mitarbeiterinnen und Mitarbeitern in der Bibliothek und im Archiv des ZI 6. Frauke Burian danke ich für die kompetente redaktionelle Bearbeitung des Manuskripts, Ursula Böhme für die sorgfältige Korrektur der Druckvorlage. Für die kritische Durchsicht des Manuskripts, Anregungen und Hinweise bin ich insbesondere Prof. Dr. Joachim Raschke, Hamburg, Dr. Michael Schneider, Bonn, sowie Dr. Tilman Fichter, Berlin/Bonn, zu Dank verpflichtet.

---

67 Vgl. z.B. Dornheim 1995.
68 Die brandenburgische CDU ist Gegenstand einer Diplomarbeit (Schmock 1994) sowie einer Dissertation (Vette 1996).
69 Schmidt 1991, 1993, 1994.

Teil I:
Der Umbruch in der DDR-CDU 1989/1990

1. Die Ost-CDU 1945-1989

1.1. Involution zur Blockpartei

Als Blockpartei war die Ost-CDU in die Machtstrukturen des DDR-Regimes eingebunden. Sie war Teil des – in der Entstehungsphase der DDR antifaschistisch-demokratisch begründeten – Blockparteiensystems[1] und formal an der Regierung beteiligt. Auch wenn sie in dem von der SED beherrschten Staat keine wirkliche Macht ausüben konnte, so zählten ihre Kader doch zu den Funktionseliten der DDR-Gesellschaft. Ebenso wie die Funktionsträger der anderen Blockparteien waren sie an den politischen Entscheidungen selbst nicht wirklich beteiligt, wohl aber an der Umsetzung der Ergebnisse.[2]

Die indirekte Beteiligung an der Macht im SED-Staat war für die CDU Resultat eines Prozesses, dessen Verlauf in der Gründungsphase der DDR noch keineswegs absehbar war. In den Jahren 1947/1948 – in einer Zeit also, in der die mit der Fusion von KPD und SPD zur SED nicht einverstandenen Sozialdemokraten als politische Kraft schon längst nicht mehr offen auftreten konnten und unterdessen (mit Hilfe der SPD-Parteiführung unter Kurt Schumacher, später dann des Ost-Büros der SPD) ein Geflecht illegaler Gruppen und Informationsmöglichkeiten aufgebaut hatten – versuchten CDU und LDPD noch, sich als legale Opposition zur SED zu profilieren. Sie bestritten den Führungsanspruch der SED, der dem Prinzip der Gleichberechtigung aller im „Demokratischen Block" vertretenen Parteien (wie bei der Bildung der „Einheitsfront der antifaschistisch-demokratischen Parteien" am 14. Juli 1945 vereinbart) zuwiderlief; zeitweise unterbrach daher die Ost-CDU ihre Mitarbeit im Zentralen Block. Mit einer Strategie des Widerstrebens und der „hinhaltend-modifizierenden Teilnahme" versuchten sie darüber hinaus die politische wie sozialstrukturelle Transformation der SBZ-Gesellschaft im Sinne der von der SMAD-gestützten So-

---

1   Die erste Verfassung der DDR aus dem Jahr 1949 ging von einem Staat aus, der noch Strukturelemente eines parlamentarisch-demokratischen Systems mit föderalistischen und rechtsstaatlichen Zügen aufwies. Der Führungsanspruch der SED wurde erst in der zweiten Verfassung der DDR (1968) in Art.1 Abs.1 Satz 2 festgeschrieben (vgl. Suckut 1995: 105).

2   Vgl. Lapp 1991, Richter 1991[2], Suckut 1994, 1995, Richter/Rißmann 1995.

zialismus-Konzeption der SED wenn nicht zu verhindern, so doch wenigstens zu modifizieren.[3]

Für die Akteure bedeutete dies eine Gratwanderung, denn einerseits konnten sie die verordnete Loyalität zur sowjetischen Besatzungsmacht und deren Deutschlandpolitik nicht aufkündigen, wenn sie ihr Wirkungsfeld in der SBZ behalten wollten; andererseits durften sie den Anspruch auf Selbsterhaltung und Glaubwürdigkeit der eigenen Organisation nicht aufgeben und mußten daher den Kampf gegen den Führungsanspruch der SED führen, die selbst wiederum von der SMAD gestützt wurde und ihre Vorherrschaft ohne diese Rückendeckung wohl kaum hätte behaupten können.

Wie die Ergebnisse der letzten freien Wahlen in der SBZ (Gemeinde- und Landtagswahlen 1946) zeigten, war der Anteil der Wählerstimmen für die Blockparteien, die das bürgerliche Spektrum repräsentierten, relativ groß: Trotz massiver Behinderungen (u.a. bei der Registrierung der Ortsgruppen, Eingriffen in die Kandidatenaufstellung, Verhaftungen von Mitgliedern und Funktionären) erreichten sie bei den Landtagswahlen 1946 mit zusammen 49,1 Prozent (CDU: 24,5 Prozent; LDPD: 24,6 Prozent) einen höheren Stimmenanteil als die SED (47,6 Prozent). In den Landtagen von Brandenburg und Sachsen-Anhalt verfügten CDU und LDPD gemeinsam sogar über eine Mehrheit der Mandate. Daraus bezogen die beiden Parteien zu Recht ein gewisses Selbstbewußtsein, hatte es sich doch erwiesen, daß die SED nicht durch ein auf demokratische Weise zustandegekommenes klares Wählervotum legitimiert war.[4] Andererseits nutzten sie aber die formale Mehrheit dort, wo sie nach den Gemeinde- und Landtagswahlen 1946 tatsächlich bestand (also in den Landtagen von Brandenburg und Sachsen-Anhalt sowie in zahlreichen Kommunal- und Kreisparlamenten im Süden der SBZ), nur selten, um gemeinsam als eine schlagkräftige Opposition zur SED aufzutreten. In der Konkurrenz um Wählerstimmen aus den bürgerlichen Schichten wollten CDU-Ost und LDPD ihr jeweils eigenes Profil schärfen; überdies gelang es den Sowjets auch immer wieder, sie gegeneinander auszuspielen.[5]

Offener Widerstand gegen SMAD und SED, die Selbstauflösung der Partei oder die schleichende Deformation zum Transmissionsriemen der

---

3   Dazu gehörten die entschädigungslosen Enteignungen im Zuge der Bodenreform 1945, die Industrieenteignungen im Sommer 1946, die Bevorzugung von SED-Leuten bei der Besetzung öffentlicher Ämter usw.

4   Vgl. Staritz 1984: 143.

5   Vgl. Richter 1991[2].

SED-Politik – das waren die Alternativen, die sich für die bürgerlichen Blockparteien am Ende der vierziger Jahre stellten. Nach der Absetzung Jakob Kaisers am 20. Dezember 1947 und der Wahl Otto Nuschkes zum neuen Parteivorsitzenden existierten faktisch zwei konkurrierende Parteileitungen in Ost- und West-Berlin. Von seiten der westlichen Landesverbände bzw. der im Februar 1947 gegründeten „Arbeitsgemeinschaft der Christlich-Demokratischen und Christlich-Sozialen Union Deutschlands" – eine Bundesorganisation der CDU existiert erst seit 1950 – wurde nun die demokratische Legitimation der CDU-Führung in der SBZ bestritten. Kaiser, der zunächst in den britischen Sektor Berlins übergesiedelt war, galt hier als die Symbolfigur der unterdrückten SBZ-CDU; diesen Anspruch repräsentierte er auch als Vorsitzender der 1950 gegründeten Exil-CDU.[6]

Die Konfrontation zwischen den Blöcken im beginnenden Kalten Krieg beschleunigte die Auseinanderentwicklung der Westzonen und der SBZ und machte für die Christlichen Demokraten und die Liberalen (wie zuvor schon für die Sozialdemokraten) die Option gesamtdeutscher Parteibildungen zunichte. Die neue CDU-Führung unter Otto Nuschke und Prof. Hugo Hickmann versuchte in einem Balanceakt – mit einem prosowjetischen, aber gegen die SED gerichteten Kurs – die gesamtdeutsche Perspektive beizubehalten und die potentielle Funktion der Ost-CDU für die sowjetische Deutschlandpolitik herauszustellen.[7] Dies war zugleich ein Versuch, die Parteiorganisation der Ost-CDU zu retten, den politischen und sozialstrukturellen Umbau in der SBZ zu bremsen und durch die Forderung nach freien Wahlen die Etablierung zweier deutscher Teilstaaten zu verhindern. Als aber – nach der ablehnenden Reaktion Adenauers und der Westmächte auf die Stalin-Note 1952 – ein neutralisiertes Gesamtdeutschland endgültig vom politischen Horizont verschwand, war auch diese strategische Konzeption gescheitert.

Faktisch war die Gleichschaltung der beiden Blockparteien spätestens nach 1953 entschieden. Der mittlere Funktionärskörper in den Landes-, Kreis- und Ortsverbänden war zerschlagen, die Blockparteien nach dem Prinzip des „Demokratischen Zentralismus" umstrukturiert und zu SED-konformen Kaderparteien umfunktioniert, das Blockparteiensystem um die von der SED für die Zielgruppen der Landbevölkerung und der ehemaligen Soldaten bzw. Militärs geschaffenen Satellitenparteien DBD und NDPD sowie durch die Einbeziehung der Massenorganisationen erweitert worden.

---

6   Vgl. ebd.: 23, 371; Buchstab 1991b: 21-28.
7   Vgl. Richter 1991²: 159, 165.

Dadurch hatten sich die politischen Mehrheiten zugunsten der SED verändert, und die von der SMAD protegierten „fortschrittlichen" bzw. kooperationsbereiten Führungskräfte in den Blockparteien sicherten den Anpassungskurs; in der CDU-Parteizentrale waren mit Gerald Götting und Wolfgang Heyl Funktionäre eingezogen, die von der sowjetischen Besatzungsmacht vollständig abhängig waren und damit einen völlig anderen Politikertyp repräsentierten als ihre Vorgänger.[8] Durch die Veränderung des politischen Systems (u.a. die Aussetzung freier Wahlen, die Einführung von Einheitslisten, die Abschaffung der Länderstruktur) sowie der wirtschaftlichen und gesellschaftlichen Rahmenbedingungen wurden den bürgerlichen Parteien zunehmend die politischen und materiellen Grundlagen für eine eigenständige Politik entzogen.

Was letztendlich mehr zur Einpassung der Ost-CDU-Führung in das DDR-System bis zur Wende im Jahr 1989 beigetragen hat – Kontrolle, Verfolgung und Überwachung oder die Einbeziehung der SED-konformen CDU-Kader in die Funktionseliten der DDR – ist eine Frage, die hier nicht beantwortet werden kann. Den Mitgliedern der Ost-CDU blieben „exit" oder „voice", also der Bruch mit dem SED-Regime, aber auch verschiedene Formen des Arrangements und der Anpassung.[9] Sicherlich existierten auch in den fünfziger und sechziger Jahren in der DDR noch Nischen für die Sedimente einer bürgerlichen Kultur. Und von hier aus erblickte man in der DDR-CDU und der LDPD teilweise noch politische Ansprechpartner für eine (auf bestimmte Themen begrenzte und zumeist im kommunalen Rahmen stattfindende) Interessenvertretung.

---

8   Vgl. unten Abschnitt 10.1 und 10.3.1.

9   Lothar de Maizière, der im November 1989 nach dem Sturz Gerald Göttings zum neuen Vorsitzenden der DDR-CDU gewählt wurde, nannte im Rückblick auf die Gründungsphase vier Reaktionsmuster: Abwanderung oder Widerstand einerseits, Anpassung und den Versuch, die christlichen Ideale mit den „neuen" sozialistischen Idealen zu verbinden, andererseits (CDU-Pressemitteilung, 18.6.1990, ACDP VII-010, 3933). Diese Rede de Maizières anläßlich des 45. Jahrestages der Berliner CDUD-Gründung am 16. Juni 1945 vor dem Bundesausschuß der CDU in Bonn war übrigens die erste Rede de Maizières vor einem offiziellen Gremium der Bundes-CDU.

1.2. *MfS und CDU*

Noch sind längst nicht alle für eine fundierte, historisch-soziologische Darstellung der DDR und ihres Blockparteiensystems relevanten Materialien erschlossen bzw. archivalisch aufbereitet. Die bisher verfügbaren und ausgewerteten SED- und MfS-Unterlagen ermöglichen jedoch bereits jetzt eine differenzierte Einschätzung des Verhältnisses der SED-Führung zu ihren Bündnispartnern.[10] Demnach hegten die maßgeblichen SED-Funktionäre – trotz ständiger Betonung der harmonischen Zusammenarbeit – von Anbeginn ein tiefes Mißtrauen gegenüber ihren Bündnispartnern. Die Gründe dafür waren sowohl ideologischer Natur als auch dem Interesse des Machterhalts geschuldet: Die Blockparteien, insbesondere die „bürgerlichen" Parteien CDU und LDPD, galten im Arbeiter- und Bauernstaat als kleinbürgerlich-unzuverlässige Elemente. Und sie stellten – wie an den o.a. Wahlergebnissen ablesbar – in dem in der Frühphase der DDR noch keineswegs gefestigten sozialistischen Staat eine potentielle politische Konkurrenz für die SED und eine Gefährdung bereits erreichter „Errungenschaften" dar.

Zwar gelang es der SED in den folgenden Jahren, die schwierigen Bündnispartner bzw. zumindest ihre Führungsgruppen durch Konzessionen und Einbeziehung in Leitungsfunktionen (im Staat und in Massenorganisationen wie z.B. der FDJ, Überlassung von Bürgermeisterposten, Stellvertreterposten von Leitungsorganen etc.), aber auch durch diverse Säuberungsaktionen und ein ausgedehntes Überwachungssystem unter Kontrolle zu halten. Dennoch ergaben „die SED-internen Berichte zur Lage der CDU und LDPD das Bild von Parteien, die zwar den Staat mittrugen und sich loyal verhielten, deren Mitglieder aber weithin nicht staatskonform dachten. Ähnliches galt – nach dem SED-Urteil – auch für viele der führenden Funktionäre".[11] Mehrfach wurde daher im ZK-Apparat erwogen, die Bündnisparteien aufzulösen; belegt ist das für die Jahre 1953, 1958 und den Beginn der sechziger Jahre. Daß es nicht dazu kam, ist darauf zurückzuführen, daß im außenpolitischen Kalkül der Sowjetführung die Option einer deutschen Wiedervereinigung (wenn auch vielleicht nur aus taktischen Gründen) offengehalten wurde und daß darin den Blockparteien eine unverzichtbare Rolle zukam. Sie konnten einerseits als Feigenblatt für die angeblich demokratische Struktur der DDR-Regierung herhalten, anderer-

---

10 Vgl. Suckut 1994, 1995.
11 Suckut 1995: 107.

seits aber auch – gerade wegen ihrer Westkontakte – als „Wegbereiter" einer die SED umgehenden, eigenen sowjetischen Deutschlandpolitik instrumentalisiert werden.

Während sich CDU und LDPD zu SED-hörigen Organisationen wandel-
ten, verloren sie Mitglieder zu Zehntausenden.[12] Die Kluft zwischen Parteibasis und Führung vergrößerte sich: Es waren nun fast ausschließlich die
hauptamtlichen Mitarbeiter, Staatsfunktionäre und leitenden Angestellten
in den VEB, die sich noch mit der SED-Politik identifizieren wollten.
Doch auch die Führungsspitzen der Blockparteien erschienen der SED und
dem MfS nicht selten als unzuverlässig: So wurden selbst der Generalsekretär der CDU, Gerald Götting, und sein Stellvertreter Wolfgang Heyl
Ende der fünfziger und Anfang der sechziger Jahre in ihren Wohnhäusern
mit Abhöranlagen überwacht. Götting galt u.a. deshalb als suspekt, weil er
nach den Ereignissen des 17. Juni 1953 zeitweise einen „neuen Kurs" der
CDU anvisiert hatte, mit dem die Partei ein Stück Eigenständigkeit und die
Parteiführung einen Teil der Macht zurückgewinnen sollte; Heyl geriet
wegen einer nicht mit der SED abgestimmten Mitgliederwerbekampagne
und angeblichen Kontakten zu HVA-Überläufern unter Verdacht.[13]

Nach dem Bau der Mauer 1961 verloren die Blockparteien im DDR-
System an Bedeutung. Das zeigte sich nicht zuletzt daran, daß die Staatssicherheit ihren Überwachungs- und Kontrollapparat für die Blockparteien
und Massenorganisationen ganz erheblich reduzierte: Beschäftigte sich in
der Hauptabteilung XX (bzw. V) 1959 damit noch eine ganze Abteilung
mit einem Kaderbestand von ca. hundert Mitarbeitern, so schmolz der
Aufgabenbereich Auswertung, Information, Analyse in den nächsten Jahrzehnten – in einer Zeit also, in der sich der Personalbestand der Hauptabteilung XX vervierfachte – auf ein Referat mit ca. vier bis fünf Mitarbei-

---

12 Von 1947, als die Mitgliederzahl der CDU mit ca. 218.000 den Höchststand
    erreicht hatte, ging sie bis zum Ende der 50er Jahre um mehr als die Hälfte
    zurück; die tiefsten Einbrüche wurden zwischen 1950 und 1953 verzeichnet
    (ACDP VII-011, 3857: 6).

13 Am 27.2.1954 wurde gegen Götting ein Überprüfungsvorgang angelegt. Er
    stand nun „unter dem Verdacht, unter Ausnutzung seiner Funktion eine Zer-
    setzungsarbeit innerhalb der CDU zu betreiben mit dem Ziel, die Einheit
    Deutschlands auf bürgerlich kapitalistischer Grundlage wiederherzustellen"
    (BStU, ZA, AS MfS HA XX AP 11730/92, Blatt 52). Bevor er 1962 sein
    neues Haus bezog, wurde die Abteilung 26 (Telefonüberwachung, Wanzen
    usw.) eingeschaltet (BStU, ZA, AS MfS HA XX AP 13722/92, Blatt 130 f.).
    Diese Abteilung kam 1961 auch in Heyls Wohnung zum Einsatz (BStU, ZA,
    AS MfS HA XX AP 10155/92, Blatt 39 ff.).

tern zusammen.[14] In der CDU machte sich der Bedeutungsverlust in einem (verordneten) weiteren Mitgliederrückgang und an der Altersstruktur der Mitglieder bemerkbar.[15] Die Mitbestimmungsmöglichkeiten der Blockparteien und ihrer Fraktionen in der Volkskammer glichen Ritualen. Die Anpassungsbereitschaft der CDU, ihr Übereifer, SED-Vorgaben umzusetzen, ging zuweilen sogar so weit, daß SED und MfS sich veranlaßt sahen, darauf hinzuwirken, daß die Partei nicht den letzten Rest von Glaubwürdigkeit bei ihrer Basis verlor und damit der ihr zugedachten Rolle, andere Schichten an sich zu binden als die SED, verlustig ging. Der einzige Fall, in dem sich Abgeordnete aus der CDU-Fraktion zu einem abweichenden Abstimmungsverhalten durchringen konnten, war die Abstimmung in der Volkskammer über das Gesetz zum Schwangerschaftsabbruch. Bei der Verabschiedung des Gesetzes am 9. März 1972 gab es 14 Gegenstimmen und acht Enthaltungen.[16] Was nach außen hin als Sternstunde einer mutigen Opposition aus christlicher Gewissenspflicht erschien, erwies sich allerdings aus der Sicht von MfS und SED als eine inszenierte Veranstaltung.[17]

Nach dem Einmarsch der Warschauer-Pakt-Truppen in die CSSR 1968 und angesichts der neuen Ostpolitik der 1969 angetretenen sozialliberalen Regierung der Bundesrepublik zeigte sich – wohl in Übereinstimmung mit der Stimmungslage einer großen Mehrheit der DDR-Bevölkerung, vielleicht sogar der SED-Mitglieder – eine gewisse Aktivierung der Mitglieder der Blockparteien. Gleichzeitig wurde deren soziale Basis durch die Überführung halbstaatlicher und privater Betriebe in VEB weiter abgebaut. Daran war die Ost-CDU freilich aktiv mitbeteiligt; ihre Volkskammerabgeordneten hatten in vorauseilendem Gehorsam den Antrag, in halbstaatlichen und verbliebenen Privatbetrieben sozialistische Leitungs- und Arbeitsmethoden einzuführen, selbst mit eingebracht und damit die SED noch überholt.[18]

---

14 Interview W. Schmidt.
15 ACDP VII-011, 3857: 77. – In den Jahren zwischen 1961 und 1970 lag das Durchschnittsalter der CDU-Mitglieder über 50 Jahre; dann verjüngte sich die Partei bis 1989 allmählich wieder (Durchschnittsalter: 46,3 Jahre).
16 Vgl. NZ, 10.3.1972, s. auch Suckut 1994: 161 (Dokument Nr. 9).
17 Interview W. Schmidt.
18 Die DDR-CDU trug wesentlich mit dazu bei, das Privateigentum in der DDR zu zerschlagen: im Frühjahr 1972 gab sie den Anstoß zur Verstaatlichung kleinerer und mittlerer Gewerbebetriebe; im Herbst 1972 folgte eine zweite Verstaatlichungswelle, die insbesondere das Handwerk traf, und zu der sich CDU und LDPD „spontan" bekannten (vgl. SZ 12.10.1972; 13.10.1972; Die Welt, 21.2.1972). Vgl. auch Gudenschwager 1995.

Interessant für die Bewertung der Rolle der Blockparteien in der Vorgeschichte der Wende 1989/90 sind die MfS-Unterlagen für die zweite Hälfte
der achtziger Jahre. Demnach war das MfS, das seine Zuträger schon vor
dem Beginn der sowjetischen Reformpolitik in den Spitzengremien von
LDPD und CDU plaziert hatte, über die internen Reformdiskussionen in
der LDPD und die Positionen in der CDU bestens informiert. Während
sich die LDPD-Führung bereits im Spätsommer 1988 für einen eigen-
ständigeren politischen Kurs und ein konstruktiv-kritisches Profil entschieden hatte, ohne freilich zur „Oppositions- oder Forderungspartei"
werden zu wollen, glaubte der CDU-Vorsitzende Götting noch auf einer
für Ende August 1989 einberufenen Präsidiumssitzung, einen Mittelweg
zwischen dem Reformkurs des LDPD-Vorsitzenden Manfred Gerlach und
der Position des Reformgegners und NDPD-Vorsitzenden Heinrich Homann einschlagen zu können. Sein Grundsatzreferat wurde allerdings – wie
Adolf Niggemeier, Mitglied des Sekretariats des CDU-Hauptvorstandes
alias IMS „Benno Roth", berichtete – von den hier anwesenden Bezirksvorsitzenden als enttäuschend empfunden. Symptomatisch für die Stagnation in der CDU-Spitze in diesen Wochen war, daß es auch im Sekretariat des Hauptvorstandes zu den Fragen der Mitglieder und zur Lage der
CDU keine Diskussionen gab; hier war man „weitgehend mit inneren Fragen beschäftigt".[19]
Die MfS-Berichte zur Lage der „befreundeten Parteien" registrierten
inzwischen – so resümiert Suckut – eine deutliche Veränderung gegenüber
früheren Jahren. Trotz zunehmender Kritik an den Mißständen im Lande
und der Politik der Staatspartei werde der Führungsanspruch der SED nicht
mehr offen in Frage gestellt. Allerdings zeigten sich bei Mitgliedern wie
Funktionären der Blockparteien gesteigerte Forderungen und Erwartungshaltungen angesichts der Politik der eigenen Partei sowie für Teilbereiche
des gesellschaftlichen Lebens (Wirtschaftspolitik, Subventions-und Inve-
stitionspolitik, Informationspolitik, Versorgung, Preisgestaltung, Kommu-
nalfragen usw.). Diese Unzufriedenheit äußere sich in „gesellschaftlicher
Passivität" und „politisch motivierten Austritten".[20]
Noch sah die SED-Führung ihre Machtstellung allerdings nicht gefährdet, schon gar nicht durch die Blockparteien und deren Mitglieder. Sie
wiegte sich in der Zuversicht, daß „die politisch-operative Sicherung des

---

19   Vgl. Bericht zur politisch-ideologischen Situation im Hauptvorstand der CDU
     (BStU, ZA, AS MfS HA XX/AKG 84, Blatt 57-70, hier Blatt 58,62). – Vgl.
     auch Suckut 1995: 113 f.
20   Vgl. ebd: 114.

Bereiches befreundete Parteien" gewährleistet sei. Die Bezirks- und Kreisvorstände von CDU und LDPD seien „umfangreich inoffiziell gesichert"
und „der Einsatz entsprechender IM in Schlüsselpositionen" quantitativ
ausreichend; lediglich der „zielgerichteten inoffiziellen Absicherung und
Durchdringung unmittelbar in den Grundeinheiten und Ortsgruppen" habe
man bisher noch zu wenig Aufmerksamkeit geschenkt.[21] Daß das Anpas-
sungsverhalten aber nach wie vor kein Einverständnis mit dem real existierenden Sozialismus in der DDR beinhaltete, sondern in einer Umbruchsituation in massive Unzufriedenheit und Massenprotest umschlagen konnte, sollte sich dann im Wendeherbst zeigen.

---

21 Vgl. Information Nr. 263/89, 3.5.1989 (BStU, ZA, AS MfS HA XX/AKG 84,
    Blatt 15-38, hier Blatt 7).

2. Führung-Basis-Konflikte in der Wendezeit

Der Stimmungsumschwung, der sich an der CDU-Basis im Herbst 1989 Bahn brach, läßt sich anhand einer Vielzahl von Briefen an die Berliner CDU-Zentrale im Otto-Nuschke-Haus genau beschreiben und datieren. Der Einschätzung Suckuts entspricht, daß bis in den Monat September hinein eine überwiegend verhaltene Kritik geäußert wurde. Sie betraf zumeist Versorgungsprobleme, die Rechtsunsicherheit und Willkür bei Paß- und Reiseanträgen und andere Beschwerden verschiedener Art.[1] Auffallend wenige Briefe enthalten eine explizit politische Kritik – etwa an der Durchführung der Kommunalwahlen oder an der Einstellung der Partei- und Staatsführung zur blutigen Niederschlagung der Studentenbewegung in China.

Erst nach dem Bekanntwerden des „Weimarer Briefes" wurde die Parteizentrale im Otto-Nuschke-Haus mit einer Flut von Briefen aus den Ortsgruppen überschüttet, die sich auf die darin geäußerten Monita bezogen. Mit dem Hinweis auf die längst viel unabhängiger agierende LDPD wurde die CDU-Führung zum offenen Dialog und eigenständigen Handeln aufgefordert. Die Eigendynamik des Protests nahm in dem Maße zu, in dem sich die Parteiführung unfähig zeigte, auf diese Signale angemessen zu reagieren.[2] Tatsächlich wurde in diesen Wochen eine quantitative wie qualitative Veränderung des Protestpotentials in der DDR-CDU sichtbar, die allerdings vor dem Hintergrund der zunehmenden Beunruhigung durch die Ausreisebewegung und zudem im Kontext des sich verändernden gesamten parteipolitischen Umfeldes gesehen werden muß. Dazu gehören vor allem die demonstrativen Aktionen der Bürgerbewegungen, aber auch SED-interne Differenzierungsprozesse zwischen „Modernisierern" und Altfunktionären der Honecker-Generation[3], last not least das Beispiel der LDPD und ihres Vorsitzenden Gerlach.[4] Eine die externen Faktoren ausblendende

---

1   Eine andere Gewichtung findet sich bei Richter 1994, der diese Briefe als Zeichen des Widerstandes, der sich an der Basis gegen die Parteiführung formiert habe, interpretiert.

2   Sie ging auf die Fragen gar nicht ein, sondern versandte vorgestanzte und floskelhafte Antworten ausgerechnet an jene, die gegen ihre Sprachlosigkeit und das Totschweigen protestierten.

3   Vgl. Land/ Possekel 1995: 415-423.

4   Zur Einschätzung der LDPD durch das MfS vgl. „Information Nr. 125/89: Über einige beachtenswerte Aspekte der politisch-ideologischen Situation in der LDPD" (BStU, ZA, AS MfS HA XX/AKG 1360, Blatt 93-99).

und nur auf die Binnenperspektive der Partei selbst bezogene Optik neigt nur allzu leicht dazu, das Widerstandspotential in der Ost-CDU zu verklären.

Der „Brief aus Weimar" hat in der Ost-CDU im September/Oktober 1989 einen Damm gebrochen und wie ein Kristallisationspunkt der innerparteilichen Unruhe gewirkt: Er fand eine Ausdrucksform, in der sich eine breite Protestströmung artikulieren und politisieren konnte. Gerade diese Qualität, vor allem aber die zeitlich gut plazierte Publikation in einer deutsch-deutschen Halböffentlichkeit auf der V. Synode des Bundes der Evangelischen Kirchen in der DDR vom 15. bis 19. September 1989 in Eisenach (bei entsprechender Aufmerksamkeit von West-Medien) erklären seine besondere Wirkung. Demgegenüber blieb die Ortsgruppe Neuenhagen mit ihren Aktivitäten, die heute, im nachhinein, mit zu den Auslösern der CDU-Revolte gerechnet werden, relativ isoliert.

2.1. Die Ortsgruppe Neuenhagen – ein frühes Beispiel für Zivilcourage

Wenn der CDU-Sekretär Adolf Niggemeier alias IMS „Benno Roth"[5] seinen MfS-Auftraggebern berichtete, daß sich manche CDU-Ortsgruppen zu „politischen Debattierclubs" entwickelten, so hatte er vor allem die Ortsgruppe Neuenhagen im Kreisverband Strausberg bei Berlin im Visier. Seit Gorbatschows Amtsantritt (1985) setzte „ein harter Kern" von ca. 15 Personen in dieser Gruppe mit ihrer streitbaren Vorsitzenden, der Ärztin Dr. Else Ackermann, auf Perestroijka und Glasnost.[6] Auch in der DDR war ih-

---

5 Niggemeier (geb. 1931 in Riesa) war schon 1954 in Leipzig als GI angeworben worden und berichtete nach seiner Versetzung zum Hauptvorstand der CDU in Berlin im September 1954 kontinuierlich für das MfS über Parteiinterna der Ost-CDU, deren Westarbeit sowie katholische Angelegenheiten. Als persönlicher Referent von Generalsekretär Götting und später Sekretariatsmitglied nahm er im „Sicherungsbereich Hauptvorstand der CDU" eine Schlüsselposition ein. 1977 wurde seine Aufgabe folgendermaßen definiert: „Aufdeckung von gegnerischer Wirksamkeit gegen die führende Rolle der SED und ihre Bündnispolitik in der CDU-Ost besonders im Bereich der Agitation des Hauptvorstandes der CDU und aller nachgeordneter Vorstände in den Bezirken, Kreisen und Gemeinden." (BStU, ZA, AS MfS/ANS AIM 11943/89, Bd.1, Blatt 168.)

6 Vgl. Rechenschaftsbericht der Ortsgruppe Neuenhagen für das Jahr 1988/89 (Privatarchiv Ackermann), S. 13: Hier wird über eine Veranstaltungsreihe berichtet, die zu einem „Debattierclub"...„wie in der Zeit der französischen Aufklärung" werden könnte.

rer Meinung nach die Zeit reif für Reformen und das „Neue Denken". Bereits im Juni 1988 (also noch vor den Kommunalwahlen 1989 und mehr als ein Jahr vor dem „Brief aus Weimar") verlangte sie – nach zahlreichen innerparteilichen Auseinandersetzungen zwischen „Basis" und „Überbau"[7] – eine eigenständigere und erkennbare Politik der CDU; sie forderte die CDU-Führung in Berlin auf, sich mit den „Funktionsstörungen im politischen System" der DDR auseinanderzusetzen und in einen kritischen Dialog mit den unteren Parteiebenen einzutreten.

In einem 15seitigen Papier, das im Juni 1988 an den Parteivorsitzenden Götting geschickt wurde[8], suchte sie nach Ursachen für die zunehmende „Verweigerungshaltung", für ein „demonstratives Desinteresse vieler DDR-Bürger für Politik und Gesellschaft" und – als dem anderen Extrem – für die Ausreisewelle. Zwischen diesen beiden Reaktionsformen liege eine breite „Skala der Anpassungsmodalitäten mit der Heuchelei als Leitsyndrom". Das Ergebnis sei „ein müdes innenpolitisches Leben. Da sich das Handeln nur auf die Durchführung zentraler Programme beschränkt, sind die Parteiorganisationen vielerorts gelähmt." Verantwortlich dafür sei die „geschlossene Gesellschaft" mit ihren Abgrenzungs- und Hospitalisierungserscheinungen einer „bevormundeten Existenz". Der preußisch geprägte „demokratische Zentralismus" in der DDR habe zur Verkümmerung jeder demokratischen Mitwirkungsmöglichkeit geführt. Die Verfasser des Papiers fordern Offenheit in der politischen Auseinandersetzung (z.B. „Foren konstruktiver Unzufriedenheit"), eine Stärkung der Volksvertretungsorgane auf allen Ebenen (insbesondere: Stellung der Abgeordneten, Rolle der Volkskammer), Pluralismus der Meinungsbildung und die „Modernisierung" der Parteipresse (Abschaffung der Zensur und der Phraseologien) wie der Informationspolitik insgesamt.

An die Adresse der eigenen Partei gerichtet, heißt es in dem Papier:

---

7   „Die Zeiten ändern sich. Die Menschen äußern sich emanzipatorisch. Sie kritisieren offen und wollen verändern. So ist die Parteibasis im Strom der Zeit, ohne die der Parteiüberbau mit seinen realitätsfremden Vorstellungen nicht leben kann. Zwischen beiden Ebenen klafft ein breiter Graben, der oben und unten trennt. Statt Brücken zu bauen, versucht man die Kluft durch lautstarke Reden zu überwinden. Aber keiner versteht mehr den anderen, weil wir inzwischen verschiedene Sprachen sprechen." (Dr. Ackermann an B. Knoch, Kreissekretariat der CDU, KV Strausberg, am 24.5.1989, Privatarchiv Ackermann, Akte „Briefwechsel".)

8   „Gedanken der CDU-Ortsgruppe Neuenhagen zu gesellschaftspolitischen Fragen in der DDR", Expl. Nr. 5 (Privatarchiv Ackermann). – Aus diesem Papier wird auch im folgenden zitiert. Das Begleitschreiben an Götting datiert vom 27. Juni 1988 (ACDP VII-010, 3942).

„Die Umgestaltung der Gesellschaft mit Neuem Denken muß zunächst auf der höchsten Parteiebene und sichtbar für uns alle stattfinden, damit die Basis nicht das Präsidium überholt. Gerade wegen der bisher fehlenden Demokratie und der festgefahrenen Parteihierarchie schaut die Basis wie gebannt nach oben, um das befreiende Signal zu empfangen. Kritische Bürger und Unionsfreunde wollen ermuntert werden, damit sie nicht mit ihrem Veränderungswunsch im Parteigestrüpp hängenbleiben. Es fehlt einfach der Mut, Initiative unaufgefordert zu entfalten, die in jahrzehntelanger Entmündigung erstickt worden ist. Die immer gleichbleibende Minorität der CDU und anderer Parteien im Vergleich zur SED in nahezu allen gesellschaftlichen Gremien und auch in den Leitungen der Massenorganisationen trägt nicht dazu bei, die Bereitschaft der CDU-Mitglieder zu aktiver gesellschaftlicher Arbeit anzuregen." Und weiter: „Mit der üblichen journalistischen Phraseologie, die die Gemüter einlullt und die Probleme vertuscht, wird man die Unionsfreunde nicht aus ihrer Lethargie wecken können. Es fehlt in allen Bereichen das Vertrauen zur Führung."

Die Forderungen der Neuenhagener lassen sich zusammenfassen:

- demokratischer Rechtsstaat statt rückständiger obrigkeitsstaatlicher Willkürpraxis;
- demokratische Erneuerung des Führungspersonals (im Staatsapparat wie in den Parteien) statt Machtkonzentration und damit einhergehendem Autoritätsverlust der politischen Führung;
- politische Handlungsfähigkeit und -bereitschaft einer funktionierenden, demokratisch legitimierten und verantwortungsbewußten Volksvertretung statt einer durch bloßes Administrieren verhehlten Stagnation;
- Trennung des Verhältnisses von Kirche und Staat, d.h. kein Abschieben von politischen Problemen, bei deren Lösung die politischen Parteien versagt haben, an die Kirchen.

Mit ihrem Vorstoß bei der CDU-Parteiführung hatte die Ortsgruppe freilich keinen Erfolg. Götting nahm das Papier nur flüchtig zur Kenntnis und übertrug es dem Sekretär Niggemeier, darauf zu antworten. Im Unterschied zum Parteivorsitzenden erkannte Niggemeier den „aufwieglerischen" Inhalt des „Pamphlets", konnte aber seinen MfS-Führungsoffizier nicht erreichen. Er besprach sich daraufhin mit dem für die CDU zuständigen Mitarbeiter der „Abteilung befreundete Parteien" des ZK der SED, der – so Niggemeier – sofort Interesse gezeigt und darum gebeten habe, alle Durchschläge des „Pamphlets" einzusammeln und ihm zu übergeben, was Niggemeier auch tat. Er erhielt die Anweisung, die Angelegenheit im Sekretariat des Hauptvorstandes nicht zur Sprache zu bringen.[9] Lediglich Götting und sein Stellvertreter Heyl seien – so Niggemeier – seines Wissens informiert gewesen.

Die wenigen noch kursierenden Exemplare des Neuenhagener Papiers mußten vom Frankfurter Bezirksvorsitzenden Zachow und Frau Dr. Ackermann selbst vernichtet werden.[10] Im März 1989 ließ sich der bei der Jahreshauptversammlung der Ortsgruppe Neuenhagen als Gast anwesende langjährige Volkskammerabgeordnete und stellvertretende Minister für Handel und Versorgung, Dr. Harald Naumann, zugleich Mitglied des Präsidiums des CDU-Hauptvorstandes[11], die Zusage abringen, eine Arbeitsgruppe des Hauptvorstandes einzusetzen, „um die Anregungen und Gedanken der Ortsgruppe für die Parteiarbeit zu verallgemeinern" und die Vernichtungsanweisung untersuchen zu lassen, woraus allerdings nichts wurde.[12] Der unbotmäßigen Gruppe war unterdessen nicht entgangen, daß sie observiert wurde; sie befürchtete weitere Disziplinierungen von seiten der Parteiführung sowie Übergriffe der Staatssicherheit. Um dem zu entgehen, nahm die Arbeit der Gruppe bis zum Herbst 1989 „konspirativen Charakter" an.[13] Ein Übergreifen ihrer Aktivitäten auf andere Ortsgruppen konnte – wie in der Parteiführung und im MfS mit Befriedigung festgestellt wurde – rechtzeitig verhindert werden.[14]

---

9   BStU, ZA, AS MfS/ANS AIM 11943/89, Bd.2,7, Blatt 115-119.

10 Der „Feuertod" des Papiers am 21.7.1988, 20 Uhr war als symbolischer Akt – eine Assoziation zur Bücherverbrennung 1933 – gestaltet (vgl. „Vernichtungsprotokoll" v. 20.8.1988 sowie Ackermann 1991: 105). – Zachow, der von Heyl beauftragt worden war, den Neuenhagener Fall zu klären, berichtete, die Ortsgruppenvorsitzende sei nach wie vor uneinsichtig (vgl. BStU, ZA, AS MfS HA XX AP 14335/92, Blatt 178). Götting bestritt später in einem Schreiben an Frau Dr. Ackermann, die Vernichtung veranlaßt zu haben (Interview Ackermann).

11 Dr. Naumann, langjähriger Sekretär des CDU-Hauptvorstandes für Wirtschaftsfragen, überstand die Wende zum Entsetzen der CDU-Reformer unbeschadet: Er wurde stellvertretender Vorsitzender der „Arbeitsgemeinschaft mittelständische Wirtschaft" der CDU in Berlin (vgl. Dr. Ackermann an CDU-Generalsekretär Martin Kirchner, 10.1.1990, Privatarchiv Ackermann).

12 Dr. Ackermann an Ufrd. Dr. Harald Naumann, 31.5.1989, sowie Dr. Ackermann an Martin Kirchner, Generalsekretär der CDU, 10.1.1990 (Privatarchiv Ackermann, Akte „Briefwechsel").

13 Vgl. „Rechenschaftsbericht im 2. Jahr der Wende", 20.3.1990, S.7 (Privatarchiv Ackermann, Akte „Rechenschaftsberichte").

14 Der Fall Neuenhagen als ein „Versuch zur politischen Plattformbildung negativer Kräfte" war für das MfS einer von nur vier „operativ zu beachtenden Aspekten" an der CDU-Basis (vgl. BStU, ZA, AS MfS HA XX/AKG 1360).

Niggemeier war sich mit anderen Sekretären des Hauptvorstandes der CDU in der Einschätzung einig, daß das Neuenhagener Beispiel nicht alles sei, was in der Ost-CDU „keime". Er kannte die Klagen der CDU-Abgeordneten in den Gemeinde- und Stadtvertretungen, die Unzufriedenheit mit der Versorgungslage und die Kritik an der auf die SED zugeschnittenen Politik der DDR-CDU. Als Beleg dafür wertete Niggemeier auch den Informationsbericht des Kreisverbandes Großenhain zum III. Quartal 1988 an das Sekretariat des CDU-Hauptvorstandes. Auch dieser Bericht sei im Hauptvorstand lediglich zur Kenntnis genommen worden und – mit einem Vermerk des stellvertretenden Parteivorsitzenden Heyl – ihm selbst zur weiteren Klärung der Situation im Bezirk Dresden-Land übergeben worden. Niggemeier erhielt zugleich vom MfS den Auftrag, die Einzelheiten vor Ort zu recherchieren und zu konkretisieren, ob es sich um Handlungen und Vorgehensweisen handele, die dem politischen Untergrund („PUT") zuzurechnen seien.[15]

2.2. Der „Brief aus Weimar" - Protest gegen die „geistlose Nicht-Politik"

Der „Weimarer Brief" war unterzeichnet von vier Thüringern – „haupt- und ehrenamtlichen Mitarbeitern der Kirche, die der CDU angehören". Er war datiert vom 10. September 1989 und richtete sich „an die Mitglieder und Vorstände der Partei".[16] Den Unterzeichnern ging es vor allem um zwei Dinge: Die Unruhe in der Bevölkerung, die sich seit den Kommunalwahlen 1989 und den Reaktionen der Staatsführung auf die Niederschlagung der chinesischen Demokratiebewegung bemerkbar machte, zu artikulieren und die CDU dazu aufzurufen, darüber nachzudenken, welchen Beitrag sie zur Lösung der akuten gesellschaftlichen und politischen Probleme leisten könnte. Es ging darum, die Ursachen für die Ausreisebewegung, von der „nicht der Rand, sondern der Kern" der DDR-Gesellschaft betroffen war, zu erforschen und zu beseitigen. Die Unterzeichner

---

15 Vgl. BStU, ZA, AS MfS/ANS AIM 11943/89, Bd.II, 7, Blatt 115-119. Niggemeier ging – wie aus den BStU-Akten hervorgeht – seit 1988/89 zunehmend auf Distanz zur parteioffiziellen Linie, die die Probleme nur verdrängte, und sparte auch nicht mit Kritik an der versteinerten Führung der Block-CDU. Er arbeitete aber weiterhin mit der Stasi zusammen.
16 Vgl. NZ, 26.10.1989.

traten dafür ein, „daß das Prinzip der Trennung von Staat und Kirche als Grundelement der Konzeption 'Kirche im Sozialismus' aufrechterhalten" bleibe und die (protestantischen) Kirchen aus ihrer Stellvertreterrolle für die eigentlich politisch Verantwortlichen herausgeholt würden. Dies sei – so Dr. Müller – auch im Interesse der Kirchenvertreter gewesen, die die Kirche nicht als Oppositionspartei sehen wollten, sondern das „Wächteramt" betonten.[17]

Gerade weil die Parteiführung die Veröffentlichung des „Weimarer Briefes" wochenlang unterdrückte, löste er in der CDU-Mitgliederschaft eine breite Diskussion aus und wurde schnell zum Schlüsseldokument einer sich nun formierenden innerparteilichen Opposition. Da das Verhalten zum „Weimarer Brief" später im Streit um die Erneuerung der CDU zu einer wichtigen Scheidelinie wurde, sei hier auf den Denkhorizont hingewiesen, in dem das Papier entstanden ist: Weder stand das bestehende System zur Debatte noch war die nationale Frage angesprochen. Auch die Rolle der CDU als Blockpartei wurde nicht in Frage gestellt. Verlangt wurde vielmehr eine neue Qualität der politischen Mitveranwortung, Mitarbeit und Mitsprache der CDU auf drei Hauptfeldern, und zwar: innerparteilich, im „Demokratischen Block" und in der gesamten Gesellschaft.

Der „Brief" enthält eine Absage an das Prinzip des „Demokratischen Zentralismus", das nicht zu den spezifischen Traditionen der CDU gehöre, und fordert statt vorbestellter und kontrollierter „Diskussionsbeiträge" offene innerparteiliche Diskussionen sowie demokratischere Entscheidungsprozesse. Im „Demokratischen Block" verlangt er eine bessere Profilierung der CDU gegenüber der „führenden Kraft" der SED, mehr Transparenz und prinzipielle Öffentlichkeit der Beratungen. Die Eigenständigkeit der CDU sollte sich etwa darin zeigen, daß ihre Parteitage jeweils vor den SED-Parteitagen abgehalten werden müßten, um ihre Vorschläge dort einbringen zu können. Gefordert wurde auch eine stärkere Repräsentation der CDU auf allen Leitungsebenen. An die gesellschaftlichen Probleme sollte

---

17 So z.B. der Thüringer Landesbischof Dr. Leich; ein politisches Handeln der Kirche war nur dann gefordert, wenn die politischen Kräfte versagten. – In Dr. Leichs Schreiben an die Gemeinden der Gliedkirchen des Bundes der Evangelischen Kirchen in der DDR vom 4.9.1989 wird die Ratlosigkeit der Kirchen angesichts der zunehmenden Ausreisewelle zum Ausdruck gebracht und gefordert, „einen Prozeß in Gang zu setzen, der die mündige Beteiligung der Bürger an der Gestaltung unseres gesellschaftlichen Lebens und eine produktive Diskussion der anstehenden Aufgaben in der Öffentlichkeit sichert und Vertrauen zur Arbeit der staatlichen Organe ermöglicht" (Privatarchiv Ackermann).

die CDU entschlossener herangehen. Sie sollte sich für eine offenere Medienpolitik – gegen Verdrängen, Verschweigen, Beschönigen – einsetzen und sie auch selbst in ihrer Parteipresse praktizieren. Gefordert wird mehr Rechtsstaatlichkeit, z.B. die Begründungspflicht für Verwaltungsentscheidungen, der Abbau obrigkeitsstaatlich-bürokratischer Bevormundung der Bürger, ein neues, „zeitgemäßes" Wahlverfahren schon für die nächsten Volkskammerwahlen. Weitere Forderungen betreffen die Wiederzulassung der sowjetischen Zeitschrift „Sputnik", nicht zuletzt auch die Gewährung der Reisefreiheit für DDR-Bürger und die Offenlegung der Wirtschaftsprobleme. Das System der Planwirtschaft wird nicht in Frage gestellt; es dürfe aber nicht – so heißt es – „zur Bürokratisierung der ökonomischen Prozesse führen". Die „Werktätigen" müßten „ideell wie materiell angeregt werden, sachkundig, kreativ und einsatzbereit mitzuwirken". Dieser Problemkatalog wurde im folgenden durch weitere Themen (Volksbildung, sozialistische Marktwirtschaft, Erarbeitung eines Parteiprogramms, Aspekte der innerparteilichen Demokratie, Haltung der CDU zu neuen Gruppierungen wie dem „Neuen Forum" u.a.m.) ergänzt.

Der „Weimarer Brief" kam im Unterschied zum Neuenhagener Papier nicht aus einer Basisorganisation der CDU, auch nicht aus Dissidentenkreisen oder einer Oppositionsgruppe. Er wurde in den Grundzügen von Dr. Gottfried Müller – Chefredakteur der Evangelischen Kirchenzeitung für Thüringen, „Glaube und Heimat", und Leiter der „Arbeitsgruppe Christliche Kreise" der Nationalen Front im Bezirk Gera – im August 1989 formuliert.[18] Ein wichtiger Anstoß dazu war für Dr. Müller, der sich als Autor einer wöchentlichen Kolumne permanent mit der Ersatzfunktion der Kirche für eine fehlende demokratische Öffentlichkeit in der geschlossenen DDR-Gesellschaft konfrontiert sah, die sich zuspitzende Entwicklung in der DDR nach den Kommunalwahlen im Mai 1989.

Unter dem Dach der Kirche begannen sich verschiedene Oppositionsgruppen zu formieren; auch in der CDU verstärkten sich in dieser Phase die kritischen Stimmen. Angesichts der Alternative, sich in einer neuen Gruppe zu engagieren bzw. selbst eine neue Partei mit zu gründen oder ganz bewußt in einer Blockpartei etwas zu bewirken, die zwar wenig Einfluß besaß, aber für das politische Gefüge der DDR doch konstitutiv gewesen sei, entschied sich Dr. Müller – ermutigt durch die polnische Entwicklung[19] – für letzteren Weg. Mitunterzeichner des „Briefes aus Weimar"

---

18 Interview Dr. Müller.
19 „...wo sich auch in den Ablegerparteien etwas regte ..." (Interview Dr. Müller). – Dieser Anknüpfungspunkt, nicht die Gruppe Solidarnosc, die schon

war Martin Kirchner, damals Oberkirchenrat in Eisenach und Stellvertreter
des Thüringer Landesbischofs Dr. Leich in weltlichen Fragen. Kirchner
war Dr. Müllers Vorgesetzter, mit dem er ständigen Kontakt hatte und
schon seit längerem auch politische Fragen diskutierte. Er war zugleich –
wie aus den BStU-Akten hervorgeht – ein hochrangiger inoffizieller Mitarbeiter der Staatssicherheit „im besonderen Einsatz" (IME), der dem MfS
bereits seit Anfang 1970 unter verschiedenen Decknamen kontinuierlich
Berichte über Parteiinterna der CDU sowie über kirchliche Gruppierungen
geliefert hatte und in den letzten Jahren vor der Wende offenbar auf höchster kirchenpolischer Ebene agierte.[20]

Dr. Müller führte den sich verbreitenden Unmut in der DDR-Bevölkerung vor allem auf die „geistlose Nicht-Politik" und die ausbleibenden Re-
formprozesse zurück – das Freiheitsmotiv stand seiner Meinung nach erst
an zweiter Stelle – und fragte nach den Akteuren, die ein mögliches Potential für Veränderungen darstellen könnten. Wie Dr. Müller berichtet, waren
nach Kirchners Ansicht revolutionäre Prozesse erst in einer ökonomischen
Krise möglich; er sei allerdings – wohl aufgrund seiner Spezialinforma-
tionen – davon überzeugt gewesen, daß der wirtschaftliche Kollaps der

---

viel früher den Bruch mit dem System anstrebte und eine Form der Doppelherrschaft praktizierte, ist für die „Transformationseliten" charakteristisch
und verweist auf die Systemimmanenz dieses Denkens.

20   Martin Kirchner, geb. 1949 in Weimar, Diplom-Jurist, Kreiskirchenrat in Ge-
ra, seit 1987 Oberkirchenrat in Eisenach (Bezirk Gera) und Chefjurist der
Thüringer Landeskirche. Kirchner arbeitete unter den Decknamen „Küster",
„Franz Körner", „Franke" und (seit Mai 1989) „Hesselbarth" eng mit dem
MfS zusammen. Er wurde vom IMS („Sicherheit") zum IMV („mit Feindbe-
rührung" bzw. Westkontakten) und schließlich zum IME („im besonderen
Einsatz") befördert. – Nach seinem Jurastudium in Halle war Kirchner alias
IM „Küster" 1971/72 nach Berlin übergesiedelt, wo er im Sekretariat des
Hauptvorstandes der CDU (u.a. in der Abteilung Parteiorgane) eingesetzt
wurde. Ende 1974 bemühte sich Kirchner, den die Arbeit im CDU-Hauptvorstand nicht mehr befriedigte, „im Interesse der Übereinstimmung meiner
persönlichen Interessen mit den Interessen unserer Arbeit für die Sicherheit
unserer Republik" mit Erfolg um eine hauptamtliche Arbeit in der evangelischen Kirche als Kirchenrat oder Kreiskirchenrat. Nach seiner Ernennung
zum Oberkirchenrat (1987) und als Berater von Bischof Dr. Leich gehörte
Kirchner vermutlich zu den hochrangigen „IMs in kirchenleitender Funktion
bzw. mit kirchlicher Anstellung". (Vgl. BStU, ZA, AS MfS/AIM 10509/73,
Teil II, Bd. 1-6. Die Überlieferung reicht bis Ende 1974, also dem Zeitpunkt
von Kirchners Weggang nach Thüringen. Nachfolgende Bestände, evtl. auch
aus dem Bereich der HVA, sind nicht verfügbar.) – Zur Evangelischen Kirche
und deren Stasi-Verstrickungen vgl. Besier 1991 sowie taz, 4.12.1991: Demnach wurden 9 Oberkirchenräte und 11 Superintendenten, insgesamt 43 Personen aus der Kirchenspitze, von der Stasi als IM geführt.

DDR kurz bevorstand. Nach der Abstimmung mit Kirchner bezog Dr. Müller noch zwei Frauen mit ein, die zwar keine inhaltlichen Ergänzungen einbrachten, aber durch ihre Bereitschaft, die Aktion mitzutragen, eine wichtige Stabilisierungsfunktion hatten: die Pastorin Christine Lieberknecht und – im weiteren allerdings nicht mehr beteiligt – Martina Huhn, Rechtsanwältin und Mitglied der Synode des Bundes der Evangelischen Kirchen in der DDR. Ein offener Unterzeichner-Rahmen war nicht geplant. Ebensowenig verstanden sich die Verfasser als oppositionelle Gruppe. Die Endredaktion des „Weimarer Briefes" fand noch im August statt. Für die Präsentation des Briefes sorgte Dr. Müller, der ausgezeichnete Kontakte zu Kirchenkreisen wie auch zur West-Presse besaß.

Mit dem Blick auf die Stagnation der offiziellen Politik, aber auch die Sprachlosigkeit der CDU-Führung angesichts der Veränderungen in der Sowjetunion in der Gorbatschow-Ära und die Reformbereitschaft der LDPD-Führung war der „Brief aus Weimar" als ein Versuch gedacht, die innerparteiliche Diskussion in der CDU anzustoßen, die CDU-Führung unter Druck zu setzen und den Einfluß der Ost-CDU in der DDR schrittweise erneut auszubauen. Daß dies im Endeffekt tatsächlich auch gelang, ist nicht zuletzt darauf zurückzuführen, daß die Initiatoren, entsprechend ihrer „Revolutionstheorie", mit ihrer Aktion den richtigen Zeitpunkt trafen: Die Publikation erfolgte (in Anwesenheit der West-Presse) ungefähr zeitgleich mit den Aufrufen der Bürgerbewegung[21] und der Öffnung der österreichisch-ungarischen Grenze für DDR-Bürger.

Nach dem Scheitern der anfänglichen Blockierungsversuche durch Sekretariat und Präsidium des Hauptvorstandes kam es schließlich am 26. September zu einem ersten Verständigungsversuch; Dr. Müller, Kirchner und Frau Lieberknecht wurden zu einem Gespräch mit Niggemeier und dem Hardliner Werner Wünschmann als bevollmächtigten Gesprächsführern für Präsidium und Sekretariat des Hauptvorstandes der CDU in die Parteizentrale gebeten. Kirchner bekräftigte hier – einem MfS-Bericht zufolge – noch einmal die Absicht des Briefes, die Stellvertreterrolle der Kirchen endlich wirksam zu beenden und „ein politisches Gegenrezept gegen die immer stärker auftauchenden Gruppen, die sich als Oppositionsgruppen in der DDR verstehen", zu entwickeln. Die „gesellschaftlichen Spannungen und Frustrationen" seien auch in der CDU inzwischen so groß, „daß unbedingt ein Gegenrezept auch in der CDU gefunden werden müsse,

---

21 „Neues Forum" (10.9.1989). – Den Gründungsaufruf von „Demokratie Jetzt" brachte Manfred Stolpe nach Eisenach mit; er wurde ebenfalls auf der Synode bekanntgemacht.

wenn es nicht zu spät sein soll". Wenn die CDU noch eine Zukunft haben
wolle, sei eine Erneuerung in der CDU erforderlich.[22] Die Presseerklärung
zu dieser Zusammenkunft erschien, nachdem das Gesprächsergebnis im
Sekretariat noch einmal hin- und hergewendet worden war, mit nochmali-
ger Zeitverzögerung und in einer nicht mit den Briefschreibern abgestimmten Fassung erst am 9. Oktober in der CDU-Presse, um die Vorbereitungen
zum 50. Jahrestag der DDR nicht zu stören.[23] Erst am 26. Oktober 1989
wurde der Brief im CDU-Organ „Neue Zeit" abgedruckt, also zu einem
Zeitpunkt, als die Entwicklung die Parteiführung schon überrollt hatte.
Wenige Tage später, am 2. November, mußte Götting zurücktreten.

Zu einer abschließenden Bewertung des „Weimarer Briefes" hinsichtlich einer eventuellen Mitwisserschaft oder auch Mitwirkung der Staatssicherheit (bzw. anderer Dienste) fehlen zur Zeit noch verläßliche Quellen.
Es ist jedoch unwahrscheinlich, daß Kirchner, der noch 1989 auf der Ge-
haltsliste des MfS stand[24], diese Aktion ohne Mitwissen des MfS, das im
übrigen auch nicht eingriff, geplant haben sollte. Noch auf der Pressekonferenz zum „Weimarer Brief" am Rande der Eisenacher Synode am 16.
September hob Kirchner explizit hervor, der Wandel in der DDR müsse
(anders als in Polen oder Ungarn) in Stabilität erfolgen. Es dürfe „nicht eines Tages zu einer Situation kommen, in der sich die Dinge überstürzten".
Ziel sei die Fortexistenz eines Sozialismus mit veränderten Strukturen,
dessen „Grundanliegen (z.B. gesellschaftliches Eigentum an Produkti-
onsmitteln) erhalten bleiben" müßten; es gehe darum, „wie Macht verwal-
tet werde".[25] Wenig später vollzog Kirchner allerdings eine Kehrtwende

---

22 BStU, ZA, AS MfS HA XX/AKG 1360, Blatt 153 f. (unvollständiger Be-
    richt).
23 Vgl. „Informationsbrief zum 'Brief aus Weimar'" v. 10.10.1989. – Dr. Müller
    gab hier der Befürchtung Ausdruck, von der durch den „Weimarer Brief"
    ausgelösten Entwicklung könne es einmal heißen: „Zu wenig und zu spät!"
    (ACDP II-204, 082/1). Entwürfe zur Pressemeldung s. ACDP VII-010, 3942.
    Darin wird betont, daß der Brief „keinerlei Plattform für eine innerparteiliche
    oder gesellschaftliche Opposition" darstelle. Vielmehr gehe es um einen „in-
    nerparteilichen demokratischen Gesprächsprozeß". Im Parteijargon der DDR-
    CDU heißt es, die leitenden Organe der Partei würden „die Ergebnisse der
    Meinungsbildung in den Parteiverbänden einschätzen und die daraus folgen-
    den politischen Schritte beraten und festlegen." (Vgl. auch Agethen 1995:
    95).
24 Für seine Dienste erhielt Kirchner seit 1987 ein „Jahresgehalt" von 12.000
    MDN, das 1990 noch um 4.000 MDN aufgestockt werden sollte (vgl. Anm.
    20). Zu Kirchners Rolle in den 70er Jahren vgl. unten Kapitel 10.1.
25 Vgl. BStU, ZA, AS MfS HA XX/AKG 1360, Blatt 136-147, hier Blatt 145. –
    Für den Berichterstatter verdichtete sich nach Gesprächen mit Anwesenden

und wurde zu einem der schärfsten Verfechter einer forcierten Vereinigungspolitik.

Weder Dr. Müller noch Frau Lieberknecht haben sich unterdessen von Kirchner distanziert.[26] Selbst wenn er in Absprache oder im Auftrag von Gruppierungen im Apparat der Staatssicherheit gehandelt habe, so ändere dies nichts an der Tatsache, daß der „Weimarer Brief" – so Dr. Müller – seine eigene und originäre Initiative gewesen sei. Christine Lieberknecht hebt die deutschlandpolitischen Verdienste Kirchners hervor.

Welche Rolle die Staatssicherheit generell in der Wende gespielt hat, ist eine Frage, die die Geschichtsschreibung erst noch klären wird. Sicher ist allerdings, daß diese Institution kein monolithischer Block war; auch in der Staatssicherheit gab es „Modernisierer", Mitläufer und Dogmatiker. So wird z.B. berichtet, es habe in der Stasi ernsthafte Diskussionen über einen möglichen Putsch gegen Honecker gegeben. Stasi-Kräfte sollen auch ein auf Bezirksebene geplantes konterrevolutionäres Abenteuer verhindert haben.[27] Eine Analyse solcher Differenzierungen und Fraktionen in einzelnen Abteilungen und Aufgabenbereichen des MfS, insbesondere auch der Akteure und ihrer Strategien in der Umbruchzeit, steht derzeit noch aus.[28]

---

der Eindruck, daß der „Weimarer „Brief" eine Art Test dafür sein sollte, „inwieweit die CDU sich in eventuellen gegenwärtigen Entwicklungen zu den alternativen Gesellschaftskonzepten vereinnahmen läßt" (ebd., Blatt 147).

26 Interview Dr. Müller; Interview Lieberknecht. – Der thüringische Landesparteitag vom 25. August 1990 stellte sich noch einmütig hinter Kirchner. Kirchner mußte dennoch wegen des Verdachts, einer der wichtigsten informellen Mitarbeiter der Staatssicherheit gewesen zu sein, seine Ämter niederlegen. Er trat 1992 aus der CDU aus und widmete sich dem Aufbau des Thüringen-Netzes einer Supermarktkette.

27 Interview Dr. Müller. – Dr. Müller hat selbst eine Zusammenarbeit mit dem MfS abgelehnt; er informierte die Kirchenleitung über Inhalt und Verlauf der Anwerbungsgespräche, die Mitarbeiter der Staatssicherheit mit ihm geführt hatten. Seine Vorlaufakte wurde daher im April 1986 ohne Ergebnis geschlossen.

28 Interessant zur Stimmungslage in verschiedenen MfS-Abteilungen im Herbst 1989: Süß 1995. – Von ehemaligen MfS-Mitarbeitern wurde unterdessen ein „Insider-Komitee zur Aufarbeitung der Geschichte des MfS" gegründet, das an der Anhörung der „Alternativen Enquete-Kommission Deutsche Zeitgeschichte" beteiligt war und eine Publikationsreihe „IK-Korr" (bisher Spezial Nr. 2 und 3) herausgibt.

2.3. Sammlung der oppositionellen Kräfte in der DDR-CDU

Die Ortsgruppen Neuenhagen und Großenhain waren – soweit heute bekannt – die einzigen Basisorganisationen, die mit derartigen Initiativen schon 1988 an die Parteiführung herangetreten sind.[29] Zwischen ihnen und den „Weimarern" bestand keine direkte Verbindung, wenngleich die Wirkung des „Weimarer Briefes" sie nur noch bestärkte. Am 10. Oktober drang Else Ackermann mit einem Bundesgenossen bis in das Vorzimmer des stellvertretenden CDU-Vorsitzenden vor, um ihn wegen der Vernichtung ihres Papiers zur Rede zu stellen. Am selben Tag trafen sich CDU-Mitglieder aus dem Neuenhagener Kreis mit Verbündeten (darunter auch dem wegen seiner Kritik an der Durchführung der Kommunalwahlen inzwischen entlassenen Redakteur der Dresdener „Union", Andreas Helgenberger) im Oderbruch; sie verfaßten einen „Aufruf zum Sonderparteitag" und eine Unterschriftensammlung, die über alle CDU-Kreis- und Bezirksverbände, den Hauptvorstand und die CDU-Presse verteilt werden sollten. Darin wurde mit dem Hinweis auf die große Dynamik und die rapide fortschreitende Destabilisierung der DDR vor einer möglichen Eskalation der Gewalt gewarnt. Die Zeit sei „überreif", um den von einer großen Mehrheit geforderten Dialog auf allen Ebenen unverzüglich in Gang zu bringen. Die CDU sollte „als Instrument der politischen Willensbildung [...] diesen Prozeß entscheidend fördern". Dazu sei aber eine „repräsentative Widerspiegelung des Mitgliederwillens in den Beschlüssen der Vorstände Voraussetzung. Die gegenwärtigen Rahmenbedingungen ihres Handelns entsprechen nicht mehr den sich verändernden Verhältnissen."[30]

Diesem Aufruf schloß sich auch Dr. Müller in seinem „2. Informationsbrief zum 'Brief aus Weimar'"[31] vom 30. Oktober 1989 an. Der Brief sei – so schrieb Müller – „in manchen Punkten von der Wirklichkeit bereits eingeholt worden". Auch sehe man inzwischen „im Ergebnis der lebhaften Diskussion an der Parteibasis einige seiner Aussagen in einem neuen Licht". Letzteres bezog sich vor allem auf den Termin des (eigentlich erst für 1992 geplanten) 17. Parteitages: Er sollte nun ohne die noch im „Brief aus Weimar" geforderte, vorgeschaltete Mitarbeiterkonferenz bis späte-

---

29   Interessant ist, daß sich die Ortsgruppe Neuenhagen vor ihrer Aktion mit der LDPD-Ortgruppe, die einen ähnlichen Vorstoß in ihrer Partei unternahm, verständigt hatte. Den MfS-Unterlagen zufolge war der Druck aus den LDPD-Ortsgruppen erheblich stärker als aus der CDU-Basis. – Zu den CDU-Aktivitäten im Raum Dresden-Land vgl. auch Korbella 1991.

30   „Aufruf zum Sonderparteitag" (Privatarchiv Ackermann).

31   „2. Informationsbrief zum 'Brief aus Weimar'" (Privatarchiv Ackermann).

stens März 1990 stattfinden. Die Parteiführung sei bereits wieder – so Dr. Müller – zu ihrer Praxis zurückgekehrt, Signale zu ignorieren und habe auch die Initiative zur Einberufung des Sonderparteitages unterdrückt. Der Vertrauensverlust, den die Parteiführung in der Mitgliederschaft erlitten habe, sei so groß, daß personelle Konsequenzen nicht ausbleiben könnten.

In dem hier für den 1. November angekündigten Gespräch mit dem Parteivorsitzenden wurde Götting dann auch tatsächlich zum Rücktritt aufgefordert. Beschlossen wurde der Terminplan für seinen Sturz am Vorabend „in einem kleinstädtischen evangelischen Pfarrhaus am östlichen Stadtrand von Berlin", wo sich – nach dem Bericht von Frau Dr. Ackermann – die „Weimarer" mit CDU-Mitgliedern trafen, „die sich später in der letzten DDR-Regierung exponierten". Sie selbst war hier nur noch Zuhörerin und „staunte, wie fest sich die Schlinge um den Hals mancher Führungspersönlichkeiten bereits gezogen hatte".[32]

2.4. Resümee: Führung und Basis – zwei Welten?

Der Anpassungs- und Ein-(bzw. Unter-)ordnungsprozeß der Blockparteien und Massenorganisationen in das DDR-System war seit den sechziger Jahren weit gediehen. Sie waren zu staatstragenden, staatsloyalen, wenn auch nicht völlig staatskonformen Organisationen geworden. Wie sehr dies der Fall war, zeigt sich schon daran, daß von seiten der SED und des MfS größere Kontroll- und Einflußmechanismen nicht mehr als erforderlich angesehen wurden und – nach Auskunft des damit befaßten MfS-Referatsleiters – auch „nicht mehr Gegenstand der Arbeit" waren. Lediglich in der LDPD gab es ernstzunehmende Liberalisierungs- und Öffnungsversuche, die jedoch alle „unterhalb der Schmerzgrenze" blieben, solange der Führungsanspruch der SED nicht in Frage gestellt wurde. Sie wurden sogar geduldet, weil es auch in der Abteilung XX Kräfte gab, denen die Erstarrung des politischen Systems und die ökonomische Ausweglosigkeit nicht verborgen geblieben waren.[33]

Auch in der Vorphase des Herbstes 1989 blieb die alte Rivalität zwischen Block-CDU und LDPD bestehen. Götting wies eine Einladung des

---

32 Ackermann 1991: 111 f.
33 Interview W. Schmidt. (Die Einschätzung Schmidts hinsichtlich der LDPD und der CDU-Aktivitäten wird durch die BStU-Unterlagen im großen und ganzen bestätigt.)

LDPD-Vorsitzenden Gerlach zur Zusammenarbeit sogar brüsk zurück. Die oberste Führungsebene identifizierte sich mit dem SED-Kurs, weil das ihrer Meinung nach die Existenz der CDU am besten sicherte; die Kader auf der mittleren Apparatebene (Kreis- und Bezirksvorsitzende) waren ebenfalls zumeist SED-loyal. Selbst wenn es hier und da einige Ausnahmen gegeben hat, so läßt sich doch verallgemeinern, daß CDU-Funktionäre, je höher ihre Position war, desto mehr SED-treu waren.

Was die CDU-Mitglieder angeht, so hat Joachim Franke, der langjährige Leiter des Archivs beim Parteivorstand der CDU der DDR, die These aufgestellt, zwischen Parteiführung und Basis habe es noch zur Zeit des Mauerbaus 1961 einen tiefen Riß gegeben, es habe sich um „zwei Welten" gehandelt.[34] Allerdings registriert Franke auch die Veränderungen seit den fünfziger Jahren: Hatte es im Juni 1953 „noch massive deutliche Proteste gegen Menschenrechtsverletzungen und eine ehrlich-offene Berichterstattung gegeben, so hat in den folgenden Jahren die 'Kaderauslese' der Führung eine wesentlich 'ergebenere' Mannschaft zustandegebracht."[35] Große Teile des kritischen Potentials waren ausgetreten oder ausgereist (ca. 2.000 CDU-Mitglieder pro Jahr). Dennoch habe es immer noch eine Diskrepanz zwischen oben und unten gegeben, und durch den verhaltenen Unmut, Pessimismus und Resignation an der Basis habe sich auch für die mittlere Ebene der Partei, die Kreis- und Bezirksvorstände, eine komplizierte Lage ergeben.

Verschiedene Autoren haben die „Zwei-Welten"-These für die Zeit nach 1989 aktualisiert und variiert. Zu ihnen zählt auch Helmut Lück, katholischer Theologe und Abteilungsleiter Außenpolitik im Verlag der „Neuen Zeit"; er wurde im Januar 1990, nach Karl Hennig, Pressesprecher de Maizières.[36] Nach Lücks Auffassung bot die von der Basis ausgehende Dynamik des Reformdrucks, die schon den Wechsel der Parteiführung er-

---

34 Franke 199: 1251.
35 Ebd.: 1247.
36 Lück war selbst an Bestrebungen beteiligt, die CDU nach dem Vorbild der Bauernpartei in Polen als Oppositionspartei auszubauen. Mit Hilfe der Presseorgane sollte zusammen mit Intellektuellen, Theologen, Pastoren und christlichen Bürgern die christliche Basis der CDU gestärkt werden und ein Prozeß der Umgestaltung in Gang gesetzt werden. Im Juli/August 1989 hatte Lück sich mit gleichgesinnten Presseleuten und CDU-Parteifunktionären in Hiddensee getroffen (darunter waren der Vorsitzende des CDU-Bezirksverbandes Halle, Michael Heinemann, sowie der Abteilungsleiter im Bezirksverband Berlin, Christian Klahr). Eine Fortsetzung der Gespräche war im größeren Rahmen für den Winter 1989/90 geplant. (Vgl. BStU, ZA, MfS HA XX/AKG 261, Blatt 1-4.)

zwungen habe, der CDU im Vergleich zu den anderen Blockparteien gün-
stigere Chancen für eine wirkliche Erneuerung. Den Grund dafür, daß sich
in der CDU die Reform von unten Bahn gebrochen habe, sieht Lück darin,
daß die Mitglieder der CDU – im Unterschied zu denen anderer Blockparteien – neben dem politischen Bereich noch „einen anderen originären
Raum von Erfahrung, Kommunikation und Formierung von Überzeugungen" besäßen, nämlich die christliche Gemeinde, die Kirchen.[37] Seine darauf gegründete Vision, eine derart erneuerte Partei könne zur Sammlungs-
bewegung für einen Teil der christlich orientierten Gruppen werden und
eine – auf soziale Gerechtigkeit, Frieden und eine ökologische Umgestaltung hin orientierte – „partizipatorische Gesellschaft" auf ihre Fahnen
schreiben, hat sich inzwischen freilich als Illusion herausgestellt.[38] Tatsächlich sammelten sich die in dieser Richtung engagierten Christen mehrheitlich in den diversen Gruppen der Bürgerbewegung und nicht zuletzt
auch in der SDP/SPD.[39]

Die Sichtweise des CDU-Historikers Michael Richter ist realistischer.[40]
Der Hinweis auf die Reformkräfte an der Basis dürfe nicht den Blick darauf verstellen, daß nicht nur ein großer Teil der Funktionäre, sondern auch
viele Mitglieder „bis zuletzt im Sinne der SED wirkten." Allerdings sei die
Diskrepanz zwischen Basis und Parteiführung im Sommer 1989 größer
denn je geworden. Manfred Agethen, Archivar im ACDP, geht es darum,
nachzuweisen, daß die CDU-Basis nicht völlig gleichgeschaltet gewesen
sei, daß es vielmehr „Unzufriedenheit und Widerstandspotentiale" gegeben
habe und daß das Verhältnis zur fremdbestimmten Parteispitze problematisch gewesen sei.[41] Die Existenz dieser Kritik- und Reformpotentiale er-
kläre auch den raschen Erneuerungsprozeß in der kurzen Phase zwischen
dem Sturz Göttings und dem Sonderparteitag vom 15./16. Dezember in
Berlin. In dem „Brief aus Neuenhagen" sieht Agethen ein Beispiel dafür,
daß der Bruch zwischen Führung und Basis der CDU offensichtlich zu
werden begann. Inwieweit dieses Beispiel jedoch tatsächlich im Sinne der
„Zwei-Welten"-These zu verallgemeinern ist, kann wohl erst abschließend
beurteilt werden, wenn die Akten der Kreis- und Ortsverbände zugänglich
sind.

---

37 Vgl. Lück 1989: 127.
38 Vgl. dazu unten Kapitel 4.2.
39 Meckel/Gutzeit 1994.
40 Richter 1994: 116-118.
41 Vgl. Agethen 1994: 90-92.

Wie kühn die Neuenhagener Ortsgruppe aus dem angepaßten Blockpar-
teien-Dasein herausragt und wie sehr, bei näherer Betrachtung, selbst in ihrem Umfeld das kritische Potential geschrumpft war, zeigt sich z.B. daran,
daß Frau Dr. Ackermann für ihren Vorstoß beim Parteivorsitzenden Götting von den anderen CDU-Ortsgruppen des Bezirks Frankfurt/Oder kaum
Unterstützung fand: Als sie im Juni 1988 auf einer Versammlung der Orts-
gruppenvorsitzenden eine thesenartige Kurzfassung ihres Briefes vortrug,
erntete sie „betretenes Schweigen". Nur drei von 35 Anwesenden spende-
ten „zaghaften Beifall". „Die schweigende Mehrheit hielt den Kopf ge-
senkt und wartete ab"[42]; selbst hier also gab es die in den Blockparteien
verbreitete Mitläufermentalität und mangelnde Zivilcourage.

Die „Zwei-Welten-These" hat sich unterdessen zu einer Art neuem „Ur-
sprungsmythos" der CDU nach der Wende verfestigt; deshalb sollen hier
zwei kritische Punkte benannt werden:

1. Die These einer Dichotomie von Basis und Führung könnte, linear
weitergedacht, den Schluß nahelegen, mit dem Sturz der alten Parteileitung
und der weitgehenden Ausschaltung der belasteten Parteifunktionäre aus
der mittleren Apparatebene sei der Erneuerungs- und Transformationsprozeß der CDU von der Basis her in dieser ersten Phase bis zum Sonderparteitag im Dezember 1989 bereits im wesentlichen geleistet worden.
Daß dies keineswegs der Fall war, hat sich in der weiteren Entwicklung der
DDR-CDU, u.a. in den Auseinandersetzungen zwischen alten und neuen
Kräften sowie den Problemen der Elitenbildung, gezeigt; die Frage nach
der politischen Substanz und Politikfähigkeit des Protest- und Reform-
potentials in der Ost-CDU bleibt erst noch zu klären. (Vgl. dazu unten Teil
II und III.)

Eines freilich ist sicher: Hätte sich die Ost-CDU in diesen Wochen der
Wende nicht deutlich genug von der alten Parteiführung abgesetzt und
sichtbare Zeichen eines breit vorhandenen Erneuerungswillens gezeigt, so
hätte sie ihre Chance verspielt: Sie wäre weder von den christlichen Reformkräften in der DDR als Gesprächspartner ernstgenommen worden
noch für die West-CDU als – letztlich, trotz aller Vorbehalte doch akzep-
tabler – Bündnispartner in Frage gekommen.[43] Für die West-CDU erwies
sich die „Zwei-Welten"-These im Fusionsprozeß als eine durchaus funk-

---

42   Vgl. Ackermann 1991: 104.
43   Sie wurde dadurch erst „einigungsfähig". So die Argumentation von Christi-
     ne Lieberknecht auf einer Diskussionsveranstaltung der Konrad-Adenauer-
     Stiftung zur Entstehung des „Weimarer Briefs" (vgl. Mitschrift, S. 9, 14).

tionale Argumentation.[44] Denn sie ermöglichte es, den Corpus der Ost-CDU-Mitgliederschaft (1990 waren das immerhin ca. 140.000 Mitglieder) zumindest vorerst nahtlos in die vereinte CDU überzuführen. So ist auch das Buch von Wolfgang Schäuble „Der Vertrag"[45] als ein „Angebot" an die Altmitglieder der Block-CDU zu verstehen.

2. Mit der These von der „gesunden" Basis und der „korrupten" Führung verknüpft sich die Auffassung, der Sturz der alten Parteileitung sei durch den von der Parteibasis ausgehenden Reformdruck zustande gekommen. Dies entspricht freilich mehr dem Wunsch vieler CDU-Mitglieder nach einer neuen Legitimation ihrer Partei als dem komplexen Ablauf der Vorgänge, die sich in der DDR-CDU bis zur Wahl Lothar de Maizières zum neuen Vorsitzenden am 10. November 1989 abgespielt haben. Tatsächlich war die Wende in der CDU Resultat eines Wechselspiels mit vielen Facetten, die noch auszuleuchten sind. Denn auch im Parteiapparat selbst, im Otto-Nuschke-Haus, gab es Kräfte, die auf einen Wandel drängten. Diese Akteure und ihre Strategien sind Gegenstand des nächsten Abschnitts.

---

44 Dazu wurden auch die Ergebnisse einer bereits 1985 im Auftrag der Bundes-CDU durchgeführten Untersuchung über die Ost-CDU wieder aufgegriffen. (Vgl. Peter Radunski in der ORB-Sendung „Der Tag als..." am 18.3.1995.)
45 Schäuble 1991.

3. Zentrum und Peripherie im Vorfeld der Volkskammerwahl

3.1. Der Neubeginn in der CDU-Zentrale

3.1.1. Göttings Sturz

Gerald Götting, der langjährige Vorsitzende der Ost-CDU ist am 2. November 1989 nicht freiwillig zurückgetreten. Er wurde regelrecht entmachtet.

Seit Ende September hatte sich die innenpolitische Lage dramatisch zugespitzt: die Leipziger Montagsdemonstrationen, das demonstrative Auftreten der Oppositionsgruppen, die Gründung der SDP in Schwante, die Massen von DDR-Flüchtlingen in den bundesrepublikanischen Botschaften in Warschau und Prag, die Aktionen bei der Durchfahrt der Flüchtlings-Sonderzüge durch die DDR, der mißlungene Versuch der Staats- und Parteiführung, ihre Feierlichkeiten zum 50. Jahrestag der DDR von den aufgestauten Problemen freizuhalten, Großdemonstrationen in vielen Städten der DDR für Reisefreiheit und demokratische Reformen. Doch die CDU-Spitze beließ es bei ihrer bisher praktizierten Nachtrabpolitik: Sie begann dies alles erst wahrzunehmen, nachdem sich die führende Blockpartei, die SED, unter dem Druck des Massenprotests zu einem Wechsel in der Führung gezwungen sah und sich für eine Dialog-Politik hatte öffnen müssen.[1]

Im Unterschied zum LDPD-Vorsitzenden Gerlach, der sich für mehr Demokratie, Reisefreiheit, öffentlichen Dialog, Änderungen im politischen Strafrecht und ein neues Wahlsystem einsetzte, stellte sich Götting – wie auch die Vorsitzenden der beiden anderen Blockparteien, Günter Maleuda und Heinrich Homann – noch am 13. Oktober bei einer Zusammenkunft und Beratung der „Vorsitzenden der befreundeten Parteien" voll auf die Linie Honeckers. Sein Realitätsverlust kam z.B. darin zum Ausdruck, daß er noch am 16. Oktober bei einem Treffen des CDU-Präsidiums mit den Bezirkssekretären davon auszugehen schien, die rasante Destabilisierung der DDR könne durch einen Einsatz sowjetischer Truppen aufgehalten werden.[2] Wie sehr er hoffte, die „Stürme der Zeit" in „kameradschaftlicher

---

1 Am 18. Oktober trat Erich Honecker von allen seinen Ämtern zurück; Egon Krenz wurde sein Nachfolger im Amt des Generalsekretärs des ZK der SED.

2 Interview Korbella; vgl. auch Horst Korbella, Die personelle und programmatische Erneuerung der CDU seit dem Sommer 1989, unveröffentl. Manuskript, S. 11.

Zusammenarbeit" mit der SED-Führung überstehen zu können, zeigt sich u.a. auch in den allenfalls kosmetischen Änderungsvorschlägen, die er dem neuen Staatsratsvorsitzenden Egon Krenz einen Tag vor dessen Volkskammer-Erklärung am 24. Oktober zukommen ließ. Darin solle – so Götting – auch die „großartige Vision einer erneuerten DDR als Perspektive für jeden Bürger" zum Ausdruck gebracht werden.[3]

In der zweiten Oktoberhälfte hatte nun aber auch in der CDU ein Differenzierungsprozeß eingesetzt. Nicht nur die Bezirksvorsitzenden Klaus Reichenbach (Karl-Marx-Stadt) und Lothar Moritz (Schwerin), sondern auch einige Präsidiums- bzw. Hauptvorstandsmitglieder (wie Prof. Günter Wirth) versuchten, sich von Göttings Kurs abzusetzen. Dieser wollte jedoch das Heft nicht aus der Hand geben: Er gewann jetzt dem – am 26. Oktober endlich in der Parteipresse abgedruckten – „Weimarer Brief" positive Aspekte ab und verschickte noch am 25. Oktober den Entwurf eines „Positionspapiers" an alle Hauptvorstandsmitglieder; es wurde am 28. Oktober in der „Neuen Zeit" abgedruckt.

Das Positionspapier sollte auch auf einer Tagung der „Arbeitsgemeinschaft Kirchenfragen beim Hauptvorstand der CDU" am 25. Oktober erörtert werden. Hier traf der stellvertretende Vorsitzende Heyl mit Unterzeichnern des „Weimarer Briefes" (Müller, Huhn, Lieberknecht) zusammen; auch Lothar de Maizière (Vizepräses der Synode des Kirchenbundes) war unter den Anwesenden. Die AG Kirchenfragen formulierte selbst einen „Offenen Brief", der als Reaktion auf das Schweigen der Partei zur Entwicklung im Spätsommer 1989 und als innerparteiliche Rezeption des „Weimarer Briefes" gedacht war. Dies war – so Karl Hennig, der den Entwurf zu diesem Brief spontan in der Nacht vom 24. zum 25. Oktober verfaßt hatte[4] – „die erste Stellungnahme eines Parteigremiums, das selbstkritisch eigenes Versagen eingesteht und Veränderungen einfordert."[5] Die AG-Sitzung vom 25. Oktober habe auch insofern eine Wende in der inner-

---

3   Götting an Krenz, 23.10.1989, ACDP VII-010, 3285.

4   Karl Hennig war Chefredakteur der im UNION-Verlag herausgegebenen evangelischen Monatsschrift „Standpunkt" von Januar 1986 bis November 1989, danach Pressesprecher des CDU-Parteivorstandes bis zum 2. Januar 1990.

5   Interview Hennig. – Der „Offene Brief" erschien am 27.10.1989 in der „Neuen Zeit" sowie im „Standpunkt", H. 11/ 1989: 285. Er formuliert die Solidarisierung mit denen, die sich konstruktiv für eine Erneuerung in der Gesellschaft und in der DDR-CDU einsetzten, bekennt das Versagen, Fehler nicht frühzeitig erkannt zu haben, die Erwartung, daß nunmehr Gespräche zwischen den Kirchenleitungen und der Regierung aufgenommen werden und die Hoffnung auf das Gelingen eines Erneuerungsprozesses der DDR.

parteilichen Diskussion bedeutet, als hier, gegen den Willen Göttings, die
Veröffentlichung des „Weimarer Briefes" in der CDU-Presse durchgesetzt
und zugleich Göttings Rücktritt gefordert worden sei.

Zwei Tage später, am 27. Oktober kam es dann auf einer Parteitagung
der CDU mit Künstlern und Kulturschaffenden in der Zentralen Bildungsstätte Burgscheidungen zum Eklat: Gerade dort, wo Götting es am wenigsten vermutet hatte, provozierte der Schriftsteller Uwe Grüning mit seiner
Rede über die „Abschaffung der Wirklichkeit" in der DDR heftige Angriffe gegen die Parteiführung, woraufhin Götting fluchtartig den Raum verließ. Grüning selbst bezeichnete diese Auseinandersetzung als den Aufbruch der Partei „aus ihrer nicht selbstverschuldeten, wohl aber geduldeten
Unmündigkeit. Es war eine Sternstunde der Ost-CDU, vielleicht ihre be-
deutsamste."[6]

In diesen Tagen gewannen jene an Boden, die nunmehr ganz offen einen Kurswechsel der Partei und, als sichtbares Zeichen dafür, den Rücktritt
Göttings forderten. In welcher Verfassung Götting sich befand, beschreibt
Christine Lieberknecht, die zusammen mit Dr. Müller, Martin Kirchner
und anderen den Parteivorsitzenden am 1. November in Berlin aufsuchte,
um ihn zum Rücktritt zu bewegen:

„Dann kamen wir rein und dann kam Gerald Götting, und er lachte fast nur. Er war
überhaupt nicht mehr in der Lage, irgendetwas aufzunehmen von unseren Sorgen,
von unseren Anliegen. Wir argumentierten noch, daß er doch wirklich für die Partei den Weg freimachen soll [...] und appellierten noch an irgendwelche edlen An-
sichten. Er saß nur da und lachte. Er begriff das überhaupt nicht mehr. Ich dachte,
wenn die SED-Staatsführung nur halb so verkalkt, realitätsfern ist, dann ist das
Maß schon übervoll."[7]

Einen Tag nach dieser makabren Situation war es dann soweit: Auf der für
den 2. November einberufenen Präsidiumssitzung, zu der Götting selbst
nicht mehr erschienen war, gab Wolfgang Heyl die Rücktrittserklärung des
Parteichefs bekannt. Dieses Verfahren wurde aber im Präsidium als stalinistisch empfunden. Man entsandte daher Göttings Büroleiter Guntram
Kostka zu dessen Wohnung, um eine schriftliche Bestätigung Göttings
einzuholen. Auf derselben Sitzung diskutierte man auch darüber, ob nicht

---

6   Der Text ist, leicht gekürzt, abgedruckt in: NZ, 16.11.1989. – Vgl. ansonsten
     Grüning 1991: 36 f., 40. (Grüning, damals parteilos, ist seit 1990 Mitglied der
     CDU-Fraktion im Sächsischen Landtag.)
7   Lieberknecht, Mitschrift (vgl. Anm. 43, Kapitel 2); vgl. auch Lieberknecht
     1994:12 f. – Zur Charakterisierung Göttings vgl. unten Kapitel 10.1. sowie
     10.3.1.

das gesamte Präsidium zurücktreten solle, entschied sich dann aber für einen anderen Weg: Für jedes einzelne Mitglied des Präsidiums und des Sekretariats sollte im Hauptvorstand als dem höchsten Parteigremium zwischen den Parteitagen die Vertrauensfrage gestellt werden; nicht wenige hofften, auf diese Weise den Wechsel zu überstehen. Der Hauptvorstand tagte nicht, wie vorgesehen, am 20. November, sondern wurde nach dem Rücktritt der Regierung am 7.11.1989 kurzfristig bereits zehn Tage früher einberufen, um die Handlungsfähigkeit der CDU auch im Blick auf eine Regierungsbeteiligung herzustellen; hier wurde die alte Führungsriege etwa halbiert.[8]

Nachwahlen für die Ausgeschiedenen wurden bis zum nächsten Parteitag zunächst einmal vertagt; um diese Zeit zu überbrücken, einigte man sich darauf, die Abteilungsleiter stärker in die Leitungsstruktur miteinzubeziehen. Als Nachfolger Göttings wurde Lothar de Maizière[9] zum neuen Parteivorsitzenden gewählt; in der Zwischenzeit leitete Wolfgang Heyl die Partei kommissarisch.

Einige Beobachter[10] deuten die Umstände bei der Ablösung Göttings als einen aus dem Parteiapparat heraus betriebenen Führungswechsel – möglicherweise im Zusammenhang mit Bestrebungen der DDR-Staatssicherheit oder sogar des sowjetischen Geheimdienstes KGB, die Herbstrevolution zu kanalisieren. Diese Einfluß-Agenten-These soll hier, mangels verfügbarer verläßlicher Quellen, nicht weiter diskutiert werden. Neuere Aktenstudien legen allerdings den Eindruck nahe, daß mit solchen Denk-

---

8   Zehn Präsidiums- bzw. Sekretariatsmitglieder wurden abgewählt, darunter zwei von drei Stellvertretern des Parteivorsitzenden, Max Sefrin und Dr. Heinrich Toeplitz, des weiteren Ulrich Fahl, Prof. Dr. Gerhard Fischer, Günter Grewe, Hermann Kalb, Dr. Harald Naumann, Rudolph Schulze, Karin Strangfeld und Dr. Werner Wünschmann. Der Chefredakteur der CDU-Parteizeitung, Dr. Dieter Eberle, trat „aus gesundheitlichen Gründen" zurück. Manfred Gawlik verzichtete ebenfalls. Überlebt haben die Vertrauensabstimmung Wolfgang Heyl, Prof. Dr. Gerhard Baumgärtel, Siegfried Berghaus, Dr. Dietmar Czok, Hans-Jürgen Klingbeil, Adolf Niggemeier, OMR Dr. Horst Schönfelder, Christine Wieynk, Prof. Dr. Günter Wirth, Eva-Maria Wolf, Dr. Klaus Wolf und Dr. Johannes Zillig als Präsidiumsmitglieder. Als Sekretariatsmitglieder: Heyl, Czok, Niggemeier, Zillig und Frommhold (vgl. NZ, 13.11.1989).

9   Lothar de Maizière, geb. 1940, seit 1987 stellvertretender Vorsitzender des Berliner Kollegiums der Rechtsanwälte und mit der „Vertretung christlicher Bürger vor Behörden und Gerichten" (z.B. Wehrdienstverweigerer) befaßt. Seit 1987 Mitglied der Arbeitsgemeinschaft Kirchenfragen beim Hauptvorstand der CDU (NZ, 11.10.1989).

10 So z.B. Reuth 1991.

spielen die strategischen Kapazitäten des MfS in der Vorwende- und Umbruchzeit stark überschätzt werden.[11] Sicher ist aber, daß in Teilen des CDU-Apparats die Unruhe an der Parteibasis registriert und erkannt wurde, daß die politischen Verkrustungen aufgebrochen werden müßten und eine partielle Regeneration der Parteiführung unabdingbar sei. Göttings Arbeits- und Führungsstil wurde im Sekretariat des Hauptvorstandes im übrigen schon seit langem als Belastung empfunden[12]; nun bot sich die Gelegenheit, sich seiner zu entledigen.

Zu den treibenden Kräften zählte in der Berliner CDU-Zentrale insbesondere eine Gruppierung um den stellvertretenden Parteivorsitzenden Heyl, der schon lange vor der Wende die innere Führung der Partei übernommen hatte, während der Parteivorsitzende Götting zunehmend nurmehr repräsentative Funktionen wahrnahm.[13] Heyl erkannte schon relativ früh, daß die DDR-CDU eine aktive Rolle in den seiner Ansicht nach unumkehrbaren politischen Umbruchprozessen spielen mußte; andererseits machte er sich keine Illusionen darüber, daß die Parteiführung – er selbst eingeschlossen[14] – viel zu tief in das DDR-Herrschaftssystem verstrickt

---

11   Zu den Auflösungserscheinungen im MfS und der Nicht-Existenz offensiver Strategien vgl. Süß 1995: 122-150. – Die CDU betreffend, vgl. auch Interview W. Schmidt.

12   Vgl. unten Kapitel 10.1. sowie 10.3.1.

13   Heyls Verdienst sei es auch gewesen, so heißt es, daß z.B. bei den CDU-Veranstaltungen zum Thema „Bürgerpflicht und Christenpflicht" offenere Diskussionen zugelassen worden seien und daß sich die Führung der DDR-CDU in den achtziger Jahren um ein besseres Verhältnis zu den Kirchen bemüht habe; sie habe sich auch nicht von den Aussagen des „Konziliaren Prozesses" distanziert (Interview Wilkening, Dr. Müller, Hennig). Heyl beteiligte sich auch selbst an solchen – von ihm als „sehr schwierig" bezeichneten – Veranstaltungen, z.B. im Dezember 1976 in Mühlhausen an einer Zusammenkunft mit ca. 200 Gemeindekirchenräten (vgl. BStU, ZA, AS MfS HA XX AP 14335/92, Blatt 158). Unübersehbar ist freilich, daß dies auch eine Taktik war, mit der der „innerkirchliche Differenzierungsprozeß" gefördert werden sollte. Vgl. z.B. Vermerk v. 24.2.1983, BStU, ZA, AS MfS HA XX AP 20046/92, Blatt 9-11. Hier äußert Heyl „seine Zustimmung, ausgewählte geeignete Kader aus dem Apparat der CDU auch auf der Bezirksebene konkret in die kirchenpolitischen Auseinandersetzungen einzubeziehen. Aufgrund von Hinweisen des MfS oder eigenen Erkenntnissen ist er bereit, derartige Kader in Veranstaltungen der Kirchen zu gesellschaftspolitisch relevanten Themen einzusetzen mit dem Ziel, die politische Auseinandersetzung mit feindlichen Auffassungen zu führen. Dazu will er auch eine gezielte Berichterstattung gewährleisten."

14   Wolfgang Heyl war im Parteiapparat u.a. für die Verbindungen zum Ministerium für Staatssicherheit zuständig gewesen (vgl. FAZ, 5.3.1991). Er war – so Reuth 1991 – schon in den siebziger Jahren in einer Publikation des West-Berliner Bundes Freiheitlicher Juristen unter dem Decknamen „Herold" als

war, um diesen Wandel steuernd beeinflussen und glaubhaft repräsentieren zu können. Noch im Spätsommer 1989 hatte man in Heyls Umfeld geglaubt, durch rechtzeitiges Eingreifen eine Reform des politischen Systems (die freilich weder den Sozialismus in Frage stellte noch ein pluralistisch-demokratisches System zum Ziel hatte) bewirken und Spannungen abbauen zu können. Heyl plädierte für eine Aktivierung der Möglichkeiten des Mehrparteiensystems und eine stärkere Einbindung der Parteien in die staatlichen Entscheidungsprozesse. Auf seine Veranlassung hin erarbeitete etwa einer seiner engsten Mitarbeiter, Gerhard Wilkening, Vorlagen für ein neues Wehrdienstgesetz und ein Reisegesetz.[15] Der Zeitpunkt für solche vorsichtigen Bemühungen war Anfang November allerdings endgültig überschritten; der Versuch der SED-Führung, ein Ventil zu öffnen, führte bekanntlich zum Fall der Mauer am 9. November und machte diese Taktik zunichte.

Den „Brief aus Weimar" hatte Heyl schon am 15. September während einer Veranstaltung im Nationalrat der Nationalen Front in Berlin von Dr. Müller erhalten; offiziell traf der Brief erst drei Tage später in der Parteizentrale ein. Nach dem Eindruck seiner Mitarbeiter war Heyl mit dem Inhalt insofern einverstanden, als er die Stimmung in der Partei zutreffend widerspiegele; er kritisierte aber das Vorgehen der Verfasser als einen Vertrauensbruch. Heyl selbst verhinderte zunächst, daß das Papier verbrei-

---

geheimer Mitarbeiter der in enger Kooperation mit dem sowjetischen Geheimdienst KGB stehenden Hauptverwaltung Aufklärung (HVA) des Ministeriums für Staatssicherheit (MfS) aufgeführt worden. – Auf die Frage, warum er als „Vordenker" der Partei so lange zum Nachdenken gebraucht habe, antwortete Heyl in einem NZ-Interview, da er „die Partei an entscheidender Stelle mitgetragen" habe, habe er den Eindruck vermeiden wollen, er schlage sich nun „behende zu den Reformern", um „womöglich auf Kosten anderer oder im Alleingang das (zu) sagen, was Aufgabe der ganzen Parteileitung gewesen wäre". Mit „flinken, taktisch-kosmetischen Korrekturen" sei es nun nicht mehr getan. Denn: „...die Ereignisse der letzten Zeit sind ja nicht über uns gekommen als überraschendes Schicksal aus heiterem Himmel und auf Ahnungslose. Auch ich hätte die Zeichen der Zeit ernster nehmen sollen. Da war sicher auch falsch verstandene Parteidisziplin, Bündnistreue, Staatsraison im Spiel." (Vgl. NZ, 7.11.1989). – Gegen Heyl sprach zudem, daß er vor 1945 Mitglied der NSDAP gewesen war.

15 Interview Wilkening. – Das Politbüro der SED hatte Ende Oktober über den Entwurf für ein neues Gesetz über Reisen von DDR-Bürgern ins Ausland beraten; die „befreundeten Parteien" wurden nun vom neuen SED-Generalsekretär und Staatsratsvorsitzenden Egon Krenz aufgefordert, vor der Bestätigung dieses Entwurfs durch den Ministerrat durch ihre Vertreter in der Regierung „Gedanken und Vorschläge" einfließen zu lassen (vgl. Krenz an Götting, 31.10.1989, ACDP VII-010, 3285).

tet wurde und informierte umgehend die zuständige Abteilung im ZK der SED.[16] Die Bezirksvorsitzenden wurden aufgefordert, nicht zu reagieren; gerade auf der mittleren Leitungsebene der CDU scheint die Verunsicherung in diesen Tagen sehr groß gewesen zu sein, zumal auch von den territorialen Leitungen der SED keine Antworten gegeben wurden. Vom Sekretariat des CDU-Hauptvorstandes erhielten die Bezirksfunktionäre später Informationsmaterial, das ihnen Gegenargumente liefern sollte.[17] Einen Parteiausschluß der Verfasser – wie von der SED gefordert – lehnte Heyl allerdings strikt ab, da die Konsequenzen eines solchen Schrittes nicht zu übersehen seien. In der CDU könne es – so Heyl – zu einer Zerreißprobe kommen; außerdem hielt er die Einmischung der SED in die Angelegenheiten der CDU „bündnispolitisch nicht für vertretbar".

Schon bald wurden Kopien des Briefes von Berlin aus unter der Hand weiterverbreitet. Tatsächlich gab es in der Parteizentrale selbst Kräfte, die auf die Basisproteste setzten, sie indirekt sogar mitproduzierten – in der Hoffnung, daß damit Gründe geschaffen würden, die den Veränderungsprozeß vorantrieben und eine Veränderung in der Parteiführung unumgänglich machten. Hier gab es offensichtlich eine Interessenidentität, vermutlich auch Absprachen zwischen den „Weimarern" und anderen Mitgliedern der „Arbeitsgemeinschaft Kirchenfragen" beim Hauptvorstand der CDU.[18]

Der Personalwechsel an der Parteispitze war zugleich auch ein Machtkampf im Apparat. Götting mußte gestürzt, ein neuer unverbrauchter Kandidat gefunden werden. Heyls Mitarbeiter Wilkening besprach sich mit Bischof Forck und anderen Kirchenleuten über Auswahlkriterien und mögliche Kandidaten – u.a. war auch Manfred Stolpe im Gespräch – und schlug dann Lothar de Maizière vor.[19] Heyl, der die CDU über dreißig Jahre lang maßgeblich mitbestimmt hatte, der den Parteiapparat beherrschte

---

16   Vgl. Bericht v. 20.9.1989, BStU, ZA, MfS, HA XX/AKG 1360, Blatt 148-151. – Der Parteivorsitzende Götting kehrte erst am 20.9. von einer Auslandsreise zurück.

17   Vgl. Kostka an Dr.Trende, 9.10.1989 (ACDP VII-010, 3942).

18   Siehe auch Lieberknecht, Mitschrift (vgl. Anm. 43, Kapitel 2): 23, 25, 27.

19   Interview Wilkening. – Nach de Maizières Ansicht war Wilkening von anderen vorgeschickt worden. Ein von ihm selbst nach der Tagung der Eisenacher Synode verfaßter und in der CDU-Presse erschienener Artikel habe die Aufmerksamkeit auf ihn gelenkt. Die Verbindung zwischen Wilkening und de Maizière sei über Oberkirchenrat Martin Ziegler zustandegekommen (Interview de Maizière). Zur Person Zieglers (er war Leiter des Sekretariats des BEK von 1982-1991 und 1989 einer der Moderatoren des Runden Tischs) vgl. Besier, 1991: 866.

wie kaum ein anderer und der von den alten Kräften noch am ehesten in der Lage gewesen wäre, den Transformationsprozeß der Partei zu steuern[20], wollte selbst nicht für den Parteivorsitz kandidieren; andererseits wollte er die Macht aber auch nicht völlig aus der Hand geben. Lothar de Maizière, der bisher keine Parteiämter innegehabt hatte, schien ihm – wie sich zeigen sollte, zu Recht – als nicht genügend berechenbar.

In der innerparteilichen Diskussion hatten sich zwei Fronten herausgebildet: Die eine, die auf eine „Krenz-Lösung" zusteuerte, war besonders im Apparat und im Präsidium verankert, wo man einen Mann aus dem Apparat wünschte, dem man vertraute.[21] Eine andere Gruppierung wünschte sich einen unbelasteten Mann, der die Begriffe Rechtsstaat und Demokratie verkörperte und gute Beziehungen zu den Kirchen pflegte.[22] Man stellte sich hier auf längere Kämpfe im Apparat ein; auch dies sprach für den in der DDR-Materie bewanderten Rechtsanwalt.[23] Allerdings ahnte man damals noch nicht, welche Aufgaben auf den CDU-Vorsitzenden zukommen würden.

Obwohl de Maizière als Außenseiter galt, wurde er tatsächlich am 10. November vom Hauptvorstand zum neuen Vorsitzenden gewählt.[24] Dies war nicht zuletzt das Verdienst von Mitarbeitern Heyls aus der ihm unterstellten Abteilung für Internationale Beziehungen beim Sekretariat des Hauptvorstandes der CDU sowie der „Arbeitsgemeinschaft Kirchenfragen", die im Vorfeld dieser Wahl mit zahlreichen Vorgesprächen und

---

20 Als CDU-Fraktionsvorsitzender in der Volkskammer stellte Heyl Anfang November den Antrag auf Zulassung des „Neuen Forums", in dem damals bereits viele CDU-Mitglieder mitarbeiteten.

21 Wolfgang Heyl war auch Wunschkandidat der SED für den CDU-Vorsitz. Heyl und Egon Krenz vertrauten einander. Nach den Kommunalwahlen im Mai 1989 gingen sie davon aus, daß Krenz Honecker bald ablösen würde. Auch in der SED fanden Machtkämpfe statt. Markus Wolf und Hans Modrow wollten begrenzte strukturelle Veränderungen, nicht aber die deutsche Einheit. Krenz u.a. sollen versucht haben, sich in dem Kampf um die Macht in der DDR zu behaupten, indem sie den inneren Druck milderten – mit den bekannten, von ihnen nicht intendierten Folgen. (Als mögliche Nachfolger für Götting wurden übrigens auch der damalige Leiter des UNION-Verlages, Klaus-Peter Gerhardt, sowie der spätere Landesvorsitzende von Thüringen, Uwe Ehrich, beide Mitglieder des CDU-Hauptvorstands, ins Gespräch gebracht.)

22 Interview Hennig.

23 Vgl. Hahn, in: Lieberknecht, Mitschrift (vgl. Anm. 43, Kapitel 2): 23.

24 Am Abend zuvor – dem Tag der Maueröffnung – hatte in der Berliner Friedrichstadtkirche eine interne Veranstaltung leitender Kirchenvertreter stattgefunden, bei der auch de Maizière anwesend war und auf der über die Situation in der CDU beraten wurde.

Tricks das Terrain geebnet und dabei sogar gegen Heyl konspiriert hatten.[25] Es gab eine Absprache, derzufolge Heyl bis zu dem geforderten Sonderparteitag in seinem Amt als zweiter Vorsitzender bleiben, dem neuen Vorsitzenden aber freie Hand bei der Erneuerung der Partei geben sollte. Diese Konstruktion der Machtverteilung hielt freilich nicht lange. Je tiefere Einblicke de Maizière bei seiner Untersuchung zur Situation der Partei (Finanzgebaren, Mitgliederzahlen u.a.m.) gewann, desto weniger glaubte er es verantworten zu können, noch länger als bis zum Sonderparteitag mit den – zwar nicht juristisch belangbaren, aber doch durch ihre Mitwisserschaft belasteten – Kräften aus der alten Parteileitung und dem Präsidium zusammenzuarbeiten. Heyl zeigte sich unterdessen wenig kooperativ und setzte sich wieder von de Maizière ab. Er erlitt aber Mitte November einen Herzinfarkt und stand für die Parteiarbeit ohnehin nicht mehr zur Verfügung.[26]

Das hatte die Situation für den mit den Mechanismen der Blockpartei kaum vertrauten neuen Vorsitzenden aber keineswegs verbessert. Das Gestrüpp machtpolitischer Interessen und persönlicher Intrigen war in der Umbruchzeit erst recht undurchschaubar geworden. Es dauerte eine längere Zeit, bis aus dem überrumpelten Parteiapparat eine arbeitsfähige Struktur entstand.

Lothar de Maizière sah sich durch die Wahl zum Parteivorsitzenden am 10. November freilich als noch nicht ausreichend legitimiert. Nicht zu Unrecht befürchtete er, daß Präsidium und Hauptvorstand der Partei mit der Neubesetzung der Parteispitze die Flucht nach vorn angetreten hätten, daß sich das Präsidium mit der Vertrauensabstimmung eine Art „Reinheitsstempel" aufgedrückt habe und er selbst als bloße Repräsentationsfigur betrachtet werde. Er drängte daher auf eine innere Neustrukturierung der Partei mit dem Ziel, sich von den Teilen des Apparats zu trennen, die sich den notwendigen Veränderungen entgegenstemmten.[27] Unterdessen stützte er sich auf eine informell zusammengesetzte Anhängerschaft, die in und neben dem alten Apparat in der Berliner Parteizentrale agierte. Mit anderen Funktionsträgern hatte er entweder eine Art „modus vivendi" gefunden oder er ließ sie ins Leere laufen. Die Mehrheit der Mitarbeiter stellte

---

25   Dazu gehörte auch, daß pro forma weitere Kandidaten ins Spiel gebracht wurden. Der im West-Fernsehen aufgetretene Grafiker Winfried Wolk war im Grunde kein echter Gegenkandidat; er erhielt nur vier Stimmen.

26   Adolf Niggemeier (alias IM „Benno Roth") übernahm nun den Fraktionsvorsitz in der Volkskammer. Stellvertreterin wurde Christine Wieynk.

27   Interview de Maizière. Vgl. auch de Maizières Leserbrief, in: FAZ, 13.7.1991.

sich relativ schnell hinter den neuen Parteivorsitzenden; allerdings blieb ein harter Kern von ca. zehn Götting-Anhängern im Otto-Nuschke-Haus erhalten. Auch einige der abgesetzten Sekretäre und Präsidiumsmitglieder, die ihn „bis aufs Messer bekämpften", residierten hier weiterhin.

Die Ablösung Göttings war von Mitgliedern wie Funktionären – einer Einschätzung aus der Hauptabteilung XX zufolge – zunächst als befreiend empfunden worden. Allerdings erschien die politische Situation im Partei-vorstand der Staatssicherheit inzwischen als unberechenbar. Der neue Par-teivorsitzende entscheide – so hieß es – ebenfalls autoritär und werde „teil-weise von neu hervortretenden politischen Kräften innerhalb der Partei be-raten". Ob die CDU eine Partei bleibe, die sich zur DDR und zum Sozia-lismus bekenne, sei eine nicht mehr eindeutig zu beantwortende Frage. Von Tag zu Tag gehe „mehr an früher vorhandener Gemeinsamkeit mit den anderen gesellschaftlichen Kräften verloren".[28]

---

28   BStU, ZA, AS MfS HA XX/AKG 1360 (vgl. auch Interview W. Schmidt).

Schaubild 1: Struktur der Geschäftsstelle des Parteivorstandes der CDU
(1989/90)

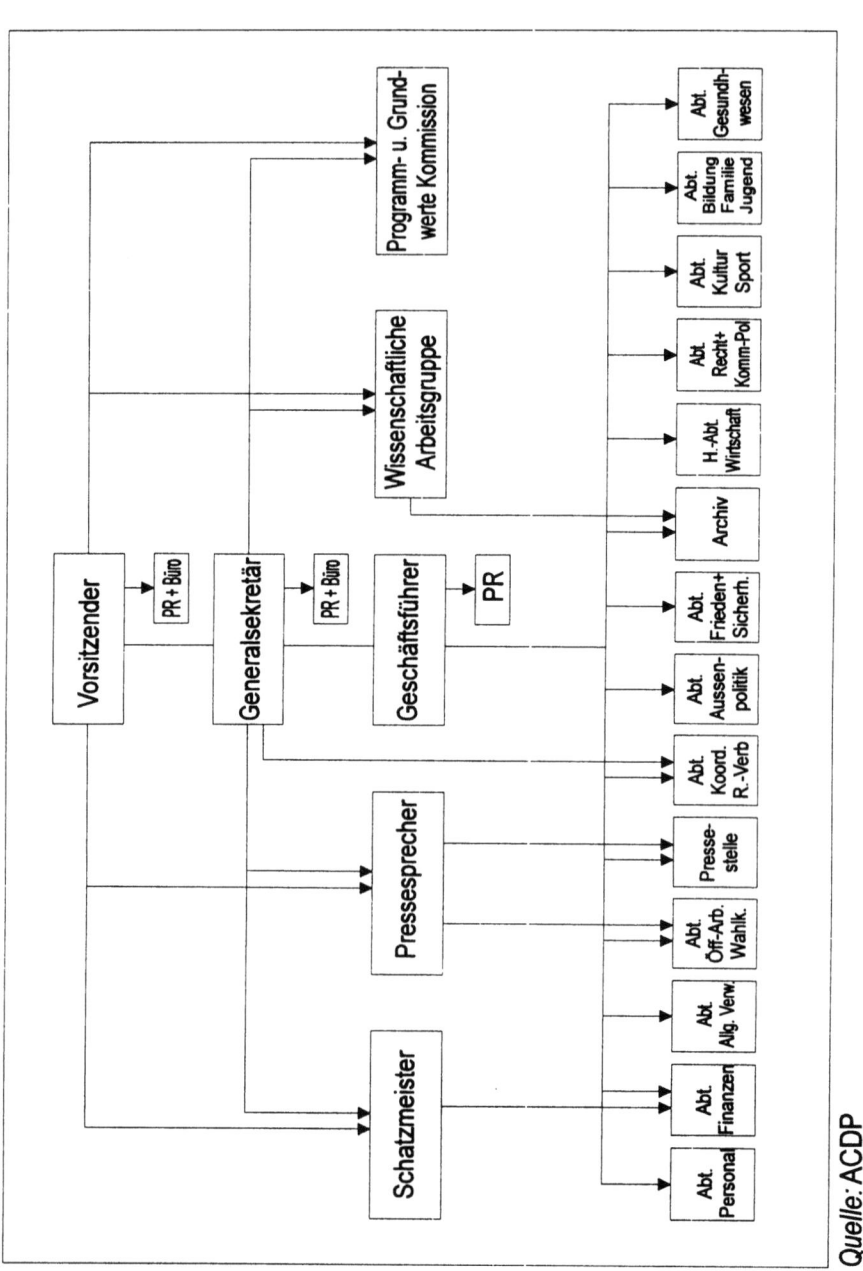

Quelle: ACDP VII-011, 3910.

3.1.2. Alte und neue Kräfte im Widerstreit – die Klausurtagung in Burgscheidungen

Für den 20.-22. November berief der CDU-Hauptvorstand eine Klausurtagung in die zentrale Schulungsstätte der CDU „Otto Nuschke" nach Burgscheidungen ein, um das weitere Vorgehen zu beraten. Diese Tagung war noch geprägt vom offenen Konflikt alter und neuer Kräfte. De Maizière legte hier den Mitgliedern des Hauptvorstandes einen Bericht zur allgemeinen Lage und zur Situation der Partei vor.[29]

Obwohl der neue Vorsitzende mit 92 von 118 Stimmen gewählt worden war und eine klare Mehrheit hinter sich wähnte, mußte er schon zehn Tage später feststellen, daß seine Wahl den Interessen einiger „Unionsfreunde" offensichtlich zuwiderlief. Es gab „Munkeleien" und kaum verborgene Bestrebungen, den neuen Vorsitzenden zu demontieren, indem man ihm z.B. Informationen vorenthielt oder ihn bei anstehenden Personalentscheidungen zu übergehen versuchte.[30] Die Lage in der Parteizentrale schilderte er als schwierig und angespannt: Gegen die alte Parteiführung war wegen des Verdachts der schweren Korruption ein Ermittlungsverfahren eingeleitet worden.[31] Was mit dem Parteivermögen geschehen sollte, war noch nicht geklärt. Nach dem Zusammenbruch Heyls und dem Ausscheiden von fünf Sekretariatsmitgliedern funktionierte die Kommunikation zwischen den Sektionen des Hauptvorstandes und den Bezirksverbänden der Partei nicht mehr oder war erheblich gestört. Auch die Struktur in der Berliner CDU-Zentrale griff nicht. Überall gab es eine Diskrepanz zwischen alten Strukturen und neuen Erfordernissen.

In den zehn Tagen seit de Maizières Wahl hatten sich die Außenbeziehungen der CDU grundlegend verändert. Er erhielt Besuche und Zuspruch, Zuschriften, Einladungen und Angebote, auch aus west- und osteuropäischen Nachbarländern, auf die er als Parteivorsitzender reagieren

---

29 Vgl. Tonbandmitschnitt.
30 So empörte sich de Maizière darüber, daß er über eine wichtige Sitzung des „Demokratischen Blocks" nicht informiert worden war oder daß die Volkskammerfraktion es nicht für nötig gehalten hatte, ihn zu ihrer Sitzung einzuladen, in der sie „einmütig", aber phantasielos beschlossen hatten, die blasse und weitgehend unbekannte Alt-Funktionärin Christine Wieynk als CDU-Kandidatin für das Amt des Volkskammerpräsidenten vorzuschlagen. De Maizière hielt es hingegen für wichtig, gegen Gerlach und Maleuda eine Person zu nominieren, mit der die Ost-CDU ihren Reformwillen demonstriert hätte. Für das Amt des Vorsitzenden des Staatsrats konnte er sich die Schriftstellerin Christa Wolf vorstellen.
31 Vgl. dazu Kapitel 5.3.1.

mußte. Eine ganz neue Qualität zeigte sich im Verhältnis zu evangelischen wie katholischen Kirchenvertretern, von denen jetzt einige erneut oder überhaupt zum ersten Mal an Gesprächen mit der CDU interessiert waren. Es ist bemerkenswert, daß um eines dieser ersten Gespräche ein katholischer Würdenträger gebeten hatte, nämlich der Vorsitzende der Berliner Bischofskonferenz, Georg Sterzinsky. Er machte deutlich, daß in der katholischen Kirche die Dinge nun anders beurteilt würden. Die DDR-Bürger sollten ermuntert werden, sich politisch und gesellschaftlich stärker einzubringen.

Großes Interesse an dem neuen Profil der Ost-CDU, das er zu vermitteln versuchte, bestand – so de Maizière – auch in der CDU/CSU im Westen. Schon in den ersten Tagen nach de Maizières Wahl hatten Gespräche mit dem früheren Regierenden Bürgermeister von Berlin, Eberhard Diepgen, stattgefunden, in denen bereits ganz konkrete Unterstützungsaktionen[32] verabredet worden waren. Kontakte gab es auch zur CSU (über den stellvertretenden CSU-Vorsitzenden Jürgen Warnke) und zu westdeutschen CDU-Landesverbänden (dem nordrhein-westfälischen CDU-Vorsitzenden Norbert Blüm, dem hessischen CDU-Generalsekretär Jung sowie Ministerpräsident Walter Wallmann). Dem CDU-Generalsekretär Rühe, dessen kritische Äußerungen über die Blockpartei CDU und ihre Vergangenheit hier viel Ärger ausgelöst hatten, wurde von der Ost-Berliner CDU-Zentrale aus allerdings signalisiert, Gesprächsbereitschaft bestehe erst dann, wenn er sein Verdikt über die Ost-CDU zurücknähme.[33] Für de Maizière stand freilich von Anfang an fest, daß die DDR-CDU die Westkontakte pflegen und ausbauen mußte; denn wenn sie den Führungsanspruch der SED in Frage stellen wollte, mußte sie sich auch inhaltlich profilieren und selbst klare eigene Wirtschaftskonzepte entwickeln. Dazu war sie aber allein nicht in der Lage.[34]

Die Umstrukturierung der Partei erforderte zahlreiche parteiorganisatorische und personalpolitische Entscheidungen, die in Burgscheidungen nicht im Detail diskutiert, aber doch angeschnitten wurden, so z.B. über das parteieigene Verlagswesen und die Parteipresse. Neue Formen der

---

32 Z.B. eine DDR-Wirtschaftsexpertin vom DIW, Frau Cornelsen, für drei Monate in die DDR zu schicken und zu bezahlen

33 Rühe hatte geäußert, es sei für eine CDU „unwürdig", sich mit den Vertretern der DDR-CDU zu treffen.

34 De Maizière hatte (lt. Information von W. Schmidt) schon zu einem sehr frühen Zeitpunkt Kontakte mit der West-CDU aufgenommen, was in der HA XX mit großer Skepsis betrachtet wurde, aber zu diesem Zeitpunkt nicht mehr zu stoppen war (vgl. Anm. 28).

CDU-Öffentlichkeitsarbeit waren zu entwickeln. Jenseits der FDJ hatte sich am 8. November an der Basis eine neue Jugendorganisation, die Christlich-Demokratische Jugend (CDJ), gebildet[35], die die Entwicklung der DDR-CDU zur Volkspartei mit vorantreiben wollte, die aber auch eine gewisse Eigenständigkeit gegenüber der Partei beanspruchte.

Ein weiterer Punkt dieser Bestandsaufnahme war der Bericht über die allgemeine Lage und, in diesem Kontext, die Rolle der CDU in den Koalitionsverhandlungen – für die bis dahin im Geleitzug der SED mitfahrende Blockpartei eine völlig neue Dimension. Angesichts der wirtschaftlichen Misere konstatierte de Maizière, es seien nicht nur die Kräfte der Erneuerung am Werk. In der Bundesrepublik gebe es Kreise, die versuchten, die DDR politisch und wirtschaftlich zu destabilisieren, um auf diese Weise die Wiedervereinigung zu erreichen; andere hingegen wollten eine Stabilisierung der DDR und seien zu einer entsprechenden Zusammenarbeit bereit. In dieser fragilen Situation definierte sich die CDU explizit als „Koalitionspartei". Sie wollte nicht passiv den gesellschaftlichen Kollaps hinnehmen, sondern hielt es für ihre Pflicht, „aktiv der Realität unserer Krise ins Gesicht zu sehen". Der Zeitpunkt sei gekommen, zu dem die politischen Kräfte ihre Verantwortung für die konkrete Ausgestaltung der Politik wahrzunehmen hätten.

Aus diesem Grund beteiligte sich die CDU an der Regierung des am 13. November 1989 zum Ministerpräsidenten gewählten Hans Modrow (SED) als einer „Koalition der Vernunft und der Verantwortung". Deren prinzipiell neue Qualität sah de Maizière darin, daß hier nicht eine Konfrontation von Regierung und Opposition stattfinden sollte, sondern daß gemeinsam (und auch mit Hilfe wechselnder Mehrheiten) konsensfähige Lösungen für konkrete Sachfragen gefunden werden müßten. Er formulierte damit sein Grundverständnis vom Regieren in einer Übergangskrise, dem er sich auch weiterhin verpflichtet fühlte, obwohl er damit schon kurz nach der Jahreswende unter einen massiven Druck aus den eigenen Reihen geraten sollte.[36] (De Maizière selbst übernahm in der Modrow-Regierung das neugeschaffene Amt des Stellvertreters des Vorsitzenden des Ministerrats für Kirchenfragen[37], nachdem sein Wunschkandidat, Manfred Stolpe, das An-

---

35 Vgl. Kapitel 5.5. – Der Gründungsaufruf der CDJ ist abgedruckt in: NZ, 9.11.1989.

36 Vgl. unten Abschnitt 3.3.2. sowie 10.1.

37 Das Staatssekretariat für Kirchenfragen war ein Amt beim Ministerrat ohne unmittelbare Befugnisse gegenüber den Fachorganen der einzelnen Ebenen gewesen. In den Bezirken und Kreisen waren die diesbezüglichen Mitarbeiter bei der Abteilung Inneres angesiedelt. De Maizière sah nun – unter Beibehal-

gebot abgelehnt hatte, und wurde stellvertretender Ministerpräsident; weitere Ressorts erhielten: Prof. Dr. Gerhard Baumgärtel als Minister für Bauwesen und Wohnungswirtschaft sowie Dr. Klaus Wolf als Minister für Post- und Fernmeldewesen.)

Burgscheidungen war für die Wende in der Ost-CDU ein wichtiges Datum; hier wurden die Weichen für die weitere Umgestaltung der Partei gestellt. Zum einen ging es um die Beratung und Überarbeitung des – am 28. Oktober in der „Neuen Zeit" veröffentlichten – „Positionspapiers", zum anderen um die Einberufung eines Sonderparteitages, auf dem über Struktur- und Personalfragen der Partei entschieden werden sollte. Die erste Fassung des „Positionspapiers", das als Grundlage für ein neues Parteiprogramm dienen sollte, war der längst hinfällige Versuch des alten CDU-Vorstandes gewesen, die wachsende Unruhe und Kritik an der Basis aufzunehmen und einen innerparteilichen Dialog anzubieten; das Bekenntnis zum Sozialismus und die Zugehörigkeit zum „Demokratischen Block" gehörten damals noch zu den quasi-selbstverständlichen Voraussetzungen. Unterdessen waren aber – im Vorfeld der Burgscheidunger Tagung – zahlreiche Diskussionsbeiträge und Veränderungsvorschläge eingegangen, die zu einem zweiten Entwurf verarbeitet wurden, über den hier in einzelnen Arbeitsgruppen eine breite Aussprache stattfand. Ein Programm-Parteitag mit inhaltlich-programmatischen Aussagen auf der Grundlage des Positionspapiers und der Perspektive, ein bis ins Jahr 2000 weisendes Parteiprogramm zu entwickeln, war für März/April 1990 geplant.

Die Forderung, bereits für Mitte Dezember 1989 einen Sonderparteitag einzuberufen, wurde zunächst nur von einer Minderheit vertreten und war in Burgscheidungen noch heftig umstritten. Zu groß waren die Ängste vieler Amts- und Mandatsträger vor einem Verlust ihrer Posten und Existenzen. De Maizière konnte sie erst nach einer massiven Rücktrittsdrohung durchsetzen. Nicht mehr die alteingesessenen Bezirksvorstände, sondern – und das war ein wichtiges Novum – von der Basis her neu zu wählende Orts- und Kreisverbandsdelegierte sollten jetzt über die Strukturfragen und die weitere Zukunft der Partei entscheiden. Auch für die Zukunft sollte sichergestellt werden, daß sich die Meinungs- und Willensbildungsprozesse in der Partei von unten nach oben vollziehen könnten und die Meinung der Basis die Parteileitung ungefiltert erreichte. Nun ging es darum, einen Delegiertenschlüssel, einen Modus für die Delegiertenwahlen

---

tung der Trennung von Kirche und Staat – die Chance einer besseren Vermittlung zwischen Kirchenfragen und dem zuständigen staatlichen Bereich.

und die Wahlordnung für die Neuwahl der Vorstände der CDU festzule-
gen. Außerdem wurden verschiedene Kommissionen zur Vorbereitung des
Parteitages (u.a. eine Programmkommission, eine Satzungs- und Strukturkommission, eine Antragskommission sowie ein Nominierungs- und
Wahlausschuß) gebildet.

Um noch vor dem Sonderparteitag nach außen hin deutlich neue Akzente zu setzen, verabschiedete der Hauptvorstand am Ende der Tagung eine
als „Wort aus Burgscheidungen" bezeichnete Erklärung mit dem Titel:
„Gemeinsam handeln – Angebot der CDU". De Maizière ging es vor allem
um klare Aussagen zu drei wesentlichen Punkten: (1) eine durch Volks-
entscheid zu beschließende erneuerte Verfassung, (2) ein neues Wahlrecht
und einen neuen Wahltermin spätestens bis Mitte 1990 sowie (3) die Ausarbeitung eines neuen Parteiengesetzes. Außerdem hielt er einen Themen-
katalog mit kurzfristig möglichen, vertrauensbildenden Maßnahmen für erforderlich; dazu gehörten z.B. die Entwaffnung der Kampfgruppen, Reformen im Erziehungs- und Bildungswesen, eine Stärkung der kommunalen Selbstverwaltung. Des weiteren wurden in der Erklärung eine sozialökologische Wirtschaft, eine „Verantwortungs- und Vertragspartnerschaft"
mit der Bundesrepublik und West-Berlin sowie Maßnahmen gegen den
Ausverkauf der materiellen und ideellen Werte der DDR gefordert.[38]

Abschließend urteilte de Maizière über die Burgscheidunger Tagung,
sie habe gezeigt, daß in der CDU – wie in der gesamten Gesellschaft – alte
und neue Strukturen miteinander konkurrierten[39]; in der CDU seien nun
sachlich wie personell Zeichen der Erneuerung von der Blockpartei zur
Volkspartei gesetzt worden. In dieser noch unentschiedenen Übergangsphase hatte der bevorstehende Sonderparteitag seiner Ansicht nach eine
ähnliche Funktion für die DDR-CDU wie sie der Runde Tisch für die
DDR-Gesellschaft besaß: widerstreitende Interessen zu konsenshaften Lösungen zu führen und gesellschaftspolitische Strukturveränderungen zu
initiieren, mit deren Hilfe der friedliche Übergang von der autoritär-
bürokratischen Herrschaftsform des Realsozialismus in ein Regierungssystem nach dem Modell westeuropäischer Demokratien organisiert werden
konnte.

---

38 Vgl. NZ , 22./ 23.11.1989. – Aus dem Bericht Korbellas geht hervor, daß die
    Akteure von ihrem eigenen Vorpreschen oft selbst überrascht waren, so z.B.
    hier in der Frage der Überwindung der Zweistaatlichkeit (Interview Korbel-
    la).

39 Günter Wirth sprach vom „Interregnum", Uwe Ehrich von einem „verun-
    krauteten Garten", der jetzt gesäubert werde.

Es war nur konsequent, daß die DDR-CDU auf dem Weg hin zu mehr Selbstbewußtsein und Selbständigkeit ihren Austritt aus der „Nationalen Front" und dem „Demokratischen Block" ankündigte. Offiziell geschah dies durch die Rede de Maizières auf der Sitzung des Zentralen Blocks am 28. November 1989, nachdem schon zuvor auf lokaler Ebene viele Bezirks-, Kreis- und Ortsverbände ihre Mitarbeit in diesen Organisationen von sich aus eingestellt hatten.[40] In seiner Eröffnungserklärung bezeichnete de Maizière den Block als „historisch überholt" und für den weiteren Demokratisierungsprozeß obsolet. Konfliktbewältigung, Konsensfindung und Koordination seien nun Aufgabe des „Runden Tisches", an dem alte und neue Kräfte beteiligt seien und an dem ein neuer Stil gefunden werden müsse. Die Beziehung zwischen den Parteien und den Massenorganisationen sei nun neu zu bestimmen. Es gehe um die Verfassung und Gesetze, in denen eine demokratische Struktur des politischen Lebens festgelegt werden müsse (Wahlgesetz; Parteiengesetz; Gewaltenteilung; Mediengesetz, Vereinigungs- und Versammlungsgesetz u.a.m.). Allerdings war die Erklärung de Maizières inhaltlich nicht mit den Mitgliedern des Präsidiums und des Sekretariats der CDU abgestimmt; seine generelle Absage an den Demokratischen Block wurde, „auf Einflußnahme bestimmter Kräfte" hin, zunächst noch einmal entschärft.[41]

Der Blick nach vorn war zugleich ein Rückgriff auf die „Ideale der ersten Stunde" in der CDU-Frühgeschichte: Schon Jakob Kaiser und seine Nachfolger hatten im „Block" lediglich „eine der möglichen Formen für eine loyale Zusammenarbeit der Parteien in außerordentlicher Zeit" erblickt und gegen die Instrumentalisierung der Blockpolitik für die Vorherrschaft der SED angekämpft. Art. 1 und 3 der DDR-Verfassung seien − wie bereits in der Volkskammer gefordert − nicht mehr vertretbar. Man

---

40   In der Dresdner Stadtverordnetenversammlung erklärte der CDU-Fraktionssprecher bereits am 26.10.1989 den Auszug der CDU aus dem Demokratischen Block. Korbella bezeichnet dies als den Beginn der DDR-weiten Auflösung dieser Institution (Interview Korbella).

41   De Maizière zog seinen Antrag, den Demokratischen Block aufzulösen, noch einmal zurück. Ein Teil der alten CDU-Funktionäre hielt nun zwar ebenfalls „neue Formen" und „die Abkehr von alten Mechanismen und Haltungen" für unumgänglich, klammerte sich aber immer noch am Demokratischen Block fest und erwartete „eine klare und prinzipielle Aussage der SED, insbesondere des Genossen Krenz" zur Volkskammerwahl (vgl. „Information zu einigen Aspekten der Lage in der Führung der CDU", 1.12.1989, BStU, ZA, AS MfS/AKG 1360, Blatt 2 sowie NZ v. 29.11.1989).

stehe nun – so das Fazit de Maizières – „am Ende der bisherigen Machtstruktur im Parteienbündnis mit all ihren Mechanismen".[42]

3.1.3. Der Sonderparteitag am 15./16. Dezember 1989

Der Sonderparteitag der DDR-CDU am 15./16. Dezember brachte dann die entscheidende Zäsur. Er stand übrigens im Schatten anderer parteipolitischer Neu- bzw. Umformierungsprozesse, nämlich der Herausbildung der unabhängigen SDP und ihrer Annäherung an die West-SPD sowie des gleichzeitig stattfindenden SED/ PDS-Parteitages, auf dem in einer dramatischen Auseinandersetzung über die Frage der Auflösung der SED und die Neugründung einer demokratisch-kommunistischen Partei oder um die Umbenennung der SED zur PDS gestritten wurde. Auch im Vorfeld des CDU-Parteitages hatten heftige Machtkämpfe stattgefunden, die sich auf dem Parteitag fortsetzten.[43] Bei der in der CDU angestrebten Transformation von der Blockpartei zur Volkspartei ging es vor allem um drei zentrale Punkte:

- die Neuwahl der Leitungsgremien und die Bestätigung des neuen Parteivorsitzenden durch die Parteibasis,
- die Veränderung der innerparteilichen Strukturen bzw. die Verabschiedung einer neuen Satzung,
- eine programmatische Selbstverständigung über den künftigen Kurs der Partei.

3.1.3.1. Die Organisationsreform und das Ende des „Demokratischen Zentralismus" in der CDU

Parteiaufbau und Leitungsstruktur wurden völlig verändert. Die zentralistisch aufgebaute, auf einen Vorsitzenden zugeschnittene und in das Blockgefüge eingepaßte DDR-CDU verwandelte sich nun in eine nach dem Prinzip demokratischer Willensbildung gegliederte Mitgliederpar-

---

42 ACDP VII-010, 3621.

43 „Was sich in den ersten Dezemberwochen in der CDU abspielte, ließ nichts Gutes ahnen – ein beispielloser Kampf der verbliebenen alten Kader mit den neuen um Kandidaturen für Leitungsfunktionen erschütterte die Partei...Am Abend des ersten Tages drohte der Parteitag – nach einer dramatischen Geheimsitzung – auseinanderzubrechen." (Wirth 1991: IX.)

tei.[44] Auch eine neue Finanz- und Beitragsordnung war erforderlich in einer Partei, die ihre monetären Probleme bisher auf Kosten der Staatskasse gelöst hatte.[45] Ein wichtiger Schritt beim Umbau der Partei war, daß die Bezirksverbände aufgelöst und statt dessen wieder Landesverbände gebildet werden sollten, was im ersten Quartal 1990 dann auch geschah.[46] Ziel des Neuformierungsprozesses war nicht nur eine Strukturveränderung, sondern zugleich auch ein personelles Revirement, in dem die alten Blockfunktionäre verdrängt werden sollten.

Die Organisationsreform war eine Voraussetzung für die Abkehr der Ost-CDU von einem Irrweg, der sie an der Seite der SED zur politischen Unselbständigkeit und Bedeutungslosigkeit verurteilt hatte. In seinem Referat bezeichnete de Maizière den „demokratischen Zentralismus" als den „genetische(n) Defekt der DDR und des in ihr betriebenen Pseudosozialismus". Damit sei der Mißerfolg dieses Systems (und mit ihm der Ost-CDU) vorprogrammiert gewesen. Grundübel der CDU sei „nicht das Fehlen persönlichen Engagments (der CDU-Mitglieder), sondern ihre Einbindung in ein politisches System ohne Bewegungsfreiheit" gewesen. Dabei habe sie ihre Interessenvertretungsfunktion eingebüßt, denn nicht die CDU, sondern die Kirchen hätten über Jahre hinweg für das Volk gesprochen. Die CDU müsse sich jetzt ihrer Geschichte stellen: „Nur wenn wir die Mitverantwortung der CDU für die Deformation und die Krise unserer Gesellschaft bekennen, können die Erneuerungskräfte unserer Partei ihrer Aufgabe gerecht werden."[47]

Eine überwältigende Mehrheit der Delegierten sprach de Maizière das Vertrauen aus. Zu seinen Stellvertretern wurden gewählt: Horst Korbella, Dr. Rudolf Krause, Dr. Gottfried Müller und Prof. Dr. Karl-Hermann Steinberg. Generalsekretär wurde Martin Kirchner. Nicht alle Delegierten waren übrigens in Urwahlen direkt gewählt worden. Problematisch war auch, daß zum Zeitpunkt der Delegiertenwahlen in den Kreisverbänden und Ortsgruppen die Vergangenheitsdiskussion dort überhaupt erst allmählich in Gang kam. In einigen Ortsgruppen hatte man sich nicht auf bestimmte Kandidaten einigen können. Auch hatte die Zeit für eine ausgiebige Diskussion des Positionspapiers nicht überall gereicht. Immerhin soll etwa die Hälfte der Delegierten „durch die Vergangenheit der Partei in

---

44 Vgl. Kapitel 5.1.
45 Vgl. Der Spiegel, Nr. 34/1990: 34.
46 Vgl. Kapitel 5.1.
47 CDU-Texte 1/90: 5 ff.

keiner Weise belastet" gewesen sein.[48] Ebenfalls als Zeichen der Erneuerung zu werten war der im Vergleich zu den Jahren vor 1989 auffallend
hohe Anteil kirchlicher Mitarbeiter: Von den knapp 800 Delegierten waren
34 Geistliche oder Theologen sowie 125 Mitglieder von Gemeindekirchenräten, Kirchenvorständen, Pfarrgemeinderäten, Synodale oder Leiter von
kirchlichen Gruppen und Werken.[49] Dies ist vor allem deshalb bemerkenswert, weil das Verhältnis der DDR-CDU zu den Kirchen bisher stark
belastet war; viele aktive Christen – Protestanten wie Katholiken – hatten
sich deshalb bewußt gerade nicht in der Ost-CDU engagiert, sondern in
den neuen Gruppierungen des Herbstes 1989 erstmals eine politische Alternative zum Blockparteiensystem gesehen.

3.1.3.2. Die Abkehr vom Sozialismus

Mit größtem Interesse wurden in der westdeutschen Öffentlichkeit neben
dem Schuldbekenntnis der DDR-CDU vor allem zwei Aussagen in de
Maizières Parteitagsrede wahrgenommen: die Distanzierung vom Sozialismus und das Bekenntnis zur Sozialen Marktwirtschaft. Wegen dieser –
in so kurzer Zeit vorgenommenen – Positionsänderung attestierte Wolfgang Schäuble der Ost-CDU und ihrem Vorsitzenden eine hohe Lernfähig-
keit.[50] Dennoch blieb das Mißtrauen in der West-CDU bestehen. Schließlich hatte de Maizière den Sozialismus kurz vorher noch als die „schönste
Vision menschlichen Denkens" bezeichnet.[51] Und in seiner Stellungnahme
zur Regierungserklärung von Hans Modrow hatte es geheißen, nicht der
Sozialismus sei am Ende, „wohl aber seine administrative diktatorische
Verzerrung."[52]
   Aus dem Kontext der Parteitagsrede, in dem von unterschiedlichen
Strömungen und Flügeln in der Union die Rede ist, die einander nicht aus-
grenzen sollten, kann man erschließen, wie sehr um diese Formulierung

---

48 Vgl. Weilemann 1990: 16.
49 Vgl. NZ, 19.12.1989.
50 Vgl. Schäuble 1991: 33.
51 Der Spiegel, Nr. 48/ 1990: 119.
52 Wenn der Sozialismus zukunftsfähig sei, müsse es ein grundlegend erneuerter
    Sozialismus sein (vgl. NZ, 18.11.1989). In einem RIAS-Interview antwortete
    de Maizière auf die Frage, ob sich die CDU nicht mehr zum Sozialismus be-
    kenne, eher ausweichend. Man müsse das Wort „Sozialismus" neu buchsta-
    bieren, bevor man es weiterverwende. Da man dazu derzeit nicht in der Lage
    sei, vermeide man es lieber, um nicht mißverstanden zu werden (vgl. NZ,
    25.11.1989).

gerungen wurde: zwischen denen, die (wie de Maizière) in dem Wort
„Sozialismus" nach der stalinistischen Deformation nur noch eine leere
Hülse sehen wollten, und jenen, die sich weigerten, mit diesem Begriff die
auch heute noch gültigen Ideale von 150 Jahren Arbeiterbewegung über
Bord zu werfen.[53] Verbindend für beide waren soziale Zielvorstellungen,
der Aufbau von Staat und Gesellschaft nach dem Subsidiaritätsprinzip,
sozialökologische Verantwortung der Wirtschaft – nicht durch Zentralismus, sondern durch demokratische Kontrolle.

Das Abrücken de Maizières vom Sozialismus dürfte durch die katastro-
phale Situation in den DDR-Betrieben, die ihm im großen und ganzen
wohl bewußt war, beeinflußt worden sein. Im Ansatz deutet sich hier schon
eine Überschneidung der sozialen mit der nationalen Frage an: Nur durch
sehr hohe Investitionen aus den westlichen Ländern bzw. eine weitgehende
Verflechtung mit der bundesrepublikanischen Wirtschaft hielt er eine Verbesserung für möglich. Man sei entschlossen, sich die Logik des marktwirtschaftlichen Denkens anzueignen.[54] Die marktwirtschaftliche Lei-
stungsgesellschaft müsse jedoch ökologisch und sozial verträglich sein.
Zur Frage der nationalen Einheit bleiben die Aussagen in dieser Rede allerdings noch undeutlich: Es ist von vorläufig „konföderativen Strukturen"
bis zur Realisierung der Einheit der deutschen Nation, in denen „die Erfahrungen und Gestaltungen unserer DDR-Gesellschaft" bewahrt werden
sollten, ebenso die Rede wie von den „berechtigten Gefühlen der nationalen Zugehörigkeit", denen Raum gegeben werden sollte.[55] Eine Neuvereinigung sei jedoch nicht im Alleingang, sondern nur im Rahmen einer europäischen Friedensordnung vorstellbar. Auf jeden Fall stand die polnische
Westgrenze nicht zur Disposition; dies war explizit auf den Gast von der
CSU, Generalsekretär Huber, gemünzt, dessen Rede von vielen Delegierten mit kaum verhohlenem Entsetzen zur Kenntnis genommen wurde.
Noch peinlicher wirkte es freilich, wie übergangslos sich ehemalige Block-
parteien-Hardliner zu entschiedenen Verfechtern der Sozialen Marktwirtschaft und der deutschen Einheit gewandelt hatten.[56]

---

53 Vgl. auch Interview Duchac. – Duchac war Mitglied der Programmkommis-
    sion.
54 Vgl. CDU-Texte 1/90: S.14.
55 Vgl. ebd.: 11, 17.
56 Interview Korbella.

3.1.3.3. Spaltung oder Profilierung zur „C"-Partei?

Auf dem Sonderparteitag waren die strukturellen Fragen im wesentlichen gelöst worden. Auch die personellen Veränderungen an der Parteispitze signalisierten den Willen zur Erneuerung. Nicht überzeugend gelungen war hingegen bis dahin die inhaltlich-konzeptionelle Arbeit. Schon im Vorfeld des Parteitages waren sehr unterschiedliche Meinungen über das künftige Profil der Partei aufeinandergeprallt. Es war daher von vornherein nicht auszuschließen, daß es zu einer Zerreißprobe kommen würde; eine Spaltung fand jedoch nicht statt. Heftige Kontroversen gab es vor allem über drei Fragen, die in der Konsequenz eng miteinander verflochten waren:
- die Definition eines erneuerten, demokratischen Sozialismus und seine Relevanz für das Selbstverständnis der CDU,
- das Profil der CDU als „C"-Partei, die in der weitgehend säkularisierten DDR nur eine christlich orientierte Minderheit ansprechen würde, oder als „Volkspartei", die nach dem Prinzip der Stimmenmaximierung ein breites konservativ-liberales Spektrum ausschöpfen könnte,
- das Verhältnis zur West-CDU sowie den Zeitplan und die Modalitäten einer staatlichen Neuvereinigung.

Die Abkehr vom Sozialismus wurde von einem Teil der CDU-Mitglieder nicht akzeptiert; viele kündigten deshalb ihren Austritt an. Bereits in Burgscheidungen war darum – so Korbella – „geradezu gerungen" worden; de Maizière hatte dort „nach einer hin und her gehenden Diskussion" eine Abstimmung im Plenum herbeigeführt, in der sich die Mehrheit der Hauptvorstandsmitglieder dafür entschieden hatte, den Sozialismus-Begriff fallen zu lassen.[57] Für einen Teil der CDU-Anhänger war aber die Vorstellung von einer inneren Verbindung zwischen der Idee der sozialen Gerechtigkeit bzw. eines demokratischen Sozialismus und dem Christentum konstitutiv – trotz der Deformation des Begriffs „christlicher Sozialismus" in der Götting-CDU. Denn dies war zum einen die raison d'être ihres bisherigen Engagements in dieser Partei, zum anderen bildete sie die Nahtstelle zur CDU Jakob Kaisers und der Christlichen Sozialisten der Nachkriegsperiode, auch wenn diese Programmatik tatsächlich zu keinem Zeitpunkt für die ganze Ost-CDU verbindlich gewesen war.

De Maizière versuchte auch nach dem Parteitag noch zu vermitteln, indem er auf den Kern der Sozialismus-Idee hinwies – vermutlich um die

---

57 Vgl. Interview Korbella sowie: „Die personelle und programmatische Erneuerung der CDU seit dem Sommer 1989", S. 14.

Partei zusammenzuhalten. Doch mündete dies in einen Spagat, der – schon wegen des Erwartungsdrucks aus dem Westen – nicht lange durchzuhalten war. Die Anhänger eines „christlichen Sozialismus" hatten zunächst gehofft, einen „linken" Flügel, eine Art „soziales Gewissen", in der erneuerten CDU bilden zu können. Diese Funktion hatte ihnen de Maizière ausdrücklich zugewiesen. Als sie jedoch realisierten, daß ihre Versuche erfolglos blieben, traten viele von ihnen verbittert aus der CDU aus. Nicht wenigen ging die „Westorientierung" ihrer Partei, die als „Rechtsruck" gewertet wurde, zu schnell. Zunehmend enttäuscht realisierten sie, daß der Einigungsprozeß sich zusehends beschleunigte und zu einem „Angliederungsprozeß" wurde, in den sie fast nichts von dem, was sie sich vorgenommen hatten, mehr einbringen konnten.

Die Motive für diese „Überzeugungsaustritte" – auch von sozial engagierten Pfarrern – formuliert symptomatisch Carl Ordnung, jahrzehntelang hauptamtlicher Mitarbeiter beim Sekretariat des CDU-Hauptvorstandes (zuletzt Leiter der Abteilung Friedens- und Sicherheitspolitik) und viele Jahre Sekretär des CFK-Regionalausschusses; seit Frühjahr 1990 war er im Amt des neuen Ministerpräsidenten in der Abteilung Außen- und Sicherheitspolitik als Referent für Entwicklungspolitik tätig. Nach dem 3. Oktober wurde dieses Amt zur Außenstelle des Bundeskanzleramtes in Berlin, und Ordnung trat in den Vorruhestand. Die Wende beschreibt Ordnung einerseits als eine befreiende Erfahrung, weil sie die Bindung an ein stalinistisches Sozialismus-Modell auflöste; andererseits kritisiert er, daß sie die Forderungen der Ökumenischen Versammlung nicht nur nicht aufgenommen, sondern geradezu einen Gegentrend dazu verstärkt habe, nämlich „Desinteresse an der Zweidrittelwelt, verstärkte Konsumorientierung, Umweltzerstörung durch Müll, zunehmenden Individualverkehr u.a.". Er hielt den Sozialismus-Begriff im Sinne der Vision einer gerechteren Gesellschaft noch für brauchbar, allerdings müsse er „von unten, in der bunten Vielfalt der Basisaktivitäten im Rahmen der Zivilgesellschaft" und „von der Zweidrittelwelt her" entwickelt werden. Der Sozialismus sei nicht vom Kapitalismus als dem besseren Gesellschafts- und Entwicklungsmodell besiegt worden, sondern „an seiner eigenen Schwäche, seinen Fehlern und Mißbildungen zugrundegegangen."[58] Wie viele andere trat Carl Ordnung nach längerem Zögern im ersten Jahr nach der Wende aus der CDU aus.

---

58 Carl Ordnung, Liebe Freunde, Rundbrief vom Dezember 1990 (Material Hennig).

Aber nicht nur der Sozialismus-Begriff der CDU war umstritten. Bei der programmatischen Neuorientierung ging es auch um die Perspektive der CDU als „C"-Partei und ihrer potentiellen Basis in der DDR-Gesellschaft. Dies war eine zentrale Frage angesichts der Tatsache, daß nur etwa ein Drittel der DDR-Bevölkerung kirchlich gebunden ist; davon sind ca. 5,1 Millionen Protestanten, knapp eine Million Katholiken. Selbst in der CDU war nur ungefähr ein Drittel der Mitgliederschaft als praktizierende Christen zu bezeichnen. Die Befürchtung, daß das Festhalten am christlichen Sittengesetz als Bezugspunkt für gesellschaftsgestaltendes politisches Handeln die potentielle Mehrheitsfähigkeit einer konservativ-liberalen Partei in der DDR gefährden könnte, lag daher nahe. De Maizière und seine Berater, insbesondere auch der Leiter der Programmkommission, Peter Schmidt, haben aber solche Vorstöße, auf das „C" faktisch zu verzichten, immer wieder entschieden zurückgewiesen – mit der Begründung, daß das „C" nicht durch die Götting-Zeit hindurch bewahrt worden sei, um es nun aus wahltaktischem Opportunismus preiszugeben. Damit hätte die CDU in ihren Augen jede Glaubwürdigkeit und damit auch den Kern ihrer Wählerschaft vollends verloren.

Wie richtig diese Einschätzung war, sollte sich bei der Volkskammerwahl im März 1990 zeigen; denn hier profitierte die Ost-CDU u.a. auch davon, daß sie in breiten Wählerschichten – ganz undifferenziert – als die Partei angesehen wurde, die die Anliegen der Kirchen in der Öffentlichkeit vertrat und die daher auch mit ihnen (und ihrem Ansehen in der Wendezeit) identifiziert wurde.[59]

Die Gruppe um de Maizière wollte aus der CDU keine klerikale Partei machen; doch sollten sich mit ihrer Programmatik Christen verschiedener Konfessionen identifizieren können. Das „C", die Bergpredigt, war für sie Angebot und Herausforderung zugleich. Durch die Rückbesinnung auf das christliche Menschenbild, aber auch auf weltanschauliche Toleranz und Pluralität, müsse die CDU als Volkspartei mit christlichem Profil Glaubwürdigkeit, auch über den schmalen christlichen Bevölkerungsteil in der DDR hinaus, zurückgewinnen und für unterschiedliche soziale Schichten und Generationen wieder wählbar werden.

Voraussetzung dafür war das „Metanoeite"- der Aufruf zur Umkehr, zur Buße – nicht nur in der Rückschau auf die DDR-Vergangenheit, sondern auch angesichts der Dringlichkeit aktueller globaler Herausforderungen für die Politik (insbesondere die ungleiche Verteilung von Armut und Reich-

---

59 Interview P. Schmidt.

tum in der Welt, die Schonung der natürlichen Ressourcen, das Überleben der Menschheit u.a.m.). Sie griffen damit auch auf Überlegungen aus dem Umkreis der Verfasser des „Weimarer Briefes" zurück; hier hatte man schon des längeren darüber nachgedacht, wie der vom ökumenischen Geist geprägte „konziliare Prozeß für Gerechtigkeit, Frieden und Bewahrung der Schöpfung" für die Block-CDU politikfähig zu machen sei und zum Ansatzpunkt für das Profil einer erneuerten Partei werden könne.[60] Die weitere Entwicklung der Ost-CDU zeigt freilich, daß dieser Ansatz nur für eine Übergangsphase griff, daß er sich aber nicht als tragfähig genug erweisen sollte, um das Profil der Ost-CDU, geschweige denn einer gesamtdeutschen CDU, längerfristig zu bestimmen.[61]

Die Machtkämpfe in der CDU-Führung waren nach den Weichenstellungen des Sonderparteitags keineswegs beendet. Denn auch innerhalb der neuen Kräfte gab es Rivalitäten und Meinungsunterschiede zu Fragen der politischen Strategie und Taktik sowie des Verhältnisses zur West-CDU. Ging die Wandlung der DDR-CDU den einen viel zu schnell, so drängten andere auf eine noch raschere und radikalere Gangart bei der Übernahme bundesdeutscher Strukturen.

3.2. Lokale Sonderwege im Süden der DDR

Während in der Berliner CDU-Zentrale um innerparteiliche Machtpositionen und ein neues programmatisches Profil gerungen wurde, entwickelte sich im Süden der DDR, insbesondere in den an Hessen und Niedersachsen angrenzenden Gebieten, eine ganz andere Dynamik, die aber schon bald auf die Ereignisse in der Zentrale zurückwirken sollte. Hier kamen mehrere Faktoren zusammen, die sich zu einer spezifischen Konstellation verdichteten:

- eine verbreitete Berlin-Aversion (fußend auf der alten Spannung zwischen Provinz und Metropole, nach 1945 aktualisiert und politisiert gegen Berlin als „Hauptstadt der DDR");
- ein im Eichsfeld stark ausgeprägtes, historisch gewachsenes regionales Selbstbewußtsein einer Teilkultur, die ihre Eigenart und ihren Eigensinn weder in der NS-Zeit noch in der DDR verloren hatte. Ein mehr oder weniger bewußter kulturhistorischer Hintergrund (Kurmainzer

---

60   Interview Dr. Müller.
61   Vgl. unten Kapitel 4.

Enklave), volkskirchlich-katholische Milieustrukturen und auf diese Zugehörigkeit gegründete Sozialbeziehungen hielten diese Teilgesellschaft zusammen; so wie sie sich früher gegen ein protestantisches Umfeld abgeschottet hatte, war ihr Antipode später der atheistische Staat;

- die unmittelbare Nachbarschaft zu den angrenzenden Alt-Bundesländern Hessen und Niedersachsen (mit dem Untereichsfeld).

Mit einer Zeitverzögerung von vier bis sechs Wochen hatte Ende Oktober auch in dieser eher ländlichen und schwach besiedelten Region die Protestbewegung gegen das DDR-System eingesetzt. Sie begann hier keineswegs radikal oder gar revolutionär: Ausgangspunkt waren die Prozessionen in der Kirmeszeit und Friedensgebete, die sich erst allmählich zu Demonstrationen entwickelten[62]; eine gerade in Heiligenstadt stattfindende Volksmission und ausgerechnet die Marienfeier bildeten dann den „Startschuß" für die „heiße Phase" im November.[63] Nach der Öffnung der Berliner Mauer am 9. November beschleunigte sich jedoch die Entwicklung in einer Weise, die weit über die Region hinauswirkte.

In Heiligenstadt, dem kulturellen Zentrum der Region, wurde erstmals nach der Wende ein nicht-sozialistischer Kandidat an die Spitze des Rats des Kreises gewählt – bis dahin eine unbestrittene Domäne der SED. Dies bedeutete ganz konkret nicht nur die Beteiligung an der Macht der SED wie in Berlin, sondern den Griff nach der Macht und einen Machtwechsel.[64] Bereits bei seinem Amtsantritt am 7. Dezember 1989 wies Dr. Wer-

---

62 Ein wichtiger Orientierungspunkt für die Eichsfelder war der im Grenzgebiet gelegene Hülfensberg, bereits in heidnischer Zeit ein „heiliger" Berg, nach der Christianisierung durch Bonifatius und besonders seit dem 12. Jahrhundert ein Wallfahrtsort mit einer großen mittelalterlichen Tradition. Dort stand eine Kapelle, in der ein angeblich aus den Kreuzzügen stammendes Heereskreuz Karls des Großen aufbewahrt wurde. Er soll in dieser Gegend die entscheidende Schlacht gegen die Slawen geschlagen haben. Der Berg – eigentlich im 5-km-Gebiet gelegen – wurde von der DDR-Obrigkeit ins Sperrgebiet mit einbezogen, um den Wallfahrten einen Riegel vorzuschieben. Es charakterisiert die Mentalität der Eichsfelder, daß die „friedliche Revolution" im Herbst 1989 hier damit begann, daß am 8. Oktober ca. 3.000 Menschen mit dem Lied „Großer Gott, wir loben Dich" zu einer Wallfahrt in diese Tabuzone aufbrachen. Politische Demonstrationen fanden erst später und in den Städten Heiligenstadt, Worbis und Leinefelde statt. Doch auch in den Dörfern begann es überall zu bröckeln.

63 Vgl. Adler 1990: 30.

64 Dr. Henning hatte sich die Entscheidung nicht leichtgemacht und war zuvor nach Berlin gefahren, um den neuen CDU-Vorsitzenden de Maizière um Rat zu fragen. Der beschied ihn mit der Antwort, er möge doch zunächst einmal Rat für Kirchenfragen werden. CDU-Politiker aus dem Westen (aus Nieder-

ner Henning – im Alleingang und ohne sich in Berlin rückzuversichern – den Kommandeur der Grenztruppen an, alle Straßenübergänge in Richtung Westen zu öffnen. Bis zum Jahresende 1989 waren – entlang einer Grenze von 70 km – sämtliche Ost-West-Straßenverbindungen zumindest für Fußgänger passierbar.

In diesen Wochen entwickelten sich in Gottesdiensten und auf Volksfesten neue Kontakte und Austauschbeziehungen nicht nur zwischen den Menschen in der Grenzregion, sondern auch zwischen östlichen und westlichen CDU-Verbänden. Während die Bundes-CDU noch bis Ende Januar 1990 zögerte, eine Verbindung zur neugewählten Führung der Block-CDU aufzunehmen, verbrüderten sich hier lokale CDU-Kreis- und Ortsverbände bereits zu Weihnachten 1989.

Die Gruppierung, die sich um Dr. Henning und den neuen Heiligenstädter Bürgermeister Bernd Beck in den basisdemokratisch organisierten Massenveranstaltungen herausbildete, identifizierte sich mit der Eichsfeld-CDU, in der sie eine Art „christlichen Gesellschaftsverein" erblickte, der unterhalb der verordneten staatlichen Ebene das christlich geprägte Gemeinschaftsleben im Eichsfeld mitorganisiert und mitgestaltet hatte; das hieß, es wurden Kirchen renoviert, Friedhöfe gepflegt, Dörfer in Ordnung gehalten, die Feste im Jahresrhythmus organisiert u.a.m. Daß die Ost-CDU auch etwas anderes, nämlich Teil des staatlichen Machtapparats war, hatte man hier zwar gewußt, aber doch weitgehend verdrängt.

Die Eichsfelder waren keine Revolutionäre, sondern hielten es – mit Paulus – für besser, dem Kaiser zu geben, was des Kaisers war. Nach der Wende war dieser latente Widerspruch nicht mehr durchzuhalten. Man sah sich nun auf eine Ost-CDU verwiesen, mit der es vierzig Jahre lang wenig Gemeinsamkeit gegeben hatte und mußte sich doch als „Blockflöten" bezeichnen lassen. Dr. Henning und seine Freunde in der Eichsfeld-CDU waren daher der Meinung, es müsse einen deutlichen Schnitt und einen demonstrativen Neubeginn geben. Sie beschlossen, die Block-CDU vom Eichsfeld her aufzulösen und zusammen mit der West-CDU, mit der es darüber bereits Absprachen gegeben hatte, eine neue Organisation aufzubauen.

Diesen Plan trug Dr. Henning bei einem Gespräch im Bundeskanzleramt im Januar 1990 Helmut Kohl unter vier Augen vor – zu einem Zeitpunkt also, zu dem die Bundes-CDU noch keinen offiziellen Schritt auf die

---

sachsen, Hessen und aus Bonn) rieten ihm dagegen, das Spitzenamt zu übernehmen. (Interview Dr. Henning.)

gewendete Block-CDU zugegangen war. Im CDU-Bundesvorstand wurde damals allerdings schon heftig über dieses Thema gestritten. Die Strategie der Bundes-CDU gegenüber der Ost-CDU scheint indes bis Ende Januar noch nicht klar gewesen zu sein. Jedenfalls machte Kohl gegenüber Dr. Henning kein Hehl aus seiner Abneigung gegen die Ost-CDU und verwies ihn an Rudolf Seiters, damals Bundesminister für besondere Aufgaben und Chef des Bundeskanzleramts. Beide verabredeten ein Szenario, demzufolge die CDU vom Eichsfeld her am 4. Februar 1990 demonstrativ aufgelöst werden sollte, wenn nicht zu einem bestimmten Zeitpunkt vorher ein Treffen Kohls mit de Maizière in Berlin-Dahlem stattfände. Es war dies offenbar das Treffen, auf dem die „Allianz für Deutschland", das Wahlbündnis zwischen der Ost-CDU, dem Demokratischen Aufbruch (DA) und der Deutschen Sozialen Union (DSU) geschmiedet wurde; es fand tatsächlich am 1. Februar im Gästehaus der Bundesregierung statt.[65] Als Kohl und de Maizière „sich in den Armen lagen", mußten die Eichsfelder ihren Plan aufgeben.[66]

Auch nach dieser Entscheidung der Bundes-CDU waren die Vorbehalte der Eichsfelder gegen die Ost-CDU und ihre Skepsis angesichts der Entwicklung in Berlin nicht ausgeräumt. Sie betrachteten die Umwälzung im Herbst 1989 nicht als eine „friedliche Revolution", sondern als einen vollständigen Zusammenbruch von Staat und Gesellschaft in der DDR, der zwar unerwartet eingetreten war, sich aber doch schon in den achtziger Jahren abgezeichnet hatte. Weil ihrer Ansicht nach die Kräfte in der DDR nicht ausreichten, um den Neuaufbau von unten her zu beginnen und weil sie weitere Experimente ablehnten, kam für sie nur ein möglichst baldiges Zusammengehen mit der Bundesrepublik – notfalls im Alleingang – in Frage.

Tatsächlich bereiteten sie sich darauf vor, das Eichsfeld von der Noch-DDR abzulösen und als Landkreis an Niedersachsen anzuschließen – für den Fall, daß sich bei den Volkskammerwahlen am 18. März eine sozialistische Mehrheit ergeben würde.[67] Dieses Vorgehen war mit der niedersächsischen CDU-Spitze (Ernst Albrecht und Rita Süssmuth[68]) abgesprochen, zu der es damals längst intensive Kontakte gab. Der Anschluß an

---

65 Vgl. Teltschik 1991: 124; Tagesspiegel, 18.3.1995.
66 Interview Dr. Henning: „Wir hätten von hier aus nur gestört."
67 Interview Althaus.
68 Wie eng die Beziehungen waren, zeigt sich z.B. darin, daß Frau Süssmuth ihren Geburtstag am 17.2.1990 in Heiligenstadt feierte und zuvor auch auf den Hülfensberg gestiegen war.

Niedersachsen war für die Eichsfelder eine im Grunde naheliegende Option: Dadurch wären das Ober- und das Untereichsfeld wieder verbunden und die Einheit einer kulturgeschichtlich geformten Region wiederhergestellt worden. Den Eichsfeldern ging es im Vorfeld der Volkskammerwahl freilich weniger um die sofortige Umsetzung dieser Vereinigung (übrigens auch nicht um einen ersten Schritt in Richtung auf die deutsche Einheit hin) als primär darum, ihre Region bzw. die Identität dieses Raumes „zu retten".

Ein Interview mit Dr. Henning, das wenige Tage vor der Volkskammerwahl über mehrere Sender lief, löste in Berlin und Erfurt Krisenstimmung aus. Der Runde Tisch in Erfurt sprach sich gegen das Vorpreschen der Eichsfelder aus; in Berlin war angesichts dieser Separationsabsichten sogar die Rede von Hochverrat und entsprechenden Sanktionen.[69]

Dazu kam es freilich nicht, weil nicht, wie befürchtet, die Sozialisten gewannen, sondern die „Allianz für Deutschland" bei der Volkskammmerwahl den Sieg davontrug. Eichsfelder und Thüringer CDU-Gruppen drängten auch weiterhin entschieden auf ein rascheres Tempo der deutschen Vereinigung. Ihr Motiv war primär, die Entwicklung schnellstmöglich unumkehrbar zu machen; die Gefahr einer weiteren Destabilisierung der DDR und die Aushandlung von Bedingungen für den Einigungsprozeß erschienen ihnen dagegen sekundär. Damit verstärkten sie aber den Druck auf die Berliner CDU-Führung, für deren Politik diese Aspekte im Vordergrund standen.[70]

3.3. Die Bildung der „Allianz für Deutschland"

3.3.1. Kalküle und Reserven in der Bundes-CDU

In der CDU-Spitze war man sich darüber im klaren, daß der Ausgang der Volkskammerwahl von entscheidendem Einfluß für die nächste Bundestagswahl sein würde. Sie war eine Vorentscheidung darüber, ob die Union die strukturelle Mehrheitsfähigkeit im vereinten Deutschland behalten oder verlieren würde. Denn eine wesentliche sozialstrukturelle und politisch-kulturelle Voraussetzung für die politische Hegemonie der Union im

---

69   Interview Dr. Henning.
70   Vgl. unten Kapitel 9.

Nachkriegsdeutschland war die deutsche Teilung gewesen; die früheren Hochburgen der SPD lagen in Mitteldeutschland. Die bundesdeutsche CDU wollte diese Wahl weder den alten noch den sich neuformierenden Kräften in der DDR überlassen und setzte daher ihr ganzes Gewicht ein. Zunächst ging es aber darum, einen bzw. mehrere in das wahlstrategische Konzept der Union passende Partner zu finden und ein Wahlbündnis zu zimmern, das ein geeignetes Pendant für die West-CDU abgeben würde.[71] Damit wollte man der SDP/SPD, mit deren Wahlsieg damals noch überall gerechnet wurde, eine zugkräftige Alternative entgegensetzen.

Im Unterschied zur SPD, die nach kurzem Zögern in der „unverblockten" SDP ihre Schwesterpartei in der sich herausbildenden Parteienlandschaft der Noch-DDR gefunden hatte[72], befand sich die CDU in dem Dilemma, daß sie (von der Block-CDU einmal abgesehen, der gegenüber Bundeskanzler Kohl und Generalsekretär Rühe auch nach dem Sonderparteitag vom Dezember noch starke Vorbehalte hegten) keinen „natürlichen" Partner vorfand, auf den sie sich hätte festlegen wollen.

Die neu entstandenen Gruppierungen waren ihrer Mitgliederschaft wie auch ihren programmatischen Aussagen nach noch sehr fluide Gebilde. Die „Phase einer gewissen Orientierungslosigkeit" dauerte daher bis in den Januar 1990 hinein an.[73] Eigentlich hatte sich die CDU-Führung mit ihrer Entscheidung für einen parteipolitischen Partner noch bis Mitte Februar Zeit lassen wollen. Sie wollte auf jeden Fall einen „Geburtsfehler" vermeiden und hatte am 10. Januar eigens eine Kommission eingesetzt, die über Umfang und Adressen einer konkreten Unterstützung von Gruppen und Kräften in der DDR entscheiden sollte.[74] Durch die Vereinbarung Modrows mit dem Runden Tisch vom 28. Januar 1990, den Termin für die Volkskammerwahlen vom 6. Mai auf den 18. März vorzuziehen, geriet sie jedoch unversehens unter starken Zeitdruck. Erst unter diesem Druck wandelte sich die Distanz der Bonner Parteizentrale gegenüber der Ost-CDU in eine primär wahltaktisch begründete Kooperationsbereitschaft. Am 5. Februar, kaum sechs Wochen vor der Wahl, kam die Vereinbarung über die „Allianz für Deutschland", einem Wahlbündnis zwischen Ost-CDU, dem DA und der DSU, zustande. Sie wurde im Beisein von Bundeskanzler Kohl

---

71 Vgl. Teltschik 1991: 118.
72 Zur SDP/SPD vgl. auch Herzberg/von zur Mühlen 1993.
73 Vgl. Schäuble 1991: 24.
74 Vgl. NZ, 25.1.1990. (Mitglieder dieser Kommission waren: Kohl, Rühe, Diepgen, Albrecht und Wallmann.)

zwischen Lothar de Maizière (Ost-CDU), Wolfgang Schnur (DA) und H.-W. Ebeling (DSU) in West-Berlin getroffen.[75]

Wahltaktische Erwägungen und parteiinterne Gründe hatten die CDU-Spitze um Kohl und Rühe so lange zögern lassen, offiziell mit der Führung der Ost-CDU zu kooperieren. So war nach den ersten Meinungsumfragen noch keineswegs abzusehen, ob die angezielten antisozialistischen Wählerschichten in der DDR die ehemalige Blockpartei überhaupt für wählbar halten würden. Schwer einzuschätzen war auch, ob die diskreditierte DDR-CDU einen relevanten Teil der zwar zahlenmäßig geringen, aber doch politisch artikulationsfähigen aktiven Christen binden könnte, oder ob diese sich den neuen Gruppierungen zuwenden würden. Das hätte für die West-CDU das Problem noch weiter kompliziert.[76]

Manchem West-CDU-Politiker reichte im übrigen auch das vorsichtige Abrücken de Maizières vom Sozialismus noch lange nicht aus. Wegen ihrer Mitarbeit in der Übergangsregierung Modrow wurde der CDU in der DDR von Teilen der West-CDU und CSU zudem eine Fortsetzung der Blockpolitik und der Zusammenarbeit mit Kommunisten vorgeworfen; sie habe nicht die Kraft, sich aus der Umklammerung durch die SED/PDS zu lösen. Die DDR-CDU war damit für die Bundes-CDU zwar ein potentieller Partner, aber nur einer unter anderen.

Insgesamt ergibt sich für diese Phase zwischen dem Sonderparteitag und der Bildung der „Allianz für Deutschland" ein Tableau einander widerstrebender Akteure und Strategien. Für die Entscheidung der Bundes-CDU, mit der Ost-CDU zu kooperieren, dürfte dann aber letztendlich eine Dynamik ausschlaggebend gewesen sein, die sich aus verschiedenen Konstellationen bzw. Interessenlagen herausschälte.

3.3.1.1.　Die Kraft des Faktischen und politische Machtkalküle

In der Zeit des Umbruchs gab es auf lokaler und regionaler Ebene bereits rege Kontakte zwischen West- und Ost-CDU, womit quasi vollendete Tatsachen geschaffen waren. Dies traf – wie oben gezeigt – insbesondere für die Orts- und Kreisverbände in den thüringisch-hessischen bzw. nieder-

---

75　Vgl. Hackel 1990: 45.
76　In der Führung der DDR-CDU war man sich über die Schwierigkeiten mit dem Protestantismus und dessen Sympathien für die SDP/SPD durchaus im klaren (vgl. Prof. Günter Wirth in einer Beratung am 19.2.1990, ACDP VII-011, 3909).

sächsischen Grenzgebieten, aber auch für die Berliner Bezirke und ihr Umland zu. Dadurch entstand für die Parteispitze ein Handlungsbedarf; denn die von ihr beschlossene Linie „differenzierter Kontakte"[77] ließ sich angesichts der zunehmenden Unübersichtlichkeit nicht unbegrenzt fortsetzen. Die „Landesfürsten" aus Hessen, Niedersachsen, Nordrhein-Westfalen und Berlin gehörten zu den Vorreitern und drängten schon seit Ende Oktober/Anfang November 1989 nach Gesprächen mit Vertretern der Ost-CDU auf *allen* Ebenen.[78] Sie waren entschlossen, die Ost-CDU als „natürlichen" Partner[79] im Wahlkampf zu unterstützen und favorisierten eine Wahlstrategie, die alle nicht-sozialistischen Kräfte bündeln sollte. Diese Position brachten sie auch in den CDU-Bundesvorstand ein, wo die verschiedenen parteistrategischen Konsequenzen sehr kontrovers diskutiert wurden.

3.3.1.2. Parteiinterne Differenzierungen und die Forderung nach einer „operativen Deutschlandpolitik"

Bis dahin hatte die Bundes-CDU jeden parteioffiziellen Kontakt mit der DDR-CDU abgelehnt; sie tat dies nicht zuletzt mit Rücksicht auf die Empfindlichkeiten der Exil-CDU, die mit ihren immerhin 6.000 Mitgliedern den westdeutschen Landesverbänden der Union gleichgestellt und auf Bundesparteitagen noch mit 30 Delegierten präsent war. Allerdings gab es

---

77 Einem Beschluß des CDU-Präsidiums vom 25. Oktober 1989 zufolge sollten Kontakte zu reformwilligen Kräften an der Basis zwar gesucht und unterstützt werden; eine Verständigung auf der Führungsebene war jedoch nicht angestrebt.

78 Der Berliner CDU-Politiker Landowski hatte bereits am 26. Oktober 1989 den Parteivorsitzenden Helmut Kohl aufgefordert, offizielle Kontakte zur DDR-CDU herzustellen.

79 Auch Wolfgang Schäuble hielt – wie er nachträglich 1991 schrieb – die DDR-CDU schon 1989 für den „natürlichen Partner" der West-CDU, und zwar aus drei Gründen: Soziologisch betrachtet sei ihre Basis zu drei Vierteln nicht viel anders als die der West-CDU einzuschätzen; zweitens verstärke sich durch den Zufluß der Ost-CDU-Mitglieder die Bindung zur protestantischen Kirche als erwünschtem Gegengewicht zum rheinisch-katholischen Milieu; drittens sah er – im Unterschied zu anderen Unionspolitikern – in der bisherigen Einbindung der DDR-CDU in das machtpolitische Gefüge des DDR-Systems nicht unbedingt einen Nachteil. Sie erschien ihm eben gerade wegen ihrer Beteiligung am „Demokratischen Block" als eine „gesellschaftliche Kraft, die das Ihrige dazu beitragen konnte, den revolutionären Prozeß in jenen Bahnen zu halten, die zum Ziel der Einheit führten" (Schäuble 1991: 23).

unterhalb der Führungsebene lose Beziehungen zwischen Exil- und Ost-CDU-Mitgliedern und, wie sich in der Wendezeit herausstellte, mehr Gemeinsamkeiten als vermutet.

Bereits vor der Wende, im April 1989, hatte der Vorsitzende der Exil-CDU, Siegfried Dübel, mit seinem „Strategieentwurf zur Deutschlandpolitik" erhebliches Aufsehen erregt. Darin hieß es, „für systemöffnende Reformen", denen sich das DDR-Regime nicht mehr lange werde entziehen können, wachse den Christlichen Demokraten in Mitteldeutschland „eine demokratisch-alternative Rolle zur herrschenden SED" zu. Es sei daher höchste Zeit, „vielfältige Beziehungen zwischen Gleichgesinnten in beiden Teilen des Landes zu nutzen, um die CDU in der DDR zu stärken", deren Mitglieder „zu über neunzig Prozent ebenso gute oder schlechte Demokraten wie die CDU-Mitglieder in der Bundesrepublik" seien. Ein Reformpotential machte die Exil-CDU auch in anderen Lagern – selbst in der SED – aus.[80] Wenngleich der Exil-CDU die Zeit für parteiamtliche Beziehungen noch nicht reif schien, so begrüßte sie doch die Chancen, die sich durch die Verbindungen im Rahmen der innerdeutschen Städtepartnerschaften und kommunalpolitischen Institutionen auf Orts- und Kreisebene ergeben hatten. Die Bundespartei dürfe sich mit Blick auf die nächste DDR-Führungsgeneration nicht die „operative Chance" entgehen lassen, wenn sie nicht – so Dübels Warnung – eines Tages „von SPD/SED-Konvergenzen ausmanövriert" werden wolle. Mit anderen Worten: Die Exil-CDU forderte die Bundespartei auf, statt des fortgesetzten Managements der deutschen Teilung eine „operative Deutschlandpolitik" zu entwickeln und der SPD entgegenzusetzen.

Aus ähnlichen Motiven interessierten sich CDU-nahe Studiengruppen angesichts der Liberalisierung in Osteuropa, insbesondere in Polen, Ungarn und der Sowjetunion, aber auch des Agierens von Friedens- und Umweltgruppen in der DDR für eventuelle Aufweichungstendenzen und deren mögliche parteipolitische Konsequenzen im anderen deutschen Teilstaat. Hieraus entwickelte sich ein regelrechter „Polit-Tourismus". Inoffizielle Kontakte bestanden außerdem schon seit längerem auch dort, wo man sie am wenigsten vermutet hätte: zwischen Vertretern der DDR-CDU und deutschlandpolitisch engagierten CSU-Politikern.[81]

---

80 Vgl. Die Welt, 17.4.1989.
81 Eine wichtige Vermittlerrolle spielte hier das Ehepaar Grille in Erlangen, doch waren auch andere Erlanger Honoratioren sowie die Hanns-Seidel-Stiftung beteiligt und sogar CSU-Generalsekretär Huber informiert. Prof. Grille war Kreisvorsitzender der CSU in Erlangen und stellvertretender

Das Grundproblem dieser Ost-West-Kontakte zog sich bis in die Wendezeit hinein: Die DDR-CDU hielt sich für Gespräche mit allen westeuropäischen christdemokratischen Parteien bereit, weil das für sie eine Aufwertung bedeutete, und alterierte sich dabei immer wieder über die „Obstruktionspolitik" der Bonner CDU. Obwohl sie weniger an Kontakten mit Orts- und Kreisverbänden interessiert war und sich auf die zentrale Ebene hin orientierte, ging sie darauf ein in der Hoffnung, ihrem Ziel dadurch langfristig doch noch näherzukommen.[82] Die Westkontakte mußten zentral über die Abteilung „Internationale Beziehungen" bzw. enge Mitarbeiter des stellvertretenden Parteivorsitzenden Wolfgang Heyl abgestimmt werden.

Auf der anderen Seite blieb die Bundes-CDU bei ihren taktisch wie grundsätzlich begründeten Vorbehalten. Sie befand sich 1988/89 ohnehin auf einem Tiefpunkt in der Wählergunst und wollte daher nicht das Risiko eingehen, wegen Kursveränderungen in ihrer Deutschlandpolitik Irritationen auszulösen und womöglich Wählerstimmen am rechten Rand zu verlieren.[83] Auf westdeutscher Seite gab es jedoch bei einfachen Mitgliedern wie bei Mandatsträgern ein großes Informationsbedürfnis über die Spiel-

---

Vorsitzender der Arbeitsgemeinschaft für innerdeutsche Beziehungen der CSU. Bereits 1971 hatte er für den Deutschlandpolitischen Arbeitskreis der CDU/CSU ein Papier über „Patenschaften" entworfen, an das er in einer Ausarbeitung vom Juli 1988 anknüpfte. Ihm ging es darum, daß die West-Union die DDR-CDU „mit politischem Blick" wahrnahm. Dabei interessierten ihn nicht nur indirekt vermittelte wahlpolitische Aspekte, sondern auch inhaltliche Anknüpfungspunkte, wie z.B. Familien-, Kommunal- und Umweltpolitik. Grille wollte durch das Einfädeln von Kontakten auf Kreis- und Ortsebene Druck auf die CSU-Führung ausüben, damit sie sich nicht länger der „destruktiven Position" der Exil-CDU unterordne (ACDP VII-10, 3384).

82 Heyl machte in einem Gespräch mit dem Ehepaar Grille in Ost-Berlin im Juli 1988 deutlich, daß die DDR-CDU weniger an Kontakten auf unterer Ebene interessiert sei, sondern daran, daß die Bonner CDU ihre „Obstruktionspolitik" aufgebe (Aktenvermerk v.11.7.1988, ACDP VII-010, 3384). – Um die Beziehungen zwischen CSU und DDR-CDU zu verbessern, bedurfte es nach Grilles Ansicht positiver Signale an die CSU; eine solche vertrauenschaffende Geste hätte z.B. ein offizielles Beileidstelegramm der DDR-CDU zum Tod von Franz-Josef Strauß sein können.

83 So etwa MdB Dieter Weirich in einer Diskussionsrunde im Eichsfeld; Weirich wurde hier als Parteigänger Heiner Geißlers betrachtet, der selbst mit seinem Vorschlag, das Wiedervereinigungsgebot aus der Präambel des Grundgesetzes zu streichen und mit der Formulierung „Deutschland in den Grenzen von xy..." im nationalkonservativen Flügel der CDU/CSU Stürme der Entrüstung ausgelöst hatte. Zur Diskussion in der Bundes-CDU über eine Neuorientierung in der Deutschlandpolitik vgl. Protokoll des Wiesbadener CDU-Parteitages (1988).

räume der Blockpartei und mögliche Auswirkungen der Gorbatschowschen Reformpolitik auf das politische System der DDR.[84]

3.3.1.3. Katholisch-kirchliche Interessenpolitik

Kaum zu unterschätzen ist wohl auch die Haltung der katholischen Kirchenführung. Nach den langen Jahren, in denen sie jede offizielle Berührung mit der DDR-CDU peinlichst vermieden hatte, beurteilte sie die Dinge jetzt anders. Sie stellte sich (nach dem Gespräch des Vorsitzenden der Berliner Bischofskonferenz, Bischof Georg Sterzinsky, mit Lothar de Maizière am 17. November 1989) hinter die neue Führung der Ost-CDU und riet ihren Gemeindemitgliedern, sich nun wieder politisch zu engagieren.[85] (In evangelischen Kreisen wurde deshalb bereits eine „Rekatholisierung" der CDU befürchtet.) Die bischöflichen Signale erreichten auch das Kanzleramt und blieben dort offensichtlich nicht ohne Wirkung.[86] Von einer erneuerten DDR-CDU erhofften sich die Vertreter der katholischen Kirche eine politisch-parlamentarische Unterstützung für ihre Interessen; speziell ging es ihnen darum, ihren verlorenen Einfluß auf das Schul- und Bildungswesen sowie auf weitere Bereiche der Gesellschaftspolitik (u.a. Volksbildung, Medien), des öffentlichen Lebens und der politischen Kultur zurückzugewinnen und auszubauen.

3.3.2. Krisenstimmung in der DDR

Die Führungsspitze der Bundes-CDU hatte versucht, eine Zusammenkunft Kohls mit de Maizière möglichst lange hinauszuschieben, um sich nicht

---

84 Bei diesen verschiedenen Kontakten ergaben sich – wenn man den Aktenvermerken glauben darf – durchaus freundschaftliche Annäherungen und auch Anzeichen dafür, daß es zwischen manchen der damaligen Blockparteienfunktionäre und Vertretern der West-CDU mehr Sympathien gegeben haben dürfte als jeweils vice versa mit den Bürgerrechtlern. Dies ist wohl weniger parteipolitisch unterfüttert als eine Frage von Mentalität und Demokratieverständnis und insofern auch für die Entwicklung der West-Ost-Beziehungen in der CDU nach der Wende symptomatisch.

85 Vgl. "Erklärung der Berliner Bischofskonferenz zur gegenwärtigen Situation in Staat und Gesellschaft" in: NZ , 13.11.1989. (Die Erklärung datiert eigentlich vom 7.11.1989, war aber mit einem Sperrvermerk bis zum 11.11.1989 versehen.) – Zur katholischen Kirche vgl. auch: Richter 1990: 1594 ff.

86 Interview Funke.

vorzeitig auf eine Kooperation mit der DDR-CDU festlegen zu müssen und
noch andere Modelle durchspielen zu können. Noch im Januar 1990 fühlte
sich der neue Vorsitzende der Ost-CDU bei einem Besuch im Konrad-
Adenauer-Haus als „persona non grata" behandelt.

In der DDR-CDU verbreitete sich unterdessen eine Art Panikstimmung.
Angesichts der Tatsache, daß SDP und LDPD ihre Partner im Westen bereits gefunden hatten, die Bundes-CDU aber noch zögerte, die ungeliebte
Block-Schwester zu adoptieren, griff – mit Blick auf die Erwartungshal-
tung in der West-CDU[87] – die Angst um sich, man habe die vermeintlich
gerade wiedergefundene Glaubwürdigkeit der DDR-CDU noch nicht deutlich genug unter Beweis gestellt. Die Abgrenzung vom alten System sei für
die Argusaugen der West-CDU noch nicht demonstrativ genug vollzogen
worden. Wenn sich nun aber die West-CDU für einen anderen – unbelasteten – Partner entscheide und die DDR-CDU allein zurückbleibe, bedeute
dies für die Partei das Aus. Bereits jetzt gebe es vielerorts Auflösungserscheinungen und Basiszerfall. Zum zweiten Mal seit der Wende –
so hieß es – überhole nun die Basis die Führung der DDR-CDU.

Die Ost-Berliner CDU-Führung geriet daher Mitte Januar 1990 unter
starken Druck – und zwar sowohl von ihrer eigenen Basis her, die auch zu
ungewöhnlichen Maßnahmen wie z.B. dem „Eichsfelder Exodus"[88] griff,
als auch ganz direkt von seiten der West-CDU.[89] Sie sollte die Regierung

---

87 Rühe hatte diese Erwartungen am 9.1.1990 klargemacht: „Die Intensität unse-
    rer Beziehungen wird auch abhängig sein vom Grad ihrer Unabhängigkeit
    von der SED, ob und wie sie einen Schlußstrich zieht." Die DDR-CDU solle
    sich an die Seite der Oppositionsgruppen begeben. Er, Rühe, wolle sich beim
    Bundesvorstand der West-CDU dafür einsetzen, daß nicht nur die DDR-
    CDU, sondern auch andere Gruppen, sofern sie für die soziale Marktwirt-
    schaft und die nationale Einheit einträten, unterstützt würden (NZ,
    10.1.1990).

88 Unter der Parole „Wenn die SED-Regierung bleibt, geben wir die Heimat
    auf!" begaben sich am 21. Januar 1990 50.000-60.000 Eichsfelder in einem
    „Probelauf" auf eine symbolische Massenflucht; sie folgten einem Aufruf der
    dortigen CDU. Dies war „Warnung genug" für die Berliner Führung (NZ, 23.
    und 24.1.1990).

89 Interview de Maizière. – Der ehemalige rheinland-pfälzische Innenminister,
    Heinz Schwarz, MdB und Obmann der CDU/CSU-Fraktion im Auswärtigen
    Ausschuß, forderte de Maizière in einem persönlichen Schreiben vom
    8.1.1990 auf, sein Amt als stellvertretender Ministerpräsident in der DDR zur
    Verfügung zu stellen; alle anderen Regierungsmitglieder müßten aus der Re-
    gierung ausscheiden, ebenso die CDU- Mitglieder in den Räten der Städte,
    Landkreise und Gemeinden. „Wer noch weiter mit den Kommunisten in der
    SED zusammenarbeitet, schadet der freiheitlichen Entwicklung" und unter-
    grabe die Glaubwürdigkeit der CDU für die kommenden Wahlen (ACDP
    VII-010, 3621). Waigel kritisierte, die DDR-CDU habe nicht die Kraft, sich

Modrow, der die Restauration stalinistischer Machtstrukturen mit schein-
demokratischen Methoden vorgeworfen wurde, demonstrativ verlassen,
um in der Bevölkerung nicht weiterhin als ehemalige Blockpartei mit der
SED-Politik identifiziert zu werden, während die neuen Gruppierungen,
insbesondere die SDP/SPD, die Oppositionsrolle zur Profilierung nutzten.
Durch die Regierungsbeteiligung würden die tiefgreifenden Meinungsunterschiede, die vor allem in der Wirtschaftspolitik und der nationalen
Frage innerhalb des Regierungsbündnisses bestünden, nur überdeckt und
ein offensiver Wahlkampf der CDU erschwert.[90]

CDU-Generalsekretär Kirchner nahm diese Frage zum Anlaß für einen
offenen Machtkampf mit de Maiziére. Am 17. Januar 1990 – also einen
Tag vor der Präsidiumssitzung seiner Partei – sprach er sich, ohne sich mit
den Parteigremien abzustimmen, aber, wie er sagte, im Einverständnis mit
weiten Teilen der Mitgliedschaft, über dpa in Westmedien für den Austritt der Ost-CDU aus der Regierungskoalition aus. In den folgenden Tagen
erhielt er dafür die Unterstützung zahlreicher Parteigliederungen; besonders gewichtig dürfte das Telegramm des am 20. Januar neugegründeten
Thüringer Landesverbandes gewesen sein. Es gab aber auch Stimmen, die
wegen des eigenmächtigen Vorgehens des Generalsekretärs „sofortige ka-
dermäßige Veränderungen" verlangten.[91]

Interessant ist das Timing von Kirchners Vorstoß: Einen Tag später, am
18. Januar, sollte er mit dem Vorsitzenden der CDU-Landtagsfraktion in
Nordrhein-Westfalen, Dr. Bernhard Worms, zusammentreffen, der im
Auftrag der anderen CDU-Fraktionsvorsitzenden die Zusammenarbeit der
beiden Parteien erörterte. Anschließend fand in Bonn die erste offizielle
Begegnung zwischen den beiden Generalsekretären Rühe und Kirchner
statt. Das Präsidium des Hauptvorstandes der CDU in der DDR faßte dann
jedoch am 19. Januar mit großer Mehrheit den unpopulären Beschluß, die

---

aus der Umklammerung durch die SED zu lösen. CDU-Generalsekretär Rühe
konstatierte, die DDR-CDU habe sich „ins politische Abseits manövriert"; er
stellte eine weitere Zusammenarbeit in Frage, falls sie die Rolle der Blockpartei nicht abschüttele. Geißler und Diepgen warnten hingegen vor solchen
Schritten. Geißler sagte, es führe „kein Weg daran vorbei, daß wir mit der
CDU in der DDR zusammenarbeiten". Diepgen zeigte angesichts der dramatischen Zuspitzung der Krise in der DDR Verständnis für die Entscheidung
der DDR-CDU-Führung (NZ, 22.1.1990).

90 Vgl. Wahlkampfprogramm der CDU, veröffentlicht in: NZ, 20.1.1990. Es
    enthielt drei Hauptforderungen: 1. einen freiheitlich-demokratischen Rechts-
    staat, 2. Soziale Marktwirtschaft statt sozialistischer Experimente und 3. ein
    geeintes Deutschland in einem freiheitlichen Europa.
91 So z.B. aus dem Kreisverband Werdau.

Regierungsbeteiligung nicht aufzukündigen, und zwar mit der Begründung, die CDU dürfe sich nicht aus der Verantwortung stehlen; sie müsse die Regierbarkeit des Landes, die Sicherstellung der öffentlichen Ordnung und Versorgung und die Vorbereitung freier Wahlen gewährleisten. Nachdem die strittigen Punkte auf Drängen der CDU-Fraktion hin korrigiert worden seien, sei auch der unmittelbare Anlaß zum Austritt aus der Regierung Modrow entfallen. Der Verbleib in der Regierung sei keineswegs mit einer Entscheidung über Reform oder Stagnation gleichzusetzen. Es handle sich auch nicht, wie von den Oppositionsgruppen unterstellt, um eine Fortsetzung alter Block-Beziehungen zwischen DDR-CDU und SED, sondern lediglich um die Erfüllung der Notwendigkeit, die Funktionsfähigkeit der Übergangsregierung Modrow bis zu den – damals noch für den 6. Mai vorgesehenen – Wahlen zu gewährleisten.

Eine Woche später, am 25. Januar, mußte das Präsidium dann diesen Beschluß auf einer außerordentlichen Sitzung revidieren – mit dem Argument, das alte Kabinett Modrow mit seiner ohnehin begrenzten Legitimation und Autorität habe die zunehmend instabile Lage nicht mehr im Griff. Es sollte nun bis zu den Wahlen eine „große Koalition des Übergangs" gebildet werden, an der sich alle am Runden Tisch vertretenen Gruppen und Parteien mit gleichen Rechten und Pflichten beteiligen müßten. Modrows Angebot löste bei den Oppositionsgruppen allerdings zwiespältige Reaktionen aus; die CDU hingegen begrüßte diese Lösung und erklärte, mit ihrem Rücktritt von allen Ämtern diesen Weg frei machen zu wollen.

Die Vorverlegung des Wahltermins auf den 18. März brachte nicht nur die CDU im Westen, sondern auch die Führung der DDR-CDU in Verlegenheit; denn die Spielräume der Partei, die sich ohnehin in einem „komplizierten Prozeß der Selbstfindung"[92] befand, wurden dadurch noch enger und der Druck, sich mit der West-CDU zu verständigen, noch größer. Ende Januar ergriff de Maizière daher selbst die Initiative und erreichte mit einem höchst ungewöhnlichen Verfahren, nämlich dem „Umweg über Neuss"[93], daß der Bundeskanzler Farbe bekennen mußte. Über Mittelsmänner wurde Kohl vor die Alternative gestellt, sich entweder zu ei-

---

92 Matthias Schlegel, in: NZ, 20.1.1990.
93 Interview de Maizière. Vgl. auch Tagesspiegel, 18.3.1995. – Einer der Mittelsmänner de Maizières, der die Einigung mit der CDU-Bundesspitze herbeiführte, war der Vorsitzende der CDU-Niederrhein und Staatssekretär im Bundesverteidigungsministerium, Willy Wimmer, MdB. Den Kontakt zwischen der Ost-Berliner CDU-Zentrale und Wimmer hatte das Verlagshaus der Neuss-Grevenbroicher Zeitung hergestellt, das auch als Gastgeber auftrat. Die weitere Organisation lag bei einer Frankfurter PR-Organisation.

nem Treffen mit de Maizière bereit zu erklären, oder aber dieser werde auf einer (von einer PR-Agentur veranstalteten) Pressekonferenz in Neuss den Alleingang der Ost-CDU im Volkskammer-Wahlkampf erklären. An diesem Abend verbuchte es de Maizière als seinen Erfolg, die Bildung einer „Union der Mitte" und begründete Aussichten auf Unterstützung durch die West-CDU ankündigen zu können. Die West-CDU war nolens volens auf dieses von de Maizière selbst als „va-banque-Spiel" bezeichnete Vorgehen eingegangen; sie machte ihre Unterstützung jedoch von der Bedingung abhängig, daß sich die DDR-CDU in ein politisches Zweckbündnis mit den politisch unbelasteten Gruppierungen DA und DSU begab.[94]

Diese Einigung war auch für den DA und die DSU nicht unproblematisch. So verstanden sich etwa die Kräfte im DA, die nach der Abspaltung der basisdemokratisch-ökologischen Richtung um den Wittenberger Pfarrer Friedrich Schorlemmer zur Union tendierten, als eine originäre Gruppierung des Herbstes, die mit der Ost-CDU kaum etwas gemein hatte. Auch in der DSU, die am 20./21. Januar unter tatkräftiger Hilfe der CSU in Leipzig gegründet worden war, bestanden erhebliche Vorbehalte gegen die frühere Blockpartei. Der Bundes-CDU-Führung mußte aber daran gelegen sein, daß sich die konservativen Kräfte in der DDR nicht zersplitterten – übrigens auch nicht durch eine Spaltung der Ost-CDU in Reformer und Altkader. Man wollte eine insgesamt reformbereite Ost-CDU, die auf die neuen Gruppen zugehen und sich dadurch weiter verändern sollte.

Über das Etikett und die Form des Wahlbündnisses wurde noch heftig gestritten; zudem fehlte dafür noch eine ausreichende wahlgesetzliche Grundlage.[95] Rühe wollte den Namen der West-CDU durch einen solchen Zusammenschluß nicht kompromittiert sehen und favorisierte eine andere Bezeichnung wie z.B. „Demokratische Union Deutschlands (DUD)", aus der eine Volkspartei wie die Union erst erwachsen könne. De Maizière weigerte sich hingegen, für seine Partei das „C", an dem man in der ganzen DDR-Zeit festgehalten habe, aufzugeben und in einer neuen Formation aufzugehen. Schließlich einigte man sich auf ein Wahlbündnis unter dem Namen „Allianz für Deutschland"; die beteiligten Parteien sollten mit getrennten Listen und eigenem Wahlprogramm um Wählerstimmen werben.

---

94 De Maizières launige Bemerkung, die Ost-CDU sei zwar nicht mehr ganz unbescholten, aber die Heirat lohne sich, denn die Braut besitze Erfahrung, soll Kohl zu einem Begeisterungsausbruch hingerissen haben; mit diesem Argument machte er die Ost-CDU auch den mehr oder weniger widerstrebenden DA- und DSU-Leuten schmackhaft (Interview P. Schmidt).

95 Das neue Wahlgesetz wurde von der Volkskammer am 20. Februar 1990 verabschiedet.

Mit der Einigung auf das Wahlbündnis waren die Berührungsängste, die zwischen den Gruppierungen bestanden, freilich keineswegs verschwunden. Die gegenseitigen Ressentiments zogen sich durch den gesamten Wahlkampf und setzten sich innerhalb der „Allianz" als Kampf um die Verteilung von Macht fort. Noch Jahre später sind die Narben der damals geschlagenen Wunden sichtbar. Der DA war durch die West-CDU relativ gut ausgestattet und konnte auch die räumlichen und technischen Ressourcen der Ost-CDU mitbenutzen. Um so weniger hielt man es hier für angebracht, daß sich der DA immer wieder schroff von der Ost-CDU abgrenzte.[96]

Am Runden Tisch war von einigen Oppositionsgruppen zunächst versucht worden, die West-Parteien aus dem Wahlkampf zu den Volkskammerwahlen herauszuhalten, doch bestimmten diese schon bald Stil und Tonlage. Die CDU hatte am Runden Tisch erklärt, sie fühle sich nicht an das Verbot bundesdeutscher Wahlredner gebunden. Sie übernahm im Prinzip auch den bundesdeutschen Wahlkampf-Slogan „Freiheit oder Sozialismus"[97] und schreckte im Kampf gegen ihren Hauptgegner, die SDP/SPD, nicht davor zurück, die in Schwante neugegründete SDP mit der SED in Verbindung zu bringen und als Auffangbecken für ehemalige SED-Mitglieder zu diffamieren. Mit derartigen unbewiesenen bzw. falschen Behauptungen[98] glaubte sie, den Vorwurf der SDP/SPD und anderer Opposi-

---

96   So hatte Rainer Eppelmann vom DA in seiner drastischen Ausdruckweise geäußert, die CDU solle sich nicht wie eine unschuldige Jungfrau gebärden, die vergewaltigt worden sei: In Wirklichkeit sei sie „ein schlampiges Mädchen" gewesen, das „nur allzu willig in das warme Bett der SED gekrochen" sei (vgl. NZ, 20.1.1990).

97   So wörtlich de Maizière in seiner Rede auf dem Gründungsparteitag des gemeinsamen Landesverbandes Berlin am 17. Februar, vier Wochen vor der Volkskammerwahl; teilweise identisch ist die Rede auf dem Gründungsparteitag des CDU-Landesverbandes Brandenburg am 3.3.1990 (ACDP VII-010, 3933).

98   Schließlich ist gerade die fortdauernde Abgrenzung der großen Mehrheit der SPD-Mitglieder gegenüber ehemaligen SED-Mitgliedern eine der Ursachen dafür, daß die SPD-Mitgliederzahlen im Osten bei ca. 30.000 stagnieren. Die zunächst primär wahltaktische Abgrenzung zur SPD als der Hauptgegnerin im Volkskammer-Wahlkampf verfestigte sich unterdessen zu einem Teil der Legitimationsideologie der CDU – ein Prozeß der ideologischen Strukturierung der Partei, in dem ein reichlich schlichter Selektionsfilter verwendet wurde. Daß dies gelingen konnte, zeigt das schwindende Interesse an einem differenzierenden und die Ergebnisse historischer Forschung berücksichtigenden Denken schon bald nach der Wende. Im Annäherungsprozeß an die mächtige West-CDU nahm die Bereitschaft zur selbstkritischen Aufarbeitung der eigenen Parteigeschichte in weiten Kreisen der DDR-CDU rapide ab. Selbst de Maizière, der sich häufig vom Wahlkampfbetrieb distanzierte, be-

tionsgruppen, sie habe als Blockpartei selbst die Politik der SED mitgetragen, zurückweisen zu können. Ihre Blockparteien-Geschichte streifte sie
mit dem Hinweis darauf ab, daß sie als erste Blockpartei aus dem Zentralen Block ausgezogen sei und daß sie mit ihrer Erneuerung einen deutlichen Trennungsstrich zu ihrer Vergangenheit gezogen habe.

Das Wahlergebnis vom 18. März machte die Ost-CDU – für viele, auch
sie selbst, unerwartet – zur stärksten Kraft in der neugewählten Volkskammer. Mit 40,8 Prozent der Wählerstimmen hatte sie bei einer Wahlbeteiligung von 93,2 Prozent den Löwenanteil errungen, während die SPD,
die zu Beginn des Wahlkampfes als Favoritin galt, sich mit 21,9 Prozent
begnügen mußte. Das schlechte Ergebnis der SPD war vor allem darauf zurückzuführen, daß ihre Führung in der wahlentscheidenden Frage der deutschen Einheit keine klare Position bezogen hatte. Die Bonner CDU wurde
hingegen – nach Bundeskanzler Kohls Auftritt in Dresden – mit dem
schnellsten Weg zur deutschen Einheit und als Garant der Wohlstand und
Konsum verheißenden freien Marktwirtschaft identifiziert. In dieser Konstellation verblaßte das Bild der einstigen Blockpartei zugunsten ihrer
Funktion als „DDR-Statthalterin der West-CDU".[99] Zu diesem Erfolg trugen auch ihre ausgebaute Organisation und ihr großes Mitgliederreservoir
bei, die ihr im Unterschied zu den neuen Gruppierungen einen flächen-
deckenden Wahlkampf ermöglichten. Schließlich dürfte für die Ost-CDU –
indirekt und unverdient – auch die Reputation der Kirchen (bzw. die durch
das „C" suggerierte Nähe zu ihnen) eine Rolle gespielt haben.

Für die Ost-CDU als Partner der „Allianz" zahlte es sich nun aus, daß
sie auf der Beibehaltung getrennter Listen bestanden hatte. Die Hoffnun-
gen des DA erfüllten sich hingegen nicht. Nachdem sein Spitzenkandidat,
Wolfgang Schnur, eine Woche vor der Volkskammerwahl als Stasi-Agent
enttarnt worden war, erlebte der DA mit einem Stimmenanteil von nur 0,9
Prozent ein totales Desaster. Die DSU schnitt mit einem durchaus akzep-

---

hauptete ohne jeden konkreten Beleg, daß die SED in die SPD einsickere, sei
eine Realität. Ganze Orts- und Kreisverbände der SPD rekrutierten sich – so
heißt es in seiner Rede am 10.2.1990 – aus Genossen der Partei, „die die beiden Hände in ihrem Emblem hatte". Zwischen der Sozialdemokratie und der
SED gebe es nicht nur gemeinsame ideengeschichtliche Wurzeln, der personell schwachen SDP/SPD im Osten mangele es auch an Fachkräften und
Funktionseliten, weshalb sie mit früheren SED-Leuten kooperieren müsse.
Nur die CDU garantiere mit ihrem Personal und ihrem Wirtschaftskonzept
den vollständigen Bruch mit der SED. (Vgl. Gedanken zum Vortrag vor dem
Parteivorstand am 10.2.1990, ACDP VII-010 3933.)
99 Gibowski 1990: 6. – Zu den verschiedenen Positionen in der SPD vgl. Fichter
1993: 161 f.

tablen und von ihr danach nicht wieder erreichten Stimmenanteil von 6,3 Prozent relativ gut ab.

Bis auf weiteres war damit das Kräfteverhältnis zwischen CDU-Ost und DA abgesteckt und die weitere Entwicklung vorstrukturiert. Die Dynamik der deutschen Vereinigung stellte gesamtdeutsche Wahlen noch für das Jahr 1990 in Aussicht und beschleunigte die Parteifusion. Im Sommer 1990 vereinigte sich der DA dann trotz massiver Bedenken gegen die „Blockflöten" und nur über den Umweg der West-CDU mit der CDU in der DDR.

Der Zusammenschluß mit der Bauernpartei führte diesem Bündnis noch weitere Kräfte aus dem Blockparteiengefüge zu. Schätzungsweise waren zur CDU etwa 6.000 DBD-Mitglieder übergewechselt. Tatsächlich war dies nur ein sehr kleiner Teil der Mitgliederschaft der DBD, die 1989 immerhin 117.000 Mitglieder organisierte.[100] Allerdings waren darunter viele jüngere Kader, die früher als der alte Parteivorstand erkannt hatten, daß die Wende unumkehrbar war und daß die DBD in einem erneuerten Parteiensystem keinen Platz mehr finden würde[101].

Zunächst hatte sich dieser Generationskonflikt in der DBD noch in programmatischen Profilierungsversuchen niedergeschlagen: Im Dialog mit der Mitgliederschaft wurde ein neues Programm erarbeitet, das auch als Plattform im Wahlkampf diente.[102] Nach der Volkskammerwahl, bei der die DBD ein Stimmenergebnis von 2,2 Prozent erreicht hatte, begann dann in der Mitgliederschaft eine Absetzbewegung größeren Ausmaßes, so daß sich die Frage nach der Existenzberechtigung der DBD stellte und die Suche nach einer westlichen Partnerpartei begann. Die Option für die CDU war für die DBD indes nicht zwingend. Ein Teil der Funktionäre plädierte für eine Zusammenarbeit mit der PDS, ein anderer hätte die Verbindung mit der LDPD bzw. der FDP vorgezogen. In der DBD-Führung setzte sich jedoch ein Kreis aus dem Unterbau des DBD-Apparats um den stellvertretenden Vorsitzenden Ulrich Junghanns durch, der schon frühzeitig auf den Anschluß an die CDU hingearbeitet hatte; Junghanns führte dann

---

100 Dabei muß berücksichtigt werden, daß ungefragt als Mitglied in die CDU übernommen wurde, wer nicht ausdrücklich seinen Austritt aus der DBD erklärte. Dies verdeutlicht die Dimension der Austrittswelle.
101 So verdammte der Parteivorstand der DBD z.B. das „Neue Forum" noch zu einem Zeitpunkt, zu dem es bereits von Teilen der SED anerkannt wurde.
102 „Mit der DBD selbstbewußt an die dringlichen Aufgaben des Tages", in: Bauern-Echo, Nr. 46, 23.2.1990 (Interview mit Ulrich Junghanns). – Vgl. auch Wahlprogramm der DBD.

auch die Fusionsverhandlungen mit der Bundes-CDU.[103] Das Interesse an
der Fusion war offensichtlich beidseitig: Ging es für die DBD-Gruppe um
ihr politisches Überleben, so interessierte sich die Bundes-CDU für den gut
ausgebauten Apparat der Partei und das in den ländlichen Regionen der
Noch-DDR weitverzweigte Ortsgruppennetz. Auch die Finanzen dürften in
dem parteistrategischen Kalkül eine nicht unwesentliche Rolle gespielt haben[104], wenngleich die Bundes-CDU später auf das DBD-Vermögen ebenso verzichtete wie auf das der Block-CDU.

Während DA und DBD sich auf die CDU hinbewegten, scherte die
DSU noch im April 1990 während der Koalitionsverhandlungen aus dem
Bündnis der „Allianz" aus und versuchte als eigenständige konservative
bzw. rechtspopulistische Partei Fuß zu fassen. Dies gelang ihr allenfalls in
begrenztem Maße in den südlichen Regionen der DDR.

---

103 Interview Leisner.
104 Auch die DBD gehörte zu den Blockparteien, die die Parteigelder bis in die
     achtziger Jahre hinein mit der Aktentasche abgeholt hatten.

4. „Umkehr in die Zukunft"
oder: Versuch und Scheitern einer „Retraditionalisierung" mit progressivem Vorzeichen

4.1. Von Otto Nuschke zu Jakob Kaiser

Am 26. Juni 1990, auf den Tag genau 45 Jahre nach der Gründung der CDUD in Berlin, wurde die Ost-Berliner CDU-Zentrale in „Jakob-Kaiser-Haus" umbenannt. Dieser symbolträchtige Akt demonstrierte, was auch mit dem Motto „Umkehr in die Zukunft" gemeint war: den Versuch, die schwere Identitätskrise der DDR-CDU durch die Rückbesinnung auf den Geist der Berliner Unions-Gründer vom Juni 1945 zu überwinden.

Jakob Kaiser, der nach der Absetzung von Andreas Hermes und Walther Schreiber durch die sowjetischen Militärbehörden im Dezember 1945 bis Ende 1947 (zusammen mit Ernst Lemmer) als letzter legal gewählter Parteivorsitzender in der SBZ amtiert hatte, war der Protagonist einer gesamtdeutschen CDU mit dem Anspruch einer „Reichspartei" und Sitz in Berlin. Mit seiner deutschlandpolitischen Konzeption, die Deutschland eine Brückenfunktion zwischen Ost und West zuschrieb, und seinem Einsatz für die Bildung einer „Nationalen Repräsentation" der deutschen Parteien (1947) hatte er vergebens gegen das Auseinanderdriften der Besatzungszonen und die Spaltung Deutschlands im „Kalten Krieg" angekämpft. Im Unterschied zu Adenauer, der die Westintegration forcierte, auch wenn sie nur für die Westzonen in Frage kam, hielt Kaiser, der ein national geeintes und gemeinwirthschaftlich neugeordnetes Deutschland anstrebte, es für notwendig, nicht nur den Ausgleich mit den Westmächten zu suchen, sondern auch die Sicherheitsinteressen der Sowjets zu berücksichtigen. Dieses deutschlandpolitische „Brückenkonzept", aber auch Kaisers Rolle als Vertreter eines „christlichen Sozialismus" in der CDU und der Führungsanspruch der Berliner CDUD, hatten ihn zu einem der gefährlichsten Antipoden Adenauers gemacht.

Kaiser verlor den Machtkampf gegen den taktisch viel versierteren CDU-Vorsitzenden der Bizone, zumal SMAD und SED seine Wirkungsmöglichkeiten in der SBZ immer mehr eingeengt und seiner Politik schließlich den Boden entzogen hatten. Adenauer verstand es aber, ihn als Exponenten des sozialen Flügels und Vertreter der nationalen Einheit in die Machtstrukturen der West-CDU einzubinden. Kaiser stützte sich freilich schon bald nur noch auf die Exil-CDU und die Klientel der katholischen Arbeiterbewegung im Westen, deren Einfluß auf die Gesamt-CDU immer schwächer wurde.

Die Wiederaufnahme der abgerissenen Verbindung zur CDU Jakob Kaisers mit ihrer starken sozialen Komponente und ihrem auf gute Beziehungen auch zu den osteuropäischen Nachbarstaaten hin orientierten Deutschlandkonzept erfüllte für die sich erneuernde Ost-CDU eine wichtige Orientierungs- und Stabilisierungsfunktion. Indem man die eigenen verschütteten Identitätsstränge wieder auszugraben und zeitgemäß zu interpretieren versuchte, glaubte man, zu einer neuen Ortsbestimmung und historisch-begründeten Legitimation finden zu können. Die Bedeutung dieses Stabilisierungsfaktors nahm sogar noch zu, je näher die Fusion mit der West-CDU rückte. Denn die Führung der sich erneuernden Ost-CDU legte Wert darauf, nicht nur ein Anhängsel der übermächtigen West-CDU zu sein; sie hoffte, partiell sogar eine kritische Distanz wahren und der vereinigten Partei womöglich selbst neue Impulse geben zu können.

In der Rede des stellvertretenden CDU-Vorsitzenden Horst Korbella anläßlich der Umbenennung der Parteizentrale scheinen solche Punkte in einer seltsamen Mischung von bescheidener Zurückhaltung und überzogener Erwartung durch. Das Ziel Kaisers – die Einheit der Union wie der Nation – sei nun in greifbare Nähe gerückt; es wiederhole sich damit ein Vorgang, der aufgrund der widrigen weltpolitischen Konstellation nach 1945 nicht habe zu Ende geführt werden können. Jakob Kaisers Vermächtnis besteht für Korbella in dem Gedanken der Synthese unterschiedlicher Wertvorstellungen, des Ausgleichs von Interessen und der sozialen Gerechtigkeit. Vor allem gehe es nun darum, die eigene Parteigeschichte aufzuarbeiten. Die DDR-CDU müsse sich ihrer „durchwachsenen Geschichte stellen, nicht in einem neuen antisozialistischen Opportunismus, sondern in dem ehrlichen Bemühen, Widerstand und notwendige Ergebung, unehrliche Anpassung und ehrlichen Dienst an den Mitmenschen zu erkennen und zu benennen". Der auf den Vereinigungsparteitag folgende erste gemeinsame CDU-Parteitag müsse – so forderte Korbella – in Berlin als dem Zentrum des Ringens „für Wahrheit und Recht einer einheitlichen christlich-demokratischen Partei" stattfinden.[1]

---

1   Rede Korbellas am 26. Juni 1990 (Entwurf, verfaßt von Peter Schmidt). – Als konkrete Punkte für die Politik der Ost-CDU nennt Korbella: das gute Verhältnis zur Sowjetunion und die Anerkennung der Oder-Neiße-Linie im Interesse einer friedlichen Entwicklung in Europa; die Unrevidierbarkeit der bestehenden Eigentumsverhältnisse in der DDR, da sonst nur neues Unrecht geschaffen werde (also: Entschädigung statt Rückübertragung); die besondere Hervorhebung der sozialen Komponente im Konzept der Sozialen Marktwirt-

Wie schlug sich nun diese Rückbesinnung und Neudefinierung in der Ost-CDU nach der Wende programmatisch nieder, und welche Konsequenzen ergaben sich daraus für die Fusion mit der West-CDU? Diese Frage stellt sich hier nicht nur bezogen auf das Endprodukt selbst, sondern auch auf die programmatischen Auseinandersetzungen als Elemente eines Parteiformierungs- und Integrationsprozesses, in dem die jeweiligen Kräfte und Interessen sowie charakteristische Mechanismen der Konsensfindung und Konfliktaustragung sichtbar werden. Gegenstand des folgenden Abschnitts ist daher die Entstehung des Parteiprogramms, und zwar unter der Fragestellung, ob bzw. inwiefern es der Führung der Ost-CDU nach dem Sonderparteitag gelang,

- diesen Prozeß der Artikulation, Integration und Identifikation in Gang zu setzen,
- die in Bewegung geratene Mitgliederschaft miteinzubeziehen und
- ihre eigene Position als Führungsgruppe zu behaupten.

4.2. Das Programm der DDR-CDU – ein „Begräbnis erster Klasse"?

Nach dem Sonderparteitag im Dezember 1989 arbeitete man mit Blick auf den für den 9./10. März 1990 geplanten Programm-Parteitag in der Zentrale der Ost-CDU mit Hochdruck an einer Vorlage für ein zukunftsträchtiges Parteiprogramm. Es war vor allem de Maizières Anliegen, daß die Erneuerung der Partei nicht nur in personellen und strukturellen Veränderungen, sondern auch in einem neuen Programm sichtbaren Ausdruck finden sollte. Man wollte aber auch den Diskussionsprozeß, der an der Parteibasis eingesetzt hatte, nicht abbrechen.

Inzwischen existierte eine zweite Fassung des Positionspapiers mit einer vollständig veränderten Präambel. Darin wird die CDU nun nicht länger als eine in den „Demokratischen Block" eingebundene „Partei des Sozialismus" bezeichnet. Im Gegenteil: Indem sie ihre Mitschuld an den Deformationen des gescheiterten Blockparteien-Systems eingestand, hoffte sie, diese Fessel abwerfen und ihre Glaubwürdigkeit zurückgewinnen zu können. Explizit knüpft sie jetzt wieder an den Gründungsaufruf der

---

schaft und die Weiterentwicklung des Grundgesetzes als der künftigen Verfassung des ganzen deutschen Volkes.

CDUD vom 26. Juni 1945, „an das Märtyrertum christlicher Antifaschisten sowie an das Erbe sozial fortschrittlicher und pazifistischer Bewegungen", an. Im weiteren definiert sich die CDU als „eine Volkspartei, deren oberste Ziele Gerechtigkeit, Frieden und Bewahrung der Schöpfung sind". Sie soll eine „Partei der Erneuerung" sein, die für Rechtsstaatlichkeit, die Wahrung der Menschenrechte, Gewaltenteilung, Meinungsvielfalt und öffentliche Willensbildung eintritt.

Neu ist auch die Rede von „konföderativen Strukturen eines gemeinsamen europäischen Hauses", in denen „die Einheit der deutschen Nation in den bestehenden Grenzen und unter Wahrung der Interessen unserer Nachbarn" erstrebt wird. Eine Abrüstung bis zur Entmilitarisierung und die Überwindung der Militärblöcke könnten „Deutschland zur Brücke zwischen Ost und West sowie zu einem stabilisierenden Faktor der Sicherheit und Zusammenarbeit auf unserem Kontinent werden lassen". Last not least soll die CDU eine „Partei des Friedens" sein – nach außen hin gegenüber den europäischen Nachbarn, aber auch gegenüber der Dritten Welt durch Entspannung, Entmilitarisierung, solidarische Lebenshaltung und wirtschaftliche Gerechtigkeit und im Inneren durch die Ablehnung jeder Form „von Nationalismus, Faschismus und Antisemitismus".

Zwischen der Abgrenzung vom alten System und der Suche nach neuen Definitionen und Identitäten spiegelt die neue Präambel den Geist der Übergangszeit: Im sprachlichen Ausdruck scheint sie noch nicht ganz frei vom alten Duktus, inhaltlich überschneiden sich drei Perspektiven: die Reklamation der ureigenen, wenngleich verschütteten Parteitraditionen, die Aussagen des „Konziliaren Prozesses" und der Rahmen der Perestroijka.

Auf dem Sonderparteitag wurde eine Kommission unter der Leitung von Peter Schmidt eingesetzt, die die weitere Programmarbeit koordinieren sollte. Schmidt bemühte sich zusätzlich um Mitarbeiter aus den Bezirksverbänden; die Formulierung des Programms wurde jedoch im wesentlichen von der Kommission und Mitarbeitern de Maizières in der Berliner CDU-Zentrale geleistet.

Zu diesem Zeitpunkt gingen die damit befaßten Akteure noch davon aus, es sei möglich, in dem neuen Programm etwas Originäres, Eigenständiges, Unverwechselbares, für die Identität der Ost-CDU Konstitutives, festzuschreiben. Das Selbstverständnis, die Aufgaben und Ziele der DDR-CDU neu zu definieren, bedeutete in ihren Augen zwar den Bruch mit der Götting-CDU, aber noch lange nicht die bloße Übernahme bzw. Imitation der programmatischen Aussagen der West-CDU. Im Gegenteil: Ganz bewußt schloß man daher nicht einfach an das CDU-Grundsatzprogramm an, obwohl es für viele darin eine ganze Reihe von Identifikationspunkten gab.

Peter Schmidt, der Leiter der Programmkommission, Redenschreiber de Maizières und „Chefideologe" der Ost-CDU in dieser Phase, beschreibt die damalige Situation als relativ offen: Unbelastet von vielerlei Rücksichten und ohne den Druck verschiedener Interessengruppen hätten er und andere in das Programm hineinschreiben können, „was wir als freie Menschen für wichtig hielten".[2] Er empfand – wie übrigens auch de Maizière – noch im nachhinein eine Art Stolz darüber, daß sich das neue Programm der Ost-CDU in einigen Passagen deutlich von dem der West-CDU abhob. Dies betraf insbesondere die Abschnitte zur Ausländerpolitik, zur Frauenpolitik und zum Recht auf Arbeit als sozialem Grundrecht.

Gerade diese auch im sozialen Flügel der West-CDU traditionell verankerte Forderung nach einer stärker verzahnten Wirtschafts- und Sozialpolitik brachte der Ost-CDU die herbe Kritik von Vertretern der West-CDU ein. Hier war ein tiefsitzender Konflikt zwischen Christlich-Sozialen und Neoliberalen berührt, der in der Formel der „Sozialen Marktwirtschaft" in der alten Bundesrepublik zwar konzeptionell aufgehoben schien, praktisch-politisch aber doch immer wieder neu aufbrechen konnte. Während sich die Bundes-CDU ansonsten aus der Programmdiskussion heraushielt, spürte die Ost-CDU in dieser Frage einen deutlichen Gegenwind. So hatte auch ihr Wirtschaftsprogramm, dessen Erscheinen als „CDU-extra" für den 5. März geplant war, auf Druck der West-CDU noch einmal überarbeitet werden müssen.[3] Und gerade das, worauf es der neuen Führung der Ost-CDU ankam, nämlich die Politisierung der Aussagen des konziliaren Prozesses und ihre Umsetzung in programmatische Konzepte, blieb der West-CDU schon vom Ansatz her fremd. Für die einen bedeutete dies eine unerwünschte Linksverschiebung der CDU im politischen Koordinatensystem. Anderen, auch christlich-orientierten CDU-Politikern und -Politikerinnen, erschien es als eine unzulässige Vermischung von Religion und Politik und im Grunde weltfremd.[4]

Obwohl der Programm-Parteitag wegen der vorgezogenen Volkskammerwahl nicht mehr zustande kam – statt dessen wurde am 10. März eine

---

2   Interview P. Schmidt.
3   Vgl. Referentenbesprechung am 19.2.1990 und 5.3.1990 (ACDP VII-011, 3909) sowie Interview P. Schmidt. – Das neue „Wirtschaftsprogramm" wurde am 10.3.1990 in der „Neuen Zeit" abgedruckt.
4   So hielt es etwa die Berliner CDU-Politikerin Dr. Hanna-Renate Laurien für völlig verfehlt, beim Ausgangspunkt für ein Parteiprogramm auf die Bergpredigt Bezug zu nehmen (Laurien 1991: 21 f.).

zentrale Wahlkampfveranstaltung in Ost-Berlin durchgeführt –, versuchte die Programmkommission ihre Arbeit noch vor der Wahl zu einem Abschluß zu bringen. Ab Mitte März sollte die Programmbroschüre als „CDU-extra" ausgeliefert werden; die „Neue Zeit" druckte den Programmentwurf in ihrer Ausgabe vom 17. März 1990 ab. Die Resonanz darauf blieb allerdings schwach – ganz im Gegensatz zu den ersten beiden Positionspapieren, auf die es ungezählte Zuschriften und Änderungsvorschläge gegeben hatte.

Zu einer feierlichen Verabschiedung des Programmentwurfs, die auf einer Parteivorstandssitzung im Juni 1990 erfolgen sollte, kam es dann – ohne Angabe von Gründen – ebenfalls nicht mehr. De Maizière hatte das Programm zwar für den Parteivorstand zu vertreten, setzte sich zu diesem Zeitpunkt aber nicht mehr offensiv dafür ein. Auf die Initiative Peter Schmidts hin wurde die Broschüre vor dem Hamburger Vereinigungsparteitag am 1./2. Oktober 1990 nochmals in einer Auflage von 3.000 Stück gedruckt und dort verteilt; bis zum Schluß hatte Schmidt darum gekämpft, das Programm als einen Beitrag der Ost-CDU in die fusionierte Partei einzubringen.

Das Schicksal des Programmentwurfs macht deutlich, daß die Dynamik des Einigungsprozesses längst auch diejenigen überrollt hatte, die in der Berliner CDU-Zentrale auf eine Neuformulierung der programmatischen Grundlagen und Perspektiven der Ost-CDU hingearbeitet und sich davon einen innerparteilichen Selbstverständigungs- und Integrationsprozeß versprochen hatten. Dafür blieb angesichts des rapiden Niedergangs der DDR und nach dem Schulterschluß mit der West-CDU im Jahr der vier Wahlen nicht mehr genügend Zeit.

Nachdem der alte äußere Rahmen nicht nur der Partei, sondern auch der DDR zerbrochen war, setzten in der Ost-CDU zunehmend Dissoziationsprozesse ein, die den Integrationsbemühungen der Berliner Führung zuwiderliefen: Zahlreiche Mitglieder traten aus verschiedenen Motiven aus, ganze Gruppen kündigten notfalls eigene Wege an, falls die Berliner zu einem radikalen Bruch mit dem alten System nicht fähig wären. Die Interessenlage der in der Götting-CDU vorwiegend in lokalen Bezügen arbeitenden CDU-Mitglieder war keineswegs einheitlich. Aus diesen Gründen gelang der – kleinen – Übergangselite im Jakob-Kaiser-Haus nicht, was sie eigentlich angestrebt hatte: die erneuerte DDR-CDU mit einem eigenen Profil in die Fusion mit der West-CDU zu führen und dort – als eigenständiger Faktor – auch deutliche inhaltlich-programmatische Akzente zu setzen. Auf dem Hamburger Vereinigungsparteitag fusionierten eben nicht die beiden Verbände der West- und der Ost-CDU auf der Basis einvernehmlich definierter Voraussetzungen und Vereinbarungen[5]; vielmehr traten die Landesverbände der gerade erst wiedergegründeten Länder der West-CDU einzeln bei.

Wenn de Maizière in seiner Rede auf dem Vereinigungsparteitag sagte, die CDU werde durch den Zusammenschluß nicht anders, sondern nur stärker, so mochte das diejenigen im Westen beruhigen, die befürchtet hatten, sie könne tatsächlich nördlicher, protestantischer, sozialer – eben linker – werden. Seine Prognose läßt sich freilich auch als ein resignatives Eingeständnis interpretieren, daß das von der Führung der Ost-CDU angestrebte Ziel einer echten Vereinigung, nicht eines bloßen Anschlusses, nicht erreicht worden war. So verwundert es auch nicht, daß die Broschüre der Ost-CDU in der Euphorie des Vereinigungsparteitags völlig unterging. CDU-Generalsekretär Rühe hielt es in Hamburg nicht einmal für nötig, das Programm der DDR-CDU in seinem Bericht überhaupt zu erwähnen. In der Programmkommission, die nach der Parteifusion ein neues CDU-Grundsatzprogramm erarbeitete, wurde der Programmentwurf nicht mehr zur Kenntnis genommen. Obwohl er von de Maizière allen Kommissionsmitgliedern ausgehändigt worden war, ist er in den Unterlagen der Programmkommission nicht vorhanden.[6]

Das Programm der Ost-CDU ist ein interessantes Dokument des Übergangs. Es spiegelt den Versuch der neuen Führungsgruppe im Jakob-Kaiser-Haus wider, sich von der dirigistischen Zentralverwaltungswirtschaft zu verabschieden und ein Konzept für eine vielfältige, offene, demokratische und soziale Gesellschaft zu entwerfen. Viele der darin aufgeführten Punkte wären in dieser Akzentuierung in einem Programm der West-CDU wohl kaum denkbar:

---

5   So hatte de Maizière in seiner Rede vor der Bundes-CDU am 18. Juni 1990 noch eine gemeinsame Grundsatzkommission und eine Satzungs- und Organisationskommission gefordert. Die gemeinsame Programmarbeit hielt er für zentral, aber auch Fragen der Struktur und der Satzung müßten vor der Vereinigung geregelt sein. Dabei sollten auch so schwierige Fragen wie Parteieigentum, Parteifinanzen und Schulden besprochen werden (CDU-Pressemitteilung v.18.6.1990, s. ACDP VII-010, 3933).

6   Das neue Grundsatzprogramm der neuvereinigten CDU war als Fortschreibung des Ludwigshafener Programms aus dem Jahr 1978 gedacht; damit legte die CDU – übrigens als erste Partei – ein Programm für das neuvereinigte Deutschland vor. Seine Verabschiedung auf dem 5. Bundesparteitag der CDU in Hamburg im Februar 1994 bildete den Auftakt zu den Wahlkämpfen des Super-Wahljahres 1994. – (Zur Entstehung des Grundsatzprogramms der CDU vgl. Reichart-Dreyer, unveröffentl. Manuskript 1996.)

- pazifistische Traditionsbezüge in der Präambel sowie die Auffassung, der „Geist der Bergpredigt (gewinne) in der heutigen Weltsituation eine immer größere Bedeutung für das Überleben der Menschheit";
- die Interpretation der Grundwerte mit ihrer starken sozialen Komponente (Recht auf Arbeit als Staatszielbestimmung);
- die Verpflichtung zur Bewahrung der Schöpfung und des Friedens;
- die Emanzipation und Gleichberechtigung der Frau sowie die Regelung zum Schwangerschaftsabbruch;
- die Ausländerpolitik;
- die Wohnungspolitik („der eigentliche Sinn des Wohnungsbaus ist nicht Kapitalverwertung"; „sozial verträgliche Mieten");
- eine „soziale und ökologische Marktwirtschaft" als Alternative zum dirigistischen Zwangssystem sowie eine „der Humanität verpflichtete Sozialpolitik".

Auf der anderen Seite fällt auf, daß die Probleme der Umstellung und des Übergangs nur ansatzweise und keineswegs ausreichend thematisiert sind. So soll staatliche Strukturpolitik den Wandel fördern, qualitatives Wachstum an die Stelle von quantitativem treten, wenn es der Schutz der Umwelt erfordere. Privates Eigentum gilt als Grundpfeiler der Sozialen Marktwirtschaft, doch sollen verschiedene Eigentumsformen nebeneinander bestehen (insbesondere auch in der Landwirtschaft).

Das letzte Kapitel stellt Grundsätze für eine basisorientierte Parteiarbeit auf. Hier wird eine lebendige Streitkultur anvisiert, „die keine Tabus kennt", die Einstimmigkeit nicht zum obersten Ziel macht, sondern Widersprüche austrägt und Minderheitenvoten zuläßt.

Der Abbruch der Programmdiskussion in der Ost-CDU macht deutlich, daß die Verfasser im Vorfeld der Fusion offenbar selbst nicht mehr daran geglaubt haben, damit noch irgend etwas bewegen zu können. Für sie stellte der Programmentwurf eine Art Vermächtnis der Ost-CDU dar, auf das spätere Generationen einmal zurückgreifen könnten – eine Hoffnung, die angesichts der Spaltung der Mentalitäten und der Probleme des Zusammenwachsens von Ost und West vielleicht nicht einmal ganz unrealistisch ist. Sie bestärkten sich in der Hoffnung, daß die durch das DDR-Regime wie immer pervertierte Grundidee einer sozial gerechten Gesellschaft und solidarischen Welt in der nachwachsenden Generation tief verwurzelt sei. So schrieb Peter Schmidt, mit dem Bankrott des DDR-Sozialismus seien die für ihn bisher in Anspruch genommenen Wertvorstellungen nicht wirklich aufgegeben worden, es handele sich gegenwärtig eher um eine Art „örtliche Betäubung" in Kopf und Herz vieler DDR-Bürger, die irgendwann wieder nachlasse: „die früher bei ebenso vielen vorhandene Sensibilisierung gerade für sozialethische Aufgaben, die die offizielle DDR in ihrer Verblendung weitgehend zu verleugnen vorzog, z.B. ökologische Vorsorge oder umfassende Hilfe für die Entwicklungsländer, wird wieder aufwachen, und die Erfüllung dieser Aufgaben wird bei etwas besser funktionierender Wirtschaft jedenfalls finanzierbar sein."[7]

---

7   P. Schmidt 1990b sowie Interview P. Schmidt.

5. Die Umstrukturierung der Parteiorganisation

5.1. Ansätze zu Dezentralisierung und Demokratisierung

Auf dem Sonderparteitag am 15./16.Dezember 1989 wurde nicht nur die neue Führung bestätigt und über den künftigen Kurs in der CDU der DDR entschieden, sondern auch die Struktur der Blockpartei völlig umgebaut. Die neue Satzung wurde noch nicht als endgültig betrachtet. Sie sollte aber bis zum 17. Parteitag gelten und bis dahin von den Mitgliedern diskutiert werden.[1] Die Veränderungen betrafen sowohl die territoriale Gliederung als auch den Aufbau des Parteiapparats und die Funktionsprinzipien der Partei. Die insgesamt 15 Bezirksverbände wurden aufgelöst und die Partei – analog zur West-CDU – in Orts-, Kreis- und Landesverbände gegliedert.

Die Neugründung der fünf – 1952 aufgelösten – Landesverbände (hinzu kam ein Zusammenschluß der CDU in den Berliner Ost-Bezirken) erfolgte vor der Konstituierung der neuen Bundesländer und war bereits vor der Volkskammerwahl am 18. März 1990 abgeschlossen.

Schaubild 2: Neugründung der CDU-Landesverbände in den neuen Bundesländern

1. LV Thüringen (Erfurt, Gera, Suhl)	20. Januar 1990 in Weimar
2. LV Berlin	17. Februar 1990 in Berlin
3. LV Sachsen (Dresden, Chemnitz, Leipzig)	3. März 1990 in Dresden
4. LV Mecklenburg-Vorpommern (Neubrandenburg, Rostock, Schwerin)	3. März 1990 in Rostock
5. LV Brandenburg (Potsdam, Frankfurt/O., Cottbus)	3. März 1990 in Potsdam
6. LV Sachsen-Anhalt (Magdeburg, Halle/S.)	24. Februar 1990 in Halle

---

1 Satzung der Christlich-Demokratischen Union Deutschlands, beschlossen auf dem Sonderparteitag am 15./16.12.1989. – Vgl. auch „Die CDU in der DDR. Eine Bestandsaufnahme", ACDP VII-011, 3900.

Mit dieser Neustrukturierung der Partei war eine wichtige organisationspolitische Entscheidung getroffen worden. Die föderale Gliederung sollte dazu beitragen, das zentralistisch aufgebaute Parteigefüge aufzubrechen und von der Basis her zu demokratisieren. Damit verband sich auch die Hoffnung, verlorene Identitäten wiederzufinden, die die Partei als Bindemittel und Stabilisatoren von innen her zusammenhalten sollten.[2] Höchstes Organ der CDU in der DDR war der Parteitag. In Anlehnung an die alte Regelung, aber im Unterschied zur West-CDU, sollte er mindestens alle vier Jahre tagen. Entsprechend wurde auch der Parteivorstand für vier (nicht zwei) Jahre gewählt.

Neu war hingegen die Leitungsstruktur: Das Sekretariat des Präsidiums des Hauptvorstandes entfiel ganz. Das Präsidium bestand jetzt aus dem Vorsitzenden, vier stellvertretenden Vorsitzenden, dem Generalsekretär, dem Schatzmeister und weiteren Mitgliedern der Partei (dem Fraktionsvorsitzenden in der Volkskammer, den Mitgliedern der Regierung, den Vorsitzenden der Landesverbände, weiteren, direkt durch den Parteitag gewählten Mitgliedern und dem Pressesprecher). Der aufgeblähte Parteivorstand sollte sich auf maximal 90 Mitglieder verschlanken.[3] Abweichend von dem der West-CDU war das Aufnahmeverfahren für neue Mitglieder geregelt; es entschied nicht der zuständige Kreisverband, sondern der jeweilige Ortsverband. Im Unterschied zur West-CDU waren im Parteiaufbau der DDR-CDU horizontale Strukturen wie die Vereinigungen noch nicht explizit vorgesehen. Es gab lediglich in § 9, Ziffer 2, eine Bestimmung, daß jeweils zwei Vertreter von der CDU nahestehenden Vereinigungen mit beratender Stimme an Sitzungen des Parteivorstandes teilnehmen könnten. Trotz der Ansätze, die Parteiorganisation umzubauen, waren in dieser Interimsphase zwischen der alten Blockpartei und der Fusion mit der West-CDU in der Satzung und in der Wahlordnung für die Neuwahl der Vorstände der DDR-CDU noch Züge eines zentralistisch organisierten und geleiteten Verbandes erkennbar.[4]

Die Fusion zwischen Ost- und West-CDU zu einer gesamtdeutschen Partei wurde im Juni 1990 beschlossen. Ab diesem Zeitpunkt nahmen die

---

2   In den hier untersuchten Landesverbänden ist dies freilich nicht überall gelungen; im Freistaat Sachsen war es offensichtlich leichter, ein überwölbendes „Wir-Gefühl" zu stiften als im zerklüfteten Thüringen, wo sich die „Reformkommission" unter der Leitung von Dr. Klaus Zeh dieses Themas annahm. Im Landesverband Brandenburg bemüht man sich derzeit verstärkt um ein „märkisches Profil" der CDU.

3   Im Frühjahr 1990 bestand der Parteivorstand noch aus 96 Mitgliedern.

4   „Die CDU in der DDR. Eine Bestandsaufnahme", ACDP VII-011, 3900.

Präsidiums- und Vorstandsmitglieder beider Parteien auch an den Sitzungen der jeweiligen Schwesterpartei teil.[5] Als „Vorreiter der Ost-West-Vereinigung" schlossen sich die CDU-Kreisverbände in Groß-Berlin bereits am 8. September 1990 zu einem gemeinsamen Berliner Landesverband zusammen. Die östlichen Landesverbände beschlossen auf ihren Landesparteitagen Mitte August bis Anfang September, sich der West-CDU anzuschließen.

Im August 1990 hatten bereits die Bauernpartei (DBD) und der Demokratische Aufbruch (DA) auf Landesverbandsebene mit der DDR-CDU fusioniert. Der Vereinigungsparteitag der CDU fand dann am 1./2. Oktober 1990 in Hamburg statt – einen Tag vor der deutschen Vereinigung und zwei Wochen vor den Landtagswahlen in den neuen Ländern. Die organisatorische Integration der CDU geschah in einem demonstrativen Akt: Die gesamte Führungsspitze trat zurück, um sich von den nunmehr 1.000 (750:250) Delegierten neu wählen zu lassen. Zugeschnitten auf Lothar de Maizière als dem Repräsentanten der Ost-CDU wurde das Amt eines stellvertretenden Parteivorsitzenden geschaffen. Die Partei erweiterte ihre Leitungsgremien durch Vertreter aus den neuen Landesverbänden: Drei Präsidiumsmitglieder[6] und sechs Bundesvorstandsmitglieder (davon je ein DA- bzw. DBD-Vertreter) kamen nun aus dem Osten. In Hamburg wurde auch die Finanz- und Beitragsordnung geändert und den neuen Landesverbänden aufgegeben, ihre Satzungen und sonstigen Rechtsvorschriften bis spätestens 1993 an die Regelungen der West-CDU anzupassen.

5.2. Umstrukturierung und Modernisierung der Parteiorganisation nach der Fusion

Erst nach der Parteivereinigung ging das Konrad-Adenauer-Haus daran, den aufgeblähten, im Super-Wahljahr 1990 für die CDU aber noch unverzichtbaren Apparat der Ost-CDU nach westlichem Muster und Effizienzdenken umzustrukturieren. Das engmaschige Gebilde war einerseits nicht

---

5   Vgl. Schmid 1992: 54 f.
6   Ins Präsidium gewählt wurden: die ehemalige Volkskammerpräsidentin Dr. Sabine Bergmann-Pohl, der Parlamentarische Staatssekretär beim Ministerpräsidenten der DDR, Dr. Günter Krause, sowie Klaus Reichenbach, früher Minister im Amt des Ministerpräsidenten der DDR und damals noch erster Vorsitzender des CDU-Landesverbandes Sachsen.

mehr finanzierbar; andererseits schuf der Schrumpfungsprozeß günstige Voraussetzungen für den Aufbau neuer Parteistrukturen und personeller Konstellationen. Erste Überlegungen zu den künftigen Strukturen der Kreisgeschäftsstellen hatte man in Bonn schon im Sommer 1990 angestellt; sie wurden aber nicht vorangetrieben, weil die Wahlkampfaktivitäten Vorrang hatten und die Wahlkampfhelfer nicht beunruhigt werden sollten.

Nach dem Beitritt der Landesverbände zur CDU Deutschlands auf dem Hamburger Vereinigungsparteitag (1./2. Oktober 1990) und dem Abschluß des Wahljahres 1990 mußten die Ost-Verbände schmerzhafte Einschnitte verkraften. Die Gesamtrechtsnachfolge der DDR-CDU war auf die Bundes-CDU übergegangen. Ende März 1991 wurde die Ost-Berliner Hauptgeschäftsstelle beim Parteivorstand mit ihren damals noch 120 hauptamtlichen Mitarbeitern „abgewickelt". Die Mitarbeiter des Jakob-Kaiser-Hauses erlebten hier ihre erste große Enttäuschung über den Politikstil ihrer westlichen Schwesterpartei. Vor allem die Form der Abwicklung löste große Empörung aus: Mit der Kündigung aller Parteiangestellten zum 28. Februar 1991 wurde der Bildung eines Betriebsrates vorgegriffen, der die Mitarbeiter gegenüber der Bonner Parteizentrale hätte vertreten können. Auch der Leiter des Berliner Büros, Werner Lechtenfeld, war über die Entlassungen nicht informiert worden.[7]

Der in der DDR-CDU ventilierte Plan, ein Berliner Büro der Bundes-CDU aufzubauen bzw. Teile des Jakob-Kaiser-Hauses beizubehalten, wurde schroff abgelehnt. Mit finanztechnischen Argumenten ging die Bonner Parteizentrale über den Einwand hinweg, daß der Um- und Neuaufbau der Partei im Osten nicht von Bonn aus zu leisten sei. Auch die Zentrale Bildungsstätte der DDR-CDU in Burgscheidungen wurde aufgegeben. Die Anzahl der Kreisgeschäftsstellen, die nun zu Wahlkreisgeschäftsstellen zusammengefaßt bzw. aufgelöst wurden, verringerte sich von 210 auf insgesamt 87 in den fünf neuen Ländern und im Ostteil Berlins.[8] Von den ca. 1.700 hauptamtlichen Parteimitarbeitern blieb gerade ein Zehntel (175) übrig. Erwünscht war nun eine Stärkung der ehrenamtlichen Mitarbeit.[9] Die sozialen Härten, die bei der Entlassung zahlreicher hauptamtlicher

---

7 Interview Lechtenfeld. Die Enttäuschung sei – so hieß es im Jakob-Kaiser-Haus – kurz nach dem „Totalerlebnis" mit den „Bundis" und der Euphorie in der Wahlkampfzeit riesengroß gewesen.
8 Die Angaben über die Anzahl der Kreisgeschäftsstellen variieren. Im Bericht der Bundesgeschäftsstelle (CDU-Bericht 1991:10) wird ein Verhältnis von 230: 81 genannt.
9 CDU-Bericht 1992: 5, 8 f.

Mitarbeiter entstanden, versuchte man durch Abfindungen und Sozialpläne abzumildern.[10] Die kontraproduktiven, weil demotivierenden Wirkungen der Kündigungswelle wurden damit jedoch nicht aufgefangen.[11]

1991/92 wurden von einer Kreisgeschäftsstelle aus mehrere (in der Regel zwei bis drei) Kreisverbände betreut. Vor der Wende war das Verhältnis umgekehrt proportional; in einer Kreisgeschäftsstelle arbeiteten im Schnitt drei hauptamtliche Mitarbeiter.[12] Im Zuge der Gebietsreform gab es bei den Kreisverbänden noch weitere Veränderungen, die z.T. Besitzstände gefährdeten und zusätzliche Integrationsprobleme verursachten. Nach den Mitgliederzahlen von 1991 entfielen auf jede Kreisgeschäftsstelle durchschnittlich 1.359 Mitglieder und 186.000 Einwohner. Die finanzielle Situation vieler Kreisverbände erlaubte es ihnen zumeist nicht, in ihren Geschäftsstellen neben dem Kreisgeschäftsführer weiteres hauptamtliches Personal zu beschäftigen. Dies hatte zur Folge, daß die Mitarbeiter häufig so überlastet waren, daß sie ihren eigentlichen Aufgaben – der politischen Arbeit vor Ort und dem Aufbau der Orts- und Kreisverbände – nur bedingt nachkommen konnten.

Die Landesverbände mußten die Neuabgrenzung und Verringerung der Geschäftsstellen sowie den Personalabbau seit 1991 in eigener Verantwortung durchführen. Zwar sah man hier die Notwendigkeit dieser Umstellung durchaus ein, zumal die Kreis- und Bezirksgeschäftsstellen in der DDR-Zeit personell deutlich übersetzt gewesen waren.[13]

In weiten Teilen der Parteibasis wurden diese Maßnahmen aber auch als Überstülpen des westlichen Parteimodells empfunden, das den Anforderungen an die Partei in diesem schwierigen Umbruch nicht angemessen sei und zudem ohne Rücksicht auf die soziale Situation und das Engagement der Mitarbeiter durchgesetzt werde. Durch diese unpopulären Reorganisationsmaßnahmen, die zwar von den Landesverbänden durchgeführt werden mußten, bei denen aber die West-CDU die Prioritäten, den Stil und das Tempo bestimmte, staute sich an der CDU-Basis im Osten viel Unmut auf. Er verstärkte sich im Laufe des Jahres zusehends, weil sich die Ost-CDU immer wieder von der Zentrale übergangen fühlte und sich all-

---

10 Dafür verwandte die Bundespartei Mittel, die sie im Fusionsjahr von der Block-CDU übernommen hatte.

11 Interview Lechtenfeld.

12 Noch für Mai 1990 verzeichnete die „Bestandsaufnahme" der DDR-CDU 216 Kreisgeschäftsstellen, in denen 685 hauptamtliche Mitarbeiter beschäftigt waren (ACDP VII-011, 3900).

13 Vgl. „Die CDU in der DDR. Eine Bestandsaufnahme", ACDP VII-011, 3900.

mählich ihrer vollständigen Abhängigkeit von der West-CDU bewußt wurde. Im Ergebnis beförderte diese Stimmungslage die Paralyse der Parteiarbeit in Ostdeutschland, die durch das Niederbrechen der alten Organisationsstrukturen und die Streitigkeiten zwischen Alt- und Neu-Mitgliedern entstanden war.

Tabelle 1: Anzahl der CDU-Kreis- und Ortsverbände in den neuen
Bundesländern

	Kreis-verbände	Bereichs-geschäfts-stellen	Ortsverbände
Brandenburg	41	14	469
Mecklenburg-Vorp.	32	9	372
Sachsen	48	26	850
Sachsen-Anhalt	39	17	648
Thüringen	34	16	783
Summe:	194	82	3.122
CDU-Deutschland:	455	324	12.842

Hinzu kommen fünf Kreisgeschäftsstellen im Osten Berlins.
Quelle: CDU-Bericht; 1992: 9, 89.
(Nach der Gebietsreform gibt es in Brandenburg nur noch 16, in
Sachsen nur noch 27 Kreisverbände.)

Die Auseinandersetzungen darüber, wie der Umstrukturierungsprozeß der Ost-CDU organisiert werden sollte, verschränkten sich mit dem Streit um die personelle Erneuerung der Blockpartei. Im Vorfeld des Dresdener Parteitages hatte sich darüber im Sommer 1991 ein heftiger Streit zwischen den Vorsitzenden der ostdeutschen Landesverbände und der Bonner Parteizentrale entwickelt. Um den weiteren Abstieg der Ost-Landesverbände aufzuhalten, hatte Generalsekretär Rühe ein „Aufbauprogramm" für die Kreis- und Landesgeschäftsstellen angekündigt, demzufolge nicht nur die technische Ausstattung der Geschäftsstellen verbessert, sondern auch höhere Anforderungen an das Personal gestellt werden sollten. Konkret bedeutete dies weitgehende Eingriffe der Bonner Parteizentrale in die Struktur- und Personalentscheidungen der ostdeutschen Landesverbände, die dort aber als Entmündigung empfunden wurden. Rühe wollte z.B. die Führung der desolaten Landesverbände durch aus dem Westen entsandte, politisch legitimierte Generalsekretäre verstärken. Ohne sein Plazet sollte kein Landesgeschäftsführer mehr eingestellt werden dürfen.

Zum offenen Eklat kam es, als der stellvertretende Parteivorsitzende de Maizière in seiner Funktion als Vorsitzender des maroden brandenburgischen Landesverbandes die Zahlungsunfähigkeit seines Verbandes erklärte und die Gründe dafür darlegte. Er forderte die Bundes-CDU auf, die Arbeitsfähigkeit der CDU im Osten, die nach dem Verzicht des Bundesvorstands der CDU auf das Blockparteienvermögen über keine eigenen Mittel mehr verfügte, zu erhalten und die besonderen Organisationsprobleme beim Umbau der Parteistrukturen zu berücksichtigen. Daraus ergab sich ein Disput über die den östlichen Landesverbänden zustehenden Finanzmittel aus der Abwicklungsmasse des CDU-Hauptvorstandes sowie aus der Wahlkampfkostenerstattung für das Jahr 1990, in dessen Folge de Maizière seinen Rücktritt von allen Parteiämtern erklärte.[14]

Nach der Strukturreform in den Landesverbänden erhielten die neugebildeten Kreisgeschäftsstellen von der Bundesgeschäftsstelle die für die Parteiarbeit notwendige technische Ausstattung. Hierbei wurden die bereits aus den westlichen Patenkreisverbänden zur Verfügung gestellten Geräte mitberücksichtigt. Die Versorgung der einzelnen Geschäftsstellen war mit den zuständigen Landesgeschäftsstellen abgestimmt und gilt seit Oktober 1991 im wesentlichen als abgeschlossen.[15] Allein für die Ausstattung der CDU-Geschäftsstellen mit moderner Bürokommunikation übernahm die Bundespartei einen Kostenanteil in Höhe von vier Millionen DM.[16] Neben der technisch-apparativen Seite wurde auch auf die kontinuierliche Qualifizierung und Schulung der hauptamtlichen Mitarbeiter/innen Wert gelegt; der Erfolg dieser Maßnahmen wurde (und wird) allerdings durch eine hohe Fluktuation beeinträchtigt.[17] Die Bundespartei setzte darüber hinaus auf die psychologische Wirkung ihrer West-Ost-Solidaritätsaktionen.[18] Die

---

14   Vgl. dazu Abschnitt 5.3.2. sowie 8.2.1.
15   Die Grundausstattung umfaßte bis dahin: Personal-Computer für Textverarbeitung, Mitgliederverwaltung, Finanzbuchhaltung und für den Beitragseinzug, Drucker zur Produktion von Massendrucksachen (Flugblätter etc.) sowie weitere Geräte zur Vereinfachung der notwendigen Verwaltungsarbeit. Die technische Ausstattung in den Landesgeschäftsstellen wurde durch EDV-Mehrplatzanlagen, Offset-Druckmaschinen, Poststraße und Zusammentrage-Automaten verbessert.
16   Vgl. CDU-Bericht 1992: 15.
17   Vgl. ebd.: 10.
18   Bereits kurz nach der Wende gab es derartige flankierende Maßnahmen, wie z.B. die Aktion „Freunde helfen Freunden" (1990) oder die „Aktion Solidarität/ Wir halten zusammen" (1991). 1992 gab es eine "Herbst-Aktion" in allen

Herstellung der inneren Einheit sei nicht nur eine Frage des Geldes, sondern auch des gegenseitigen Verstehens und des Erfahrungsaustauschs. Um so mehr verwundert die Tatsache, daß im Parteiapparat des Bonner Adenauer-Hauses kaum Ostdeutsche zu finden sind.

5.3. Finanzierung

5.3.1. Ergebnisse der Untersuchungskommission und Folgerungen für eine neue Finanzordnung der CDU

Zu den ersten Maßnahmen der neuen Parteiführung unter de Maizière gehörte die Überprüfung des Finanzgebarens der DDR-CDU, speziell die Praktiken ihres bisherigen Vorsitzenden Gerald Götting. Auf seiner Tagung in Burgscheidungen beschloß der CDU-Hauptvorstand am 22. November 1989, einen Untersuchungsausschuß einzusetzen. Aus dem Bericht sollten Konsequenzen für die künftige Gestaltung der Finanzpolitik gezogen und ein Neuanfang eingeleitet werden. Aufgrund der Ergebnisse des Zwischenberichts, den der Untersuchungsausschuß zum 6. Dezember 1989 vorlegte[19], wurde gegen den ehemaligen Parteivorsitzenden Götting am 7. Dezember 1989 Strafanzeige wegen Parteischädigung, ungerechtfertigter Bereicherung und Amtsanmaßung erstattet und zur Sicherung von Vermögenswerten seine Festnahme verlangt. Insgesamt handelte es sich um einen Fehlbetrag von 1.268.679,52 MDN. Einer der beiden größten Posten war eine – angeblich mit Erich Honecker vereinbarte – „jährliche Ausgleichszahlung" in Höhe von 50.000 MDN, die Götting seit seinem unfreiwilligen Ausscheiden aus dem Amt des Volkskammerpräsidenten als Entschädigung für den Wegfall seiner Bezüge erhielt. Seit 1977 waren ihm dafür insgesamt 650.000 MDN aus der Parteikasse gezahlt worden. Der andere große Posten umfaßte – so der Bericht – die Finanzierung von privaten Beschäftigungsverhältnissen sowie Leistungen für sein Ferienhaus, andere Grundstücke, Bauleistungen u.a.m., die noch nicht im einzelnen geklärt waren. Offensichtlich hatte Götting auch Gelder von Parteikonten zur Finanzierung seines Lebensstils sowie privater Angelegenheiten seiner

---

Kreisverbänden. Sie wurde durch Regionalkonferenzen in den einzelnen CDU-Landesverbänden vorbereitet.

19 Vgl. ACDP VII-010, 3907, 13.12.1989. – Daraus auch die folgenden Angaben und Zitate.

Familie (Briefmarken, Genußmittel, zahnärztliche Leistungen, Bekleidung, private Feierlichkeiten, Kunstgegenstände u.a.m.) abgebucht. Ähnliche Praktiken waren auch bei anderen Mitgliedern der CDU-Führungsgruppe sowie der Volkskammerfraktion festgestellt worden; hier ging es um die Finanzierung von Bauleistungen, PKW-Geschäften, Dienstwagen, Fahrdiensten, Zweitwohnungen, zinslosen Kreditvergaben u.a.m.

Der Bericht kam zu dem Schluß, daß erstens die „gesamte Finanzpolitik der Partei und ihre Handhabung" auf die Person des Vorsitzenden konzentriert gewesen sei und ihm „eine unkontrollierbare Machtfülle" verliehen habe. Diese Entwicklung habe bereits 1956 mit der Absetzung des Sekretärs des Hauptvorstandes für Finanzen und dem satzungsmäßigen Verzicht auf die Funktion eines Schatzmeisters der Partei eingesetzt. Über die Finanzgeschäfte der Partei habe Götting zusammen mit dem ihm untergeordneten Abteilungsleiter Finanzen allein entschieden; selbst die Sekretariatsmitglieder hätten keinen Einblick erhalten; Götting habe sich mit der „Koordinierungs- und Finanzierungsstelle" stets persönlich abgesprochen und damit seine Machtbefugnisse gesichert. Zweitens sei die Finanzkontrolle praktisch auf eine interne Finanzrevision reduziert worden und habe keine echte Außenrevision zugelassen. Drittens wurde festgestellt, daß in der Block-CDU Finanzfragen keinerlei Rolle gespielt hatten – weder im Sekretariat des Hauptvorstandes noch im Vorstand, geschweige denn auf den Parteitagen. Finanzfragen waren weder in Berichten noch in Diskussionsbeiträgen oder Anfragen behandelt worden. Die Veruntreuung von Geldern aus der Parteikasse war auch deshalb schwer nachzuprüfen, weil bis 1983 der Transfer der staatlichen Zuweisungen an die Blockparteien in Form von Bargeldübergaben stattgefunden hatte.

Als Konsequenz wurden eine neue Finanz- und Beitragsordnung sowie Regulative gefordert, mit deren Hilfe Machtkonzentration und Machtmißbrauch in Zukunft verhindert würden. Die neue Satzung legte daher fest, daß ein jährlicher Finanzplan erstellt und vom Präsidium bestätigt werden mußte. Über die Verwendung der Finanzmittel der Partei war jährlich vor dem Parteivorstand durch bestellte Kassenprüfer Rechnung zu legen. Der Bericht mußte bestätigt und der Vorstand entlastet werden. Die Vertretung der Partei gegenüber Dritten in Fragen der Finanzwirtschaft und des Parteivermögens übte nun der Vorsitzende gemeinsam mit dem Generalsekretär und dem Schatzmeister aus.

Anfang 1990 lag dann auch eine Aufstellung von Geschäftsführer Werner Lechtenfeld vor, aus der hervorging, daß (1988 und 1989) rund drei Viertel der Einnahmen der CDU aus Zuführungen aus dem Staatshaushalt stammten.[20] Der Anteil der Mitgliederbeiträge, Sonderabführungen der Volkskammerfraktion und Spenden betrug demnach lediglich etwas mehr als 11 Prozent der verfügbaren Mittel. Knapp die Hälfte dieser Gelder wurde zur Finanzierung der Löhne und Gehälter der Parteiangestellten verwendet. Die andere Hälfte verteilte sich auf verschiedene Posten wie Partei- und Verwaltungsarbeit, Kosten für wirtschaftliche und soziale Einrichtungen, Aufwendungen für Erhaltung und Erneuerung der Grundmittel sowie zur Stützung der VOB Union Wirtschaftsbetriebe.

5.3.2. Der Verzicht auf das Vermögen der Blockpartei

Um zu verhindern, daß das Vermögen von DDR-Parteien auf die fusionierten gesamtdeutschen Parteien übertragen würde, stand seit dem 1. Juni 1990 das Vermögen aller Parteien in der DDR unter treuhänderischer Verwaltung einer vom Ministerpräsidenten der DDR eingesetzten Unabhängigen Kommission zur Prüfung des Parteivermögens. Auf Initiative der Bundes-CDU hin wurde in den Einigungsvertrag eine Regelung über das Parteivermögen aufgenommen, derzufolge dieses Vermögen am Tag der deutschen Wiedervereinigung in die Verfügungsgewalt der Treuhandanstalt überging. Am 12. November 1990 faßte der Bundesvorstand der CDU außerdem den Beschluß, auf sämtliche Eigentumsrechte an Grundstücken, Gebäuden und an Wirtschaftsbetrieben der ehemaligen CDU (Ost) zu verzichten. Damit hatte die CDU Deutschlands zwar nach dem Untergang der ehemaligen CDU der DDR und ihrer Fusion mit der West-CDU „zur Verdeutlichung ihrer lediglich politischen Funktionsnachfolge gegenüber der Öffentlichkeit" förmlich auf die Vermögenswerte der DDR-CDU „verzichtet". Sie hatte sich jedoch nach eigenem Bekunden „aus politischer Verantwortung" der Abwicklung dieser vom ehemaligen Parteihauptvorstand der DDR-CDU überkommenen Vermögensmasse angenommen.

Über die Verwendung dieser Mittel, die die Bundes-CDU seit dem 1. Oktober 1990, von ihrem eigenen Vermögen gesondert, „bücherlich" als „Treuhand-Abwicklungs-Sondervermögen" führte und die nicht der Rechenschaftspflicht nach dem Parteiengesetz unterlagen, gibt eine gesonderte Rechnungslegung Auskunft. Demnach wurde bis Ende 1992 ca. die Hälfte dieses Vermögens (1991: TDM 3.687) überwiegend für personelle

---

20 ACDP VII-011, 3910 (19.01.1990). – Die Einnahmen der CDU betrugen 1988 43.526,5 TM (MDN); der Plan für 1989 sah 42.664,1 TM (MDN) vor.

Abwicklungsmaßnahmen sowie für die technische Ausstattung der Landes- und Kreisgeschäftsstellen in den neuen Bundesländern verausgabt. Die restlichen Mittel waren ebenfalls für diesen Zweck vorgesehen.[21]

Während die CDU der PDS Manipulationen mit dem SED-Vermögen vorwarf, wurde auch ihr eigenes Finanzgebaren unter die Lupe genommen. So sollen mindestens 4,7 Millionen DM nach der Fusion mit der Bauernpartei über deren Guthaben an die CDU geflossen sein.[22] Fraglich war auch, ob schon im September 1990, also vor der Parteifusion, Gelder aus den Kassen der Ost-Partei transferiert und unrechtmäßig für Abschlagszahlungen und Wahlkampfaufwendungen der West-CDU verwendet wurden. So hatte die hoch verschuldete CDU-Bundespartei ausgerechnet im Jahr des Bundestagswahlkampfs ihren Schuldenberg (1989: 60 Millionen DM) abbauen und die Wahlkampfkosten minimieren können. Der Bundesrechnungshof prüfte zudem, ob die Verteilung nicht verbrauchter staatlicher Zuschüsse für die Volkskammer an die östlichen CDU-Landesverbände rechtens war. Es ging hier um eine Summe von mehr als 2 Millionen Mark, die zum Aufbau der Landtagsfraktionen verwendet wurde.[23]

Nicht nur die PDS verbrauchte Gelder für die Abwicklung der SED; auch die CDU wies für die Abwicklung der DDR-CDU Millionenbeträge aus.[24] Inzwischen hat jedoch die Unabhängige Kommission zur Überprüfung des Vermögens der Parteien und Massenorganisationen der DDR ihre Recherchen über das Altvermögen der DDR-CDU und der Bauernpartei abgeschlossen. Nach Auskunft des Kommissionsvorsitzenden Papier ist das gesamte gegenständliche Altvermögen der beiden Blockparteien bekannt und steht unter treuhänderischer Verwaltung. Nach Prüfung der Bar- und Bankguthaben bestehe kein Zweifel an der Rechtmäßigkeit der Verwendung. Auch sei kein Geld in die Kassen der Bonner CDU geflossen.[25] Das Altvermögen der beiden Blockparteien wird demnach – soweit dem nicht andere Rechtsansprüche entgegenstehen – in absehbarer Zeit uneingeschränkt für gemeinnützige Zwecke, insbesondere die wirtschaftliche Umstrukturierung in den neuen Ländern, verwendet werden.

Die ihres eigenen Vermögens verlustig gegangenen CDU-Landesverbände in den neuen Bundesländern müssen nach wie vor durch Zuschüsse der Bundespartei alimentiert werden. Im Jahr 1991 bezifferten sich die

---

21   Bundestagsdrucksache 12/3950 (4.12.1992): 33 ff.
22   Der Spiegel, 38/1994:16.
23   FR, 27.2.1992; SZ, 27.2.1992.
24   FR, 25.8.1994.
25   FAZ, 1.6.1995.

Transfers an die Landesverbände in den fünf neuen Ländern auf 8 Mio. DM.[26] Die Einnahmen der Landesparteien aus Mitgliederbeiträgen, Sonderabgaben und Spenden sind im Vergleich zu den westlichen Landesverbänden minimal[27] und reichen nicht aus, um die Parteiorganisation zu finanzieren, zumal sie nicht selten auch noch mit Altschulden und Abwicklungsproblemen belastet waren.[28] Aus diesem Grund erließ ihnen die Bundespartei in den ersten Jahren nach der Wende die Abführung von Beiträgen an die Zentrale, führte allerdings auch keinen Beschluß über einen horizontalen Finanzausgleich herbei. Verstärkte Bemühungen um eine Erhöhung der Mitgliederzahlen und des Spendenaufkommens sind für die CDU in Ostdeutschland unabdingbar. Die Landesverbände suchen hier durchaus eigene Wege, um aus der Finanz- und Organisationskrise herauszukommen. So baut etwa ein Landesverband wie Mecklenburg-Vorpommern wegen seiner Finanznöte Kreisgeschäftsstellen ab; demgegenüber setzt die brandenburgische CDU darauf, ihre Präsenz in der Fläche zu stärken.[29] Hier verzichtet man darauf, wie andernorts die Mitgliedsbeiträge zu erhöhen, und versucht statt dessen systematisch, auf Landes- und Kreisebene einen Stamm spendenwilliger Förderer aufzubauen, denn die CDU ist im Osten als „Beitragspartei" nicht lebensfähig.

5.4. Mitglieder

5.4.1. Mitgliederbewegungen in der DDR-CDU 1989/90

Nachdem sich die gesellschaftliche und politische Krise im zweiten Halbjahr 1989 noch zugespitzt hatte, war der Mitgliederstand der DDR-CDU in allen Bezirksverbänden stark zurückgegangen. Die Parteiführung verzeichnete hohe Mitgliederabgänge, die zu 45 Prozent durch legale und illegale Ausreisen in die Bundesrepublik bedingt waren. Auch die Anzahl der Austritte, Ausschlüsse und Streichungen von Mitgliedern lag weit über der des Vorjahres. Hatte die Ost-CDU 1988 noch eine positive Mitgliederentwicklung verbuchen können, so sank die Mitgliederzahl 1989 im Schnitt

---

26 Vgl. Schmid 1994: 796.
27 Vgl. ebd.
28 Beim Verzicht auf das Blockvermögen wurde die Altschuldenfrage nicht geregelt.
29 Vgl. unten Kap. 8.4. bzw. 8.4.1.

um 3,7 Prozent, wobei die Verluste in einigen Bezirken (Frankfurt/O., Leipzig, Potsdam) allerdings erheblich größer waren.[30] Diese negative Mitgliederentwicklung setzte sich im Januar und Februar 1990 fort. Seit Januar 1990 zeigten die Neuaufnahmen eine steigende Tendenz, doch schlug sich die Aufwärtsentwicklung erst ab März 1990 als Mitgliederzuwachs nieder; auch die Anzahl der Austritte, Ausschlüsse und Streichungen ging nun zurück, so daß bis April 1990 der Mitgliederstand vom Jahresende 1989 wieder erreicht war.[31] Diese Daten über die Mitgliederentwicklung sind jedoch insofern nur bedingt aussagefähig, als sie die tatsächlich stattgefundenen Austauschprozesse in der Mitgliederschaft (Austritte von Altmitgliedern und Neuzugänge) nur unzureichend widerspiegeln.[32]

5.4.2. Zur Mitgliederentwicklung der CDU in den neuen Bundesländern

Durch den Beitritt der ostdeutschen Landesverbände erhielt die Bundes-CDU einen Zuwachs von zunächst 134.409 Mitgliedern; diese Zahl entspricht ungefähr der in der Kartei der DDR-CDU erfaßten Mitglieder.[33] Nach der 1991 abgeschlossenen Karteibereinigung blieben davon 111.248 neue Mitglieder übrig. Weiter hinzuzurechnen sind die zur CDU übergetretenen (maximal ca. 6.000) Mitglieder der Bauernpartei.[34] Genaue Zahlen liegen hierüber bisher nicht vor. Sicher ist aber, daß von den insgesamt 117.000 DBD-Mitgliedern der weitaus größte Teil die Fusion nicht mitvollzog. Die kursierenden Angaben über die Mitglieder des „Demokra-

---

30   „Zu einigen Ergebnissen des statistischen Jahresberichts", ACDP VII-011, 3523.
31   „Die CDU in der DDR. Eine Bestandsaufnahme", ACDP VII-011, 3900.
32   So weist F.C. Schlumberger – nach der Wende Generalsekretär der thüringischen CDU – darauf hin, daß im CDU-Landesverband Thüringen zwischen 1990 und 1993 mehr als ein Drittel der Mitgliederschaft ausgetauscht worden sei. 80% dieser Fluktuation habe im Jahr 1990 stattgefunden (vgl. Schlumberger 1994: 26).
33   In der „Bestandsaufnahme" der DDR-CDU (Stand: 31.12.1989) wurden 134.507 Mitglieder registriert (ACDP VII-011, 3900).
34   Interview Leisner. Zur DBD vgl. oben S. 103 f. – In der Monatsstatistik der CDU vom September 1990 sind 3.060 Übertritte von DBD-Mitgliedern zur CDU erfaßt, davon fast zwei Drittel aus Sachsen-Anhalt und Thüringen. Mecklenburg-Vorpommern ist in dieser Summe noch nicht berücksichtigt (ACDP, VII-011, 3523).

tischen Aufbruch" (10.000-20.000, ja sogar 55.000 Mitglieder[35]) sind sicherlich weit überhöht. Von ihnen dürften einige hundert zur CDU übergetreten sein.[36]

Die folgende Aufstellung macht den Anteil der CDU-Mitglieder in den neuen Bundesländern an der Gesamtmitgliederschaft der CDU deutlich. Durch den Mitgliederschwund im Osten geht dieser Anteil ständig zurück; seit 1990 hat er sich von 17 auf 11,8 Prozent um gut 5 Prozent vermindert. Daß es damit für die ostdeutschen Verbände nicht leichter wird, ihre Themen und Probleme in die Gesamtpartei einzubringen, liegt auf der Hand.

Tabelle 2: CDU-Mitgliederentwicklung in den alten und neuen Bundesländern (1990-94)

Jahr	Insgesamt	Alte Bundesländer	Neue Bundesländer	Prozent
31.12.1990	789.609	655.200	134.409	17,0
31.10.1991	756.519	645.271	111.248	14,7
30.09.1992	725.369	626.818	98.551	13,6
31.07.1993	694.932	607.593	87.339	12,6
31.12.1993	685.343	601.549	83.794	12,2
30.09.1994	674.279	595.839	79.440	11,8

Quelle: Zusammenstellung nach: CDU-Berichte 1991-1994.
Zur regionalen Mitgliederentwicklung vgl. Kapitel 6.

Wie schwierig es für die CDU ist, in den neuen Ländern Fuß zu fassen, zeigt sich auch darin, daß der Organisationsgrad in Ostdeutschland niedriger ist als in den westlichen Bundesländern. Vergleicht man den Mitgliederanteil der CDU – bezogen auf die Wahlberechtigten – in den beiden Teilgesellschaften Ost und West, so schneidet der Osten schlechter ab. In der gesamten Bundesrepublik betrug dieser Wert (1990/91) 1,1 Prozent, in Westdeutschland 1,2 Prozent, in Ostdeutschland aber nur 0,8 Prozent.[37]

---

35 Vgl. Klingemann/Volkens 1992: 198.
36 Die Monatsstatistik der CDU weist für den Monat September – d.h., den Monat nach der Fusion – eine Übernahme von 128 DA-Mitgliedern aus, davon 120 aus Sachsen (ACDP, VII-011, 3523).
37 CDU-Bericht 1991: 25.

5.4.3. Struktur der CDU-Mitgliederschaft in den neuen Bundesländern

5.4.3.1. Die Parteifusion – ein Modernisierungsprojekt?

Vergleicht man die Strukturdaten der DDR-CDU mit denen der West-CDU, so zeigen sich vor allem zwei bemerkenswerte Unterschiede:

- Der Frauenanteil lag in der Ost-CDU weit über dem der West-CDU: Er betrug hier 1989 noch 45,3 Prozent gegenüber 22,9 Prozent. In Mecklenburg-Vorpommern stellten die Frauen mit 51,2 Prozent sogar die Mehrheit der CDU-Mitglieder.[38]
- Die jüngeren Altersgruppen waren in der Ost-CDU stärker vertreten als in der West-CDU. So waren die Altersgruppen der unter 50jährigen im Osten mit 59,4 Prozent weitaus besser repräsentiert als im Westen, wo dieser Anteil bei 44,9 Prozent lag. In der Ost-CDU machte der Anteil der unter 40jährigen sogar knapp 40 Prozent aus.[39]

Von daher lag die Hoffnung der Bonner CDU-Führung nahe, durch den Zusammenschluß von West- und Ost-CDU würden sich die Strukturdefizite der CDU im Westen verbessern. Generalsekretär Rühe versprach sich dies nicht nur im Hinblick auf die Altersstruktur und den Frauenanteil, sondern auch für das Segment der Arbeiter. Tatsächlich hat sich der Anteil der Frauen in der Gesamt-CDU durch den Beitritt der neuen Landesverbände 1990/91 leicht erhöht. Allerdings begann er – wie die folgende Tabelle zeigt – nach der Vereinigung wieder zu sinken, was gerade auf die Abnahme in den östlichen Bundesländern zurückzuführen ist. Im Westen ist dagegen ein geringfügiger Anstieg des Frauenanteils zu verzeichnen.

Obwohl – im Gegensatz zur Entwicklung in den alten Bundesländern – die Zahl der weiblichen CDU-Mitglieder in Ostdeutschland in den Jahren seit der Fusion um fast doppelt so viel geschrumpft ist wie die der männlichen CDU-Mitglieder, sind die Frauenanteile an der Mitgliederschaft 1994 noch immer deutlich größer als in den alten Ländern (Brandenburg: 32,9 Prozent; Mecklenburg-Vorpommern: 40,5 Prozent; Sachsen: 34,3 Prozent; Sachsen-Anhalt: 38,6 Prozent; Thüringen: 33,4 Prozent).

---

38   „Die CDU in der DDR. Eine Bestandsaufnahme", ACDP VII-011, 3900.
39   Vgl. ebd. sowie „Zu einigen Ergebnissen des statistischen Jahresberichts", ACDP VII-011, 3523.

Tabelle 3: CDU-Mitglieder nach Geschlecht

Jahr	Mitglieder insgesamt	Anteil Frauen (in Prozent)	Anteil Männer (in Prozent)
30.06.1989	668.115	22,8	77,2
31.10.1991	756.519	25,6	74,4
30.09.1992	752.369	25,3	74,7
31.07.1993	694.932	25,1	74,9
31.12.1993	685.343	25,0	75,0
30.09.1994	674.279	24,9	75,1

Quelle: Zusammenstellung nach: CDU-Berichte 1989-1994.

Tabelle 4: Frauenanteil in der CDU in den alten und neuen Bundesländern

Jahr	Neue Bundesländer	Alte Bundesländer
30.06.1989	k.A.	22,8
31.10.1991	39,7	23,2
30.09.1992	38,2	23,3
31.07.1993	36,9	23,4
31.12.1993	36,3	23,5
30.09.1994	35,5	23,5

Quelle: Zusammenstellung nach: CDU-Berichte 1989-1994.

Gemessen an diesem relativ hohen Mitgliederanteil sind Frauen jedoch gerade in den neuen Bundesländern auf den höheren politischen Entscheidungsebenen extrem schwach vertreten. Hier ist ein eklatanter Bruch zwischen Mitgliederschaft und Teilhabe an Führungspositionen feststellbar. Von einer mindestens dem weiblichen Mitgliederanteil entsprechenden Repräsentation, wie sie inzwischen auch in der CDU angestrebt wird, kann keine Rede sein.[40] Während Frauen in den neuen Ländern als Ortsvorsitzende sowie als kommunale Mandatsträgerinnen und auch als Delegierte auf Parteitagen zwar nicht ihrem Mitgliederanteil entsprechend, aber doch noch vergleichsweise gut repräsentiert sind, so zeigt sich bei den höheren Parteifunktionen und Vertretungsorganen ein wesentlich schlechteres Bild. Es gibt sogar gravierende Rückschritte wie in Brandenburg und Sachsen, wo der Frauenanteil in den Landesvorständen gegenüber 1991 noch weiter zurückgegangen ist. Nur sehr geringe Chancen haben Frauen – übrigens auch in einigen westlichen Bundesländern – bei der Besetzung der Kreisvorstände. Die Gründe dafür sind verschieden: Viele Frauen stellen sich für solche Posten nicht zur Verfügung; andere werden von Männern abgedrängt. Nach den Landtagswahlen 1994 wurde zwar der Anteil von Frauen in den CDU-Fraktionen der Landtage von Mecklenburg-Vorpommern, Sachsen und Thüringen fast verdoppelt; dennoch bleibt eine krasse Diskrepanz zum Mitgliederanteil bestehen.

Tabelle 5: Frauenanteil in den CDU-Landtagsfraktionen
der neuen Bundesländer (in Prozent)

	Juli 1991	Juli 1994	Juli 1995
Brandenburg	14,8	15,4	11,8
Mecklenburg-Vorpommern	6,6	9,7	13,3
Sachsen	6,5	11,0	20,8
Sachsen-Anhalt	6,2	10,8	10,8
Thüringen	6,8	6,8	14,3

Quelle: CDU-Frauenbericht 1994: 17/12, 15. CDU-Frauenbericht 1995: 10.

Um die Chancen politisch ambitionierter Frauen in der CDU zu verbessern und damit auch die Attraktivität der Partei für ein jüngeres, weibliches Wählerpotential zu erhöhen, hat die Parteispitze in den letzten Jahren versucht, eine Diskussion über mehr Chancengerechtigkeit für Frauen in Gang

---

40   Allerdings ist der Widerstand gegen eine Quotenregelung gerade unter den Frauen in den neuen Ländern besonders groß.

zu bringen. Aus den Frauenberichten des Generalsekretärs geht hervor, daß sich in der CDU nach dem Essener Parteitag (1985) tatsächlich etwas bewegt hat. Bei gleichbleibender Entwicklung rechnet man hier jedoch damit, daß eine Drittelbeteiligung von Frauen in Schlüsselpositionen erst in ca. 10 Jahren erreicht sein wird.

Wie Tabelle 6 zeigt, hat sich der Altersaufbau der CDU-Mitglieder durch die Fusion nur unwesentlich verändert. So lag das Durchschnittsalter aller Mitglieder der CDU Deutschlands 1992 bei 52,2 Jahren.[41] 1993 und 1994 stieg es weiter an; Frauen sind in der CDU im Schnitt etwas älter als Männer, was auch in der DDR-CDU vor der Wende der Fall war. Der von der Bundes-CDU erhoffte „Modernisierungstrend" hat nach alldem nicht die Tendenz, sich zu verstetigen, auch wenn die Neuaufnahmen eine leichte Verjüngung aufweisen.

Tabelle 6: Durchschnittsalter der CDU-Mitglieder

Jahr	Mitglieder insgesamt	Frauen	Männer
1988*	51,3	51,9	50,2
31.10.1991	51,6	52,5	51,3
30.09.1992	52,2	53,1	51,9
31.07.1993	52,8	53,8	52,4
30.09.1994	53,1	54,2	52,8

*West-CDU
Quelle: Zusammenstellung nach: CDU-Berichte 1989-1994.

Die Verteilung der Berufsgruppen in den alten und den neuen Bundesländern weist erhebliche Unterschiede auf, die unter dem Aspekt der Parteiintegration für die CDU nicht unproblematisch sind. Wenngleich diese Angaben zu den relativen Anteilen der Berufsgruppen als Momentaufnahmen mit Vorsicht zu betrachten sind, so spiegeln sie doch das soziale Gefälle zwischen West und Ost wider. So ist der Anteil der Arbeiter, Arbeitslosen und Rentner in den neuen Ländern noch immer jeweils mehr als dreimal so hoch wie in der alten Bundesrepublik und macht annähernd die Hälfte der gesamten Mitgliederschaft der CDU in der Ex-DDR aus. Der in den Berichten der Geschäftsstelle für 1991 und 1992 im Unterschied zur Statistik

41   CDU-Bericht 1992: 87.

der DDR-CDU auffallend hoch ausgewiesene Arbeiteranteil (ca. 30 Prozent)[42] hat sich inzwischen allerdings wieder deutlich verringert.

Hingegen war in den alten Ländern der Anteil der Selbständigen 1992
mehr als dreimal so hoch, der der Beamten sogar sechsmal so hoch wie in
den neuen Bundesländern.[43] Diese Diskrepanzen haben sich in der Ex-
DDR im Zuge der sozialstrukturellen Veränderungen in den letzten vier
Jahren ein wenig abgeschliffen, bleiben aber noch immer unübersehbar.
Tabelle 7 zeigt das relativ rasche Anwachsen des Selbständigenanteils in
den neuen Bundesländern; diese Zahl erfaßt auch die Handwerker, die die
CDU – wie es heißt – mancherorts geradezu „unterwandern".

Extrem schwach ist noch immer der Anteil der Beamten, zumal nicht
wenige westdeutsche Leihbeamte oder „Wossis" eingerechnet werden
müssen. Der Anteil der Angestellten, die in der Ost-CDU schon früher
stark dominierten, nahm stetig zu und liegt bereits über dem in den Alt-
bundesländern.

---

42 Nach der „Bestandsaufnahme" der DDR-CDU für das Jahr 1990 betrug der
     Arbeiteranteil 10,1%. Doch wird selbst diese Zahl – angesichts der Tatsache,
     daß die DDR-CDU zeitweise keine Arbeiter werben bzw. als Mitglieder auf-
     nehmen durfte – als relativ hoch bezeichnet (vgl. ACDP VII-011, 3900).
43 CDU-Bericht 1992: 88; 1994: 69.

Tabelle 7: CDU-Mitglieder in den alten und neuen Bundesländern nach Berufsgruppen

	12/1991		09/1992		12/1993		09/1994	
	ABL*	NBL*	ABL	NBL	ABL	NBL	ABL	NBL
Selbständige	23,3	6,3	23,3	7,5	23,0	9,2	23,0	10,2
Arbeiter	9,1	33,6	9,0	31,9	8,7	29,3	8,6	27,9
Angestellte	28,7	30,2	28,7	31,0	28,3	31,8	28,4	32,2
Beamte	12,8	1,9	12,8	2,1	12,6	2,4	12,6	2,5
Rentner	4,7	18,1	4,7	17,4	5,5	16,8	5,4	16,5
Hausfrauen	11,3	4,1	11,2	3,9	11,2	3,4	11,1	3,3
in Ausbildung	3,6	1,4	3,7	1,4	3,9	1,4	4,0	1,5
Arbeitslose	0,5	1,5	k.A.	k.A.	0,4	1,9	0,4	2,1
Mithelfende Angehörige	0,5	0,8	k.A.	k.A.	0,6	0,9	0,6	0,9

Quelle: Zusammenstellung nach: CDU-Berichte 1991-1994.
* ABL=Alte Bundesländer; NBL=Neue Bundesländer

5.4.4. Resümee: Probleme der Parteistruktur und -integration

Die Ost-CDU sah sich nach der Wende mit schwierigen Strukturfragen konfrontiert, die sich in drei Punkten zusammenfassen lassen:

- Durch die Übernahme der Blockpartei und den verzögerten Neuaufbau der Partei von der Basis her ergaben sich im inneren Gefüge der CDU politische Zerklüftungen und sozialstrukturelle Diskrepanzen, die in der Übergangzeit erhebliche Integrationsprobleme aufgeworfen haben und die auch heute noch spürbar nachwirken. So stellten die Altmitglieder der DDR-CDU Ende 1992 gut drei Viertel der damals noch ca.100.000 Mitglieder der CDU in den neuen Bundesländern. Nur knapp ein Viertel (22.754) war nach dem 1. Januar 1990 eingetreten.[44] Das bedeutete, daß die Partei von ihrer alten Substanz zehrte. Ein Teil der Neumitglieder ist unterdessen wieder ausgetreten. Diese Fluktuation und die

---

44   Vgl. ebd.: 19.

gleichzeitige Dominanz der Altmitglieder haben die Integrations- und Innovationsprozesse der Partei erschwert.

• Die CDU in der Ex-DDR kann sich nicht auf – dem westdeutschen Parteiensystem vergleichbare – historisch gewachsene Partei-Umwelt-Beziehungen stützen. Ihre Stabilisierung nach der Wende ist vielmehr von gesellschaftlichen Umschichtungs- und Strukturierungsprozessen abhängig, in denen sich ihre Wählerschaft und ihre Mitgliederbasen erst herausbilden müssen. Zwar können die Parteiakteure die Richtung dieser strukturbildenden Prozesse selbst mitbeeinflussen. Strategien zur Mittelstandsförderung dienen z.B. direkt der Generierung und Erhaltung der eigenen Basis und sind insofern Voraussetzungen für die Verankerung der Partei in der Gesellschaft. Hier spielt jedoch der Faktor Zeit eine Rolle, denn die Herausbildung der sozialen Schichten und Berufsgruppen, aus denen sich traditionell große Teile der CDU-Anhängerschaft im Westen rekrutieren (z.B. Selbständige, Beamte usw.), kommt in der Ex-DDR erst allmählich in Gang, während die Mitgliederzahlen kontinuierlich zurückgehen.

• Große Teile des genuinen Potentials für eine konservative Partei wie Staatsbeamte, Ordnungskräfte, Polizisten usw. fallen für die CDU in Ostdeutschland aus, weil sie sich vor der Wende mit dem SED-Staat identifiziert haben. Ehemalige SED-Mitglieder können aber derzeit noch nicht in die CDU aufgenommen werden. Hierüber wacht besonders die sächsische CDU, die auf ihrem Görlitzer Parteitag (1991) einen Beschluß gefaßt hat, demzufolge die Aufnahme ehemaliger SED-Mitglieder in die CDU „grundsätzlich nicht möglich" ist. Eine versöhnlichere Haltung gegenüber SED-Mitgliedern, die sich in der Vergangenheit nichts zuschulden kommen ließen, ist aber vermutlich nur noch eine Frage der Zeit. So will etwa der brandenburgische Generalsekretär Klein die früheren SED-Mitglieder nicht pauschal mit Stasi-Spitzeln oder dogmatischen Kommunisten gleichsetzen. In der normalen Mitgliederschaft seien Unterschiede zwischen der SED und den Blockparteien eigentlich nicht vorhanden; selbst in der SED habe es Nischen gegeben. Auch der CDU-Vorstand von Mecklenburg-Vorpommern hat in Schwerin ein Thesenpapier zu dieser Frage vorgelegt. Demzufolge sollen ehemalige SED-Mitglieder künftig nach Überprüfung ihrer Vergangenheit eine neue politische Heimat in der CDU finden können.[45] Die Bemühungen um Wählerschichten der PDS sind seit der Wahl zum

---

45   Vgl. Tagesspiegel, 3.2.1995; FR, 26.1.1994.

Berliner Abgeordnetenhaus im Oktober 1995 längst im Gange, und Ko-operationen von CDU und PDS auf kommunaler Ebene sind keine Sel-tenheit mehr. So konnten sich etwa bei den Landratswahlen in zwei brandenburgischen Kreisen (Prignitz, Uckermark) die CDU-Kandidaten nur mit Hilfe der PDS durchsetzen. Formen einer kommunal- wie lan-despolitischen Zusammenarbeit zwischen CDU und PDS gibt es in Schwerin, Güstrow, im Landkreis Bernburg sowie in Halle. Auch die CDU-Fraktion des Kreistags Leipzig-Land praktizierte 1994 einen Schulterschluß. Die PDS – inzwischen eine feste Größe in Ostdeutsch-land – wird von der CDU ihrer Kampagne gegen das „Magdeburger Modell" zum Trotz durchaus als Mehrheitsbeschafferin akzeptiert.[46]

In den ersten Jahren nach der Wende hätte eine offene Diskussion über die Aufnahme ehemaliger SED-Mitglieder die CDU allerdings gespalten. So wurde das Thema einerseits nach außen hin als eine aus Bonn initiierte „Gespensterdebatte" bezeichnet; andererseits gab es auf Ortsverbandsebe-ne teilweise durchaus auch die Bereitschaft, unbelastete SED-Mitglieder nach individueller Prüfung oder auch aus politischen Opportunitätsgründen in die CDU aufzunehmen.

Für die CDU wäre es sicherlich zu einem gravierenden Problem gewor-den, wenn sich die bisher ausgegrenzten Kräfte in einer konservativen Konkurrenzpartei oder einer Art „Ostpartei" zusammengefunden hätten. Dies zeigten die aufgeschreckten Reaktionen der Parteiführung auf die Bildung der „Gerechtigkeitskomitees". Allerdings gelang es den neben der DSU entstandenen konservativen kleineren Gruppierungen wie z.B. der „Konservativen Union" oder der „Thüringer Volkspartei" bisher nicht, in der ehemaligen DDR ein zahlenmäßig relevantes politisches Potential hin-ter sich zu sammeln. Die Klientel der DSU dürfte inzwischen weitgehend von der CDU bzw. anderen Parteien aufgesogen worden sein.

---

46 Vgl. z.B. FAZ, 22.2.1994; Tagesspiegel, 15.7.1994; Leipziger Volkszeitung, 22.9.1994.

5.5. Suborganisationen

Die Vereinigungen in der CDU haben die Funktion, bestimmten Zielgruppen die Politik der Union zu vermitteln, aber auch unterschiedliche Interessen aus dem vorpolitischen Raum in die Partei hineinzutragen, zu artikulieren und auszugleichen. Insofern haben diese Organisationen für die
Partei wichtige Vermittlungs-, Integrations- und Rekrutierungsfunktionen.
Mit dem Aufbau der Vereinigungen nach westlichem Muster wurde
nach der Parteifusion flächendeckend und zumeist von der Führungsebene
her begonnen, obwohl dadurch zusätzliche Kräfte gebunden wurden. Generell ist die Beteiligung an den Vereinigungen in den neuen Bundesländern
nicht sehr hoch, was auf das Problem der CDU hinweist, im Vorfeld der
Partei Strukturen aufzubauen. Am höchsten liegt der Organisationsgrad der
Frauen-Union, da er dem weiblichen Mitgliederanteil entspricht, und dieser liegt in Ostdeutschland – wie schon dargestellt – noch immer weit über
dem in den westlichen Bundesländern. Relativ stark frequentiert wird die
Senioren-Union, in der sich vor allem die Altmitglieder zusammenfinden
und in der deshalb nicht selten die Subkultur der Blockpartei fortlebt. Von
den anderen Suborganisationen ist es der Mittelstandsvereinigung und der
Kommunalpolitischen Vereinigung noch am ehesten gelungen, in die Fläche zu gehen und dort allmählich eine Klientel aufzubauen. Schwach ist
hingegen die Attraktivität der Jungen Union, die in den neuen Bundesländern nur wenige hundert Jugendliche organisiert.[47] Sie fallen in der CDU-
Jugendorganisation, die zwar auch im Westen Nachwuchsprobleme hat,
aber mit insgesamt ca. 160.000 Mitgliedern noch immer die größte politi-

---

47 Bereits in der Wendezeit wurde eine Jugendorganisation, die Christlich-
   Demokratische Jugend (CDJ) gegründet. Der Gründungsaufruf wurde am 9.
   November 1989 in der „Neuen Zeit" veröffentlicht. Hier stellt sich die CDJ
   noch als eine „antifaschistische Jugendorganisation" vor, die „einen wahrhaft
   demokratischen Sozialismus" anstrebt; sie will sich u.a. für die Gleichberechtigung von Mann und Frau einsetzen und Solidarität mit der Zwei-Drittel-
   Welt üben. Die CDJ stand der CDU zwar nahe, wollte sich aber eine gewisse
   Eigenständigkeit erhalten. CDJ-Mitglieder mußten daher nicht CDU-Mitglieder sein. Die CDJ-Organisation sollte von der Orts- und Kreisebene aufgebaut werden. Erst dann wollte man eigene Kandidaten in die CDU entsenden. Die CDJ strebte eine Zusammenarbeit mit kirchlichen Jugendgruppen
   an, wollte aber auch mit der DSU-Jugend und dem DA kooperieren. Bis zur
   ersten Bundeskonferenz am 3./4. Februar 1990 amtierte Henning Stoerk,
   Sektorenleiter im DDR-Fernsehen, als CDJ-Vorsitzender. Hier wurde dann
   Christoph Bender (heute im Landesvorstand der thüringischen CDU) zum
   neuen Vorsitzenden gewählt. Die CDJ ging später in der JU auf.

sche Nachwuchsorganisation in der Bundesrepublik geblieben ist, so gut wie nicht ins Gewicht.

Besonders schwierig ist das Terrain für die Sozialausschüsse der CDA. Zwar haben bei der Volkskammerwahl 1990 (gerade in Sachsen und Thüringen) fast 60 Prozent der Arbeiter die Allianz bzw. die CDU gewählt. Dies wirkte sich aber weder direkt zugunsten einer Stärkung der Position der CDU in den Gewerkschaften aus noch brachte es den CDU-Sozialausschüssen Zulauf. Die Ost- und Mitteldeutsche Vereinigung/Union der Flüchtlinge und Vertriebenen (OMV) kooperiert dort, wo sie aktiv ist, mit dem Bund der Vertriebenen (BdV), der wegen der Lastenausgleichsregelung für die Vertriebenen in den neuen Ländern eine wichtige Interessen- und Vorfeldorganisation darstellt. Die Land-Union war zunächst als Auffangorganisation für die DBD-Mitglieder in der CDU gedacht, hat sich aber darüber hinaus auf regionaler Ebene zu einer Gruppierung entwickelt, die Konzepte für den ländlichen Raum erarbeiten will.[48] Im folgenden Abschnitt wird die Gründungsphase der Frauen-Union (FU) und der Sozialausschüsse (CDA) etwas näher beleuchtet, weil sich die parteiorganisatorischen Modernisierungsstrategien auf deren Arbeitsfelder bezogen; dies sind zugleich auch Problembereiche der gesellschaftlichen Transformation in der Ex-DDR, für die die CDU politische Konzepte entwickeln muß.

5.5.1. Frauen-Union

Nach Gesprächen zwischen Vertreterinnen der DDR-CDU (Sylvia Schultz), des Demokratischen Aufbruchs (Brigitta Kögler) und einer der CDU nahestehenden Gruppe des Neuen Forums (Karin Lück) mit dem Bundesvorstand der Frauen-Union in Bonn (Rita Süssmuth) wurde am 24. Februar 1990 in Berlin-Hohenschönhausen im Rahmen einer außerordentlichen Hauptausschußsitzung der Grundstein für eine gesamtdeutsche Frauen-Union gelegt.[49] An dieser Veranstaltung nahmen über 300 Frauen

---

48 So wurde z.B. in Sachsen ein Programm für den ländlichen Raum vorgestellt.
49 Die Vereinigung fand auf dem 17. Bundesdelegiertentag der Frauen-Union 1990 in Berlin statt, auf dem die Vorsitzenden der FU-Landesverbände aus den neuen Bundesländern ihren Beitritt zum Bundesverband der Frauen-Union erklärten.Vgl. auch „Solidarisch die Einheit gestalten", 18. Bundesdelegiertentag der Frauen-Union am 19./20.10.1991. Die ersten FU-Landesverbände waren mit tatkräftiger Hilfe der FU aus den westlichen Nachbarländern in Mecklenburg-Vorpommern und in Sachsen-Anhalt gegründet worden. Hier lagen die Frauenanteile der CDU noch 1991 mit 45,7% bzw. 41,9% an der

aus der alten Bundesrepublik und der DDR teil. Den Initiatorinnen ging es darum, „die Interessen der Frauen im Einigungsprozeß zu bündeln" und sich grenzübergreifend dafür einzusetzen, daß „bei dem notwendigen Umstrukturierungsprozeß Frauen nicht die Verliererinnen sein" würden.[50]

Die voraussehbaren Probleme der Benachteiligung von Frauen (insbesondere auf dem Arbeitsmarkt, aber auch in anderen gesellschaftspolitischen Bereichen), die mit dem Fortgang des Einigungsprozesses noch an Brisanz gewonnen haben, bestimmen auch heute noch die Themen und Aktivitäten der Frauen-Union und des Bundesfachausschusses Frauenpolitik. Auf den Bundesdelegiertentagen der Frauen-Union 1990 und 1991 wurde ein gesamtdeutscher Bundesvorstand gewählt, dem auch Vertreterinnen aus den neuen Bundesländern angehörten. Es wurden eine neue Satzung beschlossen und ein umfängliches neues Programm („Bausteine für die Einheit") diskutiert. Da man sich in der FU darüber im klaren war, daß die bisher getrennte Frauen-Union aus „zwei Gesellschaften mit zwei diametral entgegengesetzten Grundüberzeugungen" kamen, wollte man unterschiedliche wie gemeinsame Erfahrungen berücksichtigen. Der Ansatzpunkt, Frauenpolitik nicht als Sonderproblem von Frauen, sondern als Querschnittsaufgabe aufzufassen, die sich durch alle Bereiche der Gesellschaftspolitik zieht, machte dieses Programm zu einem der frauenpolitisch progressivsten Programme der CDU.[51]

Unterdessen hat sich jedoch der Elan der Gründungsphase gelegt. Einige Aktivistinnen, die aus den Bürgerrechtsgruppen kamen, haben sich – enttäuscht über die Verengung des Radius der CDU-Frauenpolitik – zurückgezogen.[52] Ein übriges tat die Diskussion über die Quotenregelung in der CDU, die die unterschiedlichen Mentalitäten und Erfahrungshintergründe der CDU-Frauen in West- und Ostdeutschland deutlich gemacht hat; in dieser Frage erschwerten sie bisher ein gemeinsames Vorgehen zur Veränderung der innerparteilichen Strukturen.[53] Das Ziel der Frauen-Uni-

---

Spitze sämtlicher Bundesländer. Dieser hohe Organisationsgrad ist allerdings von 1991 bis 1994 in Mecklenburg-Vorpommern um mehr als 5%, in Sachsen-Anhalt um mehr als 3% gesunken. (Vorsitzende der FU waren 1991: Kerstin Claubert, LV-Brandenburg, Karin Lück, LV Mecklenburg-Vorpommern, Katharina Landgraf, LV Sachsen, Sabine Klenke, LV Sachsen-Anhalt, Dr. Birgit Bauer, LV Thüringen.)

50 CDU-Bericht 1990: 21.
51 Zur Frauenpolitik der CDU vgl. Reichart-Dreyer 1995a, 1995b.
52 Interview Claubert.
53 Auf dem Karlsruher Parteitag der CDU (Oktober 1995) wurde der von der Parteiführung initiierte Vorstoß zur Einführung einer befristeten Quote mit knapper Mehrheit abgelehnt. Auch wenn dies primär auf taktische Fehler in

on, ein Netzwerk aktiver Frauen in den neuen Ländern aufzubauen, ist jedoch ansatzweise erreicht worden.

5.5.2. Christlich-Demokratische Arbeitnehmerschaft

In der Christlich-Demokratischen Arbeitnehmerschaft (CDA) gab es schon sehr frühzeitig organisatorische Ansätze.[54] Bereits unmittelbar vor dem Sonderparteitag trat am 14. Dezember 1989 ein „Initiativkreis zur Gründung eines Christlich-Sozialen Ausschusses (CSA)" in der CDU der DDR an die Öffentlichkeit. Formell wurde der CSA am 6. Januar 1990 in Berlin gegründet, um – wie es im Gründungsbeschluß heißt – „in politisch wirksamer Form für soziale Gerechtigkeit, für soziale Sicherheit, für gesellschaftliche Integration und für Entfaltungsmöglichkeiten des Individuums einzutreten".[55] Der Vorstand, dem sechs Landeskoordinatoren angehörten, wurde von Dr. Michael Seidel, einem Arzt an der Berliner Charité, geleitet. Eine Satzungskommission und eine Grundsatz- bzw. Programmkommission, der von acht Arbeitsgruppen zugearbeitet wurde, nahmen ihre Arbeit auf.

Die Struktur der Organisation sollte zunächst bis nach den Wahlen noch offen bleiben; Dezentralität und Toleranz gegenüber Minderheiten gehörten jedoch zum Grundkonsens. Eine enge Kooperation mit der Ost-CDU war schon aus Gründen der Finanzierung und breiteren Wirkungsmöglichkeiten von vornherein beabsichtigt. Am 21. April 1990 beschlossen die Vorstände der CSA und der „Arbeitnehmerschaft des Demokratischen Aufbruch (ADA)", ihre Arbeit zu koordinieren und unter dem gemeinsamen Namen „Christlich-Demokratische Arbeitnehmerschaft/Soziale Ausschüsse (CDSA)" fortzuführen. Organisation und Programm sollten zügig ausgestaltet und der Zusammenschluß mit der CDA-West vorbereitet werden.[56] Die nahende Parteifusion strahlte schon auf die Vereinigungen aus;

---

der Parteitagsregie zurückzuführen war, so ist doch nicht zu übersehen, daß in den ostdeutschen Landesverbänden die Quotenregelung – vor allem auch von den Frauen – abgelehnt wird, zumeist mit dem Argument, qualifizierte Frauen setzten sich ohnehin durch. In der Quote sehen sie eine Diskriminierung der Frauen.

54 Für diesen Abschnitt verwende ich Materialien, die mir freundlicherweise Andreas Göpfert, Geschäftsführer der CSA in Berlin, überließ.

55 „1. Entwurf zu den Grundsätzen des Christlich-Sozialen Ausschusses (CSA) bei der CDU".

56 Vgl. „Information", 21.4.1990.

ab Juni 1990 begann hier die Zusammenarbeit der Leitungsebenen. Seit dem ersten Delegiertenkongreß am 30. Juni 1990 in Magdeburg, auf dem Dr. Seidel wiedergewählt worden war, bezeichnete sich die unterdessen ca. 3.000 Mitglieder zählende CDSA als „Sozialausschüsse der Christlich-Demokratischen Arbeitnehmerschaft Deutschlands (CDA)".[57] Die ca. 100 Delegierten beschlossen eine Satzung mit provisorischem Charakter, die bis zur Fusion mit der West-CDA gültig sein sollte.[58] Der in Magdeburg gewählte Vorstand tagte am 21. September, also kurz vor der Parteifusion, ein letztes Mal. Die erste gesamtdeutsche Bundestagung der Sozialausschüsse fand dann im April 1991 statt. Zuvor wollte man – im Unterschied zur CDU – eine gemeinsame Satzung erarbeiten. Bereits ab Januar 1991 galt jedoch auch in Ostdeutschland die Finanz- und Beitragsordnung der West-CDA.

Die ostdeutsche CDA konnte die Vereinigungseuphorie vieler Politiker nicht teilen. Von Anfang an forderte sie, die gefährdeten Arbeitnehmerrechte im Umbruch zur Sozialen Marktwirtschaft zu sichern und eine aktive Arbeitsmarktpolitik zu betreiben, um Massenarbeitslosigkeit, Dequalifizierung und Depression zu bekämpfen.

Der CSA-Vorstand hatte schon zur Zeit der Modrow-Regierung gesetzliche Übergangsregelungen gefordert, um die Bildung basisdemokratischer und selbständiger Einzelgewerkschaften sowie unabhängiger Betriebsräte in Angriff nehmen zu können. Von der CDU-Volkskammerfraktion erwartete er nach dem 18. März unverzügliche gesetzgeberische Initiativen zur Betriebsverfassung, Mitbestimmung, Tarifautonomie, Vermögensbildung in Arbeitnehmerhand und Kapitalbeteiligung bei der Privatisierung von Staats- und Volksvermögen, eine Überarbeitung des Arbeitsgesetzbuches der DDR mit klaren Kündigungsschutzregelungen, Arbeitsförderung, -beschaffung und -sicherung, eine gerechte Einkommenssteuergesetzgebung u.a.m.[59]

Seit Ende Mai 1990 gab es eine Arbeitnehmergruppe der CDU/DA-Fraktion in der Volkskammer, die von Dr. Ing. Gunter Bechstein geleitet wurde und der sich ungefähr 30 Abgeordnete zurechneten. Sie wollten „über das übliche Maß der Abgeordnetentätigkeit hinaus" die Umsetzung

57 „1. Delegiertentag des CDSA, Antrag Nr.1". Der Antrag wurde einstimmig angenommen.
58 Berlin war erneut Vorreiter der Ost-West-Vereinigung: Schon vor der Volkskammerwahl hatten CSA, ADA und CDA-Landesverband Berlin-West ein gemeinsames „Berliner Arbeitnehmer-Programm" erarbeitet.
59 Dr. Seidel an die Volkskammer-Fraktion, 31.3.1990.

von Arbeitnehmerrechten fördern.[60] Die CSA forderte effektive soziale Sicherungen im Einigungsvertrag und hat tatsächlich auch Nachbesserungen bei der Ausgestaltung der Sozialunion erreicht.[61] Allerdings verstand sich die CSA nicht als reine Lobby christlicher Arbeitnehmer; sie appellierte vielmehr an alle, die das Erbe fortschrittlicher sozialer Bewegungen, das Vermächtnis der christlich-sozialen Bewegung und der christlichen Gewerkschaften der Weimarer Zeit, die progressiven Momente der christlichen Soziallehre und Sozialethik und die historischen Traditionen des religiösen Sozialismus bewahren wollten. Zugleich ging es ihr immer auch um die globale Dimension sozialer Gerechtigkeit. Ihre programmatischen Aussagen verdichteten sich durch die Kombination des „konziliaren Prozesses" und der Grundwerte Freiheit, Gerechtigkeit, Solidarität zu einem eigentümlichen Amalgam von Grundorientierungen sowohl der sich reformierenden CDU in der DDR als auch der West-CDU.

Mit der Berufung auf die CDU-Gründer Kaiser und Lemmer gehörte die CSA zu den Kräften, die auf eine Retraditionalisierung der Ost-CDU hinarbeiteten; so ging z.B. auch der Vorstoß zur Umbenennung der Berliner Parteizentrale in „Jakob-Kaiser-Haus" im Juni 1990 von dieser Gruppierung aus. Dennoch bildete die CSA keinen linken Flügel oder Splitter – zum einen, weil sie es gar nicht anstrebte, zum anderen, weil derartige Polarisierungen in der CDU der DDR noch gar nicht ausgeprägt waren.

Der Einfluß der CSA in der CDU blieb letztlich gering. Bereits auf der Magdeburger Tagung wurde enttäuscht registriert, daß der CDU-Vorstand keinen Vertreter entsandt hatte; damit war auch das CSA-Finanzierungskonzept gefährdet.[62] In den im Oktober 1990 in Hamburg konstituierten gesamtdeutschen CDU-Parteivorstand konnte die CSA – sieht man von dem DA-Vertreter Dr. Hans Geisler ab – keinen einzigen ihrer Protagonisten plazieren. Im gesamtdeutschen CDA-Bundesvorstand arbeiteten allerdings schon vor der offiziellen Vereinigung alle in Magdeburg gewählten ostdeutschen CDA-Vorstandsmitglieder mit, die CSA-Initiatoren Dr. Seidel und Andreas Göpfert auch im geschäftsführenden Vorstand.[63]

---

60 Presseerklärung der Arbeitnehmergruppe der CDU/DA-Fraktion in der Volkskammer, 31.5.1990.
61 Vgl. Guske 1990: 1763-1767.
62 Dr. Seidel monierte dies in einem Brief an das Präsidium der CDU vom 27.7.1990 und bot weitere Gespräche an.
63 Das hauptamtliche Personal der ostdeutschen CDA wird über die Hauptgeschäftsstelle der CDA in Königswinter finanziert. Allerdings sind die bereitgestellten Mittel für hauptamtliche Mitarbeiter und Landessozialsekretäre viel zu knapp, um kontinuierliche Arbeitsverhältnisse zu gewährleisten.

Bundesvorsitzender der CDA war bis Juni 1993 Ulf Fink, damals zugleich stellvertretender Vorsitzender des DGB, seit dem Kyritzer Parteitag im November 1991 auch Vorsitzender der brandenburgischen CDU. (Fink hatte Anfang 1990 mit zu den Initiatoren der ersten „deutsch-deutschen Arbeitnehmer-Stammtische" in Berlin gehört.) Nach der Bundestagung der CDA vom 4.- 6. Juni 1993 in Chemnitz mußte Fink den CDA-Vorsitz an den (ebenfalls aus Westdeutschland stammenden) Werner Schreiber, damals Sozialminister in Sachsen-Anhalt, abgeben, der diesen Posten allerdings wenig später im Zuge der Magdeburger Affäre um die Ministergehälter wieder verlor. Inzwischen ist Rainer Eppelmann, MdB, der aus dem DA kommt, zum CDA-Vorsitzenden gewählt worden. Personell sind ostdeutsche Arbeitnehmervertreter demnach in den Führungsfunktionen der CDA-Bundes- und Landesorganisationen gut repräsentiert.

Andererseits stehen der CDA in den neuen Ländern nur sehr bescheidene Mittel zur Verfügung, die eine flächendeckende Arbeit kaum möglich machen. Die anfangs eingerichteten Arbeitsgruppen haben nie richtig funktioniert. Das Ziel, ein Konzept für die soziale Abfederung des Transformationsprozesses zu entwickeln, mußte sie – angesichts ihres theoretischen Rüstzeugs und der Unklarheiten über die Mechanismen der Sozialen Marktwirtschaft – überfordern. Die CDA hat in der Ex-DDR zur Zeit – in einer noch andauernden Phase des massiven Abbaus von Industriepotential und Arbeitsplätzen im Zuge der ökonomischen Restrukturierung und Marktbereinigung – ohnehin einen schweren Stand. So mußte sie z.B. ihre Forderungen nach Vermögensbildung in Arbeitnehmerhand oder nach Weiterqualifizierung und Umschulung von Arbeitslosen unterdessen auf verlängerte Vorruhestands- und Urlaubsregelungen für ältere Arbeitnehmer herunterschrauben.

Gegenwärtig – 1996 – leistet sie einen verhaltenen Widerstand gegen die Kürzung von Arbeitsförderungsmaßnahmen in den neuen Bundesländern, den Abbau des Solidaritätszuschlages sowie eine geplante Besteuerung von Lohnersatz- und Transferleistungen.

Die christlich-demokratische Arbeitnehmerschaft hat bisher im Landesverband Brandenburg, im Raum Magdeburg und in Teilen Thüringens Fuß gefaßt.[64] Mit Protesten gegen Betriebsstillegungen und die Verödung

---

64 Innerhalb der CDA gibt es mehrere Arbeitsgemeinschaften, u.a. einen Zusammenschluß der weiblichen Mitglieder in der „Arbeitsgemeinschaft Berufstätiger Frauen", die sich besonders dafür einsetzt, die Bedingungen für erwerbstätige Frauen auf dem Arbeitsmarkt, in Beruf und Gesellschaft zu verbessern, sowie eine „Junge Arbeitnehmerschaft" (JA).

ganzer Regionen, die auch von Kirchenvertretern und Kommunalpolitikern unterstützt wurden, hat die CDA einzelne Stützpunkte schaffen können. In Einzelbereichen wie z.b. der Rechtsberatung von Arbeitnehmern (Kündigungsschutz, Mieterprobleme, Hilfe für Alte, Schwache und Behinderte, Ausländerberatung u.a.m.) blieben ihre Anstrengungen nicht ohne Erfolg. Der Anspruch, eine Sozialgemeinschaft mit aufzubauen, in der Subsidiarität und Solidarität gelebt werden, ist mit den ihr zur Verfügung stehenden Kräften jedoch nicht einzulösen. Nach wie vor ist die Mitgliederbasis der CDA sehr schmal.[65] Fink und Eppelmann hatten zwar kurz nach der Parteifusion versucht, die mitteldeutsche Basis der Sozialausschüsse durch DA-Leute, die sich noch nicht auf die CDU festgelegt hatten, zu verstärken; der Aufruf, den sie im November 1990 an ca. 5.000 DA-Sympathisanten richteten, sich der CDA anzuschließen[66], blieb jedoch ohne Resonanz. Die Position der ostdeutschen CDA ist übrigens auch zu schwach, um ihre Interessen in der CDA-Bundesorganisation, in der die NRW-Landesgruppe dominiert, wirksam vertreten zu können. Sie pflegt partnerschaftliche Verbindungen zur Senioren- und zur Frauen-Union; Ansätze zur Strukturierung eines Milieus sind hier jedoch nicht zu erkennen.

---

65 So gehören ihr z.B. im Landesverband Brandenburg lediglich 53 (d.h. 0,6%) Mitglieder an, wohingegen die Mittelstandsvereinigung immerhin 166 (d.h. 1,8%) bzw. dreimal soviele Mitglieder hat. – Die stärkste Vereinigung ist hier die Frauen-Union mit 31,9% der Mitglieder, gefolgt von der Senioren-Union mit 3,7% der Mitglieder (vgl. CDU-Bundesgeschäftsstelle, Landesverband Brandenburg, Mitglieder-Statistik der CDU, Stand: 30.04.1995).
66 Vgl. Die Welt, 15.11.1990; SZ, 19.11.1990.

Teil II:
Regionalstudien

6. Vorstrukturierung

6.1. Parteiaufbau von oben und „Vorstrukturierung" von unten

Die deutsche Vereinigung und der Anschluß der Landesverbände der CDU in den neuen Ländern an die Bundes-CDU hatten einen Anpassungsprozeß der DDR-CDU an die West-CDU zur Folge. Formale Parteistrukturen, Regularien und Verfahrensweisen, Satzungen und Programme wurden von der DDR-CDU im Prinzip übernommen und mit einer gewissen Übergangsfrist kodifiziert. Daß der Prozeß der Neuformierung (schon im Interesse der Selbsterhaltung in den neuen politischen Verhältnissen) ohne eine solche Adaption nicht gelingen würde, war in der DDR-CDU Konsens. Sie war daher gewollt, von manchen, denen es nicht schnell genug ging, noch forciert; zugleich hatte sie aber auch etwas Selbstläufiges. Selbst jenen Kräften, die noch bis zum Fusionstermin am 1. Oktober 1990 gehofft hatten, in Programmatik und Selbstverständnis Spezifika aus den Restbeständen der alten Ost-CDU in die vereinigte CDU Deutschlands hinüberretten zu können, war klar, daß die übermächtige Dominanz der westlichen Schwesterpartei zum einen und die institutionellen Zwänge des parlamentarischen Systems der Bundesrepublik zum anderen die weitere Entwicklung der CDU in der Ex-DDR bestimmen würden. Eine Alternative zum westdeutschen Parteienmodell wurde auch von ihnen nie in Erwägung gezogen.

Mit dieser formalen Übernahme war aber der Formierungsprozeß einer gesamtdeutschen CDU nicht beendet. Im Gegenteil, er begann eigentlich erst jetzt. Denn: Unterhalb des „stählernen Gerüsts"[1], das die West-CDU mit ihrer formalen Parteiorganisation der CDU in den östlichen Ländern einzog, lag eine regional ganz unterschiedlich ausgeprägte Parteiwirklichkeit – ein durchaus differentes Substrat, auf dem die neue Struktur aufsaß. Trotz des Uniformierungsdrucks hatten sich in der DDR Unterschiede gehalten bzw. verstärkt; sie boten auch nach der Wende mehr oder weniger günstige strukturelle Voraussetzungen für die Durchsetzungskraft der nunmehr vereinigten CDU.

Diese Vorprägungen sollen in diesem Abschnitt für die CDU in den Bundesländern Sachsen und Brandenburg sowie dem Eichsfeld in Thürin-

---

1   Die Formulierung stammt von Thüringens Kultusminister Dieter Althaus (Interview Althaus).

gen thematisiert werden. Der Begriff „Vorstrukturierung"[2] bezeichnet ein Bündel von Faktoren, das in seiner jeweils spezifischen Mischung die Erfolgschancen der CDU in einem bestimmten Raum präformierte. Zu diesem Faktorenbündel gehören verschiedene Komponenten, die sich auf vier Bereiche beziehen; in sie fließen objektive wie subjektive Relevanzstrukturen mit ein: (1) die Sozialstruktur eines Terrains und sein Rekrutierungspotential an Wählern, Mitgliedern und Eliten, (2) die Kontinuität und Vitalität von Parteitraditionen, (3) die Solidität der Organisation sowie (4) Motivation und Aktionsbereitschaft der Akteure (Parteimitglieder und Führungspersonal).

Die Bedeutung dieser vier Bereiche und ihrer Verschränkung kann hier nur angerissen werden, zumal derzeit noch keine fundierten, historisch-empirischen Einzelstudien vorliegen, auf die sich ein solcher Frageansatz stützen könnte. Ich beschränke mich hier somit zunächst darauf, einige organisationsstrukturelle Aspekte (wie Parteistärke und Mobilisierungskraft sowie Daten zur Mitgliederstruktur) vorzustellen und vorsichtig zu interpretieren, um auf Kontinuitäten, die den Bruch 1989/90 überdauerten, aufmerksam zu machen. Hierzu bietet sich ein Vergleich der Strukturdaten für die CDU-Landesverbände Brandenburg und Sachsen als dem traditionell schwächsten vs. dem stärksten Verband geradezu an.[3] Hinzugezogen wird – als Hochburg der CDU mit „bayerisch" anmutenden Spitzenergebnissen – außerdem das Eichsfeld, eine katholisch geprägte Region in Thüringen mit einem starken Sonderbewußtsein, das sich auch nach der Wende gehalten hat. Dann folgt ein kurzes Resümee, das auch die Voraussetzungen der Elitenbildung in Brandenburg und Sachsen streift. Es leitet über zu den Kapiteln 7 bis 9, in denen die Entwicklung in diesen Regionen in und nach der Wende mit dem Blick auf die Akteure und ihre Handlungsstrategien weiterverfolgt wird.

---

2 In Anlehnung an Raschke (1994), der damit die Prägung durch Sozialisationserfahrungen bezeichnet. Hier wird der Begriff ausgedehnt und für ein breiteres Spektrum von vorgängigen Strukturierungen verwendet.

3 Die Daten hierfür beziehe ich – auch im folgenden – aus der Mitte 1990 erstellten Organisationsanalyse der DDR-CDU „Die CDU in der DDR – eine Bestandsaufnahme" (ACDP VII-011, 3900).

6.2. Mitgliederstärke und Organisationsdichte

Eine Aufstellung der regionalen Mitgliederentwicklung (s. Tabelle 8) zeigt die Größenverhältnisse der CDU-Landesverbände; bemerkenswert ist, daß sich die Relationen auch nach der Wende nicht wesentlich verändert haben. Trotz der für alle Landesverbände herben Mitgliederverluste behalten Sachsen und Thüringen[4] ihre vorderen Rangplätze; der brandenburgische Landesverband schrumpft dagegen fast um die Hälfte.

Tabelle 8: Regionale Entwicklung der CDU-Mitgliederschaft in den neuen Bundesländern (1990-1994)

	Branden- burg	Meckl.- Vorp.	Sachsen*	Sachsen- Anhalt	Thü- ringen*
31.12.1990	17.068	18.321	37.231	26.120	30.816
31.12.1991	13.713	14.707	32.082	22.224	26.983
31.12.1992	11.292	12.375	28.156	18.636	23.808
31.12.1993	10.528	10.636	24.517	16.595	21.518
31.12.1994	9.505	10.217	22.923	15.461	19.685
31.12.1995	8.678	9.653	21.043	14.250	18.180
31.08.1996	8.051	9.318	19.861	12.831	17.651

Zusammenstellung nach: Bericht der CDU-Bundesgeschäftsstelle; 1992: 86; 1994: 68, 1996: 50.

* In Thüringen und Sachsen vermerkte man noch im Frühjahr 1990 eine vergleichsweise positive Entwicklung der Mitgliederzahlen gegenüber dem Wendejahr 1989 und glaubte zunächst, den Negativtrend gestoppt zu haben. Die damaligen Zuwächse zeigten sich in den ohnehin mitgliederstärksten Bezirksverbänden Dresden und Erfurt und legen die Vermutung nahe, daß etliche „Märzgefallene" darunter sein dürften.

Mitgliederzahlen und Organisationsgrad sagen nicht nur etwas über die unterschiedliche Stärke der Landesverbände aus, sondern weisen auch auf die Mobilisierungspotentiale der lokalen Parteiorganisationen hin. Davon hängen auch die Möglichkeiten bei der Kandidatenauslese und die Wahlerfolge der Partei ab.

---

4 Mit knapp 30.000 Mitgliedern organisierte der thüringische Landesverband der CDU ungefähr ebenso viele Mitglieder wie die 1989 neu entstandene SDP/SPD in der gesamten Ex-DDR.

6.2.1. Schlußlicht und Motor – die CDU-Landesverbände Brandenburg und Sachsen

Der brandenburgische CDU-Landesverband wurde (noch vor der Volkskammerwahl 1990) am 3. März 1990 in Potsdam als Zusammenfassung der vormaligen Bezirksverbände Potsdam, Frankfurt/Oder und Cottbus gegründet. Gemessen an der Zahl ihrer Mitglieder bildeten diese Bezirksverbände schon vor 1989 das Schlußlicht der DDR-CDU. Hinter ihnen lag nur noch der Ostteil Berlins mit einem Anteil von 2,6 Prozent. Nach einer Aufstellung der Parteizentrale vom 30. April 1990 stellte der Landesverband Brandenburg lediglich 13,3 Prozent der Gesamtmitgliederschaft. Der aus den Bezirksverbänden Dresden, Chemnitz und Leipzig hervorgegangene Landesverband Sachsen war hingegen mit 28,3 Prozent der mitgliederstärkste Verband.[5]

Diese krasse Differenz zwischen den Landesverbänden reduziert sich allerdings bei der Berechnung des Verhältnisses der CDU-Mitgliederanteile zur Zahl der Wahlberechtigten in den betreffenden Ländern: Während der CDU-Landesverband im bevölkerungsreichen Sachsen den DDR-Durchschnitt von 0,8 Prozent[6] erreichte, lag die Landes-CDU im dünner besiedelten Brandenburg mit 0,7 Prozent nur knapp darunter. Allerdings wiesen gerade die Berlin-nahen früheren CDU-Bezirke Potsdam und Frankfurt/Oder mit 0,6 Prozent und 0,5 Prozent die schlechtesten Bezirksergebnisse auf.[7] Noch deutlich niedriger, am unteren Rand von 0,3 Prozent, lagen die Werte einzelner Kreisverbände im Bezirk Frankfurt/Oder wie Cottbus-Stadt, Frankfurt/Oder, Fürstenwalde und Schwedt. Es fällt auf, daß diese Schwachstellen der alten DDR-CDU noch immer zu den Problemzonen der brandenburgischen CDU gehören. Frankfurt/Oder, Potsdam-Stadt und Cottbus-Stadt weisen – neben Brandenburg/H. – auch

---

5   „Mitgliederstand/Mitgliederentwicklung der CDU in der DDR und in den Landesverbänden und prozentualer Anteil der Mitglieder der einzelnen Landesverbände an der Gesamtmitgliederzahl" sowie eigene Berechnung (ACDP VII 011, 3900).

6   Zum Vergleich: In der alten Bundesrepublik beträgt der Durchschnittswert 1,2%.

7   Das Ost-Berliner Ergebnis ist noch schlechter: Hier waren nur 0,3% der Einwohner Mitglieder der CDU. – Berechnungsgrundlage ist der letzte statistische Bericht der DDR aus dem Jahr 1987 und die Mitgliederzahl der DDR-CDU am 31.12.1989.

1995 die weitaus niedrigsten Mitgliedersätze pro Kreisverband auf.[8] Und der Stimmenanteil der CDU in Schwedt, Potsdam-Stadt, Frankfurt/Oder und Cottbus-Stadt pendelte sich seit der Kommunalwahl im Dezember 1993 und der Landtagswahl im September 1994 auf Tiefstwerte zwischen 9 und 16 Prozent ein und liegt damit noch unterhalb des brandenburgischen Gesamtergebnisses von 18,72 Prozent.[9]

Die Organisationsdefizite der brandenburgischen CDU im Vergleich zu den anderen CDU-Landesverbänden in den neuen Bundesländern zeigten sich nicht nur in den im Schnitt deutlich mitgliederärmeren Kreisverbänden – hier bildete Brandenburg zusammen mit dem Ostteil Berlins wieder das Schlußlicht[10] – , sondern auch in einer relativ schwachen Präsenz vor Ort. So gab es in über 40 Prozent der brandenburgischen Kommunen 1990 keine CDU-Organisation. Als Konsequenz daraus wurden für die bis dahin „CDU-freien" Gemeinden gezielte Aktionen zur Gründung von Ortsverbänden und eine verstärkte Mitgliederwerbung noch für den Sommer 1990 empfohlen. Das durchgängige Ungleichgewicht zwischen den Kreisverbänden in städtisch-industriellen Ballungsgebieten und ländlichen Regionen brachte übrigens schon bei der Volkskammerwahl 1990 erhebliche Mobilisierungsdefizite mit sich und schlug sich in einem deutlichen „Ergebnisgefälle" nieder.[11]

In Sachsen wie in Thüringen war das Netz der Ortsverbände hingegen wesentlich dichter. Während DDR-weit in einem Drittel der Gemeinden kein CDU-Ortsverband existierte, war dies in beiden Landesverbänden nur in 23,5 Prozent bzw. 27,5 Prozent der Gemeinden der Fall. Auch die Kreisverbände waren im Süden der Ex-DDR größer: In Sachsen kamen auf einen Kreisverband durchschnittlich 723 Mitglieder; der Dresdener Bezirksverband lag hier mit durchschnittlich 874 Mitgliedern deutlich vorn.

---

8 Brandenburg/H.: 79; Frankfurt/Oder: 156; Potsdam-Stadt: 197; Cottbus-Stadt: 344 (s. CDU-Mitgliederstatistik, LV Brandenburg, Mitgliedersätze pro Kreisverband der CDU, Stand v. 30.04.1995).

9 LDStB; Landtagswahl 1994.

10 Der DDR-Durchschnitt lag 1990 bei 626 Mitgliedern pro Kreisverband. In Brandenburg waren es nur 453, in Berlin 321 Mitglieder pro Kreisverband. – Zum Vergleich: In der alten Bundesrepublik betrug der Mittelwert für die Kreisverbände 2.700.

11 Dennoch stellte man sich in dem 1990 personell noch immer stark überbesetzten Apparat der DDR-CDU mit Blick auf die völlig andere Situation in der West-CDU allmählich darauf ein, aus Kostengründen die Kreisgeschäftsstellen in den mitgliederschwachen Kreisverbänden reduzieren zu müssen. Allerdings versäumte man es nicht, auf den ungünstigen Einfluß dieser Maßnahmen auf die bevorstehenden Wahlkampfaktivitäten hinzuweisen.

Der schon in DDR-Zeiten sehr aktive Kreisverband Dresden-Stadt war 1990 mit 2.446 Mitgliedern der größte Kreisverband in der sächsischen CDU, gefolgt von Leipzig-Stadt mit 2.267 Mitgliedern.

Vergleicht man die Mitgliederverluste in der Zeit von 1990 bis 1993 im Gebiet der früheren Bezirksverbände, so zeigt sich, daß sie regional unterschiedlich ausfallen.[12] Während die Einbußen in der Dresdener Region noch vergleichsweise gering sind (sie betragen hier etwas mehr als ein Viertel), machen sie in der Chemnitzer Region bereits ein knappes Drittel aus; im traditionell mitgliederschwächeren Leipziger Bezirk schlagen sie sogar mit 40 Prozent zu Buche. Allein der Kreisverband Leipzig-Stadt verlor in den drei Jahren nach der Wende fast 1.000 Mitglieder; die organisatorische Schwäche der CDU schlägt sich hier denn auch in einem relativ schlechten Wahlergebnis der Partei bei den Wahlen 1994 nieder. Da bei diesen Daten nicht nach Austritten und Neueintritten unterschieden wird, sind sie nur bedingt aussagefähig; sie können aber einen Hinweis auf die Bindungs- und Mobilisierungskraft der CDU in diesen Regionen geben, die auch auf Vorstrukturierungen zurückverweist.

6.2.2. Das Eichsfeld – ein dichtes Milieu

In den Gemeinden der beiden Eichsfeld-Kreise Heiligenstadt und Worbis war die CDU nahezu flächendeckend (zu 90 bis 95 v.H) präsent. Die dichte und mitgliederstarke Organisation in diesen beiden Kreisen, die in der DDR-Zeit zum CDU-Bezirksverband Erfurt gehörten, schlägt sich auch in den Strukturdaten für den Erfurter Bezirksverband und den Thüringer Landesverband nieder. So liegt der Wert für die Mitgliederdichte im Erfurter Bezirk mit 1,2 Prozent bereits deutlich über dem DDR-Durchschnittswert von 0,8 Prozent; in Heiligenstadt erreicht er sogar den einsamen Spitzenwert von 4,0 Prozent, in Worbis 2,7 Prozent. Heiligenstadt und Worbis waren (mit 1.744 bzw. 2.025 Mitgliedern) die zahlenmäßig stärksten Kreisverbände in Thüringen; heute bilden sie den Kreisverband Eichsfeld, der mit knapp 3.000 Mitgliedern seine Spitzenposition gehalten hat.

Die kirchlich-katholische Prägung der früheren Enklave des Mainzer Domkapitels, das auch in DDR-Zeiten gepflegte, starke Traditionsbewußtsein mit seinen Äußerungsformen in Volkskultur und Volksfrömmigkeit,

---

12 Vgl. Bericht der Landesgeschäftsstelle der Sächsischen Union für die Zeit von Oktober 1992 bis September 1993, vorgelegt auf dem 6. Landesparteitag am 9./10. Oktober 1993 in Chemnitz.

eine partiell noch erhaltene, diversifizierte Sozialstruktur und Eigentums-
ordnung und nicht zuletzt eine bodenständige Intelligenz stellten hier In-
gredienzen der kulturhistorischen Kontinuität in einer Region dar, die in
der DDR-Zeit überdauerte und auch in die Nachwendezeit hineinwirkte. So
verwundert es nicht, daß das Eichsfeld für die CDU eine alte und eine neue
Hochburg ist: Bei der Volkskammerwahl 1990 erzielte sie hier mit einem
Stimmenanteil von 73,42 Prozent in Heiligenstadt und 72,99 Prozent in
Worbis unübertroffene Spitzenwerte.

6.3. Profile der CDU-Mitgliederschaft in den CDU-Landesverbänden Brandenburg, Sachsen und Thüringen[13]

Ein Vergleich der Alters- und Geschlechtsstruktur anhand der Daten für
das Jahr 1989 ergibt für die CDU-Verbände in Brandenburg und Sachsen
keine wesentlichen Differenzen.[14] In Brandenburg war die Altersstruktur
der CDU-Mitgliederschaft etwas günstiger als in Sachsen; noch besser waren die jüngeren Altersgruppen in der thüringischen CDU vertreten. Der
Frauenanteil lag in Brandenburg und Sachsen mit jeweils 44,7 Prozent nur
wenig unterhalb der Durchschnittsmarke (45,3 Prozent).[15] Frauen waren
freilich – und sind auch heute – in den Führungsgremien der CDU in diesen beiden Ländern nur schwach vertreten; beide Landesverbände sind,
vom Kreisvorsitzenden an aufwärts in die Vorstände und Fraktionen,

---

13 Da aus der Organisationsanalyse der DDR-CDU keine Vergleichszahlen für
das Eichsfeld zu entnehmen sind, wird hier der Thüringer Landesverband
zum Vergleich mit herangezogen.

14 Zu den gravierenden Differenzen zwischen den östlichen Landesverbänden
und den CDU-Landesverbänden im Westen vgl. oben Kapitel 5. Der Frauenanteil der DDR-CDU war mit 45,3% 1990 noch doppelt so groß wie in der
alten Bundesrepublik mit 22,9%; der Anteil der unter 50jährigen in der Mitgliederschaft der DDR-CDU war mit knapp 60% zudem erheblich größer als
in der West-CDU; dort waren mehr als die Hälfte (54,7%) der Mitglieder
über 50 Jahre alt.

15 Im LV-Thüringen lag der Anteil der weiblichen CDU-Mitglieder bei 41,4%.
Im Juli 1996 waren die Frauenanteile deutlich gesunken: 30,7% in Brandenburg; 32,9% in Sachsen; und 32,9% in Thüringen. Vgl.: CDU-Frauenbericht
1996: 19.

männlich dominiert.[16] Der Frauenanteil an der Mitgliederschaft geht im
übrigen in *allen* neuen Bundesländern ständig zurück.

Rückschlüsse auf das unterschiedliche Profil der beiden Verbände können aus der beruflichen Zusammensetzung der CDU-Mitgliederschaften
gezogen werden[17]: Während die Anteile der Arbeiter und der Angestellten
in der Wirtschaft, in staatlichen Verwaltungen sowie Einrichtungen der
Parteien und Organisationen, die zusammengenommen etwa die Hälfte der
CDU-Mitgliederschaft in beiden Verbänden ausmachten, nur geringfügig
differierten, zeigten sich in den übrigen Segmenten unterschiedliche Prägungen: So waren in der brandenburgischen CDU die LPG-Mitglieder
sowie sonstige in Land-, Forst- und Nahrungswirtschaft Tätige mit 19,3
Prozent deutlich überrepräsentiert; dieses agrarische Element wurde durch
die Fusion mit der Bauernpartei gerade in Brandenburg noch weiter gestärkt. In der sächsischen CDU fällt dagegen eine stärkere Präsenz von
Handwerkern, sonstigen Gewerbetreibenden sowie Beschäftigten in Hand-
werks- und Gewerbebetrieben auf. Deutlicher war hier auch das Gewicht
der pädagogischen und künstlerischen Intelligenz sowie akademischer Berufe wie Mediziner und Juristen. Ähnlich wie in Sachsen sieht es in Thüringen aus; auch hier zeigt die Berufsgliederung einen höheren Anteil
selbständiger Handwerker und in Handwerk und Gewerbe Beschäftigter.
Der Anteil der LPG-Mitglieder und der in Land-, Forst- und Nahrungswirtschaft Beschäftigten an der CDU-Mitgliederschaft liegt wie in Sachsen bei
13,4 Prozent; ungefähr gleich (ca. 17 Prozent) ist auch der Anteil der hier
im weitesten Sinne zusammengefaßten „Intelligenz". Der Anteil der Arbeiter an der Mitgliederschaft der CDU in Brandenburg und Sachsen differiert
(mit 11,8 und 11,9 Prozent) kaum, in Thüringen liegt er (mit 10,3 Prozent)
nur geringfügig darunter, allerdings noch immer leicht über dem DDR-
Mittelwert von 10,1 Prozent.

---

16 Daran ändert auch die Tatsache nichts, daß 1993 mit Carola Hartfelder eine
    Frau zur Landesvorsitzenden der brandenburgischen CDU gewählt wurde.

17 Diese Daten sind allerdings nur unter methodischen Vorbehalten zu verwen-
    den. Denn erstens ist ein Vergleich mit der Berufsstruktur der CDU-
    Mitgliederschaft in der alten Bundesrepublik nicht möglich; zweitens schlägt
    sich darin eine von der Block-CDU gesteuerte Mitgliederwerbungs- und Re-
    krutierungspolitik nieder; drittens sind diese Berufsprofile durch die massiven
    Austrittsbewegungen und Neueintritte seit der Wende verändert worden.

6.4. Resümee

Die Organisationsschwäche der CDU im Land Brandenburg stellt kein Novum dar, das sich allein aus den Schwierigkeiten des Neuaufbaus in der Umbruchsituation der Jahre nach 1989 erklären ließe. Sie war vielmehr ein aus der DDR-Zeit überkommenes Phänomen, was hier anhand der von der DDR-CDU zusammengestellten Strukturdaten belegt wurde. Sie war aber auch mit verursacht durch die systematische Entpolitisierung der Blockparteien und wurde hier noch verstärkt durch eine parteiideologisch motivierte und gesteuerte Struktur- und Personalpolitik, deren Wirkungen im Bereich der „Hauptstadt der DDR" und in den zentrumsnahen Regionen noch ausgeprägter waren als an der Peripherie.

Diese politische und soziostrukturelle Präformierung – sehr zugespitzt ist sie als „flächendeckende Proletarisierung" bezeichnet worden[18] –, die auch in der Wendezeit und danach noch das politisch-kulturelle Klima in diesem Raum beeinflußte, trug mit dazu bei, daß die CDU als eine sich an christlichen Grundwerten orientierende Volkspartei bürgerlichen Zuschnitts hier nur ein begrenztes Wählerpotential vorfand. Sie äußert sich auch in einem zweiten fundamentalen Problem der brandenburgischen CDU: dem Mangel an politisch artikulations- und durchsetzungsfähigen Eliten. Das lag nicht zuletzt auch daran, daß potentielle Führungskräfte in Wirtschaft und Staatsapparat von der SED absorbiert wurden.

Was immer wieder als Positivum der Block-CDU angeführt wird – sie habe es ihren Mitgliedern ermöglicht, vor dem Druck der politischen Macht in einen Schonraum auszuweichen und im Schein der Normalität des Alltagslebens eine begrenzte Karriere anzustreben – hat seine Kehrseite in dem weitgehend unpolitischen Charakter des Führungspersonals, der Selbstbescheidung auf die Nische oder bestenfalls die zweite Reihe, dem Harmoniestreben auf Kosten einer eigenen, klaren Positionsbestimmung. Diese mentalen Dispositionen sind in der brandenburgischen CDU unverkennbar und verhinderten bisher eine stärkere politische Profilierung.[19]

Im Süden der DDR, in den vermeintlich noch immer eher „linken" früheren Arbeiterhochburgen Sachsen und Thüringen, hat sich die „bürgerliche" CDU seit 1990 als dominante Mehrheitspartei durchgesetzt. Wahlsoziologische und lokalhistorische Längsschnittanalysen haben diese (scheinbare) Paradoxie unterdessen aufgelöst und nachgewiesen, daß das

---

18 Interview Klein.
19 Vgl. dazu unten Kap. 8 und 10.

sozialistische Arbeitermilieu bereits seit den frühen zwanziger Jahren in
Teilen Sachsens und Thüringens Erosionserscheinungen ausgesetzt war
und nur in einzelnen Regionen – wie dem Raum Leipzig und dem industriellen Elbtal – überlebt hat.[20]

Nach dem Zweiten Weltkrieg wurde die durch die nationalsozialistische
Verfolgung geschwächte Basis der reformistischen Arbeiterbewegung
durch die Zwangsvereinigung von SPD und KPD weiter zerstört: Das einst
engmaschige Netz von SPD, Arbeitersport-, Arbeiterkultur- und Lebens-
reformverbänden, das in den Jahren 1945/46 noch einmal eine kurze Re-
naissance erlebt hatte, verschwand für immer.[21] Dieser Dissoziations-
prozeß wurde durch Zu- und Abwanderungen nach dem Zweiten Weltkrieg[22] noch verstärkt. In weiten Teilen Sachsens setzte in der Arbeiterschaft eine „Verkleinbürgerlichung" ein. Das Großbürgertum zu enteignen,
sein Bildungsprivileg zu brechen und es als Schicht auszuschalten, war der
SED gelungen; am Kleinbürgertum „biß sie sich allerdings die Zähne
aus".[23] In der für manche Regionen Sachsens und Thüringens charakteristischen Mischung aus Kleinbürgertum, Facharbeitern, Handwerkern,
Kleinunternehmern, Landwirten und Rentnern fand die CDU im Wahljahr
1990 ein Wählerpotential vor, das sich zu einer Stammwählerschaft entwickeln könnte; die Voraussetzungen für eine sozialstrukturelle Verankerung der Partei sind hier wesentlich günstiger als in anderen Teilen der Ex-
DDR. Hinzu kommt, daß die volkskirchlichen Strukturen im Süden der
DDR noch besser erhalten waren als im Norden bzw. dem Berliner Um-

---

20 Vgl. Walter 1993: 674-680. – Das sozialistische Lager aus SPD und KPD war
    nur dort stabil geblieben, wo es ausgeprägte organisatorische Bindungen her-
    stellen konnte und wo ein sozialistisches Vereinsmilieu die Arbeiter auch in
    der Krise der Weimarer Republik und der wirtschaftlichen Depression aufge-
    fangen hatte. Dies war – wie die Fallstudien von Franz Walter zeigen – im
    Raum Leipzig und im industriellen Elbtal der Fall. In den südwestlichen In-
    dustriegebieten Sachsens zwischen Plauen und Chemnitz hatte die Sozialde-
    mokratie jedoch bereits in den zwanziger Jahren einen katastrophalen Nie-
    dergang erlebt. Dort, wo das sozialistische Arbeitermilieu seine Bindekraft
    verloren hatte, gelang es der NSDAP leichter, auch in Arbeiterquartieren
    Stimmen zu gewinnen. Homogenität und Konstanz eines sozialdemokratisch-
    kommunistischen Arbeitermilieus hielten sich zum Teil noch bis in die späten
    vierziger Jahre. Ohne die Milieuvergangenheit dieser Regionen sind – so
    Walter – auch die Umstände der SED-Bildung nicht zu begreifen.
21 Vgl. Walter/Dürr/Schmidtke 1993: 11 ff.
22 Sachsen war sowohl Durchgangs- wie Aufnahmeland für Ströme von Flücht-
    lingen aus dem Osten sowie aus den Vertreibungsgebieten (insbesondere: Su-
    detendeutsche und Schlesier).
23 Interview Dr. Rößler.

land. In Dresden, wo übrigens die Block-CDU traditionell ihre Parteitage abhielt, behielten Reste eines Bildungsbürgertums (stärker als in anderen DDR-Städten und auch in der CDU) noch einen gewissen Einfluß.[24] Zum kulturellen Milieu gehörte hier auch eine CDU-Presse mit einem (in ihrem Mittel- und Lokalteil) vergleichsweise eigenständigen Profil.[25] In der Blockparteien-Ära besaß die CDU im Bezirksverband Dresden Mitte der achtziger Jahre daher ein besseres Image; sie galt als offener und – in Grenzen – unabhängiger.[26]

Horst Korbella, der seit 1984 als Bezirksvorsitzender diesen Kurs ver-körperte und auch um ein besseres Verhältnis der CDU zu den Kirchen beider Konfessionen bemüht war, wurde allerdings (nach einem Gespräch zwischen Hans Modrow, damals erster Sekretär der Bezirksleitung Dres-den der SED, und dem für Kaderfragen zuständigen Sekretär des CDU-Hauptvorstandes, Ulrich Fahl, im August 1987) nach kaum dreijähriger Amtszeit Anfang 1988 gestürzt.[27] Korbellas Fall wurde von Kräften in der

---

24 In Dresden gab es eine relativ eigenständige kulturelle Szene und ein breites Potential für die Bürgerbewegungen (vgl. unten Kap.10.2.2.2).

25 Uta Dittmann und Andreas Helgenberger von der Dresdner „Union" waren in der Wendezeit wichtige Kommunikatoren. Helgenberger war wegen seines kritischen Kommentars zu den Kommunalwahlen im Mai 1989 vom Dienst suspendiert worden (vgl. Abschnitt 2.3).

26 Interview Dr. Reinfried; Interview Korbella. – Wie Korbella berichtet, nutz-ten hier die Kreissekretäre der CDU die monatlichen Informationsberichte an die Bezirkssekretariate und die Quartalsberichte an das Sekretariat des Hauptvorstandes, um den an der Basis verbreiteten Unmut zu beschreiben. Die Kreissekretäre von Sebnitz, Bautzen, Görlitz, Meißen, Bischofswerda und Dresden-Stadt seien daraufhin von der Berliner Parteiführung gemaßre-gelt worden. – Bereits zu einem relativ frühen Zeitpunkt (Sommer 1986) hätten sich Ortsgruppenvorstände direkt an den Parteivorsitzenden Götting gewandt. Solche Schreiben seien damals etwas Außergewöhnliches gewesen und von den Ortsgruppen Grossenhain, Radebeul, Zittau, Coswig, Meißen u.a. nach Berlin gesandt worden. (Vgl. Korbella, Die personelle und pro-grammatische Erneuerung der CDU seit dem Sommer 1989, unveröffentl. Manuskript, S. 3.)

27 Horst Korbella, geb. 1940, Dipl. Ingenieur, Mitglied der CDU seit 1964, seit 1982 Mitglied des Hauptvorstands der CDU, Stadtrat für Wohnungspolitik und Wohnungswirtschaft im Rat der Stadt Dresden, 1984-1988 Vorsitzender der CDU im Bezirk Dresden. – Korbella hatte sich 1983 als IM der Staatssi-cherheit verpflichtet und war auch nach seiner Ablösung als Bezirksvorsit-zender bereit, diese Zusammenarbeit fortzusetzen. (Noch 1987 war er zur Qualifizierung als IME vorgesehen.) Wegen seiner guten Beziehungen zu kirchlichen Kreisen und als zeitweiliger Vorsitzender der CDU im Bezirk Dresden galt er der Stasi als Inhaber einer Schlüsselposition. Als Gründe für seine Ablösung wurden Mängel in der Bezirksorganisation der Partei sowie charakterliche Schwächen genannt. Pannen bei der Vorbereitung des 16.

Dresdener CDU-Bezirksorganisation betrieben, denen sein liberaler Kurs
ein Dorn im Auge war; er war aber auch beim Parteivorsitzenden Götting
in Ungnade gefallen. Die Protestwelle an der Parteibasis und bei den
Kreissekretären, die ein Komplott der Staatsführung vermuteten und sich
sämtlich hinter den gestürzten Bezirksvorsitzenden stellten, löste aber in
der Partei eine höchst kritische Situation aus, die die Parteileitung und das
MfS zu schadensbegrenzenden Maßnahmen veranlaßte.[28]

Die reformorientierten Kräfte der Dresdner CDU, die zum Teil in kleinen Gruppen diskutierten oder sich als vereinzelte Mitglieder zurückgezogen hatten, sollten dann wieder in der Wendezeit eine Rolle spielen. Korbella, der sich als Exponent dieses Reformflügels betrachtete und sich in
der innerparteilichen Diskussion deutlich von der Parteiführung absetzte –
er kritisierte z.B. die Fälschung der Kommunalwahlergebnisse im Mai
1989 und plädierte für eine Kooperation mit der LDPD, um die Verhältnisse in der DDR in Bewegung zu bringen – wurde auf dem Sonderparteitag
in Berlin im Dezember 1989 zu einem der vier Stellvertreter de Maizières
gewählt. Allerdings kam es gerade in Dresden durch den Eintritt von Aktivisten aus der Bürgerbewegung in die CDU zu einer ganz neuen Konstellation. Dies ist Thema des nächsten Kapitels.

CDU-Parteitages im Oktober 1987, über die sich der Parteivorsitzende Götting erboste, kamen hinzu. Obwohl gastgebender Bezirksvorsitzender, erhielt
Korbella auf diesem Parteitag kein Rederecht mehr. Nach seinem Sturz wurde Korbella mit dem Posten eines Direktors der Handels- und Gewerbekam-
mer im Bezirk Dresden abgefunden. Vgl. auch Interview Korbella.
28   Vgl. BStU, ZA, AS MfS/ANS AIM 968/90.

7. Elitenwechsel in Sachsen: Die „Modernisierer" setzen sich durch

7.1. Die erste Phase des Machtkampfs (1990)

„Am Anfang hatten wir nichts zu sagen. Dann hatten wir ein bißchen was zu sagen. Am Schluß hatten wir alles zu sagen." So beschreibt Arnold Vaatz rückblickend den durchschlagenden Erfolg der CDU-„Reformer" in Sachsen. Um zu schildern, wie man das damals gemacht habe, müsse man – so Vaatz – eigentlich einen Abenteuerroman schreiben.[1]

Daß sich die winzige Gruppe der „Erneuerer"[2] gegen die übermächtige Dominanz des Blockparteienmilieus durchsetzen konnte, trägt tatsächlich Züge eines Bravourstücks. Zugleich werden die Handlungschancen einzelner Akteure in dem noch nicht durchstrukturierten Handlungsfeld des Umbruchs 1989/90 und die Prägewirkung ihrer Initiativen und Strategien für Parteistruktur und Elitenbildung deutlich. So gelang es den aus verschiedenen Kreisen der Bürgerbewegung kommenden und mit diesen agierenden Kräften in der sächsischen CDU in einem konfliktreichen und für die CDU in den neuen Ländern einzigartigen Prozeß, die politischen Kontinuitäten *von unten her* aufzubrechen, zentrale Vorgaben und Strukturen, die sich nach der Volkskammerwahl im März 1990 quasi naturwüchsig fortsetzten, in ihrer Region zu unterlaufen, deren Gestaltung in Sachsen selbst entscheidend mitzuprägen und die Entwicklung in der CDU der neuen Länder in eine andere Richtung zu lenken. Diese – in ihren Grundzügen erfolgreiche – Strategie ist mit eine Ursache dafür, daß die sächsische CDU heute ein interessanteres Elitenprofil aufweist als die CDU in den anderen neuen Ländern.

Eine wichtige Voraussetzung für den Erfolg der „Erneuerer" in Sachsen war, daß der Strukturierungsprozeß hier in der Anfangsphase doppelgleisig

---

1   Lesch 1994: 37.

2   Hier wird die gängige Bezeichnung „Reformer" oder „Erneuerer" verwendet. Dabei handelt es sich um einen ex-post-Begriff, dessen inhaltliche Bestimmung offen geblieben ist. Insofern ist die Bezeichnung wenig aussagefähig. Die „Reformer" haben niemals ein geschlossenes Reformkonzept vorgelegt; es verband sie aber der Einsatz für eine personelle Erneuerung der Block-CDU nach der Wende. – In Sachsen handelte es sich anfangs um einen kleinen Kreis von ca. 5-6 bis dahin parteilosen Personen, die aus dem Neuen Forum bzw. der „Gruppe der Zwanzig" im Februar 1990 zur CDU gestoßen waren. Später vergrößerte sich diese Gruppe durch CDU-Mitglieder, die zuvor im DA oder parteilos gewesen waren.

verlief und zwei Handlungsebenen miteinander verschränkte: zum einen die Parteiebene, auf der „Erneuerer" und Altfunktionäre (bzw. die inzwischen vorgerückten Kader aus der zweiten und dritten Reihe) ihre Machtkämpfe austrugen, und zum anderen – als „sächsischer Sonderweg" – die Institution eines Verwaltungsrats, des „Koordinierungsausschusses zur Bildung des Landes Sachsen": ein vom Runden Tisch des Bezirks Dresden für eine Übergangsphase geschaffenes Exekutivorgan, in dem der zukünftige Freistaat Sachsen, seine Struktur, seine Verfassung, später auch seine personelle Repräsentation vorbereitet wurden.[3]

Bildeten die CDU-Neulinge in der Partei damals gegenüber den Altmitgliedern nur eine verschwindende Minderheit, so ergriffen sie nach der Volkskammerwahl am Runden Tisch und später im „Koordinierungsausschuß" bald das Gesetz des Handelns. So verhinderte der Runde Tisch den von den damals noch amtierenden Räten der drei sächsischen Bezirke für den 18. April 1990 geplanten Gründungsakt des Landes Sachsen auf der Meißner Albrechtsburg und damit den bruchlosen Übergang der politischen Initiative auf „Personen, die dazu nirgendwo legitimiert waren".[4]

Vaatz, der dem Runden Tisch inzwischen ein Arbeitspapier zur Bildung eines „Koordinierungsausschusses Land Sachsen" vorgelegt hatte, wurde selbst zum Vorsitzenden dieses Anfang Mai 1990 konstituierten Ausschusses gewählt, mit dem die Räte der Bezirke als die letzten Vertreter der alten DDR-Verwaltung faktisch ausmanövriert wurden. In den Arbeitsgruppen des Koordinierungsausschusses konnten sich bereits die Vertreter der neuen sächsischen CDU und des DA profilieren (Heitmann, Iltgen, Dr. Münch, Dr. Reinfried, Dr. Rößler, Vaatz). Vaatz charakterisierte – mit Blick auf die später erfolgte Übernahme westlicher Strukturen – den Koordinationsausschuß bei einer Feier zum 4. Jahrestag seiner Gründung am 6. Mai 1994 als eines der letzten autonomen ostdeutschen und überparteilichen politischen Gremien.[5] Er habe die Geschicke des Landes bis zu den ersten Landtagswahlen geprägt wie kaum eine zweite Institution. Dies sei „nicht in erster Linie das Ergebnis des politischen Geschickes seiner Mitglieder oder gar seines Leiters" gewesen, „sondern der öffentlichen Akzep-

---

3   Der Vorschlag kam vom Moderator des Runden Tisches, Erich Iltgen. – Vgl.
     auch Protokolle des Runden Tisches Dresden. (Für die Möglichkeit zur Einsichtnahme danke ich Landtagspräsident Erich Iltgen.)
4   Lesch 1994: 39.
5   „Die friedliche Revolution war ein guter Anfang", Rede von Arnold Vaatz,
     6.5.1994, Manuskript: 9f. – Allerdings waren zu der Feierstunde maßgebliche
     Akteure aus anderen politischen Gruppierungen (SPD, Bündnis 90/ Die Grünen, Parteilose) nicht eingeladen. Vgl. SZ, 9.5.1994.

tanz und der Entschlossenheit der Sachsen, alte Verhältnisse, alte Loyalitäten und illegitime Besitzstände nicht fortzuschreiben".[6]

Die Volkskammerwahl am 18. März 1990 hatte zwar eine klare Entscheidung über die Machtverteilung in der Noch-DDR gebracht, doch war zu dieser Zeit in den Bezirken von Erneuerung vielerorts wenig zu spüren. Dies lag sowohl an der Persistenz alter Machtstrukturen als auch daran, daß die neue Regierung unter Lothar de Maizière angesichts der ökonomischen Misere und der drängenden Probleme der Vereinigung anderweitig beschäftigt war.

Die (nach Personalvorschlägen aus den Bezirken) von Ministerpräsident de Maizière ernannten „Regierungsbevollmächtigten"[7] entstammten durchgängig dem Korps nachrückender jüngerer Parteifunktionäre und zeigten nur wenig Interesse für durchgreifende Veränderungen. So wurde in Dresden auch nicht etwa der Leiter des Koordinierungsausschusses, Arnold Vaatz, sondern ein vormals im Rat des Bezirks mit Fragen der Wohnungswirtschaft befaßter Blockparteienexponent namens Siegfried Ballschuh eingesetzt. Vaatz wurde aber immerhin einer der beiden Stellvertreter und behielt seinen Verantwortungsbereich (Verwaltung, Organisation, Landesgesetzgebung). Er konnte sich auch ein weiteres Mal behaupten, als die Regierung de Maizière Ende Juli 1990 die Einrichtung von Landessprechern mit weitreichenden Vollmachten beschloß und mit dem Leipziger Regierungsbeauftragten Dr. Rudolf Krause erneut ein Altfunktionär zum Zuge kam. Krause übertrug Vaatz die „Gesamtleitung der Arbeitsstäbe für die ministeriellen Geschäftsbereiche des künftigen Landes Sachsen".[8] Dies bedeutete für den Koordinierungsausschuß eine weitere Aufwertung, denn er erhielt dadurch Verwaltungs- und Weisungsbefugnisse für die damals im sächsischen Raum bestehenden Bezirksverwaltungsbehörden. Die durch den Koordinierungsausschuß erarbeiteten Strukturen bildeten die Grundlage für Aufbau und Arbeitsfähigkeit der Ministerien

---

6 Vaatz, Manuskript: 8.
7 Mit dem Beschluß der Volkskammer vom 17. Mai 1990 war die Legislaturperiode der Bezirkstage beendet und damit auch das Ende der Räte der Bezirke gekommen. Nunmehr bildeten die Volkskammerabgeordneten der Bezirke, die monatlich mindestens einmal zusammentraten, ein provisorisches parlamentarisches Kontrollorgan. Für die vom Ministerpräsidenten ernannten Regierungsbevollmächtigten unterbreiteten die Parteien, die nach dem Ergebnis der Kommunalwahlen vom 6. Mai 1990 die Mehrzahl der Vorsitzenden der Stadt- und Landkreise stellten, ihre Personalvorschläge (vgl. Kotsch 1995: 793 f.).
8 Lesch 1994: 40.

des Freistaats Sachsen; noch vor der Bildung des Landes konnten die Ämter öffentlich ausgeschrieben und die Bewerbungen bearbeitet werden.

Daß sich die neuen Kräfte von vornherein in den Prozeß der Bildung des Landes einbrachten, diesen auch in der gesamten Übergangsphase nicht der Exekutive überließen, sondern selbst eine Leitfunktion übernahmen, ist ein für die neuen Bundesländer einmaliger Vorgang der Machtverteilung.

Es ist interessant, daß der basisdemokratische Ansatz des Koordinierungsausschusses zwar von den Kirchen, der Bürgerbewegung und weiten Teilen der Öffentlichkeit, aber nicht von der CDU-Führung in Berlin und in Sachsen unterstützt wurde; hier brach ein Riß auf, der sich durch die späteren innerparteilichen Auseinandersetzungen ziehen sollte. Die sächsischen CDU-Reformer befanden sich nämlich im Widerspruch zu den Vorstellungen des CDU-Präsidiums, wonach die Länderbildung in den Händen der Regierungsbeauftragten zu liegen habe; sie sollten die Arbeit der Runden Tische übernehmen, die laut Volkskammerbeschluß aufgelöst werden sollten. Dieser Beschluß wurde aber in Dresden von Vaatz und Dr. Reinfried als Verlust an Demokratie und Öffentlichkeit betrachtet, der nicht mit der Parteibasis abgesprochen sei. Man beschloß daher, die Vorbereitungsarbeiten für die Landesbildung fortzusetzen, da sie mit der Institution der Regierungsbeauftragten vereinbar seien. Die starke Stellung des (noch existierenden und zu einem „Sächsischen Forum" erweiterten) Dresdner Runden Tisches und die politische Akzeptanz des Koordinierungsausschusses bewirkten tatsächlich, daß sich die Anbindung an das Amt des Regierungsbeauftragten, später des Landessprechers, nicht umgehen ließ und damit das bis dahin nicht ausreichend legitimierte Gremium zu einer offiziellen Einrichtung mit weitreichenden Befugnissen wurde.[9]

Als der CDU-Bezirksvorsitzende von Karl-Marx-Stadt, Klaus Reichenbach – er war inzwischen zum Chef des Amtes des Ministerpräsidenten de Maizière avanciert – am 7. Juli 1990 seine Kandidatur für das Amt des Ministerpräsidenten des Landes Sachsen anmeldete, brach der Machtkampf in der Partei in voller Schärfe aus. Denn mit Reichenbach als Ministerpräsidenten sahen die Dresdner „Reformer" jede Hoffnung auf eine strukturelle und personelle Erneuerung in Sachsen schwinden. Für sie stand fest, daß Reichenbach als Ministerpräsident des CDU-Landes Sachsen eine starke Position haben würde; die anderen einflußreichen Posten seien schon im Vorfeld an loyale Anhänger vergeben.

---

9   Vgl. Iltgen, 1991a: 31-33, sowie Vaatz, in: ebd.: 47-53.

Nun begann eine angestrengte Suche nach einem neutralen Gegenkandidaten aus dem Westen, der Reichenbach aus dem Feld schlagen könnte. Schließlich wurde dafür am 4. August 1990 Dr. Walter Priesnitz, Staatssekretär im Bundesministerium für innerdeutsche Beziehungen, gewonnen.[10] Während Priesnitz vom (mehrheitlich reformorientierten) Dresdner Kreisvorstand zur Nominierung vorgeschlagen wurde, mobilisierte auf der anderen Seite Reichenbach seine Anhänger bei den Kreisvorsitzenden und Bezirkssekretären.[11] Auf einer Veranstaltung in Dresden, auf der sich beide Kandidaten vorstellen sollten, zeichneten sich die Fronten überdeutlich ab.[12]

Inzwischen war der Konflikt so hochgespielt, daß die Führung der Bundes-CDU eingriff, um ihn zu kalmieren. Der Kampf um die Macht in der sächsischen CDU wurde nun zur Chefsache in Bonn. Aufgeschreckt durch eine dpa-Meldung über eine mögliche Spaltung des sächsischen CDU-Landesverbands im Falle der Wahl Reichenbachs, trafen sich Mitte August Kohl, Rühe, Reichenbach und de Maizière am Rande einer gemeinsamen Sitzung der CDU/CSU-Bundestagsfraktion mit der Volkskammerfraktion der CDU in Berlin zu einem Spitzengespräch. Während Reichenbach sich bereit erklärte, auf die Kandidatur zu verzichten, wollte de Maizière seinen Minister gegen die „Revoluzzer" durchkämpfen. Im Ergebnis blieb – als gesichtswahrende Lösung – nur der Kompromiß „keiner von beiden" übrig. Vor der entscheidenden Landesvorstandssitzung am 25. August und dem für den 1. September angesetzten Nominierungsparteitag gerieten die Kontrahenten nun unter einen extremen Zeitdruck, einen neuen Kandidaten zu finden. Heiner Geißler, von Lothar Späth als „Königsmacher" bedrängt, war zunächst interessiert, zog aber kurz vor der Landesvorstandssitzung wieder zurück. Daraufhin wandte sich Späth an Biedenkopf, der sich kurzfristig in der Nacht zum 25. August entscheiden mußte. Gerade noch recht-

---

10 In einem zuvor in der Dresdner UNION erschienenen Artikel hatte der bekannte Musiker Prof. Dr. Ludwig Güttler bereits Frau Süssmuth als potentielle Alternative zu Reichenbach vorgeschlagen, ohne sich freilich zuvor mit ihr abzustimmen. – Priesnitz stammte aus Ostdeutschland und war nach dem Krieg in Sachsen aufgewachsen. Vor diesem biographischen Hintergrund konnte er sich ein Engagement in Sachsen vorstellen.

11 Reichenbach stützte sich damals noch auf eine starke Leipziger Klientel und seine Chemnitzer Hausmacht. Die Hauptstadt Dresden wurde von hier aus stets argwöhnisch beobachtet (vgl. NZ, 4.9.1991).

12 Den Stil dieser Veranstaltung – auf der auch Generalsekretär Volker Rühe als Beobachter zugegen war – charakterisierte Christa Reichard als ein „abstoßendes Beispiel saturierter Männlichkeit" (Interview Reichard).

zeitig mit dem Hubschrauber in Chemnitz eingeflogen, verkündete Späth die Kandidatur des neuen Spitzenmannes.

Noch immer gaben aber die Blockparteienvertreter nicht auf. Als neuer Gegenkandidat sollte nun Dr. Bertram Wieczorek aufgestellt werden. Er fand dann aber doch nicht den Mut, gegen Biedenkopf anzutreten, zumal weder Korbella noch de Maizière in ihren Reden offen zu seiner Wahl aufriefen. Ihre Polemik gegen die westlichen Kolonisierungsversuche und die Aktionen der Reformgruppe blieb wirkungslos, weil sie daraus keine strategischen Konsequenzen zogen. Reichenbach selbst schien jedes Interesse an einer Konfrontation verloren zu haben; er und seine Anhänger schwenkten nun auf Biedenkopf um, um wenigstens einen Teil der Macht zu retten.[13] Mit 98 Prozent der Stimmen wurde Biedenkopf zum Kandidaten für das Amt des Ministerpräsidenten des Landes Sachsen gewählt.

Nach dem Wahlsieg der CDU bei der ersten Landtagswahl waren tatsächlich beide Flügel personell in der neugebildeten Landesregierung[14] vertreten: Die Blockparteienfraktion erhielt mehrere Posten: Dr. Rudolf Krause, der früher jahrelang im Zentralrat der FDJ gesessen hatte, wurde Innenminister und stellvertretender Ministerpräsident, Stefanie Rehm Kultusministerin, Horst Metz parlamentarischer Staatssekretär im Umweltministerium. Mit Einschränkungen ist dieser Fraktion auch Hans Joachim Meyer, Minister für Wissenschaft und Kunst, zuzurechnen. Sie besaß damit ein nicht unbedeutendes, wenn auch kein entscheidendes Gewicht.

Die Reformkräfte stellten – aufgrund ihrer starken Stellung im Koordinierungsausschuß zur Bildung des Landes Sachsen sowie einiger exklusiver Einstiegsrechte für den DA[15] – mit dem früheren Moderator des Runden Tisches, Erich Iltgen, den Landtagspräsidenten; Steffen Heitmann,

---

13 Vermutlich vertraute Reichenbach darauf, Landesvorsitzender bleiben zu können und ein Bundestagsmandat zu erhalten.

14 Biedenkopfs Bedingung war: freie Hand bei Personalentscheidungen.

15 So gut wie in Sachsen kam der DA sonst nirgendwo zum Zuge. – Die sächsischen DA-Vertreter hatten schon frühzeitig mit dem damaligen Vorsitzenden Klaus Reichenbach über die Beitrittskonditionen verhandelt. Vor die Alternative gestellt, führende DA-Leute auf der Landesliste zu plazieren oder aber in Kauf nehmen zu müssen, daß der DA zusammen mit anderen Gruppierungen aus der Bürgerbewegung (DSU, Forumpartei u.a.) ein Bündnis einging und einen profilierten Gegenkandidaten zu ihm aufstellte, stimmte Reichenbach zu. In diesen Verhandlungen wurde der DA von Arnold Vaatz tatkräftig unterstützt. Dr. Matthias Rößler (Mitglied des DA-Landesvorstands in Sachsen sowie im DDR-Vorstand des DA), Horst Rasch (Landesvorsitzender des DA in Sachsen) und Dr. Helmut Münch (stellv. sächsischer DA-Landesvorsitzender) kamen aber nicht über die Landesliste, sondern über Direktmandate in den Wahlkreisen in den Landtag. (Interview Dr. Rößler).

maßgeblich an der Erarbeitung des Verfassungsentwurfs beteiligt, wurde Justizminister; Arnold Vaatz, der intellektuelle Wortführer der „Reformer", übernahm die Funktion des Chefs der Staatskanzlei mit Ministerrang. Vom DA kamen Dr. Hans Geisler, der nun Sozialminister wurde, sowie Staatssekretär Dr. Helmut Münch und Dr. Matthias Rößler. Zusammen mit den Regierungsmitgliedern aus dem Westen (Finanzminister Milbradt und Wirtschaftsminister Schommer), die sich allerdings aus dem Blockkonflikt heraushielten, bildete diese Gruppierung eine klare Mehrheit und erhielt damit die Möglichkeit, die Konzepte des „Koordinierungsausschusses" in der Regierung Biedenkopf politisch umzusetzen. Neben der personellen Repräsentation bot für sie aber die alle Rivalitäten überwölbende, weil machtsichernde Figur Biedenkopfs als Ministerpräsident die Gewähr dafür, daß eine schleichende Rückkehr alter Machtstrukturen nicht mehr zu befürchten war.

Diese bereits mit der ersten Landtagswahl 1990 erreichte Klärung sowie eine zumindest in einigen Ressorts auf Erneuerung zielende Personalpolitik[16] bewahrten die CDU als Regierungspartei in Sachsen – im Unterschied zu anderen neuen Ländern wie Thüringen, Sachsen-Anhalt und Mecklenburg-Vorpommern, wo die CDU-Ministerpräsidenten Duchac, Gies und Gomolka schon bald ihre Ämter niederlegen mußten[17] – vor spektakulären Regierungskrisen, nachträglichen Personaltransfers in Spitzenämter und Stasi-Skandalen.[18] Auch wenn die Flügelkämpfe in Fraktion und Partei damit keineswegs beendet waren, so besaß die (als Partei noch lange nicht gefestigte) sächsische CDU mit dem relativ stabilen Kern der sächsischen Staatsregierung – zumindest nach außen hin – einen vergleichsweise sicheren Halt.

---

16 Dort, wo dies nicht rechtzeitig geschah (wie etwa im Innenministerium und bei der Polizei), wo belastete Personen weiterbeschäftigt wurden, schwelen die Probleme noch heute weiter.

17 „Die kippen wie Dominosteine", in: Der Spiegel, 29/1991: 78-80.

18 In Sachsen stimmte die CDU-Landtagsfraktion einstimmig einer Überprüfung aller Abgeordneten zu. Neun Mitglieder mußten ihr Mandat nach dieser Überprüfung auf Empfehlung des Sonderausschusses hin niederlegen (vgl. Pressemitteilung CDU-LV Sachsen, 1.7.1992: 2).

7.2. *Die zweite Phase des Machtkampfs (1990-1991)*

In der Partei war der Machtkampf erst ein Jahr später zugunsten der Reformer entschieden. Hier markiert der Annaberger Parteitag im Dezember 1991 eine ganz wesentliche Zäsur. Damals wurde fast der gesamte Landesvorstand ausgewechselt und ein vollständiger Trennungsstrich zur Blockparteien-Vergangenheit der CDU gezogen – ein beispielloser Vorgang in der CDU der neuen Länder.

Bis dahin gab es in der sächsischen CDU faktisch zwei Lager: das reformerische, das sich in der Regierung Biedenkopf verortet hatte, und das der Blockkräfte, die den Landesvorstand und dessen organisatorischen Schalthebel, die Landesgeschäftsstelle, zu 90 Prozent beherrschten. Obwohl der DA auf der Landesliste sehr gut plaziert worden war, dominierten auch in der Landtagsfraktion die alten „struktur-konservativen" Kräfte. Im Lauf des Jahres 1991 gelang es den Reformern um Arnold Vaatz nur langsam, ihren engen Kreis um einige Gleichgesinnte zu erweitern. Sie sahen sich aber nach wie vor einer mächtigen Phalanx gegenüber, die sich auch dann immer wieder schloß, wenn einzelne, durch Stasi-Vorwürfe und IM-Tätigkeit Belastete, herausgebrochen wurden. In der Partei selbst bewegte sich wenig. Die Personalquerelen blockierten jegliche strategische und programmatische Diskussion.[19]

Erst in der zweiten Jahreshälfte wendete sich das Blatt. Auf dem Parteitag im Hoyerswerda im Juni 1991, der noch im alten DDR-Stil abgehalten wurde, hatte sich der Landesvorsitzende Reichenbach noch behaupten können.[20] Hier war aber auch beschlossen worden, einen Sonderparteitag einzuberufen und zu dessen Vorbereitung eine Kommission zu bilden. Diese Kommission, deren Kompetenzen gegenüber dem Landesvorstand wegen eines Verfahrensfehlers nicht klar genug definiert worden waren, wurde in den folgenden Wochen zu *dem* Instrument der Reformer, mit dem sie ihre Aktivitäten bündeln und koordinieren konnten. Unverhofft hatten die Reformer damit ein organisatorisches Grundgerüst in die Hände bekommen, das für sie in mehrerlei Hinsicht von größter strategischer Bedeutung war. Denn die Kommission war zwar vom Landesvorstand eingerichtet

---

19   So konnte etwa ein Entwurf für eine neue Satzung über ein Jahr lang ohne Ergebnis schmoren.

20   Eine insgeheim geplante Absetzung Reichenbach sei – so Der Spiegel, 29/1991: 80 – unter merkwürdigen Umständen gescheitert. Möglicherweise wollte Biedenkopf ihm eine Chance geben, selbst seinen Rücktritt zu erklären.

worden und dadurch legitimiert; sie agierte aber faktisch wie ein (satzungsmäßig so gar nicht vorgesehenes) zweites Gremium zwischen den Parteitagen neben dem Landesvorstand, und zwar von ihm weitgehend unabhängig bzw. gegen ihn. (Da sie fast permanent tagte, arbeitete sie ohnehin effektiver als die hauptamtlichen Gremien.)

Über ihren eigentlichen Arbeitsauftrag, nämlich den nächsten Parteitag vorzubereiten, hinaus konnte sie das Arbeitsprogramm für den Sonderparteitag nach ihren Vorstellungen erweitern und – wie sich zeigen sollte – dort letztendlich die Agenda bestimmen. Entscheidend war aber, daß im Namen der Kommission, in die die Kreisverbände und Suborganisationen der Partei je einen Delegierten entsenden sollten, die reformwilligen Basiskräfte aus den Kreisverbänden angesprochen werden konnten. Auf diese Weise entstanden seit Anfang August 1991 Ansätze einer neuen basisdemokratischen Struktur, die im folgenden geschickt genutzt wurden, um das eigentliche Machtzentrum der Partei, den Landesvorstand, lahmzulegen.

Dieser schrittweise Einflußgewinn der Reformkräfte war nicht unabhängig von Veränderungen in Führungsspitze und Parteiapparat. Von zahlreichen Angriffen zermürbt, hatte der Landesvorsitzende Klaus Reichenbach Mitte September 1991 auf der Landesvorstandssitzung in Weixdorf seinen Rücktritt angekündigt. Zwei seiner Stellvertreter, der ehemalige Vorsitzende des Bezirksverbandes Leipzig, Rolf Rau, und Horst Metz, waren damals schon so angeschlagen, daß sie als Nachfolger nicht mehr in Frage kamen. Der dritte, der Treuener Zahnarzt Dr. Berthold Rink, hatte das Amt des geschäftsführenden Vorsitzenden nur für eine Interimszeit übernommen.

Vor seinem Eintritt in die CDU parteilos, trat Rink als „Mann des Ausgleichs" an; er sympathisierte aber, ebenso wie seine persönliche Referentin, Frau Reichard, mit den Reformern. Rink war freilich Realist genug, um die Gewichte in der Partei richtig einzuschätzen und bemühte sich daher darum, die Konflikte zu versachlichen, um die Mehrheit nicht von vornherein zu verprellen.[21] Rinks Ziel war es, die Sacharbeit voranzubringen, um „Grundlagen zu schaffen", sowie eine Effektivierung der Formen der Partei- und Öffentlichkeitsarbeit zu erreichen.

---

21 Zwischen ihm und dem Kommissionsvorsitzenden Bernd-Dietmar Kammerschen kam es immer wieder zu Konflikten über die Kompetenzen der Kommission (Interview Dr. Rink).

In die Geschäftsstelle war nach dem Ausscheiden des bisherigen Landessekretärs Johannes Schramm[22] ein Reformer aus dem DA, Hans Peter Marr, eingezogen. Damit ergaben sich für die Reformer ganz neue Zugriffsmöglichkeiten auf die Informationskanäle und Ressourcen des Parteiapparats; z.B. konnten die Reformer jetzt, die Strukturen des mittleren Funktionärskörpers ausschaltend, direkte Kontakte zu den Basisverbänden aufnehmen und damit die zentralistischen Strukturen der Blockpartei aufbrechen. Daraus entwickelte sich in kurzer Zeit ein Netzwerk von Mitstreitern jenseits des hauptamtlichen Apparats, das immer stärker wurde. Es betrieb zudem eine gezielte Öffentlichkeitsarbeit, auch in überregionalen Medien.[23]

Auf Rinks Vorschlag hin hatte der Landesvorstand zum Vorsitzenden der Vorbereitungskommission für den Sonderparteitag Bernd-Dietmar Kammerschen eingesetzt, der als „Wossi" im Dresdner CDU-Kreisverband neu beheimatet war und das Know-how des westlichen Politikstils mitbrachte. Unter seiner Federführung arbeitete die Kommission eine neue Satzung, eine neue Geschäftsordnung und einen Leitantrag aus. Die Entwürfe dafür stammten zumeist von Kammerschen, der weitere Vorschläge einarbeitete[24], die redaktionelle Überarbeitung übernahm und die Ergebnisse dann dem Landesvorstand vorlegte.[25] Von den dramatischen Ausein-

---

22 Schramm mußte aufgrund von Stasi-Vorwürfen gehen; er wurde zunächst Landrat von Dresden-Land, verlor aber auch dieses Amt, nachdem er als langjähriger inoffizieller Mitarbeiter der Staatssicherheit enttarnt worden war. Vor der Wende hatte Schramm zu den Kontrahenten Korbellas gehört, dem er Selbstüberschätzung und Profilierungssucht vorwarf. Nach Korbellas Sturz als Bezirksvorsitzender (vgl. Anm. 27, 28; Kapitel 6) hoffte er, dessen Nachfolger in diesem Amt, Dreßler, beerben zu können (vgl. BStU, ZA, ANS/AIM 968/90).

23 Die Rolle, die dabei „Der Spiegel" übernahm, ist nicht zu unterschätzen.

24 Bei dieser konzeptuellen Arbeit profilierte sich insbesondere auch der spätere stellvertretende Landesvorsitzende Fritz Hähle.

25 Die verschiedenen Fassungen des Leitantrags konnte ich bisher nicht einsehen. – Lt. Auskunft von Bernd-Dietmar Kammerschen wurden verschiedene, ursprünglich schärfer gefaßte Formulierungen im Landesvorstand zwar abgeschwächt, der Grundtenor des in der Kommission erarbeiteten Entwurfs, der auf Erneuerung zielte, jedoch durchgehalten und vom Landesvorstand auch als Beratungsgrundlage für den Parteitag akzeptiert. Die Kontrahenten im Landesvorstand verzichteten darauf, einen eigenen Gegenentwurf vorzulegen. Im Ergebnis hatte die Kommission damit mehr erreicht, als sie erhofft hatte. Noch heftiger umstritten als der Leitantrag war der Satzungsentwurf. Hier wurden entscheidende Strukturveränderungen festgeschrieben; damit wurde auch das Unwesen der „Ehrendelegierten" – eine Art Klientelsystem in der Block-CDU – abgeschafft.

andersetzungen, die darüber im Landesvorstand im Vorfeld des Sonderparteitags stattgefunden hatten, war dann in Görlitz, wo am 26. Oktober Satzung, Geschäftsordnung und Leitantrag verabschiedet wurden, tatsächlich
kaum noch etwas zu spüren.

Mit dem Leitantrag „Erneuerung der CDU in Sachsen/Vergangenheit
aufarbeiten – Zukunft gewinnen"[26] vermittelte die sächsische CDU tatsächlich zwei Botschaften: Zum einen faßte sie ihren Auftrag der Aufarbeitung der innerparteilichen Vergangenheit sehr breit auf; denn sie wollte
sich damit einer Aufgabe stellen, die über den parteipolitischen Rahmen
hinaus der Gesellschaft insgesamt aufgegeben sei. Ein klares Programm
und persönliche Glaubwürdigkeit seien die Voraussetzung für die politische Attraktivität der CDU. Politiker, die in der Ex-DDR die Politik der
SED mitgetragen hätten, müßten nun in den Hintergrund treten. In den
östlichen Landesverbänden der CDU müsse eine offene Diskussion über
dieses Thema geführt werden; durch Verdrängung oder Vertuschung von
Gegensätzen könne ein tragfähiger innerer Friede nicht zustandekommen.

Zum anderen wurde das Problem durch die Zuspitzung auf das Füh-
rung-Basis-Problem auch wieder verengt und die übergroße Mehrheit der
Mitglieder der Block-CDU entlastet. Denn – so hieß es – es handele sich
weder um einen Ost-West-Konflikt noch um eine Auseinandersetzung zwischen „alten" und „neuen" Mitgliedern. Vielmehr gehe es um die „Auseinandersetzung zwischen der CDU-Basis einerseits und den bisherigen CDU-
Spitzenfunktionären andererseits, die früher gemeinsam mit dem Macht-
und Unterdrückungsapparat der SED das Unrechtsregime in der DDR
stützten und sich dennoch heute nahtlos für Spitzenämter in unserer freiheitlichen Demokratie berufen" fühlten. Die Mitgliedschaft in der CDU
habe aber vielen geholfen, eine Nische in der real-sozialistischen Gesellschaft zu finden; anderen habe sie die Gelegenheit geboten, in einem beschränkten Rahmen „einen Beitrag zur Gestaltung der Gesellschaft aus
christlicher Verantwortung zu leisten". Diese Freiräume und begrenzten
Einflußmöglichkeiten hätten „manchmal dazu genutzt werden" können,
„Mitbürgern zu helfen, die von der SED bedrängt wurden". Aus diesem
Grund wies man eine „pauschale Verunglimpfung aller langjährigen CDU-
Mitglieder als sogenannte 'Blockflöten'" zurück und verwahrte sich gegen
eine Aufspaltung in CDU-Mitglieder nach dem Datum ihres Parteibeitritts.
Beurteilungskriterien könnten „nur der individuelle Erneuerungswille jedes

---

26   Siehe Leitantrag.

einzelnen, die Bereitschaft zur kritischen Rückschau auf die eigene Biographie sowie das Engagement für die Ziele der CDU sein".

Damit war es gelungen, eine weitere Emotionalisierung des Konflikts zu verhindern und eine gemeinsame Plattform für die Minorität der Erneuerer und die Majorität der Alt-CDU-Mitglieder anzubieten. Für die Reformkräfte entscheidend war letztlich die Aussage, daß die Funktionsträger einer erneuerten CDU bereit sein müßten, über ihr Verhalten in der Vergangenheit Rechenschaft abzulegen. Wer das alte System aktiv unterstützt habe, könne nicht Repräsentant der CDU sein. Auch für die Mitgliedschaft wurden exklusive Regeln aufgestellt. Im Leitantrag hieß es: „Wer per Unterschrift, Lohn oder Begünstigung dem Staatssicherheitsdienst diente oder durch Schädigung anderer persönliche Schuld auf sich lud, hat das Recht verwirkt, Mitglied der CDU zu sein." Und in der neuen Satzung wurde der Aufnahme ehemaliger SED-Mitglieder ein Riegel vorgeschoben.[27]

Der Görlitzer Parteitag markiert, weil er die Signale für die Erneuerung der Block-CDU und ihre Öffnung zur Volkspartei setzte, einen ersten und wichtigen Sieg der „Reformer"; ihr Projekt stand allerdings noch – bis zu dem kurz darauf folgenden außerordentlichen Parteitag am 7. Dezember 1991 in Annaberg, auf dem der neue Parteivorstand auf der Grundlage der neuen Satzung gewählt werden sollte – auf der Kippe. Noch wenige Tage zuvor, am 4. Dezember, hatten die Auseinandersetzungen um die Wahl des Fraktionsvorstandes, bei der sich die „Blockparteienfraktion" gegen die Erneuerer durchsetzte[28], kein gutes Omen gesetzt. Um so glänzender fiel nun das Annaberger Ergebnis der Wahlen zum Parteivorstand aus; die Reformer in der Parteitagskommission hatten mit ihrer taktisch klugen Vorbereitung, ihrer Wachsamkeit gegenüber den Manövern der Gegenseite und ihrer auf Transparenz zugeschnittenen Öffentlichkeitsarbeit ihr Teil

---

27 Daß der ehemalige Landesvorsitzende Klaus Reichenbach über die Aufnahme von SED-Mitgliedern in die CDU nachgedacht hatte, war mit ein Grund für seinen Sturz gewesen (vgl. FR, 18.5.1991).

28 Hier hatte sich der Leipziger Herbert Goliasch als Fraktionschef durchgesetzt. Goliasch war seit 1957 Mitglied in der Block-CDU. Nach der Wende versuchte er, eine Vermittlerrolle zwischen Alt- und Neu-CDU zu spielen, konnte aber seine Prägung durch die Blockpartei kaum verleugnen. (Mitte September 1994 zog er seine abermalige Kandidatur für den Fraktionsvorsitz wegen – allerdings nicht haltbarer – Vorwürfe einer Zusammenarbeit mit dem KGB zurück.) Bei der Wahl der Stellvertreter und des geschäftsführenden Vorstandes war der Vorsitzende des reformorientierten Dresdner Kreisverbands, Dr. Dieter Reinfried, nicht über 19 Stimmen hinausgekommen, was ungefähr das Kräfteverhältnis widerspiegelte (s. NZ, 5.12.1991).

dazu beigetragen.[29] Durch die vollständige Entmachtung des alten Vorstandes und den Antritt einer unbelasteten neuen Parteielite war in der sächsischen CDU nun auch personell eine völlige Distanzierung zu den Kräften des Blockparteiensystems gelungen.

Schaubild 3: Landesvorstand der sächsischen CDU (gewählt am
7.12.1991 in Annaberg)

Präsidium

Landesvorsitzender: Prof. Kurt H. Biedenkopf, MdL

Erster stellv. Landesvorsitzender: Dr. Fritz Hähle, MdL

Weitere Stellvertreter:
Heinz Eggert, Staatsmin. des Innern; stellv. Ministerpräsident; stellv. CDU-Bundesvors.
Katharina Landgraf, Landesvorsitzende der Frauen-Union
Volker Schimpff, MdL

Landesschatzmeister: Franz-Josef Peters

Satzungsgemäße Mitglieder:
Landtagspräsident: Erich Iltgen, MdL
Vorsitzender der CDU-Landtagsfraktion: Herbert Goliasch, MdL
Sprecher der CDU-Landesgruppe im Deutschen Bundestag: Dr. Joachim Schmidt, MdB

sowie 20 Beisitzer.

Quelle: Bericht der Landesgeschäftsstelle der Sächsischen Union für die Zeit vom Oktober 1992 bis September 1993, vorgelegt auf dem 6. Landesparteitag am 9./10.10.1993 in Chemnitz.

---

29 Die Bewerber waren zuvor aufgefordert worden, auf einer Kandidatenliste über ihre Biographien Auskunft zu geben. Diese Aufforderung war von seiten der Reformer als Filter gedacht, um die Blockparteienkräfte zu orten. Manche nahmen dadurch tatsächlich Abstand von einer Kandidatur, andere machten nur unvollständige oder keine Angaben, wohingegen die reformorientierten Kräfte sich eindeutig als solche zu erkennen gaben. Sie wurden von den Delegierten, die offenbar in ihrer Mehrheit einen deutlichen Schnitt wollten, auch gewählt. Zuvor hatte es um diese Liste einige Aufregung gegeben, weil darauf eine Reihe falscher bzw. irreführender Angaben gemacht worden waren. Ob diese Verfälschungen aus Zeitmangel oder aufgrund bewußter Manipulation zustandegekommen waren, ist ungeklärt (vgl. NZ, 9.12.1991). – Die Kommission tagte übrigens am Vorabend des Parteitags öffentlich, so daß die Presse (und damit auch die Delegierten zu Beginn des Parteitags) schon vorab informiert war.

Der Schnitt von Görlitz und Annaberg war für die weitere Entwicklung der sächsischen CDU deshalb so gravierend, weil dadurch überhaupt erst die *strukturellen* und *personellen* Voraussetzungen für einen Neuformierungsprozeß geschaffen wurden. Erst nach diesen Veränderungen in Parteistruktur und Personaltableau der alten Block-CDU konnte mit einer inhaltlich-politischen Positionsbestimmung ernsthaft begonnen werden.

7.3. Der Parteitag in Dresden und das „Dresdner Manifest"

Die massive Verschiebung der Kräfte zugunsten der „Reformer" war nicht nur ein Kraftakt von regionaler Bedeutung, wie es die Formulierung vom „sächsischen Erbfolgekrieg"[30] nahelegt; die sächsische CDU war längst zum Vorreiter der Erneuerungsbestrebungen in der CDU der neuen Bundesländer geworden.

Eine Woche nach dem Annaberger Parteitag fand vom 14.-17. Dezember 1991 im Dresdner Kulturpalast auf Einladung des sächsischen Landesverbandes der 2. Parteitag der CDU Deutschlands statt – erstmals in den neuen Ländern und mit dem zentralen Thema des Umgangs der CDU mit ihrer Blockvergangenheit. In dem Forum „Sich der Vergangenheit stellen – Vertrauen gewinnen", das in der Öffentlichkeit am meisten beachtet wurde, distanzierten sich die Protagonisten der sächsischen Reformkräfte demonstrativ von Altfunktionären mit Stasi-Affiliationen; sie wurden jetzt auch von „Erneuerern" aus Thüringen, zu denen es bis dahin noch keine Verbindungen gegeben hatte, unterstützt.

Auch in Thüringen drängten die Kräfte nach vorn, die eine „rigorose Aufarbeitung der Vergangenheit" erzwingen wollten.[31] Auf dem Dresdner Forum trat u.a. der thüringische Bundestagsabgeordnete Hans-Jürgen Kronberg als Sprecher der Reformer auf. In der Thüringer CDU war eine Reformkommission unter dem Vorsitz des aus dem DA kommenden Finanzministers Dr. Klaus Zeh eingerichtet worden; der dort erarbeitete Fragenkatalog wurde auch auf dem Dresdner Parteitag vorgestellt. Er forderte die Bewerber um Ämter und Mandate in den Ortsgruppen und Kreisvorständen zu einer Art Gewissensprüfung anhand von acht Fragen auf, die ihr persönliches Verhalten in der Umbruchphase betrafen. Zehs Papier „In der

---

30   NZ, 4.9.1991.
31   Interview Kronberg, vgl. auch „Reformflügel der CDU in den neuen Ländern auf dem Vormarsch" (Resolution an den Kleinen Parteitag der Thüringer CDU in Gotha).

Wahrheit leben" war vom Wunsch getragen, die Blockvergangenheit nicht zu verdrängen, aber zugleich einen menschlich vertretbaren Weg zu finden, um die Belastung abzutragen. Dieses eher „therapeutische Modell" war der Versuch, den Regenerationsprozeß der Ost-CDU reflektierend zu begleiten; zugleich sollte sich die CDU als Programmpartei und reformfähige Organisation erweisen.[32] Viele Alt-CDU-Mitglieder betrachteten jedoch den Kriterienkatalog zur Bestimmung der Glaubwürdigkeit von Bewerbern als untauglich, weil er im wesentlichen die Absetzbewegungen im Umbruchjahr 1989 abfragte und vom Ergebnis des Umbruchprozesses her bewertete.

Der Versuch Dr. Zehs, Verhaltensmuster wie Zivilcourage bzw. Opportunismus in der Wendezeit zu konkretisieren und zum Kriterium für die Eignung von Bewerbern für Ämter und Mandate zu machen, ging am Selbstverständnis eines großen Teils der Altmitglieder vorbei. Die thüringischen Erneuerer waren jedoch unterdessen stark genug, um den Ministerpräsidenten Josef Duchac kurz nach dem Dresdner Parteitag, Anfang 1992, zu stürzen.

Zum Dresdner Parteitag hatte der CDU-Bundesvorstand mit dem Entwurf für ein „Dresdner Manifest" einen Leitantrag vorgelegt. Als Diskussionsgrundlage für die Delegierten aus West und Ost sollte er die Kluft zwischen Ost- und West-CDU überbrücken.[33]

Das Papier, das in Dresden beschlossen wurde, geht im – vorletzten – Punkt 19 auch auf die CDU-Vergangenheit in der Ex-DDR (und was daraus zu lernen sei) ein. Seine Formulierungen sind freilich so allgemein, daß sich wohl kaum ein Reformer darin wiederfinden konnte. Die Geschichte der CDU in den neuen Ländern wird zunächst als gemeinsame Geschichte der CDU vorgestellt. Allerdings wird den Westlern Zurückhaltung auferlegt: Jene, die über 40 Jahre lang in Frieden und Freiheit gelebt hätten, sollten sich davor hüten, „aus ihren Erfahrungen zu beurteilen, wieviel Anpassung unumgänglich und wieviel Widerstand möglich war".[34]

---

32 Interview Dr. Zeh.
33 Interessant ist, daß die Ostdeutschen an der Vorbereitung des Leitantrages zunächst nicht beteiligt waren; sie brachten ihre Vorstellungen dann in der Diskussion auf der Bundesvorstandssitzung Mitte Oktober ein. Die Ministerpräsidenten Gies und Duchac betonten hier vor allem die psychologischen Aspekte des Problems der Vergangenheitsbewältigung. Angela Merkel empfahl, dem Bericht in der FAZ zufolge, Aussagen zur Abrüstungspolitik in das Papier mit aufzunehmen (vgl. FAZ, 16.10.1991).
34 „Dresdner Manifest. Die Zukunft gemeinsam gestalten", beschlossen auf dem 2. Parteitag der CDU Deutschlands 14.-17. 12.1991 in Dresden. (CDU-Dokumentation 39/40 1991: 22 f.; daraus wird auch im folgenden zitiert.)

Mit selbstkritischem Unterton heißt es weiter, auch im Westen hätten sich „viele Menschen mit der Teilung unseres Vaterlandes und mit dem SED-Regime abgefunden". Die Diskussion über die Erneuerung der Partei, die im Herbst 1989 begonnen habe, müsse fortgesetzt werden – „im Geist des Miteinanders offen, fair und ohne Selbstgerechtigkeit". Sie sei vor allem eine Aufgabe der Orts-, Kreis- und Landesverbände in den neuen Bundesländern. Nur so könnten langjährige Mitglieder gehalten und zugleich neue, insbesondere auch junge Mitglieder gewonnen werden, die im Gegensatz zum alten System gestanden hätten und Nachteile hätten hinnehmen müssen.

Im übrigen setzt das Dresdner Manifest auf Zeit: „Erneuerung und Verjüngung werden dazu führen, in der gesamten CDU überholte Strukturen und Arbeitsweisen zu reformieren." In den beiden folgenden Abschnitten wird der innerparteiliche Konflikt, der auf dem Forum V („Sich der Vergangenheit stellen – Vertrauen gewinnen") in voller Schärfe und ohne Rücksicht auf Verletzungen ausgetragen wurde[35], noch weiter gemildert und durch die Verallgemeinerung auf andere politische Parteien und gesellschaftliche Gruppen hin vollends unkenntlich: Nur diejenigen könnten das Verhalten und die Konflikte unter den Bedingungen einer Diktatur beurteilen, die selbst unter solchen Umständen gelebt hätten. Pauschale Urteile versperrten den Weg zur Wahrheit ebenso wie Versuche des Ausweichens oder der Verschleppung. Gefordert wird ein „fairer Umgang mit Personen und eine differenzierte Bewertung von Fakten". Die Aufarbeitung der Vergangenheit, der sich die CDU stelle, sei freilich der Gesellschaft insgesamt aufgegeben. Alle, die in Gesellschaft und Politik ein Amt bekleideten, werden gebeten, „ihr Verhalten in der Vergangenheit selbstkritisch zu überprüfen". Auch wer sich persönlich nichts vorzuwerfen habe, müsse „sich doch die Frage stellen, ob seine frühere Tätigkeit in Beruf, Gesellschaft und Politik es seinen Mitbürgern und Parteifreunden heute schwer macht, neues Vertrauen zu gewinnen".

---

35 Die Zusammenfassung des Berichterstatters, des thüringischen Landtagspräsidenten Dr. Gottfried Müller, hatte die Wogen allerdings schon deutlich geglättet. (Vgl. auch UiD extra 39/40 1991: 9 f.)

7.4. „Reformer" und „Blockis" in Sachsen 1990/91 – eine Zwischenbilanz

Betrachtet man das extreme Ungleichgewicht der Kräfte in der sächsischen CDU zu Beginn dieser Auseinandersetzung, so stellt sich die Frage, wie es zu dieser für die Partei völlig neuen Konstellation kommen konnte. Eine Ursache dafür war sicherlich, daß die maßgeblichen Akteure in der Blockparteienfraktion das strategische Potential ihrer Gegner nicht erkannten und daher auch keine konsistente Gegenstrategie entwickelt haben. Im Vertrauen auf ihre numerische Mehrheit, die Beherrschung des hauptamtlichen Apparats und die Repräsentation in der erneuerten Berliner CDU-Spitze verhielten sie sich in offenen Konfliktsituationen eher defensiv.

Sicherlich lag es auch im Interesse der aus der zweiten und dritten Reihe der Blockpartei nachgerückten Kader, die sächsische Szene bis zu den Landtagswahlen 1990 zu befrieden und – gerade wegen der inzwischen relativ guten Beziehungen, die sie zur West-CDU in Berlin und Bonn, aber auch auf der Südschiene[36] pflegten – der sächsischen Reformgruppe kein größeres Aufsehen zu verschaffen und sie damit noch zusätzlich aufzuwerten.

Umgekehrt setzten die Reformer gerade zu Beginn der Konfrontation auf Öffentlichkeit und Konflikt, um ihre Isolation aufzubrechen. Erst nach einer Serie geschickt plazierter Presseberichte im Sommer 1990 hatte die Bonner CDU-Spitze den tiefen Graben in der sächsischen CDU überhaupt zur Kenntnis genommen; weder die Fraktion noch das Adenauer-Haus, auch nicht das Bundeskanzleramt, besaßen bis dahin ausreichende Informationen über die Entwicklung in Sachsen.

Generalsekretär Volker Rühe, der seine Aversionen gegen die Blockpartei nur aus parteitaktischen Gründen zurückgestellt hatte, begann sich nun für die kleine sächsische Truppe zu interessieren. Allerdings agierte er trotz seiner offenen Sympathien für die Gruppe um Vaatz zunächst sehr vorsichtig, ja geradezu konspirativ.[37] Sein Dilemma war, daß er hier eine potentielle neue Führungsgruppe vorfand, mit der die West-CDU gerne

---

36 Die baden-württembergische CDU unter Lothar Späth konzentrierte ihre Aufmerksamkeit auf die sächsische (und thüringische) Szene. Schon vor der Wende hatte sich Späth, der sich mit der deutschen Teilung längst abgefunden hatte, mit Exponenten der DDR-Regierung wie Honecker und dann, in der Wendezeit, mit Berghofer und eben auch mit Reichenbach getroffen. Diese Kooperation westlicher CDU-Politiker mit den jeweils Mächtigen wurde von den Reformern durchaus kritisch betrachtet.

37 Die Treffen fanden in clandestiner Atmosphäre statt.

kooperieren wollte; andererseits durfte aber – mit Blick auf die bevorstehende Parteifusion im Oktober 1990 und die für die strukturelle Mehrheit der CDU entscheidenden ersten gesamtdeutschen Bundestagswahlen – die bisherige Konstruktion, die auf der Adoption der Blockpartei und der Nutzung ihrer Parteistrukturen basierte, nicht gefährdet werden.

Erst nach dieser machtsichernden Zäsur im Dezember 1990 begann daher im Lauf des Jahres 1991 eine zweite Phase, in der sich die innerparteilichen Auseinandersetzungen auf den Gegensatz zwischen „Reformern" und „Blockis" zuspitzten. Daran waren auch die Medien mit ihrer „Anti-Blockflöten-Kampagne" massiv beteiligt, denn die Alt/Neu-Diskussion wurde der CDU auch von außen her aufgezwungen. Von dieser Konstellation profitierten die sächsischen „Reformer"; sie verschaffte ihnen eine „Medienhoheit", ohne die sie den innerparteilichen Machtkampf wohl kaum hätten durchhalten können. Hinzu kam der Rückenwind aus Bonn – angefacht sicherlich nicht allein durch die Sympathien des Generalsekretärs für das Reformlager, sondern vor allem durch die Hiobsbotschaften der Umfrageinstitute über die schwindende Attraktivität der CDU in den neuen Bundesländern. Das Bemühen der Parteizentrale um eine personelle Erneuerung in den Ostverbänden der CDU war somit auch der Versuch, das Image der Ex-Blockpartei in den neuen Ländern aufzubessern und ihren Niedergang zu verhindern.

Der Machtkampf in Sachsen verweist aber auch auf eine Differenz politischer Mentalitäten. Viel zu spät realisierten die aus der alten Blockpartei nachrückenden Eliten, daß die Führung der Bundes-CDU nicht nur mit ihnen verhandelt, sondern zugleich auch ihrer innerparteilichen Opposition aus den neuen Gruppierungen den Rücken gestärkt hatte. Bei vielen von ihnen löste dies eine tiefe Enttäuschung aus, weil sie sich durch das doppelgleisige Verfahren getäuscht sahen; die Schuld dafür wurde freilich vor allem dem CDU-Generalsekretär, nicht dem Kanzler oder den „Landesfürsten", angelastet.[38] Sie hatten aber auch das intellektuelle und strategische Potential der „Reformer" unterschätzt. So hatten sie es versäumt, rechtzeitig inhaltliche und personelle Alternativen zu entwickeln und diese – soweit ihnen das ihre numerische Mehrheit erlaubt hätte – auch durchzukämpfen.

Ein wesentlicher Grund dafür, daß sie als Machtfaktor in Sachsen letztlich unterlagen, ist wohl darin zu sehen, daß sie noch viel zu stark dem

---

38   So sagte etwa Lothar de Maizière, Götting habe ihn nicht aus der CDU herausdrängen können; um so weniger werde dies Herrn Rühe gelingen (Interview de Maizière).

Denken in den versteinerten Strukturen der Blockpartei verhaftet waren und die Mechanismen politischer Willens- und Machtbildungsprozesse westlichen Stils nicht durchschauten.

Im Unterschied dazu war die Strategie ihrer Kontrahenten vielschichtiger und effektiver zugleich. In der kurzen Phase vom Hoyerswerdaer bis zum Annaberger Parteitag verknüpften sich darin sehr unterschiedliche, ja gegenläufige Komponenten zu einer Art Zangengriff: Während einerseits basisdemokratische Strukturen aufgebaut wurden, mit deren Hilfe man den mittleren Funktionärskörper, in dem die Reformkräfte keinerlei Rückhalt hatten, lahmzulegen bzw. auszuschalten trachtete, rollte man zugleich, die Relikte eines „Demokratischen Zentralismus" in der CDU nutzend, die Parteiorganisation von den Schaltstellen her, also von oben nach unten auf.

Der Kommission, die den Sonderparteitag vorbereitete, gelang es, die strategischen Zwischenschritte aufeinander abzustimmen und in den jeweiligen Gremien abzusichern – ein Verfahren, das trotz der internen Grabenkämpfe unter dem Zwang einer einigermaßen einmütigen Außendarstellung in der Partei offensichtlich immer wieder funktionierte. Auf diese Weise gewannen die Reformkräfte trotz ihrer minoritären Position allmählich an Boden. Ihr in Annaberg schlaglichtartig deutlich gewordener Erfolgskurs verstetigte sich im folgenden graduell. Nach und nach fielen die belasteten Blockparteienkader – auch auf der kommunalen Ebene bei den Landräten und Bürgermeistern – aufgrund der Auskünfte der Gauck-Behörde aus. Im übrigen trug seit 1991 auch die organisatorische Umstrukturierung des hauptamtlichen Parteiapparats zur personellen Erneuerung der Ex-Blockpartei bei. Die Vorstandswahl auf dem 6. Landesparteitag der CDU Sachsen am 9./10. Oktober 1993 bestätigte im wesentlichen die Richtungsentscheidung von Annaberg.

7.5. Eine neue Elite in der CDU?

Der Machtkampf in der sächsischen CDU war der Kampf einer winzigen Minderheit um die „structures of opportunity"; er richtete sich gegen die potentielle neue Führungsschicht aus der nächsten Generation von Blockparteifunktionären, die sich nach der Wende bereit hielten und zunächst auch von der West-CDU als künftige Funktionselite in Sachsen betrachtet wurden.

Die Verkoppelung der Forderung nach einer strukturellen Erneuerung der Blockpartei mit der nach Glaubwürdigkeit ihrer Repräsentanten und der Wille, diese Restrukturierung auch aus einer Minderheitsposition heraus zu erzwingen, bildeten den gemeinsamen Ausgangs- und Bezugspunkt für die sächsischen „Reformer". Sie hoben sich auch durch ihre Sprache und ihren Habitus von den überwiegend blassen Blockparteienkräften ab.

Versucht man, die ansonsten keineswegs homogene Gruppe mit den Kategorien des Rechts-Mitte-Links-Schemas im politischen Kräftefeld der Bundesrepublik zu verorten, so zeigt sich, daß sie damit nicht zureichend charakterisiert werden kann. Sie entzieht sich so auch einer Zuschreibung zu den in der Geschichte der West-CDU angelegten Traditionssträngen eines christlich-sozialen, konservativen und liberalen Lagers. Der ausgeprägt individualistische Politikstil gerade der bekannteren Exponenten – der Medienstars wie etwa Arnold Vaatz oder Heinz Eggert – macht die Einordnung in solche Raster kaum möglich. Ihr politisches Credo bezog seine Stringenz aus der Verweigerungshaltung gegenüber den Anpassungszwängen des alten DDR-Systems und der Verachtung für die Blockparteienkader und deren Kompromisse. Sie hatten in Nischen, zumeist im Umfeld der Kirchen, gelebt oder waren in intellektuellen Zirkeln sozialisiert worden.[39]

Genau an dieser Bruchstelle schieden sich aber die Geister in der CDU der neuen Bundesländer. Für die aus dem zweiten und dritten Glied der Block-CDU in den Bezirken nachgerückten Kader, aber auch für die sich in der Tradition der CDU Jakob Kaisers verstehenden Übergangselite in der Berliner Parteizentrale[40] waren die sächsischen „Reformer" heraufgespülte „Nischenexistenzen" oder, schlimmer noch, „Revoluzzer", die die Medienöffentlichkeit auf sich zogen, denen es aber vor allem um die Schaltstellen der Macht in der CDU ging und die für die einzelnen Politikbereiche keine originäre Linie oder Lösungskonzepte besaßen. Umgekehrt betrachteten die „Reformer" die Kräfte im Jakob-Kaiser-Haus und in der Volkskammer als unkalkulierbar, weil sie zu viele Kompromisse mit den alten Kräften eingegangen seien und sich einer konsequenten Erneuerung immer wieder in den Weg stellten.

Ende August 1991 – zu einer Zeit, in der die „Blockflöten"-Diskussion ihrem Höhepunkt zutrieb, Gerüchte über eine Abspaltung von Teilen der ostdeutschen CDU kursierten und wegen der drastisch sinkenden Akzep-

---

39 Darin steckten freilich auch Gefahren: Zum einen trainierten die Überlebensstrategien in der Opposition zur Diktatur Eigenschaften und Verhaltensweisen, die in einer offenen, kommunikativen politischen Szenerie oft eher hinderlich waren: die Arbeit in kleinen Gruppen, den Zwang zur Konspiration, Mißtrauen usw.; zum anderen lief die Prominenz der Bürgerrechtler in der modernen Medienwelt auch Gefahr, schnell „verbrannt" zu werden.

40 So z.B. de Maizière, Korbella, P. Schmidt.

tanz der CDU in Ostdeutschland die Mehrheitsfähigkeit der Partei auf dem
Spiel zu stehen schien – stellten sich 16 bekannte sächsische Politiker aus
dem Reformlager demonstrativ hinter Generalsekretär Rühe, der den Zustand der ostdeutschen Landesverbände kritisiert und weitgehende Eingriffe der Bonner Parteizentrale in deren Organisations- und Personalpolitik
angekündigt hatte.[41]

Rühes Vorstoß war bei den ostdeutschen CDU-Landesvorsitzenden auf
heftigen Widerspruch gestoßen; die 16 Sachsen sahen hingegen darin den
einzig erfolgversprechenden Weg, um die Mehrheitsfähigkeit der Partei für
das Bundestagswahljahr 1994 zu sichern. In einer an den CDU-Bundesvorstand gerichteten Erklärung distanzierten sie sich von den aus ihrer Sicht
reformunfähigen ostdeutschen CDU-Landesvorsitzenden. Sie protestierten
zudem gegen de Maizières Versuche, die Differenz zwischen ihren Biographien und denen der „Blockflöten" zu verwischen, indem er sie alle zu
„gebrauchten DDR-Bürgern" stilisierte; für sie war das eine „unan-
nehmbare Beleidigung all jener, die persönliche Vorteile nicht mittels eines Unrechtsregimes erlangen wollten und daher für befristete Zeit Verzicht geübt haben".[42] De Maizières ohnehin angeschlagene Position wurde
durch diese Attacke noch weiter geschwächt; er legte kurz darauf seine
Ämter nieder.[43]

---

41 Rühe wollte z.B. die Führung der desolaten Ost-Landesverbände durch aus
   dem Westen entsandte, politisch legitimierte Generalsekretäre verstärken.
   Ohne sein Plazet sollte kein Landesgeschäftsführer mehr eingestellt werden
   dürfen.

42 Vgl. „Im Wortlaut: Aus Sachsens CDU", in: FR, 31.8.1991, sowie Die Welt,
   2.9.1991, FAZ, 2.9.1991. – Justizminister Steffen Heitmann, damals noch
   parteilos, schob eine eigene Erklärung nach, in der es hieß: Noch einmal hätten „die Funktionäre der Ost-CDU, die in besonderer Weise die Blockparteien-Vergangenheit repräsentieren, sich hinter de Maizière gesammelt und dessen Autorität und Persönlichkeit geschickt genutzt. Mit seiner Hilfe ist es ihnen gelungen, die Gesprächslage so zu verschieben, als handele es sich um
   ein Ost-West-Problem. Es handelt sich aber um eine Auseinandersetzung, die
   in der Ost-CDU seit der Revolution 1989 schwelt und die lediglich wegen der
   Wahlen im vergangenen Jahr nicht ausgetragen wurde. Herr Rühe hat endlich
   – m.E. spät genug – Partei ergriffen für die Kräfte der Erneuerung in der Ost-
   CDU." Nach Heitmanns Ansicht war die politische Zeit de Maizières vorbei;
   er sei ein Mann des Übergangs gewesen. Seine historische Rolle bei der deutschen Einigung könne zwar nicht hoch genug eingeschätzt werden. Die Regierung de Maizières habe aber auch „eine Politik der Bewahrung von DDR-
   Strukturen und -Haltungen verfolgt...die den mit der deutschen Einigung er-
   wünschten klaren Neuanfang im Osten erschwert" habe (s. Pressemitteilung
   des sächsischen Ministers der Justiz v. 2.9.1991).

43 Vgl. auch unten, Kapitel 8.2.1.

7.5.1. Der „Gesprächskreis 2000"

Die sächsische Reformergruppe versteht sich unterdessen als eine Art
Denkfabrik für die CDU. Ihr Diskussionsforum ist der „Gesprächskreis
2000", in dem aktuelle wie grundsätzliche Fragen häufig sehr kontrovers
und offen diskutiert werden. Zu diesem Kreis rechnen sich 20 bis 30 Personen aus allen Ebenen der sächsischen CDU – aus der Staatsregierung,
der Landtags- und Bundestagsfraktion, Bürgermeister und Landräte.

Der lose Zusammenhang festigte sich Ende Februar 1993 – 17 Monate
vor der Landtagswahl 1994 – zunächst unter der Bezeichnung „Sachsen
2000" zu einer Plattform, auch um dem in einer spektakulären Veranstaltung wenige Wochen zuvor aufgetretenen „Christlich-Konservativen
Deutschland-Forum" (CKDF) das Feld der Außendarstellung der sächsischen CDU nicht zu überlassen und um selbst Einfluß auf deren Politikformulierung und Programmdiskussion zu nehmen.[44]

Damit hatten sich in der sächsischen CDU jenseits der üblichen Parteigliederungen zwei Gruppierungen herauskristallisiert, die „erklärter-
maßen auf die strategische Weiterentwicklung der künftigen Gesellschaft
(nicht nur Sachsens) Einfluß nehmen" wollten.[45] Allerdings zeigte sich

---

44   Im „Christlich-Konservativen Deutschland-Forum" hatten sich um den Leip-
     ziger Landtagsabgeordneten Dr. Wolfgang Nowak rechtskonservative Kräfte
     gesammelt, die ihre Positionen auch in die Programmdiskussion einbringen
     wollten. (Nowak war selbst Mitglied der vom sächsischen CDU-Landes-
     verband eingesetzten Programmkommission, die unter dem Vorsitz des ersten
     stellvertretenden Vorsitzenden, Dr. Fritz Hähle, ein Programm mit dem Titel
     „Sachsen 2000" erarbeiten sollte.) Das CKDF beklagte die „Profillosigkeit"
     der CDU, ihre Anpassung an den Zeitgeist, den Verlust konservativer
     Wertorientierungen. Es setzte sich für das Rückkehrrecht der deutschen Ver-
     triebenen ein, forderte die gleichberechtigte Teilnahme der Bundeswehr an
     allen Aufgaben der Vereinten Nationen, den Verzicht auf eine dirigistische
     Industriepolitik zugunsten großer Konzerne und lehnte den Ausstieg aus der
     Kernenergie ab. – Von dieser Gruppierung, ihren „konservativen Umbaustra-
     tegien" und „rückwärtsgewandten Orientierungsversuchen", grenzten sich die
     Reformer eindeutig ab.
45   So Die Welt, 20.3.1993. – Nach der Einschätzung von Markus Lesch hatte
     sich einerseits die Plattform der Reformer deutlich vergrößert; ihre Positionen
     seien aber derzeit wieder gefährdet. Offensichtlich hätten „viele Leute der
     neuen Gruppe nicht das beste Verhältnis zu ihrem Landesvorsitzenden Bie-
     denkopf...." und/oder müßten um ihre Zukunft fürchten. „Einige wissen nicht,
     ob sie in ihren Großstadtkreisen wiedergewählt werden, Dresdens OB Wag-
     ner hat in seiner Stadt Popularitätsprobleme, einer fühlt sich bei der Neube-
     setzung des Kultusministersessels übergangen. Und der Abgeordnete Band-
     mann wollte gegen Biedenkopf um den Landesvorsitz kandidieren und durfte
     nicht. ...Viele der Betroffenen, die sich heute ins Abseits gestellt fühlen,

schon sehr schnell, daß der Reformergruppe mit dem „Deutschland-Forum", dessen Protagonisten aus dem Leipziger Raum stammten[46], kein ernsthafter innerparteilicher Gegner entstanden war. So wiesen denn auch die Initiatoren des „Gesprächskreises 2000", Dr. Matthias Rößler, MdL, und Manfred Kolbe, MdB, darauf hin, die Konfrontation solle nicht überbewertet werden. Mit der Institutionalisierung des „Gesprächskreises 2000" sei keineswegs beabsichtigt, einen linken Flügel zu formieren oder sogar – wie der stellvertretende Vorsitzende Dr. Hähle argwöhnte[47] – ein satzungsmäßig nicht legitimiertes Gremium bzw. eine Konkurrenz zum Landesvorstand in der sächsischen CDU zu schaffen. Ihnen gehe es vielmehr um den inhaltlichen Diskurs. Ihre Anliegen hatten sie nach den beiden ersten Treffen im mittelsächsischen Grimma in 13 Grundsätzen formuliert und in einer Broschüre publiziert.[48] Zentral ist die Forderung nach ei-

---

wollen nicht vergessen, daß sie einen wesentlichen Anteil daran hatten, daß Biedenkopf aus der Universität Leipzig als Spitzenkandidat nach Dresden kam. Und sie wollen, als einstige Träger der friedlichen Revolution in der DDR, nicht in die politische Bedeutungslosigkeit abgeschoben werden." Insofern spricht Lesch auch von einer „Truppe der Enterbten".

46 Im Unterschied zum reformorientierten Dresdner Kreisverband war die Leipziger CDU eher konservativen Zuschnitts. Die Polarisierung zwischen Dresden und Leipzig geht z.T. auf eine überkommene Rivalität der ehemaligen Bezirksmetropolen zurück, z.T. konnten dort ansässige nationalkonservative Protagonisten ihren Einfluß in dem darniederliegenden Kreisverband ausbauen. Aus dem Leipziger Raum kamen auch der konservative Landtagsabgeordnete Volker Schimpff wie der damalige Fraktionschef Herbert Goliasch.

47 Die Resonanz der beiden Grimmaer Treffen in der Presse veranlaßte Hähle zu einem Schreiben an die Gruppe, in dem er schwere Vorwürfe gegen sie erhob. Er warnte sie davor, als selbsternannte Gruppe jenseits der gewählten Führungsgremien der Partei Weichen stellen zu wollen – programmatisch wie personell (durch Einflußnahme auf die Nominierung der CDU-Kandidaten für die Wahlen 1994). Der „Fahrplan zum Programm" sei auf dem 5. Landesparteitag beschlossen worden und für alle Parteimitglieder verbindlich. Der Landesvorstand wolle zwar keine Zensur ausüben; ein Veröffentlichungsrecht stünde aber noch nicht einmal den vom Landesvorstand bestellten Fachausschüssen zu. Hähle verstieg sich sogar zu der Befürchtung, es werde auf kaltem Wege ein Ersatzgremium für den Landesvorstand gebildet oder zumindest die Autorität des Landesvorsitzenden Biedenkopf angetastet. Die sächsische CDU könne – so Hähle – nur dann erfolgreich sein, wenn „Untergrund- und Grabenkämpfe" auch künftig vermieden würden (Dr. Hähle an „Liebe Freunde des 'Gesprächskreises Sachsen 2000'" 8.4.1993, in: „Gesprächskreis 2000" 1993).

48 Ebd. – Die Einzelbeiträge in dieser Broschüre sind von sehr unterschiedlicher Qualität. Interessant ist die Dokumentation des Schriftwechsels und des Presseechos im zweiten Teil. Sie eröffnet dem Leser „einen Blick hinter die Kulissen der offiziellen Parteipolitik". Wichtig seien nicht nur die Ergebnisse

nem politischen Neubeginn: Nach der Herstellung der staatlichen und politischen Einheit, bei der im wesentlichen das westdeutsche System transferiert worden sei, müsse nun die *innere Einheit* realisiert werden. Die deutsche Politik habe noch immer keine Antwort auf die historische Umwälzung der Vereinigung gefunden. An diesem Thema dürfe aber die CDU nicht scheitern (anders als die SPD, die 1990 nicht rechtzeitig erkannt habe, daß die deutsche Vereinigung auf der politischen Tagesordnung stand). Die CDU müsse vielmehr ihre Regierungsfähigkeit auch über das Jahr 2000 hinaus sichern. Dazu seien *gesellschaftspolitische Innovationen* – insbesondere in den Bereichen der Wirtschafts-, Wissenschafts- und Technologiepolitik – gefragt. Aber auch die CDU selbst müsse sich in der postindustriellen Mediengesellschaft gegenüber den Bürgern öffnen und ihren Politikstil modernisieren. Weil die Politiker aus dem Osten in allen Entscheidungsgremien auf Bundesebene in der Minderheit seien, müßten sie zudem *originäre Politikformen* entwickeln, um ihre Interessen auf gesamtstaatlicher Ebene nachdrücklicher zu vertreten.[49]

Die Arbeit des „Gesprächskreises 2000" entwickelte nach den beiden Grimmaer Treffen eine gewisse Eigendynamik. Interessant ist der Versuch, die „eigenartige Mischung von freiheitlich-liberalen, christlich-wertkonservativen und revolutionär-basisdemokratischen Anschauungen" als Innovationspotential für die Programmatik und den Politikstil der sächsischen CDU zu nutzen. Ganz bewußt wird die Heterogenität der Gruppe in Kauf genommen. Was in der Vergangenheit parteiinterne Spannungen verursacht habe, könne nun Synergieeffekte bewirken.

Thematisch konzentrierte man sich auf sieben Politikfelder[50]; in Projektgruppen wurden die Defizite der gegenwärtigen Situation in Ostdeutschland analysiert, Vorschläge für Problemlösungen erarbeitet und kurz- bis mittelfristige Aktionsprogramme entworfen. Im Ergebnis war nicht etwa ein eigenes Parteiprogramm angestrebt; man wollte sich vielmehr eine Grundlage erarbeiten, um sich mit ostdeutscher Spezifik in die Programmdiskussion der CDU in Sachsen und im Bund einzumischen. Die Transformationsprobleme in Sachsen und in ganz Ostdeutschland sollten deutlicher als bisher artikuliert werden.

---

interner Diskussionsprozesse, sondern auch „wie und unter welchen Bedingungen diese Politik entstanden ist und stattfindet" (ebd.: 2).

49 Vgl. DNN, 15.3.1993.

50 (1) Wirtschaft, Finanzen, Arbeit; (2) Innere Sicherheit, Kommunalpolitik, Wohnungsbau; (3) Bildung, Wissenschaft, Forschung; (4) Umwelt, Landwirtschaft; (5) Soziales, Frauen, Jugend; (6) Kultur, Medien; (7) Bund, Europa.

Diese strategische Perspektive deckte sich in der Grundtendenz und in vielen programmatischen Einzelheiten mit den „Anmerkungen und Alternativen zum Entwurf des Grundsatzprogramms der Christlich-Demokratischen Union Deutschlands", in denen Biedenkopf seine Kritik am Entwurf des CDU-Grundsatzprogramms und dessen Westbezogenheit formuliert hatte.[51] Gleichwohl zeigte die scharfe Tonart, mit der die Parteiführung die Initiatoren des „Gesprächskreises 2000" zur Rede stellte, daß sie im Interesse der Parteiintegration bzw. des Machterhalts bereits jeder Vorform einer möglichen Flügelbildung in diesem Spektrum entgegentrat, wohingegen sie das CKDF tolerierte. Von Biedenkopf konnten sich die Reformer daher nicht ermutigt fühlen.[52]

In der Bundes-CDU fanden die 13 Grundsätze eine zwar wohlwollende, insgesamt aber nur schwache Resonanz. Immerhin konnte Arnold Vaatz an der Ausformulierung des Konzepts der „ökologischen und sozialen Marktwirtschaft" maßgeblich mitarbeiten.[53]

Die Initiativen des „Gesprächskreises 2000" im Vorfeld des Hamburger Programm-Parteitages im Februar 1994 – sie wurden übrigens vom Leiter der CDU-Grundsatzprogramm-Kommission, Reinhard Göhner, ausdrücklich begrüßt[54] – stechen sowohl quantitativ, d.h., gemessen an der Zahl der Anträge, die über verschiedene Basisorganisationen in die Hamburger Programmdiskussion eingebracht wurden, als auch qualitativ hervor.[55] Wich-

---

51 Biedenkopfs Papier lag seit Februar 1993 vor. Wie dieser forderte auch der „Gesprächskreis 2000" eine Neuformulierung der Politik nach der deutschen Einheit. Sie wurde als Chance für eine Reform in Gesamtdeutschland angesehen, das nun – so Biedenkopf – ein „Aliud" sei. Innere Auseinandersetzungen darüber seien unvermeidlich. Denn: „Machtvolle Besitzstände müssen überwunden werden. Strukturen und Organisationsformen wie die sozialen Sicherungssysteme, das Verhältnis individueller zu kollektiver Verantwortung, die bundesstaatliche Ordnung oder die gegenwärtig praktizierten Folgen der Parteiendemokratie stehen auf dem Prüfstand." (Biedenkopf 1994). Mit Biedenkopf einig waren sich die „2000er" auch im Zweifel an der dauerhaften Möglichkeit exponentiellen Wachstums und bei der „Suche nach intelligenten Lösungen, die mit knappen Ressourcen verwirklicht werden können".

52 Vgl. dazu auch unten Kapitel 10.3.2.

53 Das Amt des stellvertretenden Vorsitzenden der CDU-Grundsatzprogrammkommission legte Vaatz im Januar 1993 aus Protest gegen die Freilassung Honeckers und die Einstellung des Prozesses gegen ihn nieder. – Gerade weil Gerechtigkeit ein Grundwert der CDU sei, erscheine ihm, angesichts des realen Umgangs mit der Gerechtigkeit, ein weiteres Theoretisieren über diesen Begriff in der Grundsatzkommission als Farce (vgl. FAZ, 19.1.1993).

54 Auf der Tagung des „Gesprächskreises 2000" am 17.11.1993 in Siebeneichen.

55 Protokoll des 5. CDU-Parteitags in Hamburg 1994, Anträge.

tig sind insbesondere auch die Anstöße zur Demokratisierung der Parteistruktur.[56] Aus der Kritik an den eingefahrenen und immer undurchsichti-
geren Mechanismen der innerparteilichen Willensbildung werden Forderungen abgeleitet, die über die Reformansätze der CDU in den westlichen
Bundesländern noch hinausgehen. Die CDU müsse von einer Gremien- zu
einer Bürgerpartei werden und sich nach außen hin stärker öffnen. Auch
Nichtmitglieder sollten in der CDU mitwirken können, ohne gleich beitre-
ten zu müssen. Die personelle Erneuerung der CDU müsse fortgesetzt und
das Führungspersonal verjüngt werden. Um die Parteiarbeit lebendiger zu
gestalten, sollten basisdemokratische Elemente eingeführt werden. Der
„Gesprächskreis 2000" forderte eine Änderung der Praxis der Kandidatenaufstellung, die Urwahl von Kandidaten auf allen Parteiebenen
sowie eine Abstimmung über die Reihenfolge der Listenplätze.

Weitere Forderungen betreffen u.a. die Berücksichtigung von Frauen
entsprechend ihrem Anteil an der Mitgliederschaft, einen „politischen Eh-
renkodex" für Amts- und Mandatsträger (d.h. Offenlegung ihrer Einkünfte,
Nebentätigkeiten und Firmenbeteiligungen), eine zeitliche Begrenzung der
Parlamentsmandate auf drei Wahlperioden, die Trennung von Partei- und
Fraktionsvorstand sowie eine Einschränkung der Ämterhäufung in der
Partei von der Kreisebene an aufwärts.

Auch die sächsischen Impulse konnten freilich die auf dem CDU-
Bundesparteitag in Bremen (1989) angestoßene, unterdessen ziemlich fest-
gefahrene Diskussion über die Parteireform nicht wieder in Bewegung
bringen; so wurde z.B. der von den sächsischen Delegierten auf dem Hamburger Parteitag 1994 eingebrachte Antrag zur Begrenzung der Amtszeit
(D 169) geschäftsordungsmäßig abgewiesen. Nach dieser Erfahrung gab es
auf dem „Reformparteitag" der CDU in Karlsruhe (1995) keine sächsischen Vorstöße in dieser Richtung mehr. Die Demokratisierung der Parteistrukturen steht – nicht nur in Ostdeutschland – nach wie vor auf der
Tagesordnung.[57]

---

56 Federführend für diesen Teil der Broschüre des Gesprächskreises 2000 war
    Veronika Bellmann.
57 Vgl. Protokoll des CDU-Bundesparteitages in Hamburg 1994, S. 329, 334.
    Zur Parteireform in der CDU vgl. Reichart-Dreyer 1996.

7.5.2. Strukturierungskonzepte der „Modernisierer" –
zwei Beispiele

„Wir sind weder links noch rechts, sondern innovativ" – mit diesem Stichwort brachte Dr. Matthias Rößler, einer der profiliertesten Sprecher des „Gesprächskreises 2000", das Selbstverständnis der sächsischen „Modernisierer" auf den Punkt.[58] Modernisierung bedeutete für sie zunächst in einem ganz praktischen und allgemeinen Sinn das Durchbrechen überkommener Machtstrukturen der Ex-DDR und die Modernisierung *aller* Bereiche der postsozialistischen Gesellschaft; mit der Umstrukturierung sollte auch ihre Zukunftsfähigkeit gesichert werden. Daß man sich nicht mit der bloßen Übernahme und Perfektionierung westdeutscher Erfolgsmodelle zufriedengab – dies galt selbst als „Restauration" –, sondern daß in einzelnen Bereichen für die ostdeutsche Transformationsgesellschaft originäre Umbau- und Reformstrategien verfolgt wurden, soll hier an zwei Beispielen deutlich gemacht werden, deren Stringenz hervorsticht: der Hochschulpolitik und der Wirtschafts- und Arbeitsmarktpolitik.

7.5.2.1. „Hinter Befindlichkeiten stecken Besitzstände"

Das eigentliche Anliegen der Herbstrevolutionäre von 1989 sei – so der sächsische Landtagsabgeordnete Dr. Matthias Rößler – die radikale Erneuerung in allen Bereichen der Gesellschaft, die Schaffung von Gerechtigkeit und Effektivität gewesen. Auf der anderen Seite habe es eine „breite Koalition der Besitzstandsträger" gegeben, „die ihre Positionen in der Verwaltung, im Bildungswesen und in anderen öffentlichen Bereichen zu bewahren suchte".[59]

---

58 MoPo, 2.3.1993. – Dem widerspricht nicht, daß es in dieser Gruppierung auch konservative Einsprengsel gibt, deren Interesse stärker der – Anfang der neunziger Jahre in der Union wiederbelebten – „Wertedebatte" gilt. Zu ihnen wären u.a. der (als Kandidat für das Amt des Bundespräsidenten designierte und gescheiterte) sächsische Justizminister Steffen Heitmann, Volker Bandmann, MdL, sowie Hans-Jörg Kannegießer, MdL, der sowohl im „Gesprächskreis 2000" als auch im „Christlich-Konservativen Deutschland-Forum" mitdiskutierte, zu rechnen.

59 Rößler 1992. Hieraus stammen, sofern nicht anders gekennzeichnet, auch die anderen Zitate in diesem Abschnitt.

Angesichts der geringen Effizienz des öffentlichen Dienstes, aber auch seiner Durchsetzung mit der SED-Klientel, mußte, nach Rößlers Auffassung, eine radikale Strukturreform stattfinden. Durch die demokratischen Wahlen des Jahres 1990 war zwar das Regierungssystem im engeren Sinne erneuert worden, die friedliche Revolution hatte aber nicht zu einem umfassenden Wechsel der Führungseliten in den gesellschaftlichen Subsystemen geführt (Bildungswesen, Wissenschaft, Parteien, Verwaltung und Wirtschaft). Der Abbruch des revolutionären Prozesses durch die letzte DDR-Regierung unter de Maizière und die Übernahme des westdeutschen Rechtssystems im Zuge der deutschen Vereinigung hätten vielmehr bestehende Verhältnisse konserviert. Die Bundesregierung habe sich von Beginn an zur Subventionierung vieler „inzwischen von der DDR-Nostalgie verklärten Daseinsformen" entschlossen; dies habe aber die instabilen Landesregierungen überfordert und ihre Reformfähigkeit beeinträchtigt.

Da die angestrebte Radikalreform im Ansatz steckengeblieben sei, gebe es nunmehr die Wahl zwischen dem Fortleben postsozialistischer Strukturen und der konsequenten Modernisierung aller gesellschaftlichen Bereiche.[60] Als hochschulpolitischer Sprecher der CDU-Fraktion im sächsischen Landtag nahm Rößler (er ist seit 1994 sächsischer Kultusminister) den Bereich der Hochschulpolitik zum Ansatzpunkt, um den Grundkonflikt zwischen Radikalreform und Besitzstandswahrung auszufechten.

Mit seinem Plädoyer für einen radikalen Neubeginn konnte er bei der Beratung des von der Staatsregierung im Frühjahr 1991 eingebrachten Hochschulerneuerungsgesetzes – in Abwesenheit Biedenkopfs und gegen den Willen des sächsischen Wissenschaftsministers Meyer – auch die Fraktion hinter sich bringen, die den Regierungsentwurf zunächst zustimmend zur Kenntnis genommen hatte. Es war dies tatsächlich der bis dahin einzige Fall, in dem sich die CDU-Fraktion gegen die Regierung Biedenkopf ohne Abstriche durchsetzte.[61]

---

60 Vgl. DNN, 15.3.1993.
61 Vgl. NZ, 4.12.1991. – Biedenkopf stellte sich nach seiner Rückkehr und nach einer Krisensitzung mit der Fraktionsführung in der Staatskanzlei hinter den Fraktionsbeschluß. Er selbst hatte übrigens in seiner Regierungserklärung allen Professoren, die Mitglied in der SED gewesen waren, das Recht abgesprochen, ihr Amt weiter auszuüben. – Hans Joachim Meyer war Bildungsminister in der de-Maizière-Regierung gewesen; mit dem Grundsatz „Bewahren und Erneuern" wollte er die vorsichtige Politik der Erneuerung als Wissenschaftsminister in Sachsen fortsetzen, stieß dort aber auf den Widerstand der CDU-Politiker aus den Reihen der „Erneuerer", die sich bereits an seinen Vorgaben aus Berlin die Zähne ausgebissen hatten. Vor seiner politischen Karriere war Meyer Professor für Anglistik an der Humboldt-Uni-

Rößler befürchtete, daß die erneuerungswilligen Kräfte an den Hochschulen sich gegen die starken Beharrungstendenzen und SED-Mehrheiten nicht durchsetzen könnten und daß mit der sofortigen Übernahme des westdeutschen Hochschulrahmengesetzes unter dem Deckmantel der Hochschulautonomie „Nischen einer autonomen Weiterexistenz geschaffen werden, in denen sich die dort existierende Spezies in die Zukunft hineinreproduzieren könnte". Rößler und mit ihm Vaatz forderten dagegen statt langwieriger Prüfverfahren zur politischen Vergangenheit die sofortige Entlassung aller 1200 Professoren und 2000 Dozenten aus der SED-Zeit und die schnelle Neuausschreibung aller Lehrstühle.

Für Rößler war der Kampf um die Erneuerung der Hochschulen nicht nur ein Kampf gegen die letzten „Wagenburgen des DDR-Sozialismus", sondern zugleich auch ein Pilotprojekt der „Abwicklung" mit exemplarischer Bedeutung für die sächsische Transformationsgesellschaft. Nach der Devise, daß Vergangenheitsbewältigung nichts bewege, wenn sie nicht Strukturveränderungen mit sich bringe, wurden daher im Hochschulsektor die Besitzstände flächendeckend in Frage gestellt. Die Möglichkeit dazu war den neuen Ländern durch die Bestimmungen des Einigungsvertrags gegeben, wodurch die Hochschulautonomie teilweise aufgehoben wurde. So fand in Sachsen eine Stasi-Überprüfung aller Hochschulangehörigen statt; die enttarnten Mitarbeiter wurden entlassen. Die „Professoren alten Rechts" konnten nur über ein neues Berufungsverfahren zu „Professoren neuen Rechts" werden. Dem waren zudem eine Personalkommission und eine Fachkommission vorgeschaltet, die die moralische Integrität und die fachliche Eignung überprüften.

Ziel der radikalen „Abwicklung" und der Bildung eines „Personal-Pools", aus dem dann die Neubewerbungen kamen – sie wurden durch unbelastete Bewerber aus dem Mittelbau und den Alt-Bundesländern ergänzt –, war es, die alten Netze und Abhängigkeitsstrukturen zu durchbrechen und neue Eliten an den sächsischen Hochschulen zu bilden. Dieses Verfahren, bei dem die DDR-Ordinarien entmachtet wurden, griff übrigens interessanterweise ganz explizit auf Erfahrungen mit der Hochschulreform

---

versität in Berlin gewesen. Dies mag sein zögerliches Vorgehen bei der Hochschulerneuerung mit erklären. Rößler warf ihm „kollegiale Höflichkeit" im Umgang mit einer „stalinistisch geprägten Professorenschaft" vor (vgl. FR, 18.5.1991).

Ende der sechziger Jahre bzw. auf Elemente der „Achtundsechziger"-Bewegung in den Altbundesländern zurück.[62]

Es ist nicht verwunderlich, daß diese Vorgehensweise bei den Betroffenen und ihren Interessenvertretern eine Protestkampagne auslöste. Mit der Berufung auf rechtsstaatliche Verfahren wehrten sie sich gegen die komplette Entlassung eines ganzen Berufsstandes. Dennoch hätten nach diesem Modell aus der Sicht der sächsischen Reformer Strukturveränderungen auch in anderen Bereichen der Gesellschaft stattfinden sollen – etwa in der öffentlichen Verwaltung, wo alte Strukturen auf der mittleren Ebene der Landratsämter und Gemeindeverwaltungen fortlebten bzw. gerade durch den Zwang zum öffentlichen Sparen wieder restauriert wurden.[63] Die Landkreisreform hätte einen Ansatzpunkt für einen solchen Neubeginn geboten. Dazu waren aber die Widerstände viel zu groß.

Auch Rößlers Reform im Hochschulbereich war nicht in der ursprünglich vorgesehenen Radikalität durchsetzbar, zumal sie durch die Zögerlichkeit des Ministers immer wieder abgemildert wurde. Auch in den Hochschulen scheuten selbst politische Kontrahenten von gestern nicht selten den offenen Konflikt; und überall dort, wo es um materielle Existenzen ging, bildeten sich neue Allianzen und Interessenkonstellationen heraus. Immerhin verzeichnete es Dr. Rößler als einen Erfolg, daß es in Sachsen jetzt mehr persönlich integre Hochschullehrer gebe als es bisher der Fall war. Zumindest im Bereich der Hochschulen und Forschungseinrichtungen sei der Versuch gelungen, einen neuen Politikansatz zu praktizieren, einen Strukturbruch zu erzwingen und eine neue funktionsfähige Struktur aufzubauen.

---

62   So hat an der Ausarbeitung des Modells ein früherer niedersächsischer ASTA-Vertreter mitgewirkt.

63   Ein Drittel der ostdeutschen Beamten wählte 1995 PDS (vgl. FAZ, 29.8.1995). – Der Personalabbau im Öffentlichen Dienst brachte gerade denjenigen Nachteile, die erst nach der Wende 1989 eingestellt worden waren. Sie wurden zuerst entlassen, weil sie aus den jüngeren Altersgruppen kamen und weniger Dienstjahre aufzuweisen hatten.

7.5.2.2. „Aktive Sanierungspolitik"

In der Wirtschafts- und Arbeitsmarktpolitik stellte sich die Transformationsproblematik auf andere Weise: Der Prozeß des Umbaus einer realsozialistischen Planwirtschaft in ein marktwirtschaftliches System war historisch einmalig und mit den Erfolgskonzepten der alten Bundesrepublik kaum steuerbar.

Ein Grundfehler der Analyse lag bereits darin, diesen Strukturbruch in eine Parallele zur Initialzündung der Währungsreform 1948 zu setzen, denn die Ausgangsbedingungen (Infrastruktur, Kapitalstock, Marktbeziehungen, institutionelle Funktionsbedingungen u.a.m.) waren nicht vergleichbar. Im Unterschied zum Nachkriegsdeutschland in den drei Westzonen ging es in der Ex-DDR nicht nur darum, Rahmenbedingungen für eine freie Marktwirtschaft zu schaffen, um deren Entfaltung zu gewährleisten.[64] Es mußten überhaupt erst einmal die Voraussetzungen für die Funktionsfähigkeit dieses Wirtschafts- und Gesellschaftsmodells geschaffen werden. Zudem war das Potential an unternehmerischen Kräften im Realsozialismus äußerst begrenzt; die Akteure der Marktwirtschaft (Unternehmer, Mittelständler, Selbständige) und ihr sozialkultureller Unterbau mußten erst entstehen.

Die Kritik des sächsischen Bundestagsabgeordneten Manfred Kolbe an der Transplantation der Marktwirtschaft auf die Ex-DDR richtete sich denn auch nicht gegen das erfolgreiche Wirtschaftssystem der alten Bundesrepublik, sondern gegen den Dilettantismus bei der Übertragung mit seinen dramatischen Folgen auf dem Arbeitsmarkt sowie gegen die Benachteiligung der ehemaligen DDR-Bürger.

In den drei Jahren nach der Wirtschafts- und Währungsunion war – so Kolbe – die Industrieproduktion im Osten Deutschlands auf rd. 20 Prozent der ehemaligen DDR abgesunken. Die „Entindustrialisierung ganzer Landstriche" sei Realität geworden. Die sozialen Verwerfungen würden durch hohe Sozialtransfers aufgefangen und kaschiert, könnten aber keine Dauerlösung sein. Strukturell sei im Osten Deutschlands eine „reine Filialwirtschaft" im Entstehen. Die Privatisierungspolitik der Treuhand ziele „leider oft nicht auf die Schaffung eigenständiger Unternehmen, sondern auf eine

---

64 Das wirtschaftspolitische Dogma, die dynamischen Kräfte des Wettbewerbs, die Einführung von Privateigentum und Konkurrenz, würden eine funktionierende marktwirtschaftliche Ordnung von selbst hervorbringen, konnte unter den Bedingungen der Transformationsökonomie in der Ex-DDR nicht greifen (vgl. Klinger 1994: 4).

rasche Vermarktung an West-Unternehmen" – sei es, um Einnahmen zu erzielen oder zum Zweck der Marktbereinigung. Mangels Eigenkapitals kämen Ost-Bürger kaum als Käufer in Frage; Eigentümer und Management ostdeutscher Betriebe residierten im Westen, während im Osten qualifizierte Arbeitsplätze verloren gingen und in Krisenzeiten die Tochterfirmen im Osten zu „Konjunkturpuffern" würden.

Im Ergebnis drohe „eine neue soziale Teilung: Eigentum und Kapital im Westen – Mieter und Arbeitnehmer im Osten". Kolbe kritisierte ferner, daß es in Bonn keinerlei Vermögenspolitik gebe, „um die 40jährige vermögensmäßige Benachteiligung der ehemaligen DDR-Bürger durch den Sozialismus zumindest abzumildern". Der Einigungsvertrag habe solche Unterschiede sogar noch verstärkt.

Im Aktionsprogramm forderte Kolbe eine „aktive Sanierungspolitik" mit dem Ziel, „die Unternehmen durch eine strategische und operative Neuausrichtung (nicht: Strukturkonservierung) wettbewerbsfähig zu machen und ihnen somit eine echte Chance am Markt zu geben". Treuhandmittel seien bisher nur in bescheidenem Ausmaß für diesen Zweck verwendet worden; der weitaus größere Teil sei in die Finanzierung von Verlusten und die soziale Gestaltung von Stillegungen geflossen. Eine aktive Sanierungspolitik setze aber – so Kolbe – „strukturpolitische Grundsatzentscheidungen" voraus und verlange wegen des hohen Finanzbedarfs und des ungewissen Sanierungserfolgs für eine Übergangszeit bis maximal ins Jahr 2000 die Beteiligung der öffentlichen Hand als dem maßgeblichen Eigentümer der zu sanierenden Unternehmen.

Richtige Schritte auf diesem Weg sah Kolbe in den Solidarpaktverhandlungen im März 1993, dem sächsischen ATLAS-Modell und der auch von Wirtschaftsminister Schommer befürworteten Industrieholding für förderungswürdige sächsische Firmen. Weiterhin forderte er die Schaffung und Erhaltung eigenständiger Unternehmen, die Unterstützung von Management-Buy-Out-Modellen und die zinsgünstige Vergabe von Existenzgründer-Darlehen.

Eine dritte Forderung betraf die Vermögenspolitik. Hier sollte der ostdeutschen Bevölkerung durch verschiedene Maßnahmen zumindest für eine Übergangszeit ein Aufholen ermöglicht werden. Daß Manfred Kolbe sich mit diesen Themen der Industriepolitik und der Vermögensbildung von der Wirtschaftspolitik der Bundesregierung und der Praxis der Treuhandanstalt absetzte, brachte dem früheren bayerischen CSU-Mann das wenig komfortable Image eines „Parteilinken" ein.

Kolbes Forderungen waren übrigens auch im „Gesprächskreis 2000" nicht durchgängig Konsens, zum einen, weil es auch hier Anhänger des marktwirtschaftlichen Dogmas von der Selbstregulierung im Spiel der freien Kräfte gab, die sein Plädoyer für zeitlich befristete staatliche Eingriffe nicht mittragen wollten, und zum anderen, weil eine noch stärkere Differenzierung der Investitionsförderung und Kreditvergabe nach Standorten, Zukunftsbranchen und möglichen Synergieeffekten gefordert wurde.

Die industriepolitischen Forderungen Kolbes wurden von der sächsischen Landesregierung (Biedenkopf, Milbradt, Schommer) weitgehend geteilt und, wie verschiedene Pilotprojekte zeigen, auch umgesetzt; das schloß aber nicht aus, daß im „Gesprächskreis 2000" über weitere Optimierungsstrategien nachgedacht wurde. Nirgendwo sonst in den neuen Ländern (mit Ausnahme von Berlin und Brandenburg) waren die Voraussetzungen für den Erfolg einer derartigen Struktur- und Innovationspolitik so günstig wie in Sachsen, wenngleich sie sich von der schwierigen Gesamtentwicklung nicht völlig abkoppeln konnte. (Auch aus gewerkschaftlicher Sicht nahm das Land Sachsen in dieser Beziehung eine Pionierrolle ein.[65])

Das Thema der Vermögensbildung in Ostdeutschland fiel hingegen angesichts der schwierigen Frage, wie die deutsche Einheit zu finanzieren sei, völlig unter den Tisch; es blieb den Sozialpolitikern der Union vorbehalten, gelegentlich darauf zurückzukommen.[66] Gleichwohl ist die Aufhebung der strukturellen Asymmetrie zwischen West und Ost in diesem Punkt eine zentrale Frage der sozialen Gerechtigkeit. Wird sie nicht angegangen, verfestigt sich eine Fehlstrukturierung mit längerfristig fatalen Konsequenzen für den deutschen Einigungsprozeß.

---

65 Die industriepolitischen Aktivitäten der ostdeutschen Länder (in denen die Landesregierungen, Unternehmerverbände und Gewerkschaften auf regionaler Ebene pragmatisch zusammenarbeiteten) wurden allerdings von der Bundesregierung und der Treuhandanstalt skeptisch beurteilt (vgl. Nolte 1994: 31-38; Wegner 1994: 14-23).

66 Arbeitsminister Blüm hatte diese Frage im Vorfeld des Dresdner Parteitags angesprochen (vgl. FAZ, 16.10.1991).

7.5.3. Resümee

Als Fazit der Frage nach den neuen Elitenpotentialen in der Sachsen-CDU bleibt festzuhalten: Die Bedeutung des „Gesprächskreises 2000" für die sächsische CDU geht über das, was er an programmatisch-konzeptionellen Vorschlägen zu den einzelnen Themenbereichen entwickelt hat bzw. noch entwickelt, tatsächlich weit hinaus. Politisch viel zu heterogen, um eine innerparteiliche Strömung zu repräsentieren oder um eine Fraktion zu bilden, stellt er eine informelle Struktur zur Verfügung, die als handelnder Faktor schnell aktivierbar ist. Sie kann sich im Teamwork einem breiten Themenspektrum nähern und kurz- wie mittel- oder langfristig Ergebnisse produzieren. Die breite Präsenz von Funktionsträgern aus allen Ebenen der sächsischen CDU bietet zudem eine gute Voraussetzung für die Publikation und Durchsetzung dieser Ergebnisse.

Diese querliegende Struktur ist vor allem deshalb interessant, weil die Landespartei kaum in Erscheinung tritt. CDU-Politik in Sachsen wird vor allem von der Staatsregierung und aus der Staatskanzlei heraus gemacht und von Kurt H. Biedenkopf in seiner Doppelfunktion als Ministerpräsident und CDU-Landesvorsitzender repräsentiert; hier liegt das Machtzentrum der Partei, das auch auf die Landtagsfraktion ausstrahlt. Unterhalb dieser Ebene residieren die Kreisvorsitzenden und die kommunalen Mandatsträger; auch ihre Macht ist in einer Partei mit landesweit absoluter Mehrheit, in der sich die Fraktion mehrheitlich über Direktmandate aus den Wahlkreisen konstituiert, sehr groß.

Gruppierungen bilden sich in der sächsischen CDU auf und zwischen den verschiedenen Parteiebenen zumeist in der Form von Interessenkoalitionen und „Beutegemeinschaften" und sind weniger mit politischen Richtungen, Flügeln, Strömungen identifizierbar. Der „Gesprächskreis 2000" versammelt quer dazu eine spezifische Mischung aus Intellektuellen, Bürgerrechtlern und politischen Pragmatikern, Sozialpolitikern und „Modernisierern", Wertkonservativen und Wirtschaftsliberalen.

Dieses Milieu, in dem längerfristige politische Perspektiven und neue Handlungsstrategien diskutiert werden, ist faktisch zum Reservoir für die Elitenbildung in der sächsischen CDU geworden; es stellt auch selbst ein dynamisches Element in der sächsischen CDU dar, das Selbstzufriedenheit und Stagnation der Mehrheitspartei entgegenwirkt.

Ein Vergleich der Elitenprofile der beiden Volksparteien in Sachsen zeigt, daß es der SPD auch nicht annähernd gelungen ist, in der Umbruchphase 1989/90 eine ähnlich artikulationsfähige Führungsgruppe für sich zu mobilisieren. Auch längerfristig wirkt sich die Integration der „Reformer" in die sächsische CDU als ein entscheidender struktureller Vorteil in der Parteienkonkurrenz aus, den die SPD in absehbarer Zeit wohl kaum aufholen dürfte.

Dabei war die Situation 1990 noch relativ offen. Es ist interessant, daß einige Aktivisten aus der „Gruppe der Zwanzig" und dem DA, die dann der CDU beitraten, zunächst auch andere Optionen durchgespielt hatten. Die Gruppierungen der Bürgerbewegung erschienen ihnen aber wegen ihres fluiden Charakters als zu unverbindlich und tendenziell politikunfähig.[67] Der SPD wurden wegen ihrer zwiepältigen Haltung in der nationalen Frage keine Chancen eingeräumt, Mehrheiten in den neuen Bundesländern gewinnen zu können[68] – eine Einschätzung, die sich bei den Wahlen voll bestätigt hat.

Um eine schleichende Rückkehr zu den alten Verhältnissen zu verhindern und sich aktiv an der Gestaltung einer neuen Politik zu beteiligen, engagierten sie sich in der CDU. Hier mußten sie allerdings zunächst einmal die alten Blockkräfte zurückdrängen und sich eine neue Plattform schaffen. Ohne die massive Unterstützung der Medien, aber auch des Konrad-Adenauer-Hauses, wäre ihnen das freilich nicht gelungen. Noch heute haben manche von ihnen das Gefühl nicht verloren, „Nagel im Kuhmagen" zu sein[69]; der gute Draht zu den Medien ist daher für sie eine Überlebensfrage.

Die Prägungen durch gemeinsame Erfahrungen mit anderen Kräften der Bürgerbewegung in der DDR-Opposition und persönliche Bekanntschaften aus der Wendezeit sind auch Jahre nach dem Umbruch noch nicht ganz abgestreift; parteipolitische Berührungsängste und Abgrenzungsmechanismen sind hier weniger ausgeprägt als in den Altbundesländern. Berührungspunkte zwischen CDU und SPD, die sich in Sachsen in vielen Fragen ohnehin kaum von der CDU unterscheidet, gibt es u.a. in Teilbereichen der Wirtschafts-, Bildungs-, Wissenschafts- und Technologiepolitik.

Zwischen dem Reformflügel der CDU und den Bündnis-Grünen gibt es mit dem Ökologie-Thema oder in kommunalpolitischen Fragen ebenfalls Schnittflächen. So wäre es unter anderen Voraussetzungen (sprich: einer

---

67   Dies gilt für den DA (Interview Dr. Rößler) wie für das Neue Forum (Interview Dr. Reinfried).

68   So wurde bei der Gründungsveranstaltung der SDP/SPD in Dresden die deutsche Teilung als Ergebnis der deutschen Schuld bezeichnet, die erst noch abgebüßt werden müsse (Interview Dr. Rößler).

69   Die Formulierung stammt von Arnold Vaatz, in: Der Spiegel 36/ 1991: 30.

besseren Ausschöpfung ihres Wählerpotentials durch die Bündnis-Grünen sowie einer Verbreiterung ihrer pragmatisch orientierten Akteursschicht) grundsätzlich denkbar, daß eine flexible CDU-Strategie in Sachsen die inhaltlichen Anknüpfungspunkte für eine schwarz-grüne Kooperation nutzen könnte. Sie müßte dann allerdings nicht wenige Probleme mit ihrer eigenen Basis in Kauf nehmen.

Im Parteiensystem der Bundesrepublik könnte ein erfolgreiches Modell „Schwarz-Grün" in Sachsen tatsächlich zu einer Koordinatenverschiebung führen, vor allem dann, wenn dies mit einer weiteren Schwächung einer noch mehr in die Mitte gedrängten, aber schwachen SPD und einem konstant bleibenden Anteil der PDS als Linkspartei einherginge.

8. Brandenburg: Strukturierung einer Oppositionspartei

Mit 29,5 Prozentpunkten erzielte die brandenburgische CDU mit ihrem Spitzenkandidaten Peter-Michael Diestel[1] bei den ersten Landtagswahlen in den neuen Bundesländern am 14. Oktober 1990 das niedrigste Ergebnis für die CDU in den neuen Ländern. Im Unterschied zu Sachsen, Thüringen, Sachsen-Anhalt und Mecklenburg-Vorpommern gelang es der CDU hier (als dem einzigen Bundesland im „Beitrittsgebiet") nicht, die Landesregierung zu bilden. Vier Jahre später, bei der zweiten Landtagswahl nach der Wende, am 11. September 1994 – dieses Mal mit dem Spitzenkandidaten Dr. Peter Wagner[2] – sackte ihr Stimmenanteil weiter ab, während die Stolpe-SPD die absolute Mehrheit der Stimmen und Mandate erringen konnte. Damit rückten die Chancen der brandenburgischen Christdemokraten, aus der ungeliebten Oppositionsrolle herauszukommen, in noch weitere Ferne.

Vergleicht man die parteipolitische Konstellation in Brandenburg und Sachsen, so erscheint sie hinsichtlich des Kräfteverhältnisses der beiden großen Volksparteien, deren Attraktivität für die Wähler sowie der Präsenz ihrer Eliten in der zweiten Wahlperiode in geradezu spiegelbildlicher Um-

---

1   Peter-Michael Diestel (Jg. 1952), Sohn eines NVA-Offiziers; Jurastudium in Leipzig, 1978 Diplom, Aspirant an der Sektion Rechtswissenschaft der Leipziger Universität, Justitiar der Agrar-Industrievereinigung Delitzsch, 1986 promoviert mit einer Arbeit zu Rechtsfragen der sozialistischen Landwirtschaft. Die begehrte Zulassung zum Rechtsanwalt erhielt er als einer der letzten von Justizminister Wünsche in der Endphase der Modrow-Regierung. – Diestels politische Karriere begann 1989 als Mitinitiator und Generalsekretär der CSPD, deren Gründungsaufruf er zusammen mit Pfarrer Hans-Wilhelm Ebeling formuliert hatte. Beide gingen dann in die (unter tatkräftiger Mitwirkung der CSU am 20. Januar 1990 ebenfalls in Leipzig aus der Taufe gehobene) DSU; Ebeling übernahm den DSU-Vorsitz, Diestel wiederum den Posten des Generalsekretärs (Interview Diestel). Nach der Volkskammerwahl bot de Maizière ihm das Innenministerium an, noch ehe die Koalitionsverhandlungen begonnen hatten (FAZ, 29.8.1990). In der brandenburgischen CDU war diese Personalentscheidung umstritten, wurde aber schließlich mitgetragen, weil man mit de Maizière hoffte, Diestel werde sich als „Stasi-Minister" die „Zähne ausbeißen" (Interview Dr. Wagner). Auf dem DSU-Parteitag am 30.6.1990 trat Diestel aus der DSU aus und schloß sich im August der CDU an.

2   Dr. Peter Wagner (Jg. 1946), kath., Kinderarzt, Mitglied der DDR-CDU seit 1980, seit Nov. 1985 Mitglied im Kreisvorstand der CDU Potsdam. Seit 1990/91 stellvertretender, zeitweise auch geschäftführender Landesvorsitzender der CDU Brandenburg, MdL seit Oktober 1990, CDU-Fraktionsvorsitzender seit September 1994.

kehrung. Die PDS ist in beiden Ländern ungefähr gleich stark und bildet die dritte politische Kraft.

Tabelle 9:   Landtagswahlen in Brandenburg und Sachsen 1990 und 1994
(Prozentanteile)

	LTW 1990		LTW 1994	
	Brandenburg	Sachsen	Brandenburg	Sachsen
CDU	29,5	54,4	18,7	58,1
SPD	38,2	19,1	54,1	16,6
PDS	13,4	10,2	18,7	16,5

Quelle: Landesamt f. Datenverarbeitung u. Statistik Brandenburg, Wahl z. 2. Landtag von Brandenburg am 11. September 1994. Endgültiges Ergebnis; Stat. Landesamt d. Freistaats Sachsen, Wahlen im Freistaat Sachsen 1994.

Die Landtagswahlergebnisse in Brandenburg und Sachsen 1994 sind als eindrucksvolle Vertrauensbeweise für die beiden „Landesväter" Stolpe (SPD) und Biedenkopf (CDU) – sozusagen als „landespolitische Personalplebiszite" – gewertet worden. Aus der Perspektive der Wählermotivations- und Einstellungsforschung betrachtet, ist dies durchaus plausibel.[3] Allerdings läßt sich die Entwicklung der CDU in den beiden Ländern (d.h. ihre Stärke in Sachsen bzw. ihre Schwäche in Brandenburg) nur erklären, wenn auch die längerfristigen, noch aus der Blockparteien-Vorgeschichte in die Nachwendezeit hineinragenden Wirkungen struktureller Faktoren und die Folgen parteistrategischer Entscheidungen nach 1989 mitberücksichtigt werden. Denn dadurch wurden – in den beiden Ländern auf jeweils unterschiedliche Weise – die Handlungsfelder, in denen sich die Parteiakteure bewegen und selbst wieder strukturierend wirken konnten, präformiert.

Nachdem im 6. Kapitel die Vorstrukturierung thematisiert wurde, sollen nun hier vor der Kontrastfolie des im 7. Kapitel dargestellten sächsischen Weges die Bemühungen der Akteure in der brandenburgischen CDU dargestellt werden, eine Perspektive als Oppositionspartei zu entwickeln. In den Abschnitten 8.1 bis 8.4 wird der Aufbau des Landesverbandes skizziert und unter den Aspekten der Elitenbildung und Organisationspolitik betrachtet. Danach wird im Abschnitt 8.5 ein Resümee gezogen, das auch einige Querverweise zur Entwicklung in Sachsen enthält.

---

3   Vgl. Schmitt 1995: 267 ff., 289 f., 294.

8.1. Die brandenburgische CDU in der Wendezeit

Die Bildung des „Neuen Forums" und der „Weimarer Brief" mobilisierten auch in den Bezirksverbänden Potsdam, Frankfurt/Oder und Cottbus größere Teile der CDU-Basis. Wie andernorts kam es auch hier zu einer Aktivierung zahlreicher Mitglieder in den Ortsverbänden, die ihre Aufgabe bis dahin weitgehend in der Pflege eher unpolitischer Formen des Zusammenhalts gesehen hatten.[4] Nach dem Sturz Göttings, der Wahl de Maizières zum neuen Vorsitzenden der DDR-CDU und dem Sonderparteitag im Dezember 1989 erklärten sich daher viele bis dahin passive CDU-Mitglieder zu einem stärkeren Engagement in ihrer Partei bereit. Die bisherigen Funktionsträger traten, ohne damit größeres Aufsehen zu erregen, in den Hintergrund.

So wurde – ganz unerwartet und ohne offenen Konflikt – der Kulturpolitiker Herbert Schirmer[5] zum ersten Vorsitzender des am 3. März 1990 in Potsdam neugegründeten brandenburgischen CDU-Landesverbandes gewählt. Schirmer war faktisch ein Kompromißkandidat, auf den man sich einigte, weil die alten Blockparteienfunktionäre nicht mehr kandidieren wollten oder sich ihnen andere berufliche Wirkungsfelder z.B. in der Wirtschaft erschlossen[6] und weil sich die Reformkräfte gegenseitig den

---

4 Interview Dr. Wagner. Seine Aussage wird durch die im ACDP vorgefundenen Briefe (Dr. Wagners u.a.) an den Parteivorstand bestätigt.

5 Herbert Schirmer (Jg. 1945) war vor der Wende in der DDR Buchhändler, dann Chefredakteur der kritischen Zeitschrift „Kulturreport", Dresden, sowie Mitarbeiter im Verlag der Kunst und ab 1989 in den Staatlichen Kunstsammlungen Cottbus. Seit 1986 war er Mitglied im CDU-Kreisverband in Beeskow, in dem auf eine Perestroijka-ähnliche Entwicklung in der DDR hingearbeitet wurde. Er hatte keine hauptberuflichen Parteiämter inne, wurde aber sehr schnell in die Leitungsgremien der Partei gewählt. Er war im Kreisvorstand, Vorsitzender des Kreis-Kultur-Aktivs und Mitglied des Bezirksvorstandes. In der Wendezeit wurde er am 1. Dezember 1989 überraschend zum Vorsitzenden des CDU-Bezirksverbandes Frankfurt/Oder gewählt, nachdem der bisherige Vorsitzende Wolf, der in einer Doppelfunktion auch Präsident des Bezirkstages war, innerhalb von zehn Minuten abberufen worden war. Schirmer war zu dieser Zeit bereits Mitglied des Neuen Forums für den Kreis Beeskow, das in seinem Haus gegründet wurde. – Aus Protest gegen die ausbleibende Erneuerung, das Übergewicht der alten „Blockflöten" und die Stasi-Vergangenheit einiger Landtagsabgeordneten verließ Schirmer die CDU bereits im Februar 1991; im Juni 1992 wechselte er zur SPD über. Seine Domäne blieb die Kulturpolitik; als Direktor des Burgmuseums von Beeskow war er maßgeblich am Aufbau des dortigen Kulturzentrums beteiligt (Interview Schirmer).

6 So etwa Albrecht Braemer, Burkhard Eisoldt, Ulrich Mehlmann, Wolfgang Haupt. Haupt war zeitweise noch als hauptamtlicher Mitarbeiter in der bran-

Vortritt überließen bzw. die Verantwortung für die Partei nicht übernehmen wollten.[7] Im Mittelfeld hielten sich freilich altbewährte und nun nachrückende Blockkräfte – z.B. Karl-Heinz Kretschmer oder Klaus Häßler – aus den Bezirksverbänden bereit.[8]

Nach der Schilderung Schirmers herrschte im Herbst 1989 in der Berliner Parteizentrale zwar eine „wahnsinnige Verunsicherung", aber auch eine noch kaum gebrochene Kontinuität. Als er sich nach seiner Wahl zum neuen Vorsitzenden des Bezirks Frankfurt/Oder am 1. Dezember 1989 – zusammen mit dem ebenfalls neugewählten Potsdamer Bezirksvorsitzenden Dr. Christian Seidel – dort in der Runde der zwölf Bezirksvorsitzenden vorstellte, sei ihm klargeworden, daß lediglich in zwei Bezirksverbänden, nämlich in Frankfurt/Oder und Potsdam, ein Personalwechsel an der Spitze stattgefunden habe. Dieser Eindruck verfestigte sich noch bei der Einstellung durch die Personalabteilung:

„Dort saßen ja die Alten, die das auch früher waren, die Kaderleiter, und dann noch andere, führende Köpfe, die ich zu dem Zeitpunkt noch nie gesehen hatte, und die stellten uns nun ein. Und die waren so verunsichert, weil – das war noch

---

denburgischen CDU beschäftigt. Er amtierte auch als geschäftsführender Vorsitzender in der Interimsphase bis zum Potsdamer Parteitag 1990.

7   Schirmer war über seine Wahl zum Landesvorsitzenden selbst wohl am meisten überrascht. – Als Kopf der Reformkräfte in Brandenburg galt der neue Potsdamer Bezirksvorsitzende Dr. Christian Seidel. Dr. Seidel zog sich jedoch schon bald zurück; er übernahm in der brandenburgischen CDU kein Amt und ist heute – wie Schirmer – Mitglied der SPD (Interview Schirmer, Interview Dr. Wagner; vgl. auch NZ, 16./17.6.1992).

8   Klaus Häßler (Mitglied der Block-CDU seit 1973, 1975-80 Ortsgruppenvorsitzender „Schwarze Pumpe" und Mitglied des Kreisvorstands Spremberg, 1975-90 Mitglied des Bezirksvorstandes Cottbus) hatte ebenfalls für den Landesvorsitz kandidiert, erreichte jedoch nicht genügend Stimmen. – Karl-Heinz Kretschmer (Mitglied der CDU seit 1975, 1981-86 Mitglied im Kreisvorstand Senftenberg, seit 1987 Vorsitzender des Berirksverbandes Cottbus) konzentrierte seine Ambitionen in der Folge stärker auf die Regierungs- bzw. Fraktionsebene. Nach der Landtagswahl vom 14. Oktober 1990 wurde er MdL und Vizepräsident des Landtages. Er mußte jedoch zurücktreten, weil ihm vorgeworfen wurde, er habe als Chef der Cottbuser Bezirksverwaltung ein Grundstück zu besonders günstigen Konditionen an seinen Bruder verpachtet (vgl. Der Spiegel 39/1991: 21). – Häßler, 1990 ebenfalls MdL, rückte ins Präsidium des Landtages auf und behielt diesen Sitz auch in der zweiten Wahlperiode. Auch ihm wird unterdessen eine Zusammenarbeit mit der Staatsicherheit zur Last gelegt. Häßler mußte deshalb auf dem Landesparteitag der CDU-Brandenburg am 2.12.1995 seine Kandidatur für den Landesvorstand zurückziehen. Seine Mitgliedschaft in der Landtagsfraktion wurde bis zur Entscheidung über einen evtl. Parteiausschluß suspendiert (vgl. Tagesspiegel v. 20.6.1996).

nie passiert, daß in so einer spontanen Aktion jemand zum Vorsitzenden gemacht wurde; und sie haben auch keine Courage gehabt, es rückgängig zu machen. ...Und dann saß ich plötzlich in so einem Raum, und alle kuckten auf mich wie auf so ein 'enfant terrible' – wo kommt denn der überhaupt her! Ich hatte keinen Namen in dieser Partei, ich war also völlig unbekannt, und da komme ich in diesen Raum und bin der neue Bezirksvorsitzende, jetzt brauche ich einen Arbeitsvertrag [...]. Das hat natürlich Staub aufgewirbelt, und der Personalchef, der damalige Kaderleiter, war sehr verunsichert."[9]

In Schirmers dreimonatiger Amtszeit als Vorsitzender des Bezirks Frankfurt/Oder wurden die Bezirksgeschäftsführer komplett ausgewechselt; auch im Potsdamer Bezirk gab es eine personelle Erneuerung. In Cottbus hingegen blieb – nach Schirmers Einschätzung – mehr oder weniger alles beim alten, was sich für die Entwicklung des Landesverbandes negativ auswirkte. Kaum zum Vorsitzenden des neuen CDU-Landesverbandes Brandenburg gewählt, avancierte Schirmer nach der Volkskammerwahl am 18. März 1990 in der de-Maizière-Regierung für 174 Tage zum Kulturminister[10] und war als Landesvorsitzender nicht mehr präsent.

Parallel zum mehr oder weniger brachliegenden Aufbau des neuen Landesverbandes liefen auch die Vorbereitungen für die Neubildung des Landes Brandenburg an. Die Räte der Bezirke hatten bereits am 16. Februar 1990 die Bildung eines gemeinsamen Koordinierungsausschusses mit neuen Fachausschüssen vereinbart und sich mit der Bitte um Hilfe bei der Länderbildung an den Ministerpräsidenten von Nordrhein-Westfalen, Jo-

---

9 Dieser habe – so Schirmer – bei der Ablösung Göttings eine „sehr undurchsichtige Rolle gespielt". Als oberster Kaderleiter habe er die besten Verbindungen zur Staatssicherheit gehabt. „Denn es konnte in der CDU niemand eine Führungsposition ohne den Segen der Staatssicherheit" besetzen. – Wie Schirmer sagte, sei er später selbst sehr verunsichert gewesen, weil er diesem Kader unverhofft in einer Berliner Dienststelle des Bundeskanzleramts wiederbegegnet sei (Interview Schirmer).

10 Schirmer hatte damals noch gehofft, die DDR könne „aufrecht und selbstbewußt in die kulturelle Einheit geführt werden". Er verfocht ein Übergangsmodell, nach dem in einem Zeitraum von zwei Jahren eine allmähliche Anpassung der kulturellen Infrastruktur Ostdeutschlands an den Westen vorbereitet werden sollte. Künstlerverbände warfen ihm allerdings ein viel zu geringes Durchsetzungsvermögen vor. Andererseits gelang es Schirmer, sich der Postenjäger aus seiner eigenen Partei, z.B. aus der „Arbeitsgruppe Kultur" im Ost-Berliner Landesverband, zu erwehren, die in die Spitzenpositionen der Kulturinstitutionen drängten. Schirmer sagte, er wolle sich gerade „absetzen von einer Praxis der Vergangenheit, in der sich eine alles beherrschende Partei den Staat zur Beute machte" (vgl. Der Morgen, 25.3.1991; Tagesspiegel, 6.7.1990).

hannes Rau, gewandt. Ein Verfassungsentwurf lag seit dem 22. April vor, spielte aber im folgenden keine Rolle mehr.

Nach der Auflösung der Räte der Bezirke durch den Volkskammerbeschluß vom 17. Mai 1990 wurden (nach namentlichen Vorschlägen der Parteien, die nach der Kommunalwahl vom 6. Mai 1990 die Mehrheit der Vorsitzenden in den Stadt- und Landkreisen stellten) drei Regierungsbevollmächtigte ernannt; aufgrund der politischen Mehrheitsverhältnisse gehörte nur einer von ihnen, der ehemalige Bezirksvorsitzende von Cottbus, Karl-Heinz Kretschmer, ein Altfunktionär mittleren Alters, der CDU an.[11] Während die Ressortleiter der in dieser Übergangsphase arbeitenden Bezirksverwaltungsbehörden vorrangig aus den in der Volkskammer koalierenden Parteien stammten, bestand im künftigen Land Brandenburg – anders als in Sachsen, wo der Koordinierungsausschuß ganz bewußt als Instrument der Doppelherrschaft und des Kontinuitätsbruchs eingesetzt wurde und wo sich im Vorfeld der Konstituierung des Landes Sachsen eine neue politische Elite konfigurierte – „ansonsten eine große strukturelle und personelle Kontinuität zu den aufgelösten Räten".[12]

Eine weitgehend unreflektierte Kontinuität alter Strukturen stellte sich auch in der am 14. Oktober neugewählten CDU-Landtagsfraktion her. So hatten von den insgesamt 27 Landtagsabgeordneten (13 Listenplätze, 14 Direktmandate) lediglich drei – nämlich die gerade erst aus der DSU übergetretenen Peter-Michael Diestel und Beate Blechinger sowie Martin Habermann, der erst im Februar 1990 in die CDU eingetreten war – keine Blockparteien-Vergangenheit. Ein gutes Drittel der Abgeordneten kam aus der Bauernpartei, die sich (ebenso wie der DA) auf dem zweiten Parteitag der brandenburgischen CDU am 25. August 1990 auf Landesverbandsebene mit der CDU zusammengeschlossen hatte.[13] Auch der in den Landtag

---

11   Zur politischen Biographie Kretschmers vgl. Anm 8, S. 198. – Kretschmers Ambitionen gingen so weit, daß er sich wenig später als selbsternannter Vertreter des künftigen Landes Brandenburg bei den Verhandlungen zum Einigungsgesetz ins Spiel brachte und damit auch seine weitere Karriere vorzubereiten suchte. Er mußte diese Position aber nach heftigen Protesten der beiden anderen Bevollmächtigten an Konsistorialpräsident Manfred Stolpe, später Spitzenkandidat der SPD als Ministerpräsident, abtreten (vgl. Kotsch 1995: 794).

12   Kotsch 1995: 794.

13   Grundlage dafür war für die DBD der Beschluß des Parteivorstandes der DBD vom 25.6.1990 sowie das Parteiengesetz der DDR vom 21.2/1.6.1990. Damit trat der CDU-Landesverband Brandenburg die Gesamtrechtsnachfolge des – noch rechtzeitig zum Zweck dieser Fusion gegründeten – DBD-Landesverbandes Brandenburg auf der Grundlage der Abschlußbilanz vom 31.8.1990 an. Mit der vermögensrechtlichen Zusammenführung wurde der

gewählte DA-Vertreter Dr. Gerhard Reinfeld war bis 1989 Mitglied der NDPD gewesen. Diese zusammengewürfelte Gruppe bezeichnete Dr. Wagner später resigniert – mit Blick auf ihre Fragmentierung und ihre Politikunfähigkeit – als ein Ergebnis der Wende, „mit dem wir leben müssen".[14]

Die personellen Entscheidungen für die Zusammensetzung der Landtagsfraktion und für den Spitzenkandidaten der CDU wurden auf dem insgesamt chaotisch verlaufenen zweiten Landesparteitag der brandenburgischen CDU in Werder am 25. August 1990 getroffen. Wie unberechenbar die Stimmungslage in den ersten Delegiertenversammlungen damals noch war, zeigte sich u.a. daran, daß der vom Vorstand präsentierte und mit den Parteigremien abgestimmte Vorschlag für die Landesliste völlig umgestürzt wurde. Unangefochten war lediglich Peter-Michael Diestel, der auf Vorschlag des Landesvorstands hin auf Platz 1 der Landesliste gesetzt worden war und zudem durchgesetzt hatte, daß seine Vertraute Beate Blechinger den zweiten Platz erhielt.

Diestels Nominierung zum Spitzenkandidaten war zwar im Vorfeld heftig umstritten; doch hatten es sowohl de Maizière als auch Wolfgang Haupt abgelehnt, die Liste anzuführen.[15] Dem bisherigen Landesvorsitzenden Schirmer, der als dezidierter Reformer galt, gelang es nicht einmal mehr, auf die Landesliste zu kommen. Der Listenvorschlag des Landesvorstands hatte ihm noch den dritten Platz eingeräumt, er wurde aber von den Delegierten herausgewählt.[16] Andere Bewerber, z. B. Kretschmer und Häßler aus dem Cottbuser Reservoir der Block-CDU oder der Landesvorsitzende der DBD und langjährige Volkskammerabgeordnete, Dr. Jürgen Meißner[17], rückten unversehens von hinten her auf. Kretschmer konnte

---

bisherige geschäftsführende Landesvorsitzender der DBD, Hans-Joachim Müller, beauftragt. Das Konto der DBD-Landesgeschäftsstelle wurde zum 30.11.1990 aufgelöst. Der dort vorhandene Geldbetrag sowie die Handkasse gingen auf die CDU-Landesgeschäftstelle über (Material CDU-LV Brandenburg, Akte „Parteitage"). Vermögensanteile, die in den Zuständigkeitsbereich der Regierungskommission zur Treuhandverwaltung der Parteivermögen fielen, sollten demzufolge durch den Bevollmächtigten der ehemaligen DBD in der zentralen Abwicklungsstelle der CDU getrennt geführt werden. – Zur Fusion der CDU mit der DBD vgl. auch oben S. 103 f.

14 Interview Dr. Wagner.

15 Ebd..

16 Nach Schirmers Darstellung wurde sein Name „in einer Nacht- und Nebelaktion" von der Landesliste gestrichen. Er habe schon damals wegen des ständigen Personalgerangels im Clinch mit der CDU gelegen (vgl. auch NZ, 17.6.1992).

17 Dr. Jürgen Meißner (Jg. 1940) war DBD-Mitglied seit 1967 und seit 1977 stellvertretender Vorsitzender des DBD-Bezirksverbandes Frankfurt/Oder.

sich einen Spitzenplatz sichern; nach der Landtagswahl wurde er Vizepräsident des Landtages und damit ranghöchster CDU-Politiker in Brandenburg.

Besonders beachtlich ist der Anteil der DBD-Vertreter im Mittelfeld des Listenvorschlages; unter den ersten 40 Plätzen hatte die DBD allein 17 – also knapp die Hälfte – besetzen können und in Werder mit ihrem Delegierten-Stimmenblock auch durchgewählt. Demgegenüber bildeten die DA-Leute eine verschwindende Minderheit.[18]

8.2. Von Schirmer zu de Maizière

Auf dem nächsten Landesparteitag stand das Problem an, den vakanten Landesvorsitz neu zu besetzen. Schirmer hatte seinen Rücktritt von diesem Amt Ende September 1990 erklärt; als geschäftsführender Vorsitzender amtierte jetzt Wolfgang Haupt.[19] Da der Schirmer-Vorstand aber auch vorher faktisch nicht existent war, hatten verschiedene Kreisparteien wie Kyritz, Rathenow und Brandenburg schon auf dem Parteitag in Werder Konsequenzen gefordert. Die Kyritzer schlugen eine Übergangslösung vor, die auf Zeit setzte und eine Form der potentiellen Rotation anvisierte. Der nächste Landesparteitag wurde aufgefordert, den Landesvorstand abzuwählen und statt dessen einen Landesparteiausschuß zu bilden, in den jeder Kreisverband einen Delegierten und je zwei bis drei Ersatzdelegierte entsenden sollte. Diese Delegierten sollten dann aus ihrer Mitte ein fünf- bis siebenköpfiges Präsidium wählen, welches die Aufgaben des Landesvorstandes amtierend übernehmen sollte. Ein Sprecher sollte die Aufgaben koordinieren, ein Landesgeschäftsführer die laufenden Geschäfte führen. Mindestens einmal in drei Monaten sollte der Landesparteiausschuß zusammentreten; auf diesen Treffen sollte eine Ab- und Neuwahl der Präsidiumsmitglieder möglich sein. Diese Konstruktion war bis zu dem Zeitpunkt gedacht, zu dem – nach Einschätzung des Landesparteiausschusses –

1976-90 war er Abgeordneter in der Volkskammer, danach, 1990 und wieder 1994, MdL in Brandenburg.

18   „Vorschlag des LV zur Nominierung der Kandidaten zur Landtagswahl am 14.10.1990" und „Auf dem Landesparteitag gewählte Kandidatenliste in der bindenden Reihenfolge" (Material CDU-LV Brandenburg, Akte „Parteitage").

19   Wolfgang Haupt (Jg. 1945), Dipl. Volkswirt, ehemals stellvertretender Vorsitzender des Rats des Bezirks für Handel und Verkehr.

kompetente CDU-Mitglieder für die Bildung eines Landesvorstandes be-
reitstünden. Kriterien für diese Kompetenz wurden freilich nicht genannt;
der Kyritzer Vorschlag wurde schnell ad acta gelegt.

Die ungelöste Führungsfrage und das schlechte Ergebnis der CDU bei
der Landtagswahl verstärkten den Unmut an der Basis. Hier kritisierte man
die Kluft zwischen den Kreisverbänden und der Parteileitung, die mangelnde Transparenz bei der Aufstellung der Landesliste und der Entscheidung für den Spitzenkandidaten Diestel, die schlechte Wahlvorbereitung
und das konzeptionslose Wahlprogramm[20], wodurch die Wahlniederlage
vorprogrammiert gewesen sei. Für den nächsten Parteitag wurden die Offenlegung der Mitgliederzahlen der Kreisverbände zur Kontrolle des vom
Landesvorstand vorgelegten Delegiertenschlüssels und eine stärkere Mitsprache der Kreisverbände bei der Aufstellung der Kandidatenliste gefordert. Mit der nächsten Landesvorstandswahl müsse nicht nur den Partei-
mitgliedern, sondern auch der Bevölkerung deutlich gemacht werden, daß
sich „die CDU von Altlasten einer ehemaligen Blockpartei restlos befreit"
habe.[21]

Am 27. Oktober 1990 fand dann im Jakob-Kaiser-Haus eine Beratung
de Maizières mit über 70 Vertretern der Kreisverbände statt, bei der festgestellt wurde, daß die derzeitige Struktur keinen arbeitsfähigen Landesvorstand garantiere und daß es zu einer effektiveren Zusammenarbeit zwischen dem Landesvorstand und den Kreisverbänden kommen müsse. De
Maizière erklärte sich nun nolens volens bereit, den Vorsitz des brandenburgischen Landesverbandes zu übernehmen.

Auf dem dritten Parteitag im Potsdamer Touristen- und Congreß-Hotel
(TCH) am 17. November 1990 wurde der neue Landesvorstand unter
de Maizières Führung gewählt; Dr. Wagner fungierte als sein erster Stellvertreter. Außerdem wurden drei weitere Stellvertreter, die dem Reformlager zuzurechnen waren (Rainer Eppelmann, Alfred Limberg, Burkhard
Schöps)[22], ein Landesschatzmeister (Dieter Dombrowski)[23] sowie 30 Bei-

---

20 Wahlprogramm (Material CDU-LV Brandenburg). Verantwortlich dafür
   zeichnete eine Programm-Kommission unter Leitung Dr. Wagners.
21 So etwa der CDU Kreisvorstand Forst/Lausitz, der sich mit der Forderung
   nach einer demokratisch gesicherten Wahlvorbereitung auch an Generalsekretär Rühe gewandt hatte. Ähnliche Protestschreiben liegen auch von anderen
   Kreisverbänden vor (Material CDU-LV Brandenburg, Akte „Parteitage").
22 Eppelmann und Schöps kamen aus dem DA; Limberg war langjähriges Mitglied der Block-CDU. Von Beruf Diplom-Pädagoge und Lehrer für Geschichte und Russisch, hatte er aus politischen Gründen seinen Beruf aufgeben und
   seinen Lebensunterhalt als Waldarbeiter verdienen müssen.

sitzer neugewählt. Landesgeschäftsführer wurde Dieter Willholz. Auf eine eingehende Vorstellung der Kandidaten für den neu zu wählenden Landes-vorstand hatte man aus Zeitgründen verzichtet. Die Tagungsleitung ver-wies statt dessen auf eine allen Delegierten vorliegende Aufstellung, aus der – erstmals auf einem CDU-Parteitag überhaupt – detaillierte persönli-che Angaben (Geburtsdatum, Beruf) sowie die Zuordnung zu den Bundes-tagswahlkreisen und Kreisverbänden ersichtlich waren.[24] Allerdings ent-hielt die Aufstellung – im Unterschied etwa zur sächsischen Praxis – kei-nerlei Hinweise auf die politische Herkunft oder Sozialisation der Kandida-ten (Eintrittsdatum in die CDU, DBD- oder DA-Herkunft). Da sich die Delegierten[25] untereinander kaum kennen konnten, was sich schon an der häufig falschen Schreibweise der Namen ablesen läßt, war dies ein kaum

---

23 Dieter Dombrowski, in der DDR als Zahntechniker ausgebildet, hatte dort längere Zeit im Gefängnis verbracht. Nach West-Berlin freigekauft, wurde er Vorsitzender der Jungen Union in Berlin; er war ein Vertreter des rechten Flügels in der Berliner CDU und zeitweise enger Mitarbeiter des Bundestags-abgeordneten Peter Kittelmann. Als einer der ersten „Wessis" ging er (wohl kaum ohne Absprache mit Politikern aus der Berliner CDU-„Betonfraktion") zur brandenburgischen CDU. In dieser ersten Übergangsphase nach der Wende, in der sich die alten Strukturen auflösten und noch nichts Neues ent-standen war, spielte Dombrowski hier eine wichtige Rolle. Denn er verfügte in einer Zeit, in der nur eine schlecht funktionierende Kommunikations-technik vorhanden war, über eine hochmoderne Satellitenverbindung, mit de-ren Hilfe man überallhin telefonieren konnte. Diese Verbindung wurde als ein Modellprojekt von Berlin aus eingerichtet und finanziert.

24 Die Berufsangaben sind unvollständig und viel zu ungenau, um eine Aufglie-derung nach sozialstrukturellen Merkmalen vornehmen zu können. Unter den 30 gewählten Beisitzern finden sich immerhin fünf MdL, ein (späterer) MdB, Personal aus CDU-Geschäftsstellen- bzw. dem Parteiapparat und den Verei-nigungen, mehrere Angestellte (in staatlichen Behörden, Verwaltungen und Wirtschaft), Kommunalpolitiker, eine Lehrerin, ein Hochschullehrer, ein LPG-Vorsitzender sowie ein adliger Wiedereinrichter aus dem Westen. Al-tersmäßig dominiert die Gruppe der in den 40er Jahren Geborenen, also der nunmehr etwa 40-50jährigen; geringer (etwa halb so groß) ist der Anteil der Jüngeren, aber auch der in den dreißiger und endzwanziger Jahren Gebore-nen. – Von 30 gewählten Beisitzern waren 14 Frauen. Die Wahlkreise im südlichen Teil Brandenburgs und der Mitte waren stärker repräsentiert als der Norden. (Vgl. „Kandidaten für den neu zu wählenden Landesvorstand", Ma-terial CDU-LV-Brandenburg, Akte „Parteitage".)

25 Die Zusammensetzung der Delegierten läßt sich aus den eingesehenen Akten z.Zt. nicht adäquat rekonstruieren. Eine Notiz in den Akten läßt indes darauf schließen, daß der alte Vorstand einen relativ hohen Anteil (mit 71 etwa ein knappes Drittel) der Parteitagsdelegierten stellte. Nur 20 der insgesamt 228 Delegierten kamen aus dem DA. Bei der regionalen Verteilung überwiegt der Anteil der Delegierten aus dem Bezirk Potsdam, gefolgt von Cottbus, dann Frankfurt/Oder (Material CDU-LV Brandenburg, Akte „Parteitage").

zu übersehendes Versäumnis. Immerhin konnten sich bei dieser Wahl drei profilierte DA-Vertreter (Rainer Eppelmann aus Berlin und Burkhard Schöps aus Cottbus als zwei der drei Stellvertreter des Landesvorsitzenden sowie Kerstin Claubert, die bei der Wahl der Beisitzer gut abschnitt) auf den vorderen Plätzen behaupten.

Die Straffung des bis dahin viel zu großen und völlig unübersichtlichen Vorstandes, der nach der Fusion mit der DBD und dem DA am 25. August 1990 durch die Entsendung von 15 DBD- und fünf DA-Vertretern noch weiter angeschwollen war, bildete einen ersten und wichtigen Schritt zur Reorganisation der Partei; er wurde nun fast um die Hälfte – von bisher 70 auf 38 – verringert.[26] Grundlage dafür war eine Änderung der auf dem Gründungsparteitag am 3. März 1990 beschlossenen Satzung.

Die Satzungskommission, in die vor allem der Bonner Justitiar der CDU, Peter Scheib, seinen Sachverstand einfließen ließ, wurde beauftragt, ihre Arbeit fortzusetzen und eine neue Satzung auszuarbeiten, die mit den Bestimmungen des Parteiengesetzes vom 24. Juli 1967, das nach der deutschen Vereinigung am 3. Oktober auch in den neuen Bundesländern galt, und dem Statut der Bundes-CDU kompatibel war und zudem die praktischen Erfahrungen der Parteiarbeit der CDU mit einbezog. Zu der Frage der Organisations- und Finanzstruktur sollte explizit auch der Beschluß „Moderne Parteiarbeit in den neunziger Jahren" berücksichtigt werden, den man auf dem Bremer Parteitag der CDU im September 1989 beschlossen hatte und der auch in der Bundes-CDU noch keineswegs umgesetzt worden ist. Ein satzungsgebender Landesparteitag war für die zweite Septemberhälfte 1991 geplant. Bis dahin sollte die CDU in allen Gemeinden, Städten und Stadtbezirken, in denen es noch keinen örtlichen CDU-Verband gab, präsent sein und Vorstands- und Delegiertenwahlen nach den neuen Bestimmungen durchgeführt haben.

---

26 Vgl. auch FAZ, 19.11.1990. – Zwei Tage vor dem Parteitag, am 15. November 1990, hatte eine Sitzung des CDU-Landesvorstands Brandenburg in Berlin stattgefunden, auf der die Vorstandsfrage diskutiert wurde. In der Vorlage dazu heißt es, Größe, Zusammensetzung und Legitimation des Landesvorstandes entsprächen zur Zeit nicht den Vorschriften des bundesrepublikanischen Parteiengesetzes. Struktur, Umfang, Verantwortlichkeit und Legitimation müßten schnellstmöglich neugestaltet werden. Dabei sei „unter Berücksichtigung landesspezifischer Gegebenheiten und aus Kostengründen eine Anpassung an Struktur und Umfang des Bundesvorstandes der CDU Deutschlands sowie der Vorstände vergleichbarer Landesverbände anzustreben". Aus diesem Grunde wurde den Vorstandsmitgliedern eine persönliche Erklärung zum Verzicht auf ihr Amt abgefordert (Material CDU-LV Brandenburg, Akte „Parteitage").

8.2.1. „Abwicklung" und Umbau des Parteiapparats

Auf den neuen Vorstand kam nach dem Super-Wahljahr 1990 die höchst
undankbare Aufgabe zu, den aufgeblähten hauptamtlichen Parteiapparat zu
verkleinern, einen Großteil der bisherigen Mitarbeiter in die Arbeitslosigkeit zu entlassen, Sozialpläne und Abfindungszahlungen bereitzustellen.[27]

Nach dem Verzicht der Bundes-CDU auf das Blockparteienvermögen
Ende 1990 hatte der Landesverband keine eigenen Ressourcen mehr und
war völlig auf die Bundespartei angewiesen. Die Einnahmen aus dem eigenen Beitrags- und Spendenaufkommen[28] reichten auch nicht ansatzweise
hin, die immensen Kosten aufzufangen, zumal die Landespartei noch mit
Altschulden aus der DDR-Zeit belastet war, für die man keine Regelung
getroffen hatte und die nun nicht über das Altvermögen abgedeckt, sondern
ebenfalls aus Mitgliederbeiträgen abzuleisten waren.[29] Die Strukturen des
Landesverbandes mußten auf eine bezahlbare Größe umgebaut werden;
man einigte sich daher darauf, mit je einer hauptamtlichen Kraft besetzte
Geschäftsstellen nur noch auf der Ebene der 12 Bundestagswahlkreise zu

---

27   Der Sozialplan belief sich auf eine Summe von 1,1 Mio. DM. Die Mittel da-
      für mußte die Bundespartei bereitstellen, die zu diesem Zweck Gelder aus
      dem Alt-Vermögen der Block-CDU einsetzte (vgl. Tagesspiegel, 15.3. 91,
      15.6.91).

28   Die Einnahmen der brandenburgischen CDU aus Mitgliederbeiträgen beliefen
      sich nach der Aufstellung im Organisationsbericht 1990 auf monatlich
      73.333,15 DM; sie wurden durch die Austrittswelle weiter geschmälert. An
      Spenden waren im Jahr 1989 lediglich 7.393 DM eingegangen.- Der Mit-
      gliedsbeitrag war mit monatlich durchschnittlich 3,95 DM relativ hoch ange-
      setzt (ACDP VII-011, 3900). – 1992 und 1993 hatten sich die Einnahmen der
      brandenburgische CDU aus Mitgliederbeiträgen auf jährlich ca. 600.000 DM
      reduziert; der Spendenbetrag war hingegen auf ca. 100.000 DM angestiegen.
      Die Partei schloß aber immer noch mit einem erheblichen Defizit ab und war
      noch längst nicht aus eigener Kraft lebensfähig.

29   Dies betrifft insbesondere die Kosten für noch nicht abgelöste Auftragsver-
      pflichtungen der Block-CDU für die „Alte Wache" – ein Posten, der die Lan-
      despartei bis heute belastet. Durch den politisch begründeten Verzicht der
      Bundes-CDU auf die Vermögenswerte der Block-CDU und das Fortbestehen
      der Verbindlichkeiten aus der alten Zeit hatte die brandenburgische CDU eine
      erhebliche Altverschuldung zu bewältigen.

unterhalten.[30] Konkret hieß das, daß von 144 hauptamtlichen Mitarbeitern 116 entlassen werden mußten.[31]

In Brandenburg war dieses Problem schwieriger zu bewältigen als in den anderen neuen Ländern, in denen die CDU an der Regierung war und damit auch über größere Ressourcen verfügte sowie Personalbedarf und Ausweichmöglichkeiten in anderen Bereichen hatte. Von daher erklärt sich die lähmende Wirkung, die hier von den Restrukturierungmaßnahmen ausging. Die dadurch mit ausgelösten Entsolidarisierungsprozesse haben die brandenburgische CDU in ihrer Entwicklung um einiges zurückgeworfen.

Die Abwicklung wurde vor allem vom stellvertretenden Vorsitzenden Dr. Wagner und einigen anderen Vorstandsmitgliedern durchgeführt. De Maizière selbst war aufgrund seiner Funktion als Stellvertreter Kohls, seines Bundestagsmandats und seiner Position als Vorsitzender der Grundsatzprogrammkommission kaum vor Ort, trug die Aktion jedoch mit. Er empfand allerdings – nach eigenen Worten – die Umstrukturierungs- und Finanzierungsprobleme in seinem Landesverband, insbesondere auch seine persönliche Verantwortung als Landesvorsitzender für die vertraglich gesicherten Gehalts- und Abfindungszahlungen und die drohende Zahlungsunfähigkeit des Landesverbandes, als so bedrückend, daß er ein größeres Entgegenkommen der Bundes-CDU einforderte.[32]

Immerhin hatte er die – ehrenwerte – Erklärung zum Vermögensverzicht der Block-CDU für die Landesverbände in der Ex-DDR mit zu verantworten; er hatte sich dabei aber auf Absprachen und Hilfeleistungen aus Bonn verlassen. Damit war der Konflikt vorprogrammiert; denn die von der Bundespartei transferierten Gelder reichten allenfalls zur Aufrechterhaltung eines minimalen Geschäftsbetriebs, nicht aber zur Finanzierung der schwierigen Aufbauphase nach der Wende. Um die Arbeitsfähigkeit der darniederliegenden östlichen Landesverbände nicht noch weiter zu gefährden, verrannte sich de Maizière Ende August 1991 in einen offenen Streit mit der Bonner CDU-Spitze, in dem es um die Verteilung der den

---

30 Nach dem Stand vom 25. Mai 1990 waren in den drei Bezirks- und 41 Kreisgeschäftsstellen insgesamt 169 hauptamtliche Mitarbeiter beschäftigt. Dies bedeutete, daß die Kreisgeschäftsstellen häufig mit drei hauptamtlichen Mitarbeitern ausgestattet waren (ein Kreisgeschäftsführer oder Kreissekretär; ein Stellvertreter sowie ein weiterer Mitarbeiter).

31 Vgl. Dr. Wagners Bericht auf dem Kyritzer Parteitag am 23.11.1991 über die erste und bis dahin abgeschlossene Phase der Strukturveränderungen.

32 Interview de Maizière.

Ost-Verbänden zustehenden Mittel ging.[33] Fatalerweise verband er diese Attacke auf die Bundesgeschäftsführung mit einer Rücktrittsdrohung, die er wenig später wieder zurückzog; damit untergrub er selbst seine Position.

Die Finanzfrage war tatsächlich ein heikles Thema, denn sie betraf nicht nur die Posten aus der Abwicklungsmasse des CDU-Hauptvorstandes[34] und dem stattlichen Guthaben der Bauernpartei[35], sondern auch die Aufschlüsselung der Wahlkampfkostenerstattung für das Wahljahr 1990 sowie Transferleistungen nicht verbrauchter Zuschüsse an die Volkskammer auf die östlichen Landesverbände.[36] Dieser Streit brach jedoch zu einem Zeitpunkt auf, an dem die Auseinandersetzungen zwischen „Blockis" und „Reformern" vor allem in Sachsen kulminierten[37] und das Ansehen der aus dem Unterbau der Blockpartei in die Führungsriege der Ost-Verbände vorgerückten neuen Eliten bereits stark angeschlagen war.

De Maizières Position war inzwischen durch die „Czerni-Affaire" ohnehin so geschwächt, daß er nach dieser Kontroverse aufgab, zumal er weder von den anderen ostdeutschen Landesvorsitzenden noch aus der Bundestagsfraktion Unterstützung erhielt. Bis zum 30. September legte er sämtliche politischen Ämter nieder, auch sein Bundestagsmandat. De Maizières Rücktritt ist – nach seinem eigenen Eindruck – durch gezielt lancierte Presseinformationen aus dem Konrad-Adenauer-Haus an den „Spiegel" mitbefördert worden[38]; mit ihm habe man sich eines unbequemen Kritikers entledigt.

---

33 De Maizière ärgerte sich insbesondere darüber, daß die Misere des brandenburgischen Landesverbandes gerade von denen kritisiert wurde, die dafür mitverantwortlich waren.

34 Auf der fraglichen Bundesvorstandssitzung vom 30. August 1991 nannte de Maizière eine Summe von 26 Mio. DM als rechtmäßig erworbenes Vermögen der Block-CDU, die bei der Vereinigung in die Kassen der Bundes-CDU geflossen sei.

35 Ca. 4,7 Mio. DM.

36 Vgl. dazu auch oben Abschnitt 5.3.2.

37 Zu diesem Konflikt aus der Sicht der „Erneuerer" vgl. oben Kap.7.5.

38 Interview de Maizière. – Lt. FAZ v. 13.9.1991 hatte de Maizière den Verdacht, das Gerücht, er sei unter dem Decknamen „Czerni" Mitarbeiter der Stasi gewesen, sei dem „Spiegel" von Rühe bzw. dem Konrad-Adenauer-Haus zugespielt worden. Auch der ihm unterstellte, aber von ihm so nicht geäußerte Vorwurf an die Bundes-CDU, sie habe sich um die 26 Mio. DM aus dem Vermögen der Ost-CDU „bereichert", sei falsch. Diese Information sei dem „Spiegel" „gesteckt" worden, um sein (de Maizières) politisches und moralisches Ansehen zu ruinieren. Tatsächlich habe er moniert, daß man sich in der Bundesgeschäftsstelle über die Verwendung von 14 der insgesamt 26 Mio. DM aus dem „Erbe" der Block-CDU, die für Sozialpläne und Risikofälle in den östlichen Landesverbänden bereitgestellt worden seien, offenbar an

8.3. Von Kyritz bis Jeserig: Die Ära Fink (1991-1993)

8.3.1. Der Aufbau neuer Strukturen

Die ersten IM-Vorwürfe gegen de Maizière hatten bereits im Dezember 1990 gerade einen Monat nach seiner Wahl zum Landesvorsitzenden in der brandenburgischen CDU „wie eine Bombe eingeschlagen".[39] Entlastet durch den Bericht Schäubles im Innenausschuß im Februar 1991, nahm er seine Parteiämter, die er bis dahin hatte ruhen lassen, wieder auf. Als sich nun im September 1991 abzeichnete, daß de Maizière auch den brandenburgischen Landesvorsitz endgültig niederlegen würde[40], erklärte sich Dr. Wagner bereit, für eine Interimszeit bis zu den nächsten Vorstandswahlen dieses Amt zu übernehmen. Er machte allerdings zur Bedingung, daß er sich auf eine kleine Gruppe von Mitarbeitern stützen müsse, mit deren Hilfe die organisatorische Arbeit überhaupt nur zu bewältigen sei, da der Parteivorstand noch immer viel zu groß und faktisch handlungsunfähig war.[41] Er bemühte sich um eine effektive Aufgabenverteilung, die Schaffung einer neuen Struktur, um zu verhindern, daß die Partei auseinanderlief.

Das Schwergewicht der Parteiarbeit wurde nun auf die Organisationspolitik und den Aufbau eines funktionsfähigen Parteiapparats gelegt.

---

keine Abmachung mehr erinnern könne. Diese Version wurde auch von anderen Teilnehmern der Sitzung bestätigt. De Maizières Verhalten in der fraglichen Sitzung und danach wurde allerdings als naiv und letztlich inkonsequent betrachtet. – Zum Vorgang selbst vgl. auch Der Spiegel 36/1991: 26-31; 37/1991: 20-24.

39   Tagesspiegel, 18.12.1990.
40   Dr. Wagner wurde über die Rücktrittsabsichten de Maizières von dessen persönlichen Referenten Gerhard Wilkening unterrichtet. – De Maizière trat am 7. September 1991 zurück. Im Landesvorstand entbrannte daraufhin ein erbitterter Streit über die Frage, ob – wie de Maizière und große Teile der Basis es wünschten – mit dem Parteichef und seinem ersten Stellvertreter auch der gesamte Vorstand zurücktreten solle, um auf dem nächsten Parteitag das gesamte Führungsgremium neu wählen zu können und damit den Weg für einen Neuanfang zu ebnen, oder ob die vor einem Jahr für zwei Jahre gewählten Vertreter weiter im Amt bleiben sollten. Interessanterweise verweigerten selbst Eppelmann und Diestel de Maizière in diesem Punkt die Unterstützung. Über die Gründe dafür kann nur spekuliert werden: Entweder befürchtete man die totale Führungslosigkeit und die Zerstörung der wenigen bisher aufgebauten Strukturen oder, ganz schlicht, den eigenen Posten zu verlieren. (Vgl. Tagesspiegel, 15.9.1991.)
41   Die 38 Mitglieder des bis 1992 gewählten Landesvorstandes wurden dann vor dem Kyritzer Parteitag tatsächlich aufgefordert, ihre Mandate niederzulegen, um den Weg für die Neuwahl eines handlungsfähigen Vorstandes freizumachen.

Unterstützt wurde Dr. Wagner von zwei „Wessis" – dem späteren Generalsekretär Thomas Klein[42], den er als „Management-Berater" hinzuzog, sowie einem pensionierten und selbst nicht ambitionierten, aber professionel-
len Parteimanager aus der nordrhein-westfälischen CDU, der die Ge-
schäftsführung übernahm.[43] Auch aus der Berliner CDU kam materielle
Hilfe und „moderne manpower".

Der bisherige Geschäftsführer Kersten Radzimanowski – ein Mann aus
dem engen Umkreis de Maizières, der als Mitarbeiter des stellvertretenden
CDU-Vorsitzenden Wolfgang Heyl im November 1989 direkt daran beteiligt war, daß Götting gestürzt und de Maizière auf den Schild gehoben
wurde[44] – hatte gehen müssen, nachdem er von verschiedenen Seiten unter

---

42 Thomas Klein (Jg. 1959) war aus Heidelberg nach West-Berlin gekommen,
    wo er als Geschäftsführer der CDU-Wirtschaftsvereinigung Berlin-Branden-
    burg arbeitete. Er war auf derselben Jesuitenschule erzogen worden, die auch
    Heiner Geißler besucht hatte. Klein hatte Geschichte studiert, dann als Unter-
    nehmensberater gearbeitet. 1988 trat er in die CDU ein. Sein Engagement in
    der brandenburgischen CDU entsprang einem starken Interesse für die politi-
    sche und wirtschaftliche Entwicklung in Mittel- und Osteuropa (Interview
    Klein).

43 Interview Dr. Wagner. – Der Profi aus NRW, Landesgeschäftsführer Herbert
    Nolte (liebevoll „Opa Nolte" genannt), kümmerte sich auch um die schwieri-
    gen Finanzfragen.

44 Vgl. oben Kapitel 3. – Dr. Kersten Radzimanowski war Abteilungsleiter für
    Internationale Beziehungen beim Sekretariat des CDU-Hauptvorstandes; er
    war Wolfgang Heyl, der im Parteiapparat für die Beziehungen zum Ministe-
    rium für Staatssicherheit zuständig war, direkt unterstellt. Nach der Wende
    war er der letzte Staatssekretär im Außenministerium der Regierung de Mai-
    zière. Auf Vorschlag de Maizières wurde er Landesgeschäftsführer der CDU
    in Brandenburg (vgl. FAZ, 15.3.1991). – Radzimanowski hatte bereits seit
    1988 erwogen, den CDU-Apparat zu verlassen und nach Kuba oder Chile zu
    gehen; er bezeichnete sich selbst als Lateinamerika-Spezialist und Anhänger
    der „Theologie der Befreiung". In der DDR seien damals aber alle gebraucht
    worden, denn „die Entwicklung in der DDR trieb einer Entscheidung zu",
    und es ging nun darum, in welche Richtung sie gehen würde. Mit der Pere-
    stroijka sei das DDR-System am Ende gewesen. Radzimanowski stilisierte
    sich – mit Blick auf andere „Spezialerneuerer" – nicht als Widerstandskämp-
    fer gegen das DDR-System, obwohl er, wegen eines nicht veröffentlichten
    Artikels, vom alten CDU-Präsidium noch am 9. November 1989 fast aus der
    CDU ausgeschlossen worden sei. Er habe aber eine Veränderung gewollt,
    wenn auch nicht in offener Konfrontation zur SED. Der Einsatz als
    „Königsmacher" für de Maizière sei ihm sehr „reizvoll" erschienen. Es sei ein
    wirklicher Schnitt, keine Kosmetik, gewesen, und er habe sich mit allem, was
    ihm zur Verfügung gestanden habe, dafür eingesetzt. Es sei damals „um Mi-
    nuten gegangen". Radzimanowski schätzte in de Maizière „den Anwalt der
    einfachen Menschen, das reformierte Element, die Auffassung von 'Dienst',
    nicht des 'Anspruchs'" (Interview Radzimanowski).

Beschuß geraten war. Bereits seine Einstellung war im Landesvorstand sehr umstritten gewesen. Diestel warf ihm nun seine Vergangenheit als jahrelanger hauptamtlicher Mitarbeiter im Apparat der Götting-CDU vor. Er führe die Geschäfte der Landespartei in altstalinistischer Manier vom Schreibtisch aus und biete keinerlei Anreize für eine Erneuerung.[45]

Das Mißtrauensvotum, das die CDU-Landtagsfraktion (die freilich hinsichtlich ihrer personellen Zusammensetzung selbst kein Beispiel für eine Erneuerung der Partei war) im August 1991 gegen den Landesgeschäftsführer faßte, war offensichtlich auch eine Reaktion auf die heftige Kritik Rühes am Zustand der ostdeutschen CDU-Landesverbände, speziell an der Brandenburger CDU, mit der man weitere Maßnahmen der Bundes-CDU zuvorkommen wollte. Diestel war inzwischen selbst wegen seiner Amtsführung als letzter Innenminister der DDR und wegen des Kaufs eines Hauses am Zeuthener See ins Zwielicht geraten und leitete mit der Attacke gegen Radzimanowski (und damit faktisch auch gegen de Maizère) seinen Kampf ums eigene Überleben ein.[46]

Zwischen Diestel und de Maizière bauten sich in dieser Zeit Spannungen auf, die sich auch auf das Verhältnis zwischen Parteiführung und Fraktionsvorstand übertrugen; damit prägte sich eine Konfliktstruktur in der brandenburgischen CDU aus, die sich in den folgenden Jahren noch verstärken sollte.[47]

Es mußte nun ein neuer Landesvorsitzender (und potentieller Spitzenkandidat für die Landtagswahl 1994) gefunden werden – der dritte innerhalb von anderthalb Jahren. Aus den eigenen Reihen der brandenburgischen CDU kam, legte man die Kriterien Glaubwürdigkeit, Professionalität, Bekanntheitsgrad an, kein überzeugender Personalvorschlag zustande.

Bei Sondierungen Dr. Wagners im Westen kam durch die Vermittlung eines „Dahlemer Kreises" um Dr. Uwe Lehmann-Brauns (MdA) Ulf Fink ins Spiel. Fink interessierte sich schon des längeren für die Entwicklung in der DDR und besaß bereits zahlreiche Verbindungen zu Reformkräften im

---

45 Nach Ansicht Diestels war der Fall Radzimanowskis nicht primär auf das „Altlasten"-Problem zurückzuführen, sondern auf dessen unzulänglichen Führungsstil. „An dem Mann wäre die Partei peu à peu kaputtgegangen. Er hat in keiner Weise versucht, neuen Wind reinzukriegen und wenn, dann mit dem Holzhammer" (Interview Diestel).

46 Vgl. FAZ, 21.8.1991.

47 Interview Dr. Wagner. – Zu diesem Konflikt vgl. auch Abschnitt 8.5.

Berliner Raum.[48] Ihm als Vorsitzenden der CDU-Sozialausschüsse und stellvertretendem DGB-Vorsitzenden traute man genügend Ausstrahlung und soziale Kompetenz zu, um 1994 gegen Ministerpräsident Stolpe und die populäre Sozialministerin Regine Hildebrandt anzutreten.

In der Vorbereitungsphase für den 4. Parteitag am 23. November 1991 in Kyritz, auf dem der neue Vorstand gewählt werden sollte, kam es dann zu einer Kampfkandidatur zwischen Fink und Bundesfrauenministerin Angela Merkel. Sie spaltete die Landtagsfraktion in zwei Lager: Das eine votierte für Fink, das andere (nicht zufällig um Diestel[49]) für Frau Merkel, die ihre Bereitschaft zur Kandidatur allerdings erst relativ spät erklärt hatte.[50] Gegenüber dem „Wessi" Fink hatte sie aber den Bonus als „Ostfrau" mit DA-Vergangenheit; sie war (als designierte stellvertretende Bundes-

---

48   Ulf Fink (Jg. 1942), geb. in Freiberg/Sachsen, war lange Zeit einer der engsten Mitarbeiter des (von Kohl ausgeschalteten) CDU-Generalsekretärs, Heiner Geißler, in Rheinland-Pfalz wie in Bonn. Fink leitete die Hauptabteilung Politik im Konrad-Adenauer-Haus; 1979-1981 war er Bundesgeschäftsführer der CDU in Bonn. Auf Druck Kohls mußte sich Geißler 1981 von Fink trennen, der daraufhin nach Berlin wechselte, wo er 1981-1989 Senator für Gesundheit und Soziales war. Finks Interesse für die Entwicklung in der Ex-DDR ist z.T. auf seine Freiberger Herkunft zurückzuführen, z.T. auf den Einfluß seines Mentors, Hans Katzer, der ein Schwiegersohn Jakob Kaisers war. Schon seit Anfang der achtziger Jahre besaß Fink gute Kontakte zu Rainer Eppelmann und anderen DDR-Oppositionellen. Während einer Reise, die er als Bundesvorsitzender der CDA 1988 zusammen mit Betriebs- und Personalräten in die alte DDR gemacht hatte, war es ihm gelungen, ein gemeinsames Treffen von CDA-Angehörigen mit DDR-Dissidenten in der Ständigen Vertretung der Bundesrepublik in der DDR zustandezubringen. Unmittelbar nach dem Fall der Mauer – die West-Berliner CDU befand sich zu dieser Zeit in der Opposition – engagierte sich Fink für den Aufbau demokratischer Gewerkschaften und eines Standbeins für die CDA in Ostdeutschland und initiierte zusammen mit Reformkräften aus dem DA wie Eppelmann und Andreas Göpfert eine Vorform der Sozialausschüsse in der Ex-DDR (Interview Fink, Göpfert, Eppelmann; vgl. dazu auch oben Abschnitt 5.5.2.). Nach seiner Wahl zum brandenburgischen CDU-Landesvorsitzenden kündigte Fink an, sein Berliner Abgeordnetenhaus-Mandat niederlegen zu wollen; den CDA-Vorsitz, den er seit 1987 innehatte, und den Posten des DGB-Vize gab er aber, trotz heftiger Kritik aus den Reihen der westdeutschen CDA wie aus der brandenburgischen CDU, nicht auf.

49   Diestel bezeichnete Frau Merkel als „alte Freundin aus wilden Zeiten" (FAZ, 13.11.1991). Nach Ansicht von Beobachtern sah er in Fink einen gefährlicheren Rivalen; er nutzte zudem die Gelegenheit, um sein Image in Bonn aufzubessern.

50   Lt. Information v. Dr. Wagner hatte man sich schon früher für sie interessiert, sie hatte damals aber abgelehnt. – Zeitweise war auch Prof. Rupert Scholz aus Berlin im Gespräch.

vorsitzende) zudem die Favoritin Kohls und Rühes, deren Präferenzen von der Führung des Landesverbandes durchaus beachtet wurden.[51]

Auch die brandenburgische Landesgruppe der CDU/CSU-Bundes-tagsfraktion hatte sich für Angela Merkel ausgesprochen. Fink konnte sich aber in dieser Konkurrenz durchsetzen, weil sich die Mehrheit der Kreis-verbände (35 von 41[52]) sowie die Junge Union und die Frauen-Union be-reits zuvor auf seine Person festgelegt hatten; seine Wahl war insofern kein Zufall, sondern Ergebnis einer wochenlangen und systematischen Werbe-arbeit. Der Vorlauf dieser Meinungsbildung zeigt freilich, daß die Motive, die für die „Option Fink" den Ausschlag gaben, durchaus zwiespältiger Natur waren.[53]

In Kyritz schwang bei vielen Delegierten zudem ein emotionales Mo-ment mit, das Fink intuitiv erfaßte und in seiner Vorstellung aufgriff: die ambivalente Einstellung zum bundesdeutschen Politikstil, in der sich Be-wunderung für die „Macher", persönliche Enttäuschungen und Kränkun-

---

51 Rühe hatte im Vorfeld versucht, Fink von seiner Kandidatur abzubringen und war selbst massiv für Frau Merkel eingetreten. Er mußte jedoch einsehen, daß der Aufbau der Kandidatur Finks schon zu weit vorangeschritten war, um ihn ohne Beschädigungen für beide Bewerber abzubrechen. Weiterer Druck aus Bonn hätte nur noch kontraproduktiv gewirkt. So wurde denn auch kritisch vermerkt, daß Frau Merkel noch kurz vor dem Parteitag ein Schreiben an die Delegierten versandte, wofür vermutlich Informationen aus der Zentralen Mitgliederkartei verwendet worden seien. Lt. Dr. Wagner hat der Bundes-vorsitzende Kohl seinen Einfluß auf die Wahl nur indirekt geltend gemacht und keinen Druck ausgeübt. Kohl habe in einem Gespräch mit ihm nur Emp-fehlungen gegeben und Hilfe angeboten. Ansonsten beließ er es bei dem sar-donischen Rat, die Brandenburger müßten wissen, was sie täten und es dann auch zu Ende bringen (Interview Dr. Wagner).

52 Schwerpunkte der Unterstützung für Fink bildeten die Industriebezirke im Süden, die Gegend um Cottbus, Lauchhammer und Schwarze Pumpe sowie die Kreisverbände Strausberg, Seelow, Potsdam, Spremberg, Senftenberg und Oranienburg (vgl. FAZ, 23.11.1991).

53 Bereits am 4.10.1991 hatte in Cottbus eine Meinungsbildung der Kreisvorsit-zenden aus dem Süden stattgefunden. Michael Wonneberger, Obmann der brandenburgischen Gruppe in der CDU/CSU-Bundestagsfraktion, hatte dort die Parole „Keiner von außen" ausgegeben und Rainer Eppelmann vorgeschlagen; er erntete freilich heftige Proteste. Denn Eppelmann war als „Rühe-Mann" in der CDU-Brandenburg nicht durchsetzbar. Die Meinungs-führer aus dem Süden, aus Potsdam und Frankfurt/ Oder neigten schließlich der Fink-Lösung zu – sei es, daß sie ihre eigenen Kapazitäten realistisch ein-schätzten, sei es, daß sie einander den Erfolg neideten. Wonneberger trug den Stand der Dinge in Bonn vor; dort zeigte man sich in dieser Frage zunächst handlungsunfähig, zumal der Kanzler gerade außer Landes war. Als Kohl und Rühe sich Ende Oktober damit zu beschäftigen begannen und Angela Merkel wieder ins Spiel kam, war die Sache in Brandenburg bereits „gelaufen".

gen angesichts der „Blockflöten"-Kampagne mischten. Das Votum für Fink war insofern nicht nur eine Hommage an den westlichen Profi, sondern auch ein verhaltener Protest gegen die Demontage de Maizières und gegen die Bundespartei, die ihm keinen Rückhalt bot.[54] Die Kandidatin aus dem Osten verlor, weil sie als Kandidatin des Westens wirkte.[55]

Das Thema des Umgangs mit der Blockparteien-Vergangenheit war in Brandenburg zu diesem Zeitpunkt, als es in Sachsen schon fast ausgekämpft war, noch völlig unbearbeitet. Das zeigte sich in Kyritz gerade bei der Wahl der weiteren Vorstandsmitglieder: Rainer Eppelmann, als früherer DA-Vorsitzender in Potsdam erst vor einem Jahr zu einem der drei Stellvertreter des Vorsitzenden gewählt, fiel auf beschämende Weise durch. Grund dafür war die Erbitterung vieler Delegierter über seine im Vorfeld des Parteitages über die Medien transportierte Forderung, Altfunktionäre aus der Block-CDU sollten sich für eine Übergangszeit nicht für Spitzenämter der Partei bewerben, sondern eine Denkpause von drei bis vier Jahren einlegen: „Wenn jetzt nichts passiert, kann die Erneuerung noch zwanzig Jahre dauern."[56]

Fink selbst hatte es allerdings zur Enttäuschung der DA-Gruppe[57] im Vorfeld seiner Wahl versäumt, sich offensiv für seine Mannschaft einzusetzen. Es wurde für ihn auch in der folgenden Zeit nicht leichter, das polarisierende Thema Parteierneuerung anzugehen. Denn die notwendige Auseinandersetzung zwischen alten und neuen Kräften – in der brandenburgischen CDU wie in der postsozialistischen Gesellschaft – wurde durch die Querschüsse Diestels auf ein anderes Kampffeld, den Ost-West-Konflikt, umgepolt.[58] Diestel gelang es, sich als ostdeutsche Identifikationsfigur angesichts einer westdeutschen Überfremdung zu stilisieren, was ihm über Parteigrenzen hinweg, auch bei PDS- und SPD-Anhängern, eine gewisse Popularität einbrachte. Auf Druck der Jungen Union kam die verschleppte Frage, wie die brandenburgische CDU mit ihrer Blockparteien-

---

54 So die Deutung vieler Beobachter, die die Entscheidung für Fink – er hatte in seiner Vorstellung mit dem Dissens zu Kohl kokettiert – auch als ein an die Bundesspitze gerichtetes Signal werteten.

55 In der taz v. 25.11.1991 wird Angela Merkel sogar als Opfer eines brutal inszenierten Machtspiels bemitleidet. Sie habe „ihre politische Unschuld in den Dienst der ausgebufften, alten Männer aus dem Adenauer-Haus" gestellt.

56 Der Spiegel 39/1991: 22.

57 Interview Claubert.

58 Diestel ging schließlich so weit zu behaupten, die brandenburgische CDU sei keine „ostdeutsche Partei"; sie verdränge ihre Mitverantwortung für vierzig Jahre sozialistische Diktatur. – Vgl. dazu unten 8.5.

Vergangenheit umgehen solle, nach anderthalb Jahren und viel zu spät auf dem Parteitag in Schönermark am 8. Mai 1993 auf die Tagesordnung. Das Ergebnis der Abstimmung zeigte, daß sich die Mehrheiten in der Partei inzwischen deutlich verschoben hatten.[59] Für die Parteiführung war aber auch klar, daß sie, um einer weiteren Auszehrung der Partei entgegenzuwirken und für neue Mitglieder attraktiver zu wirken, nun die Notbremse ziehen mußte.

Neben der Neuwahl des Vorstandes brachte der Kyritzer Parteitag auch organisationspolitische Ergebnisse. So wurde die Satzung erneut geändert und der Landesvorstand weiter verschlankt; die Beisitzer wurden von 30 auf jetzt 16 reduziert. Noch vor gut einem Jahr hatte allein der Landesvorstand mit über 70 Personen ein Drittel der Stimmberechtigten gestellt.

---

59 Der von der JU eingebrachte Antrag verursachte – wie Dr. Wagner, damals Vorsitzender der Antragskommisson, berichtete – „Riesen-Bauchschmerzen. Ich habe mir gesagt, was soll das jetzt, kurz vor den Wahlen. Das reißt doch bloß wieder Wunden auf. Der hätte viel früher kommen müssen. Das ist auch jetzt noch meine Auffassung. Aber er ist notwendig..." (Wortprotokoll des Hennigsdorfer Symposions, Material CDU-LV Brandenburg). Der Antrag wurde dann von einer kleinen Arbeitsgruppe überarbeitet, umformuliert und, weil Tagungspräsident Habermann ihn umstandslos zur Abstimmung stellte, überraschenderweise auch mehrheitlich angenommen. Im nachhinein regte sich heftiger Widerspruch; einige empörte Parteimitglieder zogen bis vor das Parteigericht, wurden dort jedoch abgewiesen. – Aufgrund des Parteitagsbeschlusses veranstaltete der Parteivorstand zusammen mit den Kreisvorsitzenden am 2. Juni 1993 ein Symposion in Hennigsdorf, zu dem verschiedene Referenten geladen waren (u.a. der West-Berliner Politologe Manfred Wilke sowie der sächsische Umweltminister Arnold Vaatz). Im Ergebnis des Symposions setzte der Geschäftsführende Landesvorstand eine Arbeitsgruppe zur Umsetzung des Beschlusses von Schönermark ein, der auch ein JU-Vertreter angehörte. Am 18. Juni diskutierte der Landesvorstand dann die Ergebnisse der Arbeitsgruppe und faßte einen Beschluß. Ihm zufolge sollte es eine pauschale Verurteilung von Personen ohne die Betrachtung der Begleitumstände ihres Wirkens nicht geben. Ziel sollte es aber sein, objektiv als belastet angesehene Personen zu veranlassen, von sich aus auf eine Kandidatur zu verzichten. Der Verzicht brauche aber nicht von Dauer zu sein. Die Auseinandersetzung mit der Vergangenheit müsse grundsätzlich in den Orts- und Kreisverbänden erfolgen. Der Begriff „Belastung" wurde sehr weitherzig definiert. Als belastet wurde angesehen, wer gegen die Grundsätze der Menschlichkeit (z.B. auch Mitarbeit im Rahmen der Staatssicherheit) verstoßen oder sich daran beteiligt habe, eine Gewaltherrschaft aufrecht zu erhalten, oder wer seine Stellung in schwerwiegendem Maße zum eigenen Vorteil und zum Nachteil anderer mißbraucht habe. Zur Rechtsqualität dieses Beschlusses wurde festgestellt, er stelle kein Verbot dar, Personen in ein Parteiamt zu wählen oder als Kandidat für eine Volksvertretung aufzutreten (Fink an die Kreisvorsitzenden der CDU Brandenburg, 21.6.1993; Material CDU-LV Brandenburg).

Schaubild 4: Landesvorstand der brandenburgischen CDU (gewählt in Kyritz am 23. November 1991)

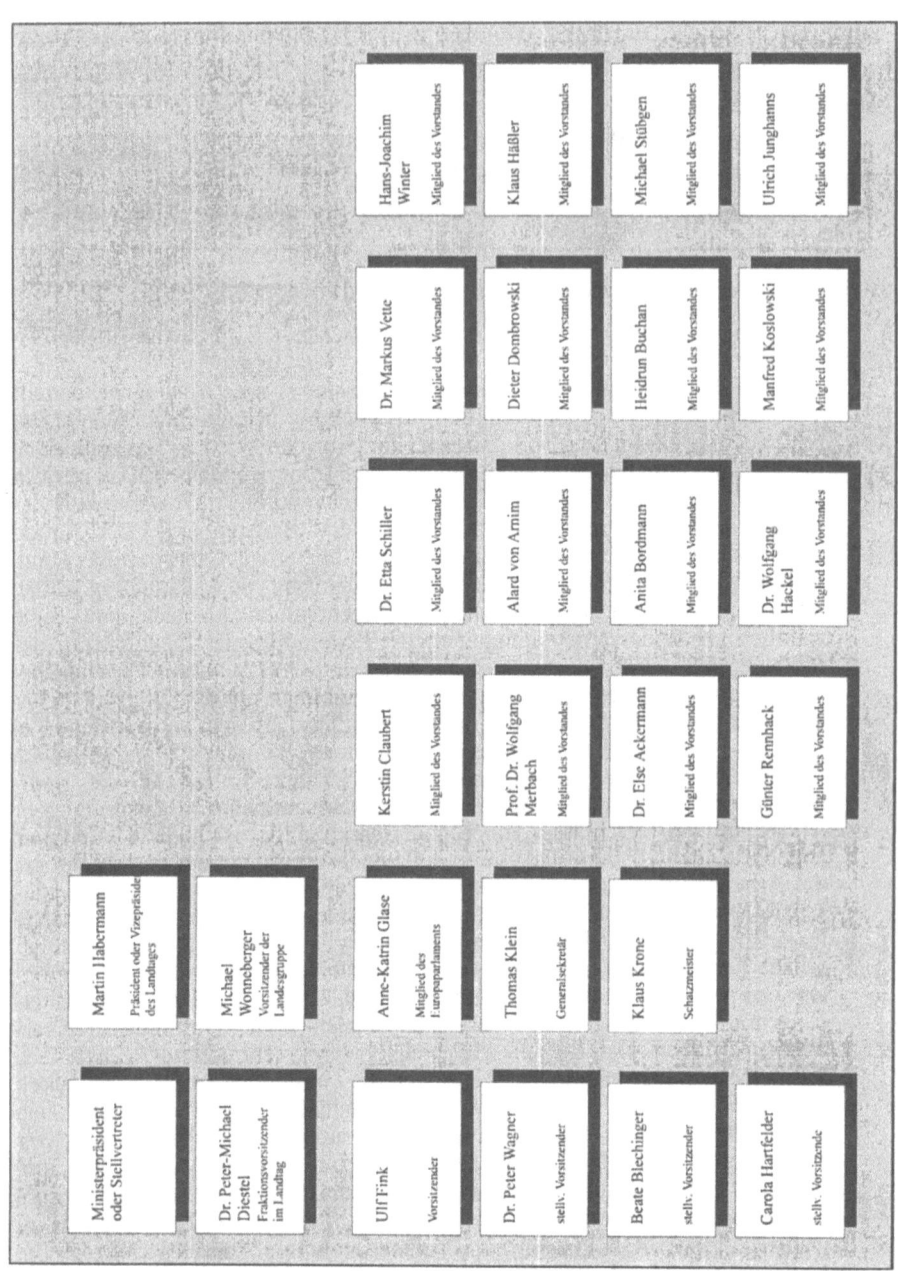

Quelle: T. Klein

Weitere Strukturierungsbemühungen wurden sichtbar in der Einrichtung von Landesfachausschüssen zu den Themen Schule und Bildung, Wissenschaft und Forschung, Arbeit, Soziales, Gesundheit und Frauen, Innenpolitik, Kommunalpolitik und Umweltschutz. Bisherige Erfahrungen mit Arbeitsgruppen und Suborganisationen hatten freilich gezeigt, daß die Arbeitsfähigkeit dieser Substrukturen noch längst nicht gegeben war; die Vereinigungen waren zwar von oben her komplett gegründet worden, flächendeckend aber nicht existent.

Die inhaltlichen Ausführungen des amtierenden Parteivorsitzenden Dr. Wagner bezogen sich auf die Entwicklung und das Selbstverständnis des Landesverbandes. Wegen des hier stark ausgeprägten bezirklichen Denkens sei es in Brandenburg schwerer als anderswo, eine Identität als CDU-Landesverband zu finden. Die Integration der verschiedenen Gruppierungen „zu einem einzigen Klangkörper" sei unterdessen weiter vorangekommen, wenn auch noch keineswegs beendet. Die Diskontinuität in der Parteiführung habe übrigens eine brisante Situation verursacht, in der kurzzeitig die Gefahr entstanden sei, daß die ohnehin nicht stabile Verbindung zur Basis abgerissen wäre.

Zur Frage der Parteierneuerung bezog Dr. Wagner eine ausgleichende Position: Das Eintrittsdatum dürfe kein Kriterium für die Einschätzung der Arbeitsfähigkeit eines Mitglieds sein. Pauschalverurteilungen von Altmitgliedern müßten unterbleiben; ebenso hätten die Neuen erst zu beweisen, daß es ihnen nicht nur um ihre eigene Karriere gehe. Ebenfalls auf das Thema Parteierneuerung eingehend, stellte sich der Fraktionsvorsitzende Diestel demonstrativ vor die drei Landtagsabgeordneten, denen nach der Überprüfung durch die Gauck-Behörde Verbindungen zur Staatssicherheit zur Last gelegt wurden.[60] Man gehe in Brandenburg in der Behandlung dieser Frage einen eher „untypischen Weg".

---

60 Es handelte sich um die Abgeordneten Johannes Winter (Cottbus), Marga Beck (Lübben) und Klaus Häßler (Cottbus). Häßler (vgl. Anm. 8, S. 198) erhielt auch 1994 wieder ein Landtagsmandat; er war innenpolitischer Sprecher der CDU-Fraktion und stellvertretender Fraktionsvorsitzender. Frau Beck, die der DDR-CDU seit 1959 angehörte, wurde 1994 nicht mehr nominiert. Winter legte sein Mandat nieder, nachdem eine Klage gegen ihn eingereicht worden war. Als Technischer Direktor des Cottbuser Theaters soll er seit 1970 Stasi-Spitzel gewesen sein. Alle drei Fälle waren von der Prüfkommission als „Grenzfälle" eingestuft worden; die Fraktion hatte sich hinter sie gestellt, nachdem alle drei in eidesstattlichen Erklärungen jede Stasi-Verpflichtung abgestritten hatten. Winter hatte allerdings wenig später selbst die Aufhebung seiner Immunität beantragt und gegenüber dem Berliner Landes-

Quer zu der Bruchlinie von Alt- und Neumitgliedern stellte sich in Kyritz das Ost-West-Problem, zumal gleich drei Mitglieder des neuge- wählten engeren Landesvorstands, nämlich der erste Vorsitzende (Fink), der Schatzmeister (Krone) und der Generalsekretär (Klein) aus West- Berlin kamen. Dieser Anti-West-Affekt überlagerte selbst tiefverwurzelte politische und regionale Differenzen. Daß er in Kyritz faktisch nicht zum Tragen kam, lag nicht zuletzt an dem dringenden Wunsch vieler Delegier- ter, die desolate Partei politisch-praktisch und finanziell zu sanieren. So blieb auch die Ankündigung Krones, er wolle sich der 2 Mio. DM Ver- bindlichkeiten der brandenburgischen CDU annehmen und eine Ent- schuldung herbeiführen, nicht ohne Wirkung. Krone wiederum präferierte Klein, den er als Geschäftsführer der Wirtschaftsvereinigung Berlin-Bran- denburg kannte, als ehrenamtlichen Generalsekretär.[61]

Der Einfluß Krones, der zugleich Chef eines Berliner Groß-Unterneh- mens und Vorsitzender der CDU-Wirtschaftsvereinigung Berlin-Branden- burg war, blieb in der brandenburgischen CDU auch weiterhin eine wich- tige Konstante. Fink war nicht der Favorit Krones, der lieber Dr. Wagner an der Spitze der brandenburgischen CDU gesehen hätte. Andererseits ließ sich das neugewählte „Triumvirat" (Krone, Fink, Klein) nach außen hin gut „verkaufen", weil darin die Unternehmer- und die Gewerkschaftsseite gleichermaßen repräsentiert waren.

Nach der Wahl Finks zum neuen Vorsitzenden der brandenburgischen CDU schien sich nun eine auch bundespolitisch interessante Konstellation zu eröffnen. Mit Biedenkopf und Fink hatten zwei dem „Modernisierer"- Flügel in der CDU zuzurechnende Rivalen Kohls in zwei wichtigen östli- chen Bundesländern eine Spitzenposition und damit die Chance zur Gestal- tung einer neuen CDU-Politik erhalten, und zwar zu einem Zeitpunkt, zu dem die CDU in den alten Bundesländern eine Wahlniederlage nach der anderen erlebte und auch organisationspolitisch wie programmatisch sta- gnierte.[62] Im Unterschied zu Biedenkopf konnte Fink jedoch die Rolle des CDU-Landesfürsten nicht durchhalten. Die Gründe dafür lagen nicht nur in

---

amt für Verfassungsschutz ein Schuldeingeständnis abgegeben, nachdem her- ausgekommen war, daß er nicht die Wahrheit gesagt hatte.

61   Die Fink-Befürworterin Kerstin Claubert plädierte noch in letzter Minute für die Wahl von Dr. Markus Vette zum neuen Generalsekretär, weil er aus dem Osten komme. Es gelang Vette jedoch nicht, sich gegen Klein durchzusetzen. Andere Interessenten für den Posten des Generalsekretärs (Michael Ney, El- mar Brok) waren schon im Vorfeld abgeschmettert worden.

62   Vgl. dazu auch Adam 1991.

seinem persönlichen Politikstil[63], sondern auch in der von Gräben durch-
zogenen und personell wie konzeptionell schwachen brandenburgischen
CDU selbst.[64]

So gelang es Fink nicht, die schon in der de-Maizière-Zeit angelegte
Dualität zwischen der Partei und der von seinem Opponenten Diestel
geführten Fraktion zu überwinden. Dies war schon deshalb schwierig, weil
Fink nicht Mitglied der Fraktion war und in Diestel mit einem „begnadeten
Selbstdarsteller"[65] konfrontiert war, der schon manchen Parteivorsitzenden
(Ebeling als Vizekanzler in der Volkskammer, de Maizière als Spitzen-
kandidat in Brandenburg) in seinen Schatten gestellt hatte.

Finks Bemühungen, vom Landesvorstand aus eine stringente Oppositionsstrategie und damit auch ein politisches Profil für die brandenburgische CDU zu entwickeln, waren zum Scheitern verurteilt, und zwar aus
mehreren Gründen: Zum einen lag das an der Gemengelage in der CDU-
Landtagsfraktion und der Mentalität der Abgeordneten selbst. Auch nach
Diestels Rücktritt vom Fraktionsvorsitz – er war in einer komplizierten
Operation schließlich dazu gezwungen worden, am 8. Mai 1992 zurückzu-
treten[66] – agierten Diestel und seine Anhänger in der Fraktion weiter und
propagierten einen „Brandenburger Weg" des Konsenses, der die Bemühungen Finks um die Strukturierung der CDU als Oppositionspartei ständig konterkarierte. Zum anderen waren die beherrschenden Themenkomplexe der ersten Legislaturperiode, die DDR-Vergangenheit des Minister-

---

63   Ihm wurden immer wieder seine häufige Abwesenheit, Arroganz, Karrieris-
mus, Ämterhäufung, mangelndes Teamwork, Egomanie sowie die Instrumentalisierung von Mitarbeitern vorgeworfen.

64   Interview Fink.

65   Interview Fink. – Der „Diestelfink" ironisierte dieses schwierige Verhältnis,
war aber keine dauerhafte Konnotation.

66   Der sächsische Landesverband forderte die brandenburgische CDU-Führung
bereits im März 1992 auf, ein Parteiausschlußverfahren gegen Diestel einzuleiten. Auch CDU-Generalsekretär Rühe übte an der in einem Zeitungsinter-
view von Diestel geäußerten Ansicht, mancher IM sei ein „Garant für den inneren Frieden" gewesen, scharfe Kritik. Es gelang Diestel aber noch Ende
März 1992, eine Mehrheit der Fraktion hinter sich zu bringen (NZ,
24.3.1992). – Die brandenburgische CDU-Landesführung distanzierte sich
von Diestel und verabschiedete eine Erklärung, in der sie sich dezidiert mit
den Opfern der Stasi solidarisierte (vgl. Material CDU LV-Brandenburg).
Fink hielt diejenigen, die (auch in der brandenburgischen CDU) auf ein Aus-
schlußverfahren gegen Diestel drängten, für „Heißsporne". Seiner Ansicht
nach war ein solches Verfahren nicht sinnvoll, weil es erstens zu lange daue-
re, um noch vor Abschluß der nächsten Landtagswahlperiode zu Ende gebracht werden zu können; zweitens hielt er es für kontraproduktiv, weil es
Diestel nur eine Plattform zu weiterer Selbstdarstellung böte.

präsidenten Stolpe und die neue brandenburgische Landesverfassung, nicht
für eine solche Konfrontationsstrategie geeignet; die CDU-Opposition besaß zudem weder die finanziellen Mittel noch die personellen Ressourcen,
um eigene Themen und Argumentationsketten aufzubauen. Trotz aller
Bemühungen konnten die Attacken des CDU-Landesvorstandes gegen
Stolpe dessen Popularität nicht mindern; nicht selten wurden sie – ihrem
Inhalt und ihrer Form nach – selbst von den Experten der eigenen Fraktion
im Stolpe-Untersuchungsausschuß als unseriös empfunden.[67]

Auch die Polarisierung im Vorfeld der Abstimmung über die neue Landesverfassung und ihre Ablehnung durch einen Teil der CDU-Fraktion
wurde vom überwiegenden Teil der brandenburgischen Bevölkerung nicht
honoriert, zumal eine Gruppierung von CDU-Abgeordneten um Diestel,
der als Obmann der CDU im Verfassungsausschuß mitgearbeitet hatte, mit
ihrem Votum der Regierung eine Zwei-Drittel-Mehrheit sicherte. Es gelang Fink – nicht allein aus Geldmangel[68], sondern auch aufgrund eines
am konkreten Beispiel der Landesverfassung für viele kaum nachzuvoll-
ziehenden intransigenten Oppositionsverständnisses – nicht, die inhaltlich-
argumentativen Aspekte seiner Position, die ihn zur Ablehnung der Verfassung bewogen, zu vermitteln.

Das Dilemma Finks, der ansonsten ein eher linkes bzw. linksliberales
Image besaß, wurde sicherlich noch dadurch verstärkt, daß sich die brandenburgische CDU in der Verfassungsfrage von konservativen CDU-Juri-
sten aus dem Westen (Kewenig, Scholz) beraten ließ, die auf ein restrikti-
ves Verfassungsverständnis pochten und sich gegen die Ausweitung plebiszitärer Elemente und demokratischer Rechte wandten. So betrafen die
Haupteinwände vor allem die Fragen des Volksentscheids, der nur in Aus-
nahmefällen (bei Verfassungsfragen und bei vorzeitiger Landtagsauflö-
sung) mit einem höheren Quorum und zeitlicher Befristung für akzeptabel
galt. Außerdem wandte man sich gegen eine „Inflation" von Staatszielen,
die zudem nicht durch eine bindende Gesetzgebung und Rechtsprechung
zu „Quasi-Grundrechten" umfunktioniert werden dürften.[69] In weiten Tei-

---

67   Interview Vette. – Generalsekretär Klein versuchte zwar immer wieder, den
      politischen Groß-Gegner mit gezielten Formverletzungen und Verbalinjurien
      zu einer Reaktion zu zwingen, erzielte damit aber keinerlei Erfolg.

68   „...ich hatte 30.000 Mark, dem standen Millionen der Regierung gegenüber,
      die für ihre Position werben konnte. Es war aussichtslos." (Interview Fink.)

69   Fink hielt es für problematisch, das „Recht auf Arbeit" als Grundrecht in die
      Verfassung hineinzuschreiben, denn damit würden nur unerfüllbare Hoffnun-
      gen auf einen (individuell einklagbaren) Arbeitsplatz erweckt, den der Staat
      eben nicht garantieren könne. Statt dessen plädierte Fink für die Aufnahme

len (so im Arbeitsrecht, im Straf- und Strafprozeßrecht, im Ausländer- und Asylrecht und im Wirtschaftsrecht) sei der Verfassungsentwurf mit dem Grundgesetz unvereinbar. Bundesrecht breche aber Landesrecht, und daher müsse man von vornherein auf eine „ehrliche" Verfassung hinwirken. Umweltschutz dürfe nicht investitionsfeindlich wirken, die Wissenschaftsfreiheit nicht stärker eingeengt werden, als es Bundesgesetze festlegten. Nach Finks Einschätzung war das, was im Ergebnis als Verfassungsentwurf der CDU vorlag – gemessen an den bisher von der CDU vertretenen Verfassungspositionen – dennoch progressiv.

Finks Popularitätswerte sanken noch im Jahr 1992 in Brandenburg auf einen Tiefstwert von 4 Prozent; selbst 77 Prozent der CDU-Anhänger wünschten ihn nicht als Ministerpräsidenten.[70] Auch der hastig zum 8. Mai 1992 nach Werder einberufene Sonderparteitag hatte ihm nicht die gewünschte Rückendeckung in seiner Partei verschaffen können, da nur ein Teil der Delegierten erschienen war.

In der Partei hatte Fink zwar die überfällige Programmdiskussion angestoßen und erreicht, daß für verschiedene Politikfelder (z.B. Innere Sicherheit, Bildungspolitik, Landwirtschaft u.a.) sukzessive Leitlinien ausgearbeitet und auf den Parteitagen in Lauchhammer am 17. Oktober 1992 und in Schönermark am 8. Mai 1993 verabschiedet wurden. Zukunftsorientierte Visionen waren dies jedoch im großen und ganzen nicht – eher Nachvollzüge und Modifikationen der westlichen CDU-Programmatik mit einer noch stärker autoritär-konservativen Note in gesellschaftspolitischen Fragen.

Die vielversprechenden, in Lauchhammer an einem für einen Parteitag ungewöhnlichen Ort, einer stillgelegten Kokerei im Braunkohlerevier, diskutierten Versuche, sozialpolitisches Engagement und eine innovative Industriepolitik in Ansätzen zu einem Wirtschafts- und Entwicklungsprogramm für Brandenburg zu verknüpfen, hielt Fink nicht wirklich durch. Dabei war der Leitantrag I: „Soziale Marktwirtschaft in Brandenburg. Arbeit für alle" nach Finks nicht unbescheidenem eigenem Urteil „das Beste, was eine ostdeutsche Partei bisher verabschiedet hat"; er habe die Bran-

---

des Staatsziels „Vollbeschäftigung" in die Landesverfassung; damit werde die Regierung bzw. der Staat (im Sinne des Stabilitätsgesetzes bzw. einer keynesianischen Politik) verpflichtet, entsprechende Prioritäten zu setzen. Diese Unterscheidung von Staatszielen und Grundrechten war freilich für weite Teile der brandenburgischen Bevölkerung nicht nachvollziehbar. So begrüßten 71 Prozent der befragten Brandenburger eine Verankerung des „Rechts auf Arbeit" in der neuen Landesverfassung (vgl. NZ, 27.5.1992).
70 Lt. einer INFAS-Umfrage vom September 1992, vgl. NZ, 21.9.1992.

denburger CDU auch zum „Vorreiter innerhalb der Bundespartei" gemacht.[71]

Der im Leitantrag I entwickelte Ansatz integrierte unter Einbeziehung von Arbeitgebern und Gewerkschaften[72] verschiedene Bereiche der Wirtschafts-, Arbeitsmarkt- und Strukturpolitik auf Landes- und Bundesebene, beabsichtigt waren breite Auswirkungen auf die Infrastruktur-, Verkehrs-, Energie-, Bildungs- und Kommunalpolitik.[73] Er basierte auf einem „aufgeklärt-modernen" Verständnis des Konzepts der Sozialen Marktwirtschaft und schlug Übergangslösungen für die ostdeutsche Transformationsgesellschaft vor, in denen der Staat zeitweise eine stärkere Rolle spielen sollte, um Arbeit und Zukunftsinvestitionen zu finanzieren und den gesellschaftlichen Niederbruch und Massenarbeitslosigkeit zu verhindern.

Dies vertrug sich freilich nicht mit dem von vielen ostdeutschen CDU-Anhängern eben erst erlernten und noch nicht realitätsgeprüften begrifflichen Instrumentarium. Die in Finks Konzept liegenden Chancen wurden von der eigenen, primär mittelständisch orientierten Parteiklientel nicht erkannt und auch von potentiellen Spendern aus Wirtschaftskreisen in der Region Berlin-Brandenburg argwöhnisch betrachtet.

Nach der Einschätzung anderer Delegierter ging Finks Ansatz an der brandenburgischen Realität vorbei. Hier müsse eine Antwort auf einfachere, aber schwer zu lösende Fragen gefunden werden, nämlich: was wie produziert würde, wo die Märkte für diese Produkte seien und was aus der großen Zahl der Freigesetzten werden solle. Nicht wenige befürchteten zudem, Fink wolle, nachdem er mit seinen Profilierungsversuchen in der West-CDU gescheitert sei, auf dem Umweg über Brandenburg in der Bundespartei reüssieren. Alles in allem sei dies noch keine Konzeption, die den Übergang von der Planwirtschaft zur sozialen Marktwirtschaft erträglich und sozial verantwortbar steuern könne.

So blieben die verschiedenen Sanierungskonzepte und gemischten Unternehmensmodelle, für die es in Sachsen schon greifbare Vorbilder gab, in der Brandenburger CDU Makulatur. Das Thema einer Vermögensbildung

---

71 Ergebnisprotokoll der gemeinsamen Sitzung des CDU-Landesvorstandes und der CDU-Landtagsfraktion am 1.12.1992 (Material CDU-LV Brandenburg).

72 Hier gab es – wie übrigens auch in den Sozialausschüssen der CDU – allerdings einen Dissens wegen des Vorschlags der Öffnungsklauseln für Tarifverträge in Ostdeutschland.

73 Fink stützte sich zeitweise auf Analysen, Szenarien und Handlungskonzepten von Experten und wissenschaftlichen Institutionen, insbesondere der Berliner „Forschungsstelle für gesamtdeutsche wirtschaftliche und soziale Fragen" sowie des Deutschen Instituts für Urbanistik.

in Arbeitnehmerhand wurde hier allenfalls von der CDA thematisiert, die ohnehin einen schweren Stand hatte.[74] (Gegen die weitergehende Forderung nach einem Investivlohn wurden übrigens auch von den Gewerkschaften, speziell der IG Metall, massive Vorbehalte geltend gemacht.) Derartige politische Forderungen nach einer Umverteilung von Produktivkapital fanden in der brandenburgischen CDU – angesichts der Milliardenschulden der Treuhand wie der Prioritäten des Wirtschaftsaufbaus und der Schaffung von Arbeitsplätzen – kein Gehör. Auch die (überfällige) Neudefinition des Arbeitsbegriffs erschien hier, wo man die postsozialistische Arbeitsgesellschaft zunächst einmal zur Bürgergesellschaft westlichen Stils umformen wollte, nicht als drängende Zukunftsaufgabe.

Finks Position als Landesvorsitzender wurde in der brandenburgischen CDU nach dem Schönermarker Parteitag immer schwächer. Das lag zum einen an seiner Niederlage in der Verfassungsfrage und seinem aussichtslosen Kampf gegen Stolpe, zum anderen an seinem „falschen Image" als linker CDU-Flügelmann und „arroganter Wessi", das die Akzeptanz der brandenburgischen CDU mehr und mehr dahinschwinden lasse und die Partei an den Rand der politischen Bedeutungslosigkeit bzw. immer weiter weg von den Hebeln der Macht und potentiellen Spendern bringe. Hätte Fink sein CDA-Mandat freiwillig niedergelegt und sich als Oppositionsführer im brandenburgischen Landtag zur Verfügung gestellt, so hätte er sich möglicherweise noch halten können; er wollte aber auf seine anderen Funktionen nicht verzichten, weil er damit, über die brandenburgische Szene hinaus, wenigstens ein Minimum an Öffentlichkeit für seine Politik gewinnen konnte.

Der erste Vorstoß gegen Fink kam indessen aus Bonn: Auf dem Düsseldorfer CDU-Parteitag 1992 war Fink – nach einem deutlichen Signal des Parlamentarischen Geschäftsführers Jürgen Rüttgers[75] – nicht mehr in den Bundesvorstand der CDU gewählt worden. Anfang Juni 1993 verlor er in Chemnitz auch noch den CDA-Vorsitz. Eine offene Flanke, die seinen Sturz als brandenburgischer Landesvorsitzender einleitete, bot Fink seinen

---

74 Dies zeigt sich auch beim Vergleich der Mitgliederzahlen der CDA und der Mittelstandsvereinigung. Nach der Mitgliederstatistik der CDU für den Landesverband Brandenburg (Stand: 10.Mai 1995) organisierte die CDA nur 0,6 Prozent der Mitglieder; die MIT war mit 1,8 Prozent immerhin dreimal so stark. – Vgl. auch Interview Göpfert sowie oben Abschnitt 5.5.2.

75 Rüttgers hatte kurz zuvor eine Presseerklärung der Fraktion unter der Überschrift „Ulf Fink nervt" herausgegeben – nach Finks Einschätzung „ein höchst ungewöhnlicher Vorgang". Sein Abstieg war demnach „gewollt" (Interview Fink).

Gegnern freilich erst im Sommer 1993, als er sich mit seinem bisherigen Erzfeind Diestel zu versöhnen versuchte, der wegen parteischädigenden Verhaltens[76] inzwischen in der ganzen Ost-CDU als persona non grata galt und gegen den mehrere Ausschlußanträge gestellt worden waren.

Zur Erklärung dieses seltsamen Arrangements kursierten in der Presse zwei Versionen: (1) das beide verbindende Ziel, den „Durchmarsch" des Bundestagsabgeordneten Rainer Eppelmann, der in der Partei inzwischen als mehrheitsfähig galt und der in Bonn zusehends an Boden gewann, zum neuen Parteichef zu verhindern, und (2) eine Grundstücksangelegenheit, die den Namen Finks in Zusammenhang mit dem gerade wegen eines Immobilienskandals zurückgetretenen Bauminister Wolf (SPD) brachte, der von Diestel anwaltlich vertreten wurde.[77] Nach Finks Darstellung war dies von der Presse maßlos aufgebauscht worden. Diestel habe sich vielmehr an ihn gewandt und bei einem Treffen eine Art „Stillhalteabkommen" vorgeschlagen. Seine Pflicht als Parteivorsitzender sei es gewesen, das Gesprächsangebot anzunehmen, wenn damit in Aussicht stand, daß die Reibungspunkte zwischen Partei und Fraktion hätten verringert werden können. Vermutlich habe Diestel an einer Befriedung gelegen, weil er auf eine Absprache über ein Landtagsmandat spekuliert habe. Dieses habe er, Fink, Diestel jedoch nicht zugesichert.[78] In den Kreisverbänden, aber auch in der Fraktion, die der Landesvorstand zunehmend auf einen Anti-Diestel-Kurs gedrängt hatte, löste das Treffen der beiden Kontrahenten helle Empörung aus.

Es liegt eine gewisse Ironie des Schicksals darin, daß Fink, der noch Mitte August 1993 allenfalls an eine Trennung von Spitzenkandidatur und Landesvorsitz, aber keineswegs an einen Rücktritt dachte, sich wenig später, am 17. September 1993, nach einer für ihn katastrophalen Meinungsbildung in den Kreisverbänden zum Aufgeben gezwungen sah.[79] Denn dies

---

76 Insbesondere wegen seiner Haltung zur PDS und zu den im Sommer 1992 gegründeten „Gerechtigkeitskomitees".

77 Vgl. Tagesspiegel, 14.8.1993; MAZ, 14.8.1993; FAZ, 16.8.1993. – In die Immobiliengeschichte war auch ein umstrittener Makler und früherer Mitarbeiter der KoKo, Hilpert, verwickelt. Er hatte mitgeteilt, daß sich seine Firma in Absprache mit Bauminister Wolf um ein Grundstück für den CDU-Landesvorsitzenden bemüht habe. Ein Vertragsabschluß sei aber nicht zustande gekommen. Fink teilte dazu mit, daß er Hilpert weder kenne noch beauftragt habe.

78 Interview Fink.

79 Auf einer Zusammenkunft der Kreisvorsitzenden bzw. ihrer Stellvertreter am 20. August 1993 wurde – auch mit Blick auf die im Dezember 1993 anstehenden Kommunalwahlen – gefordert, den Landesparteitag auf den 2. Okto-

verweist zugleich auf die Erfolge der Reorganisationsbemühungen im brandenburgischen Landesverband während Finks knapp zweijähriger Amtszeit, in der sich selbstbewußtere und kommunikationsfähigere Kreis-vorstände herauszubilden begannen.

Die forcierte Reorganisierung der Partei war vor allem das Werk von Finks Generalsekretär Thomas Klein, der im September 1991 zunächst als Management-Berater Dr. Wagners und Interims-Landesgeschäftsführer an-gefangen hatte und auf dem Kyritzer Parteitag im November 1991 zum Generalsekretär gewählt worden war.[80] In dieser Funktion hatte er ein pro-fessionelles, an Methoden der Unternehmensberatung und modernem Marketing orientiertes Aufbaukonzept für die Partei entwickelt.[81] Während

---

ber vorzuverlegen. Zweitens stellt man dort fest, daß Fink von der überwie-genden Anzahl der Kreise nicht mehr getragen wurde. Nach einem zweiten, für den 30. August anberaumten Treffen wurde der Landesvorstand aufgefor-dert, Gespräche mit Carola Hartfelder, Klaus Häßler und Dieter Dombrowski zu führen, um zu sondieren, ob sie – anstelle Finks – zu einer Kandidatur für den Landesvorsitz bereit wären (Alard von Arnim an Ulf Fink sowie an die „Damen und Herren des Landesvorstands und der Kreisverbände", 5.9.1993, Material CDU-LV Brandenburg). – In der folgenden Landesvorstandssitzung am 17. September 1993 ging es bereits um die „Strukturierung des neuen Landesvorstands". Carola Hartfelder, Dieter Dombrowski und Beate Blechinger stellten sich als Kandidaten für den Parteivorsitz zur Verfügung; Eppelmann, Dr. Wagner und Häßler erklärten sich bereit, für die Stellvertre-terposten zu kandidieren. Aufgrund dessen sah Fink eine neue Situation als gegeben und verzichtete auf eine nochmalige Kandidatur. In einer inoffiziel-len Absprache zwischen dem Landesvorstand und Fink wurde allerdings vereinbart, Fink solle seine sozialpolitische Kompetenz, besonders auf dem Gebiet der sozialen Marktwirtschaft, auch weiterhin in den Landesvorstand einbringen; im Gegenzug für seinen Rücktritt wurde Fink ein sicherer Li-stenplatz für ein Bundestagsmandat bei der Bundestagswahl 1994 verspro-chen – eine Zusage, die bei der Kandidatenaufstellung 1994 tatsächlich ein-gehalten wurde (Material CDU-LV Brandenburg).

80   Die Etablierung eines Generalsekretärs, der wesentlich umfangreichere Kom-petenzen besaß als ein Landesgeschäftsführer, war von Dr. Vette, der übri-gens selbst auf diesen Posten aspiriert hatte, in den Satzungsentwurf einge-bracht worden.

81   Ein erster Einstieg war sein für Dr. Wagner erstelltes „Grobkonzept der Vor-standsarbeit CDU Brandenburg, 8. September bis 30. November 1991" für die Interimsphase bis zum Kyritzer Parteitag (CDU LV Brandenburg, Mate-rial Klein). – Darin wurde ein „Maßnahmekatalog" aufgestellt, d.h. eine Art Organisationsplan, der – schon mit Blick auf die nächsten Vorstands- und Landtagswahlen – die Prioritäten festlegte, einen Zeitplan aufstellte, ein ar-beitsteiliges Vorgehen anvisierte und nicht zuletzt auch eine Evaluation vor-sah. Im „Positionspapier für die Landesvorstandssitzung am 27.09.1991" werden die Argumente für eine Neuwahl des gesamten Landesvorstands zu-sammengefaßt: In der gegenwärtigen Zusammensetzung sei er nur begrenzt arbeitsfähig. Grund dafür sei nicht die Auseinandersetzung zwischen alten

die brandenburgische CDU nach außen hin ein in jeder Beziehung desola-
tes Bild abgab, wurde nun mit einer auf längere Frist angelegten organisatorischen Restrukturierung begonnen, um den Landesverband zu stabilisie-
ren. Dieser Strukturierungsprozeß wird im folgenden Abschnitt untersucht.

8.4. Organisationspolitische Restrukturierung (1993-1995)

Nach Finks Verzicht auf den Landesvorsitz setzte sich von den angetretenen vier Kandidaten (Carola Hartfelder, Beate Blechinger, Dieter Dombrowski und Oswald Wutzke) auf dem Landesparteitag von Jeserig, der –
mit Blick auf die Kommunalwahlen im Dezember – auf den 2. Oktober
1993 vorverlegt worden war, Carola Hartfelder durch.[82] Hier wurde allerdings explizit nur über den Landesvorsitz, nicht über die Spitzenkandidatur
entschieden. Als Moderatorin bei der Parteibasis beliebt, aber politisch

---

und neuen Mitgliedern innerhalb des Landesvorstandes, „sondern mangelnde
Solidarität, höchst unterschiedliche Aktivität und fehlende Kompetenz in einigen Bereichen", die seine Akzeptanz an der Basis in Frage stellten. Die
Wahl eines neuen Vorsitzenden mache auch die Neuwahl des gesamten Vorstandes zwingend erforderlich, denn sie müsse „ein unübersehbares Signal für
einen Neuanfang setzen". Der Landesvorstand müsse „auf eine handhabbare
Größe verkleinert" werden, um zur „Konsolidierung der gesamten Partei"
beitragen zu können. Weitere Punkte beziehen sich auf die Abstimmung der
Wahltermine auf den verschiedenen Ebenen und die Verfahren zur Kandida-
tenauswahl und -aufstellung. Auf dem Kyritzer Parteitag wurde eine
„Kandidaten-Broschüre" verteilt, in der die Bewerber ihre Qualifikation und
Motivation darstellen konnten. Sie war gedacht als Steuerungsinstrument für
die Vorstandswahl nach sachlichen Gesichtspunkten, nicht nur nach regiona-
lem Proporz.

82 Beate Blechinger genoß zwar persönlich ein sehr hohes Ansehen, war aber
    wegen ihrer Nähe zu Diestel chancenlos. Dieter Dombrowski, der frühere
    Schatzmeister der brandenburgischen CDU, hatte in einem (vorher nicht ab-
    gesprochenen) Coup versucht, ein eigenes Team zusammen mit Landesge-
    schäftsführer Ulf Leisner auf die Beine zu stellen. Dombrowski hatte zu die-
    sem Zeitpunkt aber ohnehin kaum Chancen: Als Landrat von Rathenow stand
    er wegen Verträgen mit einer Müll-Entsorgungsfirma unter dem Verdacht der
    Korruption; er hatte sich zudem als Landrat ein weit überhöhtes Gehalt zu-
    gebilligt (vgl. CDU-Presseübersicht, 20./21.11.1993). Außerdem wurde ihm
    nachgesagt, Mitwisser, wenn nicht sogar Beteiligter bei Grundstücksgeschäf-
    ten seiner Berliner Freunde zu sein. – Wutzkes Kandidatur war offensichtlich
    nicht ernst gemeint. – Als mögliche Fink-Nachfolger waren im Vorfeld neben
    Eppelmann weitere Namen im Gespräch: So hatte der konservative
    „Potsdamer Kreis" Etta Schiller vorgeschlagen; auch Häßler und de Maizière
    wurden genannt.

kaum profiliert, war Frau Hartfelder[83] die Kandidatin einer engeren Führungsgruppe um den stellvertretenden Vorsitzenden Dr. Wagner, Schatzmeister Krone und Generalsekretär Klein, der auch nach dem Fall Finks Generalsekretär blieb. Hierher verlagerte sich jetzt das strategische Zentrum der brandenburgischen CDU.

Je näher das Ende der Legislaturperiode rückte, desto mehr driftete die Landtagsfraktion auseinander. Ihre Zerrissenheit und mangelnde Professionalität wurden – nach einer Serie von Pannen[84] – noch einmal schlaglichtartig deutlich, als die regierende Ampel-Koalition im Frühjahr 1994 auseinanderbrach.[85] Es war aber nicht nur der Mangel an politischer Führung und Kompetenz, der die CDU-Landtagsfraktion immer wieder in die Schlagzeilen brachte. Auch die Selbstbedienungsmentalität einiger führender Fraktionsmitglieder und der freihändige Umgang mit den Fraktionsgeldern der CDU[86] offenbarten bei einigen CDU-Abgeordneten ein höchst fragwürdiges Verständnis von parlamentarischer Demokratie und ihrer Rolle als Abgeordnete.

Die Parteileitung in der Potsdamer Schopenhauerstraße konzentrierte sich nun auf drei Schwerpunkte:

---

83 Carola Hartfelder (Jg. 1951), gelernte Chemiefacharbeiterin, Dipl. Lehrerin, Vorsitzende der CDU-Fraktion im Kreistag Luckau, MdL seit 1994.

84 Details hierzu bei Schmock 1994: 112 ff.

85 In der Fraktion gab es in dieser Frage keine Einigung. Während einige CDU-Abgeordnete wie Dr. Wagner eine „saubere Lösung", d.h. Neuwahlen, verlangten und auch Generalsekretär Klein, ohne sich für Neuwahlen auszusprechen, auf Konfrontationskurs ging, fürchteten andere, die nur geringe Chancen auf eine Wiederwahl hatten, um ihre Diäten und Pensionen. Markus Vette wollte zuerst noch den Schlußbericht des Stolpe-Untersuchungsausschusses unter Dach und Fach bringen. In der Fraktion überwog die Tendenz, eine Minderheiten-Regierung Stolpe zu tolerieren, wohingegen der kurzfristig eingeflogene CDU-Generalsekretär Hintze – ohne mit den brandenburgischen CDU-Gremien zu beraten – auf Neuwahlen bestand und eine Kurskorrektur forderte, die die Landesvorsitzende Hartfelder dann auch vollzog.

86 Die Mißwirtschaft des Fraktionsgeschäftsführers Hans-Joachim Müller hinterließ der CDU-Fraktion ein Finanzloch von ca. 600.000 DM. Gegen ihn wurde ein Zivilverfahren eingeleitet. Gegen die Fraktionsführung unter Dieter Helm als Fraktionschef und dem parlamentarischen Geschäftsführer Detlef Kirchhoff spricht, daß sie ihre Kontrollfunktion nicht ausübten und den Schaden erst viel zu spät bemerkten (vgl. Tagesspiegel, 11.12.1993). Die Hauptbeteiligten dieses Finanzskandals waren übrigens ehemalige DBD-Leute. Auch wenn sie (und andere Fraktionsmitglieder) nicht in jedem Fall persönlich von den Unregelmäßigkeiten profitierten, trugen sie doch Mitverantwortung.

1. eine qualitative Verbesserung der Landtagsfraktion;
2. die Entwicklung einer Strategie für die CDU als Oppositionspartei;
3. die Restrukturierung der Partei von der Basis her.

ad 1)

Da bei der nächsten Landtagswahl 1994 ein wesentlich schlechteres Wahlergebnis der CDU zu erwarten war, rechnete man mit einer Schrumpfung der CDU-Fraktion von bisher 27 auf ca. 15 Abgeordnete. Die Aussichten auf Direktmandate waren in Brandenburg äußerst gering; um so schärfer wurde daher der Kampf um die besten Listenplätze geführt. Die zahlenmäßige Reduktion ermöglichte nun eine qualitative Veränderung des Personaltableaus, das in der chaotischen Situation des Nominierungsparteitages im August 1990 mehr oder minder zusammengewürfelt worden war. Ebenso wie in den ersten Landtagsfraktionen der CDU in den anderen neuen Ländern dominierten auch in Brandenburg – hier wegen des hohen Anteils früherer DBD-Leute noch extremer – die Nachrücker aus dem Blockparteien-Unterbau, aber auch andere, politisch kaum profilierte Personen.

Die CDU-Führung sah in der Aufstellung der neuen Landesliste daher weniger ein Problem der Erneuerung im Sinne der Alt/Neu-Diskussion als vielmehr die Chance, Kriterien wie Leistungsfähigkeit und Effektivität einzuführen. Für sie stand nicht der moralische Aspekt, sondern die Strukturverbesserung der Fraktion selbst, die Erhöhung der Qualifikation und Kompetenz der Abgeordneten, ihre Kooperations- und Politikfähigkeit im Vordergrund. Die erste Landtagsfraktion war in ihren Augen ein „Auslaufmodell". Zwischen Landesvorstand und Fraktion hatten sich inzwischen die Gewichte zugunsten des Landesvorstands verlagert. Die Mißwirtschaft mit den Fraktionsgeldern und die totale Überschuldung der Landtagsfraktion machten sie von einem Überbrückungskredit abhängig, für den die Landespartei bürgte; diese erhielt damit eine Kontrollfunktion über die Fraktion.

Das Ziel, die Fraktion attraktiver zu machen und eine schlagkräftigere parlamentarische Opposition zu formieren, war im Vorfeld der Aufstellung der Liste nicht ohne harte Auseinandersetzungen und Machtkämpfe zu erreichen. Die innerparteilichen Kämpfe um die Mandate waren oft härter als der Kampf gegen die anderen Parteien; die Partei wurde zu einer „Schlangengrube".[87] Dabei ging es keineswegs nur um politische Interessenkon-

---

87 Interview Wiesner-Holtzmann.

flikte und Konkurrenzen, sondern auch um existenzielle Sorgen und die Angst nicht weniger Abgeordneter, in die Arbeitslosigkeit abzustürzen.

Der engeren Parteiführung um den stellvertretenden Parteivorsitzenden Dr. Wagner – er wurde 1994 Spitzenkandidat und nach der Landtagswahl Fraktionsführer – und Generalsekretär Klein wuchs in diesem komplizierten Selektionsprozeß ein weiteres Stück innerparteilicher Macht zu; denn sie konnte das Feld neu strukturieren und neue Akteure heranziehen. Sie konnte Interessen aufgreifen und bündeln oder hintanstellen, Absprachen auch quer zu den Interessen treffen und sogar gegenläufige Interessen zusammenbinden. Auch wenn sie ihr Ziel nicht erreichte, so verbuchte sie es doch als einen Erfolg, daß erstens die Altfunktionäre massiv zurückgedrängt wurden, zweitens das Gewicht des früheren DBD-Blocks um die Hälfte reduziert wurde und drittens neue Kräfte aus den Kreisverbänden aufgebaut worden waren. Auch hatte es der „Quertreiber" Diestel, der keinen Listenplatz mehr erhalten hatte, nicht geschafft, über ein Direktmandat im Wahlkreis 32 (Beeskow) wieder in den Landtag einzuziehen; er unterlag einer relativ unbekannten SPD-Bewerberin. Insofern hatte sich der von Fink eingeschlagene Weg, Diestel nicht noch durch ein Parteiausschlußverfahren zusätzliche Popularität zu verschaffen, tatsächlich als erfolgreich erwiesen. Die „Diestel-Fraktion" in der Landtagsfraktion war damit ausgeschaltet.

ad 2)

Die personelle Neustrukturierung der Landtagsfraktion war eine zentrale Voraussetzung dafür, daß eine neue Oppositionsstrategie entwickelt und umgesetzt werden konnte. Man wollte sich nun auf die inhaltliche Sacharbeit konzentrieren und der Regierung Stolpe wenigstens in einigen Punkten Paroli bieten.[88] Dazu gehörten die Themenbereiche in der Reihenfolge, wie sie dann auch im Wahlkampf von der CDU herausgestellt wurden: Bildungspolitik, Innere Sicherheit sowie Wirtschafts- und Sozialpolitik (die Arbeitsmarktpolitik war für die brandenburgische CDU im Grunde kein eigenes Politikfeld, sondern Teil einer erfolgreichen Wirtschaftspolitik).

Die Parteispitze war sich darüber im klaren, daß die CDU in Brandenburg auf lange Sicht nicht regierungsfähig sein würde. Um Profil zu gewinnen, setzte sie daher auf eine konfrontative und offensive Oppositi-

---

88 Man wollte sich in der Legislaturperiode auf ca. 5-10 Gesetzesvorhaben beschränken und dabei eine eigene Handschrift deutlich machen.

onspolitik gegen die Regierung Stolpe, insbesondere gegen den Ministerpräsidenten und die populäre Sozialministerin Regine Hildebrandt. Ausge-
hend von einer Einschätzung der Kräfteverhältnisse, wie sie sich nach der
Kommunalwahl vom 5. Dezember 1993 darstellten (SPD: 34,5%; PDS:
21,2%; CDU: 20,6%; Bündnis '90/ Grüne: 4,2%; Bürgerbündnis 1,6%),
hofften die CDU-Parteistrategen, daß es der SPD nicht gelingen würde, die
absolute Mehrheit zu erlangen, sondern daß sie auf eine labile Koalition
angewiesen wäre und von der Opposition unter Druck gesetzt werden
könnte.

Mit dieser Perspektive wies Generalsekretär Klein es für die CDU noch
kurz vor der Landtagswahl am 11. September 1994 weit von sich, eine
Große Koalition mit der SPD anzuvisieren – schon gar nicht, so Klein
vollmundig, „unter dem Bankrotteur Stolpe". Dahinter steckte freilich die
Befürchtung, daß in einer solchen Konstellation die strukturelle Schwäche
der brandenburgischen CDU auf lange Sicht zementiert würde. Für Klein
stand fest, daß die CDU als 20-Prozent-Partei in der Landespolitik kaum
eine Rolle spielen konnte und faktisch zu einer Splitterpartei würde; sein
Minimalziel war, daß die CDU, wenn sie schon nicht mehr in die Nähe des
Landtagswahlergebnisses von 1990 kam, so doch wenigstens zweitstärkste
Partei würde; nur so könnte sie auch bei der Besetzung der Ausschüsse
zum Zuge kommen.[89]

Nach der Landtagswahl 1994, in der die SPD mit Ministerpräsident
Stolpe dann tatsächlich die absolute Mehrheit erreicht hatte – die CDU
hatte nur 72 Stimmen mehr als die PDS, die den dritten Platz belegte –,
gab die CDU-Parteizentrale ihr Ziel, den Ministerpräsidenten zu stürzen,
nolens volens auf; mehr und mehr überließ sie die direkten Angriffe auf
Stolpe nun den einschlägigen Medien, anderen Gruppierungen und Mit-
telsmännern. Die neue Linie des Generalsekretärs, die die kurz- und längerfristigen Strategieelemente realistischer aufeinander abstimmte und insofern als Lernprozeß aus der ersten Legislaturperiode zu werten ist, ging
dahin, einerseits Polarisierungen anhand dafür ungeeigneter Themen zu
vermeiden, andererseits aber auch von der Konsensstrategie des „Brandenburger Weges" – bzw. bösartig ausgedrückt: einer „Neuauflage der Nationalen Front" – wegzukommen. Die brandenburgische CDU wollte nun als
streitbare, aber zugleich sachkompetente und staatspolitisch verantwor-
tungsbewußte Oppositionspartei ernstgenommen werden. Ob dieser Weg

---

89 Interview Klein.

mit dem 1994 gewählten Personal gangbar sein wird, ist eine derzeit noch offene Frage.[90]

ad 3)

Eine weitere, ebenso wichtige Strukturierungsaufgabe war die Reorganisation der brandenburgischen CDU und ihr Aufbau von der Basis her. Schon Landesgeschäftsführer Radzimanowski hatte im Juni 1991 beklagt, daß durch die Verwerfungen nach der Umstrukturierung der Block-CDU die Kreisverbände nicht mehr funktionierten; er hatte sich erhofft, daß zielgruppenorientierte Vereinigungen wie die CDA oder die Frauen-Union diese Defizite vorübergehend ausgleichen könnten, bis neue Mitglieder aus anderen Schichten (speziell Handwerker, mittelständische Kreise) hinzugewonnen werden könnten. In zwei, drei Jahren werde die Partei an der Basis wieder Fuß gefaßt haben.[91]

1991, also vor dem Kyritzer Parteitag, war die Partei freilich auf eine organisatorische und finanzielle Katastrophe zugesteuert: Der Mitgliederschwund war nicht zu stoppen, eine Parteiarbeit an der Basis fand kaum noch statt, die Führung war angesichts der Vorwürfe gegen de Maizière wie gelähmt. Nach Kyritz hatte die neue Führung dann systematisch mit dem Aufbau von 16 arbeitsfähigen Kreisverbänden begonnen. Die Kreisverbände entwickelten sich, wie Generalsekretär Klein zwei Jahre später vor dem Jeseriger Parteitag (1993) festhielt, „zunehmend zum Kern des Landesverbandes, zur entscheidenden politischen Ebene, um aus der Tiefe der Partei wirksam zu werden".[92] Jeder einzelne Kreisverband besitze unterdessen politisches Gewicht; und die Steigerung der innerparteilichen Kommunikation gerade zwischen den Kreisvorständen biete eine Garantie für den Fortbestand des Gewichts der Kreisverbände.

---

90 Interview Homeyer. – Dierk Homeyer (Jg.1955), Betriebswirt, Offizier der Bundeswehr. Homeyer ist „Wossi" und seit 1994 MdL. Nach seiner Wahl zum Fraktionsgeschäftsführer beschäftigte er sich zunächst mit dem konsequenten Abbau von Privilegien, die sich einige Fraktionsmitglieder – mit Billigung der alten Fraktionsgeschäftsführung – selbst bewilligt hatten. Ein Teil des Problems reichte bis in die Ära Diestel zurück: Teure Privilegien für einige Fraktionsmitglieder, Verträge mit Auto- und Computerfirmen usw. belasteten die Fraktion bis in die zweite Legislaturperiode hinein. Die Einschätzung Homeyers wurde übrigens auch von Dr. Vette geteilt, der nach Müllers Absetzung die Fraktionsgeschäftsführung übernommen hatte.

91 Interview Radzimanowski. – Vgl. auch Tagesspiegel, 16.6.1991; Berliner Zeitung, 15./16.6.1991.

92 Thomas Klein, Strategiepapier „Zur Lage der Partei" (1993), gerichtet an Kreisvorsitzende, Abgeordnete, Mandatsträger.

Klein verglich den Zustand der Partei mit einer Pyramide mit einer ab-
geflachten Spitze. Es stehe ein stabiler Mittelbau, die Konstruktion sei aber
nach oben hin noch nicht vollendet. Damit waren die Kriterien für die an-
stehende Wahl der neuen Führungsspitze benannt: Der Landesvorstand
sollte „eine echte Interessenvertretung für die Kreisverbände" darstellen.
Die Mitglieder des Landesvorstandes müßten in den Kreisverbänden verwurzelt sein, und sie müßten sich von den Delegierten der Kreisverbände
daran messen lassen, ob sie dort präsent wären und eine kontinuierliche
Arbeit leisteten.

Nach dieser ersten Phase der Reorganisation hatte die brandenburgische
CDU wieder „die Chance, wie eine Partei zu agieren".[93] Die Parteiorganisation war auf der Ebene der Kreisverbände der Gebietsreform angepaßt
worden, d.h., entsprechend den neuen 18 Gebietskörperschaften (14 Landkreise und 4 kreisfreie Städte) waren aus rund 40 alten 18 neue Kreisverbände entstanden. Die Gebietsreform war zu einer weitgehenden Erneuerung der Partei auf der Ebene der Kreisverbände bzw. der Kreisvorstände
genutzt worden.

Allerdings verfuhr man dabei nicht nach dem Schema Alt/Neu bzw.
Blockpartei/Erneuerer, sondern versuchte, als Kreisvorsitzende bzw. für
die Kreisvorstände Leute zu gewinnen, die *erstmalig* ein Amt oder Mandat
innerhalb der Partei übernahmen. Nach Ansicht von Generalsekretär Klein
war dies eine „wirkliche Erneuerung", weil sie die „Funktionärstypen"
ablöste und die Motivation und die Fähigkeiten neuer Kräfte nutzte. Die
Umstrukturierung trage außerdem zu einer Intensivierung der innerparteilichen Kommunikation bei – nicht nur horizontal, also zwischen den
Kreisvorständen, sondern auch vertikal zwischen den Ortsverbänden und
der Parteispitze.[94] So wurden z.B. in regelmäßigen Abständen „Regionalkonferenzen" (Nord und „Schwarzer Süden") organisiert, die über die
Kommunalpolitische Vereinigung der CDU finanziert wurden. Wenngleich
damit die tradierten „mafiosen" Strukturen[95] und die in der Übergangspha-

---

93 Interview Klein.
94 „...Seitdem funktioniert es wunderbar in der Partei, und man kann auch eine
    Kommunikation (zwischen oben und unten und der Mitte) betreiben. Man
    kann sich regelmäßig mit Kreisvorsitzenden treffen. 16 Kreisverbände kann
    ich besuchen, 40 nie, dabei habe ich mich totgefahren. 16 sehe ich so jeden
    dritten Monat...Und das ist ein völlig neues Arbeiten,...hat weitgehenden
    Einfluß auf den Fortgang der Partei und die politische Arbeit..." (Interview
    Klein).
95 So wurde etwa die „Cottbuser Mafia" auf drei Kreisverbände umgelagert und
    damit faktisch entmachtet.

se entstandenen Kungelrunden („Berliner Connection"[96]) auch nicht völlig aufgebrochen wurden, so veränderten sich doch die Bedingungen zugunsten anderer Akteure und Interessenorientierungen. Diese verschiedenen Wirkungen der Reorganisation hatten auch Konsequenzen für die Machtstrukturen innerhalb der Partei; denn die Führung wurde wieder stärker mit der Basis verkoppelt.[97]

Ein gravierendes Problem für die brandenburgische CDU blieb freilich, daß sie auf örtlicher Ebene noch lange nicht über eine flächendeckende und funktionsfähige Organisation verfügte. Die Bildung arbeitsfähiger Ortsverbände wurde denn auch schon frühzeitig zum Herzstück der Reorganisation erklärt. Die Basisarbeit sollte so organisiert werden, „daß eine politische Arbeit selbstbewußt und weitgehend eigenständig vor Ort" erfolge.[98] Generalsekretär Klein sah in der Auswahl des ehrenamtlichen Personals und gerade in der Auswahl des Ortsverbandsvorsitzenden „das Geheimnis des Erfolges des Kreisverbandes". Aus dem Stand und für die bei Null beginnende Aufbauarbeit geeignete Vorsitzende für die Ortsverbände zu finden, sei eine zwar schwierige, aber entscheidende Aufgabe für die Landespartei.[99]

Noch 1994 war die CDU mit ihren ca. 500 Ortsverbänden, von denen maximal 30 Prozent aktiv waren, in den rund 1.800 brandenburgischen Gemeinden kaum zu einem Drittel präsent.[100] Daß sich zur Kommunalwahl im Dezember 1993 dennoch vergleichsweise viele (mehr als 5.000) Kandidaten[101] auf CDU- oder CDU-nahen Bürgerlisten zur Verfügung gestellt hatten, war auf die Aktivitäten der Kreisvorstände zurückzuführen. Noch im Januar 1995 waren nach Berechnungen der Landesgeschäftsstelle[102] – gemessen an der möglichen Gesamtzahl an Ortsverbänden entsprechend den Kommunalwahlkreisen – nur 10,5 Prozent (absolut: 176) der CDU-Ortsverbände „arbeitsfähig" und rund 8 Prozent (absolut: 137) „för-

---

96 Gemeint sind die Kreise um die West-Berliner Hackel, Dombrowski, Fink u.a.
97 Gegenüber Kyritz war geradezu eine Umkehrung festzustellen: Anders als noch 1991 wurde nun nicht mehr die „Rettung von oben" herbeigesehnt. Der „große Zampano", der an der Spitze repräsentierte, ohne den Rückhalt bei der Basis zu suchen, war seit Ulf Finks Abgang nicht mehr gefragt.
98 Thomas Klein, Diskussionspapier (August 1992), S. 1.
99 Vgl. ebd.
100 Interview Klein.
101 Für die SPD kandidierten nur ca. 3.100, für die PDS ca. 2.400 Bewerber (Interview Klein).
102 CDU-LV Brandenburg, Kreisverbandsanalyse, Stand: 25. 1.1995 (Protokoll der 1. Besprechung der Strukturkommission am 26.1.1995).

derungsfähig". 1994/95 begann sich die Situation vor Ort allmählich zu
verbessern: Einer internen Strukturanalyse zufolge (Stand: August 1995)
gab es nun 362 funktionsfähige und 160 teilweise aktive Ortsverbände.[103]

Zusammen mit den CDU-Kreisgeschäftsführern hatte die Landesgeschäftsstelle zwischen September 1994 und Januar 1995 eine Klassifizie-
rung der existierenden Ortsverbände nach vier Kriterien[104] vorgenommen,
ihre Arbeitsfähigkeit und ihre Schwachstellen analysiert und Ansatzpunkte
für einen gezielten Aufbau der CDU in der Fläche erarbeitet. Ziel dieser
Strategie war es, bis Ende 1997 (bzw. zum Wahljahr 1998) „in möglichst
vielen (wichtigen) Kommunen unmittelbar oder zumindest mittelbar einen
verantwortlichen Ortsverband zu haben, der heute an unserem Profil vor
Ort arbeitet und 1998 die Listenaufstellungen und die Wahlkämpfe bestrei-
tet."[105] Schwerpunktbildung und „Mut zur Lücke" waren einkalkuliert.

8.4.1. Das Strukturierungskonzept des Generalsekretärs: „Drei Jahre Wasserschöpfen in der Wüste" (1994-1997/98)

Der Aufbau der Ortsverbände und ein Konzept zur Überwindung der
chronischen Finanznot[106] der nur noch knapp 10.000 Mitglieder zählenden
Partei waren strukturelle Voraussetzungen einer seit Sommer 1995 forcier-
ten „Akzeptanzstrategie", mit der die CDU in Brandenburg „märkisches
Profil" zu gewinnen suchte; hinzu kam als dritte und wichtigste Säule die
Öffentlichkeitsarbeit, mit der eine kontinuierliche Präsenz vor Ort gesi-

---

103 CDU-LV Brandenburg, Strukturanalyse (Arbeitsstand August 1995).
104 1: Formal richtige Wahl des Ortsvorstands; 2: Kassieren und Abführen von
   Mitgliedsbeiträgen; mindestens 7 Mitglieder; 3: regelmäßige Aktivitäten
   (Veranstaltungen, Wahlkampf); 4: Programmarbeit.
105 Strategie der CDU Brandenburg, Teil I: Kreis und Ortsverbände (GS- 9/95),
   S. 6.
106 Das Konzept sah vor, die Mitgliedsbeiträge nicht zu erhöhen, sondern das
   Defizit über Spenden aufzufüllen. Dazu mußten sowohl „strategische Mitglieder" geworben werden, die freiwillig und regelmäßig größere Beträge an
   die CDU abführten, als auch ein System entwickelt werden, mit dem gezielt
   finanzkräftige Spender aus Industrie, Handwerk, Handel und Gewerbe gewonnen wurden. Solange die Kreisverbände ihre hauptamtlichen Kreisgeschäftsführer nicht angemessen bezahlen konnten, überbrückte die Landesgeschäftsstelle die Situation mit einem Sockelgehalt in Höhe von DM 2.800,
   das von den Kreisverbänden aufgestockt werden konnte. Auf diese Weise
   wollte man die Grundstruktur und einen minimalen hauptamtlichen Apparat
   aufrechterhalten, um zu verhindern, daß – wie etwa in Mecklenburg-Vorpommern – die gesamte Organisation wegbrach.

chert werden sollte. Die Hauptelemente der neuen Strategie bezogen sich jedoch auf die zentralen Probleme der brandenburgischen CDU: die Herausbildung einer neuen, an der Basis verwurzelten Führungsgruppe durch eine gezielte Personalpolitik, die Definition von unverwechselbaren Themen und Inhalten sowie eine politische Strategie zu ihrer Umsetzung. Auf diesem Feld sah Generalsekretär Klein seine wichtigste Aufgabe.

Schaubild 5: Organisationspolitisches Strategiemodell

1. Profil	
1.1. Köpfe	*1.2. Themen*
1.1.1. Auswahl	1.2.1. Definition
1.1.2. Schulung	1.2.2. Penetration
1.1.3. Auftritte	1.2.3. Reduktion
2.1. Ortsverbände	*2.2. Finanzen*
2.1.1. Analyse	2.2.1. Kosten
2.1.2. Struktur	2.2.2. Beiträge
2.1.3. Kommunikation	2.2.3. Spenden
2.3. Öffentlichkeitsarbeit	
2.3.1. Pressearbeit (KV)	
2.3.2. Veranstaltungen (KV)	
2.3.3. LESAMO*/CDU-Präsenz (OV)	

Quelle: CDU-LV Brandenburg, T. Klein – GS 9/95.
(* = Canvassing am letzten Samstag im Monat)

Die mit diesem neuen und vereinfachten Schema beschriebene Aufgabenstellung[107] wurde von der Landesgeschäftsstelle aus in die Kreis- und Ortsverbände eingespeist. Zur Koordinierung und Effektivierung dieser Aufgaben wurden im Landesverband vier Kommissionen eingerichtet: eine Grundsatzprogrammkommission, eine Strukturkommission, eine Kommission für die Aktivitäten im vorpolitischen Raum und eine Finanzkommission. Bis zum Ende der neunziger Jahre sollte das Fernziel erreicht sein:

---

107 Klein hatte ursprünglich mit einem komplexeren Modell gearbeitet, das von drei Bereichen und sieben – mit einer Zeitschiene von acht Arbeitsquartalen verknüpften – Arbeitsebenen ausgegangen war.

eine Verdoppelung der Ortsverbände von 600 auf 1.200 und des Mitglie-
derbestandes von derzeit knapp 10.000 auf 20.000-25.000 (eine Perspektive, die vor allem auch auf die Zuwanderung aus Westdeutschland ins Umland der Hauptstadt setzte); der Aufbau der CDU-Vereinigungen; die Verflechtung der Gliederungen und Suborganisationen der Partei mit Vereinen, Verbänden, Milieus im vorpolitischen Raum; die Koordinierung der
Aktivitäten der Kreis- und Ortsverbände; eine durchdachte Personalpolitik,
die gerade auch junge Leute und Frauen fördern müßte; die finanzielle
Sanierung des Landesverbandes; eine professionelle und auf die neuen
Medien zugeschnittene Presse- und Öffentlichkeitsarbeit.

Kleins Restrukturierungskonzept setzte indes nicht nur auf die Trans-
formation der brandenburgischen CDU; die Partei war für ihn selbst ein
Handlungszentrum, ein Akteur, der nach strukturpolitischen Ansatzpunk-
ten suchen mußte, um in der „stark proletarisierten" brandenburgischen
Gesellschaft längerfristig wieder eine breitere Basis für eine bürgerliche
Politik – und damit für die CDU – zu schaffen.

Dazu gehörte in erster Linie eine zielstrebige Mittelstandspolitik, mit
der sich eine erst in Ansätzen herausbildende Mittelschicht (selbständige
Berufe, Kleinunternehmer, Handwerker, Wiedereinrichter usw.), in der
man eine potentielle Stammwählerschaft vermutete, identifizieren konnte.
Von dem auf zehn Punkte angelegten „Wirtschaftsprogramm"[108] waren
zunächst nur zwei Projekte punktuell angedacht: (1) eine Bündelung der
Wirtschafts- und Technologiepolitik durch eine am Modell der Stuttgarter
„Steinbeis-Stiftung" orientierte „Wirtschafts- und Technologie-Stiftung
Brandenburg", die – zwischen Politik, Wirtschaft und Verwaltung angesiedelt – als autonome öffentliche Einrichtung fungieren sollte, sowie (2) ein
eigentumsförderndes Wohnungsneubauprogramm. Der Landesregierung
wurde vorgeworfen, sie warte vor allem auf Großinvestoren und habe es
„versäumt, eine schlüssige und gezielte Mittelstandspolitik zu betreiben".[109] Der schwerfälligen Verwaltung des Wirtschaftsministeriums sei
es nicht gelungen, die verschiedenen nebeneinander existierenden Instrumente zur Mittelstands- und Technologieförderung aufeinander abzustimmen, die Fördermittel auszuschöpfen, um innovative Strukturen aufzubau-
en sowie Kosten- und Synergieeffekte zu nutzen. Eine Technologiestiftung

---

108 Das Programm sollte Schwerpunkte setzen: 1. Wirtschafts- und Technologie-
     politik; 2. Wohnungsbau; 3. Entwicklungskonzepte für das Lausitzer Braun-
     kohlerevier; 4. Ländlicher Raum; 5. Standort Brandenburg an der Grenze zu
     Osteuropa u.a.m.
109 CDU-LV Brandenburg, Presseerklärung v. 3.2.1994.

könnte dagegen den Aufbau eines wettbewerbsfähigen Mittelstandes und einer wettbewerbsfähigen Infrastruktur sowie den Strukturwandel in der Lausitz und im ländlichen Raum beschleunigen, eine Ost-West-Technologiedrehscheibe schaffen, brandenburgische Technologiefelder definieren und deren regionale Schwerpunktbildung im Land vorantreiben.

Die CDU bewegte sich freilich in dem Dilemma, daß die westdeutschen Innovationskonzepte nicht ohne weiteres auf Brandenburg übertragbar waren, weil hier eine adäquate mittelständische Struktur noch gar nicht existierte und überhaupt erst geschaffen werden mußte.[110]

Zweitens bemühte sich die CDU-Führung darum, im vorpolitischen Raum eine Strukturierungsfunktion bzw. eine initiative Rolle zu übernehmen; so versuchte sie etwa, ein Ausscheren bereits bestehender Interessenorganisationen (z.B. der Vertriebenen oder der Bauern, die in ihrer Mehrheit in Ostdeutschland gerade nicht zu den genuinen Wählerschichten der CDU zählten[111]) zu anderen Parteien zu verhindern, indem sie sich mit deren Führungsgruppen verständigte. Sie legte auch Wert darauf, bei der Bildung neuer intermediärer Organisationen präsent sein, wenngleich dies faktisch nicht immer funktionierte und oft nicht einmal die Kontaktpflege zu den bereits bestehenden Verbänden gewährleistet war. So sollten die Räumlichkeiten der Kreisgeschäftsstellen zu Schnittstellen der politischen Kommunikation ausgebaut und als „Bürgerbüros" oder „Büropools" auch von CDU-nahen Vereinen und Verbänden mitbenutzt werden können.

Die CDU betrieb im übrigen eine systematische Zielgruppenpolitik bei den Ordnungskräften (Polizei, Bundeswehr) und deren Verbänden. Nach dem Muster, das die Berliner CDU bereits im Wahlkampf 1995 im Ostteil der Stadt erprobt hatte, sollte auch in Brandenburg – gezielt, aber zunächst noch diskret – ein unorganisiertes konservativ-autoritäres Potential aus

---

110 So hielt sich Horst Große, der dieses Konzept auf der Pressekonferenz vorstellte, an das chinesische Sprichwort: „Wo man keinen Weg sieht, kann man jeden Weg gehen."

111 Ein Vertreter des BdV, Brauer, war zunächst bei der Aufstellung der Landesliste für die Landtagswahl im September 1994 übergangen worden und hatte aus Verärgerung darüber gedroht, der BdV (in dem 35.000 Vertriebene organisiert waren) werde mit einer eigenen Liste antreten. Immerhin stellten die ca. 200.000 Vertriebenen in Brandenburg ein Wählerpotential mit einem potentiellen Stimmenanteil von ca. 4-5 Prozent dar, das für die CDU durchaus interessant war. Die CDU-Führung konnte sich jedoch mit dem Landesvorsitzenden des BdV, Stober, der anfangs zunächst zur SPD tendiert hatte, dort aber auf wenig Interesse gestoßen war und deshalb zur CDU kam, einigen; Stober glaubte nicht daran, daß der BdV die Sperrklausel überwinden könnte und suchte daher nach einer Anbindung des BdV an eine der beiden großen Volksparteien.

Nichtwählerkreisen angesprochen werden, insbesondere enttäuschte Führungskräfte aus den vormaligen Funktionseliten der DDR und dem Offizierskorps der Nationalen Volksarmee (NVA), die bei den letzten Wahlen vermutlich noch PDS gewählt hatten.[112]

Damit wurde – sozusagen durch die Hintertür und mit zeitlicher Verzögerung – ein Denkansatz aufgegriffen, den Peter-Michael Diestel schon einige Jahre früher vehement vertreten hatte: daß nämlich große Teile der alten DDR-Eliten nicht dauerhaft aus dem politischen und gesellschaftlichen Leben des vereinten Deutschlands ausgeschlossen werden könnten[113]; allerdings war diese Argumentation zu einer Zeit, in der die CDU noch wegen der Einverleibung der „Blockflöten" unter Rechtfertigungsdruck stand, gänzlich inopportun.

CDU-Generalsekretär Klein bemühte sich andererseits auch um die Kooperation mit wertkonservativen Kräften aus der DDR-Bürgerrechtsbewegung.[114] War die (inoffizielle) Pflege solcher Kontakte – speziell zum Brandenburger „Bürgerbündnis" und seinem Chef Günter Nooke – anfangs primär ein taktisches Spiel, um die Ampelkoalition zu sprengen[115], so

---

112 Vgl. FAZ, 4.10.1995: „Die Instinkte dieser Leute streben zur Obrigkeit, und als Obrigkeit stellt sich ihnen die Partei dar, die der Macht am nächsten ist: die CDU. Opposition, gar Fundamentalopposition, wie die PDS sie verkündet, ist alten Kadern suspekt. Die reichhaltigsten Reserven an Charakteren dieser Art – ein CDU-Kandidat im Osten der Stadt hat sie kürzlich 'preußisch' genannt – vermuten Wahlkampfplaner im Offizierskorps der Nationalen Volksarmee (NVA)." – Auch in Brandenburg sollte dieser Personenkreis (und sein Umfeld) vor Wahlen, aber auch längerfristig und systematisch angesprochen und für die CDU gewonnen werden. Generalsekretär Klein baute dafür das Instrument der „Wohnzimmergespräche" noch weiter aus.

113 Diestel 1992: 3.

114 Auch die Berliner CDU hatte den Kontakt zu einzelnen DDR-Bürgerrechtlern gesucht und (über den Berliner CDU-Abgeordneten Lehmann-Brauns) auch ein Gespräch zwischen Bundeskanzler Kohl, Kanzleramtsminister Bohl und einer Gruppe um Bärbel Bohley (Havemann, Klier, Templin, Nooke und Weiß) am 22.8.1995 vermittelt. Eckhard Fuhr wertete dies in der FAZ v. 24.8.1995 als einen kleinen, „aber bedeutungsvollen Schritt auf dem Weg zur Berliner Republik und ein(en) Wink, den warmen Mief der politischen Milieus zu verlassen".

115 Diese Strategie lief darauf hinaus, einen der beiden kleinen Partner aus der Ampel herauszubrechen. Bei einer Spaltung von Ökokonservativen und Linksökologen vor der Landtagswahl 1994 wäre Nookes Gruppierung zwar vermutlich an der Sperrklausel gescheitert. Nooke hätte aber – vorausgesetzt, der bisherige CDU-Bewerber Dr. Reinfeld, der aus dem DA kam, verzichtete auf seine Kandidatur im Wahlkreis Forst – mit einer „Bürgerliste" dort wahrscheinlich ein Direktmandat erringen können. Zu diesem Angebot kam es nicht, weil die Ergebnisse der CDU bei der Kommunalwahl 1993 so schlecht waren, daß sie es nicht wagte, auf einen Wahlkreis zu verzichten. Zudem

überwog schon bald das Interesse an dem intellektuellen Zugewinn in der Diskussion über Inhalte und Programme.

Für Klein stand fest, daß die brandenburgische CDU ein fundiertes Langzeitprogramm und dazu auch eine Neudefinition der Grundwerte brauchte; er sah aber auch, daß seine Partei nicht über die intellektuellen Potentiale verfügte, um aus eigener Kraft die notwendige ideologisch-programmatische Strukturierung zuwege zu bringen. Die bisherigen Programme waren entweder aktuell bedingte Wahlprogramme oder Leitsätze zu einzelnen Sachthemen gewesen. Zunächst hatte man darauf gesetzt, daß in der Aneinanderreihung solcher „Module" allmählich ein programmatisches Profil der brandenburgischen CDU erkennbar würde. Das auf dem Strausberger Parteitag am 28. Mai 1994 verabschiedete „Grundsatzprogramm" war im Grunde aufgesetzt, da es an der Parteibasis nicht intensiv diskutiert worden war und insofern auch nicht Ausdruck eines innerparteilichen Konsensbildungs- und Integrationsprozesses sein konnte.

Im Sommer 1995 gewann Klein den aus dem DA kommenden Bürgerrechtler Ehrhart Neubert dafür, ein Konzept für ein neues Grundsatzprogramm der brandenburgischen CDU zu entwerfen. In diesem Papier versuchte Neubert, gestützt auf Ergebnisse politologischer und soziologischer Analysen zum Bewußtsein der Ostdeutschen, die Grundwertediskussion westlichen Zuschnitts mit „ostdeutschen Befindlichkeiten" in Einklang zu bringen. Dabei ging es nicht nur um Unterschiede in zeitgebundenen Sprachmustern und anders gepolten Denkweisen (biographisch oder strukturell), sondern auch um tief verankerte andere Prioritäten in der Werteskala der Ostdeutschen (etwa der Zuordnung von Freiheit und Gerechtigkeit), ein anderes Politik- und Demokratieverständnis (konfliktorisch oder konsensuell) sowie Grundeinstellungen zum Verhältnis von Individuum, Gemeinschaft und Gesellschaft.[116]

Neuberts Ausarbeitung und andere Entwürfe dienten der von Rainer Eppelmann geleiteten Programmkommission der brandenburgischen CDU

---

hatte sich gezeigt, daß die CDU dort, wo sie keine eigenen Bürgermeister-Kandidaten plaziert hatte, massive Stimmenverluste hatte hinnehmen müssen. – Irgendwann freilich – so Klein – würde die CDU das öko-konservative „Bürgerbündnis" ohnehin schlucken und Nooke in ihre Führungsmannschaft hereinholen (Interview Klein).

116 „Entwurf-Wertepapier", 13.8.1995 sowie Fassung v. 12.8.1996. – Neubert stellte „Geborgenheit" und „Streit um die besten Lösungen", „Beständigkeit" und „Wandel", „Sicherheit" und „Risiko" nebeneinander, legte die Akzente aber bewußt stärker auf „Geborgenheit, Beständigkeit und Sicherheit". Zur „Wertedebatte" in der ostdeutschen CDU vgl. unten Abschnitt 10.2.3.6.

als Grundlage für einen ersten Bericht, der zum Landesparteitag am 2. Dezember 1995 fertiggestellt wurde. Das neue Programm soll bis spätestens 1997/98 vorliegen; es soll Aussagen über eine moderne, weltoffene CDU in der „Berliner Republik" enthalten.

Die Ansätze zur Restrukturierung der brandenburgischen CDU erhielten im Vorfeld der Abstimmung über die Länderfusion Berlin-Brandenburg, in deren Folge sich auch eine Fusion der beiden Landesparteien abzeichnete, eine völlig neue Dynamik. Das galt auch für die Programmdiskussion; denn nun suchte man nach Kristallisations- und Identifikationspunkten, die über die brandenburgische Provinz hinauswiesen und sie mit der Metropole verbanden. Zudem erweiterte sich das Spektrum der Diskussionspartner um Teile bzw. Milieus der hauptstädtischen Intelligenz. Auch die Machtfrage stellte sich neu; denn die geplante Fusion hätte der brandenburgischen CDU erstmals eine reelle Perspektive eröffnet, aus ihrer strukturellen Minderheitsposition herauszukommen, und zwar deshalb, weil sie gleich drei ihrer Hauptdefizite ausgleichen konnte: die Mobilisierungsschwäche, den Elitenmangel und die fehlende Professionalität.

So signalisierte etwa die Differenz zwischen den Wahlergebnissen der CDU bei Bundes- und Landeswahlen, daß die von der brandenburgischen CDU nicht ausgeschöpften Wählerpotentiale in einer anderen Konstellation und mit einem prominenteren Spitzenkandidaten durchaus erreicht werden könnten.[117] Auch die Qualität einer gemeinsamen CDU-Landtagsfraktion hätte sich von der brandenburgischen Amateurriege deutlich abheben können. Durch die Vorbereitungen zur Länderfusion würden übrigens – so das Kalkül – zwei „gläserne Landtage" entstehen, in denen die wichtigsten Probleme beider Länder offengelegt und gemeinsam gelöst werden müßten. Dadurch würde die ansonsten an der Peripherie der parlamentarischen Entscheidungsprozesse dümpelnde brandenburgische CDU in den Kommunikationsprozeß zwischen den beiden Regierungsparteien CDU (Berlin) und SPD (Brandenburg) miteinbezogen. Als „Spielbein" der Berliner CDU in Brandenburg agierend, wäre sie als Oppositionspartei wesentlich besser gerüstet, informierter und schlagkräftiger und könnte die Versäumnisse der mit absoluter Mehrheit regierenden SPD zielsicherer

---

117 In absoluten Zahlen: Gegenüber dem Ergebnis der ersten Bundestagswahl 1990, bei der die brandenburgische CDU noch 518.849 Zweitstimmen gewann, fiel das Landtagswahlergebnis 1990 mit 376.612 Zweitstimmen schon relativ schlecht aus. Bei der Landtagswahl 1994 erreichte die Partei ihren bisherigen Tiefpunkt mit nur noch 200.700 Zweitstimmen. Bei der Bundestagswahl am 16.10.1994 schnitt sie mit 387.365 Zweitstimmen deutlich besser ab (LDStBrbg, B VII 2-94/3; B VII 1-94/2).

aufgreifen. Umgekehrt würde der Mechanismus der kommunizierenden Röhren nicht zwangsläufig zugunsten der schwachen Berliner SPD funktionieren, da sie ja zusammen mit der CDU eine große Koalition bildete und daher die Fehlsteuerungen ihrer Landesregierung mit zu verantworten hätte.

Diese strategischen Überlegungen, wie die brandenburgische CDU wieder politik- und machtfähig zu machen sei, wurden freilich nicht in allen Führungskreisen der Partei mitvollzogen. Hartnäckige Einwände gegen eine Berliner Dominanz in einzelnen Sachfragen und Politikbereichen (etwa der Bildungspolitik) verbanden sich mit einer durchaus begründeten Furcht vor dem bevorstehenden Elitenaustausch und dem abrupten Ende mancher Politikerkarriere.[118] Die Gruppe um den Generalsekretär arbeitete hingegen zielstrebig auf die Fusion hin, zu deren Termin 1999 die Durchstrukturierung der brandenburgischen CDU abgeschlossen sein sollte. Kleins Vision war nun eine Große Koalition in Berlin-Brandenburg, in der die CDU allerdings nicht mehr Junior-, sondern Seniorpartner wäre. Die dafür notwendigen Mehrheiten sollten – zusammen mit der Berliner CDU – in der Hauptstadt und in den peripheren Zonen des Landes Brandenburg gewonnen werden.[119]

Nachdem die Länderfusion in der Volksabstimmung am 5. Mai 1996 gescheitert war, brachen in der brandenburgischen CDU innerparteiliche Auseinandersetzungen auf, in deren Folge die Landesvorsitzende, Carola Hartfelder, ihre Führungsqualitäten angezweifelt und sich daher schließlich im Mai 1996 zum Rücktritt gezwungen sah. Dr. Wagner, dem von allen Seiten Integrationsfähigkeit attestiert wurde, amtierte seitdem wieder als geschäftsführender Landesvorsitzender. Unterdessen zeichnet sich ab, daß die innerparteilichen Gegenkräfte gegen das auf Polarisierung setzende Strukturierungskonzept des Generalsekretärs nicht geringer geworden sind. Diese Konfliktstruktur verweist nicht nur auf nach wie vor bestehende, grundlegende politisch-strategische Differenzen in den Führungsgruppen der brandenburgischen CDU; sie ist auch auf unterschiedliche politische Mentalitäten der Akteure zurückzuführen und gegenwärtig kaum überbrückbar. Moniert Klein in seiner Partei das faktische Fortleben der

---

118 Dezidierte Fusionsgegner waren Häßler und Werner, moderate Einwände kamen u.a. von Dr. Vette, auch von der Vorsitzenden Carola Hartfelder.

119 Rechnete man die Wähleranteile der CDU und der SPD (in absoluten Zahlen) nach der Landtagswahl vom 11. September 1994 und der Wahl zum Berliner Abgeordnetenhaus vom 22. Oktober 1994 zusammen, so blieb nur noch eine Differenz von ca. 150.000 Stimmen zugunsten der SPD erhalten; damit erschien diese Perspektive durchaus realistisch.

Blockparteien-Mentalität und die Unlust, den Machtwechsel anzustreben, so sind andererseits seine neuerdings wiederaufgenommenen Versuche, die Regierungspartei mit den Stasi-Vorwürfen gegen Ministerpräsident Stolpe politisch unter Druck zu setzen, auch in der eigenen Partei höchst umstritten. Es wird sich freilich zeigen müssen, ob jene Kräfte in der Landespartei, die Kleins Polarisierungskonzept kritisieren, über ein politisch-strategisches Alternativkonzept für die CDU als Oppositionspartei verfügen und dies auch umsetzen werden, wenn Klein 1997 das Amt des Generalsekretärs niederlegt.

8.5. Resümee

In den neuen Bundesländern, in denen die CDU nach den Landtagswahlen vom 14. Oktober 1990 die Regierung bildete oder an ihr beteiligt war, konnte sie die – durch westliches Politikmanagement noch verstärkten – Ressourcen der gouvernementalen Apparate und Schaltstellen nutzen und damit ihre parteiorganisatorische Schwächen überdecken. Dies gilt insbesondere für Sachsen, wo CDU-Politik primär aus der Staatsregierung und der Staatskanzlei heraus gemacht wird.

Als Oppositionspartei mußte die brandenburgische CDU hingegen „aus der eigenen Wäsche" leben.[120] Nachdem die Parteistrukturen aus der Blockparteienzeit niedergebrochen waren und die Führungsgruppen sich unfähig gezeigt hatten, die Erneuerung voranzutreiben, kam dies einer Quadratur des Kreises gleich: sichtbar vor allem am desolaten Erscheinungsbild der Landtagsfraktion, in der CDU-Blockkräfte aus dem zweiten Glied, ehemalige DBD-Kader und die Diestel-Gruppe dominierten, sowie an den häufigen Wechseln in der Parteiführung. So blieb nur der steinige Weg, die Parteiorganisation von unten her ganz neu aufzubauen. Jenseits der Querelen in der Landtagsfraktion und des ungelösten Personalproblems an der Parteispitze hatte der brandenburgische CDU-Generalsekretär Thomas Klein von Anfang an darauf gesetzt, diesen Nachteil aufzufangen und längerfristig sogar in einen Vorzug umzumünzen: Seine Vorkenntnisse als Unternehmensberater nutzend, begann er damit, die Partei systematisch durchzustrukturieren, um ihre Politikfähigkeit wenn schon nicht für die unmittelbare Gegenwart, so doch für die Zukunft vorzubereiten.

Kleins Konzept war bewußt auf lange Sicht angelegt, denn er sah seine Partei mit zwei fundamentalen Problemen bzw. Hinterlassenschaften der

---

120 Thomas Klein, Vortrag in England, März 1995, Tonbandmitschnitt.

Blockparteienvergangenheit konfrontiert, die kurzfristig nicht lösbar waren: (1) der Ausdünnung der Eliten als einem strukturellen Defizit der CDU im engeren Umfeld der früheren DDR-Regierungszentrale, das auch durch Neuzugänge nicht wettgemacht wurde[121], und (2) einer politischen Mentalität bzw. einer auf allen Ebenen der Partei verbreiteten „unpolitischen" Politikauffassung, die noch immer durch die inferiore Rolle der CDU im Blockparteiensystem der DDR geprägt war. Charakteristisch dafür waren – so Klein – verinnerlichte Verhaltensweisen und Reflexe, die das Leben im SED-Regime vermutlich erleichtert hatten, die aber für die Austragung von Interessenkonflikten in einer offenen Gesellschaft eher hinderlich waren: der Rückzug auf geschlossene Zirkel, ins Überschaubare bzw. Familiäre, die Tabuisierung von Dissens und Konflikt, das Fehlen einer öffentlich-politischen Streitkultur, auch die Unfähigkeit zur Entkoppelung der Bewertungsmaßstäbe für das Private und das Politische. Politik werde hier noch zumeist als Suche nach einem vorgegebenen Gemeinwohl und nicht als ein Verfahrensstreit, als in der Öffentlichkeit stattfindender Prozeß der Konsens- und Kompromißbildung verstanden. Nicht nur nach außen hin, sondern auch intern zeigten sich mentale Prägungen, die auf die Entpolitisierung der Blockpartei CDU zurückzuführen seien. Weil echte politische Auseinandersetzungen nicht geführt werden durften, Rivalitäten und Streitpunkte gleichwohl vorhanden waren, habe sich ein „unpolitischer" und mit rationalen Kriterien nicht zu beschreibender Politikstil herausgebildet. Dieser Stil, in dem Meinungsverschiedenheiten und Konkurrenzen nicht offen, sondern verdeckt ausgetragen würden, habe auch in die von den Blockkräften dominierte Landtagsfraktion hineingewirkt und dort ein Gespinst von Intrigen und Individualismen produziert, das eine rationale Strukturierung der Oppositionspolitik (politische Zielsetzung, Aufgabenverteilung, Kooperation, ein Minimum an Fraktionsdisziplin u.a.m.) faktisch verhindert habe.

Nachdem der Aufbau der Kreisverbände (trotz einiger Verzögerungen im Zeitplan[122]) im Konnex mit der Gebietsreform 1993/94 weitgehend abgeschlossen war – damit war die ausgebliebene Parteierneuerung auf technokratische Weise bewältigt –, entwickelte Klein weitere mittelfristige

---

121 Vgl. auch oben Kapitel 6.4. sowie Kapitel 10.
122 Diese erste Phase der Reorganisation der Kreisverbände sollte eigentlich bereits Mitte 1993 abgeschlossen sein. Der Zeitplan beinhaltete auch eine Abstimmung der Termine für die Parteiwahlen auf Orts-, Kreis- und Landesebene; dieser „Takt" sollte eine Konzentration auf die politischen Probleme ermöglichen.

Strukturierungskonzepte, wie sie in dieser Systematik bisher in keinem anderen CDU-Landesverband in der Ex-DDR angewendet worden sind.[123] Es ging ihm dabei nicht nur um technisch-organisatorische Aspekte und Effektivierung – sprich: die Parteiorganisation und den Apparat perfekter auszurüsten, die innerparteiliche Kommunikation zu verbessern und die finanzielle Basis der Partei zu sichern –, sondern auch darum, neue Funktionseliten aufzubauen, die Partei im vorpolitischen Raum stärker zu verankern und auch inhaltlich-programmatisch an Profil zu gewinnen. Im Aufbau der Ortsverbände, der Förderung ihrer Eigenständigkeit und Selbstverantwortung sah Klein einen wichtigen Ansatzpunkt, um überkommene Erwartungshaltungen aus dem zentralistischen Politikmodell der DDR-Zeit aufzubrechen und neue Politikstrukturen aufzubauen. Unterdessen war auch die Landtagsfraktion nach den Machtkämpfen und massiven Verdrängungsprozessen vor der zweiten Landtagswahl 1994 besser gerüstet, ihre Oppositionsrolle wahrzunehmen. Der Dualismus zwischen Partei und Fraktion schien weitgehend aufgehoben zu sein; andererseits war die personelle Repräsentation an der Spitze ein nach wie vor ungelöstes Problem.

Trotz der Restrukturierungsbemühungen waren die Aussichten der brandenburgischen CDU, ihre Minderheitsposition aus eigener Kraft zu überwinden, auch auf längere Sicht sehr gering. Andere Faktoren mußten hinzukommen. So war etwa das Ziel, den von 1990 bis 1995 um mehr als die Hälfte geschrumpften Mitgliederbestand wieder zu verdoppeln, nur dann realistisch, wenn die Zuzüge der Regierungsbeamten und -angestellten aus Bonn in die Hauptstadt Berlin und das Umland Brandenburg miteinkalkuliert wurden. Von diesem Zufluß erhoffte man sich generell auch eine Stärkung der Finanzkraft und der Personalsituation der brandenburgischen CDU.

Wichtiger noch war allerdings die Aussicht auf die für 1998/99 geplanten Länderfusion Berlin-Brandenburg, die schon im Vorfeld zur Parteifusion führen und im übrigen die Konstellation zwischen SPD und CDU in einem Land Berlin-Brandenburg völlig verändern könnte. Während es in der Berliner CDU noch die Befürchtung gab, das sie umgebende „Rote Meer" aus SPD und PDS werde sie verschlingen, und auch in der brandenburgischen CDU die Vorbehalte gegen die Berliner Dominanz noch längst nicht ausgeräumt waren, stellten CDU-Parteistrategen wie Klein, Pieroth, Radunski und seit der Wahl zum Berliner Abgeordnetenhaus im Oktober

---

123 So – anerkennend – auch F.C. Schlumberger, Leiter der Hauptabteilung Organisation der Bundes-CDU, auf einem Treffen der Kreisvorstände in Potsdam am 30.8.1995.

1995 auch die Bonner Parteizentrale eine andere Rechnung auf: Durch die Zusammenführung der jeweiligen Wähleranteile von CDU und SPD in einem fusionierten Land Brandenburg könnten die strukturellen Defizite der brandenburgischen CDU kompensiert werden. Die Schwäche der SPD im Ostteil Berlins, die hier nach der Wahl zum Berliner Abgeordnetenhaus am 22. Oktober 1995 nach der PDS und der CDU nur noch dritte Partei war und auch auf Bezirksebene starke Einbußen erlitten hatte[124], würde mit dazu beitragen, daß sich der Abstand zwischen den (zukünftig fusionierten) Parteien SPD und CDU weiter zugunsten der CDU verringern würde.

Wenn sich die neue Strategie der CDU, durch systematische Wählerwerbung autoritär-konservatives Potential aus dem Wählerpotential der PDS herauszufiltern, als erfolgreich erweisen und sie zugleich ihre Anhänger in den brandenburgischen Randzonen besser mobilisieren würde, so könnte aus diesem fluiden Abstand schnell ein Patt werden. Gelänge es der fusionierten CDU zudem, ihr Erscheinungsbild als „Partei der Männer und Senioren" zu verändern – indem sie z.B. „Köpfe" aus dem wertkonservativen Spektrum der DDR-Bürgerbewegungen hinzugewänne und die Vision einer modernen, innovativen, wertbewußten „Hauptstadtpartei" in einer „Berliner Republik" transportierte – , so könnte die in der Großen Koalition festgezurrte und in ihre inneren Kämpfe verstrickte SPD leicht in eine Zangenbewegung geraten: Angesichts ihrer Schwierigkeiten, neue gesellschaftspolitische Reformprojekte zu definieren, und der Unlust, sich offensiv mit der PDS auseinanderzusetzen, könnten Teile ihres Wählerpotentials aus dem Osten zu den Grünen bzw. zur CDU abwandern; aus der alten SPD-Hochburg könnte dann vielleicht schon bei der nächsten Landtagswahl 1999 eine Metropole werden, in der eine CDU Berlin-Brandenburg den Ton angeben würde.

Nachdem sich diese Perspektive im Mai 1996 zerschlagen hat, sieht sich die brandenburgische CDU wieder auf ihre eigenen Kräfte zurückverwiesen. Ob es ihr - auf dieses Potential gestützt - in den Landtagswahlen 1999 gelingen wird, ihren Stimmenanteil zu vergrößern und ihren - knappen - zweiten Platz vor der PDS zu behaupten, ist gegenwärtig eine völlig offene Frage. Noch offen ist auch, ob die organisationspolitische Restrukturierung des Landesverbandes, die Klein während seiner Amtszeit als Generalsekretär forcierte, um die Partei in der Oppositionsrolle zu stärken, weiter vorankommt, oder ob dieser Strukturierungsansatz Episode bleiben wird.

---

124 Vgl. Tagesspiegel, 23.10.1995.

9. Die CDU im Eichsfeld: eine „Milieupartei"

Nach Sachsen und Brandenburg kommt in diesem Kapitel mit dem Eichsfeld eine dritte (Teil-) Region in den Blick. Das Eichsfeld gehört heute zum Land Thüringen. Mit knapp 3.000 Mitgliedern – das entspricht etwa einem Drittel der Mitgliederschaft des CDU-Landesverbandes Brandenburg – ist der Kreisverband Eichsfeld einer der mitgliederstärksten Kreisverbände der CDU in den neuen Bundesländern. In diesem Territorium erzielte die CDU nach der Wende ihre sensationell höchsten Ergebnisse. Vergleichbare Stimmenanteile erhielt sie in der Ex-DDR allenfalls in den sorbischen Dörfer im Spreewald.

9.1. *Zentrumstraditionen und CDU-Potentiale in der Ex-DDR*

An der Peripherie der säkularisierten und zentralistischen DDR existierte mit dem Obereichsfeld noch ein weitgehend geschlossener katholischer Raum mit einer stark ausgeprägten, kulturhistorisch gewachsenen, regionalen Identität und einem funktionierenden Sozialmilieu.[1] In dieser ehemaligen Zentrumshochburg fand die CDU im Wahljahr 1990 ein Wählerpotential vor, das offensichtlich seit Generationen dem Zentrum bzw. seit 1945 der CDU die Treue hielt. Daran hatten weder die Nationalsozialisten noch die 1949/50 kulminierenden Säuberungswellen und Bedrückungen durch die Sowjetische Kontrollkommission (SKK) und die SED, denen das Eichsfeld als „Hauptort der Reaktion" und als „Einfallstor des Imperialismus" in Thüringen galt, etwas ändern können.[2]

---

1 Die Erforschung solcher „punktueller" und traditionsbestimmter Milieus in der DDR ist derzeit noch ein Desiderat sozialgeschichtlicher Analysen zur Geschichte der DDR. Ohne die Resistenzpotentiale überzubewerten, stelle ihre Untersuchung – so Kleßmann – doch einen „Beitrag zur langfristigen und komplexeren Ursachenanalyse des totalen Zusammenbruchs von 1989" dar (vgl. Kleßmann 1991: 153 f.).

2 Als prägender Vorfall ist der „Heiligenstädter Fenstersturz" (April 1950) in die Geschichte der Eichsfelder CDU eingegangen. – Die Darstellung von Michael Richter ist auch von der Thüringer CDU bei ihrer Gedenkfeier zum 50. Jahrestag der Gründung der Landespartei übernommen worden (vgl. FAZ, 19.6.1995). Demnach wurde – nach einer Polizeiaktion gegen ca. 50 Bürgermeister und einer tagelangen Kontrolle aller in CDU-Hand liegenden Ämter durch die Landeskontrollkommission der thüringischen Landesregierung – das Kreistagsgebäude in Heiligenstadt von kommunistischen Gruppen besetzt. Dabei seien der stellvertretende Landrat Georg Opfermann aus dem

Traditionell stellte in Heiligenstadt die CDU den Bürgermeister – für DDR-Verhältnisse eine Besonderheit.[3] Nach der Wende wurde aus Aversion gegen die Block-CDU in der Eichsfeld-Gemeinde Dingelstädt sogar das Zentrum wiedergegründet; es firmierte unter der Bezeichnung „Bürgerbewegung Christliches Zentrum" und erreichte bei den Kommunalwahlen 1990 im Kreis Worbis einen Stimmenanteil von 3,7 Prozent[4]

Vergleicht man die Stimmenanteile des Zentrums bei den letzten Reichstagswahlen am 5. März 1933, der CDU bei den Septemberwahlen 1946 und der CDU bei den Volkskammerwahlen 1990, so zeigen sich – was die Größenordnung angeht – nur geringe Unterschiede. Tabelle 10 verzeichnet die Ergebnisse der Märzwahl 1933 im Eichsfeld und seiner Umgebung. Hier fällt eine krasse Differenz ins Auge – sowohl hinsichtlich der Stimmenanteile der NSDAP als auch der beiden Arbeiterparteien SPD und KPD. Tabelle 11 macht deutlich, daß das Ergebnis der CDU bei den Septemberwahlen 1946 im Eichsfeld etwa dem der Märzwahlen 1933 entsprach und daß es sogar örtlich noch weit übertroffen wurde.

Fenster gestürzt und zahlreiche leitende Angestellte verhaftet worden. Dem Landrat des Eichsfeldes, Dr. Georg Braedel, seinem Stellvertreter Opfermann und anderen CDU-Funktionären sei jedoch die Flucht gelungen. Diese Version wird allerdings von einem der Beteiligten, Dr. Richard Jung, einem engen Mitarbeiter Dr. Braedels, bestritten und als eine Hochstilisierung seines eigenen „Falles" durch die Eichsfelder Bevölkerung (in Anlehnung an den „Prager Fenstersturz" von 1618) bezeichnet. Braedel habe sich – so Jung – Anfang 1950 der drohenden Verhaftung durch Flucht entzogen. Daraufhin sollten die übrigen im Landratsamt tätigen führenden CDU-Leute aus ihren Ämtern entfernt werden. Nach einer massiven Einschüchterung durch 100 bis 200 SED-Anhänger habe die Betriebsgewerkschaftsleitung (BGL) einer fristlosen Entlassung zugestimmt. Er selbst, der als einziger dagegen gestimmt habe, sei daraufhin aus dem Sitzungssaal gezerrt und die Treppe vom ersten Stock zum Innenhof hinuntergeworfen worden (vgl. FAZ, 28.6.1995). – Der erste CDU-Landrat nach dem Krieg, Dr. Aloys Schaefer, war bereits 1946 verhaftet worden; sein Nachfolger, Dr. Tkotsch, mußte 1948 fliehen. Ende des Jahres 1949 erklärten die Sowjets den Kreisvorstand von Worbis für abgesetzt. Im Frühjahr 1950 gingen SKK und SED dann gegen die im Eichsfeld durchgehend vorhandenen CDU-Mehrheiten in allen Vertretungskörperschaften vor. Nach den Säuberungen im Eichsfeld wurden die Aktionen gegen die CDU-Kreisvorstände in Mühlhausen und Sondershausen fortgesetzt (vgl. Richter 1991: 230 f.).

3   Vgl. Heiligenstadt 1990: 8.
4   Vgl. Adler 1990: 172.

Tabelle 10:   Die Reichstagswahlen im Eichsfeld und
Umgebung am 5. März 1933 (in Prozent)

	im Eichsfeld*	in der Umgebung
Zentrum	60,93	3,03
SPD	8,60	26,34
KPD	4,40	12,06
NSDAP	26,20	58,28

Quelle: Siebert, Das Eichsfeld unterm Hakenkreuz
(zit. nach Adler 1990: 160).

* Der Anteil des Zentrums lag in Heiligenstadt mit 66%
(absolut: 16.954 Stimmen) höher als in Worbis mit 54%
(absolut: 14.390 Stimmen). Hier war hingegen die SPD fast
doppelt so stark wie in Heiligenstadt (11% gegenüber 6,2%),
die KPD etwas schwächer als in Heiligenstadt (4,2% gegenüber 5,9%). Vgl. hierzu Schaefer, o.J.: 10.

Tabelle 11: Die Wahlen im Eichsfeld und in Heiligenstadt
am 8. September 1946 (in Prozent)

	im Eichsfeld	in Heiligenstadt
CDU	63,7	71,0
SED	26,7	22,5
LDPD	1,8	5,4
Frauenliste	2,3	1,5

Quelle: Siebert, Das Eichsfeld unterm Hakenkreuz
(zit. nach Adler 1990: 161).

Die Tabellen 12 und 13 zeigen das Wahlergebnis der Volkskammer- und
Kommunalwahlen 1990 in den Eichsfeld-Kreisen Heiligenstadt und Worbis. Auffällig ist auch die exorbitant hohe Wahlbeteiligung.

Tabelle 12: Die Volkskammerwahlen in Heiligenstadt und Worbis am 18. März 1990 (in Prozent)

	in der DDR	Krs. Heiligenstadt	Krs. Worbis
CDU	40,9	74,7	73,0
SPD	21,8	11,7	12,2
PDS	16,3	6,2	4,8
FDP	5,2	2,7	3,5

Quelle: Adler 1990: 161.

Nach der Wende 1989 fanden nun allerdings auch im Eichsfeld tiefgreifende Veränderungen statt, die die Frage aufwarfen, ob das tradierte Milieu in seiner Substanz erhalten bleiben oder (wie in den katholischen Traditionszonen der alten Bundesrepublik schon wesentlich früher) erodieren würde. Von westlichen Betrachtern sehr nüchtern beurteilt[5], war und ist dies für die Akteure in der Eichsfeld-CDU eine Grundfrage ihres Politikverständnisses und ihrer politischen Strategiebildung. Sie sahen sich nun vor die Aufgabe gestellt, ein Konzept zu entwickeln, das es erlaubte, die Transformation und Modernisierung rückständiger Strukturen – insbesondere in der Wirtschaft und der Infrastruktur – zu steuern und zugleich die Identität dieses Raumes zu erhalten.

---

5 So etwa von Gerhard Reddemann, MdB aus Hagen, der – 1932 in Heiligenstadt geboren – nach 22jähriger Tätigkeit im Deutschen Bundestag 1990 als Bundestagskandidat für das Eichsfeld aufgestellt und gewählt wurde (Interview Reddemann).

Tabelle 13:   Kommunalwahlen im Bezirk Erfurt am 6. Mai 1990*

	CDU	SPD	PDS	B.F.D.	Bauern	DBD	FWV	Wahlbeteiligung	
								6. Mai	18. März
Arnstadt	38,5	23,6	8,5					80,5	94,7
Apolda	40,9	16,8		15,6				78,2	93,5
Eisenach	38,3	28,1	9,2					79,0	94,8
Erfurt-Land	45,8	11,9		11,2				85,1	96,0
Gotha	43,7	26,7	7,8					77,6	94,0
Heiligenstadt	74,0	9,5**	6,3					84,2	97,1
Bad Langensalza	35,1	21,5		14				81,4	96,1
Worbis	60,6	10,5		6,8				83,9	96,6
Mühlhausen	44,9	20,6	7,6					77,2	94,3
Nordhausen	37,8	23,9	10,0					77,3	94,3
Sömmerda	40,3	16,8			9,1			79,5	95,1
Sondershausen	34,3	19,4					9,6	81,1	95,4
Weimar-Land	31,6	10,4				11,2		84,1	95,0
Weimar-Stadt	39,9	19,4	10,0					71,4	91,6
Erfurt-Stadt	36,4	22,5	15,6					68,8	90,7

Quelle: Adler 1990: 171.

* Wahlen zu den Kreistagen des Bezirks Erfurt und den Stadtverordnetenversammlungen Erfurt und Weimar. Wahlbeteiligung bei der Volkskammerwahl am 18. März und bei der Kommunalwahl am 6. Mai 1990 sowie Stimmenanteile der Parteien in Prozent

** Wahlbündnis SPD/DBD

Plötzlich war der Außendruck entfallen, der das Milieu konserviert und komprimiert hatte. Die Begleiterscheinungen eines gerade im Grenzgebiet abrupt einsetzenden sozialen Wandels (z.B. die gesteigerte Mobilität, das Pendlertum, neue Interessenspektren und Außenbeziehungen, Konsumdenken) beförderten die Erosion kleinräumlicher Milieuvernetzungen, längerfristig auch tradierter Wertestrukturen. Um dem entgegenzusteuern, bemühten sich konzeptuell denkende Kräfte in der Eichsfeld-CDU um ein Strukturierungskonzept, das sich auf den historischen Rahmen dieses kulturgeschichtlich gewachsenen Raumes bezog und zugleich seine Zukunftspotentiale ausfindig zu machen und zu nutzen suchte. Die Mentalität der Bevölkerung und ihre Identifikationsmuster wurden dabei selbst als ein Energiereservoir angesehen, das in diesem Umbruchprozeß auszuschöpfen sei. Da sich diese Ansätze auf ein historisch bzw. sozialkulturell vorstrukturiertes und definiertes Handlungsfeld beziehen, werden dessen Charakteristika hier zunächst in einem kurzen Abriß vorgestellt.

9.2.   Die „Eichsfeld-Idee" als Synthese von Katholizismus und Heimatliebe

Das Eichsfeld ist ein Territorium mit einem spezifischen regionalen Sonderbewußtsein. Während das Obereichsfeld die heute im Eichsfeld-Kreis zusammengefaßten thüringischen Kreise Heiligenstadt und Worbis sowie einen Teil des Kreises Mühlhausen umfaßt, liegt das Untereichsfeld, d.h. die Gegend um Duderstadt in Niedersachsen, jenseits der alten DDR-Grenze im Westen.[6]

Nach der Christianisierung durch Bonifatius kam das Eichsfeld unter die Herrschaft der Mainzer Erzbischöfe; bereits um das Jahr 1000 wurden in Heiligenstadt Bischöfe geweiht. Mainzer Statthalter und Kommissare stoppten seit 1575 die Ausbreitung der lutherischen Lehre und führten das Eichsfeld – mit Ausnahme einiger adliger Gerichtsdörfer – in der Zeit der Gegenreformation unter massivem Einfluß der Jesuiten zum Katholizismus zurück.[7] Jahrhundertelang blieb das Eichsfeld eine zu Kurmainz gehören-

6   Die Zonengrenze schnitt das obere vom unteren Eichsfeld ab und verfestigte – vor allem nach dem Bau der Mauer – die bereits vom Wiener Kongreß 1815 bewirkte Trennung. 1973 brachte der kleine Grenzverkehr eine erste regionale Öffnung zum Westen.

7   Sichtbar bis heute: das Jesuitenkolleg sowie die Palmsonntagsprozession; sie wurde 1581 von den Jesuiten wiedereingeführt und zieht seitdem jährlich mit einer gewaltigen Teilnehmerzahl durch Heiligenstadt.

de katholische Enklave inmitten eines protestantischen Umfeldes, bis es 1802 im Zuge der Säkularisation – kurz vor dem Reichsdeputationshauptschluß (1803)[8] – an Preußen fiel. Zwischenzeitlich (1807-1813) „Zubehör" des Königreichs Westfalen, gehörte es schließlich wieder zu Preußen und wurde dem Regierungsbezirk Erfurt und der Provinz Sachsen eingegliedert.[9] Mit diesem Wechsel der politischen Zugehörigkeit ging für das Eichsfeld eine lange Tradition zu Ende, die dann aber im 19. Jahrhundert – durch die ultramontane Kirchenpolitik und im „Kulturkampf" (1871-1886/7) – auf neue Weise revitalisiert wurde.

Die Formierung des Milieus wurde vor allem durch den Sozialkatholizismus vorangetrieben, der sich im „Armenhaus Preußens"[10] rasch entfal-

---

8   Der Reichsdeputationshauptschluß setzte einen Prozeß in Gang, der die politische Landschaft in Deutschland völlig verändern sollte. Denn er schrieb die Ergebnisse fest, die im Frieden von Lunéville (1801) zwischen Frankreich und Oesterreich ausgehandelt worden waren. Eine Folge war, daß nun auch in Deutschland alle geistlichen Fürsten, ausgenommen die Mitglieder der Reichsdeputation, enteignet, die säkularisierten Kirchengüter auf die durch die Abtretung des linken Rheinufers an den Rheinbund geschädigten, z.T. auch an nicht geschädigte Fürsten verteilt wurden.
Für die katholische Kirche bedeutete die Säkularisation schwere materielle Verluste und eine drastische Einschränkung ihrer kulturellen Präsenz. Zugleich wurde sie aber auch Ausgangspunkt für tiefgreifende und folgenreiche Strukturveränderungen. Die Auflösung der feudal-aristokratischen Züge der Reichskirche und die soziale Umschichtung im Klerus erleichterten es der geschwächten und verarmten Kirche, ein neues Verhältnis zum Volk zu entwickeln: Die „Volkskirche" des 19. Jahrhunderts nahm hier ihren Ausgang.
Mit der territorialen Neuordnung seit 1803 löste sich die Konfessionsstruktur der deutschen Einzelstaaten, wie sie seit dem Westfälischen Frieden (1648) bestanden hatte, auf. Homogen katholische Gebiete – so auch das Eichsfeld – wurden nun ohne Rücksicht auf die Empfindungen der Bevölkerung mehrheitlich protestantischen Territorien einverleibt, in denen sich die Katholiken von den Protestanten dominiert und diskriminiert fühlten. Diese Konstellation erzeugte ständige konfessionelle Spannungen und bewirkte fast unüberwindliche Milieuverfestigungen, die die politische Kultur im 19. und 20. Jahrhundert prägen sollten. (Vgl. hierzu im weiteren Kontext: Schmidt 1987: 28 ff.)

9   Vgl. Rassow 1909: 2,7,9 f. (geschichtliche Einleitung).

10 Vgl. Schaefer (o.J.), der auch wirtschaftsgeschichtliche Aspekte mitbehandelt, hier: S. 8. – Im Bauernkrieg, im Dreißigjährigen Krieg und im Siebenjährigen Krieg hatte das Eichsfeld stark gelitten. Der Niedergang der hier nach der Erfindung des mechanischen Webstuhls aufgebauten Woll- und Leineweberei sowie die Wirkungen der Agrarreform in Preußen trugen zu einer drastischen Verminderung der Erwerbsmöglichkeiten der eichsfeldischen Bevölkerung bei, so daß viele zur Auswanderung bzw. zur Saisonwanderung gezwungen waren. Seine Blütezeit hatte das Eichsfeld – begünstigt durch die Lage im Schnittpunkt wichtiger Verkehrs- und Handelsstraßen und durch die Handelsbeziehungen zur Hanse – im Mittelalter erlebt.

ten konnte. Zunächst primär darauf angelegt, die Abkehr Tausender eichs-
feldischer Wanderarbeiter[11] von der Kirche sowie die Politisierung und
den Sittenverfall der ländlichen Unterschichten zu verhindern, entstand
schon bald auch in der Heimatregion selbst durch den sprunghaften Ausbau des katholischen Vereins- und Verbandswesens ein weitverzweigtes
Netzwerk der sozialen Betreuung und Kontrolle. Daneben gab es zahlreiche christlich motivierte, aber nicht kirchlich verwaltete Eichsfelder Vereine, die es als ihre Aufgabe ansahen, „den Katholizismus der abgewander-
ten Landsleute, u.a. in Verbindung mit der Propagierung heimatlicher
Werte, in der [zumeist protestantischen, U.S.] Fremde hochzuhalten".[12]
Die Synthese von Heimatliebe und katholischem Glauben ist denn auch
zum Grundmuster der eichsfeldischen Identität geworden, das in der Popu-
lärdichtung weiterverarbeitet wurde[13] und in dieser Form selbst wieder
identitätsstiftend wirkte.

Dieses Heimatbewußtsein und der volkskirchliche Katholizismus –
noch heute bekennen sich mehr als 80 Prozent der Eichsfelder zum katholischen Glauben – sind auch in der DDR-Zeit nicht verloren gegangen.[14]
Die Sedimente einer kollektiven Erinnerung haben sich eher noch verdichtet und das Milieu nach außen hin abgegrenzt; der antipreußische Affekt

---

11   Die Saisonwanderung war ein Massenphänomen. Allein aus dem Raum Du-
     derstadt/Worbis verließen jedes Frühjahr ca. 15.000 Saisonarbeiter ihre Fa-
     milien. – In der Figur des Wanderarbeiters als dem „typischen Eichsfelder"
     und seinen Eigenschaften verdichteten sich Grunderfahrungen mehrerer Ge-
     nerationen zu einem Bild, das für die Identität der Eichsfelder noch immer
     von Bedeutung ist.

12   Hauff 1990: 164.

13   Z.B. in der Metapher des „warmen eichsfeldischen Mantels", des „Mantels
     der Liebe zur Heimat", der die in der Fremde zerstreuten „Brüder und
     Schwestern" mit denen in den „Heimatgauen" verbindet. (Vgl. das Gedicht
     von Josef Kaufmann, in: Unser Eichsfeld, 19. Bd./1924: 12, zit. nach Meß de
     Velasquez 1990: 328 f.) – In der letzten Strophe des von Hermann Iseke
     verfaßten „Eichsfelder Sangs" – der sogenannten Eichsfelder Nationalhymne
     – heißt es:
     „Eichsfelder mit Frohwanderblut und liederreicher Kehle,
     heim, heim steht all dein Herz und Mut, dein Sinn und deine Seele,
     heim, wo das Kreuz vom Hügel ragt,
     und dir von Gottes Liebe sagt!
     Schlägt deine letzte Stunde,
     es sei auf Eichsfelds Grunde!"
     (in: Adler; 1990: 8). – Diese „Hymne", die jahrzehntelang nicht mehr öffent-
     lich gesungen werden durfte, wurde im Herbst 1989 zum „Protestsong" der
     Eichsfelder.

14   Vgl. FAZ, 3.1.1992.

konnte nun – ebenso wie das früher auf das protestantische Umfeld und die
Abwehr von Sozialdemokratie und Sozialismus zugeschnittene Feindbild –
auf den atheistischen und bürokratisch-zentralistischen SED-Staat umgepolt werden.

Die Zugehörigkeit zur katholischen Kirche und zum katholischen Milieu war für viele Eichsfelder eine wichtige Konstante des Alltagslebens.
Als ein Ausdruck der Geschlossenheit des Milieus ist z.B. die geringe Akzeptanz der Jugendweihe[15] sowie die auch bei jungen Leuten noch stark
ausgeprägte Kirchenbindung anzusehen. Es wäre freilich falsch, diese Mi-
lieuresistenz im nachhinein zum Widerstand gegen das DDR-System zu
verklären. Der Milieukatholizismus produzierte auch im Eichsfeld keine
Aufrührer. Wo die Kirche weniger im engen Sinn einer römischen Definition der katholischen Glaubenslehre, sondern vielmehr als volkskirchlicher
Raum verstanden wurde, bildete sie eine große Nische, einen Schonraum,
eine andere Ebene, wo sich das Milieu – ohne in direkte Konflikte mit der
Obrigkeit zu geraten – entfalten konnte. Auch die Geistlichen waren Teil
des Milieus. Nicht die katholische Kirche als Institution befand sich im
Widerstand; es waren immer nur einzelne – Priester wie Laien –, die es
wagten, die Spielräume, die der DDR-Staat den Kirchen ließ, voll auszulo-
ten bzw. zu überschreiten.[16]

Die stürmische Phase im Eichsfeld setzte – zeitversetzt um ca. vier bis
sechs Wochen und lange nach der Leipziger Großdemonstration vom 9.
Oktober – erst Ende Oktober 1989 ein. Seit Mitte Oktober gab es Initiativ-
gruppen in Heiligenstadt, Worbis, Dingelstädt und Leinefelde, die die
Montagsdemonstrationen und die Friedensgebete übernahmen und ihnen
durch die Einschmelzung in die Riten des Kirchenjahres ein eigenes Ge-
präge gaben.[17] Die Massenaktionen waren hier weniger politische De-

---

15   Fast alle Kinder im Eichsfeld wurden getauft, nur wenige aus einem Jahrgang
     gingen zur Jugendweihe. Nur die Größe des Altarraums begrenzte die Zahl
     der Meßdiener. Das kirchliche Freizeitangebot konkurrierte erfolgreich mit
     dem des Staates (vgl. FAZ, 3.1.1992).

16   In Heiligenstadt: Pater Eckhard im Redemptoristenkloster St. Gerhard sowie
     ein Diakon am Kirchlichen Gymnasium.

17   Die „Demotage" waren nicht untereinander abgestimmt, sondern ergaben sich
     aus dem jeweiligen Anknüpfungspunkt zum Friedensgebet in den Pfarrge-
     meinden. Die Initiativgruppen traten unter verschiedenen Namen auf: „De-
     mokratische Initiative Heiligenstadt" (DI), die sich ausdrücklich als ökume-
     nisch bzw. auch offen für Nicht-Christen bezeichnete; ein Zusammenschluß
     mit dem „Christlichen Zentrum Dingelstädt" kam deshalb nicht zustande. Die
     DI fächerte sich nach Politikfeldern in sieben Arbeitsgruppen auf, die ihre
     Vertreter in einen „Sprecherrat" entsandten; DI-Vertreter saßen später auch
     mit am Runden Tisch und in den Ratssitzungen. DI-Ableger existierten auch

monstrationen als Manifestationen einer starken, religiös fundierten Gemeinschaft, die aus dem Kirchenraum heraustrat, und sie wurden als
Volksfeste fortgesetzt.

Als ihr zentrales Thema kristallisierte sich schon bald die deutsche Einheit heraus. Das Eichsfeld sollte zu einem Modell für das Zusammenwachsen Deutschlands werden. Höhepunkte der Aktionen waren die große
„Eichsfeld-Demo" am 11. Dezember – eine Schlüssel-Initiative für die
„Probe-Massenflucht" am 21. Januar 1990 am Grenzübergang Teistungen
und die anschließenden Großkundgebungen, an denen sich über 100.000
Menschen beteiligten[18] – sowie die Demonstrationen gegen die SED/PDS
im Januar 1990, der Inkorporation des noch nicht für immer aus dem Feld
geschlagenen Feindes Sozialismus.

9.2.1. „Ihr seid das Salz der Erde ..."[19]
Rekatholisierungstendenzen in der Wendezeit?

Der katholische Klerus hielt sich aus den Aktionen des Herbstes 1989 zunächst heraus. Die offizielle Kirchenpolitik, die ihre neutrale Distanz zum
DDR-Staat wahrte und es daher vermied, politische Initiativen von Bürgerrechtlern zu ermutigen oder zu schützen, wurde auch in der Wendezeit
durchgehalten; manches Gemeindemitglied hätte sich hier deutlichere Signale gewünscht.[20] In den Kirchengemeinden gab es keine Absprachen
unter den Geistlichen, wie die Zeitprobleme zu behandeln seien; jeder

---

in anderen Orten. In Leinefelde gab es die Gruppe „Christliche Verantwortung" mit fünf Arbeitskreisen; die „Demokratische Erneuerung" in Worbis
veranstaltete hingegen wöchentlich große Dialogrunden im Kulturhaus, in
denen Vertreter der Kirche und der staatlichen Stellen die aktuellen Probleme
unter aktiver Beteiligung der Bevölkerung diskutierten (vgl. Adler 1990: S.
28 ff.).

18 Vgl. zur Wende im Eichsfeld oben, Kapitel 3.2 sowie Adler, 1990: 85.
19 So Pfarrer Bertram Vogt aus Leinefelde am 8. Oktober 1989 vor ca. 3.000
    Wallfahrern auf dem Hülfensberg (Adler 1990: 19). Und weiter: „Wir Chris-
    ten haben die Aufgabe, hinzugehen und dafür zu sorgen, daß das Leben in
    unserem Land auch in Zukunft noch schmeckt und eine gute Gemeinschaft
    erhalten wird."
20 Interview Reddemann. – Adler berichtet immerhin von einem außerkirchli-
    chen Gesprächskreis Ausreisewilliger in Leinefelde, die mit Geistlichen der
    Gemeinde Kontakt hielten. Nach der Verhaftung von vier jungen Leuten
    wurden 1988/89 Fürbitten für sie abgehalten (Adler 1990: 14).
    Die katholische Kirchenpolitik und die Unterschiede zu den protestantischen
    Kirchen können hier nicht behandelt werden. Vgl. dazu Höllen 1995.

mußte für sich die Grenzlinie bestimmen. Nachdem aber am 16. Oktober im Pfarrgemeinderaum des Heiligenstädter Redemptoristenklosters St. Gerhard eine Gruppe von 27 „gleichgesinnten und zuverlässigen Männern und Frauen" beschlossen hatte, aktiv zu werden[21], bot diese Kirchengemeinde schon bald einen Rahmen für ihre Aktivitäten. Im Anschluß an eine Missionspredigtwoche und zum Abschluß der Kirmesveranstaltungen fanden sich nach der Marienfeier am 23. Oktober ca. 600 Menschen zu einer Kerzendemonstration zusammen, die als Initialzündung für die späteren Aktionen wirkte. Zu einer weitergehenden Organisationshilfe für die „Demokratische Initiative" (DI) waren die Geistlichen jedoch nicht bereit; so lehnten sie z.B. das Ansinnen, über ihre Informationskanäle in die Eichsfelddörfer hinein zu wirken und dadurch mehr Menschen zu mobilisieren, rundweg ab.

Während es zu Beginn der „Revolution" auf dem Eichsfeld bei der katholischen Kirche also etwas „geklemmt" hatte[22], gab sie ihre Zurückhaltung in den folgenden Wochen schon bald auf. Katholische Geistliche beteiligten sich zusammen mit evangelischen an der Gesprächsführung am Runden Tisch. Hier und in den Arbeitsgruppen der Bürgerinitiativen wurden sach- wie personalpolitische Beschlüsse gefaßt, in die kirchlich-katholische Interessenstandpunkte (z.B. der Kampf um das „Elternrecht" in der Schule; die Ablehnung der Jugendweihe; der Schutz des ungeborenen Lebens; die Wiedereinführung katholischer Feiertage; die Öffnung des Zugangs zum symbolträchtigen Wallfahrtsort auf dem Hülfensberg u.a.m.) miteinflossen. In der Umbruchzeit, in der es noch kaum Strukturen der Interessenartikulation und -mobilisation gab, stellte die katholische Kirche im Eichsfeld eine funktionsfähige intermediäre Organisation dar, die von breiten Teilen der Bevölkerung akzeptiert wurde.

---

21 Vorausgegangen war die Prozession zum Wallfahrtsort in der Tabuzone. – In ihrem Statement hieß es: „Gerade als Christen sind wir aufgefordert, uns aktiv bei der Gestaltung der menschlichen Gesellschaft einzubringen. Es genügt nicht, daß wir uns hinter die Kirchentüren verschanzen, den Himmel bestürmen und warten, daß Gott schon irgendwie, ohne unser eigenes Zutun, sorgen wird, daß andere für uns aktiv werden, daß andere für uns schon richtig entscheiden und handeln werden. Unsere alte Einstellung, nur nicht auffallen, nur nicht anecken, unser bißchen Habchen und Babchen – unser Hab und Gut nur nicht in Gefahr bringen und ansonsten immer den rechten „westlichen Beistand" zu erfahren, müssen wir sicher ablegen, auch wenn es uns hier und da weh tun wird." (Vgl. Adler 1990: 21 f.)

22 So einer der Aktivisten, der spätere Kultusminister Dieter Althaus, der damals im Kirmesvorstand war (Interview Althaus).

Ganz offensichtlich war die katholisch-kirchliche Parteinahme für die Eichsfeld-CDU im ersten Nachwendejahr bis zu den Wahlen 1990. Sie äußerte sich in einer massiven Beeinflussung des Kirchenvolkes, die in ihrer verschleierten Deutlichkeit der Wahlhilfe der katholischen Kirche für die Unionsparteien in der Frühphase der Altbundesrepublik nicht nachstand. Ein anderes Feld war die Personalpolitik: Ganz bewußt wurden von kirchlicher Seite her Katholiken aufgefordert, nun als Christen politische Verantwortung zu übernehmen und für Ämter und Mandate zu kandidieren. In politische Führungsämter gelangt, erfuhren sie – so etwa Kultusminister Dieter Althaus[23] – eine demonstrative Unterstützung und Begleitung. In der thüringischen CDU-Landesregierung waren die Katholiken stark überrepräsentiert. Diese katholische Dominanz ist freilich nicht nur den kirchlichen Appellen zu verdanken; sie ist auch Resultat eines Verteilungsmusters, demzufolge Katholiken, sofern sie sich politisch engagierten, überwiegend der CDU zuneigten, während Protestanten und Nicht-Christen sich auch zu anderen Parteien hin orientierten. Insofern bedeutet sie nicht unbedingt einen Bedeutungszuwachs für Kirche und Katholizismus in der Ex-DDR nach der Wende. Längerfristige Entwicklungen sind abzuwarten.[24]

Gegen die in protestantischen CDU-Kreisen kursierende Befürchtung einer „Rekatholisierung" der Politik in Thüringen[25] wurde von den Führungsgruppen im Eichsfeld eingewandt, daß die Kirche nicht direkt auf die Besetzung von Funktionen Einfluß genommen und sich im übrigen wieder zurückgezogen habe, nachdem gewählte Vertreter zur Verfügung gestanden hätten. Insofern habe sie zwar die Schaffung neuer Strukturen mit unterstützt, aber keine Theologisierung der Politik betrieben. Der Vorwurf der Rekatholisierung entspringe selbst einer Vermischung der kirchlichen und der politischen Sphäre, die von ihnen abgelehnt werde.

Diese im Eichsfeld verbreitete Grundhaltung erklärt übrigens auch, warum das „Christliche Zentrum" Dingelstädt, das sich zwar als „neue Partei" von der Block-CDU abgrenzte, sich aber auf einen engen konfessionell-katholischen Standpunkt zurückzog, selbst in diesem katholischen Kernland nicht über die Fünf-Prozent-Hürde hinauskam. Die Heiligenstäd-

23 Seine Ernennung zum Kultusminister wurde in den Sonntagsmessen verkündet und mit Gebeten für ihn begleitet. In Erfurt wäre das – so Althaus – nicht denkbar gewesen (Interview Althaus).

24 Interview Reddemann.

25 Interview Dr. Müller. Dr. Gottfried Müller, der Initiator des „Weimarer Briefes", war von Haus aus selbst protestantischer Theologe.

ter DI verkörperte demgegenüber mit ihrem ökumenischen Selbstverständnis und ihrem Bestreben, für alle Bürger – auch Nicht-Christen – offen zu sein, einen zeitgemäßeren liberal-konservativen Ansatz.[26] Sie bildete ein Reservoir, aus dem sich die Eichsfeld-CDU personell wie konzeptionell erneuern sollte. Das Drama des Parteienkonflikts zwischen Zentrumspartei und CDU hatte damit seinen vermutlich letzten Akt gefunden.

9.3.   Die Eichsfeld-CDU als „Christlicher Gesellschaftsverein"

9.3.1. Der CDU-Kreisverband Worbis – ein Rückblick auf die Entwicklung der Blockpartei im Wendejahr 1989

Einen Einblick in das Innenleben der Blockpartei CDU auf dem Eichsfeld geben die Informationsberichte, die vierteljährlich von den Kreisverbänden sowohl an die Bezirksleitung in Erfurt als auch an den Hauptvorstand der CDU in Berlin abgegeben wurden, sowie die Protokolle der im Turnus von 14 Tagen abgehaltenen Sitzungen der Kreissekretariate. Anhand dieser Quellen wird hier in einer Rückblende am Beispiel des Kreisverbands Worbis – mit aller Vorsicht angesichts der beschränkten Aussagefähigkeit dieses Materials und angesichts der Quellenlage nur punktuell für diesen Kreis[27], der mit (1989) 2.076 Mitgliedern und 47 Ortsgruppen zu den

---

26 Bei den ersten Parteiwahlen der CDU-Heiligenstadt wurde der evangelische Pfarrer Meinhof Kreisvorsitzender. Das wäre, so Reddemann, in den alten Zentrumshochburgen Westdeutschlands – etwa im südoldenburgischen Münsterland – kaum möglich gewesen. Ihre Offenheit demonstrierte die Heiligenstädter CDU auch damit, daß auf CDU-Listen auch Nicht-CDU-Mitglieder aufgenommen werden konnten.

27 Diese Materialien befinden sich heute im ACDP. 'Wegen der Bearbeitungsprobleme sind die Akten der Bezirks- und Kreisverbände noch kaum erschlossen, so daß hier nur punktuelle Analysen möglich sind. Für das Eichsfeld waren mir leider nur die Akten des KV Worbis zugänglich; sie werden hier für die Entwicklung im Jahr 1989 ausgewertet. – Bei den Quartals- und Informationsberichten an die übergeordneten Parteistellen sind Sprachregelungen und Schönfärbereien mitzuberücksichtigen. Auch die Sekretariatsprotokolle spiegeln nur einen Teil der Parteirealität wider. Dennoch enthalten diese Berichte konkrete Informationen über die Aktivitäten und Einschätzungen der Kreispartei und ihre Reaktionen auf die Veränderungen in der DDR im Wendejahr 1989.

größten der DDR-CDU gehörte[28] – versucht, vor der Folie des Status quo ante die Dynamik des Umbruchprozesses und den Stimmungsumschwung in einer Kreispartei im Eichsfeld zu charakterisieren. Ein Vergleich mit dem Nachbarkreisverband Heiligenstadt ist aufgrund der Quellenlage derzeit nicht möglich. Trotz der problematischen Generalisierungsmöglichkeiten soll damit ein Kontrapunkt zur Entwicklung in der Berliner Zentrale gesetzt werden, zumal die Entwicklung in den Blockparteien auf der regionalen und lokalen Ebene bisher kaum beleuchtet und quellenmäßig belegt worden ist.

Von der Parteileitung für 1989 vorgegeben war der „Rahmenplan für die Arbeit der CDU im Jahre 1989". Er stand unter dem Leitgedanken des 16. Parteitages der CDU: „Parteiarbeit ist Dienst am Nächsten und am Frieden." Parteiliche und politische Höhepunkte erblickte man in den Jahreshauptversammlungen 1989, den Kommunalwahlen am 7. Mai 1989 sowie dem 40. Jahrestag der DDR-Gründung im Oktober 1989. Um die damit verbundenen Aufgaben zu erfüllen und die gesteckten Ziele zu erreichen, hatte der Kreisverband Worbis drei „Maßnahmepläne" (zur Weiterführung der Parteiarbeit; zur Vorbereitung und Durchführung der Jahreshauptversammlungen; zur Durchführung eines Leistungsvergleichs zwischen den Ortsgruppen) erstellt, mit deren Hilfe die Parteiarbeit im Kreisverband verbessert werden sollte.[29] Die Parteiarbeit der CDU stand im Zeichen der kommenden Parteiwahlen 1990, für die die „kadermäßigen Voraussetzungen" zu schaffen waren.[30] Das bedeutete konkret eine längerfristige Personalplanung, die Mobilisierung von Reserven in den Ortsgruppen, zahlreiche Einzelgespräche. Wahlen wurden hier nicht der Basis über-

---

28   Zur Struktur der Worbiser Kreispartei: Knapp drei Viertel der Mitglieder waren Männer; der Frauenanteil lag mit 27,5 Prozent weit unter dem DDR-Durchschnitt. Nach der Berufsgliederung dominierten die Angestellten, die mit 45,6 Prozent fast die Hälfte der Mitglieder ausmachten. Die Worbiser CDU hatte aber auch einen starken Anteil von Handwerkern (18,9 Prozent) und Intellektuellen (15,2 Prozent); der Anteil der in Landwirtschaft und Forsten Beschäftigten und der Arbeiteranteil waren mit 8 Prozent bzw. 7,5 Prozent ungefähr gleich. Am geringsten war der Anteil der Hausfrauen mit 4,8 Prozent. Die jüngeren Altersgruppen (18 bis 30 Jahre) waren relativ schwach repräsentiert (14,8 Prozent); das Gros der Mitglieder (71,4 Prozent) verteilte sich auf die mittlere Altergruppe der 30- bis 65jährigen („Auswertung Jahresstatistik 1988", ACDP II-204, 064/1).

29   Vgl. „Maßnahmeplan", Anlage 1, Protokoll v. 31.1.1989, ACDP II-204, 064/1, sowie Quartalsberichterstattung des Kreissekretariates Worbis an das Sekretariat des Hauptvorstandes der CDUD Berlin, 30.1.1989, ACDP II-204, 058/5.

30   Vgl. Informationsbericht v. 30.10.1989, ACDP II-204, 058/5, S.2.

lassen, sondern vom Sekretariat zusammen mit den Orts- und Kreisvorständen „kadermäßig" vorbereitet. Als Erfolg wurde z.B. noch Ende Oktober 1989 vermeldet, daß bis auf einige Ortsgruppen die Vorstände und
Vorsitzenden bereits feststünden. Die Mitgliederwerbung konzentrierte
sich auf bestimmte Zielgruppen (insbesondere jüngere Handwerker, kirchliche Mitarbeiter u.a.). Katholische Amts- und Würdenträger lehnten eine
CDU-Mitgliedschaft freilich mit dem Hinweis auf die Konkordatsbestim-
mungen ab, die Geistlichen eine politische Betätigung untersagten.[31]

Mit der Durchführung und dem Ergebnis der Kommunalwahlen zeigte
sich die Worbiser CDU-Führung durchaus zufrieden: Gegenüber der letzten Wahl 1984 hatte die CDU 17 Mandate hinzugewonnen.[32] Sie hatte ihre
Präsenz in allen Volksvertretungen und Ausschüssen der Nationalen Front
gesichert, wo es auch CDU-Ortsgruppen gab. Die Qualität der Mitarbeiter
lasse allerdings – wie es hieß – aufgrund des Kadermangels zu wünschen
übrig.

Zur Wahlbeteiligung stellte der Kreisvorsitzende Peter Flechs[33] bedau-
ernd fest, daß mit einer Gesamtwahlbeteiligung im Kreis von 99,28 Prozent „zwar ein gutes Ergebnis, jedoch nicht die eigene Zielstellung erreicht" worden sei. Auch sei „in diesem Jahr der prozentuale Anteil an Gegenstimmen höher als bei früheren Wahlen". Andererseits verbuchte er es
als Erfolg, daß zwei Gemeinden mit „Unionsfreunden" (Ufd.) als Bürgermeister an der Spitze (einer davon war Willibald Böck[34]) eine hundertpro-
zentige Wahlbeteiligung hatten erreichen können. Der Kreissekretär „Ufd.
Iseke konnte erfreut feststellen, daß es im Kreisverband Worbis keinen
Ufd. gibt, der zu den Nichtwählern gehört". Nichtwähler seien vor allem
solche „Freunde", die mit „irgendwelchen staatlichen Entscheidungen, wie
Reiseangelegenheiten, Passierscheinerteilungen, Baugenehmigungen u.a.
nicht einverstanden waren, und es gibt Bürger, die ihre Wahlbeteiligung
auch von Versorgungsfragen, vor allem Baumaterial, abhängig gemacht
haben. Hinzu kommen noch Gründe wegen Nichtbereitstellung von Tele-
fonanschlüssen, Straßenproblemen u.a.".

---

31 Lt. Reichskonkordat 1933, Art. 32. – Bei den Kommunalwahlen registrierte
    die CDU eine deutliche Zunahme der Wahlenthaltung in der katholischen
    Geistlichkeit.
32 Vgl. Aufstellung im Informationsbericht v. 8.5.1989, ACDP II-204, 058/5:3.
33 Peter Flechs, geb. 1951, Diplom-Staatswissenschaftler. – 1989 in den Rat des
    Kreises Worbis gewählt, war Flechs nach der Wende Landrat des Kreises
    Worbis. Zu seinem Sturz 1991 s. unten S. 265.
34 Willibald Böck, geb. 1946, Lehrer, Bürgermeister von Bernterode.

Da solche Probleme zu den ständigen Monita des Worbiser CDU-Kreisverbandes gehörten, lag es nahe, die staatlichen Stellen aufzufordern, in diesen Bereichen die entsprechenden Konsequenzen zu ziehen. Die Verflechtung von Politik, Ökonomie und Versorgung[35] müsse besser erkannt werden. Eine Verbesserung der Versorgung werde auch ein deutlich schnelleres Wachstum des staatsbürgerlichen Bewußtseins mit sich bringen. „Verärgerungen" im Vorfeld der Kommunalwahlen seien durch die Diskrepanzen zwischen den Erwartungen der Bürger und den gegebenen Möglichkeiten bedingt. Der Wahlbetrug – mit ein Auslöser für die Herbstrevolution – war für die Worbiser CDU kein Thema.

Die Öffnung der ungarischen Grenze am 11. September, die Ausreisebewegung und das Bekanntwerden des „Briefs aus Weimar" veränderten die Situation abrupt. Unterdessen hatte die Ausreisewelle auch den Kreis und den CDU-Kreisverband Worbis erfaßt; sogar der stellvertretende hauptamtliche Bürgermeister von Bischofferode, Ufd. Volker Brodhuhn[36], hatte sich „der versuchten Republikflucht [...] an unserer Staatsgrenze" schuldig gemacht.[37]

War die Mitgliederzahl bis August 1989 leicht gestiegen (2.073) und das „Jahressoll" längst erreicht, so kehrte sich diese Entwicklung jetzt um: Immer mehr Mitglieder kündigten ihren Austritt an, sofern sich die Lage der Partei nicht verbesserte.[38] Parallel zur wachsenden Unruhe in der Mitgliederschaft verbreitete sich in der Worbiser Kreisführung in den Septemberwochen eine zunehmende Hilflosigkeit: Weder griff – wie erwartet und erwünscht – die Staatsführung energisch genug durch, um die Fluchtbewegung zu stoppen, noch zeigte sich die Berliner Parteizentrale – angesichts der sich zuspitzenden Krise in der Gesellschaft wie in der CDU – imstande, eine Orientierungshilfe zu geben. Ebenso wie die Briefe anderer CDU-Orts- und Kreisverbände war auch das Schreiben, das der Kreisvorstand am 10. Oktober an den Parteivorsitzenden Götting gerichtet hatte[39],

---

35 Defizite wurden immer wieder bei Baustoffen, Gemüse, KFZ-Ersatzteilen und Landwirtschaftstechnik moniert.

36 Volker Brodhuhn, geb. 1966, Elektromonteur.

37 Protokoll der Sitzung v. 25.9.1989, ACDP II-204, 064/1:1.

38 Die Austritte hielten sich jedoch in Grenzen. Bis Anfang November 1989 hatten nur 45 Mitglieder, das entspricht ca. 2 Prozent, die CDU durch Austritt oder Ausreise verlassen. Vgl. Protokoll der Sitzung v. 4.11.1989 (ACDP, II-204, 064/1:2).

39 Darin hieß es: „...Es wurde deutlich und unsere Freunde haben es klar ausgesprochen, wir brauchen kein anderes System, aber das, was uns in 40 Jahren nicht gut oder mißlungen ist, muß kurzfristig geändert, man kann auch sagen, reformiert werden." (ACDP II-010, 3368.)

mit einer Floskel abgefertigt worden. Vier Wochen später war auch in der
Worbiser CDU die Empörung über das Abtauchen der Parteiführung so
groß, daß die Forderungen nach einem Sonderparteitag und dem Rücktritt
des Parteivorsitzenden Götting übernommen wurden.

Der „Weimarer Brief" war längst von der Wirklichkeit überholt worden. Nun trieb die Sorge um den Fortbestand der Partei die Entwicklung
voran: Nur mit Mühe war es dem Kreisvorstand gelungen, die Selbstauflösung von vier Ortsgruppen durch eine kurzfristig anberaumte und offensive
Diskussion mit allen Ortsgruppenvorständen zu verhindern. Die CDU
müsse sich – so hieß es nun – aus der Umklammerung durch die SED lösen
und ein eigenes Profil entwickeln; sie müsse aber auch selbst verlorenes
Vertrauen wiedergewinnen. Der Sonderparteitag werde eine Wende bringen, ebenso das (vom Parteivorstand noch in letzter Minute, am 28. Oktober 1989, herausgegebene) neue Positionspapier.

In der Mitgliederschaft wurde unterdessen über einen weitergehenden
Forderungskatalog diskutiert, dem sich die Kreisführung anschloß. Neben
den auch anderswo geforderten Änderungen (Art. 1 der Verfassung bzw.
Führungsanspruch der SED, Wahl- und Parteiengesetz, Reisegesetz u.a.m.)
beinhaltete er auch eichsfeldspezifische Themen mit kirchen- und kultur-
politischer Akzentuierung: die Wiedereinführung der kirchlichen Feiertage, die Ablehnung der Jugendweihe, die Auflösung der FDJ, die Aufhebung des Sperrgebiets an der Grenze bzw. den Zugang zum Wallfahrtsort auf dem Hülfensberg.

Bis zum Sonderparteitag in Berlin am 15./16. Dezember 1989 wurden
jetzt im Kreisverband Worbis die Weichen umgestellt. Am 13. November
beschloß das Sekretariat mit sofortiger Wirkung den Austritt aus dem Demokratischen Block und der Nationalen Front.[40] In derselben Sitzung – nur
wenige Tage nach der Öffnung der Mauer am 9. November – wurde auch
beschlossen, daß Kreissekretär Iseke und der stellvertretende Kreisvorsitzende Würth Kontakte zur West-CDU in Duderstadt aufnehmen sollten.
Dieser erste Ost-West-Austausch fand am 15. November statt und wurde
bis zum Jahresende von beiden Seiten stark intensiviert.[41]

Im Vorfeld des Sonderparteitages mußte sich die Worbiser CDU-
Kreisführung verstärkt darum kümmern, ihre Basis in den Ortsgruppen
nicht zu verlieren. Die Haltung gegenüber den neu entstandenen Gruppie-

---

40 Wenig später erklärte auch die Worbiser LDPD ihren Auszug aus der NF und
     dem DB (ACDP II-204, 083/1).
41 „Informationen über Kontakte zur CDU in der BRD", 28.11.1989 (ACDP II-
     204, 083/1).

rungen wie dem „Neuen Forum" oder dem „Christlichen Zentrum" war noch unklar: Bemühte man sich einerseits um Offenheit, so fürchtete man doch andererseits auch die Konkurrenz. Die Forderung, bei künftigen Wahlen nur die bestehenden Parteien zuzulassen, bezog sich zwar zunächst auf die Massenorganisationen, die der SED die Mehrheit gesichert hatten. Dahinter stand freilich die – auch im Brief an Götting ausgesprochene – Befürchtung, daß potentielle CDU-Mitglieder nicht mehr in eine gleichgeschaltete Partei eintreten wollten, sondern sich entweder gleich den neuen Gruppen zuwandten oder auf die Legalisierung einer neuen Partei warteten.

Nach dem Wechsel in der Berliner Parteizentrale im November und noch vor dem Sonderparteitag kehrte jedoch in der Worbiser Kreisführung bereits wieder Zuversicht ein. Das Versagen der Partei wurde der alten Führung angelastet, die tiefe Krise der Partei schien überwunden. Auf der Grundlage der zweiten Fassung des „Positionspapiers"[42] diskutierte man nun über eine programmatische Neuorientierung, die bis ins Jahr 2000 reichen sollte. Jetzt forderten auch Funktionäre auf der mittleren Ebene, den Sozialismusbegriff fallenzulassen und sich mit der Frage einer deutschen Konföderation bzw. einer Vereinigung zu befassen. Angesichts der künftigen parlamentarischen Arbeit der CDU wurden auch „Kaderfragen" wieder aktuell. Die Entwicklung zwang allerdings dazu, die eingefahrenen Prinzipien der Kaderpolitik zu überdenken. Viele der 1989 gewählten Volksvertreter fühlten sich unterdessen nicht mehr zur Ausübung ihrer Mandate legitimiert; dem Kreisverband lagen zahlreiche Anträge zur Abberufung vor. Daher wurden nun – als Teil der „notwendigen Maßnahmen zur Vertrauensbildung"[43] – die Vorlage eines neuen Wahlgesetzes und auf dessen Grundlage die Wiederholung der Kommunalwahlen sowie vorgezogene Wahlen zur Volkskammer und zu den Bezirkstagen gefordert.

Wenn sich die CDU glaubhaft für freie, unabhängige und geheime Wahlen im Staat einsetzen wollte, so mußte sie zudem die Wahlverfahren in der eigenen Partei demokratisieren. Im Kreisvorstand konnte man sich dieser Auffassung der Mitglieder nicht verschließen. Es könnten zwar – so hieß es – von den Vorständen noch Kader vorausgewählt werden, die

---

42 Vgl. oben, Kapitel 3.
43 „Auszug aus Positionen der christlichen Demokraten des Kreisverbandes Worbis zu notwendigen Maßnahmen der Vertrauensbildung" (ACDP II-204, 083/1).

Mitglieder müßten aber die Möglichkeit haben, eigene, weitere Vorschläge zu unterbreiten, die dann in geheimer Wahl zur Abstimmung stünden.[44]

Resümiert man die Entwicklung in der Worbiser Kreisführung im Wendejahr 1989 anhand der Parteiakten, so bleibt festzuhalten, daß hier ein demokratisches Erneuerungspotential nicht in Sicht war. Die Mechanismen der Kaderpolitik, die eingeübten autoritären Denkmuster, die Problemlösungen immer nur von oben her erwarteten oder die Hauptschuld dorthin verschoben, die umstandslose Auswechslung bisher wie selbstverständlich benutzter politischer Topoi, der sprachliche Schematismus, die mangelnde Bereitschaft, sich selbst und das bisherige Handeln über Lippenbekenntnisse hinaus in Frage zu stellen – all dies ergab ein wenig attraktives Konglomerat, das aus sich heraus keinen Aufbruch versprach. Die Schwächen der Nachtrabpolitik wurden zunächst aber durch eine schnelle Anlehnung an die West-CDU kompensiert.

Die Arbeit in den Ortsverbänden der DDR-CDU war weitgehend unpolitischer Natur gewesen. So wurde in Worbis einerseits politisch-ideologische „Zirkelarbeit" betrieben und über die großen Fragen der Außen- und Sicherheitspolitik („die Sorge um den Weltfrieden") und die Veränderungen in den Ostblockstaaten diskutiert, andererseits milieusichernde gemeinschaftliche Selbsthilfe und konkrete kommunalpolitische Arbeit („territoriale Aufgaben und Maßnahmen") geleistet. Die „Ortsgruppenprogramme" und „Selbstverpflichtungen" umfaßten Tätigkeiten im Bereich der Wohnungsumfeldverbesserung, Dorfverschönerung und -umgestaltung, die Einrichtung von „gesellschaftlichen Objekten" wie Verkaufseinrichtungen, Räumlichkeiten für Versammlungen, Kinderspielplätzen usw., die Pflege von Friedhöfen und Sportanlagen sowie die Sammlung von Sekundärrohstoffen. Erst im Spätsommer 1989, als sich die gesellschaftliche Krise zuspitzte, setzte ein Politisierungsprozeß ein, der die bisherige Symptomkritik weit hinter sich ließ. Er wurde jedoch durch die Orientierung an der West-CDU und den Wahlkampf, der im Eichsfeld bereits Ende Dezember 1989 begann, kanalisiert und faktisch abgebrochen.

In Worbis kam es in der Folge dann aber zu einer extremen Polarisierung zwischen „alten" und „neuen" Kräften. Denn hier war mit dem – von dem Bürgerrechtler Franz-Georg Pfitzenreuter geleiteten – „Amt für Vergangenheitsbewältigung" eine in ganz Deutschland einmalige Behörde errichtet worden, die es sich zum Ziel gesetzt hatte, die Stützen des alten

---

44 „Informationsbericht" v. 30.10.1989 (ACDP II-204, 058/5:3) – Trotz der Veränderungen entstammten die neu gewählten Delegierten für den Sonderparteitag aber überwiegend dem alten Funktionärskörper.

Regimes aus ihren Posten zu vertreiben. Der Zorn des „Stasi-Jägers von Worbis" richtete sich vor allem gegen die CDU, die „nur den Staffelstab von der SED übernommen" habe.[45] Nacheinander brachte er zwei Polizeichefs, den Landrat Peter Flechs (ehemals CDU-Kreisvorsitzender und Rat des Kreises) sowie den Kreistagspräsidenten Walter Strozynski mit Stasi-Vorwürfen zu Fall. Flechs, der in einem Handstreich 1990 zum Landrat avanciert war und als „Wendehals" galt, mußte sein Amt 1991 aufgeben. Daß Pfitzenreuters dubiose Aufklärungsmethoden erfolgreich waren, hatte seine Ursache freilich in einem Versäumnis der in Thüringen regierenden CDU selbst: Sie hatte 1989/90 kein differenziertes Instrumentarium zur Aufarbeitung ihrer Blockparteien-Vergangenheit entwickelt, und die Führungsspitze Duchac/Böck scheute eine offene Auseinandersetzung, weil sie selbst mit verschiedenen Vorwürfen belastet war.[46]

Am Beispiel des Nachbarkreises Heiligenstadt soll nun gezeigt werden, wie sich Kräfte der Erneuerung aus der Eichsfeld-CDU heraus formiert haben und welche Prägewirkung sie für den Kreisverband Eichsfeld hatten. Daß in diesem Kreisverband ein anderer Weg eingeschlagen, „mehr Initiativen entwickelt" und „neue Ideen in der Arbeit praktiziert" wurden, hatte Willibald Böck bereits in der Sitzung des CDU-Kreissekretariats Worbis am 4. Dezember 1989 neidvoll anerkannt.[47]

9.3.2. Neuansätze in Heiligenstadt 1989/90

Anfang 1990 war von einer Gruppierung innerhalb der Eichsfeld-CDU, die sich in der „Demokratischen Initiative Heiligenstadt" (DI) engagiert hatte, die Auflösung der DDR-CDU und der Aufbau einer neuen CDU-Organisation von der Basis her betrieben worden. Zwar sah man hier die Eichsfeld-CDU, aus der ca. die Hälfte der DI-Aktivisten stammten, an der Basis als eine Art „Christlichen Gesellschaftsverein" an, der mit der Block-CDU wenig gemein hatte. „CDU" galt hier als ein Pseudonym für ein gesellschaftliches Engagement, das sich zwar nicht außerhalb der Regeln des politischen Systems der DDR, aber doch in einer Nische, in einer eigenen Lebenswelt, abspielte.

Dennoch hielt es die Gruppe um Dr. Werner Henning für erforderlich, einen deutlichen Schlußstrich unter die Blockparteien-Vergangenheit zu

---

45 Wernicke 1991: 13.
46 Vgl. ebd.
47 Protokoll, ACDP II-204, 064/1.

ziehen. Zur Auflösung kam es freilich nicht; die Entscheidung der Bonner
Parteispitze für die „Allianz für Deutschland" – ein Wahlbündnis unter
Einschluß der Ost-CDU – hatte diesen im Grunde spektakulären Plan zunichte gemacht.[48] So blieb das alte Gefüge der Blockpartei erhalten, auch
wenn die Altfunktionäre im allgemeinen abgelöst wurden und nun eine
jüngere Generation nach vorne drängte.

Die personellen Veränderungen auf der mittleren und oberen Parteiebene erschienen jedoch gerade den Meinungsführern jener Kräfte, die eine
Auflösung der Ost-CDU angestrebt hatten, als nicht ausreichend. Der personelle Wechsel und die Umpolung der politischen Parameter von Ost
nach West allein genügten ihrer Ansicht nach nicht, um den Wandel der
CDU von der Blockpartei zur Volkspartei einzuleiten, vor allem aber ihre
neue politische Legitimation zu begründen. Dazu seien auch ein anderer
Denkansatz und ein anderes Politikverständnis erforderlich; letzteres könne nicht aus dem Westen importiert werden, sondern müsse seine Wurzeln
im Eichsfeld selbst haben.[49] Diese Region sei geprägt von einem volkskirchlichen Katholizismus, der – selbst die Spielräume gegenüber der Kirche wie der Obrigkeit nutzend – nicht untertänig, sondern freiheitlich-
liberal sei; er sei gegen den Zentralismus und für Pluralität, tolerant gegenüber anderen Auffassungen, aber nicht indifferent, sondern basiere auf
abendländisch-christlich-humanistischem Fundament.[50]

Diese Grundüberzeugung und die Erfahrungen in den großen Versammlungen der Wendezeit bestärkten z.B. Dr. Henning, einen der Mitinitiato-
ren der „Demokratischen Initiative", der in Heiligenstadt als erster Nicht-
SED-Mann in der DDR ins höchste Verwaltungsamt des Kreises gewählt
wurde und als Vorsitzender des Rates des Kreises eine Schlüsselstellung
innehatte, sich selbst als eine Art Moderator in einem politischen Prozeß
anzusehen, in dem die besten Lösungen erst noch gefunden werden mußten. Ihm ging es darum, „zwischen den gesellschaftlichen Kräften eine
Balance zu finden, um zu verhindern, daß die Region kippt".[51] Parteitakti-

---

48 Zu den Vorstößen aus dem Eichsfeld und den parteistrategischen Kalkülen
    der Bundes-CDU, die dies verhinderten, siehe oben Kapitel 3.2.
49 Diese Auffassung wurde insbesondere von der Gruppe um Dr. Henning und
    Bernd Beck vertreten, die in Heiligenstadt schon zu einem sehr frühen Zeit-
    punkt politische Verantwortung übernommen hatten.
50 Interview Dr. Henning; ebenso: Reddemann. Dies äußere sich etwa in der
    Rolle der Geistlichen, die zwar geachtet seien, aber nicht dieselbe Rolle ein-
    nähmen wie in der Diaspora oder auch im Rheinland.
51 Interview Dr. Henning.

sche Konfrontationen zum Zwecke des Profilgewinns erschienen ihm dabei
eher hinderlich.

Henning praktizierte einen solchen basisdemokratisch und dialogorien-
tierten Politikansatz, indem er seit seiner Amtsübernahme am 7. Dezember
1989 allwöchentlich öffentlich berichtete und mit der Bevölkerung über
die anstehenden Probleme diskutierte.[52] Das Ergebnis der Kommunalwahl
vom Mai 1990 – die Heiligenstädter CDU verbesserte ihren Stimmenanteil
auf den Spitzenwert von 74 Prozent – führte er denn auch selbstbewußt auf
die CDU-Politik vor Ort und nicht auf das Image der Bundes-CDU bzw.
des Bundeskanzlers zurück.

Die Verankerung in der Region besaß für Dr. Henning auch nach den
Wahlen zur Volkskammer absoluten Vorrang: Im Spagat zwischen dem
Eichsfeld und Berlin nutzte er sein Volkskammer-Mandat vor allem, um
Kontakte anzubahnen und seine Region wirtschaftlich voranzubringen.
Diese Prioritätensetzung zugunsten der Region markierte übrigens eine all-
gemeinere, gerade in Thüringen (aber auch in Sachsen) bei Kommunal-
und Regionalpolitikern verbreitete Tendenz[53], die aber in der CDU-Frak-
tion der Volkskammer scharf verurteilt wurde.

Faktisch war dies eine Bruchstelle, die interne Rivalitäten und Spaltungslinien in den CDU-Eliten der Länder produzierte. So täuschte etwa
die Darstellung Willibald Böcks in der Presse als Personifikation der eichsfeldischen CDU darüber hinweg, daß keineswegs die gesamte CDU des
Eichsfelds hinter ihm stand; sein Politikstil und sein Machtstreben stießen
hier durchaus – und besonders in Heiligenstadt – auf Kritik.[54] Dies war mit
ein Grund dafür, daß nicht der von der „Volkskammer-Runde" präsentierte
Böck, sondern der bisherige Landesbevollmächtigte Josef Duchac nach
den chaotischen Auseinandersetzungen auf dem Landesparteitag der thüringischen CDU im August 1990 als Kandidat für das Amt des Ministerpräsidenten nominiert wurde.[55] Böck mußte sich mit dem Landes-

---

52 „Ich habe im Grunde – aus heutiger Sicht – hier alleine regiert. Ich habe ver-
    sucht, die Balance herzustellen – herstellen zu müssen...ich habe in der da-
    maligen Zeit hier jede Woche immer auf dem Podium Bericht gegeben, vor
    20-30.000 Leuten und habe gesagt, was ich gemacht habe. Draußen vor dem
    Haus. Das war Basisdemokratie...Die DDR war ja noch existent..." (Interview
    Dr. Henning).
53 Siehe auch unten Abschnitt 9.4 und 9.5.
54 In Thüringen etwa zwischen Böck und Dr. Henning. Henning hatte sich bei
    einer Zusammenkunft der Landräte gegen Böck als Ministerpräsidenten ge-
    stellt.
55 Interview Althaus; Interview Lieberknecht.

vorsitz begnügen. Nach der Regierungsbildung band ihn dann Duchac als Innenminister in sein Kabinett ein; mit dieser Tandemlösung waren jedoch die Spannungen keineswegs beendet.[56]

9.3.3. Das Programm der Eichsfeld-CDU

Für die Eichsfelder waren drei große Themenkomplexe wichtig: (1) die Abgrenzung gegen das sozialistische Menschen- und Gesellschaftsver-ständnis, (2) die Bewahrung der Eigenständigkeit ihrer Region in einem pluralistischen Gemeinwesen und (3) die Schritte auf dem Weg zur deut-schen Einheit. Dies geht auch aus den Papieren hervor, die die Kreisver-bände Heiligenstadt und Worbis als Ergänzungsvorschläge zum „Posi-tionspapier" der CDU auf dem Sonderparteitag in Berlin am 15./16. De-zember 1989 vorlegten.

Die Heiligenstädter hatten im Grunde *ein* Leitthema: Sie wollten ver-hindern, daß sich die alten Machtstrukturen in Teilen der Transformations-gesellschaft verfestigen könnten oder daß mit neuen Varianten eines „dritten Weges" experimentiert würde. Sie forderten daher nicht nur den Austritt der CDU aus der Nationalen Front, sondern deren Auflösung und die Enteignung des SED-Parteivermögens. Zur Wirtschaftspolitik kündig-ten sie ein eigenes Papier an; sie stießen sich an der im „CDU-Positions-papier" enthaltenen Vorstellung, daß eine perfekte soziale Sicherheit mög-lich sei, und wandten sich gegen jede Form zentralistischer Planung und dauerhafter Subvention. Die rigorose Forderung nach einer sofortigen Volksabstimmung, in der die DDR-Bevölkerung über die Form und den Weg zur deutschen Einheit abstimmen sollte, entsprang demselben Interes-se, den eingeleiteten Wandel unumkehrbar zu machen.

Der KV Worbis vertrat diese Position in abgeschwächter Form: Hier war die Rede von der „Einheit der Deutschen Nation", die (in den beste-henden Grenzen von DDR und BRD) im Rahmen eines Europäischen Hau-ses zusammenwachsen solle. Im Worbiser Forderungskatalog wurden auch die katholisch-kirchlichen Forderungen („gesetzliche Anerkennung kirchli-cher Feiertage", „Schutz des ungeborenen Lebens", „Elternrecht") aufge-führt. Der KV Heiligenstadt war Vorreiter eines geeinten CDU-Eichsfeld-Verbandes, und zwar unabhängig von der politischen Gliederung. Hinge-

---

56 Interview Duchac; Interview Lieberknecht. – Zur personellen Konstellation in
    der CDU Thüringens vgl. unten Abschnitt 9.5.

gen bestanden in Worbis deutliche Vorbehalte gegen einen solchen Zusammenschluß; hier war man mit einer „kameradschaftlichen Zusammenarbeit der CDU-Kreisverbände" zufrieden. Im Zuge der Gebietsreform – in Thüringen eines der schwierigsten Projekte überhaupt – wurden dann seit 1991 die Voraussetzungen für den Abschluß dieses Vereinigungsprozesses geschaffen, in dem es Gewinner und Verlierer gab und der aus diesem Grunde auch hier sehr konfliktreich verlief. Viele Mitglieder traten deshalb aus der Partei aus. Von den (1991) 3.600 Mitgliedern der Eichsfeld-CDU waren 1994 noch 2.724 übrig.[57]

Auf der Grundlage eines Entwurfs vom Februar 1994 verabschiedete der neugeschaffene CDU-Kreisverband Eichsfeld auf dem 4. Kreisparteitag in Helmsdorf im April 1994[58] ein „Grundsatzprogramm", das in zwei Teile – (I) „Leitlinien eines christlich geprägten Politikverständnisses" und (II) „Programmschwerpunkte" – gegliedert ist.

Vor allem die „Leitlinien" tragen die Handschrift Dr. Hennings[59], der als Vorsitzender der Programmkommission des KV Heiligenstadt bereits im März 1992 „Leitlinien eines christlich geprägten Politikverständnisses der CDU-Eichsfeld" vorgelegt hatte.[60] Beide Programme basieren auf einem christdemokratischen Grundwerteverständnis, das sich in der Tradition eines liberalen und demokratischen Katholizismus sieht – jenseits klerikal-fundamentalistischer Verengungen oder eines bloß sozial verbrämten Wirtschaftsliberalismus. Vor allem im ersten Teil und in den „Schlußgedanken" lebt das Programm der Eichsfeld-CDU von der – bereits in der „katholischen Aufklärung" des frühen 19. Jahrhunderts angelegten – Vision, christliche Glaubensvorstellungen mit den freiheitlichen Traditionen der bürgerlichen Revolution zu verbinden.[61]

So heißt es in der ersten Fassung der „Leitlinien", nach dem Zusammenbruch der DDR gehe es nun darum, den „Anschluß an eine bürgerliche

---

57　Lt. Information auf der Mitgliederversammlung der Eichsfeld-CDU am 4.3.1994 in Leinefelde. – Die Gegner des Zusammenschlusses sahen die Prioritäten in der Lösung der wirtschaftspolitischen Fragen; umgekehrt maßen die Befürworter dem Zusammenschluß eine katalysatorische Funktion für die Entwicklung der Region bei. Hinter dieser Sachkontroverse verbargen sich freilich zahlreiche persönliche Animositäten und Interessenkonflikte.

58　Grundsatzprogramm der Christlich-Demokratischen Union, Kreisverband Eichsfeld (Entwurf; Programm); daraus wird im folgenden zitiert.

59　Dr. Henning ist promovierter Germanist und hat über geschichtsphilosophische Fragen im Spätwerk Lessings gearbeitet.

60　Landkreis Heiligenstadt. Der Landrat „An die Mitglieder der CDU-Eichsfeld", Heiligenstadt, 10.3.1992, daraus auch die folgenden Zitate.

61　Vgl. Schmidt 1987: 41-45.

Gesellschaft" zu finden, die „ihre Prägung durch Ideen der Reformation, des Humanismus und der Aufklärung sowie durch die Ergebnisse der industriellen Revolution erhielt, in der die Mitglieder der Gesellschaft ihr Handeln immer mehr selbst bestimmen". Zugleich werden aber auch die „globalen Herausforderungen der Menschheit" realisiert, „deren Dimensionen bereits existenzbedrohende Ausmaße erreicht" hätten: die ökologische Krise, der Verbrauch der natürlichen Ressourcen, der Nord-Süd-Konflikt, das politische Vakuum nach dem Zerfall der Sowjetunion sowie die Gefahren einer unverantwortlichen Nutzung der Gentechnologie. Lösungsansätze seien erkennbar, freilich auch „Fluchttendenzen" wie z.B. Rückfälle in Konformismus, Opportunismus, Autoritarismus und Destruktion. Demgegenüber werden als Eigenschaften des „mündigen Bürgers" in einer demokratischen Gesellschaft Gemeinsinn, Bürgertugenden wie Verantwortungsbereitschaft und demokratisches Engagement, Identität und Selbstbewußtsein, Sachverstand, Urteils- und Entscheidungsfähigkeit, Zivilcourage statt Opportunismus und Unterordnung unter die Mächtigen herausgestellt. Menschliches Zusammenleben ist nach dieser Grundüberzeugung nicht auf kollektive oder individuelle Interessenvertretung zu reduzieren, sondern an und für sich sinnvoll und notwendig. Die Demokratie sichere die Mitwirkungsrechte aller, ihre persönliche Freiheit wie das Gemeinwohl sowie den Anspruch auf Toleranz und Gerechtigkeit.

Um einem zunehmenden Egoismus und einer immer stärker materiell orientierten Denkweise des „Wohlstandsbürgers" gegenzusteuern, wird ein vor allem in der Bildungspolitik zu realisierender „geistiger Erneuerungsprozeß" gefordert. Dieser Prozeß brauche aber auch Menschen, die das christliche Grundwerteverständnis nicht nur proklamierten, sondern auch zur Grundlage ihres eigenen Handelns machten und diesen Anspruch „leitmotivisch vorlebten".

Dieser prinzipiellen Definition des Individuums in der Gesellschaft, die ganz bewußt auch ein Erziehungsideal verfolgt, korrespondiert ein auf die Region bezogenes Identitätskonzept, das die Menschen in der gewachsenen Kulturlandschaft des Eichsfeldes verortet. Daraus werden Konzepte etwa für die Umweltpolitik („Bewahrung der Schöpfung; landschaftstypische Gestaltung und plurale Gestaltung der landwirtschaftlichen Betriebsformen; Förderung des ökologisch-biologischen Landbaus) und den Ausbau der Infrastruktur (ein „sanfter Tourismus", der die „Potentiale aus Geschichte und Kultur, aus Landschaft und Bodenständigkeit der Menschen" nutze), aber auch für eine „Weltinnenpolitik" und ein „Europa der Regionen" abgeleitet. Der christlich geprägte Werterahmen und ein „weltoffenes Kulturverständnis" sollen nationalistisches und fremdenfeindliches Denken überwinden helfen.

Im Bereich der Wirtschaftspolitik bekennt sich das Programm zum Werterahmen und der Ordnungsstruktur der sozialen Marktwirtschaft. Die Wirtschaft sei ein „sozialer Prozeß, von Menschen getragen und auf sie hingeordnet". Dem Staat kommen dabei in erster Linie Ordnungsfunktionen zu; dadurch soll gewährleistet werden, daß die Verflechtungen aller Bereiche der Wirtschaft und Gesellschaft zur Geltung kommen. Ein „auf dem christlichen Werterahmen beruhender Wettbewerb wird zu den großen geistig-kulturellen Errungenschaften unserer Zeit" gerechnet; er müsse sich auch der Bewahrung der Schöpfung verpflichtet fühlen. Auf dieser Basis setzte sich die CDU-Eichsfeld „mit Nachdruck für Investitionen in die Wirtschaft unseres Raumes" ein, vor allem dann, wenn dies auch positive arbeitsmarktpolitische Effekte mit sich bringe. Staatlich stimulierte Arbeitsmarktprogramme und Dauersubventionen wurden jedoch abgelehnt. Der Anspruch der sozialen Marktwirtschaft gehöre aber ständig auf den Prüfstand und müsse durch eine praktizierte Sozialpolitik ergänzt werden. Zu den Schwachen, für die sich die Eichsfeld-CDU einsetzen wollte, zählten z. B. arbeitslose alleinstehende und alleinerziehende Frauen, für die es beschäftigungspolitische Maßnahmen geben müsse.

Im Unterschied zu den sehr spezifischen Formulierungen zum Politikverständnis bleiben die Programmaussagen der Eichsfeld-CDU für das Gebiet der Wirtschafts-, Sozial- und Arbeitsmarktpolitik insgesamt eher konventionell: Ziel ist die Angleichung der Lebensverhältnisse an das Niveau der alten Bundesrepublik; Fragen nach der Zukunft der Arbeits- und Industriegesellschaft werden nicht gestellt.

In der Frage der Vergangenheitsbewältigung ist der erste Entwurf der Leitlinien weit radikaler als das Programm. Hier hieß Vergangenheitsbewältigung noch, „die gesamte Gesellschaft in ihren Hierarchien allumfassend neu zu strukturieren". In der zweiten Fassung wird der Umbruchprozeß als „Einheit von moralischen und rechtlichen Gesichtspunkten" begriffen, und man wünscht sich „mehr Präsenz des Rechtsstaats im Zusammenhang mit der Stasi-Problematik".

9.4.   Zwischen Eigensinn und Pragmatismus – Strukturierungskonzepte lokaler Eliten im Kreis Heiligenstadt

9.4.1.   Die „Eichsfeld-Idee" – ein Modernisierungsfaktor?

Der Analyse Dr. Hennings zufolge hatte in der DDR keine Revolution stattgefunden; es handelte sich vielmehr um einen *Zusammenbruch* des DDR-Staates und eines großen Teils der Gesellschaft, der sich schon über viele Jahre (insbesondere in den Ostblockstaaten) angedeutet hatte und der dann ganz plötzlich in der Konstellation von 1989 geschehen sei. Ein Staat, der wie das DDR-System kollabiert war, konnte nach Dr. Hennings Überzeugung nicht mehr von der oberen Ebene (über die Volkskammer) konsolidiert werden; der Neuaufbau mußte von unten her erfolgen. Für eine Gesellschaft, die sich in fundamentale Abhängigkeit von diesem Staat begeben hatte, war es allerdings ein Problem, unabhängig von ihm die Kräfte für eine Neustrukturierung zu finden. Aus diesem Grund sah Dr. Henning keine Alternative zur schnellen deutschen Einheit; Härten und Enttäuschungen, die die Vereinigung mit sich brachte, waren unvermeidbar.

Auf dem Eichsfeld stellte sich die Situation insofern anders dar, als gesellschaftliches Leben und Staat hier nicht deckungsgleich waren. Denn hier hatte sich – so Dr. Henning – eine gesellschaftliche Substruktur, ein Milieu, erhalten, das die Menschen in diesem Raum gegen die Entfremdung geschützt habe und das, wenn es bewahrt und zugleich weiterentwikkelt würde, diese Schutzfunktion auch in Zukunft behalten könnte. Hennings Sorge war, daß das Eichsfeld in dem schwierigen Umbruchprozeß seine Identität verlieren könnte und daß Beliebigkeit und Indifferenz gerade das zerstören würden, was die Eigenart und die Kraft dieser Region ausmachte. Aus diesem Grund entschied er sich, „vor Ort" zu bleiben und mit dafür zu sorgen, „daß die Region nicht *heute* kaputtgemacht wird."[62]

Dies war eine doppelte Strukturierungsaufgabe: Zum einen ging es darum, die in den Fundamenten des Eichsfelds liegenden Potentiale einer breiteren Öffentlichkeit bewußt und ein Programm daraus zu machen und sie zum anderen in ein praktizierbares Entwicklungskonzept für die Region umzusetzen. Gegen den Vorwurf, zwischen seiner „Idee" vom Eichsfeld und einer pragmatischen Politik klaffe ein Widerspruch, wandte Dr. Henning ein, eine Politik, die nicht mehr nach ihren Fundamenten frage, verwandle sich selbst in platten Materialismus. Im übrigen sei seine „Philo-

---

62   Interview Dr. Henning. – Vgl. auch oben Abschnitt 3.2.

sophie" kein Selbstzweck. Im Gegenteil: Seine „Predigt" müsse nachvollziehbar sein, sie müsse wirken, und sie müsse sich „durchrechnen" lassen; das zeige sich gerade im Bereich der Wirtschaftsansiedlung und -förderung.

Praktische Erfahrungen mit der Treuhandanstalt und bundesdeutschen Enwicklungsanstalten bestärkten Dr. Henning nur noch in seiner Strategie, sich auf die eigenen Kräfte zu verlassen.[63] Er suchte nach „Wirkungsstrategien" oder – anders gesagt – nach einer „Wirtschaftspsychologie", die „aus der Psychologie des Raumes heraus" neue Wirtschaftsstrukturen aufbauen, Arbeitsplätze sichern und Arbeitskräfte binden konnte.

Zugereiste westdeutsche Wirtschafts- und Verwaltungsexperten, denen das Eichsfeld kein Begriff war, konnten dabei nur wenig helfen; ebensowenig erwartete man aus Bonn oder Erfurt konkrete Orientierungspunkte. Auf der anderen Seite gelang es Dr. Henning – schon während der Volkskammerperiode, aber auch danach – in zahlreichen Vorträgen und Gesprächen mit Wirtschaftsvertretern und Industriellen, etliche Unternehmer für sein Projekt zu interessieren und für Industrieansiedlungen im Eichsfeld zu gewinnen.[64] Hier bot sich nicht nur ein Ordnungsrahmen mit Regularien, die politische Stabilität und Berechenbarkeit versprachen, sondern auch ein heimatverbundenes und bodenständiges Arbeitskräftepotential mit eingeübten Selbstbildern, die für eine konservative Modernisierungsstrategie mobilisiert und funktionalisiert werden konnten. Andererseits hing das Überleben der Region davon ab, ob es gelang, neue Arbeitsplätze einzuwerben.

Nach dem Zusammenbruch der alten Industrien (insbesondere der Textilindustrie) erlebte freilich zunächst eine andere Eichsfeld-Tradition eine Neuauflage: die des Wanderarbeiters. Sie galt jedoch als Übergangsphänomen, bis neue Strukturen aufgebaut wären und die Wanderer dann mit

---

63 „Da hat man das Gefühl, das ist Computer-Programm 08/15 à la West abgespult für die hineingefütterten Fakten Ost. Das ist nicht das, was uns hilft." (Interview Dr. Henning.) Dr. Henning arbeitete – soweit möglich – bevorzugt mit Personal aus dem Eichsfeld.

64 Er erhielt bereits in dieser Zeit (Sommer 1990) mehrere Zusagen für Unternehmensansiedlungen und joint ventures auch mit ausländischen Firmen in Nordamerika und Kanada, die mehrere hundert Arbeitsplätze einbrachten (Interview Dr. Henning). – Im Eichsfeld operierte im übrigen auf beiden Seiten der Grenze eine „Eichsfelder Infrastrukturförderungs-GmbH", zu der er ebenfalls gute Beziehungen unterhielt (FAZ, 16.3.1990).

neuen Erfahrungen und Qualifikationen in ihre Heimat zurückkehren könnten.[65]

Tatsächlich erwies sich – so Dr. Henning vor seiner Wiederwahl zum Landrat des Eichsfeld-Kreises – der „Heiligenstädter Weg [...] für Investitionen und zur Konsolidierung der Wirtschaft" geeigneter als andere Versuche, so daß Heiligenstadt „in den entscheidenden Wirtschafts- und Entwicklungszahlen" zunehmend Abstand zum Nachbarkreis gewonnen habe.[66] Im Gegensatz zu anderen Thüringer Regionen zeigten sich in diesem Eichsfeld-Kreis schon wesentlich früher „sichtbare Zeichen eines beginnenden Aufschwungs": Ende 1992 hatte sich die Arbeitslosenqote von 24 auf 13 Prozent verringert, und die neuen Gewerbegebiete waren zu 70 bis 80 Prozent ausgebucht.[67] Die Voraussetzungen für eine solche auf Diversifizierung setzende Strukturierung waren hier freilich günstiger als etwa in Leinefelde, dem größten Industriezentrum des Eichsfeldes[68], wo nach der Wende Großbetriebe mit mehreren tausend Beschäftigten zusammengebrochen waren.

9.4.2. Vom Milieu zur Kommunalpolitik

Während Dr. Henning vor dem Hintergrund seiner geschichtsphilosophischen Thesen versuchte, sein Bild vom Eichsfeld in ein zeitgemäßes Ent-

---

65   „Das Eichsfeld ist immer ein Gebiet gewesen, aus dem die Leute auf Wanderschaft gegangen sind. Man ging Ostern los und ging Allerheiligen zurück. Das ist nun wirklich nicht das, was ich mir wünsche, aber daß jetzt die Industrie, wie sie zu DDR-Zeiten hier strukturiert wurde, hier fundamental zusammengebrochen ist, ist nicht das Verschulden von derzeit hier lebenden Personen. Ich kann's im Moment nicht ändern, so schlimm ich das alles finde. Wir werden bemüht sein müssen, die Industrie neu zu strukturieren, und wenn die Menschen dann wiederkommen, wenn sie strukturiert ist, dann ist ja dieses momentane Abwandern auch nicht verkehrt. Und da bin ich eigentlich überzeugt, rein aus der Kenntnis der Mentalität der Leute: Wenn genügend Arbeit in der Region da ist, dann kommen sie zurück." (Interview Dr. Henning.)

66   Gespräch mit dem Landrat des Kreises Heiligenstadt, in: Litfaßsäule, Leine-Magazin, 11.2.1994: 3, 8.

67   So Dr. Henning bei einem Besuch von Ministerpräsident Vogel in Heiligenstadt, NZ, 5.11.1992: 24.

68   Das im Zuge des „Eichsfeld-Plans" der SED (1959) aufgebaute Industriezentrum Leinefelde war mit einem Altersdurchschnitt von 28 Jahren die „jüngste" Stadt der DDR (nach der Wende: 31 Jahre). 1963 war hier der größte Industriebetrieb des Eichsfeldes, die VEB Baumwollspinnerei, in Betrieb genommen worden.

wicklungskonzept für die Region zu übersetzen, bemühte sich der ebenfalls aus der „Demokratischen Initiative" kommende Heiligenstädter Bürgermeister Bernd Beck, in seinem Verantwortungsbereich zukunftsfähige Strukturen aufzubauen.

Wie viele andere in der Wende hervorgetretene Aktivisten aus der CDU sah auch Beck in der Kommunalpolitik ein attraktives politisches Handlungsfeld. Dieses Engagement vor Ort bewirkte zwar einerseits eine Verstetigung der Wendeaktivitäten auf der lokalen Ebene; andererseits gingen damit aber auch Veränderungen an der CDU-Basis und des sie tragenden Milieus einher. Denn zum einen fehlten nun den Ortsverbänden gerade die treibenden Kräfte, die sich aus Zeitmangel nicht mehr um die Weiterentwicklung der Ortsgruppen kümmern konnten, zum anderen entfielen ganze Tätigkeitsfelder im lokalen Bereich, weil sie von der Stadtverwaltung übernommen wurden.

Bis dahin hatte die ehrenamtliche Arbeit im Rahmen der CDU gerade im kommunalen und sozialen Bereich eine Lücke ausgefüllt, die die zentralistische staatliche Verwaltung offengelassen hatte. Dieser Funktionswandel beschleunigte die Bindungsverluste, die in der Eichsfeld-CDU ohnehin nach der Wende eintraten und die vor allem auf eine rapide Veränderung der Lebensverhältnisse – die positiv wie negativ durchschlagenden Individualisierungsschübe – zurückzuführen waren. Je mehr das Milieu erodierte und die CDU-Arbeit in den Basisorganisationen stagnierte, desto mehr wurde die CDU auch im Eichsfeld von ihren gewählten Vertretern in den Gemeindevertretungen und in der Landes-CDU repräsentiert. Diese Verlagerung verstärkte wiederum faktisch die Veränderungen in den Grundstrukturen der Eichsfeld-CDU, die von Bernd Beck und anderen Kommunalpolitikern selbst mit Bedauern betrachtet wurden.[69]

Beck war von den Stadtverordneten der Stadt Heilbad Heiligenstadt am 6. Dezember 1989 zum Bürgermeister gewählt worden, nachdem der alte Bürgermeister, Dr. Mock, ein anerkannter Verwaltungsfachmann und langjähriges CDU-Mitglied, mehr oder weniger freiwillig zurückgetreten war.[70] Wie Dr. Henning und andere hatte Beck – so drückte es der „Volkstribun" und Dingelstädter Müllermeister Karl Walter Strozynski in der an-

---

69 Interview Beck. – Daß die Bindungskräfte schwanden, äußerte sich auch in der Auflösung schicht- wie generationsübergreifender Parteiidentifikationsmuster; die Einführung der Funktionsgruppen nach dem Muster der West-CDU wirkte in der Eichsfeld-CDU kontraproduktiv und funktionierte ohnehin kaum.

70 In Gesprächen mit DI-Leuten hatte er sich überzeugen lassen, daß dies die beste Lösung sei (Interview Althaus).

tiquiert-martialischen Sprache des Milieukatholizismus aus – zu den „wunderbaren, jungen, mutigen Streitern" gehört, die in der Wendezeit im Rahmen der DI nach vorne geprescht waren.[71] Beck war seit 1969 Mitglied der CDU, Ortsgruppenvorsitzender in Heiligenstadt und Mitglied des Kreisvorstandes. Seit dem Sonderparteitag in Berlin am 15./16. Dezember 1989 war er auch Mitglied des CDU-Hauptvorstandes. Nach den Kommunalwahlen im Mai 1990, bei denen die CDU in der Stadt Heiligenstadt auf einen Anteil von 68,06 Prozent kam, wurde Beck als Kandidat der CDU mit großer Mehrheit als Bürgermeister wiedergewählt.[72]

Bereits in seiner ersten Rede in der Stadtverordnetenversammlung hatte Beck erklärt, er wolle die Verantwortung bis zu den nächsten freien Wahlen übernehmen, aber nicht nur ein „Übergangsbürgermeister" sein. Angesichts der noch völlig offenen staats-, verwaltungs- und kommunalrechtlichen Fragen könnten zwar viele Probleme derzeit noch gar nicht angepackt werden. Er werde sich aber dafür einsetzen, daß die Bürger wieder Vertrauen in die staatliche Verwaltung fassen könnten. Obwohl Repräsentant der Heiligenstädter CDU, sah er seinen Auftrag als überparteilich an und bekannte sich zu Pluralismus und Toleranz.[73]

Als dringlichste Aufgaben nannte er die Lösung der Wohnungsfrage sowie die Reduktion der Umweltbelastungen. Nach der Kommunalwahl fächerte sich der Aufgabenkatalog weiter aus: Weiterentwicklung der Infrastruktur und deren zügige Sanierung; Sanierung der Altbausubstanz, weitere Ansiedlung mittelständischer Betriebe, Sicherung von Arbeitsplätzen, Integration der Behinderten und Alten, Beibehaltung sozialer Einrichtungen und Ausbau des Kurorts „Heilbad Heiligenstadt". Eine zentrale Aufgabe war die Umstrukturierung der Verwaltung und der Übergang zur kommunalen Selbstverwaltung.[74]

---

71 Rundbrief von Karl Walter Strozynski, Riethmühle, 20.3.1990, zit. nach Adler 1990: 162. – Strozynski galt als „Ziehvater" von Willibald Böck; als Kreistagspräsident von Worbis wurde er von Franz-Georg Pfitzenreuter zu Fall gebracht. Vgl. oben Abschnitt 9.3.1.

72 Bernd Beck, geb. 1946, gelernter Baumwoll-Facharbeiter, weiterqualifiziert zum Schlosser, 1976 Dipl. Ingenieurökonom, Abteilungsleiter für Materialplanung/ Bilanzierung im VEB Kombinat Solidor in Heiligenstadt.

73 „Es ist die Pflicht dieses Hauses, darauf zu achten, daß keine Partei auf die Entscheidung dieses Rates wie bisher Einfluß nehmen kann. Jeder darf sich in seiner ureigenen Person einer demokratischen Partei oder Initiative hingezogen fühlen, aber in der uns übertragenen Arbeit müssen wir im Interesse unserer Bürger überparteilich arbeiten." (Adler 1990: 83.)

74 Bernd Beck, in: Blickpunkt Eichsfeld, 14.6.1990:1.

Während einerseits alte Strukturen und Privilegien beseitigt werden mußten, fehlten andererseits für eine professionelle Bearbeitung von Sachproblemen beim Neuaufbau die erforderlichen Verwaltungsstrukturen und erfahrenes Personal. In dieser Übergangsphase 1990/91, als noch nicht einmal die einschlägigen Handbücher und Gesetzestexte zur Verfügung standen, sah Beck sich weitgehend auf sich selbst gestellt.[75]

Ein Grundproblem war, daß in Thüringen – im Unterschied zu Sachsen und Brandenburg, wo die Vorbereitungen zur Länderbildung wesentlich besser koordiniert worden waren[76] – die Funktionsfähigkeit der Landesverwaltung noch nicht weit genug hergestellt war, um als Ansprechpartner der Kommunen reagieren und für ihre Probleme Hilfen bereitstellen zu können. So mußten z.B. für die Durchführung dringlicher kommunaler Vorhaben oft erst noch die gesetzlichen Grundlagen „gezimmert" werden; häufig waren auch die Fördermittel nicht rechtzeitig verfügbar, so daß nötige Maßnahmen entweder über Kredite finanziert oder unterlassen werden mußten. Hinzu kamen zeitraubende Umwege und Kompetenzüberschneidungen mit den Landkreisen, die zu Informationsverlusten und Verzögerungen führten. Entscheidend war aber, daß in den zentralen Fragen der Industrieansiedlung und des Wohnungsproblems weder von Bonn noch von der Landesregierung in Erfurt politische Lösungen angeboten wurden. So wirkte sich die Tatsache, daß die Kommunen bei der Privatisierungs- und Entflechtungspolitik der Treuhand in der Frage des Grundeigentums der Staatsbetriebe außen vor gelassen wurden, als eine massive Behinderung einer überlegten regionalen und lokalen Strukturpolitik aus.[77] Und die

---

75 Er reiste in die westlichen Nachbar- und Partnergemeinden und bat dort um Verwaltungshilfen, die er – wenn auch erst später – erhielt. (Nicht wenige westdeutsche Kommunalpolitiker begegneten den Ost-Vertretern vor den Kommunalwahlen 1990 übrigens noch mit einer gewissen Distanz.) – „Ich bin von der ersten Minute an losgefahren und habe mich in den anderen Städten und Gemeinden weitergebildet, habe mir Informationen geholt und habe mir die Hilfen geholt – die haben wir heute noch – und wir haben darauf aufgebaut." Daß die Organisation der Verwaltungshilfe nicht rechtzeitig, nicht koordiniert und nicht kontinuierlich geschah, hielt Beck für einen schweren Fehler im Vereinigungsprozeß, der hätte vermieden werden können. Aber – so Beck – „man wächst hinein". (Interview Beck.)

76 Vgl. oben Kap. 7 und 8. – Thüringen bezog seine Berater aus drei alten Bundesländern (Hessen, Rheinland-Pfalz und Baden-Württemberg); damit waren auch Meinungs- und Kompetenzstreitigkeiten verbunden, die zu Verzögerungen und Reibungsverlusten führten.

77 Die Kommunen erhielten z.B. den Grund und Boden, der bei der Errichtung der Staatsbetriebe enteignet worden war, nun nicht von der Treuhand zurück, sondern sollten ihn für teures Geld zurückkaufen.

künstliche Belastung des kommunalen Wohnungsbestandes mit Altschulden verhinderte die dringend nötige Sanierung (bzw. Fertigstellung im Bau befindlicher Projekte) ebenso wie die Entwicklung konkreter Modelle zur Eigentumsbildung.[78]

Den Innovationsmöglichkeiten im kommunalen Bereich waren durch diese Strukturfehler enge Grenzen gesetzt. Weil sie die Entwicklung nicht wirklich beeinflussen konnten, für die Mißstände aber von den Bürgern direkt verantwortlich gemacht wurden, drohten die Kommunalverwaltungen zum „Prellbock" zu werden.

Um die Handlungsfähigkeit der Kommune nicht völlig zu verlieren und auf längere Frist strukturbildende Wirkungen zu initiieren, ging man daher in Heiligenstadt eigene – zum Teil auch riskante – Wege: So wurde ein „Heiligenstädter Modell" für die Privatisierung von Wohnungen vorgestellt, das die Sanierung von Gebäuden, Wohnumfeld und Infrastruktureinrichtungen miteinschloß; um es mitfinanzieren zu können, weigerte sich die Stadt aber, für die Altschulden aufzukommen, zumal die Fertigstellung eines noch in der DDR-Zeit geplanten Neubaukomplexes nicht gesichert war.[79] Da die Treuhandverwaltung die Kommune Heiligenstadt nicht an den Industriebrachen im Stadtgebiet beteiligte, mußte sie neue Gewerbegebiete aufkaufen und erschließen. Daß Beck dies in relativ kurzer Zeit gelang, hatte er vor allem der katholischen Kirche zu verdanken, die der Stadt große zusammenhängende Flächen zu günstigen Konditionen zur Verfügung stellte. Ihre Funktion als intermediäre Institution hat die Kirche damit auch in diesem Bereich unter Beweis gestellt. Auch andere Maßnahmen, wie z.B. die Sanierung der Denkmalsubstanz der Innenstadt, der Straßenbau, die Abwasser, die kommunale Energieversorgung, wurden trotz der Finanzierungsengpässe zielbewußt in Angriff genommen. Die Erfolge dieses zügigen Aufbaus zeigten sich bereits wenige Jahre nach der

---

78 Die ostdeutschen Wohnungsgesellschaften mußten mit der Übernahme des ehemals vokseigenen Wohnungsbestandes auch Altschulden in immenser Höhe tragen. Aus diesem Grund erhielten sie jedoch von den Banken keine Kredite für fällige Sanierungsmaßnahmen. Obwohl Rechtmäßigkeit und Sinn dieses Verfahrens von den Kommunen immer wieder bestritten wurde, wurde diese fatale Situation weder vom Bund noch von den Ländern grundsätzlich geändert. So schlug die damalige Bauministerin Schwaetzer noch 1992 vor, daß die Schulden zu je einem Drittel vom Bund, den Ländern und den Gemeinden getragen werden sollten (vgl. NZ, 19.9.1992).

79 Vgl. Thüringer Tageblatt, 21.2.1991.

Wende im Stadtbild, aber auch bei der Gewerbe- und Industrieansiedlung. Der Tourismus wurde zu einer zunehmend wichtigen Einnahmequelle.[80]

Um ein Forum für die besonderen Probleme der Kommunen in der Ex-DDR zu schaffen, gründete Beck – zusammen mit anderen Kommunalpolitikern aus den neuen Ländern – im Februar 1990 eine Initiativgruppe „Städte- und Gemeindetag der DDR"; sie gab die überparteiliche Zeitschrift „Kommunale Rundschau in der DDR" heraus, deren Redaktion Beck selbst übernahm.[81] Die Initiativgruppe sollte den Austausch von Erfahrungen bei der Wiederherstellung der kommunalen Selbstverwaltung ermöglichen und zugleich eine Plattform für neue Strukturierungsvorschläge bieten. Angesiedelt im „Deutschen Städte- und Gemeindebund", sollte daraus eine „Arbeitsstelle für die neuen Bundesländer" werden, die generell deren Belange vertreten sollte. Diese Konstruktion wurde jedoch durch die Bildung eines „Städte- und Gemeindebundes" auf Länderebene zunichte gemacht, in die der „Initiativkreis" nicht mehr einbezogen war. Auch die Zeitschrift wurde aus Kostengründen eingestellt, obwohl sie bereits in allen Kommunen der neuen Länder publik gemacht worden und dort auf großes Interesse gestoßen war. Die Probleme der Ost-Kommunen wurden – so Beck – wieder aus der westlichen Sicht behandelt. Sein Versuch, neue überregionale Kommunikationsstrukturen für die Bearbeitung spezifisch-ostdeutscher Problemfelder der Kommunalpolitik zu schaffen, war damit gescheitert.

9.4.3. Katholische Arbeiterbewegung im Eichsfeld – ein Reorganisierungsversuch

Mit der katholischen Kirche existierte im Eichsfeld eine wichtige intermediäre Institution, die ihre Kontinuität im Nationalsozialismus und in der DDR-Zeit bewahrt hatte. Die Wende ermöglichte es nun dem in den vergangenen Jahrzehnten in den Kirchengemeinden und Pfarrgruppen zusammengerückten Milieu, die abgekappten Traditionen der katholischen Ver-

---

80 Auch unter den hier vergleichsweise günstigen Bedingungen betrug die Arbeitslosenrate 1991 noch über 20 Prozent, die Pendler hinzugerechnet, ca. 30 Prozent (Interview Beck). Vgl. neuerdings auch FAZ, 22.10.1996.

81 Vgl. „Städte- und Gemeindetag der DDR. Thesen", in: Kommunale Rundschau in der DDR, 1. Jg./1990, H.1: 3 ff. – Sprecher des „Initiativkreises" war der Bürgermeister von Radebeul, Dr. Volkmar Kunze, der bei den Kommunalwahlen im Mai 1990 nicht mehr wiedergewählt wurde. Die Zeitschrift wurde im August 1990 eingestellt, nachdem erst drei Hefte erschienen waren.

bände wiederaufzunehmen und sich damit wieder stärker in die gesellschaftliche Entwicklung einzubringen. Angesichts der Folgen des Strukturumbruchs für große Teile der DDR-Bevölkerung wird diese Neuformierung kirchlich-katholischer Substrukturen hier am Beispiel der katholischen Arbeiterbewegung dargestellt, und zwar unter dem Aspekt, inwieweit sie den Transformationsprozeß zu beeinflussen, Interessen zu aggregieren und zu vermitteln versuchte.

Das katholische Verbandswesen – insbesondere die Arbeiter- und Handwerkervereine – hatte auf dem Eichsfeld eine lange Tradition, die freilich in der Nachkriegs- und DDR-Zeit völlig abgerissen war.[82] In diesem Kernland des Katholizismus wurde nun der Versuch gemacht, Strukturen des Verbandskatholizismus wiederzubeleben – genau hundert Jahre, nachdem Papst Leo XIII. in der Enzyklika „Rerum Novarum" (1891) sein Plazet zur Bildung katholischer Arbeitervereine gegeben hatte, und 56 Jahre, nachdem der deutsche Episkopat im Zuge der Konkordatspolitik die „Katholische Arbeiterbewegung (KAB)" durch die tatenlose Hinnahme der NS-Restriktionen (1935/36) faktisch aufgegeben hatte.[83] Anfang 1992 wurde der KAB-Bezirksverband Eichsfeld/Thüringen, dem vor dem Zweiten Weltkrieg 90 Vereine angehört hatten, wiederbegründet.[84] Es war der erste Bezirksverband der KAB in den neuen Bundesländern überhaupt, denn die übrigen Vereine arbeiteten bis dahin noch im Rahmen einer losen Arbeitsgemeinschaft zusammen.

In diesem „basisorientierten" Netz von KAB-Gruppen in den neuen Bundesländern waren im Januar 1991 ca. 700 Mitglieder organisiert.[85] Daraus entwickelte sich bis 1992 eine „Arbeitsgemeinschaft Ost"; sie galt als Übergangslösung bis zum Abschluß einer Strukturreform des KAB-Bundesverbandes und der Neuordnung der Bistumsgrenzen in den neuen

---

82 Auch im Westen hatte es in der Frage, ob und wie die katholischen Verbände nach 1945 weiterarbeiten sollten, heftige innerkirchliche Konflikte gegeben. Vgl. Schmidt 1984: 216-239.

83 Vgl. Aretz 1978: 150-193.

84 Bereits am 8. Februar 1991 hatten sich die drei Eichsfelder Gruppen Leinefelde, Küllstedt und Heiligenstadt zunächst zu einer „KAB-Arbeitsgemeinschaft Eichsfeld" vereinigt und sich dem über 300.000 Mitglieder zählenden „Westdeutschen Verband" der KAB mit Sitz in Köln angeschlossen.

85 Weitere Gruppen bestanden in Magdeburg, Wolmirstedt, Geisa b. Suhl, Erfurt, Meiningen, Halle, Berlin und Senftenberg/Altdöbern bei Görlitz (vgl. KNA, ID Nr.4/ 24.1.1991: 8). – Allein die KAB-Heiligenstadt hatte in den ersten sieben Monaten ihres Bestehens bereits 79 Mitglieder. Der Altersdurchschnitt betrug hier 35 Jahre (Interview Fröbe).

Bundesländern. Einzelne Gruppen – so auch die Eichsfeld-KAB – hielten einen Zusammenschluß zu einer Ost-KAB allerdings für überflüssig und hatten von vornherein den Anschluß an den „Westdeutschen Verband der KAB" mit Sitz in Köln betrieben. Die KAB-Gründungen auf dem Eichsfeld waren durch KAB-Gliederungen aus dem Westen, insbesondere aus dem grenznahen Untereichsfeld in Duderstadt sowie aus Kassel unterstützt worden und arbeiteten eng mit den Diözesanverbänden Mainz, Essen und Hildesheim zusammen. In der westdeutschen KAB war man übrigens über die Neugründungen sehr erfreut, zum einen deshalb, weil man hier einem Einsatzwillen begegnete, der in der westdeutschen Konsumgesellschaft vielfach abhanden gekommen war, zum anderen, weil der überalterte „Westdeutsche Verband" dadurch einen Verjüngungsschub erfuhr.

Angetreten als ein Sozialverband, der sich – in der Tradition der christlichen Arbeiterbewegung und gestützt auf Maximen der Katholischen Soziallehre – für die Stärkung von Arbeitnehmerinteressen und eine sozial ausgewogene Gesellschaft einsetzte, formierte sich die KAB in den neuen Bundesländern zu einer Interessenorganisation, die sich mit den unterdessen spürbaren negativen Auswirkungen des Einigungsprozesses befaßte und den Betroffenen konkrete Hilfen gab. Sie bot eine kostenlose Arbeitsrechtsberatung insbesondere zum Kündigungsschutz, Hilfe in sozialen Härtefällen, Möglichkeiten der Weiterqualifizierung, Kurse zur Arbeiterbildung, Informationen über die sozialen Sicherungssysteme usw., aber auch Veranstaltungen im geselligen Rahmen an.

Vor allem aber machte sie sich zum Sprecher für die Verlierer der Einheit.[86] Wie groß der Bedarf dafür war, zeigte die Anzahl derjenigen, die diese Hilfen in den örtlichen Beratungsstellen in Anspruch nahmen. Aufsehen erregte auch die Gründung einer „Bürgerinitiative gegen die willkürlichen Zinserhöhungen von Kreditinstituten gegenüber Eigenheimbauern". Die KAB-Eichsfeld erweiterte damit ihren Radius der organisierten Interessenvertretung über die Arbeiternehmerschaft hinaus auf Kleineigentümer, die sich aufgrund eines Versäumnisses im Einigungsvertrag nach

---

86 Massenentlassungen bei Solidor, der ehemals größten Reißverschlußfirma in der DDR, und einer anderen Bekleidungsfirma machten allein in Heiligenstadt (16.000 Einwohner) schlagartig Tausende von Menschen arbeitslos, während die Erschließung des Gewerbegebiets und die Ansiedlung neuer Industrien auf sich warten ließen.

dem 1.Juli 1990 mit drastisch gestiegenen Zinsforderungen der Banken konfrontiert sahen.[87]

Hauptthemen der Eichsfeld-KAB waren die Brüche und Zerklüftungen in der postsozialistischen Gesellschaft: Massenarbeitslosigkeit und Depression auf der einen Seite, Selbstbedienungsmentalität (der gewählten Volksvertreter und der Profiteure der Einheit) und die Einflußnahme „alter Seilschaften" auf Wirtschaft und Politik auf der anderen Seite. Die Euphorie der Wendezeit war längst „in Mutlosigkeit und Sorge um die wirtschaftliche Zukunft", aber auch in Verbitterung über enttäuschte Erwartungen und mangelnde Chancengleichheit in West und Ost umgeschlagen. In der KAB-Eichsfeld rechnete man angesichts des Zusammenbruchs der Textil- und Papierindustrie mit einer Arbeitslosigkeit von 80 Prozent und sah im Lohndumping einzelner Unternehmer bereits erste Anzeichen eines Rückfalls in frühkapitalistische Zustände.[88] Die Arbeitsplatzverluste könnten durch Neuansiedlungen keinesfalls wettgemacht werden. Die Frage, ob der DDR-Sozialismus „von einem 'knallharten Kapitalismus' abgelöst werde oder das vereinte Deutschland sozial gestaltet werde", wurde übrigens auch von der westdeutschen Verbandsführung aufgeworfen.

Dieser verzweifelten Stimmung gab der erste Vorsitzende der KAB Heiligenstadt, Rainer Fröbe,[89] in einem Brief „An die Herren Bundesminister Waigel, Blüm, Kluge (sic) und Schäuble" Ausdruck:

„...Die Arbeitnehmer im Eichsfeld und auch in den neuen Bundesländern sind in eine tiefe Resignation verfallen, die in Aggression umschlagen wird, wenn nicht bald ein Schimmer der Hoffnung und Perspektive am Horizont aufgeht. Bundeskanzler Helmut Kohl hat versprochen 'Keinem soll es nach der deutschen Einheit schlechter gehen in den neuen Bundesländern'. In Bezug auf Arbeitsplätze ist es uns noch nie so schlecht gegangen! Vor allem die älteren Arbeitnehmer fühlen sich verraten und verkauft. Das trifft auch auf die Menschen zu, die jeden Montag bei den Demos mit dem Ruf 'Wir sind das Volk' die friedliche Revolution möglich gemacht haben."[90]

Fröbe wies dann auf die Nöte im Eichsfeld hin und sprach die Befürchtung aus, die Eichsfelder könnten wieder zu einem Volk von Wanderarbeitern

---

87   Vgl. Thüringer Tageblatt, 10.11.1990. Vgl. auch KNA, 26.1.1991: 2. – An der Gründungsveranstaltung der „Interessengemeinschaft 'Zinsreduzierung' e.V." nahmen 600 Personen teil.

88   Interview Fröbe.

89   Rainer Fröbe, vor der Wende beschäftigt bei „Solidor", danach Vorsitzender der KAB-Heiligenstadt und Bezirkssekretär der KAB-Eichsfeld.

90   Abgedruckt in: KAB-Nachrichten. Mitteilungen der KAB St. Josef, Duderstadt, 4. Jg/1991, Nr. 13: 6.

werden. Die Auslagerung wichtiger Ämter durch die thüringische Landes-
regierung gefährde im übrigen „die Eigenständigkeit des katholischen
Eichsfeldes". Am für die CDU so positiven Wahlergebnis habe das Eichs-
feld „entscheidenden Anteil" gehabt; diese Tendenz könne jedoch – so
Fröbe deutlich – auch ins Gegenteil umschlagen und „einer nicht genehmen Partei Stimmen zufließen [...] lassen."[91] Damit war offensichtlich die
PDS gemeint; denn im August 1991 traten vier KAB-Leute und ehemalige
Aktivisten der „Demokratischen Initiative Heiligenstadt" sogar in einen
Hungerstreik, um die Bundesregierung zu einem Verbot der PDS zu bewegen. Trotz des Beifalls aus den Reihen der DSU, der CSU und des Christlichen Zentrums ließen sie sich aber – nach der Zusicherung eines Ge-
sprächstermins im Kanzleramt mit Bundeskanzler Kohl und der CDU-
Bundestagsfraktion und durch maßgebliche CDU-Politiker vor Ort – wieder davon abbringen.[92]

Daß dem Aufbau der KAB-Eichsfeld als „Gegenmacht"[93] freilich enge
Grenzen gesetzt waren, zeigte sich 1993 anläßlich der Schließung der Ka-
ligrube „Thomas Müntzer" in Bischofferode, die zum Symbol für den
Kampf der Ostdeutschen um ihre Arbeitsplätze geworden ist. Bis dahin
hatte man den Abbau von Millionen Arbeitsplätzen in Ostdeutschland – in
Thüringen waren es zwei Drittel aller Arbeitsplätze im verarbeitenden Gewerbe[94] – ohne größere Protestaktionen hingenommen, jetzt kam es – und
das ausgerechnet im Eichsfeld – zu Betriebsbesetzungen und Hunger-
streiks.

Der Stimmungsumschwung setzte die thüringische CDU/FDP-Landes-
regierung und die Bundesregierung unter Druck, die strukturpolitische
Verbesserungen sowie 700 Ersatzarbeitsplätze versprachen. Während die

---

91 Ebd. – Pfarrer Vogt, Präses der KAB-Leinefelde, hatte für das verletzte Ge-
rechtigkeitsgefühl im vereinten Deutschland das Gleichnis „Von den Arbeitern im Weinberg" des Herrn (Mt. 20, 1-16) verwendet, in dem es um die
Frage des gerechten Lohns um die zuerst und die zuletzt Gekommenen geht
(vgl. ebd: 1).
92 Vgl. KAB-Zeitung, September 1991.
93 KAB-Zeitung, Februar 1991.
94 So Ministerpräsident Vogel in seiner „Regierungserklärung zur politischen
und wirtschaftlichen Situation" am 15.9.1993. Vogel drängte nun auf die Be-
reitstellung von Instrumenten für eine aktivere Wirtschaftspolitik; so sollte
eine regionale Entwicklungsgesellschaft im Eichsfeld gegründet werden. –
Nach Angaben der thüringischen SPD war Thüringen innerhalb der Europäischen Gemeinschaft die ärmste Region. In den neuen Ländern seien hier die
meisten Arbeitplätze verlorengegangen und das niedrigste Bruttoinlandspro-
dukt je Beschäftigten erreicht (vgl. FAZ, 16.9.1993).

Eichsfeld-CDU eine Austrittswelle gerade bei den Arbeitern erlebte[95], machte sich die PDS zum Sprachrohr der Kalikumpel. Trotz des Einsatzes von Kommunalpolitikern und Geistlichen aus dem Eichsfeld, der KAB und selbst päpstlicher Zusprüche konnte die Bischofferoder Schachtanlage nicht gerettet werden. Nachdem bereits in den anderen Schachtanlagen des Südharzer Kalireviers (Sondershausen, Bleicherode, Sollstedt u.a.) 1991/ 92 Tausende von Arbeitern entlassen worden waren, fiel auch Bischofferode der „Marktbereinigung" in der Kaliindustrie zum Opfer.[96] Die von der Landesregierung versprochenen Ersatzarbeitsplätze sind auch heute noch nicht in Sicht.

9.5.   Milieu und Eliten im Eichsfeld – Renaissance des „C"?

Als katholische Enklave inmitten eines protestantisch geprägten Umfeldes war das Eichsfeld ein Territorium mit einer ganz spezifischen, historisch-kulturell gewachsenen Identität und als ehemalige Zentrumshochburg ein quasi-natürliches Stammland der CDU. In der zersplitterten thüringischen CDU, die sich gegen den hier vorherrschenden Partikularismus schwertat, ein ganz Thüringen übergreifendes „Wir-Gefühl" zu stiften, bildete die Eichsfeld-CDU ein „Nest"; ihre Führungsgruppen besaßen einen starken Rückhalt in der traditionsbewußten Region und ihrem Milieu.

Mit ca. 3.600 Mitgliedern war die Eichsfeld-CDU (Zuflüsse aus der DBD miteingerechnet) nach der Wende der stärkste Kreisverband Thüringens: Sie stellte 15% der Gesamtmitgliedschaft und kam auf eine Mitgliederdichte von 3%.[97] In der Landespartei spielte dieser Stimmenblock eine gewichtige Rolle nicht zuletzt bei der Wahl der Führungsgruppen: Kurz nach dem Fall von Uwe Ehrich übernahm der Eichsfelder Willibald Böck den Landesvorsitz der thüringischen CDU und wäre vermutlich, wenn dagegen nicht Widerstand aus dem Eichsfeld gekommen wäre, auch Kandidat für das Amt des Ministerpräsidenten und damit der starke Mann von Thüringen geworden. Auch der derzeitige Kreisvorsitzende der Eichsfeld-CDU, Kultusminister Dieter Althaus, besitzt eine starke Position in

---

95   Genaue Daten sind nicht verfügbar. Mindestens ein ganzer Ortsverband verließ die CDU (vgl. Tagesspiegel, 15.7.1993).
96   Interview Bergemann; Information Rainer Brodhuhn.
97   Interview Althaus sowie Information Gerhard Martin, Kreisgeschäftsführer der Eichsfeld-CDU.

der thüringischen CDU: Er wurde bereits als „Kronprinz" von Ministerpräsident Vogel gehandelt.

Solange Landesregierung und -verwaltung noch nicht funktionsfähig
waren, galt Thüringen als „Republik der Landräte und Bürgermeister". Die
Positionen von Volkskammerabgeordneten und Politikern vor Ort verfe-
stigten sich in dieser Phase nicht selten zu Besitzständen und Interessen-
strukturen, die später nur schwer wieder aufzulösen waren. Thüringen bildete daher das „Schlußlicht bei der Gebiets- und Verwaltungsreform".
Diese Zerklüftung war aber nicht nur eine Frage der Machtverteilung zwischen lokalen, regionalen und zentralen Instanzen, sondern auch Resultat
eines unterschiedlichen Politikverständnisses. Hier zog sich durch die Elitenkonfiguration der thüringischen CDU ein Riß, der auch in regionalen
Bastionen wie dem Eichsfeld aufbrach.

Die CDU-Politiker, die in diesem Raum – sozusagen als „organische
Intellektuelle ihrer Region" und durchaus mit einem gewissen Charisma –
agierten, lassen sich drei grundverschiedenen Typen zurechnen: Vom Alt-
Bürgermeister der Grenzgemeinde Bernterode und Matador der „Volkskammer-Runde" Böck, der sich „statt des roten nun das schwarze Käpp-
chen aufgesetzt" hatte und mit ungebrochenem „leninistischen Parteiver-
ständnis" die Entwicklung *von oben her* bestimmen wollte[98], unterschied
sich etwa der aus der „Demokratischen Initiative" kommende Aktivist und
Landrat Dr. Henning mit seinem Impetus, die Region *von unter her* aufzubauen; er verstand die Energiepotentiale und Identitätsmuster ihrer Bevölkerung als Wirkungsfaktoren, die in die gesellschaftliche Dynamik miteinzubeziehen seien. War Böcks Modell das „Bollwerk Bayern", von dem aus
die mit absoluter Mehrheit regierende CSU ihr konservatives Gewicht – im
Sinne einer „law-and-order-Politik" und einer amtskirchlich geprägten
Wertehierarchie – in die Bundespolitik hineintransportierte, so orientierte
sich Dr. Henning an den Traditionen eines an einen bestimmten Raum ge-
bundenen, volkskirchlichen Katholizismus, der zwar wertfundiert, aber zugleich auch liberal und tolerant sei. Mit Böck und Dr. Henning standen
sich de facto zwei Ausformungen eines katholisch geprägten Politikverständnisses gegenüber, von denen der eine eher die traditionelle Auffassung einer „katholischen Politik" repräsentierte, der andere an eine natur-
rechtlich begründete „Politik der Mitte" und der „Vermittlung" anschloß,
wie sie für die Vertreter des Linkszentrums in Weimar und in der frühen

---

98   So ein hier ungenannter Beobachter.

Bundesrepublik charakteristisch war.[99] Der Unterschied bestand nicht nur in den Politik*inhalten*, sondern auch in der Frage, *wie* politische Macht auszuüben sei: konventionell-pragmatisch als Recht der Mehrheit oder in der Vermittlung, Balance und Versöhnung zwischen verschiedenen Positionen und Interessen.

Einen dritten Typus repräsentierte Kultusminister Althaus, den man als christlich-orientierten Pragmatiker bezeichnen könnte. Nach seiner eher nüchternen Auffassung würde eine „christliche Politik" an ihren inneren Widersprüchen scheitern. CDU-Politik müsse sich zwar am christlichen Menschenbild orientieren; sie müsse aber darauf verzichten, christliche Wahrheiten in Politik umsetzen zu wollen, wenn sie politikfähig bleiben wolle. Realistisch denkende Politiker müßten in dieser Spannung leben, um auf zentralen Politikfeldern wie der Wirtschaftspolitik oder der Außen- und Sicherheitspolitik, aber auch in kontroversen Fragen wie der Reform des § 218 handlungsfähig zu bleiben.[100] Aus christlicher Sicht stoße man in der Gesellschaft – z.B. bei der Verteilung von Ressourcen wie Eigentum oder Bildung – immer wieder auf Ungleichheit und Ungerechtigkeit. Solche Asymmetrien ließen sich jedoch nur reduzieren, nicht völlig aufheben, wie die verfehlte sozialistische Gleichmacherei gezeigt habe.

Diese verschiedenen Grundhaltungen schlugen sich auch in der Art und Weise nieder, in der die Diskussion über die Parteierneuerung ausgetragen wurde. Zwar gab es im Eichsfeld – gerade dort, wo die CDU als ein auf der lokalen Ebene agierender „Christlicher Gesellschaftsverein" verstanden wurde – eine deutliche Abgrenzung zur Führung der Block-CDU auf Bezirks- und DDR-Ebene. Der Konflikt zwischen Alt- und Neumitgliedern entbrannte hier allerdings nicht so heftig wie anderswo, obwohl Initiatoren der „Demokratischen Initiative Heiligenstadt" wie Dr. Henning und Bernd Beck zunächst auf eine Auflösung der Block-CDU, eine Neugründung und damit einen Kontinuitätsbruch hingearbeitet hatten.

Diese Versöhnungsbereitschaft hatte ihre Ursache nicht zuletzt darin, daß ein größerer Teil der Eichsfelder Wende-Aktivisten entweder selbst unter dem Motto „CDU – laß mich in Ruh" oder beruflicher Vorteile wegen in den achtziger Jahren in die CDU eingetreten war bzw. aus CDU-Elternhäusern kam; viele waren auch über Verwandte, Pfarrer, Lehrer usw. über die Frühgeschichte der Partei im Eichsfeld, die besonderen Schikanen und Ängste im Grenzgebiet zum Westen, informiert.

---

99 Vgl. hierzu Schmidt 1987, 1996d.
100 Interview Althaus.

Die Milieubindung von CDU-Kreisvorsitzenden oder Ortsbürgermeistern war im Eichsfeld häufig unproblematisch geblieben, zumal dann, wenn katholische Pfarrer und Kirchenleute sie, um Schlimmeres zu verhüten, zur Kandidatur überredet hatten. So war hier die Sache „mit einem kräftigen Schütteln [...] wieder in Ordnung zu bringen".[101] Als der Konflikt ein Jahr später von außen her wieder hereinkam, wurde er von den neuen Akteuren mit praktischer Vernunft und – so Althaus – im Sinne einer „Verhältnismäßigkeit der Mittel" kalmiert. Frühere Funktionsträger – z.B. der Heiligenstädter CDU-Bürgermeister Dr. Mock – wurden auch dann, wenn sie sich nichts hatten zuschulden kommen lassen, dazu bewegt, sich zurückzuziehen, um nicht beschädigt zu werden, und wurden weiterhin geachtet.

Anders war die Situation in Worbis, wo Blockkräfte wie z.B. der Kreisvorsitzende Flechs weiteragierten, bis sie von Vertretern des Neuen Forum und der Bürgerkomitees mit Stasi-Vorwürfen zu Fall gebracht wurden. Auch Böck kann wegen seiner Vorgeschichte als Bürgermeister von Bernterode insofern zum „Block der strukturellen Opportunisten" gerechnet werden, als er Kompromisse mit der Block-CDU und der örtlichen SED eingegangen war und sich dennoch (nach einer kurzen Schamfrist[102]) an die Spitze der thüringischen CDU berufen fühlte. Daß Böck sein Amt als Innenminister aufgeben mußte, ist allerdings auf politische Fehler zurückzuführen, die er erst *nach* 1989 machte; gleichwohl haben sie etwas mit seinem autoritären Politikstil zu tun, der für ihn auch in der Nachwendezeit charakteristisch war.[103]

Althaus profilierte sich in der Auseinandersetzung zwischen „Erneuerern" und „Blockis" als Vermittler. Er gehörte nicht zu den „Königsmördern", die den thüringischen Ministerpräsidenten Duchac Anfang 1992 stürzten[104], war aber an den Gesprächen, die Duchac schließlich zum Aufgeben bewogen, maßgeblich beteiligt. Für ihn war entscheidend, daß die Partei in der Spannung von Altem und Neuem eine „vernünftige Konsistenz" erhielt; daher maß er dem Wechsel an der Spitze eine zu diesem Zeitpunkt notwendige Signalwirkung bei.

---

101 Interview Reddemann.

102 Den Begriff „Scham" gebrauchte Böck selbst in den Sitzungen des Worbiser CDU-Kreisvorstandes in der Wendezeit.

103 Interview Dr. Henning, Interview Althaus, Interview Böck.

104 Der Rücktritt von Kultusministerin Lieberknecht und Finanzminister Dr. Zeh löste eine Regierungskrise aus, in deren Folge Duchac seinen Rücktritt erklärte (Interview Duchac, Interview Lieberknecht, Interview Dr. Zeh, Interview Althaus).

Teil III:
Eliten

10. Zur Elitenbildung in der Ost-CDU nach der Wende

In den vorangegangenen Kapiteln wurde die Herausbildung der Eliten in der Ost-CDU nach der Wende – sowohl auf der zentralen als auch der regionalen Ebene – im Kontext der Partei- und Organisationsentwicklung untersucht. Auf der Grundlage der Interviews sollen hier nun einige Generalisierungen vorgenommen werden. Sie beziehen sich auf eine objektive und eine subjektive Dimension: auf die Elitenstruktur und die Mechanismen der Rekrutierung von Eliten einerseits, auf Motivation und Politikverständnis der Akteure andererseits. Danach folgt ein Resümee, in dem auch die Strukturierung und Transformation der Partei durch Eliten thematisiert wird.

10.1. *Elitenwechsel und Elitenformationen in der Ost-CDU*

Charakteristisch für den Formierungsprozeß der Eliten in der CDU und ihre Strukturierung nach der Wende war eine brisante Gemengelage von alten und neuen Kräften. Hier werden – nach dem Kriterium ihrer Funktion für den Wandel – fünf Elitenformationen[1] unterschieden und in dem folgenden Schema dargestellt. Die Trennlinien zwischen diesen Formationstypen sind punktiert, denn zwischen ihnen gab (und gibt) es fließende Übergänge.

Die *Blockelite* (Typ I) war keine geschlossene Formation. Die Führungsgruppe, die das Heft bis zum Herbst 1989 in der Hand hielt, war durchzogen von gegenseitigem Mißtrauen, permanenten Rivalitäten, Konkurrenzen um Posten, Vergünstigungen und Einfluß sowie persönlichen Eitelkeiten.[2]

---

1   Die Unterscheidung zwischen einer „alten Elite" und einer „Gegenelite", wie sie Müller-Enbergs in seiner Analyse der Volkskammer verwendet, bietet sich wegen ihrer Großflächigkeit hier nicht an. Demnach fächert sich die „alte Elite" in eine „Machtelite" und eine „Zirkularelite" auf. CDU-Reformer wie de Maizière, die aus dem „Milieu" der „alten Elite" gekommen seien, werden der „Zirkularelite" zugerechnet. Während die Legitimität der „alten Elite" rapide abgenommen habe, seien die „Zirkulareliten" durch die Unterstützung der Westparteien aufgewertet worden. Vgl. Müller-Enbergs 1991: 235-258.

2   Für diesen Abschnitt über die Blockelite wurden (neben Interviews und ACDP-Akten) vor allem Bestände des MfS ausgewertet. Quellenkritisch ist anzumerken, daß die „Informellen Mitarbeiter" (IM), die für die Staatssicherheit berichteten, selbst Akteure in diesem Geflecht waren; ihre Einschätzungen sind daher z.T. von eigenen Ambitionen, Interessen und Kränkungen beeinflußt. (Diese subjektive Komponente wurde auch von den MfS-Führungs-

Schaubild 6: Elitenformationen in der Ost-CDU (Typen)

I. Blockeliten
....
II. Nachrückende Blockeliten
....
III. Transformationseliten
....
IV. Induktionseliten
....
V. Transfereliten (Ersatz- bzw. Kompensationseliten)

Im Unterschied zur ersten Nachkriegsgeneration in der Führung der Block-CDU (Nuschke, Hickmann, Dertinger u.a.), die bis Anfang der fünfziger Jahre noch versucht hatte, ihre politisch-strategischen Konzepte selbst unter den schwierigen Bedingungen der (von der SMAD gestützten) SED-Vorherrschaft durchzuhalten, waren ihre Nachfolger politisch anders sozialisiert: Sie ordneten sich in die bestehenden Machtstrukturen freiwillig ein. Der langjährige CDU-Vorsitzende Gerald Götting stammte aus einer Familie, in der noch Offizierstraditionen gepflegt wurden. Nach dem Abitur 1941 wurde er zum Arbeitsdienst, später zur Wehrmacht eingezogen.[3] Seine Parteikarriere begann 1949, als er, bislang Jugendreferent im Landesvorstand der CDU von Sachsen-Anhalt, protegiert von einem SMAD-Verbindungsoffizier in Halle, vom Philologiestudenten zum Generalsekretär der Ost-CDU hochkatapultiert wurde. Sein Vorgänger in diesem Amt,

---

offizieren einkalkuliert.) Trotz solcher Vorbehalte ergibt sich aus den Akten ein plausibles Bild dieser Elitenformation.

3   Gerald Götting, geb. 1923 in Halle. – Göttings höchster Dienstgrad in der Deutschen Wehrmacht war Obergefreiter; er kam kurzzeitig in amerikanische Gefangenschaft. 1947 bis 1949 studierte Götting in Halle Philologie. Seit 1946 war er Mitglied der Ost-CDU. 1947 wurde er in den engeren Landesvorstand der CDU in Sachsen-Anhalt, 1948 in den SBZ-Zonenvorstand gewählt.1949-1966 war er Generalsekretär der DDR-CDU, nach August Bachs Tod Parteivorsitzender bis zu seinem Sturz im Herbst 1989. 1950-1954 Vizepräsident der Volkskammer, 1958-1963 Vorsitzender der CDU-Fraktion in der Volkskammer; 1960-1969 war er stellvertretender Vorsitzender des Staatsrates, 1963-1969 Vorsitzender des Volkskammer-Ausschusses für Auswärtige Angelegenheiten, 1969-1976 Präsident der Volkskammer, 1976-1979 stellvertretender Präsident der Volkskammer (zur Biographie Göttings vgl. Baumgartner/Hebig 1996: 236).

Georg Dertinger[4], der damals zum Außenminister der DDR ernannt wurde, charakterisierte Götting als „religiös indifferent", „innerlich unsicher und geistig von seinen Mitarbeitern abhängig".[5] Er habe diese Schwächen dadurch überwinden wollen, daß er „ausschließlich den Interessen der Festigung seiner eigenen Stellung und seiner politischen Sicherheit" gefolgt sei. Darum habe er seine Weisungen von der SMAD und der SED bezogen, enge Beziehungen zu ZK-Mitgliedern gepflegt und auch mit seinen Verbindungen zum Ministerium für Staatssicherheit renommiert. Von der Wiederherstellung der deutschen Einheit hatte Götting – so Dertinger – „nur oberflächliche Vorstellungen". Dertingers Formel, derzufolge Gesamtdeutschland weder eine Kopie der Bundesrepublik noch der DDR sein werde, habe Götting kategorisch abgelehnt; er wurzele vollkommen in der DDR. Dementsprechend habe er auch das Mehrparteiensystem in der DDR nur als Übergangsphänomen angesehen und ständig in der Furcht gelebt, daß die Block-CDU aufgelöst werden und damit auch seine persönliche Karriere beendet sein könnte.[6] Wegen dieser Ambivalenzen und seiner Ortlosigkeit war Götting nach Dertinger damals in der Ost-CDU nicht beliebt und wurde nur „mit Rücksicht auf die Ursachen seiner Ernennung 'ertragen'". Die Grundproblematik der DDR-CDU in den Anfangsjahren zeigt sich z.B. auch darin, daß Dertinger seinen Nachfolger trotz aller Bedenken planmäßig förderte und unterstützte, schon allein deshalb, um sich selbst und seine eigene deutschlandpolitische Konzeption gegenüber SMAD und SED rückzuversichern. Götting wiederum profitierte von der Popularität Dertingers; dies hielt ihn aber nicht davon ab, Informationen über Dertinger, Nuschke, Steidle, Bach u.a. an das ZK der SED und das MfS (mit dem er seit 1952 offiziell zusammenarbeitete und alle politisch-organisatorischen Fragen besprach) zu liefern, um seine eigene Position auszubauen. Nach den Ereignissen des 17. Juni 1953 vollzog Götting zeitweise eine Wendung und übte bei seinen Auftritten in den Bezirksverbänden der CDU Kritik an der Position der SED. Das MfS verdächtigte ihn

---

4   Georg Dertinger (1902-1968), vor 1933 Mitglied der DNVP und des „Stahlhelm", Anhänger des „Tat-Kreises". 1945 Mitbegründer der CDU, seit 1946 Generalsekretär und Hauptgeschäftsführer der Ost-CDU, 1949-1953 Minister für auswärtige Angelegenheiten der DDR. 1953 wegen angeblicher Spionage verhaftet und zu einer fünfzehnjährigen Freiheitsstrafe verurteilt. 1964 begnadigt, war er als Verlagslektor in Leipzig tätig.

5   BStU, ZA, AS MfS HA XX AP 11730/92, Blatt 32-35, hier Blatt 33. Dieser Bericht bezieht sich wahrscheinlich auf Angaben Dertingers in den Vernehmungen nach seiner Verhaftung und ist nicht datiert.

6   Vgl. ebd., Blatt 34. „Er erklärte mir, daß man genau den rechten Termin abpassen müsse, um zur SED überzuwechseln" (ebd.).

auch verdeckter Beziehungen zum Ost-Büro der CDU in West-Berlin und ließ ihn seitdem überwachen.[7]

Auch Göttings Stellvertreter Wolfgang Heyl war Wehrmachtsoffizier im Range eines Oberleutnants und Kompaniechefs gewesen. Er trat 1939 in die NSDAP ein und soll vor 1945 eine höhere Funktion in der HJ bekleidet haben.[8] Der gelernte Zimmermann war seit 1947 als Mitarbeiter, dann als Geschäftsführer bei der Industrie- und Handelskammer in Borna tätig. 1952 wurde er Organisationsleiter und stellvertretender Vorsitzender, später Vorsitzender des CDU-Bezirksverbandes Leipzig. Nach Nuschkes Tod 1957 und Sefrins Weggang als stellvertretender Generalsekretär der CDU wurde Heyl 1958 in dieses Amt nach Berlin berufen. Arbeitsgebiete Heyls waren die Abteilung Politik und Wirtschaft, die Westarbeit sowie Kaderfragen; auch er arbeitete eng mit dem MfS (vermutlich auch mit dem KGB) zusammen.[9] Zu Beginn der sechziger Jahre drängte Heyl als „starker Mann der CDU" Götting in den Hintergrund. Wegen dieser Machtkonzentration, aber auch wegen einer der SED nicht genehmen Mitgliederwerbeaktion, fiel er beim ZK der SED in Ungnade, was wiederum Götting stärkte. Warum sich aber gerade Götting, dem immer wieder vorgeworfen wurde, er scheue politische Auseinandersetzungen, verhalte sich opportunistisch und lege ein viel zu geringes Engagement für die Parteiarbeit an den Tag, in seiner Position als Generalsekretär, später als Parteivorsitzender halten konnte, ist heute nur schwer zu beurteilen.[10] Martin Kirchner, der Anfang der siebziger Jahre detaillierte Berichte über das Innenleben der CDU-Spitze an das MfS lieferte, charakterisierte Göttings Stellung im Sekretariat des Hauptvorstandes als äußerst schwach, wohingegen er bei den Mitgliedern durchaus beliebt gewesen sei. Von den Funktionären wer-

---

7 Vgl. BStU, ZA, AS MfS HA XX AP 13722/92, Blatt 31-35, hier Blatt 35. – Zur Überprüfung durch das MfS vgl. oben Kapitel 1, Anm. 13; es sollte geprüft werden, ob es sich um „charakterliche Schwächen" oder eine „feindliche Tätigkeit" und „einen möglichen Gefahrenpunkt" handelte.

8 Wolfgang Heyl, geb. 1921 in Borna. – Heyl soll es noch 1950 abgelehnt haben, als ehemaliger Wehrmachtsoffizier an einer Kranzniederlegung am Ehrenmal der sowjetischen Soldaten in Borna teilzunehmen.

9 Als Dank dafür erhielt er zum 60. Geburtstag vom Leiter der HA XX 1981 ein „Sachgeschenk in Form einer Kleinplastik" sowie einen Blumenstrauß (vgl. BStU, ZA, AS MfS HA XX AP 20046/92, Blatt 30). Offenbar versorgte er auch die sowjetische Botschaft in Berlin mit Material.

10 Vgl. hierzu auch Suckut 1994: 110, der auf eine Parallele zur LDPD-Führung hinweist.

de er nicht als Person, sondern seiner Ämter wegen geachtet und als „Aushängeschild" für die DDR-CDU geduldet.[11]

MfS-Berichte aus den späten fünfziger und sechziger Jahren belegen eine starke Cliquenbildung und ausgeprägte Rivalitäten in den Führungsgremien und im Apparat der DDR-CDU. Gerüchte, Mißgunst und Bespitzelungen waren offenbar an der Tagesordnung und beeinträchtigten die Arbeitsatmosphäre in der Parteiführung und den nachgeordneten Parteiorganen.[12] Götting hatte 1958 weder die Berufung Heyls zu seinem Stellvertreter noch die Wahl August Bachs, den er noch 1953 aus der Partei hatte ausschließen wollen, zum Parteivorsitzenden akzeptiert; seine Versuche, Bach auszustechen, wurden erst durch die ungewöhnlich scharfe Kritik Hermann Materns (Mitglied des Politbüros des ZK der SED) an Göttings Arbeitsstil beendet.[13] Vermutlich trug die Kritik der „Genossen vom ZK" mit dazu bei, daß Götting 1958 nicht wieder Vizepräsident der Volkskammer wurde.[14] Nach dem Tode Bachs übernahm Götting den Parteivorsitz und mußte sich nach einem Machtkampf im Apparat damit abfinden, daß Heyl wichtige Stellvertreterfunktionen erhielt. Heyl gelang es aber erst 1971/72 im Zuge der mit dem ZK der SED abgestimmten Kaderveränderungen, zum stellvertretenden Parteivorsitzenden zu avancieren.[15] Zu seinen Sekretariatsaufgaben sollten nun die Arbeitsgruppe Planung und Koordinierung, Anleitung der Parteiorgane, die Abteilung Kirchenpolitik sowie die Abteilung Ausland/Westpolitik gehören. Allmählich stellte sich zwischen Götting und Heyl eine von beiden akzeptierte Arbeitsteilung her,

---

11 Zu Kirchners MfS-Karriere und seiner Rolle in der Wende vgl. oben Kapitel 2.2. sowie dort Anm. 20, 24. – Zu Kirchners Berichten vgl. BStU, ZA, AS MfS AIM 10509/73, Bd.1-6.

12 Diese Abgründe können hier nur angedeutet werden; „moralische Vorkommnisse" und „Ausschweifungen", d.h. Privatleben und Intimsphäre, wurden ebenfalls ausgeforscht. Hohe Parteifunktionäre sammelten Material, das sie gegebenenfalls gegen Götting verwenden konnten. Die Korruptionsvorwürfe gegen den Parteivorsitzenden, über die sich die Untersuchungskommission im Herbst1989 entrüstete (vgl. oben Abschnitt 5.3.1), waren im Grunde schon lange bekannt.

13 Vgl. BStU, ZA, AS MfS HA XX AP 13722/92, Blatt 31-50, hier Blatt 47. – So hatte Götting versucht, aus Bachs NS-Vergangenheit Vorteile zu ziehen (vgl. BStU, ZA, AS MfS HA XX AP 11730/92, Blatt 171 f.); nach seiner Wahl in den Staatsrat war er hoch beglückt, ein höherrangiges Amt innezuhaben als der CDU-Vorsitzende.

14 Vgl. BStU, ZA, AS MfS HA XX AP 11730/92, Blatt 125. Später, 1969 bis 1976, war Götting dann Präsident der Volkskammer.

15 Vgl. „Aktenvermerk" v. 10.4.1971, BStU, ZA, AS MfS HA XX AP 14335/92, Blatt 135, 142.

nach der Götting als Parteivorsitzender und Präsident der Volkskammer (1969-1976) auf seinen zahlreichen Auslandsreisen die repräsentativen Funktionen ausübte, während Heyl die Partei führte und als Fraktionsvorsitzender der CDU in der Volkskammer (ab 1963) ebenfalls öffentliche Anerkennung genoß.

Der „selbstherrliche" Führungsstil des Parteivorsitzenden war tatsächlich nur ein Ausdruck der zentralistischen Struktur der CDU und ihrer Abhängigkeit von der SED. In einer Partei, die nicht von unten aufgebaut war, die ihre Politik fraglos an den Vorgaben des ZK der SED ausrichtete und überdies aus der Staatskasse alimentiert wurde, konnte sich der oberste Repräsentant nach unten hin völlig abschotten. Eines der Machtmittel Göttings war, daß er allein über die Gelder, die die CDU vom ZK der SED und vom Nationalrat erhielt, verfügte und weder seinem Stellvertreter Heyl noch dem Parteivorsitzenden Bach, den Mitgliedern des Sekretariats des Hauptvorstandes oder gewählten Mitarbeitern einer Revisionskommission Einblick in die Parteifinanzen gestattete. Damit schuf er ein Geflecht von persönlichen Abhängigkeiten, indem er je nach Gutdünken und Wohlverhalten unterschiedliche Gehälter und Vergünstigungen für die Sekretariatsmitglieder, Abteilungsleiter und Instrukteure festsetzen konnte; indem er eine leistungsbezogene Vergütung für die Parteimitarbeiter verhinderte, vereitelte er gleichzeitig eine im Interesse einer effektiven Parteiarbeit liegende Nachwuchsförderungs- und Qualifizierungspolitik in den Kreisverbänden.[16]

Götting scheint seine Amtsführung als Parteichef in den Jahren vor der Wende nur noch als Pflichtübung betrachtet zu haben. Eine Ursache für sein zunehmendes Desinteresse könnte darin liegen, daß er sich schon seit den siebziger Jahren über die Handlungsspielräume der DDR-CDU gegenüber der allmächtigen SED keine Illusionen mehr machte, die Zweifel über ihre „Daseinsberechtigung" auch in „Ausfällen" im internen Kreis zu erkennen gab und in eine Art zynische Resignation verfiel.[17] Was dem

---

16 So beschwerte sich ein Mitarbeiter der Revisionskommission beim Hauptvorstand der CDU, daß die Auffassung Göttings im Widerspruch zum Parteistatut stehe und er sich die ihm durch demokratische Wahl übertragenen Rechte nicht einschränken lassen wolle (vgl. BStU, ZA, AS MfS HA XX AP 13722/92, Blatt 31-50, hier Blatt 41, 43 f.). Der restriktive „Herr-im Haus-Standpunkt" Göttings verhinderte auch 1968 die Umsetzung der Richtlinien über die kaderpolitische Arbeit, derzufolge die Kreissekretäre nach bestimmten Kriterien in Leistungsstufen eingruppiert werden sollten (vgl. ebd., Blatt 70-76).

17 Götting hatte – Berichten von Martin Kirchner Ende 1973 an das MfS zufolge – mehrfach geäußert, die Zusammenarbeit mit der SED sei ein „Schwin-

Vorsitzenden von Partei-Insidern angelastet wurde, wirft freilich zugleich ein bezeichnendes Licht auf die Handlungsfähigkeit der Parteiführung insgesamt: So funktionierten in den letzten Jahren vor der Wende selbst rudimentäre innerparteiliche Informationskanäle und Kontrollmechanismen nicht mehr (z.B. die „Montagsbesprechungen" des Parteivorsitzenden mit Sekretariatsmitgliedern und ausgewählten Funktionären oder die „Instrukteursbrigaden" als Kontrollorgane des Hauptvorstandes der CDU in den Bezirken und Kreisen), und die Führungsgremien der Block-CDU wichen jeder inhaltlich-politischen Diskussion zur Situation der Partei aus.[18] In dieser Endphase wurden sogar die Protokolle der Sitzungen des Sekretariats und des Präsidiums des Hauptvorstandes gefälscht und Angaben über die Anzahl der stattgefundenen Sekretariatssitzungen manipuliert, um nach außen hin – insbesondere gegenüber dem „großen Haus" (dem ZK der SED) – ein geordnetes Parteileben vorzutäuschen.[19]

Die Entmachtung der *Blockeliten* war mit dem Sturz des Parteivorsitzenden Götting am 2. November 1989 eingeleitet worden, vollzog sich aber in mehreren Schritten: In einer Vertrauensabstimmung wurde die Anzahl der Präsidiums- und Sekretariatsmitglieder auf der Hauptvorstandssitzung vom 10. November, auf der auch Lothar de Maizière auf den Schild gehoben wurde, etwa halbiert. Eine Runderneuerung der zentralen Führungsgremien fand erst auf dem Sonderparteitag am 15./16. Dezember 1989 statt, in dessen Vorfeld es erbitterte Richtungs- und Positionskämpfe

---

del"; er habe das alles satt und wolle es nicht mehr mitmachen (vgl. BStU, ZA, AS MfS HA XX AIM 1339/87, Bd. IV, Blatt 98 f.).

18 „Ein konstruktiver Meinungs- und Gedankenaustausch über Probleme der politisch-ideologischen Arbeit an der Parteibasis, über die Umsetzung von Beschlüssen des Hauptvorstandes der CDU oder Fragen der Führungs- und Leitungstätigkeit der Sekretariate und politischen Mitarbeiter wurde als nicht erachtenswert angesehen" (vgl. Information v. 28.10.1988, BStU, ZA, AS MfS/ANS AIM 11943/89, Bd. II, 7, Blatt 127-129, hier Blatt 128). Auf einer Sitzung der Mitglieder des Sekretariats des Hauptvorstandes mit den Bezirksvorsitzenden, die nach den Kommunalwahlen im Mai 1989 stattfand, wurde eine eingehendere Diskussion verhindert (vgl. ebd., Blatt 125). Eine Meinungsbildung im Sekretariat des Hauptvorstandes – von der Abteilung Parteiorgane noch in den letzten Monaten vor der Wende angestrebt – wurde von der Parteiführung blockiert. Kreissekretäre, die es wagten, kritische Quartalsberichte an die Parteiführung zu schicken, sollten noch im Sommer 1989 gemaßregelt werden (vgl. BStU, ZA, AS MfS HA XX/AKG 84, Blatt 57-64, hier Blatt 62).

19 Vgl. „Bericht" des Sekretariatsmitglieds Adolf Niggemeier alias IM „Benno Roth" v. 14.10.1988, BStU, ZA, AS MfS/ANS AIM 11943/89, Bd. II, 7, Blatt 122-124.

gegeben hatte. Hier wurde auch der neugewählte Parteivorsitzende demokratisch legitimiert.

Im Zuge der Inkorporation der Block-CDU und der Bauernpartei(DBD)
in die Bundes-CDU, die mit der Parteifusion auf dem Hamburger Parteitag
am 1./2. Oktober 1990 formal abgeschlossen war, wurden Teile ihres
Funktionärskörpers vor allem aus der mittleren Führungsschicht
(*Nachrückende Blockeliten* – Typ II) übernommen. Nachrückende jüngere
Kader aus der DBD um den stellvertretenden Vorsitzenden Ulrich Junghanns hatten nach der Volkskammerwahl 1990 zielbewußt den Anschluß
an die CDU betrieben und sich damit auch Positionen im Bund wie in den
Ländern, in den Kommunen und im Apparat der CDU gesichert.[20] Wie
Junghanns gewannen auch zwei der prominentesten Führungskräfte aus
dem Unterbau der Block-CDU, Rolf Rau[21] und Klaus Reichenbach[22], 1990

---

20 Zum Fusionsvorgang vgl. oben Kapitel 3. – Der DBD-Vorsitzende Günter
   Maleuda hatte sich zu dieser Zeit längst zurückgezogen und die Ver-
   einigungsverhandlungen seinem Stellvertreter überlassen. 1994 zog Maleuda
   als Parteiloser für die PDS in den Bundestag ein. – Ulrich Junghanns, geb.
   1956 in Gera, Facharbeiter für Pferdezucht und Leistungsprüfung, Dipl.-
   Staatswissenschaftler; Mitglied des Rates des Kreises Greiz, 1. Sekretär des
   DBD-Kreisvorstandes, im zentralen Parteiapparat tätig, Vorsitzender des
   DBD-Bezirksvorstandes Berlin, seit dem außerordentlichen Parteitag der
   DBD 1. Stellvertreter des Vorsitzenden der DBD (vgl. Bauern-Echo Nr.
   46/1990: 7). Junghanns gelangte im Oktober 1990 in den Bundesvorstand der
   CDU, im November 1990 in den Landesvorstand der brandenburgischen
   CDU. Seit 1990 und 1994 MdB für den Wahlkreis 279 (Frankfurt/O.-Eisen-
   hüttenstadt-Beeskow). – Ihre stärkste Bastion hatten DBD-Leute aus dem
   Unterbau der Blockpartei in Brandenburg; hier stellten sie ca. 40 Prozent der
   CDU-Abgeordneten in der CDU-Landtagsfraktion. Der Fraktionsgeschäftsführer der ersten Landtagsfraktion, Hans-Joachim Müller, war zuvor Kreissekretär der DBD in Potsdam gewesen. Als amtierender Bezirksvorsitzender
   war er führend an den Fusionsverhandlungen beteiligt. Auch Ulf Leisner, der
   ehem. Landesgeschäftsführer der CDU in Brandenburg, kommt aus der Abteilung Organisation der DBD; Leisner wurde im Juni 1996 in die Bonner
   Zentrale übernommen.
21 Rolf Rau, geb. 1944 in Zweenfurth bei Leipzig. Facharbeiter Hochbaumon-
   teur, Oberingenieur, Hochbauingenieur; seit 1970 Leiter einer zwischenge-
   nossenschaftlichen Bauorganisation. CDU-Mitglied seit 1976; seit April 1989
   Vorsitzender des Bezirks Leipzig. Ehrenamtliches Mitglied im Parteivorstand
   als stellvertretender Landesvorsitzender der CDU-Sachsen. März 1990 Mitglied der Volkskammer. 1990 und 1994 MdB.
22 Klaus Reichenbach, geb. 1945 in Altenburg. Ausbildung als Maschinenbauer,
   Ingenieur-Ökonom für Textiltechnik, Staatswissenschaftler, heute Rechtsanwalt; 1969-1988 Betriebsleiter verschiedener Textilbetriebe, Präsident des
   Sächsischen Fußballverbandes. CDU-Mitglied seit 1969, seit 1988 Bezirksvorsitzender CDU-Chemnitz. In dieser Funktion war er „bis zuletzt in den
   DDR-Unterdrückungsapparat eingebunden"; er zählte zur sogenannten „B-

ein Bundestagsmandat; beide waren noch kurz vor der Wende Bezirksvorsitzende geworden. Trotz dieser Biographie galt Reichenbach, der von
April bis Oktober 1990 als Minister im Amt des Ministerpräsidenten der
DDR fungierte, im Vereinigungsjahr 1990 als ein geschätzter Ansprechpartner der Bundes-CDU; im Oktober 1990 wurde er ins Präsidium der
vereinigten CDU gewählt. Rau und Reichenbach hatten freilich ihre
Loyalität zum alten System bis zum letzten Moment – dem 40. Jahrestag
der DDR – (zumindest verbal) bewiesen. Dieses Faktum wurde in der Er-
neuerungsdebatte zu einem der Kriterien, die die Scheidelinie zwischen
Typ II und III markieren sollten. Bisher wenig profilierte frühere Blockpar-
teienleute (Dr. Gerd Gies, Josef Duchac, Alfred Gomolka) gelangten zunächst – mehr oder weniger zufällig[23] – auch an die Spitze der neugebildeten Landesregierungen; sie gerieten jedoch nach und nach wegen ihrer

---

Struktur, einem Kreis ausgewählter Funktionäre, die bei Unruhen, Katastro-
phen oder im Krieg die innere Sicherheit des Staates aufrechterhalten sollten." (Der Spiegel, Nr. 29/ 1991: 80). – 1990-1991 Vorsitzender des CDU-
Landesverbandes Sachsen. März 1990 Mitglied der Volkskammer. April bis
Oktober 1990 Minister im Amt des Ministerpräsidenten der DDR in der Regierung de Maizière. Oktober 1990 Mitglied des Präsidiums der CDU
Deutschland. 1990 MdB.

23 So z.B. Josef Duchac. – Duchac war Betriebsleiter in einem Gummiwerk, das
nach der Wende von der Reifenfirma Phoenix übernommen wurde. Seit 1986
war er Mitglied des Rats des Kreises Gotha für Wohnungspolitik. Nach dem
Rücktritt des früheren Kreisvorsitzenden amtierte er seit Oktober 1989 als
kommissarischer, seit Februar 1990 als ordentlich gewählter Kreisvorsitzender der CDU Gotha. Auf dem Sonderparteitag im Dezember 1989 wurde er in
den CDU-Parteivorstand gewählt und beteiligte sich in der Programmkommission de Maizières an der Ausarbeitung des Programms der DDR-CDU.
Der erste Landesvorsitzende der thüringischen CDU, Uwe Ehrich, der
Duchac von einem gemeinsamen Parteischulbesuch in Burgscheidungen her
kannte, bat Duchac zunächst, im beratenden Ausschuß zur Vorbereitung des
Landes Thüringen in der „Arbeitsgruppe Wirtschaft" mitzuarbeiten. Nachdem Peter Schulze, den Ehrich für das Amt des Regierungsbevollmächtigten
vorgeschlagen hatte, wegen Stasi-Verdachts nicht mehr präsentabel war,
übernahm Duchac auf Bitten Ehrichs am 10. Juni 1990 diesen Posten. Duchac
ließ sich von seinem Betrieb freistellen, rechnete allerdings damals noch nicht
mit dem Amt des Ministerpräsidenten, sondern bestenfalls mit einer politischen Karriere als Wirtschaftsminister in einer von Ehrich geführten Landesregierung. Nach dem Fall Ehrichs, dem ebenfalls Stasi-Kontakte zur Last gelegt wurden, übernahm Christine Lieberknecht den Landesvorsitz. Duchac
wurde schließlich im August 1990 nach einem innerparteilichen Machtkampf
anstelle von Willibald Böck als Kandidat für das Amt des Ministerpräsidenten nominiert (Interview Duchac).

Vergangenheit, aber auch ihrer Amtsführung in der Gegenwart, unter Druck und mußten abtreten.[24]

Als *Transformationseliten* (Typ III) werden hier Personen oder Gruppierungen bezeichnet, die aus der Block-CDU hervorgegangen sind, dort aber entweder bis dahin weitgehend inaktiv bzw. nur auf Ortsgruppenebene oder in anderen Substrukturen aktiv waren und nun in der Wendezeit zu Initiatoren und Trägern des Reformprozesses wurden. Als prominente Vertreter dieses Typs können die Unterzeichner des „Briefs aus Weimar" angesehen werden, die bereits Anfang September 1989 Reformen in Staat, Gesellschaft und Partei anmahnten[25] und damit die lawinenartige Basisbewegung in der Ost-CDU auslösten. Inhaltlich verabschiedeten sie sich aber noch nicht vom Sozialismus und der DDR. Diese Zurückhaltung war keineswegs nur Taktik, sondern entsprach exakt dem, was nach dem damaligen Vorstellungshorizont für eine realisierbare Reformpolitik gehalten wurde. Damit war zugleich aber auch die Machtfrage gestellt. Die Initiatoren des „Weimarer Briefes" betrachteten sich in der Ost-CDU als eine Art „heimliche Führung"; sie hatten keinerlei Bedenken, ihren Führungsanspruch auch gegen die Bürgerrechtsgruppen durchzusetzen.[26]

Im Vorfeld des Sonderparteitages entwickelte sich dann durch die neuen deutsch-deutschen Perspektiven eine Dynamik, die zu einer Absetzbewegung vom Sozialismus und von der Zweistaatlichkeit führte. Die Verfallszeit bisher selbstverständlicher Überzeugungen und Grundsätze überraschte selbst deren treue Verfechter aus der alten Führungsgruppe.[27] De-

---

24   Vgl. „Die kippen wie Dominosteine", in: Der Spiegel, Nr. 29/1991: 78 ff.

25   Vgl. dazu oben Kapitel 2.2. – Verfasser des „Briefs aus Weimar" war der Theologe Dr. Gottfried Müller.

26   Dies geht aus dem Protokoll eines Gesprächs zwischen Kirchner und Dr. Müller hervor, das offensichtlich von der Stasi abgehört worden war. Kirchner (wörtlich): „Wir zucken da doch nicht, uns da zu profilieren als die heimliche Führung". Dr. Müller: „Wir sind die Initiatoren der Reformbewegung, und ohne uns geht nichts. Natürlich würden wir sagen, wir haben nicht das Urheberrecht in der Partei für die Reformen"....Kirchner: „Wir müssen sagen: Wir reden auf allen Ebenen und in jeder Form mit diesen Bewegungen. Dann schöpfen wir von denen den Rahm ab, was dort an vernünftigen Vorschlägen kommt – die saugen wir auf, hauen sie als die unsrigen raus. In vier Wochen sind die Demonstrationen und die Friedensgebete unsere – und nicht mehr denen ihre. Wir machen dann daraus die führende Rolle der CDU..." und schließlich: Kirchner: „Es gibt letztes Endes doch nur eine Frage: Wir müssen doch die Macht übernehmen, sonst wird das nichts!" (Vgl. BStU, ZA, AS AKG 1367, Blatt 19-21.)

27   Vgl. Günter Wirth, Politisches Tagebuch 1991 (unveröffentlichtes Manuskript). – Wirth schildert hier sehr anschaulich seine Schwierigkeiten, den Reformprozeß in die oberste Parteispitze hineinzutragen. Obwohl Wirth – wie er

zidierte Anhänger eines „christlichen Sozialismus" sahen nach den Machtkämpfen vor und nach dem Sonderparteitag ihre parteipolitische Heimat in
der Ost-CDU verloren; sie traten aus der Partei aus oder zogen sich zurück.
Protagonist der Transformationselite war Lothar de Maizière. Wie kein
anderer verkörperte er für die DDR einen Politikertypus, den Enzensberger
mit Blick auf Osteuropa als „Helden des Übergangs"[28] bezeichnet hatte. In
der Doppelfunktion als CDU-Vorsitzender und stellvertretender Ministerpräsident in der Modrow-Regierung[29] sah er sich verpflichtet, sowohl die
Erneuerung seiner Partei voranzubringen als auch daran mitzuwirken, daß
die rapide Destabilisierung der DDR verhindert und der Übergang zu frei-
en Wahlen gesichert würde. Diese Aufgabenüberlappung führte in der
Übergangsphase bis zu den Volkskammerwahlen zu massiven innerparteilichen Konflikten, die die Transformationselite schon kurz nach dem Sonderparteitag in zwei unversöhnliche Fronten spaltete.[30] Zwei Linien standen sich gegenüber: Die eine um den Parteivorsitzenden de Maizière plädierte für eine Steuerung des gesellschaftlichen und politischen Transformationsprozesses unter Beteiligung aller sich verantwortlich fühlenden gesellschaftlichen Kräfte, um ein politisches und ökonomisches Chaos zu
vermeiden. Die andere um Generalsekretär Martin Kirchner forderte die
sofortige Absage an jede Form des Sozialismus, einen scharfen Abgrenzungskurs gegenüber den Kräften des alten Systems und ihren Abkömm-
lingen und die Aufkündigung der Mitarbeit der CDU im Kabinett Modrow.
Auf dem Eichsfeld drohte man sogar mit Sezession bzw. dem separaten
Anschluß dieser westthüringischen Region an die Bundesrepublik.

In diesem Machtkampf, in dem sich die neue CDU-Führung zudem
unter massiven Druck führender Kreise der West-CDU gesetzt sah, konnte

---

schreibt – von Anfang an mit de Maizière sympathisierte, gelang ihm selbst
der Sprung vom Präsidiumsmitglied der alten Garde zum Parteireformer, sozusagen der Wechsel von Typ I zu Typ III, nicht mehr. Als einer von wenigen hatte Wirth die Vertrauensabstimmung im Hauptvorstand überstanden
und fungierte auch danach noch eine Weile als Redenschreiber für de Maizière; heute arbeitet er als freier Publizist.

28 Vgl. Enzensberger 1989. – De Maizière drückte das für sich so aus: „Als
    Mann des Übergangs bewegt man sich immer auf vermintem Gebiet"
    (Interview de Maizière).
29 Als stellvertretender Ministerpräsident war unter dem Ticket der CDU zu-
    nächst der damals noch parteilose Konsistorialpräsident Manfred Stolpe
    ausersehen. Nachdem Stolpe aber seine Zustimmung wieder zurückgezogen
    hatte, mußte de Maizière nolens volens dieses Amt übernehmen (Interview
    de Maizière, Interview Wirth).
30 Vgl. dazu oben Kapitel 2 und 3.

sich de Maizière gegen Kirchner durchsetzen. Kirchners Versuch, sich bei
der West-CDU als Alternative zu de Maizière ins Spiel zu bringen, schlug
– vermutlich wegen des Verdachts einer Stasi-Mitarbeit – fehl.[31] In den
schwierigen Ablösungs- und Neuorientierungsprozessen seiner Partei versuchte de Maizière zu vermitteln und eine Spaltung der CDU zu verhindern. Nach der Konstituierung der Volkskammer und im Zuge der deutschen Vereinigung setzte sich dieser Konflikt zweier Linien fort. Konnte
den einen der deutsche Einigungsprozeß nicht schnell genug vonstatten
gehen, war es de Maizières Hauptsorge, diesen Vorgang zu beherrschen,
ihn durch vertragliche Regelungen abzusichern, das Machtvakuum zu
überbrücken und soziale Verwerfungen zu minimieren. Nicht zuletzt ging
es ihm – ganz „altmodisch" – darum, daß dieser Übergang „in Würde" geschehen sollte.[32]

Zum Typ III können im weitesten Sinne auch jene Kader auf der mittleren Führungsebene der Partei und im Apparat selbst gerechnet werden, die
schon des längeren substantielle Veränderungen in der CDU angestrebt
hatten und in der Wendezeit nach vorne kamen. Zu dieser Gruppe gehörte
etwa der frühere Dresdener Bezirkschef Horst Korbella, der auf dem Berliner Sonderparteitag zu einem von vier Stellvertretern de Maizières gewählt
wurde und damit in die engere Parteiführung aufrückte.[33]

Fließende Übergänge zwischen Typ II und III zeigen sich bei den Leuten aus dem Berliner CDU-Apparat (z.B. den Heyl-Mitarbeitern Radzimanowski und Wilkening), die Göttings Sturz mit vorbereitet, de Maizière
selbst an die Macht gebracht und auch danach (in der ersten wie in der
zweiten Linie) eng mit ihm zusammengearbeitet haben. Einer der profiliertesten Mitarbeiter de Maizières war Peter Schmidt, der als Leiter der Programmkommission die Reformulierung der Programmatik der DDR-CDU
mit Nachdruck betrieben hatte. Ziel dieser programmatischen Restrukturierung war es, die Partei mit einem eigenen Profil in die Fusion mit der
West-CDU zu führen und dort – als eigenständiger Faktor – auch inhaltlich-programmatische Akzente zu setzen. In einer vereinten CDU sollte
das „C", das man als Medium einer erneuerten Politik in der DDR gegenüber der Alternative einer bürgerlich-konservativen „Allianzpartei" – auch

---

31 Schäuble 1991: 42. Zu Kirchner vgl. Anm. 11.
32 Interview de Maizière. – Zentral für de Maizière war insbesondere der fried-
    liche Ablauf der Transformation. „Jeder Tag, der in den zentralen staatlichen
    und wirtschaftlichen Strukturen ohne Konfrontation verlaufen" sei, sei für ihn
    „wie ein Geschenk" gewesen.
33 Neben dem Verfasser des „Weimarer Briefes", Dr. Gottfried Müller, sowie
    Dr. Rudolf Krause und Prof. Steinberg.

gegenüber der West-CDU – verteidigt hatte, *gemeinsam* neu definiert werden. Die DDR-CDU sollte die im Westen längst randständig gewordenen Traditionen der Partei Jakob Kaisers (die soziale Komponente der christlichen Arbeiterbewegung und die Funktion der „Brücke zwischen West und Ost") sowie die zentralen Begriffe des „Konziliaren Prozesses" (Frieden, Gerechtigkeit, Bewahrung der Schöpfung) in die Progammdiskussion mit einbringen. Diese Strategie ist – wie oben dargestellt – bereits im Sommer 1990, spätestens seit dem Hamburger Vereinigungsparteitag gescheitert.[34]

Der Einflußverlust des „brain trust" um de Maizière, der hier unter Typ III subsumiert wird, trat allerdings erst ein gutes Jahr später zutage.[35] De Maizière selbst scheiterte nicht allein daran, daß seine Parteifreunde wegen der Stasi-Vorwürfe zu ihm auf Distanz gingen. Ihm wurde auch vorgeworfen, sich nicht deutlich genug von den Personenkreisen im Übergangsbereich zwischen Typ II und III distanziert zu haben. In diesem Konflikt kreuzten sich zwei verschiedene Argumentationsebenen bzw. Denkansätze: De Maizière sah sich angesichts seiner Mitverantwortung für die Steuerung des Vereinigungsprozesses als Vertreter eines gesamtstaatlichen Interesses, wohingegen die Erneuerer aus den südlichen Ländern primär partikulare Interessen, nämlich die Entwicklung ihrer Regionen, im Blick hätten. Er wandte sich zudem gegen undifferenzierte Schuldzuweisungen an sogenannte Altlasten – für ihn ein Begriff aus dem „Wörterbuch des Unmenschen" – und die Instrumentalisierung des Alt-Neu-Konfliktes für Macht- und Verteilungskämpfe in der Partei; es müsse mehr über sachliche Lösungen gestritten werden.

Vice versa stellte die mit seinem Transformationskonzept verbundene Personalpolitik ein Hindernis für grundlegende Reformen in der DDR-Gesellschaft dar. Aus der Sicht der sächsischen und thüringischen Erneuerer hatte de Maizière bereits in der Phase der Länderbildung zu viele Kompromisse mit nachrückenden Altfunktionären wie Reichenbach, Ehrich, Duchac u.a.[36] gemacht und damit Ansätze zur strukturellen Erneuerung in den Ländern abgeblockt. Auch die Reformer in seinem brandenburgischen Landesverband warfen ihm vor, er habe nicht erkennen lassen, daß er die Erneuerung fördern wolle, hingegen Altfunktionäre und selbst Stasi-Leute protegiert.[37] In diesem Dreieck zwischen dem Druck der Parteierneuerer,

---

34 Vgl. oben Kapitel 4.2.
35 De Maizière war von der Bundes-CDU-Spitze zugesagt worden, daß seine engsten Berater nach der Fusion abgesichert werden sollten.
36 Sie werden hier zum Typ II gerechnet.
37 Vgl. oben Kapitel 8 sowie Interview Schirmer und Interview Claubert.

dem Konflikt mit der Bonner Parteiführung und den IM-Vorwürfen in der West-Presse wurde de Maizière zerrieben.

Korbellas neuerliche Parteikarriere war ebenfalls ein Phänomen der Übergangszeit und 1992 beendet. Nach der Parteifusion 1990 war er – als einziger ostdeutscher CDU-Politiker – als Berater der CDU/CSU-Bundestagsfraktion nach Bonn übernommen worden, wo er seine Sichtweise und Erfahrungen einbringen zu können glaubte; um so enttäuschter war er, als man sich seiner dort schon bald entledigte.[38] Schmidt und Wilkening hatten den Sprung in den Westen gar nicht erst gewagt. Mit dem vorläufigen Ende dieser politischen Karrieren war zugleich auch ein bestimmter Politikertypus gescheitert. Die „structures of opportunity" hatten sich bereits bis 1992 so verändert, daß sie den Transformationseliten keinen echten politischen Raum mehr boten.

Die seit Anfang 1990 aus Teilen der Bürgerbewegungen über das „Neue Forum" oder ähnliche Gruppierungen neu zur CDU gestoßenen Gruppierungen bezeichne ich als *Induktionseliten* (Typ IV). In der positiven Bedeutung dieses Begriffs ist damit die von diesen Gruppen ausgehende Wirkung angesprochen, die Entwicklungsvorgänge in der Partei und ihrem Umfeld auslöste bzw. erzwang. Auch das Spannungsmoment bei der Neustrukturierung des politischen Feldes wird mit diesem Topos erfaßt. Zu den „Induktionseliten" werden hier vor allem diejenigen wertkonservativ orientierten Kräfte aus dem „Demokratischen Aufbruch", der „Gruppe der 20" oder anderer Provenienz gerechnet, deren Ziel es war, möglichst schnell die deutsche Einheit zu erreichen und denen die Organisationsformen und Politikinhalte der Bürgerbewegungsgruppen zu fluide erschienen; sie entschieden sich deshalb für die CDU, die sie als radikale System-Alternative auffaßten. Diese Elitenformation ist freilich keineswegs homogen, wie der geläufige Begriff „Erneuerer" es nahelegt. So gibt es neben den „Dissidenten" (oder auch „Jakobinern"), von denen sicherlich die stärkste Dynamik ausgeht, bei den Induktionseliten auch „Girondisten" und andere kompromißbereitere Gruppierungen.

Die Option dieser Kräfte für die CDU zog die Auseinandersetzungen zwischen den „Erneuerern" und den alten Blockkräften, den „Blockis", geradezu zwangsläufig nach sich: Wollten die Neuen nicht hoffnungslos als Fremdkörper in der Minderheit bleiben, so mußten sie machtstrategische Konzepte entwickeln und den Kampf um die Mehrheit aufnehmen. Ohne

---

38 Interview Korbella. Zu Korbellas Biographie – auch er war ein IM – vgl. oben Kapitel 6, Anm. 27.

die Unterstützung der in dieser Frage arbeitsteilig agierenden Spitze der Bundes-CDU und den Enthüllungseifer der überregionalen Presse hätten sie diesen Kraftakt freilich nicht geschafft, zumal überregionale Strukturen oder Beziehungsnetze zu diesem Zeitpunkt noch kaum ausgebaut waren. Kristallisationspunkt und Aktionszentrum dieser Formation war seit 1990 Sachsen, insbesondere Dresden; ähnliche Ansätze in Thüringen entwickelten keine vergleichbare Stringenz.

Im Übergangsbereich zwischen den Transformations- und den Induktionseliten ist die Heiligenstädter „Demokratische Initiative"(DI)[39] anzusiedeln, in der sich reformorientierte Gruppierungen der Eichsfeld-CDU mit Nicht-CDU-Mitgliedern zusammenfanden; viele identifizierten sich mit dem DA, der sich hier aber nicht gebildet hatte. Die DI stellte sich schon bald gegen die Transformationseliten in Berlin, weil ihr deren Kurs zu moderat gegenüber den alten Kräften erschien und weil sie nicht für die Transformation, sondern für einen Strukturbruch eintrat.

Als fünfter Typ kommen die *Transfereliten* ins Spiel. Darunter werden hier Personen und Gruppierungen aus dem Westen subsumiert, die auf verschiedenen Ebenen und verschiedene Weise Ersatz- oder Kompensationsfunktionen übernahmen: Als selbsttätige oder gerufene Vermittler westlichen Know-hows in Politik und Wirtschaftslobbyismus waren z.B. 11 Prozent der 1990 in den Bundestag gewählten Abgeordneten aus den ostdeutschen Ländern „Wessis"; in dieser Zahl spiegelt sich ein Verdrängungsprozeß wider, der bereits in der Volkskammerperiode begonnen hatte[40] und 1994 in voller Schärfe fortgesetzt wurde. In den Ministerien und Staatskanzleien der östlichen Länder wurden Spezialisten (vor allem Juristen und Verwaltungsfachleute) aus dem Westen eingesetzt, die hier nicht selten eigene Karrieren begründeten oder fortsetzten. Die jüngeren von ihnen hatten oft „beträchtliche Anpassungsleistungen an ungewohnte Lebensumstände" zu erbringen, dienten aber auch als wichtige Katalysatoren beim Zusammenwachsen der Verwaltungen und der Herausbildung eines neuen Arbeitsstils.[41]

Schließlich gehören hierzu bundesdeutsche CDU-Politiker, die – wie Kurt H. Biedenkopf oder Bernhard Vogel – Spitzenfunktionen in den ostdeutschen Landesregierungen übernahmen. Durch Transfereliten aus dem Westen (Biedenkopf, Münch, Vogel, Fink) mußten zeitweise auch die zer-

---

39 Vgl. oben Kapitel 9.2.1.
40 Vgl. Scholz 1991: 94.
41 Vgl. z.B. den Bericht Christian Marquarts über das sächsische Innenministerium „Regieren lernen in Kantinen", in: FAZ, 3.8.1993.

klüfteten CDU-Landesverbände in Sachsen, Sachsen-Anhalt, Thüringen und Brandenburg stabilisiert werden.

Im Übergangsbereich zwischen Induktionseliten und Westeliten sind jene „Wossis" angesiedelt, die – weil sie die parteiinternen Konstellationen in den Ländern aus eigener Anschauung kannten und ihre Einschätzungen der Elitenkonfigurationen in die Führungsgremien der Bundes-CDU transportierten – eine wichtige Vermittlungsfunktion zwischen den „Reformern" und der Bundes-CDU übernahmen. Dies gilt vor allem für die erste Phase der Auseinandersetzungen um die Erneuerung der Block-CDU im Vereinigungs- und Wahljahr 1990, in dem sich die Spitze der Bundes-CDU auf die Verhandlungspartner in der Berliner CDU-Zentrale und die Führungsgruppen in der Volkskammer konzentrierte. Die Entwicklung der Ost-CDU in den Regionen wurde von der Bonner Führung nicht systematisch beobachtet, so daß ihre anfängliche Zurückhaltung im Alt/Neu-Konflikt nicht nur als Taktik, sondern auch als Unkenntnis der Lage interpretiert werden muß.

Das folgende Schema zeigt die Elitenformationen der Ost-CDU im Zeitverlauf. Damit sollen lediglich Überlagerungen und Positionsveränderungen, nicht aber quantitative Relationen verdeutlicht werden.

Schaubild 7: Elitenformationen in der Ost-CDU (Zeitschiene 1989 – 1994)

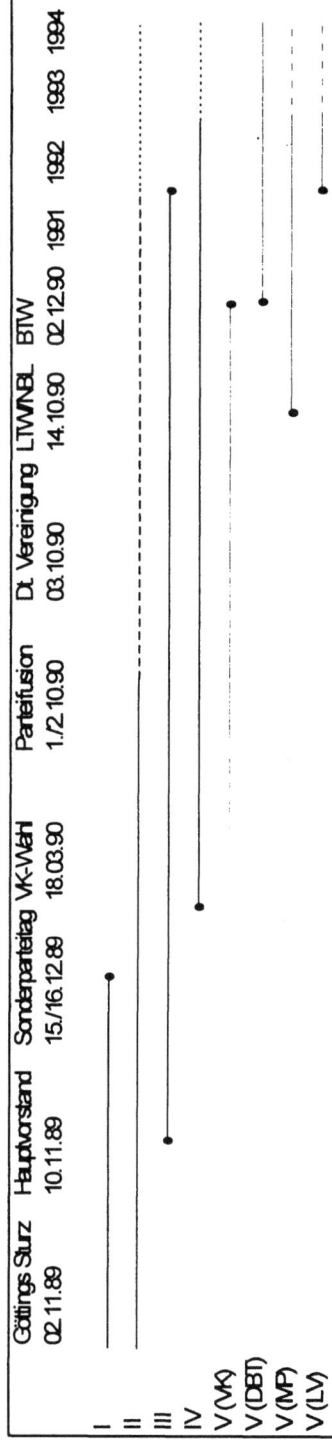

Legende: Präsenz in Führungsgremien und politischen Vertretungskörperschaften
V: = Transfereliten; VK = Volkskammer; DBT = Deutscher Bundestag; MP = Ministerpräs. in Sachsen, Sachsen-Anhalt, Thüringen; LV = Landesvorsitz in Sachsen, Sachsen-Anhalt, Brandenburg, Thüringen

Die schematische Darstellung veranschaulicht den vollständigen Einflußverlust der Blockführung im Zeitraum zwischen Göttings Sturz und dem
Sonderparteitag. Nachrückende Blockeliten konnten sich noch bis kurz
nach der ersten Bundestagswahl halten; aus den Spitzenpositionen der
Landesregierungen von Sachsen und Thüringen mußten sie allerdings weichen (die Ministerpräsidenten Biedenkopf und Vogel kamen aus dem Westen). Hingegen überdauerten die 1990 gewählten Bundestags- und Landtagsabgeordneten aus diesem Reservoir die erste, manche auch noch die
zweite Legislaturperiode. Ende 1992 war auch der politische Einfluß der
Transformationseliten weitgehend dahingeschwunden. Denn die politische
Logik des deutschen Einigungsprozesses – der Beitritt nach Artikel 23 GG
bzw. der Verzicht auf die Ausarbeitung einer gemeinsamen deutschen Verfassung, die komplette Übertragung des westdeutschen Rechtssystems,
aber auch der wirtschaftliche Niederbruch der Ex-DDR – induzierte einen
Transferprozeß, in dem für die von ihnen erhofften Reformen in *beiden*
Teilen Deutschlands weder Zeit noch finanzielle Spielräume vorhanden
waren.

10.2. *Zur Elitenrekrutierung in der Ost-CDU nach der Wende*

Unter Rekrutierung werden in der Elitenforschung Vorgänge bezeichnet,
durch die Personen in Führungspositionen gelangen. Herzog sieht darin einen komplexen, normalerweise vielstufigen Prozeß der personellen Auswahl, Qualifizierung und Mobilität. Die Auswahl des Personals findet innerhalb der Organisationen und Institutionen sowie in den politischen Parteien, den Verbänden, den Repräsentativ- und Regierungsgremien statt.
Führungspersonen sind durch Sozialisation, Ausbildung und fachliche
Qualifikation „im Zuge ihres gesellschaftlichen und politischen Aufstiegs"
vorgeprägt.[42] Herzog unterscheidet verschiedene Verfahrensmuster, die
die Aufstiegschancen innerhalb eines Gesamtsystems betreffen, und be-

---

42 Vgl. Herzog 1982: 73 ff. – Eine grundlegende Frage der Elitenforschung (die
    allerdings nicht Thema dieser Arbeit sein kann) ist daher – so Herzog – nicht
    mehr nur, wie es „einzelnen oder Gruppen gelingt, in Führungspositionen zu
    gelangen, sondern wie sich der Prozeß der individuellen und kollektiven Re-
    krutierung innerhalb der Gesamtstruktur eines soziopolitischen Systems
    vollzieht". (Ebd.)

schreibt dann vier theoretische Ansätze der empirischen Forschung[43]; sie dienen in den folgenden Abschnitten als Orientierungspunkte, um Ergebnisse aus Interviews unter dem Aspekt der Elitenrekrutierung systematischer zu ordnen und zu empirisch gestützten Aussagen zu verdichten. Dabei heben sich die Spezifik der Umbruchsituation und deren unterschiedliche Modalitäten deutlich von den eingefahrenen Mechanismen eines etablierten Parteiensystems ab. Zunächst wird der Wandel von der geschlossenen zur offenen Rekrutierung thematisiert, dann die soziale Herkunft der neuen CDU-Eliten untersucht.

10.2.1. Alte und Neue – Profis und Amateure

Vor der Wende wurden die CDU-Repräsentanten von der Ebene der Kreisvorsitzenden an aufwärts gewöhnlich im Einverständnis mit der SED bestellt. Deshalb galten sie ungeachtet ihres persönlichen Verhaltens im Einzelfall nach der Wende als „belastet". Im Zuge der Parteierneuerung fand daher – mehr oder weniger freiwillig – ein Personalwechsel statt, um der Partei eine neue Legitimation zu verschaffen; die meisten Bezirksvorsitzenden, ein Teil der Bezirkssekretariatsmitglieder und der Funktionäre auf Kreisebene mußten aus ihren Funktionen weichen. Vertrauensfragen und Neuwahlen führten zu tiefgreifenden Umschichtungen in der Partei und ihrer Elitenstruktur; die Funktionsträger des alten Regimes wurden – so Dr. Müller – „in der Größenordnung von Zehntausenden abgewählt".[44]

Konnte man die Verfahrensmuster der Elitenrekrutierung in der Ost-CDU bis dahin als weitgehend „geschlossen" bezeichnen, so kam es nach der Wende zu einer stark erhöhten Mobilität bzw. sogar zu einem „Mobilitätssprung", in dem ganze, bisher als Elite aufgetretene Gruppen durch neue Eliten, die häufig politische Amateure waren, ersetzt wurden. Was auf den ersten Blick wie eine Realisierung des Zirkulations-Modells von Pareto[45] aussah, in dem bisher Beherrschte herrschende Eliten ablösen, war bei näherem Hinsehen insgesamt weit weniger revolutionär und hat sich – je nach dem Schauplatz der innerparteilichen Konstellationen und

---

43 Es handelt sich um den „stratifikationstheoretischen", „persönlichkeitstheoretischen", „organisationstheoretischen" und „karrieretheoretischen" Forschungsansatz.

44 Dr. Gottfried Müller, Der schwierige Weg in die Normalität. Thesen zur Umgestaltung in der ehemaligen DDR (Müller 1992: 11). – Das Ausmaß dieses Personenaustauschs sei – so Dr. Müller – zunächst unterschätzt worden.

45 Vgl. Hübner 1967: 164 f.

Kämpfe, die in dieser Arbeit in den Kapiteln 7 bis 9 dargestellt worden sind – in durchaus unterschiedlicher Radikalität abgespielt. So kamen zwar einerseits reformorientierte CDU-Kräfte sowie neue Gruppen zum Zuge; doch bewirkte die Ablösung der alten Funktionärsschicht andererseits auch einen Fahrstuhleffekt innerhalb der Block-CDU selbst, durch den nun Parteikader aus den mittleren und unteren Rängen in die von der CDU zu besetzenden Ämter und Mandate gelangten, zumal nach den großen Wahlerfolgen der CDU bei den Volkskammer- und Kommunalwahlen die Personalressourcen der Blockpartei voll ausgeschöpft wurden.[46]

Einer SPD-Dokumentation zufolge waren allein unter den 1990 in den Bundestag gewählten 64 Abgeordneten der Ost-CDU 40 Prozent als „Blockflöten"[47] zu bezeichnen; immerhin waren darunter (neben einigen Orts- und Kreisverbandsvorsitzenden sowie kommunalen Mandatsträgern) mit Rau und Reichenbach zwei ehemalige Bezirksvorsitzende sowie der brandenburgische DBD-Vorsitzende Junghanns. Der Anteil an Mitgliedern der ehemaligen Blockparteien vergrößert sich sogar auf 62,7 Prozent, bezieht man die 1990 gewählten Länderparlamente mit ein.

Angesichts dieses Schubs sind – zumindest was die CDU angeht – auch die Schlußfolgerungen von Scholz und Müller-Enbergs zur Volkskammer mit Einschränkungen zu betrachten: In ihrer Studie über die am 18. März 1990 in die Volkskammer gewählten Abgeordneten stellten sie fest, daß hier ein fast kompletter Personalwechsel stattgefunden habe und ein „Parlament der Neulinge" entstanden sei: Nur 13 von 400 Volkskammerabgeordneten hatten schon vorher ein Volkskammermandat innegehabt.[48] In der Tat konnte Parlamentserfahrung in der SED-dominierten Volkskammer

---

46 „Viele Parteimitglieder wurden in die staatlichen und politischen Ämter geradezu hineingerissen. Sie waren weder äußerlich noch innerlich darauf vorbereitet und hatten noch gar keine Gelegenheit gehabt, sich über sich selbst und ihre in der Vergangenheit gespielte Rolle klar zu werden. Trotz ihrer Unfertigkeit stellten sie sich der Verantwortung und trugen mit dazu bei, daß das Chaos vermieden wurde. Persönlich gingen viele von ihnen ein großes Risiko ein, indem sie ihre berufliche Zukunft einer politischen Aufgabe zuliebe aufs Spiel setzten. Für viele wird es noch ein bitteres Erwachen geben. Die Wahrscheinlichkeit, sich in neuen Ämtern behaupten zu können, ist nicht übermäßig groß." (Vgl. Müller 1992: 12.)

47 Vgl. SPD-Dokumentation „Wer im Glashaus sitzt..." 1994: 15 ff. – So ausdrucksstark diese Zahlen sind, so müßten sie doch differenziert werden. Denn unter „Blockflöten" werden auch Personen subsumiert, die – wie z.B. Frau Dr. Ackermann oder Dr. Reinfried – im Wendeherbst zu den Parteireformern gehörten.

48 Vgl. Scholz 1991: 87. – Zwei von ihnen vertraten die CDU, drei die DBD (Information B. Scholz).

kein Ausweis für die politische Glaubwürdigkeit der Kandidaten sein, die sich am 18. März zur Wahl stellten; die „politische Unverdächtigkeit" der befragten Personen in dieser Studie basiert freilich allein auf ihrer Selbsteinschätzung. Dennoch läßt sich die These halten, daß der Erneuerungsdruck vor den Volkskammer- und Kommunalwahlen noch größer war und seinen Niederschlag auch bei der Kandidatenauslese gefunden hat.

Hier interessieren jedoch nicht nur die Alt/Neu-Problematik, sondern auch andere Aspekte des Verhältnisses von Profis und Amateuren, die die Rekrutierung der Parteieliten und das Politikverständnis der Akteure betreffen. In den Aktionen der Wendezeit war der Gegensatz von „Masse" (oder „Volk") und „Elite" im Selbstverständnis der Akteure weitgehend aufgehoben. Prinzipiell konnte sich jeder für ein Amt oder eine Aufgabe zur Verfügung stellen; viele Personalentscheidungen fielen zufällig oder spontan. Nicht Profis und gewitzte Vertreter von Klassen-, Schicht- oder Sonderinteressen waren gefragt, sondern Personen, die die Anliegen der Mehrheit – eben des „Volkes" – formulieren konnten.

Im weiteren Verlauf der Wende kam es – in der CDU wie in anderen Gruppierungen – zu Differenzierungsprozessen in den Akteursgruppen, während der sich ein Teil der politisch nicht ambitionierten Amateure wieder ins Privatleben zurückzog[49], andere sich verdrängt sahen oder verdrängen ließen, wohingegen einem Teil die Professionalisierung gelang. Auch hier waren freilich nicht alle gegen die Mühen der privaten Existenzsicherung gefeit, insbesondere diejenigen nicht, deren politische Karriere aus parteiinternen oder -externen Gründen nicht gesichert war. Während manche unter der Doppelbelastung, Politik als Beruf zu betreiben und sich gleichzeitig eine unabhängige berufliche Position zu sichern, fast zusammenbrachen, sahen andere angesichts der grassierenden Arbeitslosigkeit in der Ex-DDR in der politischen Karriere primär ein Vehikel des privaten Gelderwerbs.[50] Wieder andere waren zwar in politische Ämter gewählt worden, entwickelten jedoch keinerlei politische Initiativen, weil sie sich

---

49 Man kann in diesem Selektionsprozeß einen Vorgang der Abschnürung sehen, in dem der friedlichen Revolution Kräfte und Energien verloren gingen. Aus der Sicht vieler Akteure handelt es sich dabei auch um einen neuerlichen Entpolitisierungsprozeß bzw. einen Rückfall in die autoritären Muster des Obrigkeitsstaats.

50 Ein Indiz dafür ist die Zahlungsmoral der Abgeordneten. Erstmals mußten im CDU-Landesverband Brandenburg Zivilverfahren gegen säumige Abgeordnete eingeleitet werden, die sich weigerten, ihre Beiträge ordnungsgemäß an die Partei abzuführen – ein einmaliger Vorgang in der Parteigeschichte der CDU.

bereits dem Aufbau anderer full-time-jobs widmeten. Dies mag banal klingen, erklärt aber nichtsdestotrotz, warum sich die Schere zwischen Aktiven und Nicht-Aktiven wieder rapide öffnete; es hilft auch, die mit politischen oder rationalen Kriterien kaum nachvollziehbaren Individualismen, Konkurrenzen und Irrationalismen unter den Akteuren besser zu verstehen. Die Kategorie Alt/Neu lieferte in *dieser* Hinsicht schon bald kein Unterscheidungsmerkmal mehr: Die Verhaltensmuster von alten und neuen Funktionsträgern glichen sich einander an. In den Selektionsprozessen bei den Kandidatenaufstellungen zu den Wahlen im Jahr 1994 griffen denn auch bereits die „normalen" Auslesemechanismen des demokratischen Parteienstaates, wonach die Kandidaten vor allem nach ihren Leistungen in der Gegenwart beurteilt und Alte wie Neue aussortiert wurden.

„Professionalisierung" und „Karrierisierung" waren einerseits Voraussetzungen für die Herausbildung einer neuen politischen Klasse in der Ex-DDR; zum anderen bewirkten sie die subjektive Entfremdung der Politiker von ihrem bisher ausgeübten Beruf und erschwerten ihnen die Rückkehrmöglichkeiten. Zugleich entfremdeten sie sich von der eigenen Basis.

Solche zunehmenden sozialen Distanzen und kognitiven Dissonanzen[51] zeigten sich nicht nur in lokalen Handlungskontexten, wo sie als besonders hautnah empfunden wurden, sondern auch zwischen Akteuren, die sich auf verschiedene Ebenen des politischen Systems kaprizierten, etwa den „Regionalisten" und den „Zentralisten". Was sich bereits in massiven Vorbehalten gegenüber der Volkskammer manifestiert hatte[52], wiederholte sich nach der Vereinigung und der Bundestagswahl 1990 gegenüber dem Bundestag: eine deutliche Präferenz der „Erneuerer" für die Pionierarbeit vor Ort bzw. der Wunsch, den Aufbau neuer Strukturen durch das Engagement in der Landes- und Kommunalpolitik mit zu beeinflussen, anders formu-

---

51 „Kognitive Dissonanz" bezeichnet (nach L. Festinger) eine widersprüchliche Beziehung zwischen kognitiven Elementen, wobei es sich jedoch nicht um einen logischen Widerspruch handeln muß. Kognitive Dissonanz kann z.B. den Widerspruch zwischen einer früheren und einer gegenwärtigen Erfahrung oder auch den Widerspruch zwischen dem eigenen Verhalten und allgemeineren kulturellen Normen und Einstellungen bedeuten. – Als soziologisches Konzept bezeichnet „soziale Distanz" (bei G. Simmel) das Verhältnis zwischen Personen oder sozialen Gruppen. (Vgl. Fuchs/Klima/Lautmann/Rammstedt/Wienold 1978: 165 ff.)

52 So amüsierten sich CDU-Politiker mit starker Orientierung auf ihre Region über die Volkskammer-Abgeordneten, deren Anzüge „immer schwärzer" würden und die sich der Illusion hingäben, wichtig und mächtig zu sein. In ihren Augen war die Volkskammer lediglich ein Übergangsparlament, das nur nachvollziehen konnte, was anderswo – in Bonn, aber auch in den Regionen – beschlossen wurde.

liert: die Befürchtung, in den relativ weit entfernten und abgehobenen Repräsentativgremien weniger bewirken zu können und abgekoppelt zu werden. Diese Haltung spiegelt durchaus klare Optionen und sehr bewußt getroffene Entscheidungen wider und ist keineswegs als „zweite Wahl" oder als Rationalisierung ungünstiger Chancenstrukturen zu werten.[53]

Hier zeigt sich tatsächlich ein deutlicher Unterschied zu den in der alten Bundesrepublik ausgeprägten Karrieremustern[54], wonach – so Herzog – die Selektion und Qualifikation für die Bundesebene stärker über innerparteiliche Karrieren und weniger über die landespolitische Ebene erfolgt. In dem Maße, in dem die Landespolitik als weitgehend eigener Funktionsbereich an Attraktivität verliert, wird sie allerdings häufiger zur Durchgangsstufe für Karriere-ambitionierte Politiker.[55] Für die neuen Bundesländer muß diese Aussage differenziert und auf die Spielräume der jeweiligen Landespolitik für die neuen Eliten bezogen werden. So läßt sich – zumindest für die „Erneuerer" in Thüringen und Sachsen – sagen, daß sich hier die Situation genau umgekehrt darstellt: Die Ambitionen sind stärker auf eine Karriere in der Landespolitik, in den Landtagen und Landesregierungen, ausgerichtet als etwa auf die Gewinnung von Bundestagsmandaten oder die innerparteiliche „Ochsentour". Der Aufstieg zur Bundesspitze scheint – gerade im Zuge des anstehenden Generationswechsels in der CDU – eher über eine Profilierung und Qualifizierung in der Landespolitik realistisch, die sehr viel größere Freiräume und Gestaltungsmöglichkeiten bietet als die Bundestagsfraktion unter der strengen Regie ihres Fraktionsvorsitzenden Schäuble. Die Verankerung in der Region war auch bei den Kandidatenaufstellungen zur Bundestagswahl 1994 ein wichtiges Kriterium für die neuerliche Nominierung. Bundestagsabgeordnete aus der ersten Wahlperiode, die hier ihre Chancen verspielt hatten, wurden nicht wieder als Kandidaten aufgestellt.[56]

Aus Brandenburger Sicht konnte der Sprung nach Bonn hingegen für einen reformorientierten CDU-Politiker wie Pfarrer Rainer Eppelmann –

---

53 Diese Präferenzen bestätigten sich auch in der Volkskammer-Studie, in der sich mehr als die Hälfte der befragten CDU/DA-Volkskammer-Abgeordneten dafür aussprachen, unterhalb der gesamtdeutschen Ebene weiterarbeiten zu wollen (vgl. Scholz 1991: 90 ff.).

54 Scholz vermutet, daß sich die parteiinternen Rekrutierungs- und Selektionsmuster in den ost- wie in den westdeutschen CDU-Landesverbänden einander tendenziell angleichen werden (vgl. ebd.: 94).

55 Vgl. Herzog 1982: 94.

56 So z.B. der Vorsitzende der thüringischen Landesgruppe im Bundestag Udo Haschke.

angesichts des ungünstigen Klimas in der Landtagsfraktion – als die bessere Option erscheinen, weil er dort mehr Anerkennung wie Einfluß gewann[57] und über diesen Umweg auch seine Position im Landesverband
stärkte.

Das in der landes- und kommunalpolitischen Arbeit gewonnene Selbstbewußtsein der ostdeutschen Parlamentarier half auch die Inferioritätsge-
fühle[58] gegenüber den westdeutschen Profis abzubauen; deren Überlegenheit wurde zunehmend in Frage gestellt. Eigene Wege und Reformansätze
– etwa in der Bildungspolitik oder zu einer Reform des öffentlichen Dienstes – fanden nun selbst im Westen Beachtung.[59] Auch die westdeutschen
Transfereliten wurden unterdessen kritischer beurteilt, vor allem dann,
wenn sie die in sie gesetzten Erwartungen (etwa im Wirtschaftslobbyismus) nicht erfüllten oder die ostdeutschen Mandate nur als Sprungbrett für
ihre weitere Karriere benutzten. Zur Stärkung des Selbstbewußtseins der
ostdeutschen „Amateure" gegenüber den westdeutschen „Profis" trugen
auch die Erfahrungen bei, die sie auf Auslandsreisen machten und auf denen sie andere Politikstile und Politikertypen kennenlernten.

10.2.2. Soziale Herkunft

Für die Untersuchung der sozialen Herkunft der neuen Eliten in der Ost-
CDU sind stratifikationstheoretische Ansätze nicht geeignet. Die Grundan-
nahme der „social background analysis", derzufolge Angehörige der oberen Sozialschichten im Rekrutierungsprozeß der Eliten privilegiert seien,
trifft für die Ex-DDR nicht zu, weil es sich hier um eine Gesellschaft im

---

57   Eppelmann wurde – als einziger Bundestagsabgeordneter aus den neuen Län-
     dern – Vorsitzender eines ständigen Ausschusses des Bundestages („Familie
     und Senioren"). Er war außerdem Leiter der Enquete-Kommission zur Aufar-
     beitung der DDR-Vergangenheit. – Auch Markus Vette sah sich durch seine
     Gastrolle in der Grundsatzprogramm-Kommission auf der bundespolitischen
     Ebene mehr bestätigt als in der Landespartei.
58   Neckel untersucht Unter- und Überlegenheit als asymmetrische soziale Be-
     ziehungen vor dem Hintergrund gleich definierter Interesseninhalte. Sie sind
     „Symboliken der Ungleichheit, deren Merkmale sozial konstruiert sind."
     (Vgl. Neckel 1991: 427-438.)
59   Vorreiter waren hier die sächsische und die thüringische CDU mit den Kul-
     tusministern Rößler und Althaus; der „Gesprächskreis 2000" diskutierte aus-
     giebig über eine Umstrukturierung der Verwaltung und des öffentlichen
     Dienstes. Ein zentrales Thema bildungspolitischer Reform ist die Abschaf-
     fung des 13. Schuljahres. Auch die brandenburgische CDU-Vorsitzende Hart-
     felder versuchte, sich auf dem Gebiet der Schulpolitik zu profilieren.

Umbruch handelte, in der die alten Privilegien ihren Wert verloren hatten. Gemäß den Rekrutierungsmustern der staatssozialistischen Gesellschaft hatte der Zugang zu den Elitepositionen hier durch die Partei bzw. die inzwischen entmachtete SED geführt. In dem sich neu strukturierenden politischen Feld war auch für die Block-CDU-Leute, die zu den nachgestaffelten Funktionseliten gehört hatten, längerfristig kein Platz mehr.

Auch die Art der Berufsgruppen, deren Politiknähe oder die Frage der „Abkömmlichkeit" gibt zunächst über die Rekrutierung neuer Eliten für die Ost-CDU nach dem Systembruch kaum Aufschluß. Betrachtet man die Merkmalsverteilung nach Alters- und Berufsgruppen in den Führungsgruppen der Ost-CDU, so ergibt sich ein deutliches Übergewicht der naturwissenschaftlich-technisch-ökonomischen Intelligenz aus den mittleren und jüngeren Geburtskohorten.[60] Als Beleg dafür werden hier – soweit vorhanden[61] – die Daten für die 1990 gewählten Vorstände der CDU in Mecklenburg-Vorpommern und Brandenburg zusammengestellt.

---

60 Dies ist nicht nur ein Charakteristikum der Ost-CDU, sondern betrifft generell die Parteieliten aus den neuen Bundesländern. So ist etwa die Verstärkung der naturwissenschaftlich-technischen Kompetenz im Deutschen Bundestag seit der Wahl 1994 vor allem auf die Berufsstruktur der Abgeordneten aus den neuen Bundesländern zurückzuführen. Während es vor 25 Jahren nur fünf Naturwissenschaftler im Bundestag gab, sind es heute 28, von denen allein 16 (Mathematiker, Physiker und Chemiker) aus den neuen Bundesländern kommen. Von den 54 Dipl.-Ingenieuren stammen 31 aus dem Osten und nur 23 aus dem Westen. Die Anzahl von 96 Bundestagsabgeordneten mit technisch-naturwissenschaftlichen Berufen signalisiert einen bisher nicht dagewesenen Schub an Fachwissen in diesem Bereich (vgl. FAZ, 3.1.1996).

61 Die Berufsangaben sind zumeist unvollständig oder gar nicht vorhanden. Verfügbar sind Angaben zu den Geburtsjahren. Sie bestätigen die o.a. Zuordnung zu den mittleren und jüngeren Altersgruppen und werden hier nicht mehr im einzelnen dokumentiert.

Schaubild 8:　Landesvorstand der CDU Mecklenburg-Vorpommern
　　　　　　　　(1990). Berufliche Gliederung

Landesvorsitzender:	Dipl.-Bauingenieur /Dr.-Ing.
Stellvertretender LV:	Ingenieurberufe (2); Lehrerin (1)
Schatzmeister:	Ökonom
Untersuchungsausschußvors.:	Ökonom
Mitgieder des Präsidiums:	Dipl.-Chemiker (1); Apotheker (1); Facharzt (1); Ökonom (1)
Landesgeschäftsführer:	Dipl.-Ing. (1)
Landessekretär:	Dipl.-Lehrer (1)

Mitglieder des Landesvorstands:
Dipl.-Ing. oec. (3); Dipl.-Ing. (2); Dipl.-Agrar.-Ing. (6); Agrar. Ing. (3); Dr. agrar. (3); Prof. Dr. agrar. (2); Dipl.-Landwirt (4); staatlich gepr. Landwirt (1); Dipl.-Biol. (1); Dipl.-Geol. (1); Tierarzt (2); Zahnarzt (1); Arzt (1); Dipl.-Staatswiss. (1); Dipl.-Pädagogin (1); Lehrer (2); Pfarrer (1); Theologin (1); Prof. Theol. (1); Handwerker (1).

Quelle: CDU-Landesgeschäftsstelle 7/1992.

Schaubild 9:　Landesvorstand der CDU Brandenburg (1990). Berufliche
　　　　　　　　Gliederung

Landesvorsitzender:	Rechtsanwalt und Bundesminister
Stellvertretender LV:	Kinderarzt, Pfarrer und Minister a.D.; Kreisvorsitzender; Dezernent Umwelt;
Fraktionsvorsitzender:	Rechtsanwalt und Minister a.D.
Vizepräsident des Landtags:	Maschinenbauingenieur
Schatzmeister:	Landrat

Mitglieder des Landesvorstands:
Dipl.-Ing. (4); Dipl.-Phys.(1); Dipl.-Math. (1); Dipl.-Psych (1); Dipl.-Landwirt (1); Landwirt (1); leitende Positionen in Verkaufsstellen, Behörden und Verwaltungen (5); Angestellte (4); Bürgermeister (5); Landrat (1); Stadtrat (1); Lehrerin (1); päd. Mitarbeiter (1); Krankenschwester (1); Chefarzt (1); Zahnarzt (1); Abteilungsleiter Medizintechnik (1); Hochschullehrer (1); Student (1); Elektromonteur (1).

Quelle: Landesgeschäftsstelle 7/1992.

Die Stratifikation bzw. Berufsgliederung der DDR-Gesellschaft war allerdings mit der der alten Bundesrepublik kaum vergleichbar; zudem erfolgte die Berufswahl häufig gar nicht frei.[62] Giddens[63] verweist im übrigen zu Recht auf den strukturellen Unterschied in der Rolle der Intelligenz für die Elitenbildung in staatssozialistischen und kapitalistischen Gesellschaften. So habe die Ausweitung der höheren Ausbildung in staatssozialistischen Gesellschaften mit der „Intelligenz" eine recht abgehobene Gruppierung hervorgebracht, die in der heutigen kapitalistischen Gesellschaft keine rechte Entsprechung finde. Dies liege – so Giddens – nur zum Teil daran, daß die Teilung nach Hand- und Kopfarbeit hier nicht die gleiche Bedeutung für die Klassenstrukturierung besitze, sondern resultiere auch aus der (relativen) Abwesenheit von Privateigentum in der staatssozialistischen Gesellschaft. In kapitalistischen Gesellschaften beeinflusse hingegen „die fortdauernde Konzentration von Eigentum in den Händen einer kleinen Minderheit der Bevölkerung den Karriereprozeß und die Elitenrekrutierung stark", wenngleich sie diese auch nicht determiniere.[64]

10.2.2.1. Herkunftsmilieus und „Wahlverwandtschaften"

Die DDR war keine entstrukturierte, aber eine weitgehend entbürgerlichte Gesellschaft. Es gab keine Oberschichten im Sinne von Besitzklassen, die nach der Wende das Reservoir für die Rekrutierung von Führungsgruppen einer sich wiederverbürgerlichenden Gesellschaft hätten bilden können. Andererseits war die DDR auch nicht vollständig und flächendeckend „proletarisiert". Sozialstrukturell und sozialkulturell handelte es sich vielmehr um eine verkleinbürgerlichte Unterschichtsgesellschaft, in der die Traditionen der Widerständigkeit gegen den autoritären Staat weitgehend verloren gegangen waren. Seit den siebziger Jahren hatte sich – so Meuschel[65] – eine homogene Gesellschaft der Staatsangestellten, der unmittel-

---

62 So kann z.B. ein Strömungsmechaniker ein verhinderter Völkerkundler, eine Mathematiklehrerin eine verhinderte Philologin sein.

63 Vgl. Giddens 1979: 332 f.

64 Ebd.

65 Meuschel 1992: 12. – Meuschel bezeichnet die Strukturen der Gesellschaften sowjetischen Typs – und damit auch den SED-Staat – als „klassenlos". Es habe ein „machtpolitisch durchgesetzter Entdifferenzierungsprozeß" stattgefunden, „der die ökonomischen, wissenschaftlichen, rechtlichen oder kulturellen Subsysteme ihrer Eigenständigkeit beraubte, ihre spezifischen Rationali-

bar Abhängigen und ökonomisch Unselbständigen durchgesetzt. In ihr
dominierte „eine breite 'Mittelschicht' aus qualifizierten Arbeitern, mittleren Angestellten und hochqualifizierten Spezialisten". Sie bildete auch das
Reservoir, aus dem sich die Führungsschicht der CDU speiste. Arbeiter,
die in der Mitgliederschaft nur ca. 10 Prozent ausmachten, waren allerdings so gut wie nicht vertreten.

Mit der Abschaffung des Privateigentums waren aber nicht *alle* Spuren
einer bürgerlichen Gesellschaft beseitigt, da das Bürgertum nicht auf die
bloße Vertretung klassenspezifischer materieller Interessen zu reduzieren
ist. Lepsius[66] führt die „welthistorisch einzigartige Rolle des Bürgertums
bei der Zersetzung des absolutistischen Königtums, der Auflösung der alt-
ständischen Gesellschaftsordnung und der Freisetzung der Marktkräfte in
der zweiten Hälfte des 18. Jahrhunderts und im 19. Jahrhundert" vielmehr
gerade auf die „Kraft einer Ordnungsidee" zurück, welche die Einzelinter-
essen der bürgerlichen Fraktionen, der „Bürgertümer", zu verbinden ver-
mocht habe. Ihre gemeinsame Vergesellschaftung sei nicht selbstverständlich, sondern als Ergebnis besonderer Konstellationsbedingungen zu betrachten, und sie habe im weiteren historischen Verlauf auch wieder an
Integrationskraft verloren.

Während mit dem Begriff „Bürgertum" die Vergesellschaftung von
Mittelschichten bezeichnet wird, ist „Bürgerlichkeit" eine vom Bürgertum
ausgeprägte spezifische Art der Lebensführung, die auf Sozialisationspro-
zessen, Wertorientierungen, Verhaltensweisen und Konventionen beruht.
Lepsius bezeichnet dies mit Bezug auf Max Weber als „ständische Vergesellschaftung".[67] Bürgerlichkeit wird repräsentiert und weitergegeben
durch Sprachformen und Symbolsysteme, Konnubium und Kommensuali-
tät. Als Lebensführungsstil wird sie durch Sozialisationsprozesse, Bil-
dungsinstitutionen und andere Interaktionssysteme weiterverbreitet.

Für die hier erörterte Fragestellung sind vor allem zwei Gesichtspunkte
von Bedeutung: Zum einen weist Lepsius darauf hin, daß sich die durch
ständische Vergesellschaftung erzeugten Sozialisationsgemeinschaften,
Familienstrukturen und Bekanntschaftsnetze „nach anderen Kriterien der
sozialen Solidarität organisieren als dies die Vergesellschaftung über Klas-
seninteressen und Berufsinteressen tut". Zum anderen konstatiert er, daß

---

tätskriterien außer Kraft setzte oder politisch-ideologisch überlagerte. Nicht
der Staat starb ab im Verlauf der jahrzehntelangen Herrschaft der Partei, es
handelte sich vielmehr um einen Prozeß des Absterbens der Gesellschaft."
66 Vgl. Lepsius 1990: 160 f.
67 Vgl. Weber 1972: 179 f. sowie 534-539.

die Prägung dieses „Habitus" in der Generationenfolge auch dann noch nachwirken und übermittelt werden kann, „wenn die Ursprungskonstellation, die zu seiner Entstehung geführt hat, schon zerfällt". Bürgerlichkeit kann demnach „als ständischer Lebensstil, als Konvention oder Prätention das Bürgertum für einige Generationen überleben und von Minderheiten als normative Idee erhalten werden".[68]

Die Unterscheidung von „Bürgertum" und „Bürgerlichkeit" führt auf eine wichtige Spur bei der Suche nach Reststrukturen des Bürgertums bzw. bürgerlicher Lebensstile in der DDR und der Frage nach der Bedeutung solcher Milieus für die Elitenstruktur der CDU. Denn in der DDR gab es tatsächlich noch Inseln eines vom DDR-Sozialismus nicht vereinnahmten Bildungsbürgertums, das sich in den Nischen der Gesellschaft, insbesondere an den theologischen Fakultäten und kirchlichen Hochschulen sowie in der Kunst- und Literaturszene gehalten hatte. Auch der Verlag der DDR-CDU, der Union-Verlag, hatte – übrigens nicht als einziger – diesen Autoren Publikationsmöglichkeiten geboten.[69]

Die staatsfernen intellektuellen Kreise jenseits marxistischer Dissidenten hat neuerdings ausgerechnet Günter Wirth als Ansätze zu einer „Gegenkultur aus bürgerlichem Geist" gewürdigt. Ihre Facetten und subkutanen Wirkungen dürften nicht länger ausgeblendet werden, da auch sie einen Anteil an der kulturellen Vorbereitung der Wende hätten. Zwar sei die Emigration aus der DDR weitgehend von diesem bildungsbürgerlichen Milieu geprägt worden. Es seien indes „mehr Persönlichkeiten aus diesem Milieu in der DDR geblieben, als man annimmt".[70]

Interessant ist nun aber, daß dieses Milieu keineswegs allein der CDU zugute kam; es verteilte sich vielmehr auf ein viel breiteres politisches Spektrum – insbesondere auch auf die Oppositionsgruppen „Demokratie

---

68 Lepsius 1990: 168 f.
69 Vgl. auch Wolfgang Ullmann: „Einen monolithischen Charakter hatte die CDU nie. Es gab zwar...eine SED-hörige Parteiführung, aber in der Partei wirkten ziemlich eigenständige Gruppen, die zum Beispiel auch eine eigenständige Kunstpolitik gemacht haben. Ich weiß aus persönlicher Erfahrung, daß im Verlag der CDU, im UNION-Verlag, Leute arbeiteten, die immer in Opposition zur Parteileitung standen. Es ist daran zu erinnern, daß es der CDU zu verdanken ist, daß Leute wie Bobrowski, der nie ins Konzept des sozialistischen Realismus paßte, eine Existenzmöglichkeit hatten." (taz, 21.3.1990, hier zit. nach Wirth 1991: 9.)
70 Wirth 1995. – Es liegt eine gewisse Ironie des Schicksals darin, daß diese Würdigung von einem früheren CDU-Ideologen verfaßt wurde, dem frühere Mitarbeiter des UNION-Verlages vorwerfen, gerade er habe als Cheflektor dieses Verlags (1964-70) solche Ansätze immer bekämpft.

Jetzt", „Initiative für Frieden und Menschenrechte", „Neues Forum", „Demokratischer Aufbruch" und nicht zuletzt auf die SDP.[71] Und auch die innovative künstlerische Avantgarde in der DDR hatte mit der CDU nicht viel im Sinn.[72]

Relikte eines gewachsenen Bildungsbürgertums prägten tatsächlich noch Herkunft, Lebensstil und Habitus eines – kleinen – Teils der Eliten in der sich erneuernden CDU. Daneben finden sich aber – sowohl für die Transformations- als auch die Induktionseliten – vielfältige Mischformen mit anderen und neuen Milieus. Wie die neuere Elitenforschung gezeigt hat, bestehen zwischen Herkunft, politischen Einstellungen und Karrieremustern freilich keine direkten bzw. linearen Beziehungen; hier sind vielmehr – im Sinne Bourdieus – die über sozialisatorisch wirksame Instanzen und Milieus vermittelten Chancen zum Erwerb politischen, sozialen und kulturellen Kapitals angesprochen. Zu diesen Vermittlungsinstanzen gehören – neben Familie, Bildungseinrichtungen und Berufsgruppen – auch „peer groups" oder „Wahlverwandtschaften", die sich aufgrund persönlicher Affinitäten bilden und – so Bourdieu – „immer auch auf dem unbewußten Entschlüsseln expressiver Merkmale" beruhen.[73] Das Konzept des Habitus und der „Wahlverwandtschaften" bietet sich geradezu an, um den Konflikt zwischen Induktions- und Transformationseliten mit einer stärker soziologischen Perspektive anzugehen, die über die sterile Alt/Neu-Zuordnung hinausgreift und auch schicht- und generationsspezifische Aspekte miteinbezieht. Im folgenden Abschnitt wird dies an einem besonders prägnanten Beispiel vorgestellt.

10.2.2.2. „Bildungsbürger" und „Aufsteiger"

Die Auswertung der Interviews unter dem Aspekt biographischer Hintergründe und Herkunftsmilieus legt für mich die These nahe, daß die Kon-

---

71 So kam z.B. die Gründergeneration der SDP zu einem nicht kleinen Teil aus den Sprachkonvikten in die Politik, während „Demokratie Jetzt" von dem Kirchenhistoriker Dr. Wolfgang Ullmann gegründet wurde. Ullmanns Schüler Martin Gutzeit, Markus Meckel oder Steffen Reiche gingen z.B. in die SDP.

72 Lt. Information E. Gillen.

73 „Daß ein Habitus sich im anderen wiedererkennt, steht am Ursprung der spontanen Wahlverwandtschaften, an denen soziale Übereinstimmung sich orientiert" (Bourdieu 1988: 374 f.; vgl. dazu auch die Untersuchung von Rebenstorf 1991: 233 f.).

fliktlinien, an denen sich Typ II und III scheiden, sowohl generationsspezifischer Art als auch schicht- bzw. milieubedingt sind. So verkörperte Lothar de Maizière – mit seiner aufklärerisch-hugenottischen Familientradition, seinem Beruf als Anwalt mit humanistischer Schulbildung und musischen Interessen, seiner Funktion als Vizepräses der Bundessynode der evangelischen Kirchen in der DDR – in mehrfacher Hinsicht geradezu den Prototyp eines bürgerlichen ostdeutschen Politikers. De Maizière sah sich selbst als Vertreter einer CDU-Tradition, die – nordöstlich-protestantisch geprägt, sozial orientiert und nach Osteuropa hin offen – zwar ein unverzichtbares Gegengewicht zu der vom rheinisch-katholischen Milieu geprägten West-CDU darstellte, die aber im Zuge der Teilung Deutschlands verlorenging.

Mit seiner spröden Eigenwilligkeit und – im positiven Sinne verstandenen – preußischen Pflichtauffassung, die den Anschein erweckten, als erfahre er die Anforderungen der Politik und ihrer Rituale als Selbstentfremdung, bildete er auch vom Charaktertyp her, als „Politiker wider Willen", einen Kontrasttyp zu den über die Mechanismen der „Karrierisierung" (Herzog) avancierten Westpolitikern, wie er nicht größer hätte sein können. Selbst der Vorwurf einer Stasi-Zuarbeit hatte dieses Image nicht zerstören können.[74]

De Maizières katholisches Pendant war der aus – ebenfalls bürgerlichem – Rostocker Elternhaus und aus der katholischen Laienbewegung kommende, parteilose Prof. Dr. Hans Joachim Meyer, 1990 Bildungsminister in der de-Maizière-Regierung. Beide stimmten – wie Meyer schrieb – darin überein, „den Deutschen in der DDR vor dem Beitritt ein Optimum an Startbedingungen in einer von ihnen im Prinzip bejahten, aber im Detail unvertrauten Staats- und Gesellschaftsordnung vertraglich zu sichern".[75] Ihr Transformationskonzept war aber – wie beschrieben – nicht nur jenen konservativ bis rechtskonservativen Kräften in der DSU und der CDU, die den sofortigen Beitritt zur alten Bundesrepublik erzwingen wollten, viel zu zögerlich, sondern auch den Bürgerrechtlern, die auf eine energische Abrechnung mit den Kräften des alten Systems und einen deutlichen Neubeginn drängten.

Der schwelende Konflikt zwischen der Richtung de Maizières und den sächsischen Erneuerern brach im August 1991 in einem Kampf auf, der

---

74 Aus mehreren Interviews ergaben sich Hinweise darauf, daß de Maizière sich zu den Vorwürfen nicht geäußert hat, um andere Personen – u.a. Politiker und Kirchenleute aus dem Westen – nicht zu belasten.

75 Meyer 1991.

letztlich den Rücktritt de Maizières einleitete und in dem es bezeichnen-
derweise um die Definition bzw. Vereinnahmung ostdeutscher Biographien
ging: Die Gruppe um Vaatz verwahrte sich heftig gegen den Versuch, die
Schicksale von Oppositionellen mit denen anderer „gebrauchter DDR-Bürger" in eins zu setzen.[76] Prof. Meyer, der unterdessen Wissenschaftsminister in der Regierung Biedenkopf geworden war, befand sich in der
Frage der Neuordnung der Hochschulen in einem Dauerkonflikt mit dem
wissenschaftspolitischen Sprecher der CDU-Fraktion, Dr. Rößler. Während Rößler – sozusagen als gesellschaftliches Pilotprojekt – ein radikales
Abwicklungs- und Umstrukturierungsmodell verfocht, das tiefe Einschnitte
in bisherige Besitzstände vorsah[77] und daher in der Professorenschaft und
ihrem Umfeld heftige Widerstände auslöste, suchte Meyer zu vermitteln.
Grund dafür war vermutlich nicht nur Corpsgeist, sondern auch ein gewisses Verständnis für Angehörige der „Intelligenz", die eingestanden, von
der Idee des Sozialismus, dem Kampf für eine bessere Gesellschaft und
Weltordnung, fasziniert gewesen zu sein.[78]

Die Kluft, die sich in diesen Konflikten auftat, läßt sich zum einen auf
unterschiedliche Generationsprägungen zurückführen, die „im Bildungsroman der DDR-Geschichte"[79] und deren Personarium ihre Spuren hinterlassen haben. Gehörten de Maizière und Meyer einer Altersgruppe an, die
ihre prägenden Sozialisationserfahrungen in der Aufbau- und beginnenden
Entstalinisierungsphase der DDR gemacht hatten und die deshalb „die
DDR nie ganz los werden" konnten[80], so waren die Wortführer der Erneuerer im Schnitt zehn Jahre jünger und in einer Generation aufgewachsen, die ihre Irritationen völlig anders verarbeitet hatte. Einige von ihnen
hatten den inneren Bruch mit der DDR-Gesellschaft längst vollzogen und
erlebten ihre prägenden Erfahrungen in kirchlichen Diskussionkreisen oder

---

76 Vgl. Kapitel 7.5.
77 Vgl. Kapitel 7.5.2.1.
78 In diese Richtung interpretiert ihn Korbella (vgl. Interview mit Horst Korbel-
    la zum Landesparteitag am 1.9.1990, in: DU, 1.9.1990).
79 „So schritt der Bildungsroman der DDR-Geschichte voran, jedes Jahrzehnt
    hatte sein Jahr der Hoffnung und sein Jahr der Desillusionierung, und in je-
    dem Jahrzehnt nahmen Hoffnung und Enttäuschung eine neue Tönung an und
    gaben der Gemeinschaft als ganzer einen anderen Charakter. Die Hoffnungen
    richteten sich darauf, daß der Anteil des einzelnen im Verhältnis zur staatli-
    chen Gemeinschaft wachse, und jede Desillusionierung ließ die informelle,
    nichtstaatliche Gemeinschaft stärker werden, in der sich die Enttäuschten aufs
    neue einrichteten" (Mark Siemons, in: FAZ, 25.11.1995).
80 Interview de Maizière.

in dissidentischen literarischen bzw. intellektuellen Milieus, die gerade im Dresdener Raum eine lebendige Szene bildeten.

Zum anderen kommt über die Generationszugehörigkeit wieder eine sozialstrukturelle Komponente herein. Ordnet man – wie Berking und Neckel es in ihrer Studie über die Rekrutierung und Identitäten neuer lokaler Eliten in einer ostdeutschen Gemeinde mit Bezug auf Meuschel versucht haben[81] – die verschiedenen Alterskohorten jeweiligen Phasen der DDR-Geschichte zu, so ergibt sich, daß die 1949 bis 1957 Geborenen in einer Zeit sozialisiert wurden, in der der „diktatorische Wohlfahrtsstaat" an Konturen gewonnen habe und die DDR als Staat international anerkannt worden sei. Damit einher ging auch eine Expansion des Bildungswesens, in der sich die Bildungschancen und beruflichen Karrieren von Kindern aus kleinbürgerlichen, proletarischen, bäuerlichen und Flüchtlingsfamilien deutlich verbessert hätten.[82]

Betrachtet man die Biographien der sächsischen Reformer, die altersmäßig zu dieser Geburtskohorte gehören, so fällt auf, daß sie in ihrer überwiegenden Mehrheit aus eben diesen Schichten stammen.[83] Ihre Berufskarrieren machten sie im Aufsteigermilieu der technischen Intelligenz oder im kirchlichen Umfeld. Auch der von Bundeskanzler Kohl als Nachfolger Richard von Weizsäckers für das Amt des Bundespräsidenten ausersehene sächsische Justizminister Steffen Heitmann macht hier keine Ausnahme; er verkörpert nicht – wie die FAZ meldete – „das spezifisch residenz-sächsische Bildungsbürgertum seiner Geburtsstadt Dresden"[84], sondern entstammt einer im Krieg auseinandergerissenen kleinbürgerlichen Familie.

Im Unterschied zu den „Bildungsbürgern" de Maizière und Prof. Meyer könnte man die sächsischen Erneuerer von ihrer sozialen Genese her im großen und ganzen als „Aufsteiger" oder „Emporkömmlinge" bezeichnen.[85] Als solche waren sie aber auch wichtige Vermittler zwischen ihren Herkunftmilieus und anderen Schichten.[86] Biographisch verankert in den für Sachsen und Thüringen charakteristischen kleinbürgerlichen Schichten,

---

81   Berking/Neckel 1991: 283-299.
82   Aufschlußreiches Material zur Sozialgeschichte der DDR findet sich auch bei Niethammer 1991.
83   Z.B. Arnold Vaatz (Jg. 1955), Dr. Matthias Rößler (Jg. 1955). – Ebenso Steffen Heitmann (Jg. 1944), Dr. Hans Geisler (Jg. 1940), Erich Iltgen (Jg. 1940).
84   Friedrich Karl Fromme, in: FAZ, 19.1.1993.
85   Die abfällige Bezeichnung „Revoluzzer" ist von solchen Untertönen vermutlich nicht ganz frei.
86   Diesen Hinweis verdanke ich Dr. Rößler.

überbrückten sie die Kluft zu einer Bildungsschicht, die freilich nicht als Kopie eines traditionellen (in der DDR ohnehin nur noch in Relikten vorfindlichen) Bildungsbürgertums wiederauferstand, sondern neue und vielfältige Mischformen ausbildete. Ein Seitenaspekt dieser Vermittlungsfunktion ist, daß durch sie Tendenzen der Intellektuellenfeindlichkeit, die gerade im Kleinbürgertum und der Arbeiterschaft grassieren, auf diese Weise entgegengewirkt werden könnte.

10.2.3. Motivation und Politikverständnis

Komprimiert man die Informationen aus den für diese Arbeit gemachten Interviews, die Aufschlüsse über die Motivation der neuen CDU-Eliten für ihr Engagement in der CDU und ihr Politikverständnis geben, so kristallisieren sich für Typ II, III und IV[87] einige Muster heraus, die auf ganz unterschiedliche Orientierungen und Deutungsschemata verweisen. Insgesamt ergibt sich hier eine komplizierte Gemengelage von Identifikationen, Interessen und politischen Zielsetzungen.

10.2.3.1. „Metanoeite" – die Wende als „Reformationsgeschichte"

Das Verhältnis zwischen den Kirchen und der DDR-CDU war in der Vergangenheit stark getrübt, da die CDU als Transmissionsriemen der SED-Politik in den kirchlichen Raum hinein angesehen wurde. Trotz dieser Spannungen galt die CDU in christlichen Bevölkerungskreisen – sowohl im katholischen Milieu, wie hier am Beispiel des Eichsfelds gezeigt, aber auch in protestantischen Kreisen – des „C" wegen als Partei, mit der eine Identifikation noch am ehesten möglich war. Diese Tatsache hielt einige bekannte evangelische Kirchenleute, die hier zum Typ III gerechnet wer-

---

87 Typ I und V werden in diesem Abschnitt nicht berücksichtigt. – Die Vorgehensweise lehnt sich an den von Herzog als „karrieretheoretisch" bezeichneten Ansatz an, der – über sozialstrukturelle, psychologische oder organisationssoziologische Bedingungsfaktoren hinausgreifend – eine komplexere Fragestellung entwickelt und die individuellen Lebensläufe von Politikern „als dynamische Interaktionen zwischen Personen und soziopolitischen Kontextbedingungen im Zeitverlauf des Lebenszyklus" untersucht (Herzog 1982: 89 f.).

den[88], in der DDR-CDU, in der sie in der „Arbeitsgemeinschaft Kirchenfragen beim Hauptvorstand der CDU" ein Diskussionsforum fanden. Hier liefen – wie beschrieben – nach der Veröffentlichung des „Weimarer Briefes", vor Göttings Sturz und de Maizières Wahl zum neuen CDU-Vorsitzenden verschiedene Initiativen zusammen. Die „Arroganz der verfaßten Kirche und besonders der Theologen", die die CDU-Mitglieder links liegen ließen, hatte schon Jahre zuvor z.B. den Verfasser des „Weimarer Briefes", Dr. Müller, veranlaßt, „die Flanke zur CDU etwas zu pflegen". Als zusätzliches Argument wertete er, daß auch die kirchliche Buchproduktion z.T. über CDU-Betriebe lief. Die CDU war durch diese Verflechtungen in den kirchlichen Raum hinein „zugleich weniger, aber auch mehr als eine Partei".[89] Ein echtes Verdienst der Ost-CDU unter der Ägide ihres stellvertretenden Vorsitzenden Heyl sah Dr. Müller darin, daß sich die Partei nicht von den zentralen Aussagen des konziliaren Prozesses abgesetzt hatte.

Nach der Wende war es der CDU daher möglich, Überlegungen aus evangelischen Kirchenkreisen, wie diese Botschaft politikfähig zu machen sei, aufzugreifen und zur Grundlage ihres Programms zu machen. Damit gewann sie die Chance, wieder glaubwürdig zu werden – unter der Voraussetzung, daß sie das „Metanoeite", den Aufruf zur Buße und zur Umkehr, ernst nahm, und zwar nicht nur in der Rückschau auf die DDR-Vergangenheit, sondern auch angesichts der Dringlichkeit globaler Herausforderungen für die Politik. Insofern wurde in diesem Segment der CDU-Eliten, das durch eine protestantische Sozialethik geprägt war, die Wende gleichsam als „Reformationsgeschichte" gedeutet.[90] Die „Umkehr in die Zukunft" wurde aber im Zuge der Westorientierung der Partei – wie gezeigt – schon bald anders definiert, wodurch diese Gruppierung in der Ost-CDU an Einfluß verlor. Der politische Protestantismus ist heute vor allem in der Ost-SPD beheimatet.[91]

---

88 De Maizière, Dr. Müller, Frau Lieberknecht, K. Hennig u.a.
89 Interview Dr. Müller.
90 Vgl. dazu auch Berking/Neckel 1991. – In diesem Deutungsschema sehen die Verfasser ein Bindeglied zu Elitegruppierungen in der Bürgerbewegung und in der SPD. Es sei der Versuch, den Protestantismus nicht nur als Lebensstil zu empfehlen, sondern ihm auch zum Durchbruch zu verhelfen. Das Verhältnis von Macht und Moral sei dabei manchmal „theologisch, meist aber pädagogisch geformt" (ebd.).
91 Hier ist er eine so starke Kraft, daß er sowohl die Politik des Mehrheitsflügels beeinflußt als auch in den moralisch-oppositionellen Kritikgruppen weiterlebt. Der aus der Bürgerbewegung zur Ost-SPD gestoßene protestantische Flügel (Meckel, Gutzeit, Schröder u.a.) stellt nach wie vor – trotz aller Planierungsversuche der Realpolitiker aus dem Westen – eine moralische antikom-

10.2.3.2. Politisierung durch externe Bedingungen

Die sich Mitte der achtziger Jahre in der Sowjetunion durchsetzende Reformpolitik Gorbatschows brachte für die Reformkräfte in der DDR-CDU
eine wichtige Zäsur: Zum einen traten neue Mitglieder in die Partei ein, die
glaubten, nun in der CDU etwas bewegen zu können, um längerfristig auch
in der DDR ein verändertes politisches Klima zu erreichen. Dies führte örtlich – wie beschrieben[92] – in einzelnen CDU-Ortsgruppen zu einer Intensivierung der Diskussionen an der Basis bzw. zu einer Politisierung der
Ortsgruppenarbeit, in deren Folge teils die Konfliktbereitschaft der Basis
gegenüber der Parteiführung wuchs, teils auch auf der unteren Apparateebe-
ne ein Differenzierungsprozeß einsetzte. Zum anderen fühlten sich reformorientierte Kräfte, die schon des längeren in der CDU waren, sich aber
zwischenzeitlich entmutigt zurückgezogen hatten, wieder zu neuen Initiativen veranlaßt. So hatte z.B. bereits Anfang der siebziger Jahre eine Gruppe
in Dresden versucht, Demokratisierungsansätze, die in den evangelischen
und katholischen Studentengemeinden diskutiert worden waren, in die
CDU hineinzutragen. Individualisierung und Zerstreuung der Gruppen-
mitglieder, die durch das territoriale Gliederungsprinzip noch gefördert
worden waren, ließen diese Versuche jedoch damals scheitern. In der
Wendezeit entstand nun eine völlig neue Konstellation, in der diese Personen aus ihrer Vereinzelung heraustreten, über das „Neue Forum" Kontakte
zu anderen Kräften finden und zusammen mit ihnen neue Führungskreise
aufbauen konnten. Manche dieser „Pioniere" konnten sich allerdings in
den Positionskämpfen der Nachwende-CDU nicht lange behaupten.[93]

10.2.3.3. Familiäre und kirchliche Netzwerke

Die Zugehörigkeit zu Netzwerken im Umfeld beider Kirchen (besonders
der evangelischen und katholischen Studentengemeinden, aber auch zu
Chören, kirchenmusikalischen Kreisen, sozial engagierten Gruppen u.a.m.)

---

munistische Kraft in der Ost-SPD dar. – Außerdem sei hier auf die etablierten
Kirchenpolitiker Stolpe und Höppner hingewiesen; beide erlangten ihre Rou-
tine im Politikbetrieb bereits in den 80er Jahren im Rahmen der evangelischen Kirchen.

92 Vgl. oben Kapitel 2.
93 Z.B. die Vorsitzende der Ortsgruppe Neuenhagen, Frau Dr. Ackermann. Als
    Nachrückerin von de Maizière in den Bundestag eingezogen, wurde sie 1994
    nicht mehr als Kandidatin aufgestellt.

war als Instanz politischer Sozialisation sowohl für Typ III wie IV – interessanterweise übrigens auch für die SDP und andere Oppositionsgruppen[94] – von Bedeutung. Über solche Beziehungsnetze und „peer groups" wurden auch Kontakt- und Reisemöglichkeiten in die Bundesrepublik sowie andere west- und osteuropäische Länder vermittelt.

Interessant ist vor allem im Hinblick auf spätere Inter-Eliten-Beziehungen bzw. das Verhältnis zur politischen Konkurrenz, daß viele Befragte betonten, die Beziehungen in diesen Sekundärgruppen seien sehr vielfältig und keineswegs auf eine politische Richtung bzw. die CDU festgelegt gewesen. Daß sie bis weit ins linke Lager reichen konnten, zeigt sich z.B. daran, welche Faszination die Studentenbewegung bzw. die Außerparlamentarische Opposition (APO) und deren Impulse für die politische Kultur der Bundesrepublik auf die erwähnte Dresdener Studentengruppe ausübten. Auch die Verwandtschaftsbeziehungen zum Westen waren meist nicht auf ein bestimmtes parteipolitisches Spektrum beschränkt. Diesen pluralistischen Politikbegriff hielten viele auch in der Nachwendezeit noch für erhaltenswert – eine Erklärung dafür, daß die politischen Eliten in der Ex-DDR derzeit keineswegs abgeschottet nebeneinander her existieren. Durch diese Überschneidungsbereiche unterscheidet sich die Elitenkonfiguration in Ostdeutschland auch heute noch von der in der westlichen Bundesrepublik.[95]

Bei Befragten des Typs III wie IV aus den jüngeren Jahrgängen ist nicht selten eine intergenerativ übermittelte Parteiidentifikation mit einer „C"-Partei anzutreffen. Das gilt vor allem für Katholiken, die sich über ihre Väter und Großväter noch Zentrums- bzw. CDU-Traditionen verpflichtet fühlten. Die Überrepräsentation der Katholiken in den Führungsgruppen der Ost-CDU nach der Wende ist freilich nicht allein darauf zurückzuführen; sie spiegelt auch die Resonanz der Appelle von Klerikern an ihre Klientel wider, nun politische Ämter und Verantwortung zu übernehmen. Familiäre Einflüsse zeigten sich auch bei Protestanten, insbesondere solchen mit konservativ-protestantischem Hintergrund bzw. Verbindungen zur Bekennenden Kirche. Im Süden der Ex-DDR, in dem sich volkskirchliche Strukturen noch viel länger erhalten hatten als in der Mitte und im Norden, ist die kirchlich-konfessionelle Prägung selbstverständlicher; sie war aber auch im Berliner Raum vorhanden.

---

94 So kommt etwa Wolfgang Thierse aus der katholischen Studentengemeinde, Regine Hildebrandt aus dem Kirchenchor des Deutschen Doms in Berlin.
95 Dieser Punkt wird unten nochmals aufgegriffen.

Die Orientierung an der CDU Jakob Kaisers scheint demnach, obzwar als politische Traditionslinie von der Blockpartei längst aufgegeben, über familiäre Reminiszenzen in Spuren selbst bei der jüngeren Generation noch vorhanden gewesen zu sein. Auch wenn die Übermittlung nicht bruchlos geschah, so verweist sie doch auf Basiseinstellungen, die über affektive Mechanismen in der Familie oder konfessionelle Milieus zustandegekommen waren und sich in und nach der Wende revitalisieren ließen. In diesen Identifikationen könnte ein Moment der Eigenständigkeit liegen, das einer allzu glatten Anpassung an die West-CDU entgegensteht.

10.2.3.4. Interessen und politische Optionen

Ein ganz anderes Muster für den Beitritt zur CDU zeigt sich bei den Führungsgruppen, die nach der Wende über die Bauernpartei in die CDU kamen: Ihr parteipolitisches Engagement in der DBD war primär über berufsspezifische Interessenorientierungen, nicht über christlich begründete Wertorientierungen in der Familie und christlich-orientierte Sozialgruppen vermittelt. Für sie wäre insofern auch ein Anschluß an die FDP denkbar gewesen; die Entscheidung der DBD-Führungsgruppe um Junghanns (hier dem Typ II zugeordnet) galt der CDU vor allem als konservativer, weniger als christlich-demokratischer Partei und war insofern nicht nur eine Überlebensstrategie, sondern auch eine dezidierte politische Option. Die Prädominanz konservativer Orientierungsmuster war auch bei den meisten CDU-Politikern, die aus dem Unterbau der Block-CDU kamen, unverkennbar. Sie nahmen die West-CDU im allgemeinen so an, wie sie war, und galten deshalb vice versa als „pflegeleicht". Innovative Anstöße – sowohl was die parteiinterne Realität als auch das Feld politischer Strategien betrifft – sind aus diesem (quantitativ nicht unbeträchtlichen) Elitenreservoir nicht zu erwarten.

Demgegenüber verteilten sich die Anhänger des „Demokratischen Aufbruch" (Typ IV) über ein breites politisches Spektrum, das zunächst nicht parteipolitisch festgelegt war. Der DA verstand sich als eine Bewegung, die die Begriffe „Ökologie", „Basisdemokratie" und „Soziale Gerechtigkeit" auf ihre Fahnen geschrieben hatte, die eher in Richtung der politischen Linken weisen. Dennoch war der DA – zumal nach der Abspaltung der basisdemokratisch-ökologischen Gruppierung um Friedrich Schorlemmer und Edelbert Richter – keineswegs genuin links: Marktwirtschaft und deutsche Einheit wurden zunehmend zu seinen zentralen Themen. Im

Thüringer DA gab es sogar klare Sympathien für die CSU; in Brandenburg initiierte der DA-Mann Werner Ablaß eine nationalkonservative Gruppe unter der Bezeichnung „Potsdamer Kreis".

Unter den DA-Kräften, die sich der CDU anschlossen, waren die politische Ausdifferenzierung und das Verhältnis von Bewegung und Partei zunächst noch eine Weile in der Schwebe geblieben. In Dresden vertrat etwa Dr. Hans Geisler anfangs ein Konzept, wonach das „Neue Forum" weiterhin als parteiübergreifende Bewegung fungieren sollte, die sich um den Kern einer Partei – den „Demokratischen Aufbruch" – gruppierte. In Sachsen und Thüringen entschied man sich jedoch aus strategischen Erwägungen schon bald gegen die Gründung einer neuen, im Spektrum der Altbundesrepublik nicht vorhandenen Partei und ihre Verkoppelung mit einer fluiden Bewegungsform. Gleichwohl war die Entscheidung für die CDU nicht zwingend, zumal Teile der DA-Führungsgruppen anfangs eher zur SPD oder den Grünen tendierten. Den Ausschlag für die Mitarbeit in der CDU gab die zwiespältige Haltung der SPD zur Frage der Vereinigung, die ihr Debakel bei den Wahlen 1990 vorprogrammierte. Auch widerstrebende Kräfte wie Rainer Eppelmann[96] trugen die Entscheidung für die CDU schließlich mit.

Während viele DA-Aktivisten ihr politisches Engagement nach der Wende als beendet betrachteten und sich wieder ins Privatleben zurückzogen, gelang es den DA-Führungsgruppen, ihre personelle Repräsentation in den Parteigremien und Vertretungskörperschaften – in Thüringen und Sachsen mit Anteilen von über 10 Prozent übrigens wesentlich besser als in Brandenburg, wo der DA so gut wie keine Rolle spielte – zu sichern. Auf diese Weise konnten sie dem DA einen begrenzten, angesichts seiner bescheidenen Stimmenergebnisse im Wahljahr 1990 aber ihrer Ansicht nach angemessenen politischen Einfluß in der CDU verschaffen.

Nach wie vor verstehen sich die Kräfte aus dem DA, die ihren Zusammenhalt in einem eigenen überregionalen Arbeitskreis aufrechterhalten[97], als Impulsgeber in der Ost-CDU; die politische Bandbreite dieser Gruppierung ist von den Rändern her eingeschränkt noch vorhanden.

---

96   Eppelmanns Konzept war es, den DA europaweit auszudehnen; dabei stieß er jedoch auf die dezidierte Ablehnung des DA-Landesverbandes Sachsen (Interview Dr. Rößler).

97   Zunächst war beabsichtigt, für diesen Kreis den Status einer CDU-Vereinigung zu erhalten. Da ein entsprechendes Pendant in der West-CDU fehlte, war dieser Plan nicht durchsetzbar. – Zu den Treffen dieses Kreises fanden sich zu Beginn der neunziger Jahre ca. 300 Personen ein (Interview Dr. Reitmayer).

10.2.3.5. „Moralischer Rigorismus" versus „abgeklärter Zynismus"

Zentrale Streitpunkte in der Ost-CDU waren in der Nachwendezeit die
Themen der Parteierneuerung und des Umgangs mit der Blockparteien-
Vergangenheit. Diese Zerklüftungen sind bereits im Kontext der innerparteilichen Auseinandersetzungen in den einzelnen Landesverbänden sowie
im Abschnitt 10.2.2.2 unter dem Aspekt der „Wahlverwandtschaften" behandelt worden. Hier sollen sie noch einmal in systematischer Form mit
Blick auf das zugrundeliegende Politik- und Gesellschaftsverständnis, soweit es sich aus den Interviews herausfiltern läßt, komprimiert werden.

Zugespitzt formuliert, handelt es sich bei den Differenzen zwischen den
Transformations- und den Induktionseliten um einen Konflikt zwischen einem „abgeklärten Zynismus" und einem „moralischen Rigorismus", der sicherlich auch eine generationsspezifische Komponente enthält. Beide Positionen gründeten in unterschiedlichen Auffassungen über den Charakter
der friedlichen Revolution und ihre Folgen für das politische und gesellschaftliche Bewußtsein in der Ex-DDR: Die eine ging davon aus, daß –
Funktionsträger und ihr Umfeld mitgerechnet – ca. 25-30 Prozent der
DDR-Bevölkerung das alte System mitgetragen oder von ihm profitiert
hatten. Eine Wiederaufnahme der Kollektivschuldthese für diese Perso-
nengruppe wurde jedoch abgelehnt und statt dessen eine Diskussion über
kollektive Verantwortlichkeit gefordert, in die sich die Block-CDU und ihr
Personarium freilich selbst mit einbeziehen müßten. Es sei ein politischer
Unsinn, die SED in toto sowie die Stasi auf Dauer ausgrenzen oder zur
kriminellen Vereinigung erklären zu wollen – sozusagen das KPD-Verbot
der Bundesrepublik nachträglich auf die Ex-DDR auszuweiten. Die friedliche Revolution in der DDR sei ein so gewaltiges Ereignis gewesen, das
nicht nur in der Ost-CDU, sondern auch in anderen Kreisen Lernprozesse
in Gang gesetzt habe. Sie müßten positiv aufgegriffen werden. Aufgabe
von Politik und Gesellschaft sei es, vernünftige Integrationsangebote zu
machen, um solche Kräfte nicht ins Abseits oder in den Untergrund zu
drängen. Wenn sich die Ost-CDU glaubhaft des „Blockflöten"-Vorwurfs
erwehren wolle, stehe es ihr gut an, auch die Leistungen anderer Parteigänger nicht pauschal negativ zu beurteilen. Ihre Selbstgerechtigkeit
schlage sonst auf sie selbst zurück und befördere lediglich ihren Glaub-
würdigkeitsverlust.

Dem moralischen Rigorismus mancher Erneuerer im Kampf gegen den
Opportunismus begegnete man hier mit Skepsis: Weder müsse Anpassung

gleichbedeutend mit Opportunismus sein, noch gebe es Gesellschaften, die ohne diesen Kitt auskämen.

Die Position der Induktionseliten basierte auf einem ganz anderen Denkansatz. Hier ging es um die Frage nach den gesellschaftlichen und politischen Ursachen, warum sich Menschen für diktatorische Regime instrumentalisieren ließen. Solche Strukturen müßten erkannt und verändert werden, um überhaupt erst demokratische Verhältnisse herzustellen. Geschehe dies nicht *jetzt,* so sei die Chance des Neubeginns vertan; unter dem Deckmantel eines demokratischen Staates würden dann nur alte Strukturen perpetuiert. Verhaltensweisen, Denkmuster und Sprachformen der alten DDR-Gesellschaft müßten überdacht und demokratisiert werden. Alle bisherigen Funktionsträger der Ost-CDU müßten sich nun selbst überprüfen und der Öffentlichkeit stellen. Dabei gehe es weder um strafrechtlich relevante Vorwürfe, die ohnehin vor Gericht zu klären seien, noch um eine Umkehrung der Beweislast, sondern allein um die politisch-moralische Frage, ob diese Personen aufgrund ihrer bisherigen Tätigkeit zukünftig CDU-Politik glaubhaft vertreten könnten.

Während die Erneuerer gegen die nur allzu gut funktionierenden Verdrängungsmechanismen und Beschönigungsversuche anrannten, wurde ihnen entgegengehalten, wer sich in der Vergangenheit nicht oder nur in Nischen der Gesellschaft engagiert habe, habe sich auch nicht schuldig machen können.[98] Den Erneuerern wurde zudem eine gewisse Doppelzüngigkeit vorgeworfen, da selbst ihre Protagonisten Kompromisse mit dem System eingegangen seien.[99] Da in der zerrissenen Partei nicht einmal ansatzweise ein Vertrauensklima existierte, in dem eine „therapeutische" Aufarbeitung der Verstrickungen, wie sie etwa der Leiter der thüringischen Reformkommission, Dr. Klaus Zeh, gefordert hatte[100], möglich gewesen wäre, siegte – nach der heißen Phase des Personalwechsels, der Positionskämpfe und strukturellen Veränderungen in der Parteiorganisation – schließlich die Parteiraison; heute ist der Konflikt so gut wie ausgestanden.

---

98 Ein häufiges Argument, das sich auch auf Akteure (z.B. Rainer Eppelmann) bezog, die unter dem Dach der Kirche bessere Handlungsbedingungen gehabt hätten. De Maizière, der die Erneuerer als „Rosenzüchter" bezeichnet hatte, wurde von der brandenburgischen DA-Protagonistin Kerstin Claubert aufgefordert, sich dafür zu entschuldigen.

99 Sowohl Christine Lieberknecht als auch Angela Merkel seien – so hieß es – führende FDJ-Mitglieder gewesen.

100 Dr. Klaus Zeh (DA), 1990-1994 thüringischer Finanzminister. – Sein Papier „In der Wahrheit leben", das er auf dem Dresdener Parteitag im Dezember 1991 vortrug, wurde für viele Kreis- und Ortsverbände eine Art Verfahrensrichtlinie.

Letztendlich war er ohnehin nicht wirklich auflösbar. Im Grunde wiederholte sich darin eine Kontroverse zwischen einer funktionalistischen und einer moralischen Sichtweise der gesellschaftlichen Reorganisation nach einer politischen Katastrophe, wie es sie anläßlich des 50. Jahrestages der Machtübergabe an die Nationalsozialisten (und der ungesühnten NS-Vergangenheit) prototypisch bereits 1983 in der alten Bundesrepublik gegeben hatte.

Dieser Grundsatzstreit erlebte in der Diskussion über das Verhältnis der CDU zur PDS eine neuerliche Auflage. Als sich zeigte, daß sich mit der PDS um den Kern ehemaliger DDR-Eliten eine Protestpartei herausbildete, der es gelang, Teile der von der deutschen Vereinigung enttäuschten Wählerschichten zu gewinnen, konnte sie von der CDU nicht länger als Partei der Ewig-Gestrigen und DDR-Nostalgiker ignoriert bzw. pauschal verurteilt werden.

Während sich die sächsischen Reformer in ihrer strikt antikommunistischen Linie nicht übertreffen ließen, ihren „moralischen Rigorismus" unbeirrt durchhielten und den Kampf gegen die PDS in dem Maße verstärkten, wie diese sich stabilisierte, vermehrten sich in der ostdeutschen CDU die Stimmen, die den scharfen Abgrenzungskurs gegen die PDS für eher kontraproduktiv hielten.

Hinter diesem Kurswechsel, den etwa die ostdeutschen CDU-Fraktionsvorsitzenden Rehberg, Dr. Bergner und Dr. Wagner angesichts des PDS-Erfolgs bei den Wahlen zum Berliner Abgeordnetenhaus im Oktober 1995 anvisierten[101], standen offenbar weniger grundsätzliche als wahltaktische Überlegungen: Die CDU fürchtete nämlich, in den ostdeutschen Ländern (mit Ausnahme Sachsens) in eine strukturelle Minderheitsposition zu geraten. Wenn es SPD und PDS in den folgenden Legislaturperioden gelänge, Formen der Kooperation (etwa analog zum „Magdeburger Modell" o.ä.) zu entwickeln, so könnte die CDU von der Möglichkeit zur Regierungsbildung ausgeschlossen und in der ostdeutschen Parteienlandschaft für lange Zeit in die Isolation gedrängt werden.

Rehberg ging davon aus, daß es bei komfortablen Mehrheiten für die linken Parteien keine großen Koalitionen mehr geben würde und die CDU zukünftig auf absolute Mehrheiten angewiesen sei. Dafür müsse sie aber ihre Wählerschichten um ca. 10 Prozent vergrößern und deshalb auch ganz zielgerichtet um die Stimmen bisheriger PDS-Wähler kämpfen; dies sei

---

101 Vgl. FAZ, 16.11.1995. – Diese Vorstöße führten jedoch zu keinem koordinierten Vorgehen in den ostdeutschen CDU-Landesverbänden.

möglich, weil darunter nicht nur linke, sondern auch viele konservative Wähler seien.

Eine punktuell abweichende Position vertrat demgegenüber der brandenburgische Generalsekretär Klein. Die Behauptung, daß die CDU durch einen Kurswechsel gegenüber der PDS Wähler aus deren Lager abziehen könne, hielt er für falsch. Zielgruppe der CDU seien nicht die PDS-Wähler, sondern vielmehr abseits stehende Nichtwähler, die z.T. zwar aus ursprünglich SED-nahen oder SED-eigenen Milieus kämen, trotz emotionaler Versuchung aber nicht PDS wählten. Die PDS sei „das Konzentrat der abgewickelten Diktatur", deren Machtanspruch nicht durch Umarmung wegdefiniert werden könne. [102] Statt dessen müsse sich die CDU eindeutig von der PDS abgrenzen und die politische Auseinandersetzung mit ihr auf mehreren Feldern führen. Klein warnte in diesem Zusammenhang davor, den Repressionsapparat der SED mit der Sozialgeschichte der DDR und ihrer Bevölkerung in eins zu setzen. Mitläufer und SED-Mitglieder, die 1989 mit ihrer Partei brachen, könnten für die CDU gewonnen werden; doch müsse die Sympathie der CDU vor allem auch den Opfern der SED-Repression gelten. Beide Sichtweisen heben sich freilich von der intransigenten Anti-PDS-Strategie der Bonner Parteizentrale ab, die weniger die potentiellen strategischen Mehrheiten in den ostdeutschen Ländern als zugkräftige Wahlkampfthemen für den Westen im Blick hat.

10.2.3.6. „Reformation" versus „Modernisierung"

Transformations- und Induktionseliten unterschieden sich in ihrem Verhältnis zur West-CDU gleichermaßen vom „Block der strukturellen Opportunisten", der hier dem Typ II zugeordnet wird. Beide wollten die CDU nicht nur in ihrer Faktizität annehmen, sondern hatten auch stark normativ geprägte Vorstellungen. Beide legten das Schwergewicht auf gesellschaftliche Reformen und eine gemeinsame Weiterentwicklung der programmatischen Grundlagen ihrer Partei. Dennoch lassen sich zwischen den beiden Gruppierungen charakteristische Unterschiede feststellen. Die Transformationseliten orientierten sich stärker an den gemeinsamen *histo-*

---

102 „Der politische Kampf gegen den Machtanspruch der PDS in Ostdeutschland ist etwas anderes als der Wettbewerb um Wähler" (Strategiepapier v. 15.11.1995, CDU LV Brandenburg, Material Klein). Daraus wird im folgenden zitiert. – Zur Position des CDU-Fraktionsvorsitzenden von Sachsen-Anhalt, Christoph Bergner, der ebenfalls für eine *inhaltliche* Auseinandersetzung mit der PDS plädiert, vgl. Berliner Zeitung, 9.8.1996.

rischen Wurzeln der CDU, die nun wieder freilagen und auch ein kritisches Element gegen das „weiter so" der Parteimaschinerie der CDU-West enthielten. Eine einfache Rückkehr in den „Mutterschoß" der Partei war freilich nicht mehr möglich, denn die Entwicklung war in beiden Teilen Deutschlands weitergegangen.[103]

So friedlich die Revolution in der DDR gewesen war, so schmerzhaft waren die Veränderungsprozesse, die sie dort ausgelöst hatte. Die Irritationen im Osten zeigten aber auch den Reformbedarf des Westens auf und konnten für notwendige Veränderungen im Osten wie im Westen genutzt werden. Zwar hatte sich die Überlegenheit des westlichen Systems der sozialen Marktwirtschaft und der parlamentarischen Demokratie gegenüber der unproduktiven Plan- und Mängelwirtschaft des realen Sozialismus erwiesen; die ökologischen, industriepolitischen und menschenrechtlichen Probleme im nationalen und globalen Rahmen waren damit aber noch nicht gelöst und verlangten nach neuen Konzepten. Der bloße Transfer des Politikmodells der West-CDU in die Ex-DDR genügte dafür nicht; die Erosion der Volksparteien und die Abnutzungserscheinungen des Parlamentarismus in der alten Bundesrepublik waren deutliche Symptome für den Erneuerungsbedarf. Die Herstellung der inneren Einheit im neuvereinigten Deutschland wurde hier daher als ein langer, schwieriger Transformations- und Integrationsprozeß verstanden, in den möglichst viele Kräfte miteinbezogen werden müßten.

Die Vorstellungen der Induktionseliten zeigten sich in den Interviews hingegen weit weniger homogen: „Modernisierer", Konservative und Christlich-Soziale agieren hier mit- und nebeneinander, wobei die Grenzen zwischen diesen Gruppierungen oft unscharf bleiben. Einen gemeinsamen Nenner für die meisten Interviewpartner bildet die Identifikation mit dem Begriff „Wertkonservatismus". Darunter wird zumeist ein „gemäßigter Konservatismus" verstanden, der sich von struktur- oder systemkonservativen Varianten abhebt, inhaltlich jedoch relativ diffus bleibt: Erhaltenswertes soll erhalten bleiben, aber auch Neues geschaffen werden, das sich zu bewahren lohne. Für manche Befragte kristallisiert sich darin die Auf-

---

103 Dr. Müller verwandte für die Ost-CDU das anschauliche Bild eines eingegrabenen „Stahlstabs", der künstlich und mit viel Energie im Sinne des Sozialismus (Enteignung, Gleichschaltung der Partei, Kollektivierung der Landwirtschaft) verbogen worden sei. Nun, da sich das System als unproduktiv erwiesen habe, schlage der revolutionäre Prozeß wie ein Pendel zurück und auch in die westlichen Verhältnisse hinein (Interview Dr. Müller).

forderung zur Grundsatzfestigkeit gegen einen bloß tagespolitischen Pragmatismus oder auch eine dezidierte Kritik am „Zeitgeist".

Damit ist auch ein Politikverständnis anvisiert, das sich nicht nur von
dem der alten DDR, sondern auch vom bundesdeutschen Politikstil kritisch
abhebt. Dem Typus des „Politokraten" oder „Politbürokraten" der Ex-
DDR, dessen Eigenschaften – z.B. Obrigkeitsfixierung und Bürokratismus
– nach der Wende (auch in der CDU) fortlebten, wird damit ebenso ein anderes Politikerideal entgegengesetzt wie den „Lobbyisten" und „Interes-
senpolitikern" westdeutschen Zuschnitts. In Ostdeutschland könne – so
vermutete z.B. ein DA-Politiker – ein Typus des „Parlamentariers" wieder-
erstehen, der die nach Art. 38 GG geforderten Qualitäten Freiheit, persönliche Unabhängigkeit und Uneigennützigkeit wieder zur Geltung bringe.
Konträr zu dieser frühbürgerlich-idealistischen Perspektive vertraten andere Gesprächspartner die Auffassung, gegen eine Wiederauflage der „alten
Politik" mit ihren abstoßenden Erscheinungsformen wie Subalternität, Ab-
gehobenheit und Korrumpierbarkeit helfe nur eine Verwurzelung der aktiven Politiker in ihrer Basis.

Für die meisten Befragten bietet so das System der parlamentarischen
Demokratie trotz mancher Kritik dennoch die beste Grundlage für ihr politisches Handeln; es gibt freilich auch Befürworter eines präsidentiellen
Regierungssystems.[104] Eine Ausweitung plebiszitärer Elemente zugunsten
stärkerer Partizipationsmöglichkeiten der Bürger wird zumeist befürwortet;
in diesem Zusammenhang wird auch auf die Erfahrungen der Runden Tische und auf die Vorarbeiten zu den Landesverfassungen hingewiesen.

Trotz der starken Betonung einer wertorientierten Politik findet sich bei
den Induktionseliten – gerade auch bei hochgradig wertgeladenen Themen
wie z.B. der Frage des § 218 oder der Familienpolitik – eine breite Palette
von konservativen bis liberalen Auffassungen. Primat hat bei den Sachthemen die Modernisierung der Wirtschaft sowie die Schaffung von Arbeitsplätzen. Allerdings gibt es keinen Konsens darüber, *wie* der Umbau
der realsozialistischen Planwirtschaft in ein marktwirtschaftliches System
zu bewerkstelligen sei: Das Spektrum reicht von Vertretern industriepoliti-
scher Konzepte bis hin zu dezidierten Anhängern marktwirtschaftlicher
Dogmen. Bei einem größeren Teil der Befragten zeigt sich andererseits

---

104 Vgl. dazu auch die Ergebnisse der Untersuchung von Patzelt 1994. – Patzelt
  geht u.a. der Frage nach, ob die ostdeutschen Parlamentarier das Institutio-
  nengefüge und die Funktionsweise des parlamentarischen Regierungssystems
  begriffen hätten und danach handelten oder ob die Funktionslogik dieses Systems sozusagen „hinter ihrem Rücken" wirkte.

auch ein unreflektierter wirtschaftspolitischer Voluntarismus mit dem Ziel, die private Wirtschaft anzukurbeln, soziale Härten aber tunlichst zu vermeiden. Die Rolle des Staates ist in der Ost-CDU noch nicht eindeutig definiert: Ob er nur die Rahmenbedingungen schaffen oder – zumindest zeitweise – auch eine aktive Industriepolitik betreiben soll, ist weithin unklar. Auch die Instrumente einer aktiven Arbeitsmarktpolitik sind umstritten.

Daß die Definition von Grundwerten für die CDU-Akteure des Typs IV nach dem Systembruch naturgemäß eine zentrale Rolle spielte, ist nicht verwunderlich, hatte doch der zusammengebrochene reale Sozialismus ein Wertedefizit und einen Trümmerhaufen ideologischer Versatzstücke hinterlassen. Die extensive Grundwertediskussion diente den Induktionseliten nicht zuletzt auch der Abgrenzung gegen die „Blockis", die nur allzu schnell umschalteten und sich in die neuen Machtstrukturen einzufädeln versuchten. Ausgangspunkt für die Neuorientierung war nun das christliche Menschenbild und dessen Abgrenzung von der Ideologie des Kollektivismus. Das christliche Verständnis von Freiheit und personaler Würde sollte auch in der säkularisierten DDR-Gesellschaft wertmäßige Fundierung und Richtschnur für eine konservative Modernisierungsstrategie sein.

Allerdings unterschied sich die in der ostdeutschen CDU geführte „Wertedebatte" zunächst deutlich von dem Diskurs, der unter demselben Signum Anfang der neunziger Jahre in Westdeutschland aufgekommen war. Handelte es sich in Ostdeutschland um einen im Formierungsprozeß der CDU notwendigen programmatischen Rekonstruktions- und Selbstverständigungsversuch, so war diese Diskussion im Westen ein Symptom für die nach der Vereinigung in die Krise geratene Politik und hatte eher eine ideologische Ersatzfunktion: Die These vom Werteverfall lief auf eine Perhorreszierung der antiautoritären und kulturrevolutionären Tendenzen der 68er Bewegung als vermeintliche Auslöser von Individualisierungsschüben und Auflösungsprozessen in breiteren Segmenten der bundesrepublikanischen Gesellschaft hinaus und forderte eine Rückkehr zu Sekundärtugenden wie Pflicht, Opferbereitschaft und Gemeinwohlorientierung.

Die Rede des CDU-Fraktionsvorsitzenden Schäuble auf dem Berliner Parteitag 1993 setzte hier ein deutliches Signal.[105] Interessanterweise fand diese Volte in Ostdeutschland kaum Resonanz – zum einen deshalb, weil „1968" hier nicht stattgefunden hatte, und zum anderen, weil hier die realen Probleme der Wirtschafts- und Arbeitsmarktpolitik weit dringlicher er-

---

105 Vgl. dazu Schmidt 1993.

schienen als derartige „Überbau"-Phänomene. Die sächsischen „Revoluzzer" hatten ohnehin gegenüber der westdeutschen Studentenbewegung keine Berührungsängste und sahen zudem die ideologische Komponente dieser Debatte.

Daß Steffen Heitmann, den die CDU-Spitze als ostdeutschen Kandidaten für das Amt des Bundespräsidenten präsentierte, sich auf diese westdeutsche Argumentationsschiene schieben ließ, erwies sich – in Ost wie West – als ein fataler politischer Fehler, der freilich weniger Heitmann selbst als seinen West-Beratern anzulasten sein dürfte. Heitmanns Image wurde durch seinen Fall in seinem ostdeutschen Umfeld, wo seine Verdienste für die Bürgerbewegung unbestritten waren, denn auch kaum beschädigt.

Eine „Wertedebatte", die spezifisch ostdeutsche Sichtweisen, Prioritäten und „Befindlichkeiten" durchdeklinieren und damit auch Anstöße für die Reformdiskussion in den westdeutschen CDU-Landesverbänden geben wollte, setzte erst Anfang 1996 ein. Ausgelöst durch ein „Streitpapier" aus der CDU-Fraktion im Landtag von Mecklenburg-Vorpommern[106], spiegelt diese Debatte eine tiefe Verunsicherung in der ostdeutschen CDU-Anhängerschaft wider, die vor allem auf das Ausbleiben eines selbsttragenden wirtschaftlichen Aufschwungs in Ostdeutschland, das anhaltende West-Ost-Gefälle und die Stabilisierung der PDS als dritte politische Kraft in den neuen Bundesländern zurückzuführen ist. So diffus und teilweise widersprüchlich das Schweriner Papier in seinen inhaltlich-konzeptionellen und parteistrategischen Aussagen auch blieb, so explosiv war seine Wirkung, weil es ihm nach der ersten Legislaturperiode erstmals gelang, die Ost-West-Spannung auf die Agenda der Partei zu bringen.[107]

Im Verlauf dieser Diskussion wurde deutlich, daß der für breite Teile der ostdeutschen Wählerschichten charakteristische Wertekonflikt bis weit in die CDU-Anhängerschaft hineinreichte: Zwar begrüßte man den sozialökonomischen Wandel und auch das mit diesem tiefgreifenden Umbruch verbundene Risiko; andererseits wurden vertraute und nun gefährdete Orientierungsmuster wie Sicherheit, Geborgenheit und Kontinuität nachträglich wieder aufgewertet. In der Konsequenz zieht das für die CDU die

---

106 Der Fraktions- und stellvertretende Parteivorsitzende der CDU in Mecklenburg-Vorpommern, Eckhardt Rehberg, hatte bereits vor dem Karlsruher Parteitag der CDU 1995 angekündigt, ein "Streitpapier" unter dem Titel "CDU 2000" auszuarbeiten (vgl. FAZ, 16.11.1995). Im Januar ließ er dem ein „Werte"- und „Strategiepapier"unter dem Titel „Identitätsgewinn im Aufbau Ost" folgen, das in der Partei eine wochenlange Ost-West-Debatte auslöste.

107 Vgl. Schmidt 1996a, 1996b, 1996c sowie unten, Kapitel 11.

Aufgabe nach sich, den Kanon der Grundwerte aus dem Grundsatzprogramm (Freiheit, Gerechtigkeit, Solidarität) mit den Alltagserfahrungen
der ostdeutschen Bevölkerung im System der sozialen Marktwirtschaft in
Einklang zu bringen, denn er benötigt eine „Übersetzung" für ihre Mentalitäten und ihr Wertgefüge, wenn er nicht unverbindlich bleiben soll. Solche
semantischen Strategien schlagen sich derzeit in den Entwürfen zu einer
„Grundwerte-Erklärung" der brandenburgischen CDU nieder; sie sind auch
in der Stellungnahme der Zukunftskommission der CDU-Thüringen zum
Diskussionspapier der CDU in Mecklenburg-Vorpommern erkennbar.[108]
    Auffällig ist das völlige Desinteresse der Induktionseliten an der ver-
borgenen Subversivität des von den Transformationseliten ausgearbeiteten
Programms der DDR-CDU aus dem Jahr 1990 – eine Tatsache, die angesichts des starken Interesses an der Programmarbeit und Fragen der Gesell-
schaftsreform verwundert. Die Protagonisten der Induktionseliten beteiligten sich statt dessen an den Vorarbeiten zum neuen Grundsatzprogramm
der CDU, das im Februar 1994 auf dem Hamburger Parteitag verabschiedet wurde. Ihre Einflußmöglichkeiten lassen sich sowohl an ihrer guten
personellen Repräsentation in der Programmkommission als auch an der
Quantität und Qualität der von ihnen eingebrachten Anträge ablesen.[109]
Die Interessen der Sachsen galten insbesondere der Erweiterung der sozialen Marktwirtschaft um die ökologische Komponente sowie der Parteireform. Demgegenüber blieben die Einflüsse aus Thüringen und Brandenburg, wo es keine vergleichbaren „think tanks" gab, weit weniger prägnant.
    Konkretere Aussagen über politische Orientierungen – z.B. die
Selbsteinordnung auf dem Rechts-Links-Kontinuum – wurden in den Interviews zumeist vermieden: Man wolle sich über Inhalte definieren und
lehne eine „Gesäßgeographie" ab. Begriffe wie „links" oder „rechts" wurden zumeist als wenig aussagefähig bezeichnet; eine Lokalisierung in der
„Mitte" erschien vielen Befragten unproblematischer. Auch wenn der Ter-
minus „links" abgelehnt wurde, so war doch in vielen Befragten des Typs
IV der Wunsch nach einer sozial gerechten Gesellschaft und Weltordnung

---

108 Vgl. oben Kapitel 8.4.1. sowie „Grundwerte der CDU in Brandenburg"
    (12.8.1996); vgl. auch „Stellungnahme der Zukunftskommission der CDU-
    Thüringen zum Diskussionspapier zur Werte- und Strategiedebatte 'CDU
    2000' in Mecklenburg-Vorpommern: 'Identitätsgewinn im Aufbau Ost'"
    (26.3.1996).
109 Vgl. 5. Parteitag der CDU Deutschlands, Hamburg 1994, Anträge. – Arnold
    Vaatz war von September 1991 bis Januar 1993 stellvertretender Vorsitzen-
    der der Programmkommission.

tief verwurzelt; insofern seien – so hieß es manchmal selbstironisch – 50 Jahre DDR-Geschichte doch nicht spurlos an ihnen vorübergegangen.

Gefragt nach der Identifikation mit einer der drei für die Union konstitutiven politischen Strömungen des Konservatismus, Liberalismus und der Christlichen Demokratie wurde häufig argumentiert, die Parteiflügel seien in Ostdeutschland noch nicht so ausgeprägt wie in den alten Bundesländern; man habe sie und ihre Exponenten noch nicht ausreichend kennenlernen können und wolle sich nicht mit vordergründigen Zuschreibungen begnügen. Angesichts der relativ zufälligen Auswahl der bundesdeutschen Politiker, mit denen die Akteure der „Allianz" nach der Wende während der Wahlkämpfe und über die Landesverbände in Kontakt gekommen waren, war diese Scheu tatsächlich nicht unbegründet.

Die Schwierigkeiten, sich in einem – analog zum in der Alt-Bundesrepublik gewachsenen, in Ostdeutschland aber noch nicht etablierten – Parteienspektrum zu verorten, zeigen sich auch in der Abgrenzung zu anderen Parteien, insbesondere zur SPD und den Bündnisgrünen: Schnittflächen sind vorhanden, die Distanzen je nach Sachthemen (Wissenschafts- und Technologiepolitik, Arbeitsmarkt- und Sozialpolitik u.a.m.) nicht selten unterschiedlich ausgeprägt.[110]

Aufschlußreich sind in diesem Zusammenhang auch die Antworten auf die Frage, welche Politiker die Befragten als Vorbilder oder Leitfiguren betrachteten: Sie begrenzen sich nicht durchgängig auf das Personarium der CDU, sondern reichen in das Reservoir der SPD hinein. So wurde etwa – neben Willy Brandt und Helmut Schmidt – auch der „Macher" Gerhard Schröder als Vorbild genannt. Manche Befragte spalteten ihre Sympathien für bestimmte Politiker auf beide Volksparteien auf, je nachdem, um welches Politikfeld es sich handelte.

Generell zeigte sich bei den Induktionseliten eine sachbezogene und auf eine konstruktive Zusammenarbeit hin orientierte Einstellung zur politischen Konkurrenz, die nicht zuletzt auch auf den gemeinsamen Politikerfahrungen der Wendezeit basierte.

---

110 Überschneidungsbereiche gab es allerdings auch mit dem rechtskonservativen und rechtsextremen Spektrum. Ein Berliner Gesprächspartner äußerte deutlich antisemitische Ressentiments; er wechselte später zu den Republikanern über.

Bei den Namensnennungen kristallisieren sich vier Muster heraus:

- Eindrücke von persönlichen Begegnungen mit Landespolitikern der West-CDU in der Wendezeit und den Wahlkämpfen des Jahres 1990 (Wallmann, Süssmuth, Blüm u.a.). Damit verbinden sich erste Erfahrungen mit westlichem Politikstil und politischer Professionalität, die bleibende Spuren hinterlassen haben. Von manchen Befragten werden diese Eindrücke als sehr persönliche Erfahrungsausschnitte aber auch wieder relativiert.
- Akteure der Bundes-CDU, die mit dem Management des deutschen Einigungsprozesses befaßt waren (insbesondere Schäuble, Seiters, Bohl). An Generalsekretär Rühe scheiden sich – wie zu erwarten war – die Geister bei den Transformations- und Induktionseliten.
- Für den Parteivorsitzenden und Bundeskanzler, Kohl, äußern fast alle Befragten große Bewunderung; sie gilt nicht nur dem Staatsmann und Bewerkstelliger der deutschen Einheit, sondern auch seinen parteiorganisatorischen Integrationsleistungen und seinem innerparteilichen Kommunikationstalent.
- Es fällt auf, daß primär westdeutsche Politiker der Gegenwart und jüngeren Vergangenheit genannt wurden, ostdeutsche Politiker gar nicht, ausländische nur selten (z.B. Gorbatschow oder der polnische Außenminister Bartoszewski). Bezüge auf historische Figuren fehlen bei Typ IV so gut wie ganz; für Befragte des Typs III sind aus der Parteigeschichte der DDR-CDU überlieferte Orientierungen (z.B. Albert Schweitzer) noch präsent.

10.3. Resümee

10.3.1. Die Wiederentdeckung des "politischen Feldes"

„Paradox, aber wahr: Die allem anderen übergeordnete Funktion staatssozialistischer 'Politiker' bestand in der Zerstörung des 'politischen Feldes'; darin, *sich* an seine Stelle zu setzen. Was man in bezug auf den Osten denken muß, ist eine *Ver*selbständigung des Politischen vermittels und auf der Grundlage des exakt gegenläufigen Prozesses, der *Ent*selbständigung spezifisch politischer Strukturen, Rekrutierungskriterien, Wettbewerbsformen. Nur wer die Prinzipien versteht, die diese politische Praxis regulierten – *apolitische Politik, d.h. Politik ohne 'Politiker'* *und 'politisches Feld'; Privatisierung des Politischen* –, kann auch die in diese Praxis Eingeschalteten verstehen".[111]

Was der Ost-Berliner Soziologe Wolfgang Engler für den „proletarischen König", die politischen „Großfiguren", beschreibt, strahlte auch auf ihre Satelliten und Satrapen aus. Im „Demokratischen Block", in der „Nationalen Front" war die Konkurrenz unter den Parteien, der Kampf um die Macht, aufgehoben. Weil die SED ihre politischen Gegenspieler faktisch ausgeschaltet hatte, erhielt sie als „schließlicher Triumphator dieses Prozesses" auch die Macht und die Fähigkeit, „'sich unabhängig von dem zu definieren', was andere politische Akteure tun und denken".[112]

Die CDU-Führung reproduzierte diesen Prozeß spiegelbildlich. Längst hatte sich der CDU-Vorsitzende Götting, dessen politische Karriere einst durch Vertreter der sowjetischen Militäradministration und der SED befördert worden war, von der Politik verabschiedet oder – wie viele seiner früheren Mitarbeiter sagen – „abgehoben". Die Parteiakten enthüllen die Spätfolgen dieses Prozesses: Für Götting ließen sich das Private und das Politische nicht mehr trennen, weil er die Politik privatisierte. Was nach der Wende in den von der de-Maizière-Führung angestrengten Korruptionsverfahren gegen die Parteileitung an die Öffentlichkeit drang[113], war nur die Spitze dieses Eisbergs. Der höchste Repräsentant der Block-CDU hatte sich seinen pseudo-bürgerlichen Lebensstil mit einer Abstinenz von der Politik erkauft. Er liebte die Repräsentation und das Reisen; er war ein leidenschaftlicher Briefmarkensammler, bestellte Bücher, Anzüge, Möbel, Klaviere und Bilder und verschönerte sein Feriendomizil mit Parteigeldern, die direkt aus der Staatskasse flossen. Die Parteiarbeit überließ er seinem Stellvertreter Heyl, der als politischer Kopf der Ost-CDU galt und rudimentäre Strukturen einer politischen Partei aufrechterhielt.

Die zentrale Botschaft des „Briefes aus Weimar" war denn auch – angesichts der Krise des Staates und der „geistlosen Nicht-Politik" der Staatsführung, aber auch der Ost-CDU – die Wiedergewinnung der Dimension des Politischen. Sie gipfelte in der Forderung nach einem eigenständigen politischen Profil der CDU, die an der Basis begierig aufgegriffen wurde. Die CDU sollte sich wieder zur *politischen Partei* zurückverwandeln, die die Unterordnung unter die SED und die Selbstbescheidung auf die zweite Reihe aufkündigte.

---

111 Engler 1995: 27.
112 Ebd.
113 Vgl. oben Abschnitt 5.3.1.

Diese Rückkehr in die Politik setzte eine Restrukturierung der Partei in verschiedenen Bereichen voraus: Neben organisatorischen Strukturveränderungen und einer ideologisch-programmatischen Neuorientierung erforderte sie einen Austausch bzw. eine Neuformierung der Führungsgruppen der Partei auf allen Ebenen von den Kreisvorständen aufwärts. Innerparteiliche Auseinandersetzungen und Machtkämpfe waren damit vorprogrammiert. Objektiv gesehen, waren die Positionskämpfe Teil eines Strukturierungsprozesses, in dem sich nicht nur das Image der Partei, sondern auch die Partei selbst allmählich veränderte. In diesem Prozeß stellte die Kategorie Alt/Neu freilich schon bald nicht mehr das einzige Kriterium dar; generell ging es um einen Lernprozeß, in dem die ostdeutschen Politik-"Amateure" ihre Politikfähigkeit erst unter Beweis stellen mußten – und dies betraf „Alte" wie „Neue".

10.3.2. Elitenformationen und die Transformation der Ost-CDU

Auf das Führungspersonal der Ost-CDU insgesamt angewendet, ist der Elitebegriff nur mit Einschränkungen sinnvoll. So handelte es sich bei dem Personarium der Ost-CDU weder um eine „Gegenelite", die den Umsturz in der DDR betrieben und selbst nach der politischen Macht gestrebt hätte, noch um Funktionsträger, die direkt an der Macht im SED-Staat beteiligt gewesen wären. CDU-Kader hatten zwar mit zu den DDR-Funktionseliten gehört, waren aber an den politischen Entscheidungen nicht beteiligt gewesen und hatten stets nur die zweite oder dritte Reihe gestellt. Diese inferiore Rolle war nicht ohne Einfluß auf die politische Mentalität der Ost-CDU geblieben. Auch die „politische Sozialisation" im – unpolitischen – Unterbau des Blockparteiensystems, aus dem sich nach der Wende ein Teil der neuen Führungsschichten der Ost-CDU rekrutierte, hatte mentale Vorprägungen hinterlassen, die im politischen Prozeß nicht selten hinderlich waren und die sich erst allmählich abschliffen. Sie resultierten aus dem Fehlen einer Streitkultur, der Tabuisierung von Dissens und Konflikt, den Schwierigkeiten der Interessenartikulation und -vermittlung, der Vermischung von Privatem und Politischem und schlugen sich immer wieder in verdeckten Konkurrenzen, Intrigen und Individualismen nieder. Solche Denk- und Verhaltensmuster wirken bis heute nach und erschweren – je nach Landesverband in unterschiedlicher Ausprägung – den Prozeß der Elitenbildung in der Ost-CDU, zumal auch die Elitepotentiale aus den personellen Zuflüssen der Akteursgruppen der Bürgerrechtsbewegung quantitativ begrenzt geblieben sind.

In dieser Arbeit werden unter „Eliten" mehr oder weniger autochthone Führungsgruppen verstanden, die nach dem Kriterium ihrer Funktion für den Wandel der Ost-CDU nach der Wende fünf Formationen bzw. Typen zugeordnet werden, deren Gemengelage in aufeinanderfolgenden Phasen untersucht wird. Der Elitebegriff wird zwar benutzt, aber in diesem Sinne zugleich konkretisiert.

Zusammenfassend läßt sich die Transformation der Ost-CDU als ein mehrstufiger Prozeß der Elitenformation mit im Zeitverlauf variablen Elitenkonfigurationen charakterisieren. In der ersten Phase, im Herbst 1989, ging es den Akteuren – den „nachrückenden Blockeliten" (Typ II) wie den „Transformationseliten" (Typ III) – zunächst darum, den Sturz Göttings und des Sekretariats des Hauptvorstandes herbeizuführen und eine reformfähige Gruppierung zustandezubringen, die den Transformationsprozeß und die Neuverteilung der Macht organisierte. Insofern stand die „Altlasten"-Frage damals nicht auf der Tagesordnung. Vor und nach dem Sonderparteitag im Dezember 1989, auf dem sich die Transformationseliten durchsetzten, aber auch durch die Reorganisation der Landesverbände befördert, fand dann in der Ost-CDU ein Umschichtungsprozeß statt, in dem zahlreiche hauptamtliche Funktionäre ihre Ämter verloren und die Gruppierungen des Typs II weiter ausgedünnt wurden. Die Neuorientierung schlug sich auch in der Ausarbeitung eines neuen Parteiprogramms der DDR-CDU nieder, das Integration und Identifikation stiften sollte.

Den Transformationseliten wuchs im Vereinigungsjahr 1990 nach dem überwältigenden Wahlerfolg der Ost-CDU bei der Volkskammerwahl im März 1990 schon bald mehr politische Verantwortung zu, als im Herbst 1989 vorauszusehen war. Während der zweiten Phase zwischen der Regierungsbildung in Ost-Berlin und der Vereinigung der alten Bundesrepublik mit der Ex-DDR, in der die Modalitäten der Vereinigung ausgehandelt und vertraglich vereinbart wurden, übernahm freilich die bundesdeutsche CDU-Führung mehr und mehr eine Leitfunktion, und zwar sowohl im staatlichen Vereinigungsprozeß als auch gegenüber der Ost-CDU. Wenngleich die Vorbehalte gegen die Erben der Blockpartei noch nicht restlos ausgeräumt waren und z.T. auf die nachrückenden Block- und Transformationseliten übertragen wurden, so gestaltete sich doch die Kooperation zwischen der Bonner CDU und den Führungsgruppen der Ost-Berliner CDU, der de-Maizière-Regierung sowie den Volkskammer-Abgeordneten in dieser Phase zwangsläufig sehr eng. Die Elitenkonstellationen in den

Landes- und Kreisverbänden wurden von der Bonner Führung hingegen nicht systematisch beobachtet; dieses Terrain blieb den angrenzenden Landesverbänden oder Partner-Organisationen aus dem Westen überlassen.

Die West-CDU befand sich in dieser Phase in einem doppelten Dilemma, das sich auch auf die Elitenbildungsprozesse im Osten auswirkte: Obwohl sie sich in ihrer Parteirhetorik stets als „Partei der deutschen Einheit" bezeichnet hatte, war sie vom Zusammenbruch der DDR kaum weniger überrascht worden als ihre politischen Kontrahenten. Auch sie hatte es in den vergangenen Jahren versäumt, eine operative Deutschlandpolitik zu entwickeln und konzeptionell wie personell zu konkretisieren. Beziehungen zur DDR-CDU hatte die CDU-Spitze noch bis nach der Wende abgelehnt; mehr Sympathien hatte sie für Teile der DDR-Opposition, die aber als Machtfaktor kaum relevant war. Mangels politischer wie personeller Ressourcen war sie darauf angewiesen, die anstehenden Probleme mit einer Folge von Ad-hoc-Strategien und personellen Kompromissen zu bewältigen.

Währenddessen hatten die Stimmengewinne der CDU bei den Volkskammer- und Kommunalwahlen dazu geführt, daß das Personalreservoir der Blockpartei voll ausgeschöpft werden mußte, um Ämter und Mandate besetzen zu können. Die Strukturen und das Personal der Blockpartei bildeten damit de facto den Grundstock der potentiellen Machtbasis der CDU: Auf ihn gestützt, hatte sie die größten Chancen, in den Wahlkämpfen des Jahres 1990 die strukturelle Mehrheit in der Ex-DDR zu erreichen. Dort, wo Gräben zwischen Alt- und Neu-CDU oder zwischen Berlin und den regionalen Zentren aufbrachen, taktierte die Bonner CDU-Führung aus Furcht vor Reibungsverlusten bzw. Spaltungstendenzen zunächst höchst vorsichtig; die strukturelle Konkurrenz der Induktions- und der Übergangseliten mußte in kooperative Handlungsstrategien übersetzt werden.

Den Einflußverlust der Transformationseliten beförderten interne wie externe Gründe: konträre Strategien zum Einigungsprozeß und personelle Rivalitäten in der Führungsgruppe, die Verengung der Handlungsalternativen durch den rapiden Zerfall der Noch-DDR, der Vollzug der Parteifusion am 1./2. Oktober 1990 als Anschluß der Ost-Landesverbände an die Bundes-CDU und die Rücknahme eigener programmatischer Profilierungsbestrebungen, der Autoritätsverlust de Maizières durch die Stasi-Vorwürfe, die zunehmende Rückendeckung aus Bonn für die Induktionseliten u.a.m.

Die unter dem enormen Druck des Wahljahres stillgestellten Widersprüche und Konflikte brachen erst in einer dritten Phase auf, in der sich der Kampf um die „structures of opportunity"[114] zuspitzte. Der Versuch, sich nach den Wahlen der „Blockflöten" (womit Typ II wie Typ III gemeint waren) zu entledigen, löste unter den Betroffenen den Vergleich mit dem Mohren, der seine Schuldigkeit getan hatte, aus und verschärfte die innerparteilichen Konflikte nur noch weiter. Andererseits war den Induktionseliten klar, daß die Attraktivität der Ost-CDU für neue Zielgruppen begrenzt blieb, solange alte Kräfte in den Führungsgremien der Partei dominierten. Zu ihrem Bedauern war der Elitenaustausch nach der Wende viel zu früh abgebrochen worden und nicht konsequent in allen Bereichen der DDR-Gesellschaft realisiert worden. So blieben unterhalb des neu eingezogenen formalen Gerüsts der politischen und rechtlichen Ordnung personelle Kontinuitäten und Beziehungsgeflechte erhalten, in denen sich Reststrukturen der alten DDR-Gesellschaft perpetuierten; darin war auch die CDU mehr verwoben, als sie selbst es wahrhaben wollte.[115] Dieser Restauration alter Machtstrukturen und Besitzstände sagten die Induktionseliten jedoch den Kampf an.

Die Induktionseliten haben es unterdessen geschafft, aus der Position einer winzigen Minderheit heraus zu einer bestimmenden Kraft in den Führungsgruppen der Ost-CDU zu werden.[116] Trotz dieses Erfolges befinden sie sich aber gegenüber der Majorität aus Alt-CDU-Kadern und Angepaßten nach wie vor in einer prekären Situation, die ständig neu austariert werden muß. Kalküle der Parteiraison und des Machterhalts sind letztendlich bestimmend. So fühlen sich etwa die sächsischen „Erneuerer" bei der Umsetzung innerparteilicher Reformvorhaben durch den Ministerpräsidenten, dem sie selbst den Weg bereitet hatten, nicht ausreichend unterstützt. Biedenkopf – unbestritten ein glänzender Wissenschaftler, Rhetoriker und Visionär – handle in der politischen Praxis durchaus konventionell, die Synchronisation der Aufgaben (der politische Systemtransfer, der Aufbau des Landes, die Zwänge des Tagesgeschäfts u.a.m.) erfordere zu viel Kraft, um darüber hinaus Energien für Strukturveränderungen und Reformprojekte frei zu haben.

Das Politikverständnis der Induktionseliten ist gekennzeichnet durch ihr Streben nach politischer Unabhängigkeit. Damit grenzen sie sich von der großen Mehrheit jener ab, die ihre Positionen durch Wohlverhalten gegen-

---

114 Herzog 1982: 90.
115 Der Kampf gegen die „roten Socken" und die PDS hatte daher für manche CDUler auch eine Entlastungsfunktion.
116 Dieser „Abenteuerroman" (Vaatz) ist in Kapitel 7 eingehend beschrieben worden.

über den Mächtigen zu erkaufen trachteten. In solchen Einstellungen leben nach ihrer Ansicht nicht nur politische Mentalitäten weiter, die sich in vierzig Jahren sozialistischer Nivellierung in den Köpfen ausgeprägt hätten: Der sozialistische Obrigkeitsstaat sei für viele nur durch eine andere Form des Obrigkeitsstaats abgelöst worden. Anpassung und Unterordnung seien aber eine schlechte Absicherungsstrategie. Die beste Lebensversicherung in der Politik sei hingegen der Basisbezug.

Die Induktionseliten verhalten sich daher wie „politische Unternehmer", die sich aufgrund der Anerkennung ihrer Leistung vor Ort selbst durchsetzen und nicht dadurch, daß sie sich an einen „Hofstaat" hängen. Dieser Rückhalt erlaubt es einigen ihrer Protagonisten, ihre politischen Überzeugungen vertreten zu können, selbst wenn dies im Einzelfall der Parteidisziplin zuwiderläuft. Insofern stellen die Induktionseliten – nicht nur mit ihren inhaltlichen Vorstellungen, sondern auch als belebendes Element in der Parteikultur – für die CDU eine innovative Kraft dar, die auch auf die Gesamtpartei eine stimulierende Wirkung ausüben könnte.

Ob und wie diese Einflüsse aufgenommen werden, ist aber derzeit noch eine offene Frage. In jedem Fall bilden die Induktionseliten ein auch für die Bundes-CDU längerfristig interessantes Elitenpotential. Zunächst muß sich freilich zeigen, ob sich diese Gruppierungen auch weiterhin in ihren landespolitischen Kontexten durchsetzen können, wenn dort – wie zu erwarten – die Diadochenkämpfe um die Nachfolge der Ministerpräsidenten Biedenkopf und Vogel aufbrechen werden und möglicherweise auch neue politische Konstellationen entstehen.

10.3.3. Zur Verankerung der Eliten in der Ost-CDU

10.3.3.1. Fluktuation, Kontinuität und der „Faktor Zeit"

Die Positionskämpfe im Zuge der Parteierneuerung hatten in der Ost-CDU nach der Wende eine starke Fluktuation des Führungspersonals zur Folge; Blockparteien-Vergangenheit und Stasi-Verbindungen, aber auch andere Irregularitäten und Schwachpunkte waren die Hauptursachen der Rücktritte, die es auf fast allen Ebenen der Partei gegeben hat. Besonders spektakulär war der Wechsel an der Spitze der Landesregierungen von Sachsen-Anhalt, Thüringen und Mecklenburg-Vorpommern, wo die Minister-

präsidenten 1991/92 „wie Dominosteine kippten".[117] Wie zuvor schon in
Sachsen, wurden nun auch in Sachsen-Anhalt und Thüringen die Landes-
regierungen, z.T. auch der Parteivorsitz, durch Transfereliten aus dem
Westen stabilisiert. Einen Rekord stellte der CDU-Landesverband Bran-
denburg auf, in dem in der Zeit von 1990 bis 1995 vier gewählte
(Schirmer, de Maizière, Fink, Hartfelder) und zwei amtierende Parteivor-
sitzende (Haupt, Dr. Wagner) aufeinander folgten. Die Entwicklung an der
Spitze der Landesverbände verweist auf den „Faktor Zeit" bei der Her-
ausbildung autochthoner Führungsgruppen in der Ost-CDU: Solange CDU-
Politik ohnehin vor allem von Bonn aus oder durch die Staatskanzleien der
Ost-Länder bestimmt wird, machen sich diese Defizite für die Partei of-
fensichtlich nicht gravierend bemerkbar. Dies erklärt auch, warum die
CDU-Spitze den Landesorganisationen allenfalls mit Personaltransfers zur
Seite steht, größere Eingriffe aber zu vermeiden sucht.

Auffällig ist auch die Fluktuation in den Fraktionen. Hier stellte sich
bereits in der ersten Legislaturperiode heraus, daß ein Teil der in den
chaotischen Nominierungsversammlungen 1990 aufgestellten Kandidaten
für die Landtage, insbesondere aber auch für den Bundestag, den Aufgaben
nicht gewachsen war und deshalb nicht wieder aufgestellt wurde. Hier
scheinen bereits die Selektionsmechanismen des parlamentarischen Systems gegriffen zu haben, auch wenn im Vorfeld der Kandidatenaufstellungen für die Wahlen 1994 der Alt/Neu-Konflikt noch einmal eine große
Rolle spielte.

10.3.3.2. Fragmentierung und Verankerung

In der Ost-CDU sind gegenwärtig keine *politischen Strömungen oder
Parteiflügel* erkennbar. Damit fehlt ein wichtiger Mechanismus, mit dem
zumindest ein Teil der für die Elitenbildung negativen Auswirkungen von
Fragmentierung, Fluktuation und Blockierung aufgefangen werden könnte.[118] So kooperieren z.B. die Induktionseliten kaum miteinander über die
Ländergrenzen hinweg; demgegenüber sind die personellen Vernetzungen
bei den Transformationseliten ausgeprägter und bei den nachrückenden
Blockeliten des Typs II vermutlich am stärksten ausgebildet. Zwar gibt es
einige *informelle Kreise* oder Zirkel, in denen sich Gleichgesinnte auf örtlicher Ebene zusammenfinden: So treffen sich die sächsischen Modernisie-

---

117 Der Spiegel, Nr. 29/1991: 78 ff..
118 Vgl. Raschke 1993: 457.

rer in Abständen von ca. zwei Monaten im „Gesprächskreis 2000" oder die
ehemaligen Mitglieder des DA in einem eigenen Gesprächskreis; national-
konservativ Gesinnte haben in Sachsen ein „Deutschland-Forum" und in
Brandenburg den „Potsdamer Kreis" gegründet. Der Einfluß dieser informellen Gruppierungen auf die Partei hängt freilich nicht zuletzt von den
intellektuellen und politischen Ressourcen ihrer Mitglieder und ihrer Öffentlichkeitsarbeit ab. Hier sticht vor allem der „Gesprächskreis 2000"
hervor, der sich freilich nicht gegen die sächsische Landespartei abschotten
will und sich auch intern nicht auf ein eindeutig definierbares politisches
Spektrum festlegen läßt. Der DA-Gesprächskreis, dem sich noch ca. 300
Personen zugehörig fühlen, trägt eher den Charakter einer – allerdings
nicht bundesweit vorhandenen und daher auch nicht als solche anerkannten
– Suborganisation. Um das „Deutschland-Forum", dessen Gründung grö-
ßeres Aufsehen erregt hat, ist es mittlerweile still geworden; der
„Potsdamer Kreis" tritt auf Parteiveranstaltungen gelegentlich mit kurzen
Verlautbarungen an die Öffentlichkeit.

Eine *horizontale Fragmentierung*, d.h. die Abschottung der Parlaments-
und Parteieliten, ist in der Ost-CDU vorhanden, aber je nach Landesverband unterschiedlich ausgeprägt. Die CDU in Ostdeutschland läßt sich generell insofern als „Fraktionspartei" bezeichnen, als in *allen* neuen Bundesländern die Parlamentsfraktionen, vor allem aber die Regierungsapparate,
personelle und finanzielle Ressourcen bereitstellten, während die Landesorganisationen der Partei durch die Parteireorganisation, die Positionskämpfe zwischen Alt- und Neumitgliedern sowie den rapiden Mitgliederschwund zunächst völlig darniederlagen.

Die extremste Variante eines Antagonismus zwischen Fraktions- und
Parteiführung hatte sich im Landesverband Brandenburg ausgebildet, wo
sich die CDU in der Opposition befand. Hier entwickelte sich die Fraktion
unter Peter-Michael Diestels Führung wegen der desolaten Verhältnisse im
Landesvorstand zu einem Machtzentrum, das mit der Parteiführung in
ständigem Widerstreit lag. Erst allmählich wurde durch den systematischen Aufbau der Landespartei ein Gegengewicht hergestellt. Die personellen Schwächen der Fraktion einerseits und die Selektionsmacht der
Landespartei bei den Nominierungen für die Landesliste andererseits trugen mit dazu bei, daß sich die Gewichte unterdessen zugunsten der Partei
verschoben haben.

In Sachsen stellt die Staatsregierung unter Kurt H. Biedenkopf, der zugleich Ministerpräsident und Landesvorsitzender ist, das Machtzentrum
dar, das auf die Fraktion wie die Partei ausstrahlt. Eine große Bedeutung

hat aber auch die kommunale Parteiebene, wo die Kreisvorsitzenden und kommunalen Mandatsträger sogenannte „Platzhirsche" oder „kleine Könige" sind; wo, wie hier, die meisten Landtagsabgeordneten direkt in den Wahlkreisen und nicht über die Landesliste gewählt werden, gibt es zwischen diesen Ebenen auch starke Verflechtungen in der Form von Interessengemeinschaften und Klientelsystemen.

In der thüringischen CDU wurde eine Verflechtung der Parteiebenen und die Repräsentation verschiedener regionaler wie sozialer Gruppierungen von Ministerpräsident Vogel, der zugleich Parteivorsitzender ist, als Ziel des Listenvorschlags für die Landtagswahl 1994 bezeichnet. Auch in Thüringen, das zu Zeiten der Volkskammer 1990 noch als „Republik der Landräte und Bürgermeister" galt, gibt es noch heute starke kommunale Parteiverbände und Interessen.

Hinsichtlich der *vertikalen Fragmentierung*, d.h. der Trennung von Landes- und Bundeskarrieren, fällt auf, daß die CDU-Bundestagsabgeordneten in ihren Landesverbänden weitgehend einflußlos sind, wenn sie sich nicht zugleich in ihren Wahlkreisen verankern können. Dies gilt insbesondere für Sachsen und Thüringen, wo im übrigen auch die Präferenzen der aktiven Politiker stärker auf eine Landeskarriere hin ausgerichtet sind. Die brandenburgische CDU bildet hier die Ausnahme, was auf ihre Oppositionsrolle zurückzuführen ist.

Die Kooperation der Bundestagsabgeordneten aus den neuen Ländern bzw. der Landesgruppen der CDU/CSU-Bundestagsfraktion in Ostdeutschland hat sich seit der Erarbeitung des „Erfurter Papiers" intensiviert.[119] Eine Verfestigung dieser Zusammenarbeit zu einer „Landesgruppe Ost" analog zur CSU wurde bisher aber mit dem Argument abgelehnt, eine solche Separation wirke im Westen eher kontraproduktiv. Um ihre Anliegen durchzusetzen, müßten sich die relativ schwachen Ost-Verbände vielmehr mit starken Landesverbänden der West-CDU wie Nordrhein-Westfalen oder Baden-Württemberg verbünden.[120] Nach dem Vorstoß des Sprechers der ostdeutschen Bundestagsabgeordneten, Dr. Paul Krüger, ist diese Diskussion Anfang 1996 wieder heftig entfacht worden. Einer „Landesgruppe-Ost" fehlen allerdings nicht nur die historisch gewachsenen kulturellen Traditionen eines spezifischen territorialen Sonderbewußtseins, sondern auch andere wichtige Voraussetzungen wie Personal und Eigenständigkeit.[121]

---

119 Interview Kronberg.
120 Interview Dr. Wagner.
121 Vgl. Schmidt 1996c; vgl. auch FAZ, 8.1.1995.

Schließlich ist festzuhalten, daß CDU-Politik in allen neuen Bundesländern nur von relativ wenigen Personen bzw. kleinen Gruppen gemacht
wird.[122] Der politische Einfluß informeller Gruppierungen bzw. „strategischer Cliquen"[123], die sich um parteiunternehmerisch tätige Politiker
gruppieren, ist manchmal größer als der gewählter Repräsentanten und
Gremien. Gleichzeitig geht die Bereitschaft ehrenamtlicher Mitarbeiter zur
Beteiligung immer mehr zurück, d.h., daß die Attraktivität von Politik für
breitere Teile der Bevölkerung in den neuen Ländern weiter nachläßt und
die Schere zwischen Polit-Profis und politisch Inaktiven wieder aufklafft.
In dieser Tendenz sehen die basisorientierten Eliten ein Alarmsignal, das
auf Defizite und Verschleißerscheinungen der Politik verweist.

---

122 In diesem Punkt scheint sich die CDU nicht von anderen politischen Parteien
   zu unterscheiden, was für allem für die politische Präsenz der kleineren Parteien ein erhebliches Problem darstellt.
123 Den Begriff übernehme ich von Joachim Raschke 1993: 390. Er bezeichnet
   damit eine strategisch handelnde, stark vernetzte Kleingruppe, die zur Strukturierung und Stabilisierung einer Organisation beiträgt.

11. Die Ost-CDU auf dem Weg zur Volkspartei? Resümee und Ausblick

In dieser Arbeit ist der Umbruch in der CDU in Ostdeutschland nach der Wende in verschiedenen Phasen und Handlungsräumen untersucht worden. Die Analyse des Umbaus und der Neuformierung der Block-CDU bis zum Ende der ersten Legislaturperiode erfaßt einen Teilbereich des postsozialistischen Transformationsprozesses in der Ex-DDR, dessen Entwicklung bisher noch keineswegs abgeschlossen ist. Da der Wandel in Ostdeutschland mit der deutschen Neuvereinigung einherging, stellt er im Vergleich zu den Umbrüchen in den anderen mittel- und osteuropäischen Transformationsgesellschaften einen Sonderfall dar: Dank der Integration in eine funktionierende moderne Industriegesellschaft versprach die ehemalige DDR zunächst zum „Musterfall einer erfolgssicheren Strategie der transitiven Transformation" zu werden.[1] Daß dieser „deutsche Sonderweg" einer „Transformation qua Vereinigung" freilich nicht nur günstige Bedingungen mit sich brachte, sondern besondere Probleme zeitigte, die sich auch auf die Entwicklung der Parteien und des Parteiensystems in Ostdeutschland auswirkten, ist heute – sechs Jahre nach der Neuvereinigung – offensichtlich. So verschärften die einseitig durch die westdeutsche Exekutive festgelegten Modi der Transition die wirtschaftliche Transformationsproblematik und beeinträchtigten damit auch die Rahmenbedingungen für die Etablierung und Akzeptanz einer westlich geprägten kapitalistischen Wirtschaftsform und der parlamentarischen Demokratie. Zum anderen hatten die „vereinnahmende Organisationspraxis" der westdeutschen Parteien und Verbände sowie die Dominanz externer Akteure Folgen für das System der politischen Interessenvermittlung und die Elitenstruktur, die nicht zu Unrecht als „partielle Kolonialisierung" bezeichnet worden sind.[2] Mit Ausnahme der PDS, die sich derzeit als eine Art „Lega Ost" etabliert, wirken die Parteiorganisationen im Osten wie „Hohlkörper"[3], die nach wie vor innerhalb der westdeutschen Organisationslogik agieren.

---

1   Die Transformation vollzog sich hier in der Form der vertraglichen Selbstauflösung der DDR und dem Beitritt dieses Territoriums zur Bundesrepublik Deutschland. Damit war nicht nur das *Ziel*, sondern auch das *Instrumentarium* der Transformation festgelegt (vgl. Wiesenthal 1991: 4; Offe 1994: 249 ff.).

2   Vgl. Wiesenthal 1991: 20; Offe 1994: 269 f.; Abromeit spricht von einer „Vertretungslücke" (Abromeit 1992: 445).

3   Eine Formulierung von Rolf Reißig, die auch von Christoph Dieckmann verwendet wurde.

Für eine detaillierte Untersuchung des Parteiensystems, insbesondere auch der Entwicklung einzelner Parteien in der ehemaligen DDR erweist sich die Makroperspektive der Transformationsforschung freilich als viel zu weitmaschig[4]; aus ihrer Sicht präsentiert sich die ostdeutsche Transformationsgesellschaft als quasi subjektlos. Um die von außen kaum sichtbaren und oft widersprüchlichen Prozesse in Teilbereichen des Systems der politischen Interessenvermittlung in Ostdeutschland analysieren zu können, ist ein Perspektivenwechsel notwendig, der auch die Prozesse auf der Meso- und Mikroebene in den Blick nimmt und die Akteursperspektive nicht ausblendet. Denn die Akteure sind nicht durchweg „policy takers", die am Tropf der „Bonner Politik" hängen, sondern sie sind – so meine These – an der Bildung und Veränderung von Strukturen selbst aktiv beteiligt. Auch sind die Parteistrukturen nach der Ausdehnung der formalen Organisationsgerüste der Westparteien in Ostdeutschland noch nicht überall gleichermaßen durchgebildet und verfestigt. Gerade diese Fluidität und Unübersichtlichkeit bietet den politischen Akteuren vielfach wesentlich größere Handlungsspielräume als in der alten Bundesrepublik.

Die beiden Leitfragen der vorliegenden Arbeit beziehen sich auf einen doppelten Strukturierungsprozeß, nämlich die *interne Strukturierung* der Partei und das *Verhältnis der Partei zu ihrer Umwelt*:

• Wie entsteht aus der heterogenen Gemengelage politischer Kräfte unter dem Dach – oder besser dem Stahlgerüst – der West-CDU eine politikfähige Partei?

• Gelingt es der CDU, sich als bürgerliche Volkspartei ohne gewachsenen substrukturellen Unterbau in der Ex-DDR, die noch immer Züge einer vorwiegend kleinbürgerlich geprägten Unterschichtgesellschaft trägt, zu verorten? Auf welche Basis stützt sie sich als „C"-Partei in einer weitgehend säkularisierten Gesellschaft? Welche Möglichkeiten hat die CDU, den Umbau der zusammengebrochenen zentralistisch geleiteten Planwirtschaft in eine mehr oder weniger sozial ausgestaltete kapitalistische Marktwirtschaft voranzutreiben und dafür die Unterstützung einer Anhängerschaft zu mobilisieren, die zum Teil noch (bzw. wieder) den Denkmustern des gescheiterten Staatssozialismus verhaftet ist?

---

4   Die Transformationsforschung befaßt sich vor allem mit der vergleichenden Analyse von Verfallsursachen und -verläufen, Mechanismen des Elitenwechsels, Phasenbildung usw. Zur Kontroverse zwischen struktur- und prozeßorientierten Untersuchungsansätzen bzw. system- und akteurszentrierten Forschungsperspektiven vgl. Merkel 1994; s. auch Plasser/Ulram 1993 sowie neuerdings von Beyme/Offe 1995.

Zur Analyse der Häutungen, Brüche und Neuformierung der noch bis vor kurzem in das staatskonforme Blockparteiensystem eingebundenen DDR-CDU, die sich nach dem Systemwechsel in einem sich neu strukturierenden politischen Feld wiederfindet und die sich nun – in einer Art „enharmonischer Verwechslung" – der dominanten West-Regierungspartei anverwandelt, wurde in dieser Studie ein akteurszentriertes Strukturierungskonzept verwendet, das Handlungspotentiale wie Handlungskontexte und -restriktionen in den Blick nimmt.[5] *Selbststrukturierung* beinhaltet, daß verschiedenartige Akteure, die sich in einer neuen oder sich umgruppierenden Partei zusammenfinden, entsprechend ihren selbstgesetzten Zielen einen Konsens, eine kollektive Identität, finden müssen. In einem Prozeß der Inklusion und Integration sowie der Aus- und Abgrenzung muß die Partei erneut ihr Selbstverständnis, ihr Organisationsprofil und ihr politisches Kraftfeld definieren. *Vorstrukturierung* meint, daß dies nicht voraussetzungslos geschieht: Vorgängige Organisationserfahrungen, ideologische und parteihistorische Bezugspunkte, mentale Dispositionen der Akteure, auch ihre Netzwerke und ihre Feindschaften (sowohl aus der Blockpartei als auch aus der Bürgerbewegung) fließen ebenso mit ein wie – nicht immer bewußte – Verhaltensorientierungen und Spurenelemente aus den Tiefenschichten überkommener politischer Kulturen. *Fremdstrukturierung* bezieht sich auf die Wirkung externer Faktoren, d.h. die von der Bundes-CDU transferierten formalen Parteistrukturen sowie andere Einflüsse der Westpartei, sie bezieht sich generell aber auch auf die Anpassung an die Strukturen des politischen Systems der Bundesrepublik (repräsentative Demokratie, Mehrparteiensystem, Bündelung und Durchsetzung von Interessen, Massenmedien etc.).

Damit ist das Spannungsfeld der Untersuchung über die Formierung der CDU in Ostdeutschland abgesteckt. Zwei gegenläufige Strukturierungsansätze für die zentrale Organisationsebene sind schon 1990 gescheitert: Der eine hätte noch vor der Volkskammerwahl einen Bruch mit der Organisationstradition der Block-CDU und einen demonstrativen Neuanfang bedeu-

---

5 Vgl. Giddens 1992; Raschke 1993. – Akteure und Strukturen werden hier in einem Wechselverhältnis gesehen. Die Herausbildung, Reproduktion und Veränderung von Strukturen ist ein Prozeß, der sich – so Raschke (ebd.: 24) – „immer durch das Handeln und das Bewußtsein der Akteure hindurch vollzieht", vermittelt über Rahmenbedingungen, Handlungsfelder und Situationen (vgl. auch oben: Einleitung).

tet[6]. Der andere – von einem Kreis um de Maizière unternommene – Versuch, Identität und Integration einer Reform-CDU in Ostdeutschland im Rekurs auf das historische Erbe der CDU Jakob Kaisers zu stiften, wurde noch vor der Parteifusion im Sommer 1990 abgebrochen und war mit der Absorption der kurz zuvor wiedergegründeten Landesverbände durch die West-CDU beendet.

Die Identitätslücken, die diese beiden Grundentscheidungen hinterlassen haben, sind eigentlich erst heute erkennbar; sie können offenbar nicht durch eine bloße Übernahme von Organisationsformen und Werten aus dem Westen geschlossen werden. Das „Streitpapier" aus der CDU-Fraktion Mecklenburg-Vorpommerns, das Anfang 1996 wochenlange Diskussionen über eine mangelnde „Ost-Identität" der CDU auslöste[7], erwies sich zudem als ein guter Indikator für die Tektonik in der Ost-CDU, in der es noch immer mehrere Bruchlinien gibt: Ebenso wichtig wie die zunehmend deutlicher hervortretende Ost-West-Spaltung sind die Gräben in der Ost-CDU selbst. Denn hier beginnt sich eine politisierte Neuauflage des Alt/Neu-Konflikts zwischen einem Teil der (in der Parteikultur der Ost-Landesverbände nach wie vor dominanten) Blockparteifraktion und den sächsischen Erneuerern abzuzeichnen, in dem es nicht mehr primär um Vergangenheitsbewältigung, sondern um die Modernisierung des Sozialstaats bzw. um die Behandlung künftiger Verteilungskonflikte geht.[8] Der Vorstoß der Gruppierung um den Fraktionsvorsitzenden der CDU in Mecklenburg-Vorpommern, Rehberg, und den Sprecher der ostdeutschen CDU-Bundestagstagsabgeordneten, Krüger, die dezidiert ostdeutschen Interessen und Mentalitäten in der Gesamt-CDU zur Geltung verhelfen will, traf in den westdeutschen Medien auf ein breites Interesse, weil er eine

---

6   Er mißlang bereits im Vorfeld der Volkskammerwahl und vor der Bildung der „Allianz für Deutschland" aufgrund taktischer Erwägungen in der Spitze der West-CDU unter dem Primat des Parteienwettbewerbs und der Stimmenmaximierung. – Einen solchen Neubeginn hat 1989/90 keine Blockpartei gewagt.

7   Vgl. CDU-Fraktion Mecklenburg-Vorpommern, Identitätsgewinn im Aufbau Ost (Januar 1996); Paul Krüger, 14 Thesen zum Ost-Profil der CDU (Dezember 1995). – Interessanterweise brach diese Debatte erst in der zweiten Legislaturperiode und im Zusammenhang mit der Stabilisierung der PDS als „Ostpartei" auf. Aus der in der Bundespartei recht gut repräsentierten CDU Mecklenburg-Vorpommerns waren bis dahin keine inhaltlich-programmatischen Anstöße gekommen.

8   Die sächsischen „Modernisierer" wenden sich ebenso gegen westdeutsche „Besitzstandswahrung" wie ostdeutsche „Larmoyanz" und „Verteilungsmentalität".

Stimmung zum Ausdruck brachte, die von der CDU-Führung nicht mehr übergangen werden konnte.[9] Es ist absehbar, daß die Spitze der Bundes-CDU diesen Mehrheitsflügel in der Ost-CDU aus Gründen des Machterhalts (ungeachtet aller Kanalisierungsversuche) mittelfristig ernster nehmen wird als die minoritäre Reform- und Dissidentenfraktion in der sächsischen CDU.[10]

Bei der Strukturierung der CDU, die auf Landes- bzw. Regionalebene unter jeweils anderen Bedingungen und Konstellationen stattfand, interessieren in der vorliegenden Arbeit nicht nur die Entmischungsprozesse von alten Blockkräften und „Erneuerern", sondern darüber hinaus unterschiedliche Handlungsstrategien und Strukturierungsansätze von Parteiakteuren bzw. aktiven Minderheiten, die die Konfliktstrukturen und das politische Profil der jeweiligen Organisationen prägen. In den von mir in drei Regionalstudien untersuchten Fällen (Sachsen, Brandenburg, Eichsfeld/Thüringen) zeigen sich verschiedene Möglichkeiten strategischer Wahl.[11] In einem Kontrastverfahren wurden drei Strukturierungsvarianten herausgearbeitet: 1. eine „Konfliktstrategie", 2. eine „Integrationsstrategie" und 3. eine „organisationspolitische Optimierungsstrategie". In der sächsischen CDU, in der sich das intellektuelle Potential der „Erneuerer" konzentriert, sind die Reformkräfte wesentlich stärker entwickelt, konfliktfähiger und konzeptionell innovativer als in den anderen ostdeutschen Landesverbän-

---

9   Vgl. auch Stellungnahme der Zukunftskommission der CDU Thüringen zur Werte- und Strategiedebatte „CDU 2000" in Mecklenburg-Vorpommern (April 1996) sowie Schmidt 1996b, 1996c.

10 Hier zeigt sich eine Parallele zur SPD, in der sich ebenfalls eine zunehmende Sprachlosigkeit zwischen SDP-Gründern und den west- wie ostdeutschen Parteipragmatikern bemerkbar macht.

11 Die Bedeutung partei*interner* Entscheidungsprozesse zur Erklärung des Erfolgs oder Mißerfolgs von Parteien und Parteifamilien in unterschiedlichen (oder sich verändernden) Arenen des Parteienwettbewerbs ist auch Gegenstand der neueren parteientheoretischen Debatte. So formuliert z.B. Herbert Kitschelt in seinem Buch „The Transformation of European Social Democracy" explizit die These, daß die Verjüngung der sozialdemokratischen Parteien in Westeuropa und ihre Anpassung an veränderte Bedingungen des Wählermarkts eine Frage sei, die nicht primär durch externe Faktoren – also den institutionellen Rahmen, politisch-ökonomische Zwänge oder sozialstrukturelle Veränderungen in der Wählergesellschaft – entschieden werde. Entscheidend sei vielmehr, *wie* die Parteiführungen und Aktivisten auf eben diese Voraussetzungen reagierten und welche Prozesse der Strategiebildung und der Durchsetzung von Präferenzen für den politischen Wettbewerb in den Parteien selbst stattfänden. Kitschelt untersucht dies in drei Bereichen: 1. Strategien gegenüber der Wählerschaft, 2. Dynamik der Parteiorganisation, 3. ideologischer Diskurs (vgl. Kitschelt 1994).

den der CDU. Aber auch die Eichsfeld-CDU stellt als Milieupartei einen belastbaren Faktor in der ostdeutschen CDU dar. In der brandenburger CDU gibt es den interessanten Versuch, die Landespartei mit dem Konzept einer von betriebswirtschaftlicher Logik inspirierten Organisationsrationalität vom Parteiapparat her neu durchzustrukturieren und als handlungsfähige Opposition aufzubauen.

Allen drei Varianten liegt auch ein unterschiedliches Verständnis von Macht zugrunde, das sich sowohl auf die innerparteilichen Spaltungslinien als auch auf die Position der jeweiligen Parteiorganisationen im Parteienwettbewerb beziehen läßt: Ging es den Erneuerern in Sachsen darum, sich als winzige Minderheit gegen die übermächtige Dominanz des Blockparteien-Milieus zu behaupten, den Diskurs in der dominierenden Landespartei zu bestimmen und aus den in Regierung und Fraktion errungenen Machtpositionen heraus eigene Konzepte zur Modernisierung der ost- (und west-) deutschen Gesellschaft durchzusetzen, so ist in Brandenburg die Durchorganisierung der diffusen Partei überhaupt erst eine Voraussetzung dafür, sie langfristig als Oppositionspartei gegenüber der Stolpe-SPD politikfähig zu machen. Für eine kleine Gruppe in der Parteizentrale ist diese Strategie zugleich Vehikel der Macht. Von Protagonisten des Milieus in der Eichsfeld-CDU wird Macht hingegen – im Sinne Hannah Arendts[12] – nur dann als legitim betrachtet, wenn sie sich auf einen breiten Konsens stützt. „Alte" DDR- und „neue" bundesrepublikanische Machtstrategien werden hier gleichermaßen verachtet. Diese Haltung beeinflußt auch ihre Strategie gegenüber der Wählerschaft, die nicht auf kurzfristiges „vote-seeking" und Polarisierung, sondern auf längerfristige Überzeugungsarbeit setzt – eine Haltung, die angesichts der Mehrheitsverhältnisse in diesem Gebiet freilich auch kein größeres Risiko beinhaltet.

Schaubild 10 komprimiert die verschiedenen Strukturierungsansätze, die in dieser Arbeit dargestellt werden. Unterschiedlich, ja gegenläufig, bilden sie doch in ihrer Addition einen bezeichnenden Ausschnitt aus der Realität der Union in Ostdeutschland. Betrachtet man die Unionsparteien primär

---

12   „Macht entspringt der menschlichen Fähigkeit, nicht nur zu handeln oder etwas zu tun, sondern sich mit anderen zusammenzuschließen und im Einvernehmen mit ihnen zu handeln." Und: „Macht besitzt eigentlich niemand, sie entsteht zwischen Menschen, wenn sie zusammen handeln, und sie verschwindet, sobald sie sich wieder zerstreuen." Hannah Arendt geht – so Habermas – von einem kommunikativen Handlungsmodell aus. Macht bedeutet „nicht die Instrumentalisierung eines fremden Willens für eigene Zwecke, sondern die Formierung eines gemeinsamen Willens in einer auf Verständigung gerichteten Kommunikation." (Vgl. Habermas 1979: 288.)

unter dem Aspekt, ob sie als politische Kraft die strukturelle Mehrheit in Deutschland behaupten, so geraten regionale Unterschiede und Ungleichzeitigkeiten leicht aus dem Blick. Für eine Aussage über Konsistenz und Perspektiven der ostdeutschen CDU ist die Analyse von Strategien, mit denen in den föderativen Gliederungen Organisationsfragen, Programmatik, Eliten- und Milieubildungsprozesse angepackt werden, jedoch unverzichtbar.

Mit dem Ende der Kanzlerschaft von Helmut Kohl wird auch in der West-CDU die Zeit der scheinbar sicheren Antworten zu Ende gehen. Kohl stellt derzeit noch – ganz besonders in Ostdeutschland – eine alle Gruppierungen überwölbende Integrationsfigur dar. Es bleibt abzuwarten, ob die in Ostdeutschland gewachsenen Optionen und Interessen in die nach Kohls Abtreten mit Sicherheit aufbrechenden innerparteilichen Auseinandersetzungen einfließen werden und wie das Personaltableau der Union am Ende der neunziger Jahre aussehen wird. Immerhin hatte eine jüngere Generation von ostdeutschen CDU-Politikern in den Jahren seit der Wende die Gelegenheit, sich wie unter einer Art Schutzhaube, im Windschatten der Bonner CDU, zu professionalisieren. Sie könnte sich in der Ära nach Kohl, in der tatsächlich ein Generationswechsel fällig ist, stärker in den Vordergrund einer „Berliner" CDU spielen und die Agenda der Partei mitbestimmen.

Schaubild 10: Orientierungen und Handlungsfelder von CDU-Eliten
                in Ostdeutschland

	1989/90-1991	*1989*	*1990*	*1991*
Radius	Zentrale Berlin	Region Eichsfeld	LV Sachsen	LV Brandenburg
Elitenformation	Transformationseliten	„Organische Intellektuelle" des Milieus*	Induktionseliten	Transfereliten
Programm/ Orientierung	Konziliarer Prozeß (Frieden, soziale Gerechtigkeit, Bewahrung der Schöpfung)	Liberale Zentrumstradition	Grundsatzprogramm Parteireform Gesellschaftliche Modernisierung	Module für einzelne Politikfelder Politische Semantik: Übersetzung von Grundwerten für ostdeutsche Mentalitäten
Legitimation/ Selbstverständnis	„Retraditionalisierung mit progressivem Vorzeichen"	„Christlicher Gesellschaftsverein"	DDR-Opposition/ Aufarbeitung der Vergangenheit	Parlamentarische Opposition
Strategien	„Übergang in Würde"	Milieusicherung	Innovation Konflikt	Organisationspolitik Effizienzsteigerung Polarisierung
Verhältnis zur Bundes-CDU	kritisch/ defensiv	Vorbild: CSU	konsensuell	kooperativ

* In Anlehnung an den Begriff von Antonio Gramsci.
Die alte Blockelite und die nachrückenden Blockeliten (Typ I und II) sind in diesem Schaubild nicht berücksichtigt worden, da sie – ebenso wie die alte Parteiführung um Götting – keine Rolle mehr spielen und auch die Bedeutung der sogenannten Blockflöten als Hinterbänkler tendenziell zurückgeht.

Das Schaubild kontrastiert Typen und bietet keine Aufschlüsse über Quantitäten von Akteuren oder Akteursgruppen.

Eine der Ausgangsfragen dieser Arbeit war, ob und wie sich die CDU ohne
einen Unterbau gewachsener Interessengruppen, funktionierender Vorfeldorganisationen und einer belastbaren Mitgliederbasis in Ostdeutschland als
„Volkspartei" etablieren könnte. Als Resümee ergibt sich, daß die Transformation der Block-CDU in eine Volkspartei westdeutschen Typs bisher
nur ansatzweise gelungen ist. Deutliche Indizien dafür sind die Schwierigkeiten bei der Heranbildung neuer unbelasteter und politikfähiger Eliten
sowie beim Ausbau der Parteiorganisation:

- In der Umbruchphase entstand in der Ost-CDU eine Gemengelage unterschiedlicher Führungsgruppen und Machtansprüche. Auch wenn die
einst führenden Blockeliten längst abgelöst worden sind und auch der
politische Einfluß nachrückender Block- und Transformationseliten
dahinschwand, so ist der Entmischungsprozeß von alten und neuen
Akteursgruppen auf der mittleren und unteren Parteiebene noch nicht
abgeschlossen; parteikulturell ist die Blockpartei noch immer präsent,
zumal die „Personaldecke" der Ost-CDU nach wie vor viel zu kurz
ist.[13] Der interne Strukturierungs- und Politisierungsprozeß der Partei
ist daher noch im Gange.
- Unterhalb des formalen Parteigerüsts, das im Zuge des Fusionsprozes-
ses von der Bundes-CDU transferiert wurde, verfügen die ostdeutschen
CDU-Landesverbände noch keineswegs flächendeckend über einen adäquaten Unterbau in der Mitgliederschaft und im vorpolitischen Raum.
Zwar verhalf die Magnetwirkung des westdeutschen Wirtschafts- und
Sozialsystems (und deren Personifikation durch den Bundeskanzler) der
Union bisher zu ihren Wahlerfolgen in Ostdeutschland; die Partei kann

---

13 So führt selbst in Sachsen, der Hochburg der CDU im Osten, der Mitgliederschwund dazu, daß die Anzahl der CDU-Mitglieder die der Mandatsträger
bald kaum noch überschreiten wird (vgl. Tagesspiegel, 25.9.1996). Die Lük-
ken in den Spitzenpositionen konnten zwar durch Transfereliten aus dem
Westen zeitweise überbrückt werden; allerdings führte das, wie das Debakel
in Sachsen-Anhalt zeigte, nicht in jedem Fall zu einer dauerhaften Lösung. –
Die Elitenschwäche der Ost-CDU resultiert nicht zuletzt daraus, daß potentielle Führungskräfte im Staatsapparat und in der Wirtschaft in der DDR-Zeit
von der SED absorbiert wurden, während sich das Personal der Block-CDU
mit der inferioren Rolle in der zweiten Reihe begnügte. Neue Elitenpotentiale
für die CDU sind in der Ex-DDR erst im Entstehen. Die alten Funktionseliten
verharren teils in der PDS, teils im Wartestand; sie konnten bisher weder von
der CDU noch von der SPD integriert werden, weil dies beide Parteien gesprengt hätte.

sich aber (noch) nicht wie im Westen auf gewachsene Organisationsstrukturen, eigene finanzielle Ressourcen, eine belastbare Mitgliederschaft und feste Parteibindungen in der Wählerschaft stützen. Gesellschaftliche Neustrukturierungs-, Schicht- und Milieubildungsprozesse, in denen sich voneinander abgrenzbare Parteibasen und Zielgruppen herausbilden könnten, haben in Ostdeutschland erst eingesetzt;
für die Neubildung charakteristischer Parteimilieus der christlichen
Demokraten fehlen heute zudem (etwa im kirchlichen Raum) die nöti-
gen historisch-gesellschaftlichen Voraussetzungen. Insofern ist ein
Vergleich mit der Formierungsphase der CDU in der westdeutschen
Nachkriegsgesellschaft nur bedingt möglich.[14]

Beide Volksparteien befinden sich in Ostdeutschland wohl noch für eine
längere Zeit in einer Art „Schwebezustand" über einer sich sozial, politisch
und mental umstrukturierenden Basis und Bevölkerung; die kleineren Parteien sind im Osten kaum präsent.[15] Im Vergleich zur SPD besitzt die
CDU im Osten zwar weit größere Chancen, „Volkspartei" zu werden, da
sie sich die Klientel der Blockpartei und damit einen Teil der DDR-
Gesellschaft inkorporierte[16], während die SPD ihre Partei nach vierzigjäh-
rigem Organisationsverbot völlig neu aufbauen muß. Andererseits handelte
sich die CDU damit auch ein massives Integrationsproblem ein: West- und
Ost-CDU unterscheiden sich – wie gezeigt – in der sozialen Zusammensetzung und im Wertgefüge ihrer Anhänger derzeit noch signifikant.
Angesichts dieses Befundes stellt sich die Frage, ob sich das Postulat einer stärkeren Basisverankerung der CDU im Osten nicht auf ein überkommenes Attribut des historisch ausgeprägten Typs der Massen- und Integra-
tionspartei bezieht, der sich auch in Westdeutschland schon bald überlebt
haben könnte. Die Parteien in Ostdeutschland wären somit Vorreiter eines
Strukturwandels der politischen Parteien bzw. einer Entwicklungstendenz,
die in eben diese Richtung weist. Quer zum Fazit der Analysen eines sol-

---

14 Als Sammlungspartei wurde die Union, die in ihrer Frühgeschichte erst ver-
    schiedene Strömungen des Bürgertums und der christlichen Arbeiterschaft
    integrieren mußte, durch Kanzler Adenauer und den Regierungsapparat zu-
    sammengeklammert. Ohne die strukturierende und mobilisierende Wirkung
    verschiedener, damals noch existenter politischer und lokaler Milieus, insbe-
    sondere der christlichen Arbeiterbewegung, wäre die Erfolgsgeschichte der
    Union nach 1945 freilich nicht denkbar. Solche Milieus sind in der Ex-DDR
    nur noch in Spuren vorhanden.
15 Vgl. auch Möller 1994.
16 Vgl. Dieckmann, in: Die Zeit, Nr. 31, 26.7.1996: 5: „Die CDU ist Volkspartei
    nicht obwohl, sondern *weil* sie die DDR so unverfroren beerbte."

chen Strukturwandels[17] gibt es aber auch Argumente dafür, daß die Volksparteien, die sich seit den fünfziger Jahren in der interessengeleiteten Konkurrenzgesellschaft der alten Bundesrepublik herausgebildet haben und, ungeachtet aller Erosionserscheinungen, noch immer als durchsetzungsfähig erweisen, zumindest zwischenzeitlich auch und gerade für die ostdeutsche Bevölkerung eine wichtige Funktion als Instrument der Integration und Interessenartikulation haben könnten. Denn:

- Die großen Parteien setzen in einer parlamentarischen repräsentativen Demokratie noch immer die Rahmenbedingungen für die zukünftige gesellschaftliche Entwicklung. Ihre Legitimation basiert auf der Zustimmung einer breiten Mitgliederbasis, ohne die ihr innerer Zusammenhalt geschwächt und ihr Durchsetzungspotential drastisch gemindert wäre. Da in den kommenden Jahren die gesellschaftlichen Konflikte eher zu- als abnehmen dürften, ist eine Repolitisierung der Volksparteien nicht auszuschließen. Wollen die Ostdeutschen ihre Interessen in dem größer gewordenen Deutschland gemeinsam mit den Westdeutschen vertreten, so müssen sie diese Chancen nutzen.
- Im Zuge der deutschen Neuvereinigung haben die großen Volksparteien die Aufgabe übernommen, die Bevölkerung der Ex-DDR in eine stabile demokratische Republik zu integrieren. Wenn es zutrifft, daß sich der Ost-West-Gegensatz durch *alle* Parteien (ausgenommen die PDS als Ostpartei) hindurchzieht, so muß die Integration auch in den Parteien selbst stattfinden. Als bloße Filialen der Westparteien mit einer „geliehenen Identität" hätten CDU wie SPD in der ostdeutschen Parteienlandschaft keine ausreichende Existenzgrundlage. Konkret heißt das, daß die Parteiführungen die östlichen Gliederungen nicht nur vom Westen aus verwalten, sondern sie auch an der innerparteilichen Macht beteiligen müßten. Vice versa zwingt die Umbruchkrise die ostdeutschen Parteigliederungen dazu, eigenständige, konkrete politische Vorstellungen zur Neustrukturierung und Modernisierung der Ex-DDR zu entwickeln und in die öffentliche Diskussion einzubringen, wenn sie nicht bloße Anhängsel der Westparteien sein wollen. Eine solche Konturierung würde nicht nur ihren Ansprüchen auf eine stärkere personelle Repräsentanz in den Parteigremien und -apparaten Nachdruck verlei-

---

17 Zum Strukturwandel der Volksparteien vgl. z.B. Raschke 1992, Lösche 1992, Wiesendahl 1992, Greven 1993, Grabow 1996.

hen, sondern könnte auch dazu beitragen, daß parteiinterne Interessenkonflikte nicht länger kalmiert, sondern offen ausgetragen würden.

- Sollte sich bei den ostdeutschen Wählern der Eindruck verfestigen, daß
  die Parteiorganisationen im Osten nur „Hohlkörper" sind, so bliebe der
  PDS ein Feld überlassen, wofür sie den anderen Parteien sicherlich
  dankbar wäre. Die PDS kann den Ost-West-Konflikt vermutlich noch
  längere Zeit politisieren[18], insbesondere dann, wenn die Verschärfung
  der wirtschaftlichen Aufbauprobleme im Osten auch zu einer Revitali-
  sierung der – von manchen Parteienforschern eben noch verabschiedeten – Konfliktlinie Kapital/Arbeit führt. In der Wahlforschung wurden
  solche Veränderungen bereits registriert und das Bild vom „modernen",
  sozialstrukturell ungebundenen, issue-orientierten Ostwähler korrigiert.[19]

- Eine bessere Verankerung der großen Parteien in der Basis läge – wie
  gerade diese Studie zeigt – im wohlverstandenen Interesse der ostdeutschen Teileliten selbst. Denn dies würde ihnen helfen, ihre innerparteiliche Stellung in den Positionskämpfen besser abzustützen und den verbreiteten Irrationalismen und Individualismen in den innerparteilichen
  Auseinandersetzungen im Osten entgegenzuwirken. Einer der maßgeblichen Gründe für die prekäre Situation der „Erneuerer" in Sachsen ist
  gerade der, daß es ihnen nicht gelungen ist, einen größeren Schub von
  Neueintritten auszulösen und damit ihre Basis in der Partei zu verbrei-

---

18 Anders Neugebauer/Stöss 1996: 281, 306, die der PDS als „milieuverhafteter
    Regionalpartei" in Ostdeutschland ein baldiges Ende prognostizieren.

19 So ergaben neuere Untersuchungen, daß ostdeutsche Arbeiter, die noch bei
    der Bundestagswahl 1990 in einem überwältigenden „cross-voting" zur CDU
    strömten, ihre Interessenvertretung unterdessen zunehmend bei SPD und PDS
    sehen, selbst wenn sie noch der CDU ihre Stimme geben (vgl. Gluchowski/
    Wilamowitz-Moellendorff, Paper zur DVPW-Tagung, AG: Parteienforschung
    1995). – Der Stimmungswandel schlägt sich in einer zwar langsamen, aber
    stetigen Abnahme des Stimmenanteils nieder, den die CDU noch 1990 unter
    den Arbeitern erzielte: Zwar ist die CDU in dieser Berufsgruppe noch immer
    Mehrheitspartei, allerdings erhöhte sich der Anteil der SPD an den Arbeiter-
    stimmen 1994 bereits um 10 Prozent. Von Winter (1996) bietet die plausible
    Erklärung an, daß die Reetablierung des sozioökonomischen Cleavages nicht
    als einfache Wiederbelebung, sondern als ein „kollektiver Lernprozeß" ge-
    deutet werden müsse, in dem „ein historisch in Vergessenheit geratenes
    Handlungsmuster durch Auseinandersetzung mit den gewandelten sozialen
    und politischen Gegebenheiten neu entwickelt" wurde. Faktisch bedeutet dies
    die Aufgabe der „Tabula-Rasa-These" und eine Differenzierung des „Ratio-
    nal-Choice-Ansatzes", demzufolge die „modernen" ostdeutschen Wähler ihre
    Entscheidung nach dem Muster des „Issue-voting" und frei von längerfristi-
    gen Bestimmungsgründen des Wahlverhaltens getroffen hätten.

tern. Die Strategie des „office-seeking" hat sich zwar zunächst ausgezahlt und ihnen, aus der Position einer winzigen Minorität heraus, Positionen in der Staatsregierung des Freistaats verschafft. Dies reicht aber auf Dauer nicht aus, weshalb sie sich denn auch in den Wahlkreisen als „politische Unternehmer" betätigen, um ihre Basis zu festigen und ihren Einfluß längerfristig zu sichern. Noch drängender stellt sich das Problem für die CDU als Oppositionspartei in Brandenburg mit ihrer schwachen Fraktion im Landtag, die keine kontinuierliche Politik gewährleisten kann. Welche Unabhängigkeit der Akteure sich hingegen aus einer Verankerung in einer breiten Basis auch im Verhältnis zu höheren Parteigremien ergibt, zeigt sich am Beispiel der CDU auf dem Eichsfeld.

- Eine professionelle Dienstleistungspartei, die auf das Engagement von Mitgliedern und ehrenamtlichen Mitarbeitern verzichten zu können glaubt[20], wäre im Osten derzeit wohl kaum finanzierbar; denn weder existiert hier bereits ein Potential zahlungskräftiger Spender, noch sind die Parteiführungen im Westen daran interessiert, ihre Transferleistungen an die Ostverbände aufzustocken. Wie das Beispiel der CDU in Mecklenburg-Vorpommern zeigte[21], kann die Reduktion der Investitionen in die Parteiorganisation zum gegenwärtigen Zeitpunkt nicht durch moderne Kommunikations- und Managementtechniken aufgefangen werden, sondern führt eher zum Niederbrechen der Parteiarbeit in der Fläche, wodurch letztlich auch die elektoralen Ressourcen der Partei in Ostdeutschland geschwächt werden.

Rund sechs Jahre nach der deutschen Neuvereinigung wird sich bald zeigen müssen, welche Konsequenzen die Parteizentralen der beiden Volksparteien aus ihren bisherigen Erfahrungen in Ostdeutschland ziehen werden. Anders als 1989 erwartet, befinden sich die Führungsspitzen heute in einer Art „strategischer Falle": Mit einem Wählerblock von annähernd 20 Prozent blockiert die PDS die Chancen beider Volksparteien, sich in drei der fünf neuen Bundesländern als mehrheitsfähige Kraft zu etablieren und zwingt CDU und SPD entweder in große Koalitionen oder die SPD zur Tolerierungspolitik. Die relative Stärke der PDS kam der CDU-Parteizentrale zunächst nicht ungelegen, solange sie im Osten die sozialdemokrati-

---

20 Vgl. Radunskis „Fitneßprogramm zum Überleben der Volksparteien" (Radunski 1991).
21 Hier wurde versucht, die finanzielle Krise u.a. durch den Abbau von Kreisgeschäftsführerstellen zu lösen.

sche Konkurrenz im Parteienwettbewerb schwächte und im Westen nach
dem Ende des Kalten Krieges ein Wahlkampfthema hergab. Unterdessen
zeichnet sich freilich ein Einstellungswandel ab. Denn zunehmend wird
deutlich, daß die CDU ihre Positionen in Ostdeutschland auf längere Sicht
weder mit der Polemik gegen die PDS noch mit bloßer politischer Seman-
tik ausbauen kann. Akzeptanz und Verankerung von CDU *und* SPD in der
ostdeutschen Gesellschaft werden nicht zuletzt davon abhängen, ob es ihnen gelingt, eine glaubwürdige gesamtdeutsche Politik zu formulieren, die
ostdeutsche Interessen, Sichtweisen und Beteiligungswünsche ernst nimmt
und die dafür eintritt, daß auch Konflikte mit der westlich dominierten
Mehrheit in den Parteien offen ausgetragen werden können.

Anhang

Abkürzungsverzeichnis

ACDP	Archiv für Christlich-Demokratische Politik, Sankt Augustin
ADA	Arbeitnehmerverband Demokratischer Aufbruch
AIM	Archivierter IM-Vorgang, auch IM-Vorlauf
ANS	Amt für Nationale Sicherheit
AP	Archivmaterial „Allgemeine Personenablage"
APO	Außerparlamentarische Opposition
AS	Archivmaterial „Allgemeine Sachablage"
BdV	Bund der Vertriebenen
BEK	Bund evangelischer Kirchen in der DDR
BFD	Bund Freier Demokraten
BGL	Betriebsgewerkschaftsleitung
BStU	Der Bundesbeauftragte für die Unterlagen des Staatssicherheitsdienstes der ehemaligen Deutschen Demokratischen Republik („Gauck-Behörde")
CDA	Christlich-Demokratische Arbeitnehmerschaft
CDJ	Christlich-Demokratische Jugend
CDSA	Christlich-Demokratische Arbeitnehmerschaft/Soziale Ausschüsse
CDU	Christlich-Demokratische Union
CDUD	Christlich-Demokratische Union Deutschlands
CFK	Christliche Friedenskonferenz
CKDF	Christlich-Konservatives Deutschland-Forum
CSA	Christlich-Sozialer Ausschuß bei der CDU
CSPD	Christlich-Soziale Partei Deutschlands
CSU	Christlich-Soziale Union
DA	Demokratischer Aufbruch
DBD	Demokratische Bauernpartei Deutschlands
DDR	Deutsche Demokratische Republik
DGB	Deutscher Gewerkschaftsbund
DI	Demokratische Initiative (Heiligenstadt)
DIW	Deutsches Institut für Wirtschaftsforschung
DNN	Dresdener Neueste Nachrichten
DNVP	Deutsch-Nationale Volkspartei
DSU	Deutsche Soziale Union

DU	Dresdener Union
EAK	Evangelischer Arbeitskreis der CDU
FAZ	Frankfurter Allgemeine Zeitung
FDJ	Freie Deutsche Jugend
FDP	Freie Demokratische Partei
FR	Frankfurter Rundschau
FWV	Freie Wähler-Vereinigung
FU	Frauen-Union (CDU)
GG	Grundgesetz
GI	Geheimer Informator
HJ	Hitler-Jugend
HVA	Hauptverwaltung A (Aufklärung)
IM	Inoffizieller Mitarbeiter (des MfS)
IMB	IM der Abwehr mit Feindverbindung bzw. zur unmittelbaren Bearbeitung im Verdacht der Feindtätigkeit stehender Personen
IME	IM für einen besonderen Einsatz
IMS	IM für Sicherheit (zur politisch-operativen Durchdringung und Sicherung des Verantwortungsbereiches)
IMV	IM-Vorlauf
INFAS	Institut für angewandte Sozialforschung
JU	Junge Union (CDU)
KAB	Katholische Arbeiter- (Arbeitnehmer-) Bewegung
KAS	Konrad-Adenauer-Stiftung
KGB	Komitee für Staatssicherheit (Sowjetischer Geheimdienst)
KNA	Katholische Nachrichtenagentur
KoKo	Kommerzielle Koordination
KPD	Kommunistische Partei Deutschlands
KSPW	Kommission für die Erforschung des sozialen und politischen Wandels in den neuen Bundesländern e.V.
KV	Kreisverband
KZfSS	Kölner Zeitschrift für Soziologie und Sozialpsychologie
LDPD	Liberal-Demokratische Partei Deutschlands
LDSTB/ (Brbg.)	Landesamt für Datenverarbeitung und Statistik, Brandenburg
LPG	Landwirtschaftliche Produktionsgenossenschaft
LV	Landesverband
MAZ	Märkische Allgemeine Zeitung

MdA	Mitglied des Abgeordnetenhauses von Berlin
MdB	Mitglied des Bundestages
MdE	Mitglied des Europaparlaments
MdL	Mitglied des Landtages
MDN	Mark deutscher Notenbank
MdV	Mitglied der Volkskammer
MfS	Ministerium für Staatssicherheit
MIT	Mittelstandsvereinigung (CDU)
MoPo	Morgenpost
NDPD	National-Demokratische Partei Deutschlands
NF	Neues Forum
NS	Nationalsozialismus
NSDAP	Nationalsozialistische Deutsche Arbeiterpartei
NVA	Nationale Volksarmee
NZ	Neue Zeit
OMV	Ost- und Mitteldeutsche Vereinigung (CDU)
ORB	Ostdeutscher Rundfunk Brandenburg
PDS	Partei des Demokratischen Sozialismus
PVS	Politische Vierteljahresschrift
RIAS	Rundfunk im amerikanischen Sektor von Berlin
SAPMO	Stiftung Archiv der Parteien und Massenorganisationen im Bundesarchiv
SBZ	Sowjetisch besetzte Zone
SDP	Sozialdemokratische Partei (DDR)
SED	Sozialistische Einheitspartei Deutschlands
SKK	Sowjetische Kontrollkommission
SMAD	Sowjetische Militäradministration in Deutschland
SPD	Sozialdemokratische Partei Deutschlands
taz	Die Tageszeitung
Ufd. (Ufrd.)	Unionsfreund
UiD	Union in Deutschland
VEB	Volkseigener Betrieb
VOB	Vereinigung organisationseigener Betriebe
ZA	Zentralarchiv
ZK	Zentralkomitee
ZPA	Zentrales Parteiarchiv der SED
ZParl.	Zeitschrift für Parlamentsfragen

Verzeichnis der Schaubilder

Verzeichnis der Tabellen

Quellen- und Literaturverzeichnis

1. Aktenbestände

Archiv für Christlich-Demokratische Politik, Sankt Augustin (ACDP):
Zentralbestand Ost-CDU: VII-010, VII-011, VII-012, VII-013
Eichsfeld-CDU (Worbis): II-204

Der Bundesbeauftragte für die Unterlagen des Staatssicherheitsdienstes der ehemaligen Deutschen Demokratischen Republik, Berlin (BStU)

Protokolle des Runden Tisches Dresden 1989/90

CDU-Landesverband Brandenburg:
Akten: „Parteitage", „Landesvorstand".
Handakten Carola Hartfelder, Material Thomas Klein

2. Interviews

Ackermann, Dr. Else, 1988/89 Vors. der CDU-Ortsgruppe Neuenhagen, 1990 MdV/MdB 11. WP., ab 22.10.1991-1994 MdB 12. WP., 1991-1993 Mitglied des Landesvorstandes der CDU Brandenburg (Interview in Berlin am 5.8.1991, 12.8.1991).

Althaus, Dieter, seit 1990 MdL, seit Februar 1992 thür. Kultusminister, Kreisvors. CDU Eichsfeld, seit August 1990 Mitglied des Landesvorstandes der CDU Thüringen (Interview in Erfurt am 18.2.1992).

Apelt, Andreas, 1989/90 zeitweilig Vors. des DA Berlin, 1990 CDU-Mitglied, seit 1991 MdA (Interview in Berlin am 13.6.1991).

Beck, Bernd, 15./16.12.1989 Mitglied des Hauptvorstandes der CDU, seit 6.12.1989 Bürgermeister von Heiligenstadt/Eichsfeld (Interview in Heiligenstadt am 21.2.1991, 14.3.1991, 8.4.1991).

Bergemann, Gustav, Landesvorsitzender der CDA Thüringen, stellv. Bundesvors. der CDA seit 1995, Mitglied des Landesvorstandes der CDU Thüringen, Leiter Ministerbüro thür. Staatskanzlei (Interview in Berlin am 14.8.1993).

Blechinger, Beate, 1990 stellv. Vors. und Mitglied des Präsidiums der DSU, seit August 1990 CDU-Mitglied, 1991-1993 stellv. Landesvors.

der CDU Brandenburg, 1990-1994 MdL, Parl. Geschäftsführerin der CDU-Fraktion Brandenburg bis Mai 1992 (Interview in Potsdam am 9.12.1991).

Böck, Willibald, 1984-1989 Bürgermeister in Bernterode/Eichsfeld, 1990 MdV und Sprecher der Landesgruppe Thüringen der CDU/DA-Fraktion, August 1990 bis Januar 1993 Landesvors. der CDU Thüringen, 1990 MdL, thür. Innenminister bis September 1992 (Interview in Erfurt am 24.4.1992).

Claubert, Kerstin, 1989/90 DA-Berlin/Brandenburg, Vors. der Frauen-Union Brandenburg, stellv. Landesvors. der CDA Brandenburg, 1991 Mitglied des Landesvorstandes der CDU Brandenburg (Interview in Berlin am 2.10.1991, 5.12.1995).

Diestel, Dr. Peter-Michael, 1989/90 Gründungsmitglied und Generalsekretär der DSU, seit August 1990 CDU, 1990 MdV, 12.4.-2.10.1990 stellv. Ministerpräsident und Minister für innere Angelegenheiten in der Regierung de Maizière, 1990-1994 MdL, bis Mai 1992 Fraktionsvors. der CDU Brandenburg (Interview in Potsdam am 13.1.1992).

Duchac, Josef, bis 1989 Rat des Kreises Gotha/Thüringen, seit 15./16.12.1989 Mitglied des Parteivorstandes der DDR-CDU und Mitglied der Programmkommission, 11.6.1990 Regierungsbevollmächtiger für den Bezirk Erfurt, 1990 stellv. Landesvors. der CDU Thüringen, 1990-1994 MdL, 8.11.1990-23.1.1992 thür. Ministerpräsident (Interview in Erfurt am 28.7.1992).

Eppelmann, Rainer, 1989 Gründungsmitglied, später Vorsitzender des DA, seit September 1990 CDU, 1990 MdV, 12.4.-2.10.1990 Minister für Abrüstung und Verteidigung in der Regierung de Maizière, seit 1990 MdB, Vors. des Ausschusses für Familie und Senioren. 1990-1991 stellv. Vors der CDU Brandenburg, 1991 Landesvors. der CDA Brandenburg und stellv. CDA-Bundesvors., seit März 1994 CDA-Bundesvors. (Interview in Berlin-Karolinenhof am 30.1.1992, 5.2.1992).

Fink, Ulf, 1979 Bundesgeschäftsführer der CDU, 1985-1992 MdA, 1990-1994 stellv. Vors. des Deutschen Gewerkschaftsbundes, 1987-1993 Bundesvors. der CDA; 1991-1993 Landesvors. der CDU Brandenburg, seit 1994 MdB (Interview in Berlin am 20.12.1994).

Fischer, Prof. Dr. Gerhard, Mitarbeiter der CDU-Hauptgeschäftsstelle in Berlin, Referent Gerald Göttings, 1970 bis März 1990 Leiter der wiss.

Arbeitsgruppe beim Vors. der DDR-CDU, 1958-1989 Mitglied des Hauptvorstandes, 1987-1989 Mitglied des Präsidiums des Hauptvorstandes der CDU (Interview in Berlin, 6.4.1994).

Franke, Joachim, Leiter der Abteilung Zentrales Parteiarchiv der Ost-CDU (Interview in Berlin am 11.3.1991).

Fröbe, Rainer, Vors. der KAB Heiligenstadt und Bezirkssekretär der KAB Eichsfeld (Interview in Heiligenstadt am 21.2.1991, 14.3.1991).

Funke, Aloys, Redaktion „Neue Zeit" (Interview in Berlin am 6.3.1991).

Geisler, Dr. Hans, 1989/90 DA, Vorstandsmitglied des DA Ostsachsen/ Dresden, Mitglied des Runden Tisches Dresden für den DA, 1990 MdV/MdB 11. WP. bis 12.2.1991, 1.5.-2.10.1990 Parl. Staatssekretär beim Minister für Familie und Frauen in der Regierung de Maizière, seit August 1990 Mitglied der CDU, 1990 Wahl in den CDU-Bundesvorstand, April 1991 stellv. Bundesvors. des EAK, seit November 1990 sächsischer Staatsminister für Soziales, Gesundheit und Familie, seit Oktober 1994 MdL (Interview in Dresden am 5.1.1994).

Gibtner, Horst, 12.4.-2.10.1990 Minister für Verkehr in der Regierung de Maizière, 1990-1994 MdB (Interview in Berlin am 30.9.1992).

Glase, Anne-Karin, 1990 MdV, seit 1994 MdE, Mitglied im Ausschuß für soziale Angelegenheiten, stellv. Vors. der FU Brandenburg (Interview in Königswusterhausen am 26.3.1994).

Göpfert, Andreas, Mitbegründer der CDA Berlin/Brandenburg, Regionalsekretär für Betriebsarbeit (Interview in Berlin am 25.3.1991, 3.7.1991, Potsdam, 23.11.1992, Seelow, 9.3.1995).

Hartfelder, Carola, 1991-1993 stellv. Vors. der CDU-Brandenburg, Oktober 1993 bis Mai 1996 Landesvors., seit 1994 MdL (Interview in Potsdam am 3.2.1994, Görsdorf, 12.2.1994).

Hennig, Karl, 1989 Mitglied der AG „Kirchenfragen" beim Hauptvorstand der Ost-CDU, Chefredakteur der ev. Monatszeitschrift „Standpunkt", 22.11.1989-2.1.1990 Pressesprecher des Parteivorstandes der Ost-CDU, 1990/91 Fraktionsassistent der Berliner CDU (Interview in Berlin am 28.11.1991, 17.1.1992).

Henning, Dr. Werner, 7.12.1989 Vors. des Rats des Kreises Heiligenstadt, dann Landrat des Kreises Heiligenstadt/Eichsfeldskreis, 1990 MdV (Interview in Heiligenstadt am 17.3.1992, 4.8.1992, Berlin 14.9.1993).

Hofmann, Dr. Elke, seit 1991 MdA (Interview in Berlin am 4.5.1992; 15.5.1992).

Homeyer, Dierk, seit 1994 MdL, CDU-Fraktion Brandenburg, Parl. Geschäftsführer (Interview in Potsdam am 5.2.1996).

Iltgen, Erich, 1989/90 Moderator des Runden Tisches, Bezirk Dresden, Leiter des Sächsischen Forums, Landesstrukturbeauftragter der Arbeitsgruppe Landtag, CDU-Mitglied seit Juni 1990, seit 1990 MdL und seit 27.10.1990 sächs. Landtagspräsident, Mitglied des Landesvorstands, 1. Vors. des Kolping-Bildungswerkes Sachsen e.V. (Interview in Dresden am 24.11.1993).

Kammerschen, Bernd-Dietmar, Sächsisches Staatsministerium für Umwelt und Landesentwicklung, Leiter der Zentralstelle (Interview in Dresden am 20.1.1994; 9.5.1994; 15.8.1994).

Kierey, Karl-Joachim, Landesgeschäftsführer der CDU Berlin (Interview in Berlin am 29.11.1991, 10.12.1991).

Klein, Thomas, seit 23.11.1991 Generalsekretär der CDU Brandenburg (Interview in Berlin am 2.12.1991, Potsdam 22.11.1993, 12.1.1994, 8.6.1994; 22.3.1995).

Klinger, Dr. Fred, 1989 DA Berlin, Forschungsstelle für gesamtdeutsche wirtschaftliche und soziale Fragen, Berlin (Interview in Berlin am 15.6.1991).

Koppe, Hans-Joachim, 1989/90 Redaktion „Neue Zeit", 1990/91 amtierender Chefredakteur, seit 1991 freier Mitarbeiter der NZ (Interview in Berlin am 4.3.1991).

Korbella, Horst, 1984 bis 21.1.1988 Vorsitzender der CDU im Bezirk Dresden, 15./16.12.1989 stellv. Vors. der DDR-CDU (Interview in Dresden am 21.9.1994; 20.10.1994; Berlin 20.12.1994).

Kowallek, Christine, CDU Berlin, seit 1991 MdA (Interview in Berlin am 6.6.1991).

Krause, Peter, 1989 Geschäftsführer des DA Berlin, 1990 CDU Berlin, seit 1991 MdA (Interview in Berlin am 13.6.1991).

Kronberg, Heinz-Jürgen, 1989/90 DA, DA-Vertreter am Runden Tisch Kreis Erfurt, seit August 1990 CDU, MdB seit 1990, Mitglied der Arbeitnehmergruppe, Vorstandsmitglied der CDU/CSU-Fraktion, stellv. Vors. der Landesgruppe Thüringen (Interview in Erfurt am 9.1.1992).

Laurien, Dr. Hanna-Renate, CDU Berlin, Frauen-Union, Januar 1991 bis Oktober 1995 Präsidentin des Abgeordnetenhauses von Berlin (Interview in Berlin am 16.1.1992).

Lechtenfeld, Werner, seit 1972 Abteilungsleiter für Parteiorganisation der Ost-CDU, 23.12.1989-31.3.1991 Hauptgeschäftsführer (Interview in Berlin am 11.1.1991, Königswusterhausen 5.9.1994).

Leisner, Ulf, 1989 DBD, 1990 CDU, Landesgeschäftsführer CDU Brandenburg, seit Juni 1996 CDU-Bundesgeschäftsstelle, Bonn (Interview in Potsdam am 25.5.1995, 3.8.1995).

Lieberknecht, Christine, 1989 Mitunterzeichnerin des „Briefes aus Weimar", Mai bis August 1990 amtierende Landesvors. der CDU Thüringen, 1990 stellv. Landesvors. der CDU Thüringen, 1992 Mitglied des CDU-Bundesvorstands, MdL seit 19.3.1991, thür. Kultusministerin seit 8.11.1990, seit Februar 1992 thür. Ministerin für Bundes- und Europaangelegenheiten (Interview in Erfurt am 3.3.1993).

Lunacek, Thomas, Junge Union Brandenburg, seit 1994 MdL (Interview in Berlin am 6.10.1993).

Maizière, Lothar de, 10.11.1989 Parteivors. der DDR-CDU, November 1989 bis März 1990 Stellv. des Vorsitzenden des Ministerrats für Kirchenfragen in der Regierung Modrow, 1990 MdV/MdB 11.WP., 12.4.-2.10.1990 Ministerpräsident der DDR, 2.10.1990 Mitglied des Präsidiums der CDU Deutschland und stellv. Parteivors. der Bundes-CDU, Vorsitzender der CDU-Grundsatzprogrammkommission, MdB 12. WP. bis 15.10.1991, 3.10.-19.12.1990 Bundesminister für besondere Aufgaben, 1990/91 Landesvors. der brandenburgischen CDU bis September 1991 (Interview in Berlin am 4.12.1991, 9.12.1991, 10.12. 1991).

Müller, Dr. Hans, seit 1991 MdA (Interview in Berlin am 5.12.1991).

Müller, Dr. Gottfried, seit 1981 Chefredakteur der thür. Kirchenzeitung „Glaube und Heimat", Initiator des „Briefes aus Weimar", 15./16.12.1989 stellv. Vors. der DDR-CDU, 12.4.-2.10.1990 Minister für Medienpolitik in der Regierung de Maizière, 1990-1994 MdL sowie

Präsident des thür. Landtages, Mitglied des Landesvorstandes der CDU Thüringen (Interview in Erfurt am 9.1.1992).

Radzimanowski, Dr. Kersten, bis 1989 Leiter der Abteilung Internationale Beziehungen beim Sekretariat des Hauptvorstandes der DDR-CDU, 1990 Staatssekretär im Außenministerium der Regierung de Maizière, 1990/91 Landesgeschäftsführer der CDU Brandenburg (Interview in Potsdam am 4.6.1991).

Reddemann, Gerhard, MdB seit 1969 (6.-11. WP.), Vorsitzender des Ausschusses für innerdeutsche Beziehungen, Unterausschuß Zonenrandförderung, 1990-1994 MdB, 12. WP., Wahlkreis Nordhausen-Worbis-Heiligenstadt (Interview in Heiligenstadt am 25.2.1992).

Reichard, Christa, 1989/90 DA Dresden, seit August 1990 CDU, 1991 Mitglied des Landesvorstandes der CDU Sachsen, 1991-1993 Mitglied im Bundesvorstand der Frauen-Union, seit 1992 Mitglied des CDU-Bundesvorstands, seit 1994 MdB, Mitglied im Fraktionsvorstand der CDU (Interview in Dresden am 25.11.1993).

Reinfried, Dr. Dieter, 1971 bis 1974 CDU-Ortsgruppenvors. Dresden-Neustadt, 1989/90 Sprecher des „Neuen Forum" in Dresden, seit 1990 MdL, seit Februar 1992 Parl. Staatssekretär beim sächsischen Staatsminister für Umwelt und Landesentwicklung (Interview in Dresden am 20.1.1994, 16.2.1994).

Reitmayer, Dr. Matthias, Vors. der „Arbeitsgemeinschaft Demokratischer Aufbruch" in der CDU Thüringen, seit 1990 Mitglied des Landesvorstandes (Interview in Düsseldorf am 26.10.1992).

Rink, Dr. Berthold, 1990/91 amtierender Landesvorsitzender der sächsischen CDU, 1991-1993 Mitglied des Landesvorstandes (Interview in Treuen am 12.12.1991).

Rößler, Dr. Matthias, 1989/90 DA, DDR-Vorstand und Landesvorstand Sachsen, DA-Vertreter am Runden Tisch, Bezirk Dresden, 1990 Landesstrukturbeauftragter und Leiter des Arbeitsstabes „Kultus" in Sachsen, 1990/91 Mitglied im Landesvorstand der CDU Sachsen, seit Oktober 1990 MdL, seit Oktober 1994 sächsischer Staatsminister für Kultus (Interview in Chemnitz am 9.10.1993; Dresden 25.11.1993).

Schirmer, Herbert, 3.3.1990 Landesvors. der CDU Brandenburg, MdV, 12.4.-2.10.1990 Minister für Kultur in der Regierung de Maizière (Interview in Beeskow am 8.3.1991, Lieberose 21.7.1991).

Schlumberger, Friedrich Claudius, CDU Thüringen, Generalsekretär (Interview in Erfurt am 18.3.1992; 24.4.1992), seit 1993 Leiter der Hauptabteilung Organisation der Bundes-CDU.

Schmidt, Dr. Joachim, 1989/90 parteilos, Mitglied der Bürgerbewegung Freiberg, Juni 1990 CDU-Mitglied, seit 1990 MdB, Vors. der CDU-Landesgruppe Sachsen, Mitglied des Landesvorstandes der sächsischen CDU (Interview in Chemnitz am 9.10.1993)

Schmidt, Peter, 1979 bis 1989 Dozent an der zentralen Parteischule der CDU in Burgscheidungen, 1989/90 Grundsatzreferent de Maizières und Leiter der Grundwertekommission beim Parteivorstand der Ost-CDU (Interview in Berlin am 19.3.1991).

Schmidt, Wolfgang, MfS, Abt. XX, Referat „Auswertungs- und Kontrollgruppe"(AKG) (Interview in Berlin am 23.3.1995).

Siebenhüner, Thomas, 1991-1995 MdA (Interview in Berlin am 5.12.1991).

Töpfer, Günter, CDU Berlin, 1991-1995 MdA (Interview in Berlin am 7.12.1991).

Vaatz, Arnold, 1989/90 „Gruppe der 20" in Dresden, Pressesprecher des „Neuen Forum", seit Februar 1990 CDU, stellv. Regierungsbeauftragter für den Bezirk Dresden, seit Oktober 1990 MdL, 1990/91 Staatsminister in der Staatskanzlei, seit 1992 sächsischer Staatsminister für Umwelt und Landesentwicklung, 1991-1993 stellv. Vors. der CDU-Grundsatzprogrammkommission, seit 1991 Mitglied des Landesvorstandes der CDU Sachsen (Interview in Dresden am 3.5.1996).

Vette, Dr. Markus, seit 1990 Mitglied des Landesvorstandes der CDU Brandenburg, seit 1990 MdL, Mitglied des Parlamentarischen Untersuchungsausschusses zur Klärung der Stasi-Vorwürfe gegen Ministerpräsident Dr. Manfred Stolpe (Interview in Potsdam am 23.11.1992).

Vogel, Hans-Werner, CDU Berlin, 1991-1995 MdA (Interview in Berlin am 6.12.1991).

Wagner, Dr. Herbert, 1989 „Gruppe der 20" in Dresden, seit Februar 1990 CDU-Mitglied, seit 1990 Oberbürgermeister von Dresden (Interview in Dresden am 30.9.1991).

Wagner, Dr. Peter, 1990/91 1. stellv. Landesvors., seit 23.11.1991 stellv. Vors. der CDU Brandenburg, seit 1990 MdL, seit 1994 Fraktionsvorsitzender, seit Mai 1996 amtierender Landesvorsitzender der CDU Brandenburg (Interview in Potsdam am 15.2.1994).

Wiesner-Holtzmann, Petra, CDU Brandenburg, 1990-1994 MdL (Interview in Königswusterhausen am 26.3.1994).

Wilkening, Gerhard, bis 1989 Mitarbeiter des stellv. Vors. der DDR-CDU, Wolfgang Heyl, Abt. Kirchenfragen, 1990/91 persönlicher Referent Lothar de Maizières (Interview in Berlin am 27.3.1991, Potsdam 4.6.1991).

Wirth, Prof. Dr. Dr. Günter, 1972-1989 Mitglied des Präsidiums des Hauptvorstandes der CDU, 1986-1990 Herausgeber der evangelischen Monatszeitschrift „Standpunkt", 1972-1990 Vizepräsident des Kulturbundes (Interview in Berlin am 18.7.1991).

Zeh, Dr. Klaus, 1989/90 stellv. Vors. des DA und DA-Landesvors. Thüringen, seit 14.10.1990 MdL, 1990-1994 thür. Finanzminister, seit 1990 stellv. Landesvors. der CDU Thüringen (Interview in Erfurt, 8.1.1992; 9.1.1992; Nordhausen, 10.4.1996).

Zimmermann, Dr. Monika, Redaktion „Neue Zeit", Chefredakteurin 1991-1995 (Interview in Berlin am 4.3.1991).

3. Ungedruckte Quellen

Handakten, Korrespondenzen, Tagebücher, Memoranden, Flugblattsammlungen, Dokumentationen, Tonbandmitschnitte, unveröffentlichte Manuskripte, Aufsätze, Reden und andere Materialien.

Für die Überlassung solcher Materialien danke ich insbesondere:
Dr. Else Ackermann, Bernd Beck, Rainer Fröbe, Dr. Hans Geisler, Horst Gibtner, Andreas Göpfert, Carola Hartfelder, Karl Hennig, Dr. Werner Henning, Dr. Elke Hofmann, Erich Iltgen, Bernd-Dietmar Kammerschen, Thomas Klein, Horst Korbella, Dr. Hanna-Renate Laurien, Christine Lie-

berknecht, Werner Lechtenfeld, Ulf Leisner, Dr. Gottfried Müller, Büro Arnold Vaatz, Dr. Markus Vette, Prof. Dr. Günter Wirth, Dr. Klaus Zeh.

Die Quellen sind im einzelnen in den Anmerkungen ausgewiesen.

Unveröffentlichte Manuskripte, aus denen zitiert wird:

Korbella, Horst, Die personelle und programmatische Erneuerung der CDU seit dem Sommer 1989 (März 1991).

Müller, Gottfried, Der schwierige Weg in die Normalität. Thesen zur Umgestaltung in der ehemaligen DDR (Vortragsmanuskript, Januar 1992).

Schmidt, Peter, Die CDU und die Zukunft in der DDR. Oder: Was ist mit dem Sozialismus? (14.2.1990).

Vaatz, Arnold, Die friedliche Revolution war ein guter Anfang. Rede, gehalten am 6.5.1994 in Dresden.

Wirth, Günter, Politisches Tagebuch (1991).

4. Publikationen der CDU und DBD (Auswahl)

4.1. Ost-CDU:

CDU-Geschäftsstelle des Parteivorstandes, Wissenschaftliche Arbeitsgruppe beim Parteivorstand der CDU der DDR (Hrsg.), 1990: „Echte Idee der Union". Protokolle des Berliner Gründerkreises der CDU 1945. Eine Gabe der DDR-CDU an den ersten gemeinsamen Parteitag der CDU in Hamburg, Berlin.

CDU-Geschäftsstelle des Parteivorstandes (Hrsg.), o.J.: Satzung der Christlich-Demokratischen Union Deutschlands, beschlossen auf dem CDU-Sonderparteitag in Berlin am 15./16.12.1989.

CDU-Geschäftsstelle des Parteivorstandes (Hrsg.), 1990: Programm der Christlich-Demokratischen Union Deutschlands, CDU-Texte, Berlin.

CDU-Geschäftsstelle des Parteivorstandes der CDU (Hrsg.), 1990: Erneuerung und Zukunft. Positionen vom CDU-Sonderparteitag am 15. und 16. 12. 1989 in Berlin, CDU-Texte 1, Berlin.

CDU-Geschäftsstelle des Parteivorstandes der CDU (Hrsg), 1990: Wirtschaftsprogramm der Christlich-Demokratischen Union Deutschlands: Freiheitlich, leistungsfördernd, sozial, umweltorientiert, CDU-Texte 2, Berlin.

CDU-Geschäftsstelle des Parteivorstandes der CDU (Hrsg.), 1990: Politik für unser Volk: Demokratisch, entschlossen, umsichtig. Regierungserklärung des Ministerpräsidenten Lothar de Maizière, abgegeben am

19.April 1990 vor der Volkskammer der Deutschen Demokratischen Republik, CDU-Texte 3, Berlin.

Exil-CDU (Hrsg.), 1990: Begleittexte auf dem Weg zur Einheit, Berlin.

CDU-Hauptvorstand, Sekretariat (Hrsg.), 1974: 25 Jahre CDU. 25 Jahre Mitarbeit der CDU, Berlin.

4.2. CDU Deutschland:

CDU-Bundesgeschäftsstelle (Hrsg.), o.J.: Parteitag der Christlich-Demokratischen Union Deutschlands, Protokoll, Hamburg, 1.-2.10.1990, Bonn.

CDU-Bundesgeschäftsstelle (Hrsg.), o.J.: 38. Bundesparteitag der Christlich-Demokratischen Union Deutschlands, Niederschrift, Hamburg, 1.10.1990, Bonn.

CDU-Bundesgeschäftsstelle (Hrsg.), o.J.: 2. Parteitag der Christlich-Demokratischen Union Deutschlands, Niederschrift, Dresden, 15.-17.12.1991, Bonn.

CDU-Bundesgeschäftsstelle (Hrsg.), o.J.: 3. Parteitag der CDU Deutschlands, Düsseldorf, 25.-28.10.1992, Bericht der Bundesgeschäftsstelle, Bonn.

CDU-Bundesgeschäftsstelle (Hrsg.), o.J.: 4. Parteitag der CDU Deutschlands, Berlin, 12.-14.9.1993, Bericht der Bundesgeschäftsstelle, Bonn.

CDU-Bundesgeschäftsstelle (Hrsg.), o.J.: 5. Parteitag der CDU Deutschlands, Hamburg, 20.-23.2.1994, Bericht der Bundesgeschäftsstelle, Bonn.

CDU-Bundesgeschäftsstelle (Hrsg.), o.J.: 6. Parteitag der CDU Deutschlands, Bonn, 28.11.1994, Bericht der Bundesgeschäftsstelle, Bonn.

CDU-Bundesgeschäftsstelle (Hrsg.), o.J.: 6. Parteitag der CDU Deutschlands, Bonn, 28.11.1994, Frauenbericht, Bonn.

CDU-Bundesgeschäftsstelle, 1994: Statut.

CDU-Bundesgeschäftsstelle (Hrsg.), o.J.: 7. Parteitag der CDU Deutschlands, Karlsruhe, 15.-18.10.1995, Frauenbericht, Bonn.

CDU-Frauenunion (Hrsg.), o.J.: Solidarisch die Einheit gestalten. 18. Bundesdelegiertentag der Frauen-Union am 19./20.10.1991.

CDU-Frauen-Union (Hrsg.), o.J.: Bausteine für die Einheit. Frauenpolitik im geeinten Deutschland, Bonn.

CDU-Bundesgeschäftsstelle (Hrsg.), o.J.: 8. Parteitag der CDU Deutschlands, Hannover, 2o.-22.10.1996, Frauenbericht, Bonn.

CDU-Bundesgeschäftsstelle (Hrsg.), o.J.: 8. Parteitag der CDU Deutschlands, Hannover, 20.-22.10.1996, Bericht der Bundesgeschäftsstelle, Bonn.

CDU-Bundesgeschäftsstelle (Hrsg.), o.J.: Wertewandel. Materialien zur politischen Diskussion, Bonn.

CDA-Verlagsgesellschaft (Hrsg.), o.J.: CDA 1945-1995, Königswinter.

4.3. CDU Eichsfeld:

Landkreis Heiligenstadt (Eichsfeld). Der Landrat, 1992: Leitlinien eines christlich geprägten Politikverständnisses der CDU-Eichsfeld.

CDU-Kreisverband Eichsfeld, 1994: Satzung, Geschäftsordnung, Beitragsordnung (Entwurf).

CDU-Kreisverband Eichsfeld, o.J.: Grundsatzprogramm der Christlich-Demokratischen Union (Entwurf).

CDU-Kreisverband Eichsfeld, 1994: Grundsatzprogramm.

CDU-Kreisverband Eichsfeld, 1994: Aktionsprogramm zu den Kommunalwahlen.

CDU-Kreisverband Eichsfeld, 1995: Satzung, Geschäftsordnung, Kassenordnung.

4.4. CDU Brandenburg:

CDU-Landesverband Brandenburg, 1991; 1993: Satzung.

CDU-Landesverband Brandenburg, 1992: Soziale Marktwirtschaft in Brandenburg. Arbeit für Alle.

CDU-Landesverband Brandenburg, 1994: Programm („Strausberger Programm").

CDU-Landesverband Brandenburg, 1995: „Grundwerte der CDU-Brandenburg" (Entwurf) sowie Fassung v. 12.8.1996.

4.5. CDU Sachsen:

CDU-Landesverband Sachsen, 1993: Grüne Charta.

CDU-Landesverband Sachsen, 1993: Grundsätze und Programm der Sächsischen Union.

CDU-Landesverband Sachsen, 1994: Programm Land-Union.

CDU-Landesverband Sachsen, 1994: Das Forum des Sächsischen Landesverbandes, Jg. 3, 4.

CDU-Landesverband Sachsen, 1996: Antrag an den 8. Parteitag der CDU Deutschlands (Entwurf v. 30.8.1996), s.auch: CDU-Bundesgeschäftsstelle (Hrsg.), o.J., Sammlung der Anträge I, Nr. D 66, S. 79-83.

„Gesprächskreis 2000", 1993: 13 Grundsätze christlich-demokratischer Politik im wiedervereinigten Deutschland.

4.6. Andere Landesverbände

CDU-Fraktion, Landtag Mecklenburg-Vorpommern (Hrsg.), 1996: Identitätsgewinn im Aufbau Ost. Diskussionspapier zur Werte- und Strategiedebatte „CDU 2000" in Mecklenburg-Vorpommern, Schwerin.

CDU-Thüringen, Zukunftskommission (Hrsg.), 1996: Stellungnahme zur Werte- und Strategiedebatte „CDU 2000" in Mecklenburg-Vorpommern, Erfurt.

4.7. Publikationen der DBD

Außerordentlicher Parteitag der Demokratischen Bauernpartei Deutschlands am 27. und 28. Januar 1990 in Berlin, Materialien Teil I und II.

Außerordentlicher Parteitag der Demokratischen Bauernpartei Deutschlands am 27. und 28. Januar 1990 in Berlin, Programmatische Leitsätze der Demokratischen Bauernpartei Deutschlands – Entwurf.

Demokratische Bauernpartei Deutschlands (Hrsg.), 1988: 40 Jahre DBD. Chronik, Bilddokumente. Erlebnisberichte, Berlin.

5. Handbücher und Statistiken

Abgeordnetenhaus von Berlin, 12. Wahlperiode 1991-1996, Volkshandbuch 1991.

Deutscher Bundestag, 12. Wahlperiode 1990, Kürschners Volkshandbuch 1991.

Deutscher Bundestag, 13. Wahlperiode 1994, Kürschners Volkshandbuch 1995.

Landesamt für Datenverarbeitung und Statistik Brandenburg, Kommunalwahlen 1993.

Landesamt für Datenverarbeitung und Statistik Brandenburg, Landtagswahl 1994.

Landesamt für Datenverarbeitung und Statistik Brandenburg, Bundestagswahl 1994.

Landtag Brandenburg, 1. Wahlperiode 1990-1994, Volkshandbuch 1991.

Landtag Brandenburg, 2. Wahlperiode 1994-1999, Namen – Daten – Fakten, 1994.

Sächsischer Landtag, 1. Wahlperiode 1990-1994, Volkshandbuch 1992.

Sächsischer Landtag, 2. Wahlperiode 1994-1999, Volkshandbuch 1994.

Statistisches Landesamt des Freistaats Sachsen, Wahlen im Freistaat Sachsen '94, Sächsischer Landtag.

Statistisches Landesamt des Freistaats Sachsen, Wahlen im Freistaat Sachsen '94, Deutscher Bundestag.

Statistisches Amt der DDR/Statistisches Landesamt Berlin (Hrsg.), 1990: Wahlen zur Volkskammer der DDR am 18. März 1990. Endgültiges Ergebnis, Berlin.

Thüringer Landtag, 1. Wahlperiode 1990-1994, Handbuch.

Andersen, Uwe/Wichard Woyke (Hrsg.), 1993: Handwörterbuch des politischen Systems der Bundesrepublik Deutschland, Opladen.

Barth, Bernd-Rainer/Christoph Links/Helmut Müller-Enbergs/Jan Wielgohs (Hrsg.), 1995: Wer war wer in der DDR? Ein biographisches Handbuch, Frankfurt a.M.

Baumgartner, Gabriele/Dieter Hebig (Hrsg.), 1996: Biographisches Handbuch der SBZ/DDR 1945-1990, Bd.1, München/New Providence/London/Paris.

Bundesministerium für innerdeutsche Beziehungen (Hrsg.), 1985[3]: DDR-Handbuch, 2 Bde., Bonn.

Flick, Uwe/Ernst von Kardorff/Heiner Keupp/Lutz von Rosenstiel/Stephan Wolff (Hrsg.), 1991: Handbuch Qualitative Sozialforschung. Grundlagen, Konzepte, Methoden und Anwendungen, München.

Schindler, Peter 1994: Datenhandbuch zur Geschichte des Deutschen Bundestages 1983 bis 1991, Bonn.

Verwaltung der Volkskammer der Deutschen Demokratischen Republik (Hrsg.), 1990: Die Abgeordneten der Volkskammer nach den Wahlen vom 18. März 1990, Berlin.

Weidenfeld, Werner/Karl-Rudolf Korte (Hrsg.), 1992: Handwörterbuch zur deutschen Einheit, Frankfurt a.M./New York.

6. Zeitungen und Zeitschriften

Der Spiegel	KAB-Zeitung
Der Tagesspiegel	Neue Gesellschaft/Frankfurter Hefte
Deutschland Archiv	Neue Zeit
Die politische Meinung	Rheinischer Merkur
Die Zeit	Sonde
Frankfurter Allgemeine Zeitung	Tageszeitung
Frankfurter Rundschau	UiD-CDU-Informationsdienst
Freitag	Wochenpost

7. Monographien und Aufsätze

Abromeit, Heidrun, 1992: Zum Für und Wider einer Ost-Partei, in: Gegenwartskunde, H. 4, S. 437-448.

Ackermann, Else, 1991: Die Revolution – ein Flächenbrand? in: Eichholz-Brief, H. 2, S. 101-115.

Adam, Konrad, 1991: Die Partei als Vehikel der Macht, in: Frankfurter Allgemeine Zeitung (30.11.).

Adler, Hans-Gerd, 1990: Wir sprengen unsere Ketten. Die friedliche Revolution im Eichsfeld. Eine Dokumentation, Leipzig.

Agethen, Manfred, 1994: Unruhepotentiale und Reformbestrebungen an der Basis der Ost-CDU im Vorfeld der Wende. Der „Brief aus Weimar" und der „Brief aus Neuenhagen", in: Konrad-Adenauer-Stiftung (Hrsg.): Historisch-politische Mitteilungen. Archiv für christlich-demokratische Politik, 1. Jg., S. 89-114.

Albus, Michael, 1991: Umbruch und kein Ende – Zur Rolle der katholischen Kirche auf dem Gebiet der ehemaligen DDR, in: Christliche Demokraten in der Herbstrevolution, Eichholz-Brief, H. 2, S. 20-26.

Aretz, Jürgen, 1978: Katholische Arbeiterbewegung und Nationalsozialismus. Der Verband katholischer Arbeiter- und Knappenvereine Westdeutschlands 1923-1945, Mainz.

Aretz, Jürgen, 1995: Fünf Jahre Wiedervereinigung. Bedingungen – Befunde – Perspektiven, in: Kirche und Gesellschaft Nr. 223, Mönchengladbach.

Augstein, Rudolf/Günter Grass, 1990: Deutschland, einig Vaterland?, Göttingen.

Barthel, Rolf, 1990: Die Wanderarbeiter des Kreises Worbis in der 2. Hälfte des 19. Jahrhunderts, in: Wanderarbeiter aus dem Eichsfeld. Zur

Wirtschafts- und Sozialgeschichte des Ober- und Untereichsfeldes seit Mitte des 19. Jahrhunderts, Stadt Duderstadt (Hrsg.), Duderstadt, S. 69-88.

Bergner, Christoph, 1996: Freiheit verpflichtet. Zur Wertediskussion im vereinten Deutschland, in: UiD-Dokumentation Nr. 26.

Berichte der Forschungsgruppe Wahlen e.V., Bundestagswahl 1990. Eine Analyse der ersten gesamtdeutschen Bundestagswahl am 2. Dezember 1990, Nr. 61.

Berking, Helmuth/Sighard Neckel, 1991: Außenseiter und Politiker. Rekrutierung und Identitäten neuer lokaler Eliten in einer ostdeutschen Gemeinde, in: Soziale Welt, H. 3, S. 283-299.

Berking, Helmuth/Sighard Neckel, 1994: Ostdeutsche Politikstile, in: Helmuth Berking/Sighard Neckel/Ronald Hitzler (Hrsg.), 1994: Politikertypen in Europa, Frankfurt/M., S. 155-174.

Besier, Gerhard/Stefan Wolf (Hrsg.), 1992[2]: „Pfarrer, Christen und Katholiken". Das Ministerium für Staatssicherheit der ehemaligen DDR und die Kirchen, Neukirchen-Vluyn.

Beyme, Klaus von, 1991: Das politische System der Bundesrepublik Deutschland nach der Vereinigung, München.

Biedenkopf, Kurt H., 1994: Streit ist der Vater des Fortschritts, in: Frankfurter Allgemeine Zeitung (25.6.).

Bluck, Carsten/Henry Kreikenbom, 1991: Die Wähler in der DDR: Nur issue-orientiert oder auch parteigebunden?, in: ZParl., Jg. 22, H. 3., S. 495-502.

Bourdieu, Pierre, 1983: Ökonomisches Kapital, kulturelles Kapital, soziales Kapital, in: Reinhard Kreckel (Hrsg.), Soziale Ungleichheiten. Soziale Welt, Sonderband 2, Göttingen, S. 183-198.

Bourdieu, Pierre, 1988[2]: Die feinen Unterschiede, Frankfurt a.M.

Buchstab, Günter, 1991a: Zwischen Widerstand und Gleichschaltung – Zur Geschichte der Ost-CDU nach 1948, in: Christliche Demokraten in der Herbstrevolution, Eichholz-Brief, H. 2, S. 27-31.

Buchstab, Günter (Hrsg.), 1991b: Jakob Kaiser 1888-1961, Sankt Augustin.

Clemens, Clay, 1993: Disquiet on the Eastern Front: The Christian Democratic Union in Germany's New Länder, in: German Politics, H. 2, S. 200-223.

Conze, Werner, 1969: Jakob Kaiser. Politiker zwischen Ost und West 1945-1949, Stuttgart/Berlin/Köln/Mainz.

Crozier, Michel/Erhard Friedberg, 1979: Macht und Organisation. Die Zwänge kollektiven Handelns, Königstein/Ts.

Czada, Roland, 1994: Schleichweg in die „Dritte Republik". Politik der Vereinigung und politischer Wandel in Deutschland, in: PVS, 35. Jg., H. 2., S. 245-270.

Derlien, Hans-Ulrich/Stefan Lock, 1994: Eine neue politische Elite? Rekrutierung und Karrieren der Abgeordneten in den fünf neuen Landtagen, in: ZParl, H. 1, S. 61-94.

Dettling, Warnfried, 1994a: Ende oder Wende. Was wird aus der CDU?, in: Aus Politik und Zeitgeschichte, B 1, S. 3-7.

Dettling, Warnfried, 1994b: Das Erbe Kohls. Bilanz einer Ära, Frankfurt/M.

Diestel, Peter-Michael, 1992: „Das muß man mir schon gestatten..." in: Freitag (26.6.).

Ditfurth, Christian von, 1991: Blockflöten. Wie die CDU ihre realsozialistische Vergangenheit verdrängt, Köln.

Dornheim, Andreas, 1995: Politischer Umbruch in Erfurt 1989/90, Weimar/Köln.

Dreher, Klaus, 1995: Die Tricks des großen Steuermanns. Helmut Kohl und 50 Jahre CDU: Psychogramm eines Herrschaftsstils, in: Süddeutsche Zeitung (17./18.6.).

Eberwein, W.-D., 1990: Der Drang nach Westen. Zur Analyse der Volkskammerwahl, FiB-Papers, WZB, Berlin.

Endrullat, Marcus, 1989: Suche nach Eigenständigkeit. Bericht über die CDU in der DDR, in: Die politische Meinung, Nr. 247, S. 9-15.

Engert, Jürgen, 1992: Und ewig tönen die Blockflöten – Die CDU-Ost und ihre Altlasten, in: Walter Bajohr, Das Erbe der Diktatur, Bonn/Berlin, S. 114-121.

Engler, Wolfgang, 1995: Die ungewollte Moderne. Ost-West-Passagen, Frankfurt a.M.

Enzensberger, Hans Magnus, 1989: Die Helden des Rückzugs, in: Frankfurter Allgemeine Zeitung (9.12.).

Eppelmann, Rainer, 1991: Die „Friedliche Revolution" aus der Sicht eines Ost-Berliner Gemeindepastors, in: Eichholz-Brief, H. 2, S. 95-100.

Falter, Jürgen W., 1992: Wahlen 1990. Die demokratische Legitimation für die deutsche Einheit mit großen Überraschungen, in: Eckhard Jesse/ Armin Mitter (Hrsg.): Die Gestaltung der deutschen Einheit. Geschichte – Politik – Gesellschaft, Bonn/Berlin, S. 163-188.

Feist, Ursula, 1991: Zur politischen Akkulturation der vereinten Deutschen. Eine Analyse aus Anlaß der ersten gesamtdeutschen Bundestagswahl, in: Aus Politik und Zeitgeschichte, B 11-12, S. 21-32.

Feist, Ursula/Hans Jürgen Hoffmann, 1991: Landtagswahlen in der ehemaligen DDR am 14. Oktober 1990: Föderalismus im wiedervereinigten Deutschland – Traditionen und neue Konturen, in: ZParl, H. 1, S. 5-34.

Feist, Ursula/Klaus Liepelt, 1987: Modernisierung zu Lasten der Großen. Wie die deutschen Volksparteien ihre Integrationskraft verlieren, in: Journal für Sozialforschung, H. 3/4, S. 277-296.

Feldmeyer, Karl, 1992: Politik an den Wählern vorbei, in: Frankfurter Allgemeine Zeitung (14.5.).

Fichter, Tilman, 1993: Die SPD und die Nation. Vier sozialdemokratische Generationen zwischen nationaler Selbstbestimmung und Zweistaatlichkeit, Berlin/Frankfurt a.M.

Fischer, Alexander/Manfred Agethen, 1994: Die CDU in der sowjetisch besetzten Zone/DDR 1945-1952, Sankt Augustin.

Franke, Joachim, 1991: Das ehemalige Archiv der CDU/Ost. Umfang und Qualität der Bestände, in: Deutschland Archiv, Jg. 24, S. 724-761.

Franke, Joachim, 1990: Zur Reaktion von CDU-Führung und CDU-Basis (Ost) auf den Mauerbau am 13. August 1961, in: Deutschland Archiv, H. 8, S. 1242-1251.

Frölich, Jürgen (Hrsg.), 1995: „Bürgerliche" Parteien in der SBZ/DDR. Zur Geschichte von CDU, LDP(D), DBD und NDPD 1945-1953, Köln.

Gagel, Walter, 1990: Die ersten Wahlen nach der Einheit. Landtagswahlen in den neuen Bundesländern und in Bayern am 14. Oktober 1990 – Bundestagswahl am 2.12.1990, in: Gegenwartskunde, H. 4, S. 471-478.

Geisler, Hans, 1991: Rückblick auf 1989: Das Jahr der Wende, in: Eichholz-Brief, H. 2, S. 61-66.

Gesamtdeutsches Institut (Hrsg.), 1990: Demokratischer Neubeginn in der DDR, Bonn.

Gibowski, Wolfgang G./Max Kaase, 1991: Auf dem Weg zum politischen Alltag. Eine Analyse der ersten gesamtdeutschen Bundestagswahl vom 2. Dezember 1990, in: Aus Politik und Zeitgeschichte, B 11-12, S. 3-20.

Giddens, Anthony, 1979: Die Klassenstruktur fortgeschrittener Gesellschaften, Frankfurt a.M.

Giddens, Anthony, 1984: Interpretative Soziologie. Eine kritische Einführung, Frankfurt a.M./New York.

Giddens, Anthony, 1992: Die Konstitution der Gesellschaft. Grundzüge einer Theorie der Strukturierung, Frankfurt a.M./New York.

Giesen, Bernd/Claus Leggewie (Hrsg.), 1991, Experiment Vereinigung. Ein sozialer Großversuch, Berlin.

Girtler, Roland, 1991: Forschung in Subkulturen, in: Uwe Flick u.a. (Hrsg.), Handbuch qualitative Sozialforschung. Grundlagen, Konzepte, Methoden und Anwendungen, München, S. 385-387.

Glaeßner, Gert-Joachim, 1991: Der schwierige Weg zur Demokratie. Vom Ende der DDR zur deutschen Einheit, Opladen.

Glaeßner, Gert-Joachim (Hrsg.), 1993: Der lange Weg zur Einheit. Studien zum Transformationsprozeß in Ostdeutschland, Berlin.

Glaser, Barney G./Anselm L. Strauss, 1984[2]: Die Entdeckung gegenstandsbezogener Theorie: Eine Grundstrategie qualitativer Sozialforschung, in: Christel Hopf/Elmar Weingarten (Hrsg.), Qualitative Sozialforschung, Stuttgart, S. 91-114.

Gluchowski, Peter/Carsten Zelle, 1993: Vom Optimismus zum Realismus: Ostdeutschland auf dem Weg in das bundesrepublikanische politische System, in: Fritz Plasser/Peter A. Ulram (Hrsg.), Transformation oder Stagnation? Aktuelle politische Trends in Osteuropa, Wien, S. 133-154.

Göhner, Reinhard, 1992: CDU: Fragen für die Zukunft, in: Die politische Meinung, Nr. 269, S. 43-48.

Gordesch, Johannes/Hartmut Salzwedel (Hrsg.), 1993: Sozialforschung in Ostdeutschland, Frankfurt a.M./Berlin usw.

Götting, Gerald, 1986: Beitrag christlicher Demokraten zu Gegenwart und Zukunft. Aus Reden und Aufsätzen 1981-1986, Berlin.

Grabow, Karsten, 1996: Die CDU an der Basis. Zur Entwicklung der Organisationsmuster im Lichte des Vereinigungsprozesses der Partei, in: Berliner Debatte INITIAL, H. 4, S. 66-81.

Gransow, Volker/Konrad H. Jarausch (Hrsg.), 1991: Die deutsche Vereinigung. Dokumente zur Bürgerbewegung, Annäherung und Beitritt, Köln.

Greven, Michael Th., 1987: Parteimitglieder. Ein empirischer Essay über das politische Alltagsbewußtsein in Parteien, Opladen.

Greven, Michael Th., 1993: Die Parteien in der politischen Gesellschaft sowie eine Einleitung zur Diskussion über eine „allgemeine Parteientheorie", in: Oskar Niedermayer/Richard Stöss (Hrsg.), Stand und Perspektiven der Parteienforschung in Deutschland, Opladen, S. 276-292.

Greven, Michael Th./Peter Kühler/Manfred Schmitz (Hrsg.), 1994: Politikwissenschaft als Kritische Theorie. Festschrift für Kurt Lenk, Baden-Baden.

Grüning, Uwe, 1991: Weltfremdheit und Wirklichkeitsnähe, in: Eichholz-Brief, H. 2, S. 32-41.

Gudenschwager, Wolfgang, 1995: Die Rolle der Ost-CDU bei der Gründung, Entwicklung und Liquidation der staatsbeteiligten Betriebe in der DDR 1956 bis 1972, in: Michael Richter/Martin Rißmann (Hrsg.), 1995: Die Ost-CDU. Beiträge zu ihrer Entstehung und Entwicklung, Weimar/Köln/Wien, S. 159-182.

Guske, Hubertus, 1990: Die Christlich-Demokratische Arbeitnehmerschaft in der DDR, in: Deutschland Archiv, S. 500-505.

Habermas, Jürgen, 1979: Hannah Arendts Begriff der Macht, in: Adelbert Reif (Hrsg.), Hannah Arendt. Materialien zu ihrem Werk, Wien, S. 287-305.

Habermas, Jürgen, 1990: Die nachholende Revolution, Frankfurt a.M.

Hackel, Norbert, 1990: Parteienforschung und die Metamorphose der CDU (Ost), in: Projektgruppe Parteienforschung am Institut für Politikwissenschaft, Humboldt-Universität Berlin (Hrsg.), Parteien der DDR im Umbruch, Berlin 1990, S. 36-46.

Hauff, Maria, 1990: „Katholisch bin und bleibe ich..." Aspekte zum Verhältnis von Wanderarbeit und Katholizismus, in: Wanderarbeiter aus dem Eichsfeld. Zur Wirtschafts- und Sozialgeschichte des Ober- und Untereichsfeldes seit Mitte des 19. Jahrhunderts, Stadt Duderstadt (Hrsg.), Duderstadt, S. 163-186.

Hegel, Ralf-Dietmar/Martin Müller/Michael Wolf, 1994: Die produktive Kraft der Unfreiheit. Eine empirische Studie zu ostdeutschen Biographien in der „Wendezeit", Milow.

Heiligenstadt. Stadt der „Möhrenkönige", o. Verf., 1990, Heiligenstadt.

Henkys, Reinhard, 1991: Die Bedeutung und Rolle der evangelischen Kirche im demokratischen Reformprozeß, in: Eichholz-Brief, H. 2, S. 13-19.

Henkys, Reinhard, 1994: Die Kirchen im SED-Staat zwischen Anpassung und Widerstand, in: Jürgen Weber (Hrsg.), Der SED-Staat: Neues über eine vergangene Diktatur, München, S. 199-244.

Herzberg, Wolfgang/Patrik von zur Mühlen, 1993: Auf den Anfang kommt es an. Sozialdemokratischer Neubeginn in der DDR 1989, Bonn.

Herzog, Dietrich, 1982: Politische Führungsgruppen. Probleme und Ergebnisse der modernen Elitenforschung, Darmstadt.

Hettlage, Robert/Karl Lenz (Hrsg.), 1995: Deutschland nach der Wende. Eine Bilanz, München.

Höllen, Martin, 1994: Loyale Distanz? Katholizismus und Kirchenpolitik in SBZ und DDR. Ein historischer Überblick in Dokumenten, Bd. 1: 1945-1955, Berlin.

Hopf, Christel/Elmar Weingarten (Hrsg.), 1984: Qualitative Sozialforschung, Stuttgart.

Hradil, Stefan, 1995: Die Modernisierung des Denkens. Zukunftspotentiale und „Altlasten" in Ostdeutschland, in: Aus Politik und Zeitgeschichte, B 20, S. 3-15.

Hübner, Peter, 1967: Herrschende Klasse und Elite. Eine Strukturanalyse der Gesellschaftstheorien Moscas und Paretos, Berlin.

Iltgen, Erich, 1991: Neue Politik für ein altes Land: Sachsen und die Demokratisierung der ehemaligen DDR, in: Uwe Thaysen/Hans Michael Kloth, Wandel durch Repräsentation – Repräsentation im Wandel: Entstehung und Ausformung der parlamentarischen Demokratie in Ungarn, Polen, der Tschechoslowakei und der ehemaligen DDR, Baden-Baden, S. 153-161.

Iltgen, Erich, 1991: Hoffnungsträger des Neubeginns. Interview mit Landtagspräsident Erich Iltgen zur Bedeutung der Runden Tische auf dem Weg zur Demokratie, in: Der sächsische Landtag (Hrsg.), Von der Wende zum Parlament. Sachsen auf dem Weg zur Demokratie, Dresden.

Immerfall, Stefan, 1992: Die letzte Dekade westdeutscher Parteienforschung – zur Analogie der Defizite von Parteien und Parteienforschung, in: Zparl, H. 1, S. 172-189.

Jesse, Eckhard/Armin Mitter (Hrsg.), 1992: Die Gestaltung der deutschen Einheit. Geschichte – Politik – Gesellschaft, Bonn.

Kaff, Brigitte (Hrsg.), 1995: „Gefährliche politische Gegner". Widerstand und Verfolgung in der sowjetischen Zone/DDR, Düsseldorf.

Kaltefleiter, Werner, 1991: Die Struktur der deutschen Wählerschaft nach der Vereinigung, in: Zeitschrift für Politik, 38. Jg, H. 1, S. 1-32.

Katholischer Lehrerverband des Deutschen Reiches (Hrsg.), o.J.: Heimat und Vaterland. Lesebuch. Dortmund.

Kitschelt, Herbert, 1994: The Transformation of European Social Democracy, Cambridge.

Klaeden, Eckart von, 1990: Die Christlich-Demokratische Jugend (CDJ) in der DDR, in: Sonde, H. 1, S. 15-20.

Kleßmann, Christoph, 1991: Die Beharrungskraft traditioneller Milieus in der DDR, in: Manfred Hettling u.a. (Hrsg.), Was ist Gesellschaftsgeschichte? Positionen, Themen, Analysen, München, S. 146-154.

Klingemann, Hans-Dieter/Lutz Erbring/Nils Diederich (Hrsg.), 1995: Zwischen Wende und Wiedervereinigung. Analysen zur politischen Kultur in West- und Ost-Berlin 1990, Opladen.

Klingemann, Hans-Dieter/Richard Stöss/Bernhard Weßels (Hrsg.), 1991: Politische Klasse und politische Institutionen. Probleme und Perspektiven der Elitenforschung, Opladen.

Klinger, Fred, 1994: Aufbau und Erneuerung. Über die institutionellen Bedingungen der Standortentwicklung in Deutschland, in: Aus Politik und Zeitgeschichte, B 17, S. 3-13.

Knabe, Hubertus (Hrsg.), 1989: Aufbruch in eine andere DDR. Reformer und Oppositionelle zur Zukunft ihres Landes, Reinbek.

Kohler, Georg/Martin Meyer (Hrsg.), 1994: Die Folgen von 1989, München/Wien.

König, Helmut, 1994: Politikwissenschaft und Politische Psychologie – eine Bestandsaufnahme, in: Leviathan, H. 2, S. 195-221.

Konrad-Adenauer-Stiftung (Hrsg.), 1992: Wahlergebnisse in der Bundesrepublik Deutschland und in den Bundesländern 1946-1992, St. Augustin.

Konrad-Adenauer-Stiftung (Hrsg.), 1994: Die Bundestagswahl vom 16. Oktober 1994. Eine erste Analyse, St. Augustin.

Kotsch, Detlef, 1995 a: Die Bezirke Potsdam, Frankfurt (Oder) und Cottbus in der DDR (1952-1990), in: Ingo Materna/Wolfgang Ribbe (Hrsg.), Brandenburgische Geschichte, Berlin, S. 727-800.

Kotsch, Detlef, 1995 b: Das Bundesland Brandenburg (1990 bis 1993). Ausblick, in: Ingo Materna/Wolfgang Ribbe (Hrsg.), Brandenburgische Geschichte, Berlin, S. 795-800.

Kreikenbom, Henry/Maxi Stapelfeld, 1994: Steine auf dem Weg zum politischen Alltag. Vorgeprägte Orientierungen und aktuelle Erfahrungen der ehemaligen DDR-Bürger mit dem Interessenvermittlungssystem der Bundesrepublik, in: Oskar Niedermayer/Klaus von Beyme (Hrsg.), Politische Kultur in Ost- und Westdeutschland, Berlin, S. 163-183.

Kromer, Hans, 1990: Dresden. Die friedliche Revolution , Oktober 1989 – März 1990, Dresden.

KSPW-Projekt „Kreisparteien", 1996: Organisation, Politik und Vernetzung der Parteien auf Kreisebene in den fünf neuen Bundesländern (Endbericht), Berlin.

Kurz-Scherf, Ingrid/Gunnar Winkler (Hrsg.), 1994: Sozialreport 1994. Daten und Fakten zur sozialen Lage in den neuen Bundesländern, Berlin.

Land, Rainer/Ralf Possekel, 1995: Orthodoxie und Modernität, in: Neue Gesellschaft/Frankfurter Hefte, H. 5, S. 415-423.

Lapp, Peter Joachim, 1988a: Die „befreundeten Parteien" der SED. DDR-Blockparteien heute, Köln.

Lapp, Peter Joachim, 1988b: Die Blockparteien im politischen System der DDR, Deutschland-Report 2, Melle.

Lapp, Peter Joachim, 1991: Die ehemalige DDR-CDU – die „Abteilung Christen" der SED?, in: Neue Gesellschaft/Frankfurter Hefte, H. 2, S. 147-152.

Laurien, Hanna-Renate, 1991: Standortbestimmungen, in: Die politische Meinung, H. 259, S. 19-26.

Lehmbruch, Gerhard, 1990: Die improvisierte Vereinigung. Die dritte deutsche Republik, in: Leviathan, H. 18, S. 462-486.

Lehmbruch, Gerhard, 1991: Die deutsche Vereinigung: Strukturen und Strategien, in: PVS, H. 4, S. 585-604.

Lehmbruch, Gerhard, 1994: Institutionen, Interessen und sektorale Variationen in der Transformationsdynamik der politischen Ökonomie Ostdeutschlands, in: Journal für Sozialforschung, H. 1, S. 21-44.

Lepsius, M. Rainer, 1990: Zur Soziologie des Bürgertums und der Bürgerlichkeit, in: M. Rainer Lepsius (Hrsg.), Interessen, Ideen, Institutionen, Opladen, S. 153-169.

Lesch, Markus, 1994: Die CDU-Reformer in Sachsen, in: Die Politische Meinung, H. 297, S. 37-43.

Lieberknecht, Christine/Arnold Vaatz/Steffen Heitmann, 1994: Unterwegs zur Einheit, Sankt Augustin.

Liebert, Ulrike/Wolfgang Merkel (Hrsg.), 1991: Die Politik zur deutschen Einheit: Probleme, Strategien, Kontroversen, Opladen.

Linnemann, Rainer, 1994: Die Parteien in den neuen Bundesländern. Konstituierung, Mitgliederentwicklung, Organisationsstrukturen, Münster/New York.

Lipset, Seymour M./Stein Rokkan, 1967: Party Systems and Voter Alignments. Cross National Perspectives, New York/London.

Löbler, Frank/Josef Schmid/Heinrich Tiemann (Hrsg.), 1992: Wiedervereinigung als Organisationsproblem. Gesamtdeutsche Zusammenschlüsse von Parteien und Verbänden, Bochum.

Lück, Helmut, 1989: Ein Mehr an Demokratie. Die neue CDU, in: Hubertus Knabe (Hrsg.), Aufbruch in eine andere DDR. Reformer und Oppositionelle zur Zukunft ihres Landes, Reinbek, S. 126-133.

Lühr, Hans-Peter/Ute Scheffler/Dagmar Winkelhofer (Hrsg.), 1989/1990: Wir sind das Volk, Teil 1: Die Bewegung. September/ Oktober 1989; Teil 2: Die Bewegung. Oktober/ November 1989, Halle/S.

Maizière, Lothar de, 1996: Anwalt der Einheit. Ein Gespräch mit Christine de Mazières, Berlin.

Meckel, Markus/Martin Gutzeit, 1994: Opposition in der DDR. Zehn Jahre kirchliche Friedensarbeit – kommentierte Quellentexte, Köln.

Meissner, Boris, 1990: Die politischen Parteien und Vereinigungen in der DDR, in: Beiträge zur Konfliktforschung, H. 4, S. 81-84.

Merkel, Wolfgang, 1994: Struktur oder Akteur, System oder Handlung: Gibt es einen Königsweg in der sozialwissenschaftlichen Transformationsforschung?, in: Wolfgang Merkel (Hrsg.), Systemwechsel I. Theorien, Ansätze und Konzeptionen, Opladen, S. 303-331.

Meß de Velasquez, Mechthild, 1990: „Heimat" und „Regionale Identität". Zur Bedeutung des Eichsfeldes für seine Bewohner – empirische Befunde, in: Stadt Duderstadt (Hrsg.), Wanderarbeiter aus dem Eichsfeld. Zur Wirtschafts- und Sozialgeschichte des Ober- und Untereichsfeldes seit Mitte des 19. Jahrhunderts, Duderstadt, S. 323-344.

Meuschel, Sigrid, 1992: Legitimation und Parteiherrschaft. Zum Paradox von Stabilität und Revolution in der DDR 1945-1989. Frankfurt a.M.

Meyer, Armin, o.J.: Entscheidungsprozesse in Parteiorganisationen. Einige sozialwissenschaftliche Forschungsansätze, kritisch erläutert am Beispiel einer Fallstudie über die Wahl des Landesvorstands der Berliner SPD im Mai 1967 (Unveröffentlichte Dissertation, Zentralinstitut für sozialwissenschaftliche Forschung, Freie Universität Berlin).

Meyer, Hans Joachim, 1991: Mit Augenmaß und Festigkeit, in: Frankfurter Allgemeine Zeitung (25.5.).

Misselwitz, Hans-J., 1996: Nicht länger mit dem Gesicht nach Westen. Das neue Selbstbewußtsein der Ostdeutschen, Bonn.

Möller, Bärbel, 1994: Parteien im lokalen Raum: Empirische Befunde aus Jena und Frankfurt/O., in: Oskar Niedermayer/Richard Stöss (Hrsg.), Parteien und Wähler im Umbruch. Parteiensystem und Wählerverhalten in der ehemaligen DDR und den neuen Bundesländern, Opladen, S. 195-213.

Müller, Emil-Peter, 1992: Strukturen des XII. Deutschen Bundestages, Köln.

Müller, Gottfried, 1991: Querpfeifer aus dem Osten, in: Rheinischer Merkur (13.12.).

Müller-Enbergs, Helmut, 1991: Welchen Charakter hatte die Volkskammer nach den Wahlen am 18. März 1990?, in: ZParl, H. 3, S. 450-467.

Müller-Enbergs, Helmut, 1993: Zwischen Bewahrung und Modernisierung. Politische Einstellungen in der letzten Volkskammer der DDR, in: Dietrich Herzog/Hilke Rebenstorf/Bernhard Weßels (Hrsg.), Parlament und Gesellschaft. Eine Funktionsanalyse der repräsentativen Demokratie, Opladen, S. 248-271.

Muszynski, Bernhard (Hrsg.), 1991: Deutsche Vereinigung. Probleme der Integration und der Identifikation, Opladen.

Naßmacher, Hiltrud/Oskar Niedermayer/Hellmut Wollmann (Hrsg.), 1994: Politische Strukturen im Umbruch, Berlin.

Neckel, Sighard, 1991: Unterlegenheit. Vom kollektiven Status zur defizitären Individualität, in: Berliner Journal für Soziologie, H. 3, S. 427-438.

Neu, Viola, 1994: Wahlverhalten in den neuen Ländern der Bundesrepublik Deutschland. Theoretische Erklärungsansätze und Analyse, in: Gegenwartskunde, H. 1, S. 119-149.

Neugebauer, Gero/Richard Stöss, 1996: Die PDS. Geschichte. Organisation. Wähler. Konkurrenten, Opladen.

Niedermayer, Oskar/Richard Stöss (Hrsg.), 1994: Parteien und Wähler im Umbruch. Parteiensystem und Wählerverhalten in der ehemaligen DDR und den neuen Bundesländern, Opladen.

Nolte, Dirk, 1994: Industriepolitik in Ostdeutschland am Beispiel des Bundeslandes Sachsen, in: Aus Politik und Zeitgeschichte, B 17, S. 31-38.

Oberndörfer, Dieter/Gerd Mielke/Ulrich Eith (Hrsg.), 1992: Die Bundesrepublik im Umbruch. Analysen zur ersten gesamtdeutschen Bundestagswahl 1990, Freiburg i.Br.

Oertzen, Peter von, 1994: Klasse und Milieu als Bedingung gesellschaftlichen Handelns, in: Michael Th. Greven/Peter Kühler/Manfred Schmitz (Hrsg.), Politikwissenschaft als Kritische Theorie. Festschrift für Kurt Lenk, Baden-Baden, S. 387-422.

Offe, Claus, 1990: Vom taktischen Gebrauchswert nationaler Gefühle, in: Die Zeit, Nr. 51 (14.12.).

Offe, Claus, 1994: Der Tunnel am Ende des Lichts. Erkundungen der politischen Transformation im Neuen Osten, Frankfurt a.M.

Pappi, Franz Urban, 1991: Wahrgenommenes Parteiensystem und Wahlentscheidung in Ost- und Westdeutschland. Zur Interpretation der ersten gesamtdeutschen Bundestagswahl, in: Aus Politik und Zeitgeschichte, B 44, S. 15-26.

Paris, Rainer, 1994: Solidarische Beutezüge: Zur Theorie der Seilschaften, in: Berliner Debatte INITIAL, H. 6, S. 3-8.

Patzelt, Werner J. 1993: Legislators of new parliaments: the case of East Germany (paper f. IPSA-Research Committee on Legislative Studies Conference), Paris.

Patzelt, Werner J., 1994: Regierung und Parlament: Implementationsprobleme des parlamentarischen Regierungssystems in den neuen Bundesländern (Paper zum Politologentag in Berlin).

Perger, Werner A., 1992: Die CDU, in: Aus Politik und Zeitgeschichte, B 5, S. 3-9.

Plasser, Fritz/Peter A. Ulram (Hrsg), 1993: Transformation oder Stagnation? Aktuelle politische Trends in Osteuropa, Wien.

Pollack, Detlef, 1991: Von der Organisationsgesellschaft zur Risikogesellschaft. Soziologische Überlegungen zu den gesellschaftlichen Transformationsprozessen in Ostdeutschland, in: Berliner Journal für Soziologie, H. 3, S. 451-455.

Priewe, Jan, 1991: Wirtschaftswunder – Deindustrialisierung – Rückschlag für Westdeutschland? Zur politischen Ökonomie der deutschen Vereinigung, in: Bernhard Muszynski (Hrsg.), Deutsche Vereinigung. Probleme der Integration und der Identifikation, Opladen, S. 115-132.

Radunski, Peter, 1991: Fit für die Zukunft? Die Volksparteien vor dem Superwahljahr 1994, in: Sonde, 24. Jg., Nr. 4, S. 3-8.

Raschke, Joachim, 1992: Das Unbehagen an den Parteien. Ein Blick auf die dauerhaften Ursachen, in: Gewerkschaftliche Monatshefte, H. 9, S. 523-530.

Raschke, Joachim, 1993: Die Grünen. Wie sie wurden, was sie sind. Köln.

Raschke, Joachim, 1995: Vor dem Umbruch des Parteiensystems? Die nachholende Modernisierung der Wähler und die Strategien der Parteien, in: Blätter für deutsche und internationale Politik, H. 7, S. 791-798.

Rassow, Walter, 1909: Beschreibende Darstellung der älteren Bau- und Kunstdenkmäler des Kreises Heiligenstadt, Halle/S.

Rattinger, Hans,1994: Parteiidentifikationen in Ost- und Westdeutschland nach der Vereinigung, in: Oskar Niedermayer/Klaus von Beyme (Hrsg.), Politische Kultur in Ost- und Westdeutschland, Berlin, S. 77-104.

Rebenstorf, Hilke, 1991: Politische Herkunft und politische Karrieren, in: Hans-Dieter Klingemann/Richard Stöss/Bernhard Weßels (Hrsg.), Politische Klasse und politische Institutionen. Probleme und Perspektiven der Elitenforschung, Opladen, S. 217-234.

Reichart-Dreyer, Ingrid, 1995a: Partizipation von Frauen in der CDU, in: Eva Maleck-Lewy/Virginia Penrose (Hrsg.), Politische Partizipation von Frauen im vereinigten Deutschland – eine Zwischenbilanz, Berlin, S. 37-63.

Reichart-Dreyer, Ingrid, 1995b: Fünf Jahre deutsche Einheit: Demokratisierung oder Zementierung von Machtstrukturen? – Frauen und Frauenpolitik in der CDU, in: Rundbrief des Netzwerkes politikwissenschaftlich und politisch arbeitender Frauen, 4. Jg., Nr. 8, S. 32-43.

Reichart-Dreyer, Ingrid, 1996: Parteireform, in: Oscar W. Gabriel/Oskar Niedermayer/Richard Stöss (Hrsg.), Parteiendemokratie in Deutschland, Bonn.

Reißig, Rolf/Gert-Joachim Glaeßner (Hrsg.), 1991: Das Ende eines Experiments. Umbruch in der DDR und deutsche Einheit, Berlin.

Reuth, Ralf Georg, 1991: Wie de Maizière an die Spitze kam. Wendungen in der Wende der einstigen Blockpartei CDU, in: Frankfurter Allgemeine Zeitung (1.7.).

Reuth, Ralf Georg/Andreas Bönte, 1993: Das Komplott. Wie es wirklich zur deutschen Einheit kam, München/Zürich.

Richter, Klemens, 1990: Die DDR-Katholiken nach der Wende, in: Deutschland Archiv, S. 1594-1603.

Richter, Michael, 1994: Zur Entwicklung der Ost-CDU im Herbst 1989, in: Konrad-Adenauer-Stiftung (Hrsg.), Historisch-politische Mitteilungen, Archiv für christlich-demokratische Politik, 1. Jg., S. 115-134.

Richter, Michael, 1991[2]: Die Ost-CDU 1948-1952. Zwischen Widerstand und Gleichschaltung, Düsseldorf.

Richter, Michael/Martin Rißmann (Hrsg.), 1995: Die Ost-CDU. Beiträge zu ihrer Entstehung und Entwicklung, Weimar/Köln/Wien.

Rißmann, Martin, 1994: Zur Rolle der Ost-CDU im politischen System der DDR, in: Konrad-Adenauer-Stiftung (Hrsg.), Historisch-politische Mitteilungen, Archiv für christlich-demokratische Politik, 1. Jg., S. 69-88.

Rißmann, Martin, 1995: Kaderschulung in der Ost-CDU 1949-1971. Zur geistigen Formierung einer Blockpartei, Düsseldorf.

Rößler, Matthias, 1992: „Hinter Befindlichkeiten stecken Besitzstände", in: Frankfurter Allgemeine Zeitung (4.9).

Roth, Dieter, 1991a: Die Volkskammerwahl in der DDR am 18. März 1990. Rationales Wählerverhalten beim ersten demokratischen Urnengang, in: Ulrike Liebert/Wolfgang Merkel (Hrsg.), Die Politik zur deutschen Einheit. Probleme – Strategien – Kontroversen, Opladen, S. 115-138.

Roth, Dieter, 1991b: Ein Parteiensystem im Wandel?, in: Neue Gesellschaft/Frankfurter Hefte, H. 2, S. 140-147.

Schaefer, Aloys, o.J.: Zur Verwaltungsgeschichte des Eichsfeldes, o.O.

Schäfers, Bernhard, 1991: Der Vereinigungsprozeß in sozialwissenschaftlichen Deutungsversuchen, in: Gegenwartskunde, H. 3, S. 273-284.

Schäuble, Wolfgang, 1991: Der Vertrag. Wie ich über die deutsche Einheit verhandelte, Stuttgart.

Schäuble, Wolfgang, 1996: Noch einmal verbiegen wollte er sich nicht. Lothar de Maizière und die deutsche Einheit, in: Frankfurter Allgemeine Zeitung (23.4.), S. 10.

Schirmer, Herbert, 1991: „Die haben nahtlos das Geschwätz aus Bonn übernommen", in: Neue Berliner Illustrierte, Nr. 6, S. 28-30.

Schlumberger, Friedrich Claudius, 1994: Organisatorische Probleme beim Aufbau der CDU-Thüringen, in: Josef Schmid/Frank Löbler/Heinrich Tiemann (Hrsg.), Probleme der Einheit – Organisationsstrukturen und Probleme von Parteien und Verbänden. Berichte aus den neuen Ländern, Marburg, S. 25-30.

Schmid, Josef, 1992: Die Vereinigung der CDU, in: Frank Löbler/Josef Schmid/Heinrich Tiemann (Hrsg.), Wiedervereinigung als Organisationsproblem: Gesamtdeutsche Zusammenschlüsse von Parteien und Verbänden, Bochum, S. 48-59.

Schmid, Josef, 1994a: Die CDU in Ostdeutschland, in: Deutschland Archiv, 27. Jg., H. 8, S. 793-801.

Schmid, Josef, 1994b: Parteistrukturen nach der Einheit – am Beispiel des Indikators Parteifinanzen, in: Josef Schmid/Frank Löbler/Heinrich Tiemann (Hrsg.), Probleme der Einheit – Organisationsstrukturen und Probleme von Parteien und Verbänden. Berichte aus den neuen Ländern, Marburg, S. 55-74.

Schmidt, Peter, 1990a: Über die Mühsal der Selbstfindung – Anmerkungen zur politischen Kultur der DDR, in: Die Transformation der DDR, Deutsche Studien 109, XXVIII. Jg., März, S. 58-66.

Schmidt, Peter, 1990b: Bemerkungen zur Situation der DDR-Parteien im Umbruch, in: Projektgruppe Parteienforschung am Institut für Politikwissenschaft, Humboldt-Universität Berlin (Hrsg.), Parteien der DDR im Umbruch, Berlin, S. 64-70.

Schmidt, Peter, 1990c: Erster Parteitag der CDU Deutschlands in Hamburg, in: Deutschland Archiv, S. 1662-1664.

Schmidt, Ute, 1983: Die Christlich-Demokratische Union Deutschlands, in: Richard Stöss (Hrsg.), Die Parteien in der Bundesrepublik Deutschland 1945-1980, Parteien-Handbuch Bd.1, S. 490-660.

Schmidt, Ute, 1984: Katholische Arbeiterbewegung zwischen Integralismus und Interkonfessionalität, in: Rolf Ebbighausen/Friedrich Tiemann (Hrsg), Das Ende der Arbeiterbewegung in Deutschland? Ein Diskussionsband für Theo Pirker, Opladen, S. 216-239.

Schmidt, Ute, 1987: Zentrum oder CDU. Politischer Katholizismus zwischen Tradition und Anpassung, Opladen.

Schmidt, Ute, 1991: Die Parteienlandschaft in Deutschland nach der Vereinigung, in: Gegenwartskunde, H. 4, S. 515-544.

Schmidt, Ute, 1993: Die Partei der deutschen Einheit im Härtetest. Zur Lage der CDU in Ost und West. Entsteht eine neue national-konservative Elite?, in: Frankfurter Rundschau, Dokumentation (16.10.).

Schmidt, Ute, 1994: Transformation einer Volkspartei – Die CDU im Prozeß der deutschen Vereinigung, in: Oskar Niedermayer/Richard Stöss (Hrsg.), Parteien und Wähler im Umbruch. Parteiensystem und Wählerverhalten in der ehemaligen DDR und den neuen Bundesländern, Opladen, S. 37-74.

Schmidt, Ute, 1996a: Tiefe Risse im Gefüge der vereinigten CDU. Von der Blockpartei zur Volkspartei: Die ostdeutschen Christdemokraten auf der Suche nach der Machtbasis, in: Frankfurter Rundschau, Dokumentation (6.3.).

Schmidt, Ute, 1996b: Risse im Gefüge der vereinigten CDU, in: Frankfurter Hefte/Neue Gesellschaft, H. 4, S. 303-308.

Schmidt, Ute, 1996c: Die CDU, in: Oskar Niedermayer (Hrsg.), Intermediäre Strukturen in Ostdeutschland, Opladen (im Erscheinen).

Schmidt, Ute, 1996d: Zentrum oder CDU. Zur Archäologie eines Parteienkonflikts, in: Michael Prinz/Matthias Frese (Hrsg.), Politische Zäsuren und gesellschaftliche Modernisierung im 20. Jahrhundert, Paderborn, S. 409-420.

Schmitt, Karl, 1995: Die Landtagswahlen 1994 im Osten Deutschlands. Früchte des Föderalismus: Personalisierung und Regionalisierung, in: ZParl, H. 2, S. 261-295.

Schmock, Reiner, 1994: Die CDU als Oppositionspartei in Brandenburg. Eine empirische Studie zu Problemen der Parteiendemokratie in einem neuen Bundesland, Diplomarbeit, FU Berlin, Fachbereich Politische Wissenschaft.

Scholz, Bettina, 1991: Die Abgeordneten der ersten demokratischen Volkskammer. Von parlamentarischen Anfängern zu Berufspolitikern?, in: Bernhard Muszynski (Hrsg.), Deutsche Vereinigung. Probleme der Integration und der Identifikation, Opladen, S. 85-98.

Scholz, Bettina, 1993: Bundestag und Volkskammer. Meinungsprofile von Abgeordneten im Vergleich, in: Dietrich Herzog/Hilke Rebenstorf/ Bernhard Weßels (Hrsg.), Parlament und Gesellschaft. Eine Funktionsanalyse der repräsentativen Demokratie, Opladen, S. 272-299.

Schroeder, Wolfgang, 1992: Motor und Bremse der deutschen Einheit. Der Dresdener Parteitag der CDU, in: Neue Gesellschaft/Frankfurter Hefte, H. 2, S. 110-114.

Schroeder, Wolfgang, 1994: Führungsprofile in der CDU, in: Neue Gesellschaft/Frankfurter Hefte, H.10, S. 904-912.

Schubert, Cordula, 1991: Chronologie einer Wende, in: Christliche Demokraten in der Herbstrevolution, Eichholz-Brief, H. 2, S. 46-50.

Schütze, Fritz, 1977: Die Technik des narrativen Interviews in Interaktionsfeldstudien, dargestellt an einem Projekt zur Erforschung der kommunalen Machtstrukturen (Manuskript der Universität Bielefeld, Fakultät für Soziologie).

Schütze, Fritz, 1983: Biographieforschung und narratives Interview, in: Neue Praxis, H. 3, S. 283- 293.

SPD-Intern, 1994: Wer im Glashaus sitzt... Die CDU in Ostdeutschland: Der 'Block' am Hals. Dokumentation, Nr. 12, Bonn .

Städte- und Gemeindetag der DDR. Thesen, 1990: in: Kommunale Rundschau in der DDR, 1. Jg., Nr. 1.

Staritz, Dietrich, 1984: Die Gründung der DDR. Von der sowjetischen Besatzungsherrschaft zum sozialistischen Staat, München.

Strauss, Anselm L., 1991: Grundlagen qualitativer Sozialforschung. Datenanalyse und Theoriebildung in der empirischen soziologischen Forschung, München.

Suckow, Achim, 1989: Lokale Parteiorganisationen – angesiedelt zwischen Bundespartei und lokaler Gesellschaft. Ein Beitrag zum Organisationsproblem politischer Parteien und zur politischen Kultur der Bundesrepublik, Oldenburg.

Suckut, Siegfried, 1986: Blockpolitik in der SBZ/DDR 1945-1949. Die Sitzungsprotokolle des zentralen Einheitsfront-Ausschusses, Köln.

Suckut, Siegfried, 1990: Vom Blocksystem zur Konkurrenz. Zum Wandel der ehemaligen Blockparteien in der DDR seit dem Herbst 1989, in: Die

DDR auf dem Weg zur deutschen Einheit. Probleme, Perspektiven, offene Fragen, Köln, S. 128-138.

Suckut, Siegfried, 1994: Die DDR-Blockparteien im Lichte neuer Quellen, in: Jürgen Weber (Hrsg.), Der SED-Staat: Neues über eine vergangene Diktatur, München, S. 99-197.

Suckut, Siegfried, 1995: Ost-CDU und LDPD aus der internen Sicht von SED und MfS, in: Jürgen Frölich (Hrsg.), „Bürgerliche" Parteien in der SBZ/DDR. Zur Geschichte von CDU, LDP(D), DBD und NDPD 1945-1953, Köln, S. 103-120.

Süß, Walter, 1995: Entmachtung und Verfall der Staatssicherheit. Ein Kapitel aus dem Spätherbst 1989, in: Deutschland Archiv, H. 2, S.122-151.

Steininger, Rudolf, 1984: Soziologische Theorie der politischen Parteien, Frankfurt a.M./ New York.

Tarrow, Sidney, 1991: Kollektives Handeln und politische Gelegenheitsstruktur in Mobilisierungswellen: Theoretische Perspektiven, in: KZfSS, 43. Jg., H. 4, S. 647-670.

Teltschik, Horst, 1991: 329 Tage. Innenansichten der Einigung, Berlin.

Vaatz, Arnold, 1991: Von der Länderbildung zur Regierungsarbeit. Interview mit Staatsminister Arnold Vaatz, in: Der sächsische Landtag (Hrsg.), Von der Wende zum Parlament. Sachsen auf dem Weg zur Demokratie, Dresden.

Vaatz, Arnold, 1996: Die Genossen können vor Lachen nicht schlafen, in: Frankfurter Allgemeine Zeitung (10.2.).

Veen, Hans-Joachim, 1992: Schluß, Neubeginn und Übergang – Die erste gesamtdeutsche Wahl und die Veränderungen der Wähler und Parteistrukturen in Deutschland, in: Emil Hübner/Heinrich Oberreuter (Hrsg), Parteien in Deutschland zwischen Kontinuität und Wandel, München, S. 125-168.

Veen, Hans-Joachim/Carsten Zelle, 1994: Zusammenwachsen oder auseinanderdriften? Eine empirische Analyse der Werthaltungen, der politischen Prioritäten und der nationalen Identifikationen der Ost- und Westdeutschen, Interne Studien der Konrad-Adenauer-Stiftung, Nr. 78.

Vester, Michael/Peter von Oertzen/Heiko Gelling/Thomas Hermann/Dagmar Müller, 1993: Soziale Milieus im gesellschaftlichen Strukturwandel. Zwischen Integration und Ausgrenzung, Köln.

Vester, Michael, 1995: Deutschlands feine Unterschiede. Mentalitäten und Modernisierung in Ost- und Westdeutschland, in: Aus Politik und Zeitgeschichte, B 20, S. 16-30.

Vette, Markus, 1996: Zur Struktur und Übernahme politischer Verantwortung in der repräsentativen parlamentarischen Demokratie. Erfahrungen und Schlußfolgerungen aus der Arbeit des 1. Brandenburger Landtages, Diss., FB Pol. Wissenschaft, FU Berlin.

Volkens, Andrea/Hans-Dieter Klingemann, 1992: Die Entwicklung der deutschen Parteien im Prozeß der Vereinigung, in: Eckhard Jesse/Armin Mitter (Hrsg.), Die Gestaltung der deutschen Einheit. Geschichte – Politik – Gesellschaft, Bonn, S. 189-214.

Von der DRR zu den FNL, 1992: Soziale Bewegungen vor und nach der Wende, in: Forschungsjournal Neue Soziale Bewegungen, 5. Jg., H. 1.

Wagner, Herbert, 1991: Zwanzig gegen SED-Willkür in Dresden, in: Eichholz-Brief, H. 2, S. 90-94.

Walter, Franz, 1993: Analyse von regionalen Teilkulturen im Zerfall – das Beispiel Sachsen, in: PVS, H. 4, S. 674-680.

Walter, Franz/Tobias Dürr/Klaus Schmidtke, 1993: Die SPD in Sachsen und Thüringen zwischen Hochburg und Diaspora, Bonn.

Weber, Hermann, 1991: DDR. Grundriß der Geschichte, Hannover.

Weber, Jürgen (Hrsg.), 1994: Der SED-Staat: Neues über eine vergangene Diktatur, München.

Weber, Max, 1972: Wirtschaft und Gesellschaft, Tübingen.

Wegner, Manfred, 1994: Produktionsstandort Ostdeutschland. Zum Stand der Modernisierung und Erneuerung der Wirtschaft in den neuen Bundesländern, in: Aus Politik und Zeitgeschichte, B 17, S. 14-23.

Weilemann, Peter R. u.a., 1990: Parteien im Aufbruch. Nichtkommunistische Parteien und politische Vereinigungen in der DDR, Deutschland-Report 8, Melle.

Wernicke, Christian, 1991: Der Rächer vom Eichsfeld, in: Die Zeit, Nr. 46.

Wewer, Göttrik (Hrsg.), 1990: DDR – Von der friedlichen Revolution zur deutschen Vereinigung. Opladen.

Wiedemann, Peter, 1991: Gegenstandsnahe Theoriebildung, in: Uwe Flick u.a., Handbuch qualitative Sozialforschung. Grundlagen, Konzepte, Methoden und Anwendungen, München, S. 440-445.

Wiesendahl, Elmar, 1980: Parteien und Demokratie. Eine soziologische Analyse paradigmatischer Ansätze der Parteienforschung, Opladen.

Wiesendahl, Elmar, 1992: Volksparteien im Abstieg. Nachruf auf eine zwiespältige Erfolgsgeschichte, in: Aus Politik und Zeitgeschichte, B 34-35, S. 3-14.

Wiesenthal, Helmut, 1991: Absturz in die Moderne. Der Sonderstatus der DDR in den Transformationsprozessen Osteuropas, ZeS-Arbeitspapier Nr. 8/91, Universität Bremen.

Wiesenthal, Helmut, 1993: Programme der Grünen, in: Joachim Raschke, Die Grünen. Wie sie wurden, was sie sind, Köln, S. 95-139.

Winter, Thomas von, 1993: Die Christdemokraten als Analyseobjekt oder: Wie modern ist die CDU-Forschung, in: Oskar Niedermayer/Richard Stöss (Hrsg.), Stand und Perspektiven der Parteienforschung in Deutschland, Opladen, S. 57-80.

Winter, Thomas von, 1996: Wählerverhalten in den östlichen Bundesländern: Wahlsoziologische Erklärungsmodelle auf dem Prüfstand, in: Zparl, H. 2, S. 298-316.

Wirth, Günter, 1959: Zur Politik der Christlich-Demokratischen Union 1945-1950 (Hefte aus Burgscheidungen, Nr. 24), Burgscheidungen.

Wirth, Günter, 1995: Gegenkultur aus bürgerlichem Geist, in: FAZ (1.4.).

Wuttke, Carola/Berndt Musiolek, 1991: Parteien und politische Bewegungen im letzten Jahr der DDR (Oktober 1989 bis April 1990), Berlin.

Personenregister

Schriften des Zentralinstituts für sozialwissenschaftliche Forschung der FU Berlin

WESTDEUTSCHER VERLAG
Abraham-Lincoln-Str. 46 · 65189 Wiesbaden
Fax 0611/ 78 78 420

Aus dem Programm
Politikwissenschaft

Hans-Hermann Hertle
Der Fall der Mauer
Die unbeabsichtigte Selbstauflösung
des SED-Staates
1996. 587 S. Kart.
ISBN 3-531-12927-9
Der Fall der Berliner Mauer in der Nacht vom 9.
auf den 10. November 1989 leitete das Ende
der DDR ein und bildete den Ausgangspunkt für
die staatliche Einheit Deutschlands. Zugleich wirkte er als Fanal für die Revolutionen in Mittel- und
Osteuropa und beschleunigte den Zerfall des
sowjetischen Imperiums und der Sowjetunion.
War der Fall der Mauer ein Zufall? Weder die
Führung der SED noch das Ministerium für Staatssicherheit hatte diese Grenzöffnung jedenfalls
gewollt noch gar geplant; die Regierungen in
Ost und West waren fassungslos. Eingebettet in
den historischen Kontext untersucht der Autor die
Ereignisse des 9. November 1989.

Theo Pirker (Hrsg.)
Die bizonalen Sparkommissare
Öffentliche Finanzkontrolle im Spannungsfeld
zwischen Eigen- und Fremdinteresse während
der Vor- und Gründungsphase der Bundesrepublik Deutschland
1992. 205 S. (Schriften des Zentralinstituts für
sozialwiss. Forschung der FU Berlin, Bd. 67) Kart.
ISBN 3-531-12385-8
Diese Studie beleuchtet ein bisher wenig beachte-
tes Kapitel der deutschen Nachkriegsgeschichte
nach dem Zweiten Weltkrieg — den Wiederauf-
bau und die Entwicklung der öffentlichen Finanzkontrolle und ihrer Institutionen sowie deren be-
achtlichen Einfluß auf die Gestaltung und den Aufbau der Verwaltung in der Vor- und Gründungsphase der Bundesrepublik Deutschland.

Oskar Niedermayer /Richard Stöss (Hrsg.)
Parteien und Wähler im Umbruch
Parteiensystem und Wählerverhalten in der
ehemaligen DDR und den neuen Bundesländern
1994. 353 S. Kart.
ISBN 3-531-12648-2
Mit diesem Band wird erstmals eine umfassende
und detaillierte Analyse der dramatischen Wand-
lungsprozesse im Parteiensystem und Wählerverhalten der heutigen neuen Bundesländer von der
Wende in der ehemaligen DDR 1989 bis in die
neueste Zeit hinein vorgelegt.

„ (...) Insgesamt gibt der Band einen guten Überblick in den Stand der Parteienforschung zum
Thema Ostdeutschland bzw. zur Vereinigung und
dürfte sich schnell zum Standardwerk in diesem
Bereich entwickeln (...)."   Das Parlament

WESTDEUTSCHER VERLAG
Abraham-Lincoln-Str. 46 · 65189 Wiesbaden
Fax 0611/ 78 78 420

MIX
Papier aus verantwortungsvollen Quellen
Paper from responsible sources
FSC® C105338

If you have any concerns about our products,
you can contact us on
ProductSafety@springernature.com

In case Publisher is established outside the EU,
the EU authorized representative is:
**Springer Nature Customer Service Center GmbH
Europaplatz 3, 69115 Heidelberg, Germany**

Printed by Libri Plureos GmbH
in Hamburg, Germany